贵港年鉴

GUIGANG NIANJIAN

2018

贵　港　市　人　民　政　府　主办
贵港市地方志编纂委员会办公室　　编

方志出版社
Publishing House of Local Records

图书在版编目（CIP）数据

贵港年鉴．2018 / 贵港市地方志编纂委员会办公室编．-- 北京 ：方志出版社，2018.11
ISBN 978-7-5144-3424-8

Ⅰ．①贵… Ⅱ．①贵… Ⅲ．①贵港—2018—年鉴
Ⅳ．① Z526.73

中国版本图书馆 CIP 数据核字(2018)第 261104 号

贵港年鉴（2018）

编　　者：贵港市地方志编纂委员会办公室
责任编辑：顾　洁

出 版 人：冀祥德
出 版 者：方志出版社
地址　北京市朝阳区潘家园东里 9 号（国家方志馆 4 层）
邮编　100021
网址　http://www.fzph.org
发　　行：方志出版社发行中心
电话（010）67110500
经　　销：各地新华书店
装帧设计：南宁市佳彩广告设计有限公司
印　　刷：深圳市精一瑞兰印刷有限公司

开　　本：889 ×1194　1/16
印　　张：26.5
字　　数：739 千字
版　　次：2018 年 11 月第 1 版　2018 年 11 月第 1 次印刷
印　　数：001 ~ 700 册

ISBN 978-7-5144-3424-8　定价：188.00 元

编 辑 说 明

一、《贵港年鉴》以《地方志工作条例》为准绳，以实施《全国地方志事业发展规划纲要(2015—2020年)》为依托，坚持马克思列宁主义、毛泽东思想、邓小平理论、“三个代表”重要思想、科学发展观、习近平新时代中国特色社会主义思想为指导，坚持辩证唯物主义和历史唯物主义的立场、观点和方法。全面贯彻党和国家各项方针政策和法律法规，全面反映贵港人民在全面建成小康社会中的伟大实践。

二、《贵港年鉴》1997年首刊，2018卷是第14卷，全国公开发行。是系统记述贵港市行政区域内自然、政治、经济、文化、社会等方面情况的年度资料性文献，旨在为领导决策提供依据，为社会各界了解和研究贵港提供参考，也为地方史志保存史料。

三、《贵港年鉴(2018)》篇目设大事记、概况、政治、法治、军事、经济、产业、建设·环保、教育·科技、文化·体育·卫生、社会生活、县(市)区、人物、特载、附录15个大类。在书前设数字贵港、图片专辑，为读者提供关注较高的资料信息。内容涉及综合情况、动态信息、辅助资料三大部分。

四、《贵港年鉴(2018)》采用分类编辑法，以条目为年鉴的基本单位，用黑体字加【 】作为条目标题，一般先以介绍行业、事业的概况条目开篇，后按一项或一事一目的原则设置条目。内容层次的设置，是为便于读者进行系统地阅读、检索。它表示部类与条目之间的层次关系，不反映严格的科学分类体系，行政、企事业单位的排序和层次一般亦不表示其地位和规模。

五、《贵港年鉴(2018)》使用规范的语体文和记述体，直陈其事，寓论断于叙事之中，文字力求言简意赅。

六、《贵港年鉴(2018)》的稿件主要由中、区直驻贵单位及市内各部门、各县(市)区和有关企事业单位提供，并经过相对应单位主要负责人审核。各条目中的统计数据，优先使用统计部门提供的内容；统计部门未列入统计范围的，采用撰稿单位提供的数据。数据价值的绝对数未加注明的，均以当年价格计算，增减百分比除注明外均按可比口径计算。货币单位除特别注明外均按人民币计。“亩”为非法定计量单位，由于本年鉴涉及农业、建设等问题仍保留“亩”。本年鉴所称“全区”或“自治区”特指广西壮族自治区。

七、《贵港年鉴(2018)》“特载”“图片专辑”“附录”的记述内容不受年度限制；为保持内容的连贯性和完整性，个别条目记述时间适当上溯或下延。

八、《贵港年鉴(2018)》随书制作有电子版(光盘)，光盘采用多媒体技术和全文检索技术，方便读者查阅。

贵港市地方志编纂委员会

《贵港年鉴(2018)》编辑部

《贵港年鉴(2018)》编写组

（按文稿刊出先后顺序）

市委办公室　邬　裕
市委组织部　陆剑忠
市委宣传部　宋　迪
市委统战部　陈　琦
市编委办　陆春勇
市委政研室　韦欣彤
市直属机关工委　刘业荣
市委党校　杨思思
市委老干局　郑良朝
市纪委　梁文华
市人大办　宾　华
市政府办　何婷婷
市管办　黄春耀
市人力资源和社会保障局
唐天成
市信访局　李雪州
市外事侨务办　谢日生
市民族宗教事务委员会
谢燕霞　梁　健
市机关事务局　苏秋萍
市政协办　丘运权　周小平
民革贵港市委　彭雪莉
民盟贵港市委　梁带伟
民建贵港市委　覃文晖
民进贵港市委　张　玲
农工党贵港市委　阳沐予韧
致公党贵港市委　李少兰
市总工会　麦　夏
团市委　李金玮
市妇联　李婉宁
市科协　黄仲昆
市工商联　甘永前
市文联　唐鹏飞
市残联　彭艳媚
市侨联　甘玉绍
市社科联　罗森壬
市委政法委　米　泉
市法制办　梁燕恒
贵港市中级人民法院　莫学平
贵港市人民检察院　姜永明
市公安局　邓勉霞
武警贵港市消防支队　韦榆锋
市司法局　梁伯聪
贵港军分区　刘友柏
贵港边防检查站　邓小东
市人防办　黄丽丽
市发改委　麦菲菲
市投资促进局　黎　航
市扶贫开发办　冼　峰
市产业园区管委会　郑　冰
市贸促会　黄小英
市财政局　唐　浩
国税局　郑祖颖
地税局　陈　洋
市金融办　李　凯
人行贵港市中心支行　蒙莹莹
农发行贵港分行　张勇坚
工行贵港分行　黄天晓
农行贵港分行　易远杨
建行贵港分行　陆伟国
中行贵港分行　黄梓谣
交通银行贵港分行　宋美健
邮政储蓄银行贵港分行
吴佳忆
北部湾银行贵港分行　杨永平
农村信用合作联社　吴祥金
柳州银行贵港分行　傅姗姗
贵港保险行业协会　孙昭凝
市国资委　李云山
市安监局　黄立云
市质监局　梁新荣
市食品药品监督管理局
李进伟　韦海红
银监贵港分局　黄晓琪
市物价局　刘华富

市工商局　韦　波
市统计局　李　娟
国家统计局贵港调查队
　黄崇色
市审计局　李银萍
贵港海关　任才韬
贵港出入境检验检疫局
　王　菁
贵港海事局　吉龙玉
贵港船舶检验局
　胡　东　黄　铧
市农业局　廖维孟　黄彬桃
广西农垦国有西江农场
　侯莹莹
市糖业发展局　甘炳铭
市农业机械化管理局　李泳仪
市水产畜牧兽医局　彭伟雄
市水利局　李二梅
市林业局　杨翼嘉
市工业和信息化委员会
　魏　勇

市二轻联社　季善辉
市交通局　谭兵兵
贵港公路管理局　冯俊铭
贵港市邮政管理局　丘　凌
市商务局　滕丽丽
市粮食局　周　敏
贵港供电局　韦勇娇
贵港盐业分公司　黄东莉
贵港市烟草专卖局(公司)
　梁小玲
市供销社　李月芬
市旅游发展委员会　杨小聪
电信贵港分公司　黄文华
移动贵港分公司　区弘哲
贵港市无线电管理处　甘　萍
市住建委　陆雅萍
市住房公积金管理中心
　赵　凤
市国土资源局　吴秋凤
市政管理局　卢　斌
贵港市环境保护局　温志杰

市教育局　何镇海
市广播电视大学　李　红
市科技局　周　宇
贵港市气象局　卢冬梅
贵港市水文水资源局　廖　伟
市地震局　梁勋宇
市文化新闻出版广电局
　韦　玮
贵港日报社　陆筱梅
市档案局　甘　丽
市委党史办　韦有恒
市地方志办　周绪明
市体育局　吴浩阳
市卫生和计生委　戴建福
市民政局　吴伟书
市水库移民局　兰春仁
桂平市　李琼慧
平南县　覃　永
港北区　廖广越
港南区　余力为
覃塘区　覃国祥

贵港市地图

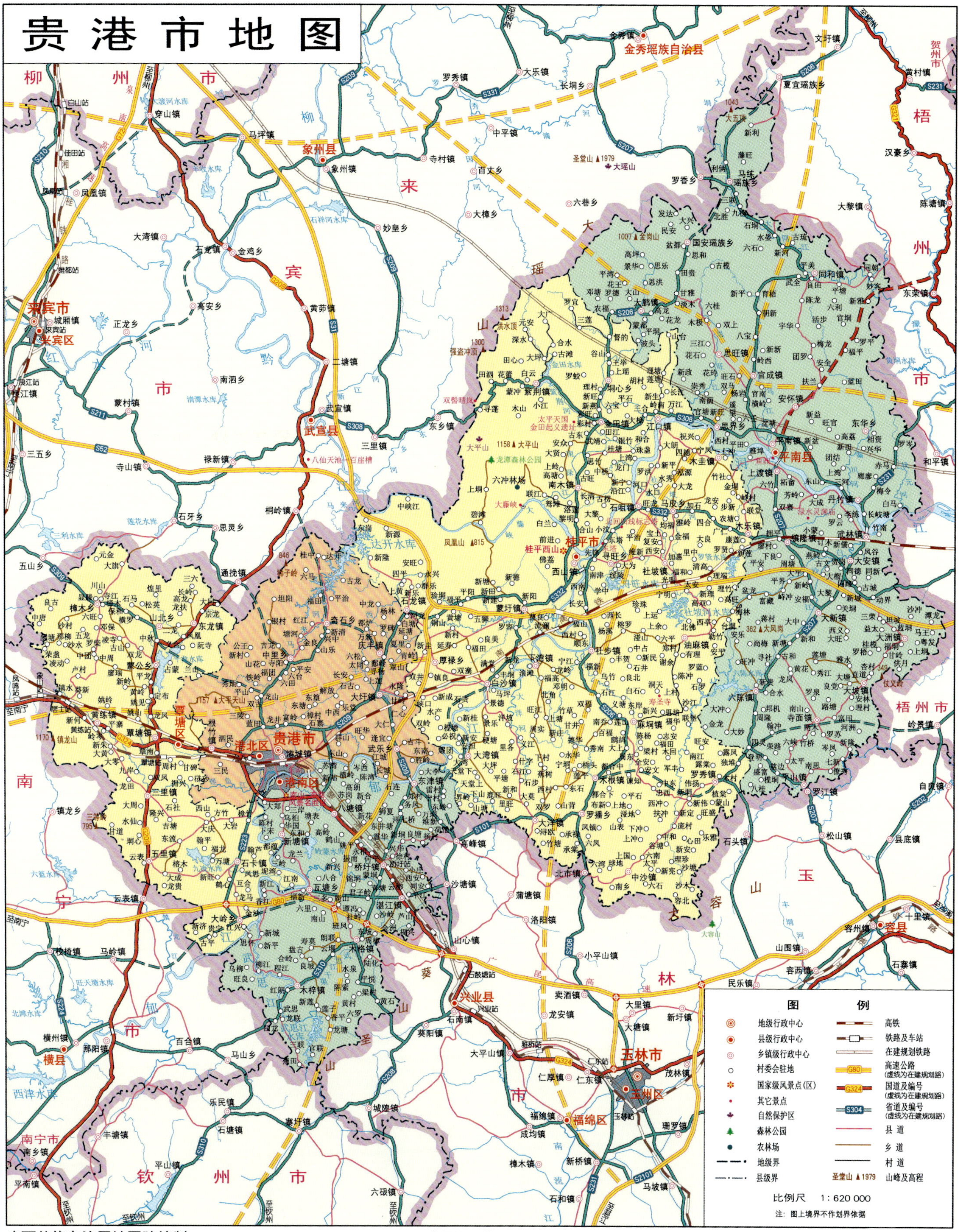

广西壮族自治区地图院编制

审图号：桂S（2016）54号

2016年5月

数字贵港 2017

◎ 行政区域面积：1.06 万平方千米
◎ 县（市、区）：5 个
◎ 乡镇：67 个（民族乡 2 个）
◎ 街道办事处：7 个
◎ 年末户籍总人口：555.71 万
◎ 世居民族：3 个
◎ 少数民族人口：97.58 万人
◎ 宗教数：4 个
◎ 年末常住人口：437.54 万人
◎ 人口自然增长率：9.93‰
◎ 年末城镇人口：214.46 万
◎ 城镇化率达：49.02%
◎ 年平均气温：22.7℃
◎ 年平均降雨量：1760 毫米
◎ 矿产资源种类：43 种
◎ 水资源总量：103 亿立方米
◎ 野生动物种类：25 目 56 科 112 种
◎ 森林覆盖率：46.3%
◎ 地区生产总值：1082.18 亿元
◎ 人均地区生产总值：2.49 万元
◎ 第一产业增加值：193.65 亿元
◎ 第二产业增加值：456.86 亿元
◎ 第三产业增加值：42.68 亿元
◎ 三次产业比重：17.9：43：39.1
◎ 财政收入：90.03 亿元
◎ 一般公共财政预算收入：50.41 亿元
◎ 一般公共财政预算支出：233.93 亿元
◎ 全社会从业人员：317.24 万
◎ 年末城镇登记失业率：1.07%
◎ 农林牧渔业总产值：334.75 亿元
◎ 农作物种植面积：45.04 万公顷
◎ 粮食总产量：149.63 万吨
◎ 稻谷产量：124.09 万吨
◎ 甘蔗产量：246.32 万吨
◎ 肉类总产量：38.07 万吨
◎ 农机总动力：368.97 万千瓦
◎ 主要农作物耕种收综合机械化水平：60.08%
◎ 规模以上工业总产值：1182.25 亿元
◎ 规模以上工业增加值：360.7 亿元
◎ 规模以上工业综合能耗：520.65 万吨标煤
◎ 单位 GDP 能耗 0.7 吨标准煤 / 万元
◎ 全社会固定资产投资：983.8 亿元
◎ 社会消费品零售总额：480.7 亿元
◎ 外贸进出口总值：23.88 亿元

贵港园博园全景 梁敏敏 摄

- 交通运输、仓储及邮政业增加值：82.05 亿元
- 公路总里程：7665 千米
- 客货运周转量 572.88 亿吨公里
- 港口货物吞吐量：6322 万吨
- 港口集装箱吞吐量：22.22 万标准箱
- 民用汽车拥有量：28.06 万辆
- 邮政业务总量：5.36 亿元
- 电信业务总量：43.19 亿元
- 移动电话用户：426.74 万户
- 互联网宽带接入用户：87.4 万户
- 旅游总消费：237.85 亿元
- 接待游客人数：2100.33 万人次
- 金融业增加值：45.64 亿元
- 年末本外币各项存款余额：1263.37 亿元
- 年末各项贷款余额：814.54 亿元
- 保险业保费收入：31.95 亿元
- 中等职教、普中、小学学校 1081 所
- 中等职教、普中、小学在校生 83.62 万
- 专利申请受理量：2217 件
- 获得专利授权 659 件
- 公共图书馆：6 个藏书 123.15 万册
- 博物馆：3 个
- 文化馆：6 个
- 广播节目综合人口覆盖率：97.72%
- 电视节目综合人口覆盖率：98.37%
- 医疗卫生机构：4278 个
- 医院、卫生院病床数：15676 张
- 卫生技术人员：2 万
- 提供住宿养老服务机构和社区养老设施：88 个
- 提供住宿养老服务机构和社区养老设施床位：3232 张
- 居民消费价格涨幅：1.6%
- 城镇居民人均可支配收入：28806 元
- 城镇居民人均消费支出：17791 元
- 城镇居民恩格尔系数：39.4%
- 农村居民人均可支配收入 12544 元
- 农村居民人均消费支出：8186 元
- 农村居民恩格尔系数：41.9%
- 企业职工、机关事业单位基本养老保险参保人数：31.01 万
- 城乡居民基本养老保险参保人数：173.89 万
- 城乡居民基本医疗保险参保人数：500.09 万
- 失业保险参保人数：10.34 万

图片专辑

"书记面对面"

书记问效党建

"六个年"活动·工业发展优质年

"六个年"活动·项目建设丰收年

"六个年"活动·企业服务量化年

蔗海　西江农场　供稿

“六个年”活动·城市形象提升年
“六个年”活动·县域经济彰显年
“六个年”活动·精准扶贫深化年
贵港市大招商招大商
贵港市第四届荷花节

“书记面对面”

2017年，贵港市委继续深化拓展“书记面对面”谈党建工作平台，以围绕中心、服务大局，以问题为导向，聚焦全市改革发展的重点、热点和难点问题，上下联动，市县乡村四级党组织书记面对面会商，谈问题、找差距，查原因，寻对策，明责任、传压力，形成各级党组织书记抓党建的强大牵引力和推动力。“书记面对面”谈党建工作平台已经成为贵港市解放思想、意见征集、经验交流和推动工作的大平台。全年，举办主题研讨会8期，从提高政治站位、做好新形势下意识形态工作、提高执行力、打造吸铁型党支部、中共十九大、全面深化改革等8个主题开展“书记面对面”谈党建。8月11日，《人民日报》头版以《贵港：问题面对面，工作实打实》为题进行报道。

1 2017年9月20日，贵港市委书记李新元在第17期“书记面对面”谈党建工作研讨会上互动交谈

2 2017年1月10日，第11期“书记面对面”谈党建工作研讨会现场

3 2017年2月16日，第12期“书记面对面”谈党建工作研讨会与会人员自由发言

4 2017年5月23日，第14期“书记面对面”谈党建工作研讨会会场

5 2017年8月25日，第16期“书记面对面”谈党建工作与会人员观看市委组织部组织摄制的纪录片《问效之下》

6 2017年9月20日，第17期“书记面对面”谈“全面深化改革”研讨会现场

7 2017年11月6日，第18期“书记面对面”谈党建工作研讨会现场

贵港市委组织部　提供

——贵港市深化建设党建机制平台

书　记

1

2017 年，贵港市委再次创新建立“书记问效党建”工作平台，为呼应“书记面对面”谈党建工作，共同构成有部署、有要求、有责任、有落实、有考核的“闭环式”党建工作运行机制，推动全面从严治党新要求落细落小落到位。通过考评问效，充分研判各级党组织书记抓重大决策、重大部署、重大举措落实的能力水平，为考准考实干部树立良好的结果导向；通过考评问效推动和检验工作，倒逼工作落实，推动市委各项决策部署落地生根。4 月 19 日，举行第一期书记问效党建工作会议，每季度 1 期，全年举办 3 期，每期 1 ~ 2 个主题，由市委书记主持。按“看、听、问、评、考”的程序对各级党组织书记进行问效，通过听汇报、看落实、问成效、评实绩、抓反馈，由市委书记直通基层、直接问效，对症点穴、诊脉开方，推动工作抓在日常、严在经常，倒逼工作落地见效。全年，推动被问效单位形成问题整改清单 26 份，整改问题 43 项，有力促进问题解决，推动工作落实。6 月 30 日，人民网以“广西贵港：把党建工作融入到城市发展每一个角落”为题进行报道。

2

3

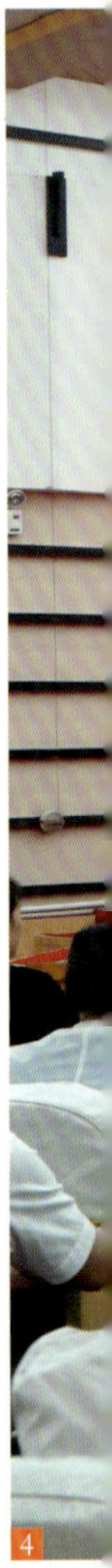
4

5

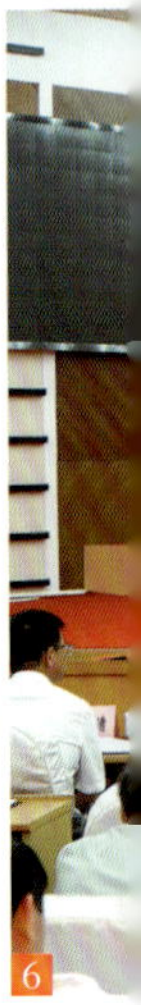
6

1 2017 年 10 月 13 日，市委书记李新元在第 3 期书记问效党建工作会议上讲话

2 2017 年 4 月 19 日，第 1 期书记问效党建工作会议与会人员向问效对象提问

3 2017 年 4 月 19 日，市委在市会议中心召开第 1 期书记问效党建工作会议

4 2017 年 7 月 14 日，贵港市委书记李新元在第 2 期书记问效党建工作会议上讲话

5 2017 年 7 月 14 日，第 2 期书记问效党建工作会议现场

6 2017 年 10 月 13 日，第 3 期书记问效党建工作会议现场

7 2017 年 10 月 13 日，第 3 期书记问效党建工作会议问效对象汇报发言

贵港市委组织部　提供

问效党建

——贵港市再创党建工作平台

“六个年” 活

2017 年，贵港市委、市政府全面贯彻中共十九大精神，按照自治区决策部署，围绕市委“13446”工作思路，继续深化拓展实施工业发展优质年、项目建设丰收年、企业服务量化年、城市形象提升年、县域经济彰显年、精准扶贫深化年的“六个年”活动。

贯彻“工业兴市、工业强市”战略，深化拓展“工业发展优质年”活动。全市完成规模以上工业总产值 1182.25 亿元，同比增长 19.5%，完成全年目标任务的 105.1%；规模以上工业增加值 360.7 亿元，同比增长 12.2%，完成目标任务的 106.7%，超额完成自治区和市委、市政府下达的目标任务；“新三篇”正式起航，以华奥新能源汽车、赛尔康电子为代表的新兴产业项目投产见效，新能源汽车生产基地和中国—东盟新能源电动车生产基地快速推进。

1 2017 年 4 月 19 日，贵港市嘉龙海杰电子科技有限公司生产车间

2 2017 年 4 月 26 日，自治区党委书记彭清华（前右二）考察华奥汽车建设项目

3 2017 年 4 月 20 日，华奥汽车生产车间

4 2017 年 6 月 13 日，广西华燕矿源材料有限公司华燕纳米碳酸钙项目一期投产　张庆杰　摄

5 2017 年 9 月 21 日，桂平市木乐镇良美服装厂车间　张庆杰　摄

贵港市“六年办”　提供

动·工业发展优质年

3

5

“六个年”活

2017年，贵港市委、市政府全面贯彻中共十九大精神，按照自治区决策部署，围绕市委“13446”工作思路，坚持“稳中求好、稳中快进”发展总基调，深化拓展“项目建设丰收年”活动。全市“项目建设丰收年”活动项目198个，总投资521亿元，年度计划投资87.4亿元，实际完成投资108.6亿元，完成年度投资任务124.2%，实现落地162个，落地率81.8%。

1 2017年11月16日，亚洲首座双塔双索面预应力混凝土边主梁钢横梁斜拉桥青云大桥建成 张庆杰 摄

2 2017年4月25日，贵港市举行第一批包括园博园在内的重大项目集中开竣工仪式

3 2017年8月16日，贵港市社会福利中心项目基本建成 张庆杰 摄

4 2017年10月12日，贵高新校区奠基 陈榕玲 摄

5 2017年4月18日，上亿国际汽车城项目工地

6 2017年9月12日，贵港园博园项目建设全景 郭晓枫 摄

7 2017年12月1日，大藤峡水利工程项目建设现场 张庆杰 摄

动·项目建设丰收年

“六个年” 活

2017年，贵港市委、市政府全面贯彻党的十九大精神，按照自治区决策部署，围绕市委“13446”工作思路，进一步建立健全服务企业长效机制，深化拓展“企业服务量化年”活动。各级各部门深入项目现场、基层一线调研走访，开展“企业问题大排查”活动，实施精准挂点服务，仅“市长服务企业接待日”累计开展14期，为20家企业协调解决70项问题，问题协调解决率91.3%。

1 2017年，李新元（前左一）调研园博园建设 陈榕玲 摄

2 2017年4月11日，贵港市委书记李新元（左二）、市长农融（左一）率相关部门负责人就重大项目建设进展开展调研，图为在华奥汽车项目车间

3 2017年5月22日，李新元（前中）在广西新嘉源环保科技有限公司现场办公

4 2017年7月31日，市长服务企业接待日会场 陆小洁 摄

5 2017年9月4日，李新元（前右）在华奥汽车制造有限公司现场调研 张智荣 摄

6 2017年7月6日，李新元（前中）在中山路立交桥建设项目工地考察

7 2017年4月7日，贵港市人大常委会调研组调研重大项目建设现场

8 2017年8月15日，农融（前中）到港北区、覃塘区、港南区的电子信息、汽车产业有关企业调研，了解企业建设及生产经营情况，要求各级各部门强化服务，帮助企业顺利发展。图为在广西华奥汽车制造有限公司调研 陆小洁 摄

动·企业服务量化年

3

4

7

8

“六个年” 活

2017年，贵港市委、市政府全面贯彻党的十九大精神，按照自治区决策部署,围绕市委“13446”工作思路，加强城市管理改革创新，深化拓展“城市形象提升年”活动。城区道路“白改黑”工程全部完成16条道路改造，罗泊湾大桥、青云大桥和同济大道建成通车，贵港园博园建成；深入开展市容市貌综合整治，城市“五乱”现象明显减少，获“自治区文明城市”三连冠；深化微信城管建设，具有贵港特色的数字化城管体系已初步建立；推进城区绿化彩化亮化工作，城市魅力不断提升。

1 贵港城区中山路北延段绿化景观改造新貌
2 2017年4月25日，贵港市举行园博园开工奠基仪式
3 美丽的新市区 张庆杰 摄
4 罗泊湾大桥雄姿
5 中心城区亮化景观
6 东湖之夜 梁敏敏 摄
7 民族文化公园园林景观 梁敏敏 摄

动·城市形象提升年

3

4

7

“六个年”活

2017 年，贵港市委、市政府全面贯彻党的十九大精神，按照自治区决策部署，围绕市委“13446”工作思路，深入开展“县域经济彰显年”活动，实施“五域联动”，推动 5 个县市区齐头并进、联动发展。县域经济快速发展，桂平市、平南县、港北区、覃塘区 GDP 增长 8% 以上，平南县、港北区、港南区、覃塘区财政收入增长 10% 以上。县域产业取得新发展，农业示范区创建取得新成效，特色旅游发展取得新进展，小城镇建设取得新突破。

1 2017 年 5 月 16 日，贵港市市长农融（中）在平南县调研县域经济发展情况

2 2017 年 11 月 30 日，第四届中国汽车（房车）露营大会开幕式现场　　陈榕玲　摄

3 2017 年 6 月 12 日，即将建成投资 5288 万元的平南江北公园项目夜景

4 2017 年 12 月 27 日，第一届中国（广西·贵港）富硒农产品博览会在贵港市举行　张智荣　摄

5 2017 年，景色宜人的覃塘区覃塘镇龙凤村平田屯　　张庆杰　摄

6 2017 年 5 月 9 日，平南港区武林港　　张庆杰　摄

7 2017 年 9 月 20 日，桂平西山泉国际养生旅游文化综合区项目　　张庆杰　摄

动·县域经济彰显年

4

5

6

7

“六个年” 活

2017 年，贵港市坚持“实事求是、产业先行、整合资源、廉洁扶贫”四个原则，深入推进“精准扶贫深化年”活动，筹措落实财政扶贫资金 87349.96 万元，安排 39024 名干部对全市 88245 户贫困户进行帮扶，实现贫困人口脱贫 10047 户、45469 人，脱贫摘帽 64 个村。

从调整脱贫攻坚滚动计划等 6 个方面出台一系列政策措施，逐步完善脱贫攻坚顶层设计。坚持实事求是，实行贫困人口动态调整，新识别 5869 户 24408 人，认定返贫 775 户、3551 人，剔除错评 2352 户、9480 人。大力推行产业扶贫，制定出台“1+3”特色产业扶贫及配套政策文件；全市 360 个贫困村均成立村民合作社；全市 64 个脱贫村“3+1”特色产业覆盖率达 95.11%；新建新型农业经营主体 1106 个、建立电子商务村级服务站点 1151 个、完成率分别为 147.3%、126.2%。完善基础设施建设，完成村屯道路建设 1061.6 千米、贫困户危改 4536 户、农村饮水安全巩固提升工程 33 个、贫困村村级公共服务综合楼建设 37 个、电网改造升级项目 39 个。公共服务保障实现“先诊疗后付费”和“一站式”结算服务；落实贫困家庭签约服务，城乡居民医疗保险参保率达 100%，医疗费用报销比例达 90%；大病保险赔付 6739 例 1257.61 万元；资助贫困人员 10.62 万人次、发放各类补助 9635 万元；落实“雨露计划”补助 19504 人；农村最低生活保障标准提高到 3200 元。符合低保条件的建档立卡贫困户纳入低保 88303 人，重合率 50.19%。易地扶贫搬迁累计建设移民集中安置项目 17 个，累计完成投资 5.17 亿元，建成安置住房 2234 套，搬迁贫困户 2224 户、9834 人。

1 2017 年，覃塘区樟木镇自治区级富硒百香果种养综合（核心）示范区

2 2017 年 8 月 22 日，“书记面对面”四级党组织书记在桂平市石龙镇中峡江村研讨深度贫困村脱贫问题

3 2017 年 10 月 13 日，贵港市 2017 年扶贫日系列活动启动，图为社会捐助仪式

4 2017 年 11 月 12 日，即将建成的桂平市紫荆镇易地扶贫搬迁移民安置小区

5 花田中中共十九大精神宣传　　梁敏敏　摄

6 2017 年 8 月 17 日，桂平市蒙圩镇流兰村的玉柴桂平农光互补光伏发电一期项目投产运营

张庆杰　摄

动·精准扶贫深化年

3

4

6

贵港市

1

2017 年，贵港市持续实施招商引资工作三年目标行动计划，坚持招商引资“一号工程”，采取“走出去、请进来”等方式，重抓“五个强化”开展招商引资工作。强化领导责任，坚持主官工程不动摇，全市组织各种招商活动 1813 次，其中请进来 1131 次、走出去 682 次；强化精准招商，针对“新三篇”和传统产业实行主动出去、有的放矢招商；强化部门联动，实行资源综合利用，联合发力推介宣传贵港；强化机制建设，出台系列制度推动项目签约和快速落地；强化政务服务，开通项目审批“绿色通道”，保障企业落地生根，再续重大项目建设的“贵港速度”。全市累计新增签约项目 424 个，总投资额 974.04 亿元，完成实际到位资金（含续建项目）423.35 亿元，完成全口径实际利用外资（含续建项目）4.4 亿美元。一、二、三产项目投资合同额分别占总数的 10.63%、51.33% 和 38.04%。其中，一产项目 58 个，合同投资额 103.56 亿元；二产项目 245 个，合同投资额 499.94 亿元；三产项目 121 个，合同投资额 370.53 亿元。年度内贵港市投资环境满意度排名广西第一。

2

3

1 2017 年 4 月 25 日，贵港市嘉龙海杰电子科技有限公司项目开工奠基

2 2017 年 5 月 11 日，贵港市委书记李新元（右二）率招商小分队到四川成都开展招商推介活动

3 2017 年 9 月 13 日，第 14 届中国—东盟博览会贵港市投资合作项目签约仪式在南宁举行 陈榕玲 摄

4 2017 年 2 月 24 日，贵港市召开解放思想抢抓机遇再讨论暨投资促进工作大会 潘经强 摄

5 2017 年 9 月 22 日，在第四届中国汽车（房车）露营大会新闻发布会暨贵港市投资环境推介会在北京召开

6 2017 年 9 月 21 日，举行赛尔康（贵港）电子工业园项目竣工投产仪式

7 2017 年 10 月 12 日，贵港市举行 2017 年第二批 106 个投资 250 多亿元的重大项目集中开竣工仪式 陈榕玲 摄

贵港市投资促进局 提供

大招商　招大商

目签约仪式
民政府

全市解放思想抢抓机遇再讨论暨投资促进工作大会
4

广西贵港市投资环境推介会
5

开幕典礼
6

贵港市2017年重大项目集中开竣工仪式
主会场（港北区）
7

贵港市第四届荷花展

2017年6月—10月，第四届“美丽贵港·我爱荷城”荷花展开展；6月23日，在贵港市新世纪广场举行开展仪式。此届荷花展将荷文化、美食文化、群众娱乐休闲以及乡村旅游文化等有机结合，推出“寻找最佳赏荷点”、荷菜·美食大赛、“荷美贵港”朗诵大赛、广西书画院书画名家作品展、邀请广西970电台女主播文佳为贵港市荷花展代言、“醉美荷塘青春有约”联谊交友、文艺展演、西江疍家文化节及“荷乐无穷”赏荷体验、随手拍等系列参与性广、互动性强、老少皆宜、雅俗共赏的群众文化活动。

此届荷花展展出连片种植荷花1万多亩，盆栽荷花6万多盆，展出品种800多个，其中有贵港本地红莲、新培育品种绿荷、秋荷、太空莲、粉荷、贡荷等名贵品种。展出在新世纪广场设主会场，民族文化公园、华隆超市、龙荟花世界、四季花田、覃塘区莲藕产业（核心）示范区等地设分会场。荷花展是最具贵港市地域特色的“荷城”城市品牌。

1 2017年6月23日，贵港市第四届荷花展开幕式在市新世纪广场举行

2 2017年7月15日，四季花田分会场　梁敏敏　摄

3 2017年6月23日，第四届荷花展市新世纪广场主会场

4 2017年6月17日，覃塘区莲藕产业（核心）示范区分会场　梁敏敏　摄

贵港市委宣传部　提供

目　　录

特　　载
Feature

大 事 记
Chronicle of Major Events

概　　况
Overview

政　治
Politics

法 治
Rule of Law

军　事
Military

经　济
Economy

产　业
Industry

建设 环保
Construction and Environmental Protection

教育 科技
Education Science and Technology

文化　体育　卫生
Culture Sports Health

社会生活
Social Life

县(市)区
Counties and Districts

人 物
Figures

附 录
Appendix

索 引
Index

特　　载

政府工作报告

——在贵港市第五届人民代表大会第三次会议上

2018年1月10日

市长　农　融

一、2017年工作回顾

过去一年，在自治区党委、政府和市委的坚强领导下，在市人大及其常委会和市政协的监督支持下，在市中级人民法院和市人民检察院的司法保障下，我们高举中国特色社会主义伟大旗帜，以马克思列宁主义、毛泽东思想、邓小平理论、"三个代表"重要思想、科学发展观、习近平新时代中国特色社会主义思想为指导，深入学习宣传贯彻中共十九大精神，围绕自治区持续营造"三大生态"，加快实现"两个建成"，扎实推进富民兴桂，奋力谱写新时代广西发展新篇章目标的部署，按照市委提出的"13446"工作思路，深化拓展"六个年"活动，持续开展"大招商、招大商"活动，凝心聚力，开拓创新，真抓实干，经济社会持续平稳健康发展，较好完成市五届人大二次会议确定的目标任务。

（一）经济发展稳中快进

预计全市地区生产总值突破千亿元，达1082.18亿元，增长9%；固定资产投资983.81亿元，增长16.9%，增速排名全区第一；财政收入90.03亿元，增长12.7%，增速排名全区第二；居民人均可支配收入20242元，增长8.6%。三次产业结构由19.8∶41∶39.2优化为17.9∶43∶39.1，第二产业占比提高2个百分点。

工业经济持续增长。深化拓展"工业发展优质年""企业服务量化年"活动，工业实现扩量提质。规模以上工业总产值突破千亿元，达1182.25亿元，增长19.5%；规模以上工业增加值360.7亿元，增长12.2%，增速排名全区第二。新兴产业加速成长，产值增长145%，初步构建了广西第二汽车生产基地、中国—东盟新能源电动车生产基地、电子信息制造基地和生物医药生产基地的框架。华奥新能源汽车投放市场，产值达15亿元；中国—东盟新能源电动车生产基地累计入驻企业75家、投产39家；赛尔康电子、战神专用车等项目投产，腾骏汽车项目进入设备安装阶段；新增自治区战略性新兴产业企业12家，排名全区第二。传统产业提档升级，冶金、机械制造、林板纸、纺织服装与皮革等产业产值增长20%以上。园区规模以上工业总产值759亿元，增长27.9%，占全市规模以上工业总产值的65%。

现代农业增产增效。农林牧渔业总产值334.75亿元，增长4.4%。粮食产量152万吨，粮食收购量连续四年位居全区第一。创建现代特色农业示范区47个，其中自治区级农业示范区5个。新增"双高"糖料蔗基地1.1万亩。荣获"中国生态富硒港"称号，累计建立富硒农产品生产基地88个，获认定富硒农产品32个、排名全区第一；新获中国名优（特色）硒产品6个、广西名优富硒产品3个。新增涉农商标113件，1013家涉农企业拥有自主品牌。新增农业龙头企业23家、农民专业合作社820家、家庭农场169家。主要农作物耕种收综合机械化水平60.1%。

现代服务业加快发展。社会消费品零售总额480.7亿元，增长11.3%；上亿国际汽贸博览城一期、美家居国际博览城一期运营，建成东湖农贸市场、铁路农贸市场和国旺农贸市场，苏湾现代综合物流园、西江综合物流信息平台加快推进；成功举办富硒农产品博览会、富硒百香果电商节、林产品展销会、汽车展销会等活动。港口货物吞吐量6322万吨，增长9.7%；集装箱22.2万标准箱，增长33.4%；促成了爱凯尔公司与北部湾港务集团的合作，推动了内河港口与沿海港口的强强联合、互动发展。接待游客总人数增长20%、旅游总消费增长29%；成功举办第四届中国汽车（房车）露营大会、中国健身名山登山赛；太平天国金田起义地址获评AAAA级旅游景区，新增AAA级旅游景区6个、星级乡村旅游区及农家乐10家，港南区四季花田生态观光园获评广西五星级乡村旅游区，桂平市龙潭汽车旅游营地获评广西四星级汽车旅游营地。金融机构各项存款余额增长15.8%，贷款余额增长19.1%。餐饮、住宿、保险、快递等服务业稳步发展。

项目建设力度加大。深化拓展“项目建设丰收年”活动，推动项目多开工、多竣工，早开工、早竣工。主要建设项目完成投资355亿元，新开工项目205个、竣工115个，重大项目投资完成率排名全区第一。投资和项目建设全区领先，被选定为全区投资和项目建设工作会议主会场，在会上作经验介绍。列入国家重大市政工程领域PPP创新工作重点城市，郁江两岸综合治理工程、乡镇污水处理厂等PPP项目开工。储备“十三五”建设项目1882个，总投资3279.8亿元。建立投资项目网上预审平台，项目审批时限压缩了76%；实行重大项目集中预审，在项目启动阶段剔除“一票否决”因素，确保项目尽快落地。新增建设项目用地指标3万亩，盘活存量用地1.2万亩；推动农垦农场土地改革，解决贵港城市和产业发展用地瓶颈问题；土地集约节约利用成效好，获国家和自治区用地指标奖励6100亩。

县域经济快速发展。深化拓展“县域经济彰显年”活动，县域经济持续壮大，五个县市区地区生产总值增速均高于全区平均水平，桂平市、平南县、港南区、覃塘区规模以上工业增加值增速高于全区平均水平，平南县、港北区、港南区、覃塘区财政收入增速高于全区平均水平，桂平市、平南县、港北区、覃塘区固定资产投资增速高于全区平均水平。县域产业特色明显，桂平市纺织服装和机械制造产业迅速发展，平南县建材和饲料产业提档升级，港北区新能源电动车和电子信息产业集群初步凸显，港南区富硒农业、羽绒加工业、板材加工业不断壮大，覃塘区新能源汽车产业集聚效应显现。县域发展后劲增强，五个县市区共实施主要建设项目451个，完成投资额233.9亿元，分别占全市的58.3%和65.9%；县域招商成为招商引资的主力军，五个县市区共引进项目219个，合同投资额593亿元，分别占全市的69.5%和72.3%。

（二）改革创新深入推进

重点领域改革蹄疾步稳。“放管服”改革力度加大，清理取消行政许可事项54项、调整259项，提前实现政府部门权力清单和责任清单“两单融合”，率先在全区设立行政审批中介超市，“放管服”改革经验获《人民日报》推介。商事制度改革社会满意度、创业“便利度”排名全区第一，成为全国第三个、广西首个实施“口头申报、即可办照”简易登记模式的城市。组建了建投集团、交投集团、城投集团和金投集团，市场开发服务中心改革重组为市交投市场公司。全面启动城市公立医院综合改革，全部取消药品加成，实施药品零差率销售，探索实践医联体建设，县乡医疗服务一体化管理试点工作取得初步成效。供销社综合改革纵深推进，荣获“全国供销合作社综合改革试点工作先进单位”。全面落实河长制，建立了市县乡村四级河长体系。国有林场改革顺利完成，农村土地、城市执法、安全生产、养老服务、公共资源交易等领域改革持续深化。

开放合作上新台阶。2017年招商引资新签约项目315个、合同投资额819.8亿元，其中亿元以上项目208个，爱玛电动车、桥圩·中国羽绒谷、和乐门业等重大项目落户。截至2017年底，招商引资三年行动计划累计签约项目885个、合同投资额2283亿元，成功引进了华奥新能源汽车、腾骏汽车、赛尔康电子、嘉龙海杰电子、石家庄药业等一批大项目好项目，推动我市工业经济从“老五样”传统产业向“新三篇”新兴产业大飞跃。对外贸易规模扩大，进出口总额23.88亿元，增长26.6%；实际利用外资3405万美元，增长17%；贵港电子口岸和贵港口岸联检大楼投入使用，CEPA项目“绿色通道”开通。对外交流密切，与泰国洛坤府建立了国际友好城市关系。

创新驱动有新成效。获授权专利635件，新增国家高新技术企业12家、国家级星创天地2家，新建院士工作站2个，新增自治区级创新平台5个。建成科技企业孵化器9家，累计培育孵化企业155家。完成科技成果转化项目18项，任务完成率排名全区第一，市人民医院“医学3D打印技术在骨科修复重建的应用”获广西科技进步二等奖，泰亿诺公司获中国创新创业大赛“优秀企业”奖。新增自治区级以上质量品牌134个，广西水泥及建材产品质量检验中心、广西新能源电动车产品质量检验中心建设加快。

（三）城乡面貌日新月异

城市发展步伐加快。深化拓展“城市形象提升年”活动，实现“自治区文明城市”三连冠。城市总体规划修改全面启动，完成中心城区地下综合管廊、海绵城市、节水排水防涝设施等专项规划。开工建设城区至兴六高速公路一级连线拓宽工程、迎宾大道改造提升工程，贵港园博园即将竣工，罗泊湾大桥、青云大桥和同济大道通车，完成城区白改黑道路16条，改造易涝点30多个；完成城市楼宇、中山路北延段和城区公园等重点区域、重点路段的绿化美化亮化彩化。加快发展公交事业，入选国家“十三五”公交都市创建城市。大数据中心、云计算中心等9个智慧城市项目开工建设。市容市貌专项整治持续开展，城市“五乱”现象明显减少。机动车礼让斑马线成为文明交通新风尚。深入开展征地拆迁和“双违”整治大会战，“双违”现象得到遏制。城镇建设力度加大，桂平市“四路一桥”公共景观升级改造完成，平南县“一江两岸”主题景观带更加亮丽，木乐镇、桥圩镇入选全国特色小镇。常住人口城镇化率48.8%。

基础设施不断完善。贵港至合浦高速公路、梧州至柳州高速公路、来宾寺山至贵港公路、武林港疏港大道、港南木格至博白水鸣公路、桂平郁江二桥、港北高山大桥等建成通车。新建、改扩建农村公路594公里。贵港港苏湾作业区一期、武林作业区二期开港运营。投入6.97亿元，新建加固堤防8.6公里，完成渠道衬砌防渗113公里，新增节水灌溉面积6万亩，改善、恢复灌溉面积5.3万亩。升级改造低电压台区2017个。

生态环境有效改善。单位地区生产总值能耗下降3.5%，能耗总量控制在自治区下达目标任务内，万元规模以上工业增加值能耗下降7%。完成木材加工企业环境污染整改286家，淘汰黄标车和老旧机动车5850辆。完成全域永久基本农田划定工作。主要江河国控断面水质、县级以上集中式饮用水源地水质达标率100%。建成镇级污水处理设施10个，城区污水处理率92.1%。开展“美丽贵港”乡村建设活动，建成国家、自治区级绿色植保技术示范区7个，268家规模养殖场获“广西畜禽现代生态养殖场”称号；新建环保公厕49座，完成农村改厕4.7万户，荣获“全国厕所革命先进市”称号；完成农村厨房改造4.4万户；创建自治区级生态乡镇31个、生态村152个，排名全区第一。完成造林11.4万亩，森林覆盖率达46.3%。

（四）人民福祉持续改善

脱贫攻坚取得新成效。深化拓展“精准扶贫深化年”活动，预计65个贫困村、4.56万贫困人口摘帽脱贫。扶持贫困村发展特色种植7.1万亩、特色养殖42.8万头（羽）。修建贫困村屯道路1055公里，改造危房4468户，巩固提升饮水安全工程33个；完成易地扶贫搬迁项目17个，安置搬迁贫困群众9834人。发放1.5亿元资助贫困学生19.6万人次，科技特派员服务贫困村实现全覆盖。贫困人口基本医疗保险个人缴费比例由40%降低到20%，住院费用报销比例在2016年基础上再提高5%。有效衔接农村低保制度和扶贫开发政策，纳入低保贫困人口8.8万人。

民生保障日益完善。新增城镇就业1.8万人，农村劳动力新增转移就业4.6万人，城镇登记失业率1.11%。参加社会保险746万人次。企业、机关事业单位退休人员养老金分别提高6.5%和4.6%，城乡居民基本医疗保险补助标准提高7.1%。城乡最低生活保障标准分别提高12.9%和8.8%。投入8亿多元用于城乡低保救助、救灾、抚恤、保障残疾人和孤儿基本生活以及发放高龄津贴。养老服务水平稳步提升。基本建成保障性住房4523套，建设移民新村68个。

教育事业全面发展。西江教育园区建设加快，广西物流职业技术学院开工，贵港人民期盼已久的“大学梦”如愿起航。投入8.3亿元，新建和改造校舍36.5万平方米，建成桂平五中、桂平光明小学、木乐镇腾飞小学、平南镇东湖小学、港南一幼、港南二幼，开工建设贵港高中新校区、中山路小学等6所学校。学前三年毛入园率85.4%；义务教育巩固率95.1%，港北区、港南区通过国家义务教育均衡发展督导评估，平南县通过自治区评估；高中阶段毛入学率87.7%，每万人口高中在校生位居全区第一，高考上本科线人数位居全区第三。职业教育、民办教育、特殊教育等各类教育取得新成效。

文化体育事业更加繁荣。完成市文化艺术中心主体工程，新建102个村级公共服务中心。群众文化活动丰富多彩，“荷城大舞台”周周演深受群众喜爱。打造“荷文化”品牌成效明显，获得全国第32届“荷花展”举办权。广播剧《红莲》获得广西第十四届精神文明建设“五个一工程”奖。贵县古墓葬群系列保护工作扎实推进。意识形态工作得到加强，社会主义核心价值观深入人心。全民健身和竞技体育全面发展，成功承办全国健美健身公开赛、广西第四届县域篮球赛和广西青少年男子篮球锦标赛。

卫生计生工作有新成绩。市妇幼保健院、儿童医院和妇产医院“三合一”业务大楼建成，港北区人民医院新业务综合楼投入使用。11家乡镇卫生院荣获国家“群众满意的乡镇卫生院”称号，乡镇和村级家庭医生签约服务覆盖率100%，村卫生室实施基本药物制度覆盖率96.4%。12家医院实现跨省异地就医直接结算服务。全面两孩政策稳妥实施，计划生育工作再上新台阶。

其他各项社会事业统筹发展。深入开展平安贵港创建活动，积极排查化解矛盾纠纷，依法打击违法犯罪，人民群众安全感满意度持续提升，荣获“建设平安广西活动先进市”称号。积极创建自治区卫生城市和食品安全示范城市，食品药品安全形势稳定向好。强化安全生产工作，安全生产事故和死亡人数实现“双下降”。民族宗教工作创新推进。在全区率先完成村（社区）“两委”换届选举工作。覃塘区大岭乡金沙村、覃塘镇龙凤村平田屯入选全国村民自治试点单位。国防动员、民兵预备役、人防和双拥等工作迈出新步伐，对台、侨务、统计、绩效、物价、编制、档案、地方志、地震、公积金、机关事务管理、二轻联社等工作取得新成效，工会、共青团、妇联、科协、文联、残联、贸促会、社科联、工商联和红十字会等群团组织在促进经济社会发展中发挥积极作用，海关、海事、检验检疫、农垦、邮政、通信、消防、水文、气象、烟草、金融、盐业、石油化工、船舶检验、地质勘探、无线电管理等中区直各部门和驻贵人民解放军、武警官兵为贵港经济社会发展做出新贡献。

（五）政府自身建设全面加强

认真学习宣传贯彻中共十九大精神，全面准确贯彻落实习近平新时代中国特色社会主义思想，切实增强“四个意识”，坚定“四个自信”，自觉在思想上政治上行动上同以习近平同志为核心的党中央保持高度一致。把全面从严治党贯穿于政府工作全过程，规范和加强党内政治生活。扎实推进“两学一做”学习教育常态化制度化。

坚持重大问题向市委请示报告，依法接受市人大及其常委会的监督，严格执行市人大及其常委会的决议决定，自觉接受市政协的民主监督，主动接受社会和舆论监督。坚持重大事项向市人大常委会报告、向市政协通报，积极听取各民主党派、工商联、无党派人士和人民团体的意见，人大代表建议和政协提案办结率100%。

加强法治政府建设，健全依法决策机制，严格规范行政执法行为，权力运行更加规范。加强立法工作，提请人大审议通过《贵港市太平天国金田起义遗址保护条例》。全面推进政务公开，政府部门权力清单和责任清单全部在政府网站公布。

持续开展“转作风、强责任、优服务、促规范”大行动，突出解决影响贵港发展的作风问题，大力弘扬敢干实干苦干善干的“四干”新作风，转变了政府职能，提高了行政效能。深入开展“市长服务企业接待日”“市政府服务接待日”活动，强化政府热线电话和微信平台建设，切实解决企业、市民和基层一线反映的困难问题。加快网上政府建设，强化网络问政，拓展贵港微政务平台，推进行政审批智能化试点，全面推行审批部门“说不”报告制度，建立招商引资预审服务机制，企业对贵港投资环境满意度位居全区第一。

认真落实中央八项规定和实施细则精神，严格执行国务院“约法三章”。进一步减文控会，文风会风持续改善。重点领域审计监督和行政监察得到加强。认真履行全面从严治党责任，加强党风廉政建设，推动政府系统廉洁从政。

我们也清醒地看到，我市经济社会发展中还存在不少困难和问题。主要是：全方位发展不平衡不充分的问题依然突出，经济总量不大、质量不优的市情没有根本改变；加快发展的基础还比较脆弱，传统产业增长动力不足，新兴产业增长动能不强；制约发展的体制机制障碍还没有彻底打破，招商引资、深化改革任务依然艰巨；社会矛盾和问题交织叠加，社会建设和治理面临许多新情况新问题。政府工作仍存在不足，有些工作落实不够到位，少数干部担当不够，懒政怠政、推诿扯皮现象仍有发生。我们一定要直面挑战，敢于担当，下更大决心、想更多办法、用更大力度，全力以赴做好政府工作，推动各项事业再上新台阶。

二、2018年工作安排

2018年是全面贯彻落实中共十九大精神的开局之年，是改革开放40周年，是自治区成立60周年，是我市决胜全面建成小康社会、实施“十三五”规划承上启下的关键之年。中共十九大作出了中国特色社会主义进入了新时代、我国社会主要矛盾已经转化为人民日益增长的美好生活需要和不平衡不充分的发展之间的矛盾等重大政治论断，深刻阐述了新时代中国共产党的历史使命，确立了习近平新时代中国特色社会主义思想的历史地位，提出了新时代坚持和发展中国特色社会主义的基本方略，确定了决胜全面建成小康社会、开启全面建设社会主义现代化国家新征程的目标，对新时代推进中国特色社会主义伟大事业和党的建设新的伟大工程作出了全面部署。当前，经济形势尽管充满挑战，但总体来说机遇大于挑战。我们必须按照中共十九大作出的总体战略安排，把中共十九大提出的新思想、新理念、新要求贯穿于各项工作中，蓄力而发，乘势而上，努力开创贵港改革发展新局面。

今年政府工作总体要求是：全面贯彻落实中共十九大精神，以习近平新时代中国特色社会主义思想为指导，按照中央、自治区和市委的决策部署，坚持发展第一要务，全面贯彻新发展理念，紧扣社会主要矛盾变化，践行以人民为中心的发展思想，牢牢把握高质量发展的根本要求，围绕市委提出的“13446”工作思路，坚持“稳中求好、稳中快进”发展主基调，进一步深化细化“六个年”活动，保持经济高速度增长、高质量发展，加强和改善民生，全力打造新时代实力活力魅力给力新贵港，加快建成西江流域核心港口和新兴工业城市。

根据总体要求，今年经济和社会发展的主要预期目标是：地区生产总值增长8.5%，财政收入增长11%，规模以上工业增加值增长12%，固定资产投资增长13%，社会消费品零售总额增长10%，进出口总额增长10%，万元地区生产总值能耗下降3%，单位地区生产总值二氧化碳排放下降3.5%以上，万元规模以上工业增加值能耗下降3%以上，居民人均可支配收入增长8%，居民消费价格指数涨幅控制在3%左右，城镇登记失业率控制在4.3%以内，城镇新增就业1.6万人以上，常住人口城镇化率49%以上，人口自然增长率控制在11‰以内。上述目标，主要是从充分体现高质量发展和稳中求好、稳中快进要求，积极稳妥兼顾需要与可能，衔接决胜全面建成小康社会和“十三五”发展目标等方面考虑的。

为实现上述目标，我们将重点做好以下几方面工作：

（一）加快结构调整，增强产业竞争力

做大做强工业经济。实施“工业提质增效年”“企业服务品牌年”活动，年内规模以上工业总产值增长20%以上，新增规模以上工业企业50家以上。打造新兴产业集群，确保华奥汽车二期、腾骏汽车、久久星整车生产线、嘉龙海杰电子等项目投产，推动赛尔康发展壮大，新兴产业产值占比15%以上。支持传统产业优化升级，加快贵钢特钢技改、贵糖技改搬迁等重点项目建设，推动建材、糖纸、机械、冶金等传统产业“二次创业”，加快桥圩·中国羽绒谷建设，促进传统产业向精深加工转型、产品向中高端提升。推进园区建设，规划建设自治区级电子信息产业园，深入开展园区基础设施建设大会战，加大土地收储力度，清理处置闲置土地和低效用地，提升园区承载力，年内园区规模以上工业总产值占全市规模以上工业总产值的70%以上。

推进农业现代化。实施农业产业提档升级行动，提高农业产业经营水平。稳定粮食生产，确保粮食产量150万吨以上。实施现代特色农业产业“10+3”提升行动，加强农产品商标品牌建设，培育农产品地理标志商标10个以上，新增“三品一标”品牌产品5个以上。大力发展大米、蔬菜、水果、茶叶等富硒特色农业，打响贵港百香果品牌，推进富硒农产品精深加工，加大富硒产品营销，提升“中国生态富硒港”影响力和竞争力。打造现代特色农业示范区升级版，建成各类示范区20个以上。建成8万亩“双高”糖料蔗基地。培育新型农业经营主体，新增农业龙头企业10家以上、农民专业合作社200家以上、家庭农场100家以上。扩大现代生态养殖，畜禽规模养殖场生态养殖比重60%以上。推进农业机械化，主要农作物耕种收综合机械化水平62%以上。发展休闲农业、农产品定制、“互联网+农业”等新业态，促进农村一、二、三产业融合发展。

提升现代服务业。实施现代服务业提速起飞行动，改造提升生产性服务业，积极发展生活性服务业，加快发展新兴服务业，促进服务业优化升级。加快现代物流园苏湾核心区、林产品交易物流园、羽绒交易中心和西江科技产业城等服务业集聚区建设。规划建设农贸市场，在中心城区新建农贸市场2个以上。规划建设贵港会展中心，举办具有贵港特色的各类大型展销会。发展港口运输业，港口货物吞吐量增长5%以上。大力发展红色旅游、生态旅游、乡村旅游、文化旅游和休闲度假旅游，接待游客总人数增长20%以上，旅游总消费增长30%以上；加快北环生态农业景观廊道、铜鼓湾温泉度假区、北山公园等项目建设，推动桂平西山风景区创建5A级景区，平天山国家森林公园、北帝山旅游区和雄森动物大世界创建4A级景区，启动桂平市创建国家全域旅游示范区、平南县和覃塘区创建广西全域旅游示范区工作。发展电子商务、金融保险、文化娱乐、健康、家政、教育培训、信息咨询、汽车服务等现代服务业。

（二）狠抓改革创新，释放发展新活力

深化重点领域改革。推进行政审批制度改革，加强行政权力运行监管和审批中介服务事项清理规范工作。整合部门各类热线电话服务，建设政府热线电话便民服务中心。完善国有资产管理体制和制度，推动国有企业规范运营。完善分级诊疗制度，建设县域医疗共同体，年内实现县域医疗共同体县级医院全覆盖，乡镇卫生院参与率50%以上。深化财政事权与支出责任划分改革，推动机关事业单位临聘人员管理改革，继续深化其他重点领域改革。

狠抓招商上项目。实施“项目建设效益年”活动，重点推进主要建设项目700个，完成投资400亿元以上。深化推进全员招商引资行动，招商引资实际到位资金增长10%以上，实际利用外资增长10%以上。强化产业链招商、集群招商，围绕做大“新三篇”、做强“老五样”，着力引进新能源汽车、电子信息、生物医药等新兴产业及其上下游项目，吸引建材、机械、冶金、羽绒、农产品加工等龙头企业或高端项目落户，打造一批特色鲜明、配套完善、成长性好的重点产业集群；继续“无中生有”，力争引进智能设备、机器人、电子芯片等重大新兴产业项目。坚持招大引强，面向粤港澳、长三角、京津冀和东北地区，瞄准世界500强、中国500强、民营企业500强和行业龙头企业精准招商，新签约亿元以上项目120个以上。

加强对外合作。积极参与珠江—西江经济带、粤桂黔高铁经济带和“一带一路”建设，加快融入北部湾经济区和粤港澳大湾区。实施加工贸易倍增计划，支持赛尔康、保利高等重点外贸企业做大做强。加快贵港西江保税物流中心(B型)建设，建成内河单一窗口。密切对外友好交流，推动包括贵港元素在内的中华文化走出去。

提升创新能力。年内每万人口发明专利拥有量增长28%以上，科技成果转化项目10个以上，新增国家高新技术企业9家以上。加大园区和企业研发经费投入，培育创新型龙头企业，发展壮大科技型中小企业。建设重点实验室和企业研发中心，推动新能源汽车和电动车、电子信息等领域技术创新。规划建设汽车零部件测试平台。加快贵港科技创业城、高新技术产业开发区、工程技术研究中心、农业科技园区、科技企业孵化器、众创空间和星创天地建设。支持企业与高校、科研院所合作，推动产学研一体化发展。实施高层次人才引进工程，大力引进高端人才、紧缺人才和创新团队。推进质量强市战略，提升贵港品牌的知名度和影响力。

(三)突出特色发展，增强县域经济实力

提振县域经济。实施乡村振兴战略，启动县域经济发展三年行动计划，深入开展“县域经济发力年”活动，年内五个县市区地区生产总值增速均高于全区平均水平，实现“广西科学发展先进县(城区)”或“进步县(城区)”零的突破。培育发展特色产业，桂平市重点发展机械制造、纺织服装等产业，做大做强旅游经济；平南县重点发展新型材料、保健食品、饲料等产业，力促建材产品向中高端升级；港北区重点发展新能源电动车、电子信息、生物医药等产业，推动糖纸、冶金、电力等传统产业提质增效；港南区重点发展电子信息、林产品加工、富硒农产品等产业，推动羽绒产业向精深加工转型；覃塘区重点发展新能源汽车、家具板材、精细化工等产业，壮大港口物流业。加强县市区产业园区规划建设，创建自治区级产业园区，推动产业向园区集聚，打造县域经济新增长极。

完善基础设施。加快建设贵港至隆安高速公路、荔浦至玉林高速公路、大安至镇隆一级路、覃塘至石卡产业园一级路、桥圩至东津公路、动界至寺面公路，建成根竹至平天山公路、金田起义景区公路，开工西外环高速公路和“九路两桥”项目。大力开展“四好农村路”建设，加快推进“镇镇通二级路、村村通双车道”，年内新建、改扩建农村公路350公里以上。完成贵港港总体规划修编，加快贵港电厂专用码头、保税中心码头和港区铁路建设，进一步完善江铁海联运体系。继续推进水利基础设施攻坚大会战，改善、恢复灌溉面积5万亩以上。加快大藤峡水利枢纽工程建设。

统筹城乡建设。实施县城发展提升工程，加强桂平市、平南县市政基础设施和公共配套设施建设，提升县城品位和承载力。加快特色小镇建设，把木乐镇打造成“中国休闲运动服饰小镇”，把桥圩镇打造成全国知名的“温暖小镇”，把大安镇打造成两广文化融合的民俗文化小镇，继续推进少数民族风情小镇建设。持续开展美丽贵港乡村建设，完成宜居乡村建设，启动幸福乡村活动。实施农村人居环境整治三年行动，推进“厕所革命”，建设清洁厨房，农村无公害化卫生厕所、清洁厨房普及率分别达到90%、60%。

加强服务扶持。指导各县市区做好发展规划，进一步明确发展思路、发展方向和发展着力点。落实行政审批下放事项，支持县市区先行先试，放开发展、放手发展。统筹资源配置，加大财政、用地、金融和人才的支持。加强分类指导，开展“一县一策”专项扶持，促进县市区发挥优势、加快赶超。完善考核机制，强化督查考评，激励先进、鞭策后进，形成攻坚克难有奖、干事创业光荣的鲜明导向和浓厚氛围。

(四)优化城市功能，提升城市品质

坚持规划引领。推进城市总体规划修改，加快形成西江流域核心港口城市和新兴工业城市互动融合发展的总体规划。完成港产城融合、商贸物流、城市综合交通等10项专题研究。加快新区规划建设，推动城区向西南方向发展，拉大城市框架。把覃塘区纳入中心城区规划建设。推进历史文化街区和历史建筑保护规划工作。加大控规编制工作力度，完成中心城区控规全覆盖。

完善城市设施。开展“城市发展跃升年”活动，实施城市建设“五大工程”，推进宜居城市建设，实现城市更净、更畅、更美、更亮。加强市政项目建设，完成城区至兴六高速公路一级连线道路拓宽工程、金港大道交通提升工程、解放路下穿铁路工程、高铁站前广场一期、西江大桥维修加固等项目,加快城区防洪工程、地下综合管廊一期、郁江两岸综合治理工程建设,开工建设高铁客运枢纽中心。继续实施城区道路“白改黑”工程。全面推进智慧城市建设,加快建设云计算中心、大数据中心、智慧政务、智慧城管、智慧消防、智慧交通、智慧市政、智慧公安等项目,推动城市规划、建设、管理加速向数字化、网络化、智能化发展。建设“海绵城市”,整治疏通河道,改造易涝点,基本实现城区道路雨后无积水。推进公交都市建设,建设公交专用道、公交充电站和公交首末站,增加公交线路和班次。深入实施城市绿化美化亮化彩化工程,提升城市品位。加快改造老城区,补齐基础设施和配套设施短板,焕发老城区活力。

强化城市管理。继续推进文明城市创建工作,全面提升城市管理水平。完善微信城管平台,鼓励市民参与城市管理,使城市管理问题能够第一时间发现、第一时间报告、第一时间解决。整合城市执法力量,改变城市管理“多龙治水”局面。开展市容市貌专项整治,突出解决交通拥堵、占道经营、电动车乱窜、黑车营运、车辆乱停乱放、渣土车滴撒抛漏、噪音扰民等“城市病”。保持打击“双违”高压态势,确保“双违”零增长、减存量。

(五)加强生态文明建设,建设美丽贵港

推进绿色发展。大力发展循环经济,加快粤桂(贵港)热电循环经济产业园、覃塘林业生态循环经济(核心)示范区建设,严格控制新上高耗能、高污染、高排放项目。倡导绿色低碳生活方式,开展创建节约型机关、绿色家庭、绿色学校、绿色社区和绿色出行等行动。

改善生态环境。坚守永久基本农田划定控制线,推进土地整治和高标准农田建设,确保耕地占补平衡。抓好水生态文明建设,强化落实河长制,推行湖长制,推进水资源管理和水土流失综合治理。完善污水处理设施,城区生活污水处理率93%以上。加强生态示范创建工作,力争港北区成功创建自治区级生态县(区),新增自治区级生态乡镇16个以上、生态村65个以上。加快创建国家森林城市,新增造林11万亩,森林覆盖率达到46.5%。

整治环境污染。打赢蓝天保卫战,持续开展大气污染防治行动,整治城市扬尘污染,淘汰黄标车和老旧机动车,开展工业企业全面达标排放综合整治行动,确保完成自治区下达城市环境空气质量改善目标。加强水污染防治,整治黑臭水体,确保主要江河断面水质和城市集中式饮用水源地水质达标。强化土壤污染管控和修复,改善土壤环境质量。创新环境监管执法,依法惩治环境违法行为。

(六)保障改善民生,增进群众获得感

优先发展教育事业。实施教育提升新三年行动计划,加快教育现代化。年内新建、改扩建公办幼儿园6所、中小学校13所、中职学校2所。加快西江教育园区建设,推进广西物流职业技术学院、广西工业学院、贵港高中新校区等项目,继续引进1~2所高等院校。实施第三期学前教育行动计划,学前三年毛入园率86%以上;推进义务教育均衡发展,义务教育巩固率95%以上,桂平市、平南县通过国家义务教育均衡发展督导评估。实施普及高中阶段教育攻坚计划,高中阶段毛入学率88%以上。大力发展职业教育,鼓励社会力量兴办教育,统筹发展其他各类教育。加强教师队伍建设,年内培养名校长100名、骨干教师(班主任)1000名,培训乡村教师10000名。

坚决打赢脱贫攻坚战。实施“精准扶贫突破年”活动,坚持精准扶贫、精准脱贫,力争年内74个贫困村摘帽、8.14万贫困人口脱贫。推进产业扶贫,探索“扶贫车间”模式,促进扶贫方式由“输血式”向“造血式”转变。加快易地扶贫搬迁,年内易地扶贫搬迁750户以上。修建贫困村屯道路500公里以上,加强贫困村饮水安全、农网改造、贫困户危房改造等工程建设。发挥贫困村资源优势,拓宽村集体经济增收新渠道。着力提升公共服务水平,实现贫困学生资助全覆盖,为贫困群众提供“先诊疗、后付费”和医疗扶贫“一站式”服务,加大科技、文化扶贫力度。注重扶贫与扶志、扶智相结合,激发贫困群众脱贫斗志和决心。侯卫东官场笔记。

扩大社会就业。坚持就业优先战略,认真落实积极就业政策,努力实现更高质量和更充分就业。完善农民工创业园、创业孵化基地等平台,落实创业扶持政策,促进困难群众、返乡农民工、退役军人和高校毕业生等群体就业创业。加强职业技能培训,多渠道开发就业岗位,提供全方位公共就业服务。落实社保补贴、稳岗补贴等扶持政策,确保就业形势稳定。

强化民生保障。继续实施全民参保计划,扩大社保覆盖范围。建成市老年大学,推进市老年人养护院、养老服务园区建设。加强应急管理体系建设,提高综合防灾减灾救灾能力。完善社会救助、社会福利、慈善事业、优抚安置等制度,健全农村留守儿童、留守妇女和留守老年人关爱服务体系。发展残疾人事业,加强残疾康复服务。开工建设棚户区改造住房8000套以上,完成水库移民新村项目35个。

建设健康贵港。加快市中心医院建设,启动市中西医结合骨科医院整体搬迁,年内县乡医疗卫生机构基础设施全面达到国家标准。支持中医、壮瑶医事业发展。做好生育保健服务。推进自治区食品安全示范城市创建工作,加快市食品药品检验检测机构建设,开展食品药品安全专项整治行动,加强农贸市场农产品检验,把好群众饮食用药安全每一道关口。广泛开展全民健身活动,创建"健康贵港·运动休闲示范点"30个,积极申办国际、国家级重大体育赛事和全区青少年锦标赛。

发展文化事业。实施文化惠民工程,完善村级公共服务中心、农家书屋等文化设施。开展节庆文化活动,丰富群众文化生活。讲好贵港故事,创作一批反映新时代贵港题材的文艺作品。加强贵县古墓葬群保护,规范项目建设的文物勘探、发掘工作;做好大南门城楼、南江古码头、罗泊湾漪澜塔等文物修缮保护。全力办好全国第32届"荷花展"。严格落实意识形态工作责任制,不断提升意识形态工作能力水平。加强爱国主义教育,开工建设贵港市红色革命教育基地。培育和践行社会主义核心价值观,加强公民道德和精神文明建设,全面开展创建文明镇村(社区)工作,争创一批全国和自治区级文明村镇。

创新社会治理。完善社区治理体系,推动社会组织管理体制创新。开展法律服务惠民工作,构建覆盖城乡公共法律服务体系。建设更高水平的平安贵港,做好信访和人民调解工作;加快推进"雪亮"工程项目,完善立体化、信息化社会治安防控体系,打造共建共治共享的社会治理格局;强化反恐维稳,依法打击和惩治黑拐枪、盗抢骗、黄赌毒等违法犯罪活动。加强诚信建设,营造诚信社会环境。落实安全生产责任制,深入开展安全风险管控和隐患排查治理,坚决防范重特大事故。

统筹抓好其他工作。加大民族地区发展支持力度,依法管理宗教事务。加强国防动员和后备力量建设,加大双拥创建工作力度,抓好军民融合发展,创建新一轮全国、全区双拥模范城。开工建设市民中心、城市党建综合服务中心。继续推进自治区卫生城市创建工作,抓好档案、统计、公积金、粮食、物价、编制、人防、地方志、地震、绩效、二轻联社、机关事务管理、对台和侨务等工作,充分发挥工会、共青团、妇联、科协、文联、残联、贸促会、社科联、工商联和红十字会等群团组织作用,支持海关、海事、检验检疫、农垦、邮政、通信、消防、水文、气象、石油化工、烟草、电力、金融、盐业、船舶检验、地质勘探、无线电管理等中区直部门工作。

三、全面加强政府自身建设

提高政治能力。把讲政治摆在第一位,增强"四个意识"、坚定"四个自信",坚决维护习近平总书记在党中央、全党的核心地位,坚决维护以习近平同志为核心的党中央权威和集中统一领导,坚决在思想上政治上行动上同以习近平同志为核心的党中央保持高度一致,坚决贯彻落实党中央、国务院和自治区党委、政府以及市委决策部署。以全面从严治党统领政府各项工作,扎实推进"两学一做"学习教育常态化制度化,开展"不忘初心、牢记使命"主题教育,自觉用习近平新时代中国特色社会主义思想武装头脑、指导实践、推动工作。

坚持厉行法治。推进依法行政,建设法治政府,严格规范公正文明执法,认真做好行政复议应诉工作。坚持科学决策、民主决策、依法决策,严格落实重大行政决策法定程序。做好《贵港市城市道路管理条例》《贵港市城市市容和城市卫生管理条例》等地方性法规的起草工作。依法接受市人大及其常委会的监督,自觉接受市政协的民主监督,主动接受社会和舆论监督,认真听取人大代表、政协委员、民主党派、工商联、无党派人士和各人民团体的意见建议,办好人大代表建议和政协提案。提高政务公开制度化标准化水平,保障公众知情权、参与权。

强化工作落实。增强狠抓落实本领,坚持说实话、谋实事、出实招、求实效,把雷厉风行和久久为功有机结合起来,勇于攻坚克难,以钉钉子精神做实做细做好各项工作。落实工作责任制,按照目标明确、措施明确、阶段性目标明确、责任人明确的要求,推动各项工作具体到单位、实化到项目、量化到指标;坚持问题导向,做到及时主动发现问题、及时主动解决问题、及时主动协调问题、及时主动报告问题;建立健全督促检查机制,抓好决策部署、重大政策、重大项目、重大工程的落实。

加强作风建设。认真贯彻落实中央八项规定和实施细则精神,严格执行党风廉政建设责任制和廉政准则,切实把政府系统党风廉政建设推向深入。强化审计监督,实行公共资金、国有资产、国有资源和领导干部经济责任审计全覆盖。大兴调查研究之风,扑下身子,沉到一线,紧扣人民群众生产生活,紧扣经济社会发展实际,了解情况,研究问题,踏踏实实干好工作,力戒形式主义、官僚主义。加强正风肃纪,重拳整治不作为、慢作为、乱作为,坚决打赢作风建设攻坚战、持久战。

大　事　记

2017年大事记

1月

2日，由贵港市商务局承办的贵港市“党旗领航·电商扶贫”年货展销会暨电商年货节结束，此次电商年货节期间现场成交额2830万元，网上成交额1170万元。

3日上午，新年上班第一天，贵港市市长主持召开市政府大额投资委员会2017年第一次会议，会议审议市市政局、市文新广局、市住建委和市产业园管委会的15个项目，原则同意其中14个项目关于变更工程投资内容、启动项目前期工作等方面的请求，并对项目下一步工作开展提出要求。

4日，贵港市开通“12349”为老服务热线后接到的首个电话。贵港市是广西第五个建立“12349”为老服务信息平台的地级市，该热线包括家政服务、家电维修、生活照料、紧急救援、信息咨询、代购送货等百余项的便民服务，实现居家、社区与机构养老服务的有效衔接。

同日，贵港航运枢纽二线船闸公路改线工程枢纽交通大桥实现全面通车。该大桥投资约14982万元，桥宽26.5米，桥长529米，是贵港郁江两岸衔接的重要路段，同时能解决现G324线和市区南环公路跨越贵港航运枢纽路段的交通瓶颈问题。

6日，中国共产党贵港市第五届委员会第三次全体会议在贵港城区召开，全会表决通过贵港市推荐提名广西出席中共十九大代表候选人建议人选名单。

同日，根据《广西壮族自治区人民政府关于认定第三批广西现代特色农业（核心）示范区的决定》，贵港市港南区四季花田休闲农业（核心）示范区被认定为第三批广西现代特色农业（核心）示范区（四星级），桂平市粮食产业（核心）示范区被认定为广西现代特色农业（核心）示范区（三星级）。

7日，贵港市青年书法家协会在城区举行“书香墨韵润荷城——暨2016年年会”活动。

9日上午，贵港市委、市政府在中心城区召开2017年企业家迎春座谈会。

同日上午，40集电视连续剧《亘家风云》拍摄在贵港市开机正式启动，该电视连续剧由贵港市德和堂食品科技有限公司和广西力合影视文化发展有限公司联合出品，计划投资8000万元，是2017年贵港市“和为贵”文化建设的一项重要内容。

10日上午，贵港市在贵港国家生态工业园举行“珠江—西江经济带（贵港）法律服务团”成立暨第一期“法律服务面对面”活动启动仪式。

13日上午，为期五天半的广西壮族自治区第十二届人民代表大会第六次会议在南宁开幕，贵港市委书记李新元率团参会。

同日，贵港市西江职业教育园区一期控制详细规划专家评审会在贵港城区召开。

同日下午，贵港市市长农融主持召开贵港市五届人民政府第十次常务会议，会议审议通过《贵港市各县市区公共资源交易项目进入市级统一交易平台集中交易规模标准》。

同日，贵港火车站一线工作人员用热心、贴心的服务拉开“平安、有序、温馨”的2017年春运帷幕。

同日，贵港市“雄达”及图标、“港豊”商标等18户商标使用人申报的20件商标被认定为2016年广西著名商标，首次突破年度认定著名商标20件大关，同比增长33.33%。

14日上午，贵港市2017“观天下”“迎新春健康贵港”健身跑活动、“迎春杯”足球赛在市体育中心开赛。

同日，覃塘区人民法院获得最高人民法院授予的“全国优秀法院”称号。

16日上午，自治区绩效考评核验工作组到贵港市就2016年度绩效考评工作进行年终核验。

同日下午，桂平市郁江二桥合拢，该桥2014年10月开建，桥梁全长1358米，截至2016年年底，大桥建设完成投资2.93亿元，占总投资额的90%以上。

17日起，贵港市市县两级总工会开展“暖流行动”，在桂平市、平南县、港北区、覃塘区设置8个服务点，组织志愿者为返乡农民工提供休息场所、取暖、就医等服务。

18日，第十二届广西(贵港)园林园艺博览会园博园总体规划方案审查会在南宁召开，会议原则性通过贵港市园博园建设总体规划方案。选址位于市区鲤鱼江湿地公园范围内，总规划面积约83.06公顷，围绕“水韵古郡，活力新城”主题建设。

19日上午，中国人民政治协商会议第五届贵港市委员会第二次会议在市会议中心大会堂隆重开幕，市政协五届委员应出席406人，实到会369人。

同日晚，贵港市在市区举行2017年各界人士迎春座谈会暨政协港澳委员特邀嘉宾招待会。

20日上午，贵港市第五届人民代表大会第二次会议在市会议中心大会堂隆重开幕，贵港市第五届人民代表大会实有代表425人，出席此次会议的代表394人。

同日下午，贵港市政协五届二次会议圆满完成各项议程后闭幕。

21日，贵港市旅游发展委员会、港北区委宣传部在北环生态廊道龙荟花世界项目园区联合举办“2017年贵港市港北区花灯旅游文化节”开幕式。

同日下午，贵港市第五届人民代表大会第二次会议在圆满完成各项议程后，在市会议中心大会堂闭幕。

22日，自治区党委常委、组织部部长喻云林到贵港市产业园区、企业调研非公党建工作和新兴产业发展。

同日，广西咏春拳研究会在贵港市君咏春国术馆正式挂牌成立，标志着全区咏春拳的研究传承将更系统正规。

同日晚，2017贵港市军民迎春晚会在市会议中心大会堂举行。

24日上午，贵港市委、市政府在城区举行慰问先进代表和英烈英模家属代表座谈会。

25日，由贵港市委宣传部、市文联主办的“美丽南方——贵港2017迎春美术作品展览”在市博物馆开展。此次美术展共展出作品100幅，首次邀请贵港籍在广西区内工作的画家创作的作品回贵港展出。

28日，是大年初一，贵港市委书记、市人大常委会主任李新元到公安派出所、交警执勤点、环卫工人工作点、市人民医院120急救中心，看望慰问一线值班人员，给大家拜年。

2月

3日，贵港市委书记李新元率市招商小分队到河北省新凯汽车集团有限公司总部考察推介。

4日，贵港市委书记李新元在北京市拜会国家能源局电力安全监管司司长童光毅。

5日，由自治区就业局和贵港市人社局、扶贫办、总工会、妇联等部门联合举办的“春风行动暨春节期间农村返乡人员就业大型招聘会”在贵港市区新世纪广场举行，有495家用人单位进场招聘，现场为求职者提供3万多个就业岗位，有9156人达成就业意向。

6日下午，贵港市委书记李新元到市工业园区调研，强调要以更强的决心、更大的力度、更实的举措加快产业园区发展。

8日上午，贵港市扶贫开发领导小组召开2017年第一次全体会议。

10日上午，贵港市组织部长会议在城区举行，会议期间对“我身边的共产党员”微视频大赛获奖作品和单位进行表彰。

同日，平南县大安镇举行“2017年大型春节春游”彩车活动。

同日晚，贵港市“幸福荷城欢乐元宵”元宵灯会在市区新世纪广场举办，会场设“金鸡迎新”主花灯、“福地桂平”“腾飞平南”港北区“新能源新奋进”、港南区“锦绣前程”“荷美新区醉美覃塘”等大型灯组，主花灯制作围绕打造“实力活力魅力给力”新贵港、创建文明城市、社会主义核心价值观、荷城城市品牌、贵港精神等内容，注入鸡元素，设计出荷城吉祥物《荷娃祈福》，用丝绸、火焰、铜钱等连接贯穿整个灯组，呈现贵港生机勃勃的景象，预示贵港发展蒸蒸日上。

11—12日，农历正月十五、十六日，桂平市南木镇宾山寺、弩滩甘王庙，汉族同胞举行传统民间民俗盛大庙会。

14日上午，贵港市召开“美丽贵港·宜居乡村”活动电视动员大会，启动“美丽广西·宜居乡村”活动。

16日下午，贵港市委召开第十二期“书记面对面”谈党建工作研讨会，市委书记李新元与市直各部门和县(市、区)、乡(镇、街道)、村(社区)三级党组织书记参加,会议主题围绕“做好村(社区)‘两委’换届,建强村(社区)党组织战斗堡垒”,会议强调确保实现和谐换届、阳光选举。

16—23日,广西乒乓球队在贵港市体育中心为备战全运会举行预赛,同时有来自智利、多米尼加国家的4位运动员参加训练。

17日,为借鉴玉林市在农业、旅游、城市建设等方面,尤其是在“五彩田园”、智慧城市和园博园建设经验,贵港市委书记李新元、市长农融率贵港市党政考察团赴玉林市考察学习。

20日上午,桂平市人民法院首次通过中国庭审公开网同步直播两起民事案件庭审,成为贵港市首个运用该平台进行庭审网络直播的基层法院,标志该院四大公开平台(庭审直播公开、审判流程公开、裁判文书公开、执行信息公开)全线开通。

22日上午,贵港市与自治区质监局在市区签订《关于推动质量强市战略促进贵港经济社会发展合作备忘录》。

同日,贵港市市长农融在市区会见《经济日报》广西记者站站长周骁骏一行,介绍贵港新能源汽车、电子信息、生物制药的“新三篇”工业新格局和“贵港速度”的实现情况。

同日下午,主题为“海魂”的骆春伟先进事迹主题情景报告会在南宁市举行,贵港市党员干部通过电视直播收看报告会。

23日上午,贵港市公安局和港北公安分局在市区新世纪广场联合举行反恐应急演练,特警、港北巡警、武警、交警等参加演练,共出动警力近500名、警车80多辆。各县(市、区)公安系统同时在各自辖区举行反恐应急演练。

同日,贵港市正式领取交通运输部“全国交通一卡通”密钥,标志着贵港市全面启动交通一卡通互联互通建设。

24日,贵港市委、市政府召开解放思想抢抓机遇再讨论暨投资促进工作大会,总结2016年“六个年”活动,进一步动员全市在新的发展阶段、新的历史起点上解放思想,持续发力、久久为功,以新理念新思想深化拓展“六个年”活动。

27日上午,第二十五届中国城市化论坛特别节目《论道》之《小镇·大事》在港南区举行。

同日,“贵港和谐号”动车正式开通。

同日,港南区人民法院审委委员、民二庭庭长徐卫被全国妇联授予“全国三八红旗手”称号。

27日晚,覃塘区石卡镇大岩村举行贵港市高级中学新校区建设项目用地集中签字确认仪式,该项目规模按在校生6000人建设,总建筑面积13.8万平米,计划总投资6.8亿元。

28日下午,由中国国际城市化发展战略研究委员会主办、市人民政府承办的第二十五届中国城市化论坛在市区举行。论坛围绕“中国贵港—桥圩开启硒+N产业融合升级密码”主题,就如何加快特色小镇建设进行深入探讨。

3月

1日零时起,贵港市11家城市公立医院全部实行药品零差率销售,同步调整医疗卫生服务价格及医保支付政策,由此,贵港市城市公立医院综合改革正式开启。

同日起,贵港市全面实行企业简易注销登记改革,以缓解企业注销程序复杂、耗时较长、退出渠道不畅等问题。

同日,贵港市委书记李新元率贵港市招商小分队到广东省海大集团考察推介,市政府与海大集团签订投资16亿元的生猪生态养殖项目合作协议。

同日,贵港市杨海娟、王洁红、黄金焕、黎秀玉、张琼、陆惠美、陈静、贾秋红、邓燕云9人被自治区妇联授予“广西三八红旗手”称号,港北区妇女联合会、覃塘区国家税务局纳税服务股(办税服务厅)、广西电网有限责任公司贵港供电局电费班、贵港市人民医院4个单位被授予“广西三八红旗集体”称号。

同日,广西首张“口头申报即可办照”的个体工商户营业执照为覃塘区石卡镇陆某发出,贵港市成为继厦门、沈阳之后,全国第三个实施个体工商户和个人独资企业“口头申报　即可办照”简易登记模式的城市。

2日上午,贵港市委书记李新元率招商小分队到深圳市招诚集团考察推介,市政府与招诚集团旗下华胜集团有限公司签订木材国际产业中心建设项目合作协议,计划总投资约150亿元。

同日下午,自治区副主席张秀隆率自治区分管部门负责人到贵港市召开农业农村工作和珠西规划实施办公服务会,协调解决贵港市在发展农业农村工作和实施珠江—西江经济带规划过程中遇到的困难问题。

2—3日,贵港市统战工作会议在城区召开。

3日上午,贵港市建筑业协会第六届会员代表大会在市区召开,贵港市建筑业协会2011年—2016年连续5年获广西建筑业联合会授予“先进协会”称号。

6日上午，贵港市人大常委会立法研究评估与咨询服务基地在在玉林师范学院挂牌成立。

同日晚，贵港市在市会议中心举行“巾帼群英颂党恩，携手共建新贵港”文艺晚会，庆祝第107个三八国际劳动妇女节，对全国三八红旗手、广西三八红旗集体、广西三八红旗手和2016年度贵港市“最美家庭”进行表彰。

8日上午，为庆祝第107个三八国际劳动妇女节，贵港市在市体育中心举办“快乐三八节　幸福女人行”活动，上千名女干部职工参加，市委书记李新元及4名市委常委参加。

9日上午，广西海事系统最大的内河巡逻船“海巡1012”在贵港正式列编。

10日晚，第三十四届西南西北片区台商协会会长联谊会暨贵港投资发展环境推介会在贵港市区举行。

13日上午，贵港市四家班子机关、市绿化委成员单位干部职工，驻贵部队官兵、武警战士以及共青团员等近400人到港北区根竹油库狮子岭参加2017年“创建国家森林城市”植树节义务植树活动。

14日，自治区副主席张秀隆率全区春季农业生产暨农民增收现场会的与会人员到贵港市考察。

同日下午，自治区党委第一督察组组长、自治区纪委常委、监察厅副厅长覃黎魁率督察组到贵港市，就中央第三巡视组对广西巡视“回头看”反馈意见整改工作进行督察。

16日下午，贵港市委理论学习中心组举行2017年第一次集中学习会。

16—19日，由广西科协、教育厅联办的第32届青少年科技创新大赛在广西科技馆举行。贵港市选送82项作品参加比赛，经公开展示和专家组评审，终评结果共荣获一等奖12项、二等奖21项、三等奖38项。

20日下午，贵港市召开全市“征地拆迁大会战”抽调人员集中派遣会。

同日，广西日报社公布《广西日报》2016年度通讯报道先进单位和十佳优秀先进通讯员名单，桂平市获通讯报道先进单位甲等奖，该市连续10年荣获此荣誉。

23日上午，贵港市与广西物资集团有限责任公司在市区举行项目对接洽谈暨合作办学签约仪式，标志着广西物流职业技术学院项目正式落地贵港。

24日16时许，桂平市木乐镇广仁村路段发生特大道路交通事故，一辆大货车撞上放学穿过马路的小学生，造成3死2伤。

同日，贵港市工商业联合会第五次代表大会在市会议中心大会堂召开。

25—30日，台湾花莲县代表一行15人到贵港市参加“壮族三月三·和谐美贵港”活动。

27日，贵港市依托微信城管平台，实行条块融合、上下联动的网格化管理，开始推行市政管理辖区“格长”制、“路长”制。

同日，贵港市2017年“壮族三月三·和谐美贵港”少数民族传统体育展演在港北区龙荟花世界举行。

同日，由贵港海事局、贵港市教育局、共青团贵港市委联合举办的贵港市2017年全国中小学生安全教育日暨水上安全知识进校园活动启动仪式在港北区兴隆小学举行。

29日，贵港市“道德讲堂”2017年总堂第1期在广电大楼开讲，该讲以“廉洁修身爱岗敬业”为主题，通过省吾身、唱歌曲、学模范等9个环节传递道德力量。

4月

9—10日，泰国能源部部长顾问娜帕彭率泰国代表团到贵港市考察，市长农融会见娜帕彭一行。

10日，贵港市脱贫攻坚推进大会暨业务培训会召开，会议总结分析上年脱贫攻坚工作形势和表彰先进，对2017年脱贫攻坚工作进行再动员、再部署、再培训。市委书记李新元强调，要统一思想行动，坚定信心决心，紧扣重点难点，集中力量资源，下足“绣花功夫”，精准施策发力。

12日，国务院安委办宣讲团第四组到贵港市宣讲《中共中央国务院关于推进安全生产领域改革发展的意见》。

13日上午，贵港市厅级领导和处级主要领导学习贯彻中共十八届六中全会精神专题研讨班在市区开班。

14日，上海交通大学3D创新研究中心——贵港市人民医院分中心签约暨授牌仪式在贵港市人民医院举行。

同日，全国政协委员、中国社会保险学会会长、人社部原副部长胡晓义率调研组到贵港市就社会保险信息化建设情况展开调研。

18日上午，2017年贵港市首次“企业家活动日”在甘化集团覃塘厂区举行，110多名企业界代表参加，传达自治区企联《关于申报广西100强企业、制造业企业50强、服务业企业50强、民营企业50强的通知》，部署贵港市企业评优工作。

19日上午，贵港市委召开第一期书记问效党建工作会议，标志着贵港市书记问效党建工作正式启动。市委书记李新元对基层党建固本培元“六大行动”任务落实、招商引资签约项目落地情况进行问效，对问效对象的工作情况进行点评，并就相关党建问题对各级党组织书记进行考问。

21日，中共贵港市委组织部、广西工业职业技术学院联合建立政校协同育人、协同创新团队签约暨揭牌仪式在广西工业职业技术学院二校区（贵港校区）举行。

22日，贵港市2017年度考试录用公务员（选调生）笔试开考，13335名考生竞逐673个岗位。

24日上午，贵港市委召开常委扩大会议，传达学习中共中央总书记、国家主席、中央军委主席习近平4月19日—21日视察广西讲话和自治区党委常委扩大会议精神。习近平考察时强调，全面建成小康社会任务艰巨，要统筹推进“五位一体”总体布局和协调推进“四个全面”战略布局，坚持稳中求进工作总基调，全面做好稳增长、促改革、调结构、惠民生、防风险各项工作，稳扎稳打，善作善成，扎实推动经济社会持续健康发展。

25日上午，贵港市举行重大项目集中开竣工仪式，仪式在覃塘区设主会场，在桂平、平南、港北、港南设分会场，集中开工项目共58个，总投资额513.11亿元；竣工项目22个，总投资90.22亿元。

26日，自治区书记彭清华在贵港市石卡工业园就华奥汽车项目考察。自治区副主席张秀隆到桂平召开大藤峡建设领导小组成员会议。

27日，广西投资和项目建设工作会议在贵港市召开，分析研判经济形势，对加快投资和项目建设进行再动员、再部署、再推进、再落实。自治区党委书记彭清华、自治区主席陈武出席并讲话。

同日下午，自治区二轻联社在平南县平山镇举行“广西平南县平山镇特色产业区域授名考评会”，该镇获得“广西工艺编织品名镇”称号。

同日晚，由贵港市总工会、体育局主办的贵港市职工庆“五一”体育活动在市体育中心综合馆举行启动仪式。

28日，自治区宣讲团到贵港市开展“走基层”宣讲活动，传达习近平视察广西时的讲话和指示精神。

同日，港南区召开纪念谭寿林烈士诞辰121周年座谈会。

30日，贵港市人民医院生殖医学中心首例试管婴儿成功妊娠，填补了该院在生殖医学领域的空白。

2017年4月26日，自治区书记彭清华（前右二）在贵港市石卡工业园就华奥汽车项目建设考察

市产业园区管委会　提供

5月

1日，贵港市在市区新世纪广场举行“五一”升国旗仪式，劳动模范、企事业单位代表和数百名各界群众参加，庆祝国际劳动节。

3日，覃塘区东龙镇数字化预防接种门诊建成投入使用，成为贵港市第一家数字化预防接种门诊。

4日上午，贵港市委人才工作领导小组召开2017年第一次会议，市委书记、市委人才工作领导小组组长李新元出席并讲话，会议审议并原则通过《贵港市关于深化人才发展体制机制改革的若干实施意见》《关于进一步激发人才创新创业活力　加快建成新兴工业城市的若干措施》。

同日，一批原产自南美洲的苏里南铁线子原木抵达贵港口岸，这是贵港口岸首次进口苏里南铁线子原木，标志着贵港海关、贵港检验检疫局帮扶企业扩大进口原木种类和来源国取得新突破。

4—6日，中国—东盟博览会（文莱展）暨文莱首届中小微企业展在文莱斯里巴加湾市举行。贵港市市长农融出席开幕式，见证文莱经济发展局与广西瑞安物流集团签署合作协议，并拜会文莱财政部副部长兼经济发展局主席拿督阿敏,考察文莱企业。

5日,经国务院审定,贵港市土地集约节约利用成效较好、闲置土地较少获得新增建设用地计划指标5000亩奖励,是全国获奖10个市(盟)之一,广西唯一的市。

8日,贵港市对机动车辆未礼让斑马线的违法行为试点开罚。

9日下午,贵港市委常委会召开会议,传达学习全国、全区推进"两学一做"学习教育常态化制度化工作座谈会精神和全区国有企业党的建设工作会议精神。

10日,贵港市编制和优化市县乡三级行政权力运行流程动员暨培训会议在市区召开。

10—11日,美国康伯斯威尔大学专家以及70多名新华连锁幼儿园的学前教育专家、园长、骨干教师到贵港市开展学前教育学术交流。

11日下午,贵港市学习贯彻中共十八届六中全会精神专题讲座在市会议中心大会堂举行。清华大学国情研究院副院长、中国农村研究院副院长、公共管理学院教授王亚华应邀作题为《中国国情与从严治党》的专题讲座。

11—12日,贵港市人大代表履职平台建设经验交流会在平南召开。

18日上午,贵港市第五届政务公开日活动启动仪式在市区新世纪广场举行,活动主题为"推进政务公开,助力经济发展"。

同日,自治区党委常委、统战部部长赵德明到贵港市调研统战工作和非公有制经济发展工作。

19日,自治区党委常委、秘书长王可到所联系服务的自治区重大项目大藤峡水利枢纽工程开展调研。

21—23日,中国汽车零配件协会第81届全国汽车配件交易会在南宁举办,贵港市首次组织4家汽车及汽车零配件厂家参会。

22日上午,贵港市2017年贫困村党组织书记培训班在市委党校开班。

23日晚到24日,贵港市大部地区降下大到暴雨、局部地区大暴雨,受其影响桂平市、覃塘区等部分乡镇出现洪涝灾害,直接经济损失14.02万元。

24日,2017年全国"最美家庭"评选揭晓,贵港市贵港火车站退休职工林毓梁家庭、平南县审计局副局长张钊家庭获得全国"最美家庭"称号。

25日上午,贵港市委书记李新元到港南区八塘镇高岭村"儿童之家",与孩子们开展"童心向党·喜迎十九大"庆祝六一儿童节活动。

26日,平南县在平南中心购物广场举办主力商家签约仪式,南城百货、麦当劳、屈臣氏、国美电器、大地影院等200多家国内外知名品牌商家参与。

27日,贵港市已建立富硒农产品生产基地88个、总面积5.82万亩,覆盖当地主要优势产业;有24家企业28个产品通过自治区富硒农产品认证,占广西认证数量的29.47%,获认证数量居广西第一。

同日,在全国首个科技工作者日到来前,贵港市2017年"全国科技工作者日"活动暨中国科协"双创科技信息企业推广应用服务项目(贵港)"在西江科技创新产业城启动。

6月

2日,工信部发布第296批《道路机动车辆生产企业及产品公告》,广西华奥汽车制造有限公司4款"金华奥"牌纯电动城市客车和2款"金华奥"牌纯电动客车底盘被列入公告。

6日,由共青团贵港市委、贵港市教育局主办的"红领巾相约中国梦——听党的话,做好少年"暨"喜迎十九大 鼓号齐奏响"贵港市少先队鼓号队比赛在市体育中心举行。

7日,市委书记李新元率考察团赴河池市考察,重点考察学习河池市工业园区规划建设中先进经验和做法。

7—10日,人民网广西频道采访组到贵港市,就城市党建工作进行全媒体报道。

8日,国家水利部部长、党组书记陈雷率调研组到桂平市调研大藤峡水利枢纽工程建设。

10—11日,首届"国安骨科创新论坛暨国际微创脊柱外科研讨班"在贵港市举行,哈佛大学医学院李国安、美国弗吉尼亚大学ChunPoYen等19名国内外知名教授参加论坛。

12日,贵港市首个以"孝、勤、礼、谦、仁、俭"为主元素的家风家训主题公园在港南区新塘镇万福村建成。

13—14日,自治区人大常委会举行全区人大代表联系人民群众履职平台建设经验交流会在贵港市召开。

14日下午,自治区人大常委会副主任高雄到贵港市博物馆参观指导。

14—16日,自治区政协副主席高枫率自治区政协委员视察团到贵港市港北区、港南区和平南县7所学校,就推进义务教育均衡发展工作开展监督性视察。

16日,贵港港中心港区苏湾作

业区开港运营。

同日，贵港市妇女儿童法律咨询服务中心揭牌。

18日，覃塘区第四届“荷美覃塘”开园仪式在覃塘莲藕产业(核心)示范区莲心广场举行。

19日，贵港市村(社区)“两委”换届选举工作暨基层党建工作重点任务推进会在市区召开，标志2017年贵港市村“两委”换届工作正式拉开序幕。

同日，贵港市荷花展系列文化活动第五届荷菜美食大赛在市区举行，来自近20家餐饮企业的45个菜品参加比赛。

21—23日，两广九市联盟记者团到贵港市就“印象荷城”联合采访报道。

同日，贵港市城区布山大道北侧支路道路工程申报项目建议书、立项、界限图测绘、设计招标和地质勘查等19大项前期工作全部完成，是贵港市新推出的投资建设项目网上预审批(微信)平台后办结项目，审批提速58.25%。

22日，市委书记李新元到港南区出席该区木格镇东坡村贫困户集体入住“安居房”仪式和港南区2016年脱贫摘帽达标村授匾仪式，走访帮扶联系贫困户，开展“七一”慰问活动。

同日，世界品牌实验室(World BrandLab)发布2017年第十四届《中国500最具价值品牌排行榜》，广西源安堂药业有限公司的“源安堂”和“肤阴洁”连续13次入围上榜。

23日，贵港市第四届“美丽贵港·我爱荷城”荷花展在新世纪广场主会场开展。

25日晚，由贵港市委宣传部、港北区委宣传部主办的第四届荷花展“幸福港北·蓝衣欢歌”情景音乐剧在市区新世纪广场举行。

同日，由共青团贵港市委员会、贵港市精神文明建设委员会办公室、关心下一代工作委员会等单位主办的“喜迎十九大　共创文明城”贵港市2017年青少年千人现场书画大赛在贵港市体育中心举行。

26日，2017年贵港市“6·26”国际禁毒日宣传活动在市区启动。

同日，由中国保健协会、中国抗癌协会康复会、内蒙古蒙健生物科技有限公司联合发起，中国保健协会保健品应用推广工作委员会主办的“贵港‘和’健康论坛”——蒙健·中国家庭慢病防控行动贵港站启动仪式在贵港市区举行，旨在贯彻《“健康中国2030”规划纲要》，推动“中国家庭健康素质教育”。

同日，贵港市开展2017年水生生物资源增殖放流活动，向郁江和达开水库等流域投放鲢鱼、鳙鱼、草鱼、青鱼、黄沙鳖等水生生物近800万尾。

26—30日，贵港市代表团参加在云南省昆明市举办的全国第31届荷花展。黄卫平代表市政府正式向中国花卉协会荷花分会第八届理事会提交举办全国第32届荷花展申请并获得批准。

27日，贵港市政府与自治区林业厅在广东省佛山市联合举办2017年广西贵港市(广东佛山市)林产品交易会。

27—28日，“全国优质荔枝擂台赛”活动在玉林市北流举办，桂平麻垌荔枝荣获一金两银一铜。

30日，贵港市第一批30辆崭新的华奥新能源公交车正式投运，开启贵港市绿色环保节能公交出行新篇章。

7月

1日，贵港市在市区新世纪广场举行升国旗仪式，优秀共产党员代表和数百名市民现场观礼。

3日上午，贵港海关通过中国电子口岸预录入系统申报放行广西贵宝鞋业有限公司进口货物，耗时10秒，是全国海关通关一体化启动后，贵港海关放行的首批进口货物。

同日，贵港市商标品牌联盟在贵港市工商局成立并举行签约仪式，成立广西首个商标品牌联盟。

5日晚，贵港市港北区中旺加油站附近出现漏油现象，贵港市立即启动应急响应，连夜组织市公安局、安监局、消防支队以及港北区政府等相关部门赶赴现场处置，事故没有造成人员伤亡。

6日，广东省东莞市发展和改革委员会负责人率该市粮食商贸、加工、流通等方面的企业家一行32人到贵港市考察，粮食商贸企业与贵港市签订25万吨的粮食产品购销协议。

7日下午，自治区人大常委会副主任荣仕星到贵港市部分重大项目建设现场调研并接访群众。

10日，自治区政协副主席李彬率自治区相关部门负责人到贵港市，就自治区政协重点提案《关于将贵港西江农场属地化管理的建议》开展督办调研。

11日，自治区副主席张秀隆率调研组到贵港市开展抓改革促发展专题调研。

13日，广西“十三五”首批镇级污水处理设施项目集中竣工仪式在贵港市举行。

14日，贵港市高考已获清华大学、北京大学录取考生13名，2017年全市实际高考参考人数37315人，一本上线人数4273人，上线率11.45%，录取人数创历史新高。

18日，贵港市城区罗泊湾大桥

通车，该项目总投资11亿元，大桥全长2944米，桥长1807米，主桥长280米，道路宽60米，主桥宽37.5米，双向6车道，由北引桥、主桥、南湖桥和南引桥组成。

同日上午，中国外运广西贵港公司在贵港市永泰码头举行“开通贵港港至东莞港(虎门港)内贸集装箱班轮航线”开航仪式。

18日下午—19日上午，自治区主席陈武率领全区县域经济发展大会暨年中工作会议第二考察组到贵港市平南县考察。

20日，由自治区体育局主办的2017年广西青少年男子篮球锦标赛在贵港市体育中心开赛，来自广西14个地市28支球队参赛。

21日上午，在2017贵港市高校毕业生大型现场招聘会上，贵港市首次推出市内重点企业推介会现场，160多家用人单位、企业到现场招聘，提供就业岗位7000多个，达成意向协议316人。

同日，广西精神文明建设工作推进会召开，贵港市获授“自治区文明城市”称号，实现全区文明城市“三连冠”。

24日，贵港市县域经济发展大会暨年中工作会议在城区召开，参会代表分四组到三区两县(市)园区企业、项目现场参观考察。

26日，广西企业与企业家联合会公布2017广西企业100强、2017广西制造业企业50强、2017广西服务业企业50强、2017广西民营企业50强，广西贵港钢铁集团有限公司、广西扬翔股份有限公司、广西贵港建设集团有限公司、广西贵糖(集团)股份有限公司榜上有名。

27日，清华大学党委副书记过勇率队到贵港市调研。

28日，贵港市庆祝中国人民解放军建军90周年座谈会在驻贵75130部队举行，晚上在市会议中心举行文艺晚会。

同日，2017贵港市石硖龙眼节在平南县中心广场启动，龙眼销售实行“互联网+”采用“电商企业+种植基地+快递物流”模式推广。

30日，港北区奇石乡跨越达开水库的高山大桥竣工通车，该桥是该区重点民生项目，总投资4210万元，路线总长1310米，其中桥长534米、引道长776米，设计桥宽8.5米、路基宽7.5米。

30日—8月1日，第十四届全国武术之乡套路比赛在河北省沧州市开赛，桂平市武术代表队获金牌3枚、银牌5枚、铜牌15枚。

8月

4日下午，恒天易开与贵港市人民政府在市政府北门广场联合举行易开出行新能源汽车分时租赁项目启动仪式，是广西第一个引进汽车分时租赁项目的地级市，标志着易开出行正式入驻贵港。

8日，根据广西投资环境监测调查数据对比结果，贵港市2017年总体投资环境满意度达到83.25，比2016年提高1.62，比广西同期平均水平81.38高1.87，在广西14个地级市中排名第一。

同日，第三届粤桂黔高铁经济带合作联席会议暨粤桂黔高铁经济带合作试验区(贵州园)建设工作现场会在贵州省黔南州都匀市举行，贵港市市委书记李新元率团参加。

同日，第九届广西体育节贵港市系列体育活动开幕式暨2017年“娃哈哈”群众健身走活动在贵港市体育中心举行。

同日22时，贵港市在全市范围内开展“神剑·打黑除恶”2号行动。

10日，凌晨3点半，贵港市区青云大桥实现合拢，该桥为亚洲首座钢混叠合梁斜拉桥，主桥部分长548米，宽36米，设计为双向6车道，总投资额为2.8亿元。

11日，贵港市企业广西国宏智鸿环境科技发展有限公司将在桂林市恭城县设立广西第一个“农村污水处理项目远程控制中心”。

14日，贵港市区首发夜间公交专线车，高铁站—西江工业园(Y1路)、高铁站—汽车南站(Y2路)，营运时间晚上8点至11点30分。

15日，自治区人民检察院检察长崔智友到贵港市就检察工作开展调研。

17日，玉柴桂平农光互补光伏发电一期项目在桂平市蒙圩镇棉宠村正式投入运营，是时下广西最大的农光互补光伏发电项目，利用农业大棚建设光伏发电，开创“生态农业+扶贫工程+清洁能源+休闲观光”的新型“三产融合”经济模式。

19日，贵港市集中处置公务用车改革取消车辆工作全部结束，通过淘宝网拍卖平台处置6批、619辆公务用车，成交车辆挂牌金额571.02万元，成交价1230.29万元，平均溢价率115.45%。

23日，受第13号台风“天鸽”影响，平南县大部风力7~8级，局部阵风达10级(官成水库达11级)。从23日8时到24日8时，平南县普降中到大雨、局部暴雨，降雨量在50~99.9毫米的有11个乡镇、25~49.9毫米的有9个乡镇、10~24.9毫米的有1个乡镇，台风造成平山、大坡等5个乡镇停电，全县直接经济损失986.2万元。

25日上午，贵港市2017年创建全国文明城市迎检工作推进会在市区召开。

同日下午，贵港市人民政府举行宪法宣誓仪式，自2016年1月1日始由市人民政府任命的140名国家工作人员参加庄严的宪法宣誓。

28日，贵港市CEPA项目绿色通道在市政务服务中心挂牌，对CEPA框架下港澳投资项目提供咨询以及优先行政审批服务。

29日，贵港市CEPA项目广西澳贵现代农业发展项目在港南区签约，该项目是贵港市CEPA框架下第一个澳门项目。

9月

1日，贵港市正式实施“多证合一、一照一码”登记制度改革，当天上午首张“多证合一”营业执照在市政务服务中心工商窗口发出。

3日，贵港市城区开通快速公交车线路3条，停靠站点比普通线路少50%以上，分别是K1（峡山—西江监狱），K2（汽车南站—中山北路家居市场），K3（高铁站—罗泊湾大桥—307地质队）；首次开通学生公交线路3条，分别是X1(港北高中线路)，X2（艺体高中线路)，X3（德智高中线路）。

5日，贵港市人民政府新闻发布厅在市广电中心建成并正式启用，当天上午举行贵港市2017年1月—7月经济社会发展情况新闻发布会。

10日，泰国洛坤府副府尹拉克潘尼基曼尼率代表团到贵港市考察访问。

11日下午，贵港市在贵港火车站举行欢送新兵入伍大会。

13日下午，第14届中国—东盟博览会贵港市投资合作项目签约仪式在南宁举行，此次签约项目总数26个，合同投资总额136.6亿元。

18日上午，贵港市开展防空警报统一试鸣活动，市直、各县(市、区)6所初级中学同步进行人员疏散隐蔽演练。

同日，国家网络安全宣传周贵港市活动在市区新世纪广场举行。

19日上午，2017年全国科普日活动·贵港市“十月科普大行动”暨第五届青少年科学节在贵港市江南中学启动。

20日，贵港市平南县活力龚州生态循环农业(核心)示范区被广西壮族自治区人民政府认定为第四批广西现代特色农业(核心)示范区(四星级)，贵港市覃塘区毛尖茶产业(核心)示范区被认定为广西现代特色农业(核心)示范区(三星级)。

21下午，赛尔康(贵港)有限公司举行开业庆典，标志着赛尔康(贵港)电子工业园项目正式投产。

22日，贵港市2017年“百名法学家百场报告会”专场法治宣讲会在市会议中心大会堂举行，国际关系学院公共管理系教授、国家安全学创始人刘跃进应邀到场作专题报告。

23日上午，中华全国供销合作总社党组书记、理事会主任王侠率调研组到贵港市，就供销合作社综合改革工作进行专题调研。

26日上午，贵港市妇女第五次代表大会在市会议中心开幕。

同日，贵港市市委、市政府《贵港市全面推行河长制工作方案》出台，全面推行河长制。

28日，贵港市高级中学举行主题为“喜迎十九大　贺百十校庆”建校110周年庆祝活动启动仪式。

30日，是国家法定烈士纪念日，贵港市组织党员干部和社会各界代表在南山革命烈士纪念碑前开展烈士纪念日公祭活动。

10月

1日上午，贵港市在市区新世纪广场举行升国旗仪式，喜迎十九大，庆祝中华人民共和国成立68周年。

同日，贵港市城区荷城小巴首次试运行，小巴为半敞开式电动，是城区取缔人力三轮车后为解决小街小巷出行难问题而开通。

1—8日，国庆、中秋“双节”假期，贵港市接待游客152.06万人次，同比增长27.75%；实现旅游收入8.97亿元，同比增长40.35%。

7日和8日，第三届哈佛大学医学院Mudgal教授手外科论坛在贵港市人民医院举办，有市内外200多名医务工作者参加。

8日，广西贵(港)隆(安)高速新柳山隧道左线贯通，该隧道位于覃塘区覃塘镇姚山村，是广西贵隆高速公路首条隧道单幅贯通。

9日下午，以黄大年为原型现代桂剧《赤子丹心》在贵港市会议中心大会堂巡回演出。

11日上午，共青团贵港市第五次代表大会在贵港市会议中心开幕。

11—13日，2017中国—东盟博览会旅游展在桂林市举行，贵港市主题展示馆获得此次博览会最佳展示奖。

12日上午，贵港市举行2017年第二批重大项目集中开竣工仪式，总投资250多亿元的106个重大项目集中开竣工。

同日上午，贵港市高级中学新校区项目在贵港市西江教育园区举行奠基仪式，标志着百年贵高翻开新的发展篇章。

同日，贵港市四大国有集团公

2017年10月13-15日，第二届广西新能源汽车电动车博览会在南宁开幕，贵港市组团参会

市投资促进局 提供

司在市区举行成立授牌仪式，分别是贵港市建设投资发展集团有限公司、贵港市交通投资发展集团有限公司、贵港市城市投资发展集团有限公司和贵港市金融投资发展集团有限公司。

13日下午，2017年贵港市扶贫日系列活动启动仪式在贵港市艺术创作中心举行。

同日晚，贵港市第七届“和为贵”文化节开幕式暨“百孝之子”颁奖晚会在市区新世纪广场举行，刘秀梅等10人被授予2017年度贵港市“百孝之子”称号，吴虹锋家庭等19户家庭被授予2017年贵港市“最美家庭”称号。

14—15日，贵港市气排球争霸赛开赛，53支代表队参赛。

16日，自治区副主席张秀隆率全区现代生态农业系列现场会与会代表到贵港市，就港南区富硒农产品核心产区、贵港市三禾米业有限公司等现代生态农业发展进行参观考察。

17日上午，港北区人民医院新院举行揭牌仪式，新院占地71.2亩，规划建筑总面积37464平方米，分两期建成。一期建设业务综合大楼(含急救中心)，总投资5600万元；二期投资5321万元，2017年10月开工，预计2020年完工。

18日上午，中国共产党第十九次全国代表大会胜利召开，贵港市各级、各界干部群众通过电视或网络视频，收看开幕式盛况。

19—20日，自治区政协副主席彭钊率调研组到贵港市就生物智能烘干设备研发和使用情况开展调研。

20日，贵港市自2016年开始行使地方立法权后制定的第一部实体法——《贵港市太平天国金田起义遗址保护条例》出台。

26日，《贵港市同心圆网络正能量传播联盟章程》公布，标志着广西首创的网络正能量传播联盟在贵港诞生。

27日上午，贵港市召开全市领导干部大会，传达学习宣传贯彻中共十九大精神。

28日，2017年全国重阳登高健身大会·南方会场暨中国健身名山·平天山(贵港)登山赛在贵港市平天山举行。

同日晚，贵港市城区西江大桥封闭施工，对大桥进行维修加固，工期约9个月。

30日，广西首个稻虾共生项目——桂平维军万亩生态农业基地启动仪式在桂平市南木镇中桥村举行，该项目通过“生态稻渔种养植(稻虾、稻渔及稻蟹)+产业延伸(深加工和精细加工)+生态观光旅游+产品销售(互联网+实体物流配送)”的方式，实现一体化及全产业链运作。

11月

3日，广西2017年电子商务及果业信息培训班在贵港市举办，全区14个地级市水果部门、水果种植经营龙头企业、合作社及电子商务经营商等水果产业部门100多名负责人参加培训。

14日，广西首个网络正能量传播联盟——贵港市同心圆网络正能量传播联盟启动仪式在市区举行。

16日上午，贵港市在新世纪广场举行“我们走进新时代——十九大精神荷城宣讲大篷车”巡回宣讲活动启动仪式。

17日，中国共产党贵港市第五届委员会第四次全体会议在贵港城区召开，全会审议通过《中共贵港市委员会关于深入学习宣传贯彻中共十九大精神的决定》。

同日下午，贵港市智慧城市建设PPP项目签约仪式暨智慧城市建设启动大会在市区举行，标志着贵港智慧城市建设进入实质性推进阶段。

21日，广西人大信访工作经验交流会在贵港市召开。

同日下午，自治区党委第二巡

视组巡视贵港市及所辖平南县工作动员视频会召开。

22日，自治区人大常委会副主任王跃飞到贵港市调研党群服务中心建设和新兴产业发展情况。

23日，贵港市成立广西首家行政审批“中介超市”揭牌正式运营。

24日，贵港市政府与中国林产工业协会、自治区林业厅在贵港市区共同举办第二届中国（贵港）木材加工产业发展高峰论坛。

27日，贵港市首个贫困村村级电商扶贫服务中心在覃塘区三里镇龙田村挂牌成立。

29日上午，贵港—爱玛电动车项目签约仪式暨中国—东盟新能源电动车生产基地招商推介会在贵港城区举行。

30日，贵港市在广西首开运动专线公交，定时、定点、定线开设晨练与晚练公交线路，晨练C1线路（汽车东站—马草江公园），时间为上6：00—9：00；晚练Y3线路（汽车东站—马草江公园），运行时间为18：00—21：00。

30日—12月3日，第四届中国汽车（房车）露营大会在桂平市西山泉汽车（房车）露营地召开，全国20多个省的体育、旅游行业的主管部门负责人、汽车运动协会成员和超5000辆自驾车参加。

12月

2日，桂平市大藤峡水利枢纽工程项目征地拆迁完成99.2%，项目建设累计完成投资129.3亿元。

4日，是第四个国家宪法日，贵港市在新世纪广场举行主题为“学习贯彻中共十九大精神　扎实推进贵港法治建设实践”宪法日系列宣传活动启动仪式。

6日，2017年跆拳道世界杯团体赛在科特迪瓦经济首都阿比让落下帷幕，平南籍选手彭昭杰和中国选手高盼、张梦宇、田间4人代表中国队参加男女混合团体赛，最终获得冠军。

7日，自治区党委副书记孙大伟到贵港市调研。

同日，中国人保财险贵港市分公司携手金汇通用航空股份有限公司和贵港市急救医疗中心等单位，在贵港市区新世纪广场联合举办“防灾减损立体救援”直升机救援服务启动仪式暨新闻发布会。

12日，贵港市科学技术协会第四次代表大会在市区召开。

同日，贵港市首票国际贸易“单一窗口”报关单——广西威汉鞋业有限公司进口一批鞋底顺利通关。

同日，贵港市首台导诉机器人亮相覃塘区人民法院。

15日，贵港市全市规模以上工业总产值达1080亿元，首次突破千亿元大关。

16—17日，“大卫山道杯”2017中国健美健身公开赛在贵港市体育中心举办。

18日，贵港市港北区富硒优质稻产业（核心）示范区被自治区人民政府认定为第五批广西现代特色农业（核心）示范区（四星级），桂平市龙潭神光森林生态文化旅游（核心）示范区被认定为广西现代特色农业（核心）示范区（三星级）。

21日，在中国副食流通协会举办的2017中国食品流通产业大会上贵港市荣获“中国生态富硒港”称号。

25日，港北区港城镇改港城街道办事处，平南县上渡镇改上渡街道办事处挂牌成立。

27日，由自治区农业厅、自治区商务厅、贵港市人民政府主办的第一届中国（广西・贵港）富硒农产品博览会在贵港市举办。

同日凌晨2时，324国道覃塘收费站动工拆除。

同日，贵港市城市监控联网系统三期项目（简称“天网”工程）正式竣工投入应用。

28日，贵港市2017年第三批重大项目集中开竣工，这次全市集中开竣工项目107个，总投资额达307.62亿元，其中亿元以上项目67个，10亿元以上项目5个。

29日，华能贵港七星岭风电项目开工仪式在覃塘区东龙镇举行，标志着贵港市第一个风电项目正式开工建设。

概　　况

自然环境

【地理位置】 贵港市位于广西东南部，东临梧州、南临玉林和钦州、西接南宁、北邻来宾。位于北纬22°39′~24°02′，东经109°11′~110°40′之间。地处广西最大的平原——浔郁冲积平原中部，珠江流域干线西江中游，面向粤港澳、背靠大西南、南出北部湾，处于华南、西南及珠三角、北部湾经济圈的结合部，行政区域面积1.06万平方千米。南（宁）广（州）高铁、黎（塘）湛（江）铁路、南（宁）广（州）高速等高速公路、324和209国道过境。郁江、黔江交汇于桂平城区流入浔江汇于西江。西江黄金水道流经全境，长年可通行2000吨级船舶，是广西重要的水陆联运交通枢纽，是东南沿海地区经济向中西部地区梯度转移的重要桥梁和大西南物资出口粤港澳最便捷、最经济的通道。

【环　境】

空气环境质量　2017年，贵港市环境空气监测365天，有310天达到或优于Ⅱ类标准，优良率为84.9%，首要污染物以PM2.5（细颗粒物）为主。获得监测数据6501个。其中，二氧化硫年日均浓度为11微克/立方米；二氧化氮年日均浓度为27微克/立方米；可吸入颗粒物年日均浓度为66微克/立方米；细颗粒物年日均浓度为42微克/立方米；臭氧日最大8小时平均第90百分位数浓度为142微克/立方米；一氧化碳日均浓度值第95百分位数浓度为1.3毫克/立方米。除PM2.5（细颗粒物）年日均浓度未达到国家《环境空气质量标准》（GB3095-2012）中的二级标准外，其余的监测该项目均达到此标准要求。

降水环境质量　2017年，贵港市区监测降水170场次，获降水监测数据2040个。降水的pH值范围为5.417~8.35，pH年均值为6.53。其中，pH值小于标准值5.6的降水3场次，酸雨频率为1.8%。

水环境质量　2017年，获河流水质监测数据12686个。国控断面火电厂、石嘴、武林渡口、白额和武思江大桥的年均值达到《地表水环境质量标准》（GB3838-2002）表1的Ⅱ类标准；城市集中式饮用水源地泸湾江的年均值达到《地表水环境质量标准》（GB3838-2002）表1的Ⅲ类标准。

声环境质量　2017年，获得噪声监测数据916个。其中，道路交通昼间噪声平均值为69.2分贝，噪声强度等级属二级，属于较好等级；城市建成区区域环境昼间噪声平均值为56.8分贝，噪声总体水平等级属三级，属于一般等级；功能区噪声布设监测点位8个，共4个类别功能区。4个类别功能区的等效声级除1类功能区第四季度昼间、1类功能区第三季度夜间和4a类功能区第一季度夜间的功能区噪声季均值超标外，其余季度的季均值均达标；年均值昼间、夜间也均达标。　（温志杰）

【气　候】 2017年，贵港市各地平均气温22.4~22.9℃，与常年相比偏高0.6~1.0℃；年度降水量1637.4~1905.6毫米，偏多约1成；日照时数为1469~1663小时，属正常。

（卢冬梅）

【水　文】 2017年，贵港市在主要河流及水库设有贵港、桂平、大湟江口、平南等水文（位）站51个、雨量站181个、水质监测断面20个、泥沙站2个、蒸发站4个、土壤墒情站1个、水土保持监测站1个，基本建立了布局科学、结构合理、项目齐全、功能完善的水文站网体系。

雨　情　汛期4月—9月平均降雨量1310.0毫米，较多年同期平均偏大8.9%，属偏丰年景。4月—9月各站点降水量在748.0~2005.0毫米之间，最大降雨量为平南县国安瑶族乡2005.0毫米，最小降雨量为桂平市社步镇748.0毫米，降雨量在1500毫米以上占全市面积的11.32%，降雨量在1000~1500毫米占全市面积的84.9%。最大1小时降雨量118.0毫米（桂平市石龙镇丰林村，7月2日）、最大3小时降雨量204.0毫米（桂平市江口镇，7月2日）、最大6小时降雨量281.5毫米（桂平市江口镇，7月2日）、最大12小时降雨量291.0毫米（桂平市江口镇，7月2日）、最大24小时降雨量324.0毫米（桂平市江口镇，7月2日）、最大3天降雨量366.0毫米（桂平市南木镇驽滩村，7月1日—4日）。

水 情 汛期期间，除郁江、马来河未发生超警戒水位以上洪水外，其他主要江河均出现超警戒水位，贵港市有20条河流31站次出现超警戒水位的洪水。浔江、黔江出现5年一遇洪水；大同江出现超20年一遇洪水。6月下旬—8月中旬，西江出现自施行洪水编号规定（2008年）以来年内发生3场编号的洪水。6月26日—7月4日受强降雨影响，黔江、浔江水位出现大幅上涨，此次洪水过程具有雨洪同向、范围分布广、超警河段多、洪水量级大等特点。黔江桂平水文站7月4日11时出现39.20米的洪峰水位，超警戒水位6.00米，浔江大湟江口水文站7月4日14时出现35.39米的洪峰水位，超警戒水位3.69米，均为5年一遇洪水，为2008年以来最高洪水位。大同江水晏水文站7月2日18时10分出现87.62米的洪峰水位，超警戒水位3.12米，为超20年一遇洪水。

大江大河水情 6月，受强降雨影响，柳江、红水河水位出现大幅上涨，黔江桂平水文站水位从6月26日15时起涨，起涨水位28.07米，至7月1日3时出现洪峰水位36.00米，水位涨幅7.93米，超警戒2.8米，涨水历时108小时；浔江大湟江口水文站从6月26日20时起涨，起涨水位25.15米，至7月1日7时出现32.18米的洪峰水位，超警戒水位0.48米，水位涨幅达7.03米，涨水历时107小时；平南水文站从6月26日21时起涨，起涨水位22.71米，至7月1日8时出现29.20米的洪峰水位，超警戒水位0.20米，水位涨幅达6.49米，涨水历时107小时；郁江贵港水文站受上游来水及浔江顶托影响，从28日3时起涨，起涨水位33.25米，7月1日10时水位37.24米，水位涨幅3.99米，1日下午洪峰回退。

7月，受强降雨及上游来水影响，黔江、浔江水位大幅上涨，全线出现超警戒水位洪水，黔江桂平水文站7月4日11时出现39.20米的洪峰水位，超警戒6.00米，浔江大湟江口水文站于4日14时出现35.39米的洪峰水位，超警戒3.69米，浔江平南水文站4日16时出现32.68米的洪峰水位，超警3.68米。郁江贵港水文站14日11时45分出现41.00米的洪峰水位，距警戒水位0.20米。

8月中旬，受弱冷空气影响，贵港市大部出现中到大雨，局部有暴雨，并伴有短时雷雨大风等强对流天气。受强降雨及上游柳江来水影响，各主要江河干支流水位大幅上涨，黔江、浔江全线出现超警戒水位洪水，黔江桂平水文站8月17日6时出现37.34米的洪峰水位，超警戒4.14米，浔江大湟江口水文站17日13时出现33.39米的洪峰水位，超警戒1.69米，浔江平南水文站17日15时出现30.40米的洪峰水位，超警戒1.40米。

中小河流水情 4月，降雨偏少，中小河流未出现明显的涨水。

5月下旬，受低涡切变和弱冷空气共同影响，贵港市大部、桂平市中部和南部以及平南县南部出现暴雨。其中，贵港市中部和桂平市南部出现大暴雨，白沙河南义水文站5月24日0时起涨，起涨水位91.49米，24日3时20分出现94.24米的洪峰水位，水位涨幅2.75米，距警戒0.46米。

6月，受低涡和高空槽共同影响，辖区内出现强降雨，受强降雨影响，部分中小河流出现明显涨水过程，但未出现超警戒洪水。

7月，受强盛偏南气流影响，贵港市北部出现大雨，港北区北部、桂平市北部、平南县北部出现暴雨，局部大暴雨。受降雨影响，思旺河、大同江出现超警戒水位洪水。思旺河思旺水文站2日17时24分出现37.78米洪峰水位，超警戒2.28米。大同江水晏水文站2日18时10分出现87.62米洪峰水位，超警戒3.12米，为超20年一遇洪水。木根河、马来河出现明显涨水过程，洪峰水位接近警戒水位。

8月，第13号台风“天鸽”、第14号台风“帕卡”影响贵港市。受台风影响，白沙河、猪儿江、鲤鱼江、武思江等河流出现超警戒水位洪水。白沙河南义水文站23日18时起涨，起涨水位91.46米，24日2时45分出现96.34米的洪峰水位，水位涨幅4.88米，超警戒1.64米；猪儿江桥圩水文站24日18时出现48.07米洪峰水位，超警戒0.57米；鲤鱼江三里水文站24日16时出现46.13米洪峰水位，超警戒0.13米；武思江思怀水文站26日19时出现45.17米洪峰水位，超警戒0.17米。马来河、大洋河、石梯江出现明显涨水过程，洪峰水位接近警戒水位。 （廖 伟）

【气象灾害】 2017年，贵港市主要

表1 2017年贵港市主要控制水文站最高水位对照表

（水位:米,85基准）

河流	站名	1—12月最高水位	出现日期	历史最高水位	出现日期	警戒水位
郁江	贵港	41.00	7.14	46.93	2001.7.10	41.2
黔江	桂平	39.20	7.4	41.89	2005.6.2	33.2
浔江	大湟江口	35.39	7.4	38.28	2005.6.23	31.7
浔江	平南	32.68	7.4	36.11	2005.6.23	29.0
六红河	中里	112.06	8.24	113.96	1994.7	112.5
大同江	水晏	87.62	7.2	89.81	2005.6	84.5
白沙河	南义	96.34	8.24	98.75	2009.7	94.7

气象灾害有暴雨、台风两种。

暴　雨　贵港市各地出现暴雨日数为4~7天，主要有5月15日、7月1日—2日等暴雨过程。

5月15日，受低涡切变和弱冷空气共同影响，贵港市港北区中部以及平南县北部出现暴雨，其中贵港城区出现大暴雨并造成内涝灾害。

7月1日—2日，贵港市北部普降暴雨，南部出现中到大雨。港北区北部、桂平市北部、平南县北部出现大暴雨，其中垌心、马练、江口、金田、南木、思旺等乡镇出特大暴雨。据自动气象站统计，全市有57站降雨量在50~99.9毫米，26站100~249.9毫米，12站250毫米以上，最大雨量为桂平市垌心乡，达315.3毫米。由于受上游来水和本地降雨共同影响，桂平、平南河段和部分中小河流出现超警戒水位。桂平市、平南县和港北区的部分乡镇出现一定的洪涝灾害。

台　风　全年有2个台风影响贵港市，8月23日—24日受第13号台风“天鸽”影响，8月26日—28日又接着受第14号台风“帕卡”影响。

受台风“天鸽”影响，全市大部出现较严重的风雨天气。8月23日—24日，大部出现暴雨至大暴雨，致部分地区出现严重内涝灾害。据统计，全市134个有记录的自动气象站中有116个站的累计雨量超过50毫米。其中，有59站超过100毫米，最大雨量桂平龙潭、港南木梓武思江站分别达220.8、200.1毫米。全市大部还出现6~7级阵风，局部最大阵风11级，平南县官成水库风速达30.9米/秒(11级)。据贵港市防汛办2017年8月25日统计，全市有53个乡(镇、街道)受灾，受灾人口26866人，倒塌房屋46间，农作物受灾面积2.94千公顷，供电中断5条次、通信中断1条次，直接经济损失1529.17万元。

受台风“帕卡”影响，8月26日20时至28日09时全市大部出现大雨，局部有暴雨，最大雨量出现在桂平龙潭公园79.5毫米，部分地区出现5~7阵风，无明显灾情。

（卢冬梅）

【自然资源】

矿产资源　贵港市主要的矿产资源40多种，有金、银、锰、铝、锡、铅锌、铁、铜、锑、铋、铀、磷、钛、白泥、钾、重晶石、石膏、石英、玄武岩、石英砂(岩)、红砂石、花岗岩、大理石、钾长石、石灰石、煤、赤砂岩、硅质岩、陶土及红黏土等。其中，锰矿储量达2174万吨，铅锌矿储量1749万吨，锡矿储量7000吨，煤储量3040万吨，石灰石储量2000亿吨以上，花岗岩储量100亿吨以上。三水铝储量两亿吨居全国首位，含量高，表层浅，易开采。黄金和铀矿被列为国家开采项目。

动植物资源　根据1996—2000年野生动物资源调查统计，贵港市境内野生动物资源共有25目、56科、112种。其中鳄蜥、蟒、林麝为国家重点一级保护动物，猕猴、穿山甲、白鹇、蛤蚧、虎纹蛙为国家重点二级保护动物。珍稀野生植物主要分布在大平山自然保护区，其中桫椤树属国家一级保护植物；圆籽荷、格木、紫荆木、观光木属国家二级保护植物。圆籽荷是中国独有的茶科单种属植物，广西境内只分布在贵港地区。

水利电力资源　境内河流密布，郁江、黔江交汇流入浔江，水能总蕴藏量达210万千瓦以上。西江航运枢纽一、二期工程早已建成发电，珠江流域防洪控制性枢纽工程、珠江—西江经济带标志性工程——大藤峡水利枢纽工程开工建设，项目计划投资330亿元，建设后水库总库容为34.3亿立方米，发电装机160万千瓦、年平均发电量61.3亿千瓦时，船闸可通航3000吨级船舶。市内拥有广西区内第一个超临界百万千瓦级火力发电厂，华电集团贵港发电有限公司计划投资120亿元，规划装机容量为3200兆瓦，一期工程2×600兆瓦超临界燃煤发电机组分别于2007年2月和6月投产发电。

旅游资源　贵港是广西重要的旅游胜地和重点发展的桂东南历史文化宗教名胜旅游中心，国家级景区14个，自治区级景区(点)、乡村旅游区10个，自治区级农家乐17处。著名景点有太平天国金田起义旧址、佛教圣地桂平西山、千年古刹南山寺、道教圣地白石山、

华南“小三峡”大藤峡、天文科学景观北回归线标志公园、龙潭国家森林公园、平天山国家森林公园、“四季花田”“荷美覃塘”特色农业(核心)示范区等。市区休闲娱乐及观光场所有园博园、东湖公园、新世纪广场、马草江公园和民族文化公园等。其中,西山风景名胜区、龙潭国家森林公园、金田起义旧址为国家AAAA级旅游景区,大藤峡景区、平天山国家森林公园、北回归线标志公园、中山公园、龚州公园等为国家AAA级旅游景区。

人文地理

【历史沿革】 据平南县相思洲文化遗址推断,距今约8000年前,古代贵港已有人类活动。秦始皇三十三年(公元前214年),秦朝征服南越,设桂林、象、南海三郡,其中桂林郡的治所在布山县(今贵港市区)。汉高祖三年(公元前204年),南海尉赵佗起兵吞并桂林郡和象郡,建立南越国,改桂林郡为郁州,布山县属郁州。汉元鼎六年(公元前111年),汉武帝派出的军队平定南越国丞相吕嘉等人的叛乱,改郁州为郁林郡,郡治布山县。公元9年,王莽建立新朝,改郁林郡为郁平郡,郡治布山县。东汉时(公元25—220年),郁平郡复称郁林郡,布山县属郁林郡并仍为郡治所在地。之后从东吴、两晋直到南朝的大部分时间里,布山县长期作为郁林郡的治所。南朝宋、齐时期(公元420—502年),置布山、郁平、怀安三县,其地均在今贵港市。南朝梁、陈(公元503—589年)时期,布山县仍沿袭原称,郁平县改为郁林县、怀安县改称怀泽县,另置龙山县,4个县均在今贵港市,属南定州。隋开皇十年(公元590年),南定州改称尹州。大业二年(公元606年),布山、龙山、武平、怀泽四县并称郁林县,与马度县同属广州。此后布山之名不再沿用。

唐武德四年(公元612年),置郁林、怀泽、义山(原马度县)、潮水四县,设南尹州总管府,府治龙山,属岭南道。贞观九年(公元635年),前述四县改属贵州(南尹州改名贵州);天宝九年(公元742年)改属怀泽郡;乾元元年(公元758年)复属贵州,领郁林、怀泽、义山、潮水4个县。贵州治所及郁林县治所均在今贵港市区。五代十国时期(公元917—971年),郁平(原郁林)、怀泽、义山、潮水四县同属贵州。州治所及郁平县治所均在今贵港市区。北宋开宝五年(公元972年)怀泽、义山、潮水、郁平并称郁林县,属贵州怀泽郡。州、郡、县三级治所均在今贵港市城区。元代撤怀泽郡,郁林县直属贵州。元大德九年(公元1305年),存州裁县,郁林县之名不再承袭。明洪武二年(公元1369年),降贵州为贵县,属浔州府,贵县县名由此而来。清代贵县属广西行省浔州府。民国元年(1912年)贵县属浔州府;民国2年(1913年),撤府设道,7月,属郁江道;民国3年(1914年),属苍梧道;民国16年(1927年)11月,属苍梧行政督察专员公署;19年(1930年),属苍梧民团区;民国21年(1932年)4月,属梧州民团区;民国23年(1934年)3月,属梧州行政监督区;民国29年(1940年)属第三行政督察区(即第三区行政督察专员兼保安司令公署);民国36年至民国38年(1947年至1949年)改属第九行政督察区。

解放以后,1951年7月,属南宁专区;同年8月,属宾阳专区。1952年8月,属容县专区。1958年7月,属郁林专区。1971年,专区改为地区,贵县属玉林地区。1988年12月20日,贵县经国务院批准撤县建市并更名为贵港市,仍属玉林地区。1993年,贵港被列为国家一类对外开放口岸。1995年10月27日,经国务院批准,县级贵港市升格为地级市,并于1996年6月22日挂牌成立。地级贵港市辖港北区、港南区、覃塘管理区和平南县,代管桂平市。2003年3月6日,经国务院批准,撤销覃塘管理区设立县级覃塘区。

【人文发展】 贵港市历来多种植荷花,别称荷城,是一座具有两千多年历史的古郡新城,也是一座新兴内河港口城市。1993年,被列为国家一类对外开放口岸;2013年,被列为国家智慧城市试点城市。2014年7月,国务院批准实施《珠江—西江经济带发展规划》的“一轴”“四组团”区域城市。是中缅油气管道天然气管道终端。连续8年获得全国“双拥模范城”,连续9年获广西“双拥模范城”、连续3年获“自治区文明城”,先后获全国群众文化和体育先进城市、全国文明城市提名城市、自治区卫生城市、广西园林城市、广西森林城市等称号。

【行政区划】 2017年,贵港市行政区域总面积1.06万平方千米。辖3个区、1个县、1个县级市,7个街道办、54个镇、13个乡(民族乡2个),全市设90个居民委员会,1066个村民委员会。其中:桂平市4074平方千米,辖21个镇、5个乡,21个居委会、411个村委会;平南县2988平方千米,辖2个街道办、16个镇、1个乡、2个民族自治乡,29个居委

表2　　**2017年贵港市县(市)区、乡镇名录表**

单位:个

县(市、区)	乡镇名称	居委、村委数	乡镇名称	居委、村委数	乡镇名称	居委、村委数	乡镇名称	居委、村委数
桂平市(26)	西山镇	23	社坡镇	20	下湾镇	15	大洋镇	15
	木圭镇	12	油麻镇	18	麻垌镇	27	大湾镇	18
	木乐镇	13	社步镇	16	罗秀镇	21	白沙镇	14
	石咀镇	12	江口镇	22	中沙镇	23	垌心乡	7
	石龙镇	21	金田镇	19	马皮乡	8	罗播乡	11
	蒙圩镇	16	紫荆镇	15	寻旺乡	13		
	南木镇	28	木根镇	17	厚禄乡	8		
平南县(21)	平南街道办	18	大安镇	25	安怀镇	12	国安民族自治乡	10
	上渡街道办	11	武林镇	7	丹竹镇	12	马练民族自治乡	12
	平山镇	15	大坡镇	12	官成镇	17	思界乡	6
	寺面镇	12	大洲镇	14	思旺镇	17		
	六陈镇	19	镇隆镇	20	大鹏镇	16		
	大新镇	13	同和镇	14	东华镇	6		
港北区(8)	贵城街道办	17	大圩镇	19	武乐镇	8	中里乡	23
	港城街道办	14	庆丰镇	23	根竹镇	8	奇石乡	11
港南区(9)	江南街道办	5	东津镇	18	木梓镇	17		
	八塘街道办	22	木格镇	26	新塘镇	19		
	桥圩镇	26	湛江镇	14	瓦塘镇	20		
覃塘区(10)	覃塘街道办	16	三里镇	11	樟木镇	25	山北乡	11
	东龙镇	16	石卡镇	19	大岭乡	10		
	黄练镇	16	五里镇	8	蒙公镇	14		

会、259个村委会;港北区1113平方千米,辖2个街道办、4个镇、2个乡,21个居委会、102个村委会;港南区1089平方千米,辖2个街道办、7个镇,11个居委会、156个村委会;覃塘区1341平方千米,辖1个街道办、6个镇、3个乡,8个居委会、138个村委会。

【人　口】 2017年末,贵港市户籍人口555.71万,比上年增加8147人,城镇化率22%,比上年提高1.3个百分点。常住人口437.54万人,比上年增加4.34万人,城镇化率49.02%,比上年提高1.06个百分点。人口自然增长率9.93‰,比上年提高个0.46千分点。其中,出生率15.26‰,死亡率5.33‰。

【民　族】 2017年,贵港市少数民族人口为97.58万人,占全市人口的17.7%。其中壮族85.82万人,瑶族10.55万人。主要聚居于34个乡镇、280个行政村,平南县设有马练和国安2个瑶族自治乡。

表3　　**2017年贵港市人口数及其构成表**

指标	年末数(万人)	比重(%)
户籍人口	555.71	100
其中:城镇	122.4	22
乡村	433.31	78
其中:男性	294.97	53.1
女性	260.74	46.9
其中:0~17岁	152.09	27.4
18~34岁	153.58	27.6
35~59岁	176.91	31.8
60岁以上	73.13	13.2
常住人口	437.54	100
其中:城镇	214.46	49
乡村	223.08	51

【宗　教】 2017年,贵港市的宗教主要有佛教、天主教、基督教和道教四大教派。各教皈依(入教)信众8万多人,普通信众约40万人。市、县级宗教团体10个。现有依法登记的宗教活动场所45个,其中佛教21个、道教3个、天主教14个、基督教7个。宗教教职人员90多人(其中登记备案70多人)。桂平西山洗石庵是广西唯一的全国重点佛教寺院。贵港南山寺、桂平西

山龙华寺、白石山寿圣寺是著名的佛教寺院。白石山三清观是广西规模最大的道教场所。广西籍天主教神父半数以上出自贵港。贵港南山寺的石雕佛像、洗石庵的舍利子、西山的浴佛节都广有盛名。

政治生态

【地方立法】 2017年,贵港市坚持问题导向,从实际需要出发,突出地方特色,扎实开展立法工作。

推进地方特色立法　结合贵港市历史文化悠久的特点,围绕历史文化保护,8月31日,贵港市五届人大常委会第九次会议审议并通过《贵港市太平天国金田起义遗址保护条例》,报经自治区人大常委会批准后2017年11月1日正式施行。该《条例》是贵港市第一部实体法,经过起草—审议—公开征求意见—论证—修改—再审议—再修改—审议通过的过程,先后经历3次人大常委会讨论审议。该法对保护贵港历史文化、促进旅游产业和文化事业发展具有积极意义。另外,针对群众关心的城市管理和生态保护问题,对《城市道路管理条例》《市容和环境卫生管理条例》《桂平西山风景名胜区保护条例》开展前期调研。

抓好立法业务培训　为提高立法业务工作水平,举办2017年立法知识讲座,培训立法业务人员66人次。选派业务骨干13名参加全国、自治区各类地方立法培训。新增9名立法专家顾问,进一步完善立法专家顾问库的人员结构。

立法规划编制　坚持人大主导立法,通过编制立法规划和年度立法计划,加强立法工作统筹。年内编制《贵港市五届人大及其常委会五年立法规划》和《贵港市人大常委会2017年立法计划》,确定《城市道路管理条例》等5件为条件比较成熟、任期内拟提请审议的立法项目;确定《城市道路电动车通行管理条例》等12件为需要抓紧工作、条件成熟时提请审议的立法项目。

【党建工作】 2017年,贵港市按照中央和自治区党委全面从严治党、大抓基层党建的要求,在2016年创建"书记面对面"谈党建工作平台基础上,再次创建"书记问效"党建工作平台,倒逼工作落实。开展"五项集中攻坚",补齐基层党建短板;实施党支部建设"对表工程",建强基层堡垒;探索城市党建工作新路子,创新社会治理;深化拓展屯级"一组两会"协商自治制度,提高村民自治水平。"书记面对面""书记问效""对表工程""党建联盟""党建综合体"等五大党建品牌向国家工商总局申请注册商标并获受理,形成党建品牌的综合效应。"书记面对面""书记问效"党建工作于6月30日获得人民网报道、8月11日获得《人民日报》头版报道推介;全面推行党员活动固定日制度的做法,获中央组织部刊物《组工信息》刊发介绍;以"党建联盟"提升城市基层党建工作整体效应的经验做法,在全区城市党建工作会议、中国共产党新闻网、人民网、《广西日报》《广西改革信息》和《广西组织工作动态》上作推介。抓国有企业党的建设、抓党建促脱贫攻坚、抓城市基层党建的创新做法,分别在全区有关工作会议上作经验介绍。"贵港先锋"微信公众号在全国组工系统党员教育微信影响力排名全国第5位。坚持正确选人用人导向,把"政治过硬"作为首要标准,把"好干部"标准落到实处,加大从基层一线、重大项目攻坚等领域培养选拔干部,注重把敢于担当、勇于开拓、有"四干"新作风的干部选拔到重要岗位上,让能干事、干成事的干部有更大的空间,让有潜力、有才华的干部有更多的历练,让不愿张扬、埋头苦干的干部有更好的回报。创新机关党建"四化"建设,率先出台《关于进一步做好减文控会工作的意见》,机关作风进一步转变,工作效能不断提高,服务水平持续提升。研究出台深化人才发展体制机制改革的意见、高层次人才认定和待遇落实实施细则等文件,加强人才引进工作。落实中央八项规定精神,持续整治"四风"问题,加强监督执纪问责。深入推进反腐败工作,以精准监督护航精准脱贫,稳妥推进国家监察体制改革试点工作,扎实开展巡察工作,推动巡察监督向基层延伸,营造了风清气正的政治生态。牢牢把握意识形态工作主动权,首创同心圆·网络正能量传播联盟,建立网络综合治理体系;组织开展"网眼看贵港"活动,做大做强"贵港宣传"。在2017年设区市党委书记和区直有关党(工)委书记落实主体责任述职评议会上,贵港市抓基层党建工作综合得分蝉联全区第一名,党风廉政建设、意识形态工作专项民主评议从2016年度的排名靠后分别跃升至第八位和第六位。

【"书记面对面"】 2017年,贵港市在2016年搭建"书记面对面"谈党建工作平台实施固本培元"六大行动"等10期研讨会基础上,继续深入拓展"书记面对面"谈党建工作平台建设,先后举办专题研讨会8期。从提高执行力、抓村"两委"换届建强村"两委"党组织、强化规范化建设打造吸铁型支部,提高政治站位加强政治巡察、强化责任落实做好意识形态工作、保平安创和谐迎中共十九大召开和学中共十九大精神冲刺年度目标任务8个主题开展研讨活动。研讨会组织市、县、镇、村四级党组织书记根据不同专题,通过相关部门(单位)专题汇报发言,汇报工作思路、交流经验、避免雷区、明晰责任、传导压力,逐步实现“谈出好经验、议出好思路、研出好办法、推出好成果、做出好榜样”平台创建目标。

【“书记问效”党建平台创建】 2017年,贵港市继“书记面对面”谈党建平台建立之后,为通过党建引领,促进广大干部职工不断解放思想、勇于担当、敢做善成,新打造“书记问效”党建平台,倒逼工作落实。“书记问效”党建平台与“书记面对面”谈党建形成一头一尾,一个谈认识、找问题、提要求,一个查结果、看差距、评实绩,互为犄角、相互呼应,共同构成有部署、有要求、有责任、有落实、有考核的闭环式党建工作运行机制,推动党建工作不断走向严和实。“书记问效”的内容包括党的建设、脱贫攻坚、深化改革、经济发展、社会稳定、改善民生等6个板块,每个季度安排1期,每期1~2个主题,由市委书记主持,以看、听、评、问、考的形式进行,以问效现场出身汗、问效为促落实、问出压力和效率为目的,问效的对象包括各县(市、区)党委书记、相关主题市直、中区直驻贵单位党组(党委、党工委)书记,问效结果及时通报,列入绩效考评和党组织书记抓基层党建工作述职评议考核内容,并作为评优评先、干部选拔任用的重要依据。自4月19日举行第一期“书记问效”党建,全年先后以基层党建固本培元“六大行动”、聚焦城市建设、脱贫攻坚工作推进情况举办3期“书记问效”党建会议。

【党风廉政建设】 2017年,贵港市为落实全面从严治党要求,推进“两学一做”学习教育常态化制度化,通过“书记面对面”谈党建工作研讨会和“书记问效”党建工作平台,把推进全面从严治党的责任和压力落实到各级党组织。制定印发《贵港市探索实践“第一种形态”对党员干部开展提醒、函询和诫勉谈话的实施办法(试行)》,开展谈话提醒3334人次。持续整风肃纪,开展落实中央八项规定“回头看”,立案审查107件,约谈395人,函询4人,诫勉谈话45人,党纪政纪处分64人,通报批评730人,通报曝光问题34起。高压惩治腐败,各级纪检监察机关立案1243件,涉及处级干部17人;给予党纪政纪处分831人,挽回经济损失7180.8万元。开展扶贫领域监督执纪问责,查处违纪案件534件,结案499件,给予党纪政纪处分332人,其他处理188人,追缴资金270.93万元,通报典型案例87起。

【政府自身建设】 2017年,贵港市按照习近平新时代中国特色社会主义思想要求,把全面从严治党贯穿于政府工作全过程,规范和加强党内政治生活,扎实推进“两学一做”学习教育常态化制度化。坚持重大问题向市委请示报告,依法接受市人大及其常委会的监督,严格执行市人大及其常委会的决议决定,自觉接受市政协的民主监督,主动接受社会和舆论监督。加强法治政府建设,健全依法决策机制,严格规范行政执法行为,权力运行更加规范。加强立法工作,提请人大审议通过《贵港市太平天国金田起义遗址保护条例》。全面推进政务公开,政府部门权力清单和责任清单全部在政府网站公布。持续开展“转作风、强责任、优服务、促规范”大行动,突出解决影响贵港发展的作风问题,大力弘扬敢干实干苦干善干的“四干”新作风。深入开展“市长服务企业接待日”“市政府服务接待日”活动,强化政府热线电话和微信平台建设,切实解决企业、市民和基层一线反映的困难问题。加快网上政府建设,强化网络问政,拓展贵港微政务平台,推进行政审批智能化试点,全面推行审批部门“说不”报告制度,建立招商引资预审服务机制,企业对贵港投资环境满意度位居全区第一。认真落实中央八项规定和实施细则精神,严格执行国务院“约法三章”,重点领域审计监督和行政监察得到加强,落实全面从严治党责任,加强党风廉政建设,推动政府系统廉洁从政。

经济建设

【经济发展】 2017年,贵港市围绕自治区持续营造“三大生态”,加快实现“两个建成”目标,按照贵港市委提出的“13446”工作思路,深化拓展“六个年”活动,持续推进“大招商、招大商”活动,实现地区生产总值1082.2亿元,同比增长9%,经济总量首次突破千亿元大关,增速全区排名第3位。其中第一产业增加值193.65亿元,第二产业增加值465.86亿元(其中工业增加值378.53亿元,规模以上工业增加值增长12.2%),第三产业增加值422.68亿元。人均地区生产总值24857元。财政收入90.03亿元,同比增长12.7%。

其中，一般预算收入 50.41 亿元，增长 5.9%；财政一般预算支出 233.93 亿元，增长 10.1%。

【工业经济】 2017 年，贵港市深化拓展“工业发展优质年”“企业服务量化年”活动，规模以上工业总产值突破千亿元，达 1182.25 亿元，增长 19.5%；规模以上工业增加值 360.7 亿元，增长 12.2%，增速排名全区第二。深入推进“工业兴市、工业强市”战略，加快由糖、纸、钢、泥、电“老五样”向新能源汽车电动车、电子信息、生物制药“新三篇”转变，新兴产业加速成长，产值增长 145%，初步构建广西第二汽车生产基地、中国—东盟新能源电动车生产基地、电子信息制造基地和生物医药生产基地的框架。华奥新能源汽车投放市场，产值达 15 亿元；中国—东盟新能源电动车生产基地累计入驻企业 75 家、投产 39 家；赛尔康电子、战神专用车等项目投产，腾骏汽车项目进入设备安装阶段；新增自治区战略性新兴产业企业 12 家，排名全区第二。传统产业冶金、机械制造、林板纸、纺织服装与皮革等产业产值增长 20% 以上。园区规模以上工业总产值 759 亿元，增长 27.9%，占全市规模以上工业总产值的 65%。

【现代农业】 2017 年，贵港市农林牧渔业总产值 334.75 亿元，增长 4.4%。粮食产量 149.63 万吨，比上年减少 5.29 万吨，减产 3.4%，粮食收购量连续四年位居全区第一。创建现代特色农业示范区 47 个，其中自治区级农业示范区 5 个。新增“双高”糖料蔗基地 733 公顷。荣获“中国生态富硒港”称号，累计建立富硒农产品生产基地 88 个，获认定富硒农产品 32 个、排名全区第一；新获中国名优(特色)硒产品 6 个、广西名优富硒产品 3 个。新增涉农商标 113 件，1013 家涉农企业拥有自主品牌。新增农业龙头企业 23 家、农民专业合作社 820 家、家庭农场 169 家。主要农作物耕种收综合机械化水平 60.1%。

【现代服务业】 2017 年，贵港市社会消费品零售总额 480.7 亿元，增长 11.3%。上亿国际汽贸博览城一期、美家居国际博览城一期运营，建成东湖农贸市场、铁路农贸市场和国旺农贸市场，苏湾现代综合物流园、西江综合物流信息平台加快推进；成功举办富硒农产品博览会、富硒百香果电商节、林产品展销会、汽车展销会等活动。港口货物吞吐量 6322 万吨，增长 9.7%；集装箱 22.2 万标准箱，增长 33.4%；促成爱凯尔公司与北部湾港务集团的合作，推动内河港口与沿海港口的强强联合、互动发展。接待游客 2100.33 万人次，增长 25.43%；旅游总消费 237.85 亿元，增长 32.8%。成功举办第四届中国汽车(房车)露营大会、中国健身名山登山赛；太平天国金田起义旧址获评国家 AAAA 级旅游景区，贵港市有国家 AAAA 级景区 3 个、国家 AAA 级旅游景区 11 个、自治区级星级乡村旅游区及农家乐 27 个，港南区四季花田生态观光园获评广西五星级乡村旅游区，桂平市龙潭汽车旅游营地获评广西四星级汽车旅游营地。金融机构各项存款余额增长 15.8%，贷款余额增长 19.1%。餐饮、住宿、保险、快递等服务业稳步发展。

【招商引资】 2017 年，贵港市实行招商引资三年行动计划，继续深入推进“大招商、招大商”活动，招商引资新签约项目 424 个、合同投资额 974.04 亿元，其中亿元以上项目 262 个、合同投资额 907.78 亿元。爱玛电动车、桥圩·中国羽绒谷、和乐门业等重大项目落户贵港。截至 2017 年年底，招商引资三年行动计划累计签约项目 974 个、合同投资额 2471.24 亿元，成功引进华奥新能源汽车、腾骏汽车、赛尔康电子、嘉龙海杰电子、石家庄药业等一批大项目，推动贵港市工业经济从“老五样”传统产业向“新三篇”新兴产业大飞跃。对外贸易规模扩大，进出口总额 23.88 亿元，增长 26.6%；实际利用外资 3405 万美元，增长 17%；贵港电子口岸和贵港口岸联检大楼投入使用，CEPA 项目“绿色通道”开通。

【项目建设】 2017 年，贵港市深化拓展“项目建设丰收年”活动，推动项目多开工、多竣工，早开工、早竣工。主要建设项目完成投资 355 亿元，新开工项目 205 个、竣工 115 个，重大项目投资完成率排名全区第一。投资和项目建设全区领先，被选定为全区投资和项目建设工作会议主会场，并在会上作经验介绍。列入国家重大市政工程领域 PPP 创新工作重点城市，郁江两岸综合治理工程、乡镇污水处理厂等 PPP 项目开工。储备“十三五”建设项目 1882 个，计划投资额 3279.8 亿元。建立投资项目网上预审平台，项目审批时限压缩 76%；实行重大项目集中预审，在项目启动阶段剔除“一票否决”因素，确保项目尽快落地。新增建设项目用地指标 3 万亩，盘活存量用地 1.2 万亩；推动农垦农场土地改革，解决贵港城市和产业发展用地瓶颈问题；土地集约节约利用成效好，获国家和自治区用地指标奖励 6100 亩。

【县域经济】 2017 年，贵港市深化拓展“县域经济彰显年”活动，五个县(市、区)地区生产总值增速均高于全区平均水平,桂平市、平南县、港南区、覃塘区规模以上工业增加值增速高于全区平均水平,平南县、港北区、港南区、覃塘区财政收入增速高于全区平均水平,桂平市、平南县、港北区、覃塘区固定资产投资增速高于全区平均水平。县域产业特色明显,桂平市纺织服装和机械制造产业迅速发展,平南县建材和饲料产业提档升级,港北区新能源电动车和电子信息产业集群初步凸显,港南区富硒农业、羽绒加工业、板材加工业不断壮大,覃塘区新能源汽车产业集聚效应显现。县域发展后劲增强,5个县(市、区)共实施主要建设项目451个,完成投资额233.9亿元,分别占全市的58.3%和65.9%;县域招商成为招商引资的主力军,5个县(市、区)引进项目219个,合同投资额593亿元,分别占全市的69.5%和72.3%。

【重点领域改革】 2017年,贵港召开市委全面深化改革领导小组会议6次,审议通过重大改革议题20多项。实行市厅级领导改革联系点工作制度。加快商事制度改革,投资项目立项到开工的审批时间从200个工作日压减到48个工作日,行政审批提速76%,商事制度改革社会满意度、办理营业执照速度、企业投资环境满意度均排名全区第一,成为全国第三个、广西首个实施"口头申报、即可办照"简易登记模式的城市。"放管服"改革力度加大,清理取消行政许可事项54项、调整259项,提前实现政府部门权力清单和责任清单"两单融合",率先在全区设立行政审批中介超市,在《人民日报》以《广西贵港——深化"放管服"改革 优化亲商环境》为题作专题介绍。深化国有企业改革,组建交投、建投、城投、金投四大国有集团公司。全面启动城市公立医院综合改革,全部取消药品加成,实施药品零差率销售,探索实践医联体建设,县乡医疗服务一体化管理试点工作取得初步成效。供销社综合改革纵深推进,荣获"全国供销合作社综合改革试点工作先进单位"。在自治区党委全面深化改革领导小组第十九次会议上,就督察工作作经验介绍。

文化建设

【教育事业】 2017年,贵港市西江教育园区建设加快,广西物流职业技术学院开工建设。投入8.3亿元,新建和改造校舍36.5万平方米,建成桂平五中、桂平光明小学、木乐镇腾飞小学、平南镇东湖小学、港南一幼、港南二幼,开工建设贵港高中新校区、中山路小学等6所学校。学前三年毛入园率85.4%;义务教育巩固率95.1%,港北区、港南区通过国家义务教育均衡发展督导评估,平南县通过自治区评估;高中阶段毛入学率87.7%,每万人口高中在校生位居全区第一,高考上本科线人数位居全区第三。职业教育、民办教育、特殊教育等各类教育取得新成效。

【文化体育事业】 2017年,贵港市完成市文化艺术中心主体工程,新建102个村级公共服务中心。群众文化活动丰富多彩,"荷城大舞台"周周演深受群众喜爱。打造"荷文化"品牌成效明显,获得全国第32届"荷花展"举办权。广播剧《红莲》获得广西第十四届精神文明建设"五个一工程"奖。贵县古墓葬群系列保护工作扎实推进。意识形态工作得到加强,社会主义核心价值观深入人心。全民健身和竞技体育全面发展,成功承办全国健美健身公开赛、广西第四届县域篮球赛和广西青少年男子篮球锦标赛。

生态建设

【生态环境改善】 2017年,贵港市单位地区生产总值能耗0.7吨标准煤/万元,能耗下降6.23%,能耗总量控制在自治区下达目标任务内,万元规模以上工业增加值能耗下降11%。完成木材加工企业环境污染整改286家,淘汰黄标车和老旧机动车5850辆。完成全域永久基本农田划定。主要江河国控断面水质、县级以上集中式饮用水源地水质达标率100%。建成镇级污水处理设施10个,城区污水处理率92.1%。开展"美丽贵港"乡村建设活动,建成国家、自治区级绿色植保技术示范区7个,268家规模养殖场获"广西畜禽现代生态养殖场"称号;新建环保公厕49座,完成农村改厕4.7万户,荣获"全国厕所革命先进市"称号;完成农村厨房改造4.4万户;完成造林11.4万亩,森林覆盖率达46.3%。

【水生态文明建设】 2017年,贵港市全面落实最严格水资源管理制度,以"三条红线"为抓手,编制完成实施节水型社会建设实施方案。加强水资源保护,实施5项重点饮用水水源地保护,完成11个重要水功能区标志牌建立,全市48个规模以上入河排污口监测率达到100%。推进水生态文明城市试点,治理水土流失面积58.65平方千米;强化水土保持“天地一体化”监管，提高全市水土保持监督管理信息化水平。

【生态能源建设】 2017年，贵港市以农村大气污染防治和节能减排为中心，以实施农村清洁能源开发利用工作为重点，以项目建设为抓手，将农村能源建设融入“美丽贵港·生态乡村”村屯绿化专项活动并稳步推进。建设农村能源部门项目21个和建设创新沼气项目3个，组织申报自治区级项目56个、计划投资1188.3万元，中央预算内投资项目5个、争取到中央预算内投资711万元。全力做好农村沼气生产、安全使用的宣传和监督管理工作。

【生态示范创建】 2017年，贵港市按照自治区生态文明示范区建设部署，抓好贵港市生态示范村创建。3月，下发《贵港市人民政府办公室关于印发〈贵港市生态文明建设示范区创建工作方案〉的通知》和《贵港市人民政府办公室关于印发〈贵港市2017年度生态文明建设示范区创建工作计划〉的通知》，明确年度任务和工作责任。4月，组织各县（市、区）开展2017年度自治区级生态村和生态乡镇申报，获得自治区级生态村命名的行政村（社区）152个，获得自治区级生态乡镇命名的乡镇31个。组织开展市级生态示范村创建，于5月、8月分两批组织开展贵港市级生态村申报，获得贵港市级生态村命名的行政村（社区）438个。

社会民生

【精准扶贫工作】 2017年，贵港市深化推行“六个年”活动，坚持“实事求是、产业先行、整合资源、廉洁扶贫”四个原则，深入推进“精准扶贫深化年”活动，贫困人口动态调整、党建促脱贫攻坚工作得到自治区充分肯定；完成易地扶贫搬迁项目17个，安置搬迁贫困群众9834人，易地扶贫搬迁工作进度在全区2017年12月底的通报中综合排名第一，贵港市在全区现场会上作经验交流发言；扶持贫困村发展特色种植7.1万亩、特色养殖42.8万头（羽），产业发展模式在全区推广；修建贫困村屯道路1055千米，改造危房4468户，巩固提升饮水安全工程33个；发放1.5亿元资助贫困学生19.6万人次，科技特派员服务贫困村实现全覆盖；扶贫档案管理走在全区前列。年内，实现65个贫困村、4.56万贫困人口脱贫摘帽，贫困发生率从6.7%下降到4.3%，减贫速度（减贫人口占上年贫困人口的比重）21.05%，顺利通过自治区巡视组、自治区第三方评估、自治区“四合一”实地核查。

【民生保障】 2017年，贵港市新增城镇就业1.8万人，农村劳动力新增转移就业4.6万人，城镇登记失业率1.07%。参加各类社会保险744.23万人次。企业、机关事业单位退休人员养老金分别提高6.5%和4.6%，城乡居民基本医疗保险补助标准提高7.1%。城乡最低生活保障标准分别提高12.9%和8.8%。投入8亿多元用于城乡低保救助、救灾、抚恤、保障残疾人和孤儿基本生活以及发放高龄津贴。养老服务水平稳步提升。基本建成保障性住房4523套，建设移民新村68个。

【卫生计生工作】 2017年，贵港市妇幼保健院、儿童医院和妇产医院“三合一”业务大楼建成，港北区人民医院新业务综合楼投入使用。11家乡镇卫生院荣获国家“群众满意的乡镇卫生院”称号，乡镇和村级家庭医生签约服务覆盖率100%，村卫生室实施基本药物制度覆盖率96.4%。12家医院实现跨省异地就医直接结算服务。全面两孩政策稳妥实施，计划生育工作再上新台阶。

【其他各项社会事业】 2017年，贵港市深入开展平安贵港创建活动，积极排查化解矛盾纠纷，依法惩治违法犯罪，人民群众安全感满意度持续提升，荣获“建设平安广西活动先进市”称号。积极创建自治区卫生城市和食品安全示范城市，食品药品安全形势稳定向好。强化安全生产工作，安全生产事故和死亡人数实现“双下降”。民族宗教工作创新推进。在全区率先完成村（社区）“两委”换届选举工作。覃塘区大岭乡金沙村、覃塘镇龙凤村平田屯入选全国村民自治试点单位。国防动员、民兵预备役、人防和双拥等工作迈出新步伐，对台、侨务、统计、绩效、物价、编制、档案、地方志、地震、公积金、机关事务管理、二轻联社等工作取得新成效，工会、共青团、妇联、科协、文联、残联、贸促会、社科联、工商联和红十字会等群团组织在促进经济社会发展中发挥积极作用，海关、海事、检验检疫、农垦、邮政、通信、消防、水文、气象、烟草、金融、盐业、石油化工、船舶检验、地质勘探、无线电管理等中区直各部门和驻贵人民解放军、武警官兵为贵港经济社会发展做出新贡献。

政　治

中共贵港市委员会

重要会议

【市委全会】 2017年，中国共产党贵港市第五届委员会召开全体会议2次。

市委五届三次全会　1月6日，在贵港城区召开。出席会议市委委员52人，候补委员10人。市纪委委员和有关方面负责人列席会议。全会由市委常委会主持，市委书记李新元代表市委常委会作工作报告并讲话。全会表决通过贵港市推荐提名广西出席中共十九大代表候选人建议人选名单。全会号召，全市各级党组织和广大党员干部要紧密团结在以习近平为核心的党中央周围，深入贯彻中央、自治区党委和市委的各项决策部署，认真落实好这次全会精神，敢干实干、苦干善干，拼搏奋进、聚力攻坚，全力打造"四力"新贵港，加快建成西江流域核心港口和新兴工业城市，以优异成绩迎接中共十九大胜利召开。

市委五届四次全会　11月17日，在贵港城区召开。出席会议市委委员49人、候补委员10人，市纪委委员和有关方面负责人列席会议，市第五次党代会部分代表列席会议。全会由市委常委会主持。市委书记李新元代表市委常委会作工作报告并讲话。全会审议通过《中共贵港市委员会关于深入学习宣传贯彻中共十九大精神的决定》（以下简称《决定》）。市委副书记李万春就《决定》（草案）向全会作说明。全会按照党章规定，决定递补市第五届党委候补委员杨伟明、陈日清为市第五届党委委员。全会号召，全市各级党组织和广大党员干部要更加紧密地团结在以习近平为核心的党中央周围，坚持以习近平新时代中国特色社会主义思想为指导，深入学习宣传贯彻中共十九大精神，不忘初心、牢记使命，凝聚力量、攻坚克难，全力打造"四力"新贵港，加快建成西江流域核心港口和新兴工业城市。

【市委常委会议】 2017年，中共贵港市第五届委员会召开常委会会议25次，其中常委扩大会议4次。

五届市委常委会第10次会议　1月5日上午，在市委第二会议室召开。会议审议《贵港市第五届人民代表大会第二次会议方案》《政协第五届贵港市委员会第二次会议方案》《市人大常委会工作报告》《政府工作报告》《政协第五届贵港市委员会常务委员会工作报告》《市中级人民法院工作报告》《市人民检察院工作报告》《关于贵港市2016年国民经济和社会发展计划执行情况与2017年国民经济和社会发展计划（草案）的报告》《关于2016年全市和市本级预算执行情况及2017年全市和市本级预算草案的报告》《贵港市政协2017年度协商计划草案》《关于进一步贯彻落实中央八项规定精神的实施办法》《关于领导班子和领导干部贯彻落实"四个全面"战略布局考核评价的实施意见》《贵港市贯彻落实〈推进领导干部能上能下若干规定（试行）〉的实施细则》、市委五届三次全会议程及有关报告材料、市委常委班子对照检查材料、贵港市推荐提名广西出席中共十九大代表候选人建议名单，通报贵港市贯彻落实中央八项规定精神和全面从严治党要求的督查情况、春节系列活动安排，传达学习《中共中央组织部关于印发〈党委（党组）讨论决定干部任免事项守则〉的通知》精神，研究人事问题。

五届市委常委会第11次会议　1月6日上午，在市会议中心平南厅召开。会议听取各小组对市委五届三次全会有关材料讨论情况的汇报。

五届市委常委会第12次会议　1月19日上午，在市会议中心平南

厅召开。会议传达学习自治区“两会”精神、全国党内法规工作会议精神、十八届中央纪委七次全会和自治区十一届纪委二次全会精神，审议市五届纪委二次全会有关报告材料，研究纪检案件问题。

五届市委常委会第 13 次会议 2月9日上午，在市委第二会议室召开。会议传达学习中央、全区政法工作会议精神，全国、全区组织部长会议和喻云林指导贵港市委领导班子 2016 年度民主生活会的讲话精神、自治区党委《关于进一步加强和改进党政领导班子建设的若干意见》精神；听取全市党风廉政建设和反腐败工作汇报、全市意识形态工作汇报、全市基层党建等组织工作汇报，研究部署贵港市政法信访维稳工作和意识形态工作；审议《中共贵港市委 2016—2020 年巡察工作规划》《贵港市探索实践“第一种形态”对党员干部开展提醒、函询和诫勉谈话的实施方案》《贵港市基层党建补短克难“五项集中攻坚”实施方案》《关于加强人民政协协商民主建设的实施办法》《关于加快新能源电动车产业发展的若干意见》。

五届市委常委会第 14 次会议 2月23日上午，在市委第二会议室召开。会议听取市人大常委会党组、市人民政府党组、市政协党组、市中级人民法院党组、市人民检察院党组工作汇报，传达学习全国全区宣传部长会议精神、全区统战部长会议精神、全区农村工作会议精神，研究部署贵港市意识形态和宣传思想文化工作、统战工作、农村工作，通报贵港市党政考察团到玉林市考察学习情况、《2016 年全市招商引资先进单位和先进个人评优结果》，审议《中共贵港市委员会常委会 2017 年工作要点》《广西华奥汽车制造有限公司三期及新增年产 30 万辆 SUV 车型项目补充协议》《贵港市委 2017 年开展第一轮巡察工作方案》，研究人事、纪检案件和对违纪党员干部处分问题。

五届市委常委会第 15 次(扩大)会议 3月7日下午，在市委第二会议室召开。会议听取中央第三巡视组巡视“回头看”反馈意见整改工作汇报，研究部署贵港市整改工作。

五届市委常委会第 16 次会议 3月22日下午，在市委第二会议室召开。会议传达学习全区党委秘书长、办公厅(室)主任会议精神，审议《贵港市本级 2017—2018 年土地收储经营方案》《贵港市新能源汽车产业发展基金设计方案》《贵港市计划分配军队转业干部安置实施办法(试行)》，研究推荐全区县域经济发展大会考察单位事宜、人事、纪检案件和对违纪党员干部处分问题。

五届市委常委会第 17 次会议 4月12日下午，在市委第二会议室召开。会议传达学习彭清华在全区省级领导干部和厅级主要领导干部学习贯彻中共十八届六中全会精神专题研讨班上的讲话精神，彭清华在全区意识形态和宣传思想文化建设、高校思想政治工作会议上的讲话精神，全国文明城市创建工作经验交流会精神，听取全市食品安全工作汇报、中央第三巡视组对广西巡视“回头看”整改工作情况汇报，审议《关于加强城市党建工作的意见》，研究 2017 年扶贫攻坚工作调整变化情况、贯彻落实中央“八项规定”精神“回头看”工作、2016 年厅级领导干部年度考核评定等次问题、人事和对违纪党员干部处分问题。

五届市委常委会第 18 次(扩大)会议 4月24日下午，在市会议中心多媒体厅召开。会议传达学习习近平总书记视察广西重要讲话精神和自治区党委常委扩大会议精神。

五届市委常委会第 19 次会议 5月9日下午，在市委第一会议室召开。会议传达学习全国全区推进“两学一做”学习教育常态化、制度化工作座谈会和全区国企党的建设工作会议精神，审议《市人民政府实体性挂牌机构整改方案》，研究人事问题。

五届市委常委会第 20 次会议 6月1日上午，在市委第二会议室召开。会议听取全市安全生产工作汇报、全市环保工作汇报，审议《2017 年市本级第一批融资项目及额度方案》《贵港市柳银一号汽车产业发展基金设立方案》《贵港市国有企业整合重组方案》，研究关于全面向市一级党和国家机关派驻纪检机构有关问题、纪检案件和人事问题。

五届市委常委会第 21 次会议 6月7日晚上，在市委第一会议室召开。会议研究人事问题。

五届市委常委会第 22 次会议 6月15日上午，在市委第二会议室召开。会议传达广西党政代表团赴安徽、河南省学习考察情况，审议《关于印发〈关于进一步做好减文办文工作提高办文质量的意见〉〈关于进一步规范和压缩会议的意见〉〈关于进一步规范和精简简报的通知〉的通知》，传达学习全区基层党建工作重点任务推进会和全区村(社区)“两委”换届选举工作会议精神，研究人事问题、2016 年度绩效考评结果等次和奖励问题。

五届市委常委会第 23 次会议 7月7日上午，在市委第二会

议室召开。会议传达学习自治区党代表大会精神，全区党委(党组)理论学习中心组学习经验交流暨学习型党组织建设座谈会精神，中央、自治区纪委扶贫领域监督执纪问责工作电视电话会议精神，彭清华在自治区政法、信访、网信工作座谈会上的讲话精神；研究团市委、市妇联、市科协换届有关事宜和人事问题。

五届市委常委会第24次会议 7月26日上午，在市委第一会议室召开。会议传达学习全区县域经济发展大会暨年中工作会议精神、全区精神文明建设工作推进会精神，研究2016年处级干部年度考核评定等次问题、纪检案件和人事问题。

五届市委常委会第25次会议 8月24日上午，在市委第二会议室召开。会议学习《中共中央关于修改〈中国共产党巡视工作条例〉的决定》；传达学习自治区《关于中共十八大以来我区贯彻执行中央八项规定精神情况的通报》精神、全区宣传思想文化系统专题工作会议精神，中共十九大期间全区信访维稳工作电视电话会议精神；通报贵港市赴广东、贵州等地开展招商考察活动情况，参加第三届粤桂黔高铁经济带合作联席会议暨粤桂黔高铁经济带合作试验区(贵州园)建设工作现场会情况以及考察贵州扶贫“塘约经验”情况；审议《汉能控股集团移动新能源产业园项目投资合作协议》《广西贵港市智慧城市建设PPP项目实施方案》《广西贵港市地下综合管廊(一期)及道路工程PPP项目实施方案》《关于进一步激发人才创新创业活力加快建成新兴工业城市的若干措施》《贵港市太平天国金田起义遗址保护条例(草案)》；研究补选市五届人大代表问题、对违纪党员干部处分问题以及人事问题。

五届市委常委会第26次会议 9月21日上午，在市委第二会议室召开。会议传达学习李克强总理在新一轮世界科技革命和产业变革若干前沿领域发展态势专题讲座上的讲话精神、第二十三次全国地方立法工作座谈会精神、赵乐际在全国城市基层党建工作经验交流座谈会上的讲话精神、中央组织部在百色市召开的深度贫困地区抓党建促脱贫攻坚工作经验交流座谈会精神、自治区人大代表选举和政协委员推荐提名工作座谈会精神、《中共广西壮族自治区委员会关于加强新形势下党的督促检查工作的实施意见》精神，审议《贵港市关于深化人才发展体制机制改革的若干实施意见》《贵港市九路两桥交通基础设施PPP项目实施方案》《贵港市市县乡三级残联换届工作方案》《贵港市出席自治区第十三届人民代表大会代表名额分配、提名推荐、选举工作的方案(草案)》，研究纪检案件和人事问题。

五届市委常委会第27次(扩大)会议 9月30日上午，在市行政中心A区一楼中型会议室召开。会议传达学习中共中央关于孙某严重违纪案审查情况和处理决定的通报精神。

五届市委常委会第28次会议 10月12日下午，在市委第一会议室召开。会议学习《中国共产党工作机关条例(试行)》；传达学习习近平总书记关于群团改革工作重要指示和中央、自治区群团改革工作座谈会精神，自治区《关于防止干部“带病提拔”的实施意见》精神，全区城市基层党建工作经验交流座谈会暨深度贫困地区抓党建促脱贫攻坚工作经验交流座谈会精神；审议《贵港市党员积分管理办法(试行)》《贵港市选拔任用干部征求基层党建履职情况意见办法(试行)》《贵港市加强县域经济发展分类考核实施方案》《关于进一步优化环境促进非公有制经济跨越发展的若干意见》；研究补选市五届人大代表问题、纪检案件和人事问题。

五届市委常委会第29次(扩大)会议 10月26日下午，在市会议中心多媒体厅召开。会议传达学习中国共产党第十九次全国代表大会精神。

五届市委常委会第30次会议 11月3日下午，在市委第一会议室召开。会议审议《中共贵港市委员会关于学习宣传贯彻中共十九大精神的工作方案》《中共贵港市第五届委员会第四次全体会议方案》，研究关于成立中国共产党贵港市离退休干部工作委员会事宜、贵港市中心医院项目转让相关事宜。

五届市委常委会第31次会议 11月15日上午，在市行政中心A区一楼中型会议室召开。会议传达学习中央有关文件精神、自治区第十一届纪委三次全会精神、全区贯彻落实中央关于宗教工作重大决策部署经验交流会精神、自治区党委十一届三次全会精神，听取全市“扫黄打非”工作汇报、全市卫生和计划生育工作汇报，审议市委五届四次全会有关材料、《“健康贵港2030”规划》《健康贵港建设实施意见》《关于加快推进县域经济发展的实施意见》《贵港市西外环高速公路PPP项目实施方案》，通报市政府大额投资项目有关事项，研究人事以及对违纪党员干部处分问题。

五届市委常委会第32次会议 11月17日上午，在市会议中心平

南厅召开。会议听取各组对市委五届四次全会有关材料讨论情况的汇报，研究十一届自治区党委第四轮巡视准备工作，通报成立贵港市监察体制改革工作小组及办公室事宜。

五届市委常委会第33次会议　11月29日下午，在市会议中心平南厅召开。会议审议《贵港市深化国家监察体制改革试点工作实施方案》，学习《习近平谈治国理政（第二卷）》，传达学习自治区有关文件精神、自治区学习贯彻中共十九大精神专题研讨班精神，研究人事问题。

五届市委常委会第34次会议　12月22日上午，在市会议中心多媒体厅召开。会议传达学习《中共中央办公厅印发习近平总书记关于进一步纠正“四风”、加强作风建设重要批示的通知》精神，听取全市禁毒工作汇报，审议市委五届五次全会议程及有关报告材料、《中共贵港市纪律检查委员会（贵港市监察委员会）机关内设机构和人员编制的方案》《贵港市第五届人民代表大会第三次会议方案》《政协第五届贵港市委员会第三次会议方案》《市人大常委会工作报告》《政府工作报告》《政协第五届贵港市委员会常务委员会工作报告》《市中级人民法院工作报告》《市人民检察院工作报告》《贵港市2017年国民经济和社会发展计划执行情况与2018年国民经济和社会发展计划草案的报告》《2017年全市和市本级预算执行情况及2018年全市和市本级预算草案的报告》《贵港市五届人大及其常委会五年立法规划》《贵港市政协2018年度协商计划草案》《贵港市深化统计管理体制改革提高统计数据真实性实施方案》《贵港市深入推进城市管理执法体制改革实施方案》，通报市政府大额投资项目有关事项，研究人事以及对违纪党员干部处分问题。

【专题会议】　2017年，中共贵港市委员会根据阶段工作需要组织召开全市专题会议。

“书记面对面”谈党建工作研讨会　全年召开会议8期。会上，市委书记李新元与市直各部门以及县（市、区）、乡、村三级党组织书记围绕“学习贯彻十八届中纪委七次全会精神，提高执行力”“强化规范化建设，打造吸铁型党支部”等不同主题进行研讨。李新元要求，全市各级各部门要深入学习贯彻中共十九大精神，全面提高履职能力，狠抓工作落实，推动2017年的各项目标任务落到实处，为加快建成西江流域核心港口和新兴工业城市作出积极贡献。市委副书记钟畅姿，市委常委、组织部部长武林东，市委常委、市纪委书记秦金敏，市委常委、秘书长李建锋，市人民检察院检察长、党组书记梁贻勇等参加研讨会。

全市解放思想抢抓机遇再讨论暨投资促进工作大会　2月24日，贵港市委、市政府召开全市解放思想抢抓机遇再讨论暨投资促进工作大会，主要任务是对2016年“六个年”活动进行总结，进一步动员全市在新的发展阶段、新的历史起点上解放思想，持续发力、久久为功，以新理念新思想深化拓展“六个年”活动。市委书记李新元讲话，强调全市要鼓足干劲，通过示范带动、营造氛围、强化督查、狠抓作风，把解放思想与贯彻落实中央、自治区的决策部署结合起来，与实施市委“13446”工作思路结合起来，与深化拓展“六个年”活动的新部署、新要求结合起来，精心组织、周密安排，确保“六个年”活动取得实实在在的成效。市长农融在会上要求，全市各级各部门要继续做好招商引资工作，坚持实字当头、干字为先，直面问题、说到做到，一张蓝图绘到底，咬定青山不放松，不达目的不罢休，敢于担当，开拓奋进，攻坚克难，努力打赢经济翻身仗，以优异的成绩迎接中共十九大胜利召开。大会采用电视电话会议形式召开，分三阶段进行。会议期间，与会人员围绕深化拓展“六个年”活动、当前贵港市面临的发展机遇、如何加快发展新能源汽车及电动车产业、如何将解放思想进一步向纵深推进等问题进行分组讨论，提出意见建议205条。会上，各县（市、区）、市“六个年”活动牵头单位、市招商领导小组办公室、市招商小分队负责人分别在会上作表态发言。会议还对2016年全市招商引资先进单位和先进个人进行表彰。

巡视“回头看”专题民主生活会　3月16日上午，贵港市委召开领导班子巡视“回头看”专题民主生活会，认真贯彻落实中共十八大及十八届三中、四中、五中、六中全会和习近平总书记系列重要讲话特别是关于巡视工作的重要讲话精神，对照中央第三巡视组对广西巡视“回头看”反馈意见所提出的问题，主动认领责任，进行深刻剖析，并紧扣时下贵港市党员干部在遵守政治纪律和政治规矩方面存在的问题，进行再查摆、再整改、再落实，切实防止类似问题再次发生，不断巩固和扩大整改成效，推动全面从严治党向纵深发展。市委书记李新元主持会议并作总结讲话，指出此次民主生活会是对照中央第三巡视组对广西巡视“回头看”反馈意见所提出的问题而召开的一次专题民主生活会，市委常委开展严肃的批评和自我批评，查摆问题比较全面，剖析根源比较深刻，提出的整改措施明确具体，会议达到预期目的。

“书记问效”党建工作会议　全年召开“书记问效”党建工作会议3期。市委书记李新元对基层党建固本培元“六大行动”任务落实情况、招商引资签约项目落地情况进行问效，对问效对象的工作情况进行点评，并就相关党建问题对各级党组织书记进行考问。会议由市委副书记钟畅姿主持，市委常委宋震寰、李水恒、武林东、秦金敏、李建锋出席。会议就基层党建固本培元“六大行动”任务落实情况和以党建推动城市建设情况，对各县（市、区）党委书记、市直属机关工委副书记、市国资委党委书记、市非公经济组织和社会组织党工委书记进行问效；就招商引资签约项目落地情况，对各县（市、区）党委书记、市发展改革委党组书记、市工业和信息化委党组书记、市国土资源局党组书记、市投资促进局党组书记、市产业园区党工委书记进行问效。每人汇报结束后，与会人员进行现场提问，问效对象进行现场解答。与会人员还对问效对象的工作成果进行评议。

学习贯彻习近平总书记视察广西重要讲话精神动员部署会　5月8日，贵港市召开动员部署会，深入学习贯彻习近平总书记视察广西重要讲话精神，传达学习自治区党委书记彭清华、自治区主席陈武在贵港市调研及全区投资和项目建设工作会议主要精神，总结分析第一季度全市经济社会发展情况特别是项目投资情况，结合贯彻落实习近平总书记对广西提出的“五个扎实”要求，部署下一阶段工作。市委书记李新元、市长农融出席会议并分别作重要讲话。李新元强调，要圆满完成2017年各项目标任务，需要全市各级各部门和领导干部发扬敢干精神，争当先锋干部；发扬实干精神，争当进取干部；发扬苦干精神，争当奉献干部；发扬善干精神，争当创新干部，以过硬作风和坚定毅力，以敢于担当、攻坚克难的责任感，进一步解放思想、转变作风，乘势而上、抢抓机遇，掀起贵港新一轮发展热潮，全力以赴确保上半年各项工作实现“双过半”，全力打造“四力”新贵港，加快建成西江流域核心港口和新兴工业城市，以优异的成绩迎接中共十九大胜利召开。农融对全市投资和项目建设工作作部署。

全市县域经济发展大会暨年中工作会议　7月24日—25日，贵港市召开全市县域经济发展大会暨年中工作会议。会议以习近平总书记视察广西重要讲话精神为指引，学习贯彻全区县域经济发展大会暨年中工作会议精神，总结全市上半年工作，分析当前经济形势，研究部署下半年工作，强调要进一步解放思想、改革创新，发挥县域优势，补齐县域短板，激发县域活力，扎实推动贵港县域经济加快发展，奋力完成全年经济社会发展各项目标任务，以优异成绩向中共十九大献礼。市委书记李新元、市长农融在会上分别作重要讲话。肖明贵、肖孟、龙承坤、张壮、李水恒、武林东、黄卫平、秦金敏、李建锋、张启威等市领导出席会议。上午的会议由市委副书记钟畅姿主持，下午的会议由市委副书记李万春主持。五个县（市、区）和市“六个年”活动牵头单位、市统计局、财政局、投资促进局等部门单位在会上作汇报发言。

市委机关建设

【概况】 2017年，中共贵港市委员会办公室（以下简称市委办）以习近平新时代中国特色社会主义思想和中共十九大精神为指导，围绕市委“13446”工作思路，大力践行“五个坚持”，落实“严、快、细、效”工作标准，按照市委书记李新元提出的“四个表率”的要求，坚持“学悟行”，践行“忠精严”，狠抓参谋服务、统筹协调、督促检查、运行保障四大职能建设，努力打造“四个模范部门”，建设过硬队伍，有力地推动中央、自治区党委和市委决策部署的贯彻落实，各项工作取得新成绩。市委办公室获评全市招商引资先进单位，党支部获全市“优秀基层党组织”称号，市国家保密局获全区2012—2016年度保密工作集体二等功，市委机要局在全区技术比赛中名列前茅，市委办公室1人记二等功，8人次获评为市级先进个人或全市通报表扬，党建工作亮点得到各方肯定，获新华网、广西电视台等国家或省级媒体宣传推广。

【决策服务】 2017年，市委办坚持重大文稿会商制度，优质高效起草各类文稿700多篇。完成全区投资和项目建设工作会议、全区县域经济发展大会暨年中工作会议、自治区党委全面深化改革领导小组第十九次会议、部分市经济工作座谈会等自治区重要会议发言材料的起草工作，得到市委领导的肯定。围绕市委中心工作，采取联合部门、督查收集等方式进行调研、收集信息，为领导决策提供及时有价值的参考建议。与市纪委、市委组织部、市委统战部等单位联合开展调研，组织草拟《关于进一步优化环境促进非公有制经济跨越发展的若干意见》等重大政策文件；编发31期含调研信息、问题反映类信息的市本级信息刊物，获市委领导批示15次。

【党委信息】 2017年，市委办进一步优化突发事件和紧急敏感情况信息协调处置机制，理顺市委市政府总值班室职能和编制问题，将突发事件和紧急敏感情况信息统一归口到市委市政府总值班室，实行突发事件和紧急敏感情况信息专业化处理，有效解决上报不及时、多渠道上报导致口径不一致等问题。年内，向上级党委报送信息950条，获中办和自治区党委办公厅采用250多条，累计得分4994分，提前2个月完成自治区下达给贵港市的年度党委信息绩效考核任务。

【统筹协调】 2017年，市委办积极协调市委重大会议活动，从落实全面从严治党、落实中央八项规定精神等方面的要求进行考量，从务实的角度出发，牢固树立以群众为中心的工作理念，确保公务活动"接上情、通地气"。牵头开展全市重大会议活动均无大差错。统筹抓好自治区党委主要领导到贵港调研及全区投资和项目建设工作会议，全区县域经济发展大会暨年中工作会议平南考察活动，全市县域经济发展大会暨年中工作会议等重大会议活动的协调服务工作，得到自治区领导和市领导的赞许。切实开展精简文电会议工作，印发《关于进一步完善市党内法规工作联席会议制度的通知》，明确党内规范性文件办理程序，实行公文办理限时制度、部门（科室）联审制度；出台《关于进一步做好减文控会工作的意见》，从审批、数量、质量、规模等方面对文件、简报和会议进行严格规范，并提出具体的限制措施。开展全市公文质量集中分析点评活动，市委办公室发文办文质量名列全市第一。全年制发公文711份，办文409件，呈阅文件650份，规范性公文备案率达100%。按照新时期会风会纪的要求，严格遵循"并会、套会"的原则，进一步简化会议环节，做好细节把控。

【督促检查】 2017年，市委办创新督查、通报方式，推动督查"利剑"有效发挥，确保市委、市政府决策部署得到有效贯彻落实。完善大督查工作机制，在建立市委市政府督查室和成立督查员队伍的基础上，成立由市委副书记、桂平市委书记钟畅姿担任组长，由市委常委、常务副市长张壮和和市委常委、秘书长李建锋担任副组长的市委市政府督促检查工作领导小组，整合市委、市政府重大决策、重要部署以及上级明确要求督查的事项，按季度督查，每季度最后10天开展大督查活动。全年整合督查事项32项，开展季度大督查4次。建立"红黑榜"通报制度，在《贵港日报》、贵港电视台、贵港政府网等主流媒体设置"红黑榜"，对在督查工作中发现落实有力、成效显著的部门和单位给予"红榜"表扬；对存在不作为、慢作为、乱作为、推诿扯皮的部门和单位进行"黑榜"通报批评，并将"红榜""黑榜"通报次数作为各单位年度考核加减分重要依据。全年对48个事项、28个单位进行"红榜"通报，65个事项、40个单位进行"黑榜"通报，有力地推动各项工作的开展。创新督查方式，跟踪督办督查发现问题整改工作，对其中进度明显缓慢、存在问题较多的事项进行限期整改，并采取暗访、回访的方式进行跟踪督办，促进整改工作落实到位。明确整改期满后仍未整改到位的项目，对项目责任单位进行黄牌警告，并再次责令限期整改和向市委、市政府反映有关情况。全年暗访、回访17次，有效促进中央巡视组反馈的中央投资项目进度缓慢等多个事项的整改落实，推动全市招商引资、脱贫攻坚、"六个年"活动、绩效考评等工作的开展。

【机要保密】 2017年，市委办突出业务培训，组织选派干部参加自治区级培训50多人次，举办培训班2期，实现技术骨干培训全覆盖。7月，举办全市机要密码部门业务技术比赛。选派技术骨干参加全区机要密码业务技术比赛并获得个人第四名、团体三等奖的历史最好成绩。创新工作模式，采用1+1的干部配备模式开展保密工作，推进工作实效化、管理规范化、服务信息化的"三化"建设，全力保障中共十九大期间通信畅通。制定完善保密制度，出台保密违法案件查处、保密教育培训、机关事业单位公共信息网络安全指导意见等一批制度，推动保密工作长效化规范化。以查促改，组织力量对全市各单位和各县（市、区）进行全覆盖保密检查，并约谈涉密人员或负责人20多人次，对3个有问题的单位和个人进行立案查处和全市通报，达到震慑作用。

【后勤保障】 2017年，市委办完善办公室经费支出管理制度；建立重大会议（活动）协调联系机制、会议检查清单制度等，推动会务、文电、财务等各项后勤保障工作顺利开展。牵头改造市委第二会议室，建设无纸化会议。实施贵港市党政视频会议系统升级改造工程，在市会议中心安装高清监控系统，提升会议质量。突出政治引领，协调助推机关规范管理，推动在市行政中心设置党旗标志，促进形成良好的党政机关氛围。

【《贵港工作》编辑出版】 2017年，市委办围绕贵港经济社会发展大局，坚持办一流刊物，在办刊形式、栏目设置、图片报道等方面进行积极探索，使刊物整体水平上了一个新台阶。年内，出版发行期刊12期、52300份，修改、编排稿件340篇、150万字。

【其他工作】 2017年，市委办积极参与脱贫攻坚工作，创建"产业兴、保障实、后盾坚、支部强"的"加石模式"。经自治区核验，挂点的桂平市马皮乡加石村实现脱贫摘帽。全年，为挂点贫困村协调落实资金近百万元。组织开展党员固定日活动，推动加石村党总支获自治区四星级农村基层党组织称号，村公共服务中心获"2017年自治区示范村级公共服务中心"称号。狠抓招商引资，开展招商活动20多次，洽谈项目5个，已达成投资意向2个，签订《贵港—东盟农业创新发展中心项目合作协议书》《贵港市杰新香料厂年产3000吨香料深加工生产项目合作协议书》，投资额21亿元。

【市委机关干部队伍建设】 2017年，市委办严格落实管党治党主体责任，严格要求、教育、管理干部，打造忠诚干净担当的党办干部队伍。以规范党内组织生活为抓手，对办公室现行的规章制度进行认真梳理，结合工作实际对"三会一课"、党员活动日、财务、出差、接待等制度进行修改或完善。并规范开展学习教育、主题党日、民主评议等组织生活，做到有计划、有主题、有总结、有记录、有档案，确保组织生活规范落实。班子成员带头严格执行党内政治生活制度，坚持民主集中制，认真开展讲党课和谈心谈话活动，持证按时足额交纳党费；带头开展党建服务精准脱贫"六个一"及慰问等活动；带头恪守廉政底线，并自觉接受群众监督。严格按照中央八项规定及相关文件精神安排市委领导公务活动、公务接待、基层调研等活动，开展贯彻落实中央八项规定精神"回头看"整改工作。修编完善办公室工作制度汇编，严抓工作纪律。组织干部到中共广西一大旧址、西江监狱等地接受革命教育和警示教育。注重充实办公室队伍力量，增长干部才干，促进干部成长。加强全市党办系统干部队伍人才培养，全年招录应届毕业生2名、调入优秀年轻干部6名；岗位交流锻炼6名；推荐到基层或其他市直单位挂职5名；派出干部到自治区党委办公厅跟班学习3名；选派2名干部担任第一书记、工作队员；轮训基层或市直党办干部12名。（邬　裕）

组　织

【概况】 2017年，贵港市有基层党组织8100个。其中，党委268个、党总支810个、党支部7022个；有机关党组织1057个、村（社区）党组织1158个、非公有制经济组织党组织983个、社会组织党组织312个。全市有党员153572名。

全市组织工作以迎接中共十九大和学习宣传贯彻中共十九大精神为主线，认真贯彻落实中央、自治区党委和市委的决策部署，围绕中心、服务大局，坚持聚焦主责主业，扎实做好党的建设和组织工作。"书记面对面"、书记问效党建工作获《人民日报》头版报道推介；构建闭环式管控体系压实党建主体责任的经验做法获《中国组织人事报》特别关注版整版推介；全面推行党员活动固定日制度经验做法获中央组织部刊物《组工信息》刊登推介；"党建联盟"的做法分别在人民网、中国共产党新闻网、《广西日报》头版头条、《自治区改革工作简报》《广西组工通讯》《广西组织工作动态》红榜刊登推介；抓国有企业党的建设、抓党建促脱贫攻坚、抓城市基层党建的创新做法分别在全区有关工作会议上作经验介绍；党建促脱贫攻坚经验获《光明日报》推介；《问效之下》获全区优秀党员教育电视片先进经验类一等奖。在2017年度设区市党委书记和区直有关党（工）委书记落实主体责任述职评议中，贵港市落实基层党建主体责任考评综合得分蝉联全区第一。

【中共十九大学习宣传】 2017年，贵港市委组织部把迎接中共十九大和学习贯彻中共十九大精神作为首要政治任务，既带头深入学习领会、贯彻落实大会精神，又主动履行职责，抓好营造氛围、集中宣讲、学习培训工作。把"学习宣传贯彻中共十九大精神"作为全市10月、11月党员固定日活动的主题，以组织收看大会开幕式、畅谈体会感受、为贯彻中共十九大精神建言献策等活动形式学习宣传贯彻中共十九大精神。10月25日，贵港市委组织部召开全体干部会议传达学习中共十九大精神，安排部署全市组织系统学习宣传贯彻工作。12月7日，贵港市召开学习贯彻中共十九大精神专题研讨暨组织工作务虚会，把学习宣传贯彻中共十九大精神引向深入。

【“两学一做”学习教育】 2017年，贵港市委组织部继续把“两学一做”学习教育作为组织工作的重要任务来抓，制订“两学一做”学习教育常态化、制度化实施方案和任务清单，调整工作协调小组，把学、改、做结合起来，坚持抓在日常、严在经常。举办“两学一做”学习教育大讲堂暨前沿知识讲座3期。突出党支部主体地位和作用，推行党员活动固定日制度，全市各级党组织每月一个主题开展固定党日活动，推动学习教育、组织生活实现常态化。组织实施党支部建设“对表工程”，开展“争创五好支部、争当八桂先锋、争做合格党员”行动，各党支部对照“五个好”目标、党员对照“四讲四有”和“四个合格”要求，每月查摆问题，实行“台账管理·阳光整改”。推进“戴党徽、亮身份、践承诺”制度并实现常态化，引导党员当先锋、做表率。全市1.8万名机关党员到社区进行“双报到”并开展志愿服务活动。

【干部教育培训】 2017年，贵港市进一步加强干部教育培训工作，提高干部综合素质。市本级在市委党校和区内外高校及其他培训机构举办培训班139期，培训各级各类干部37758人次；举办各类知识讲座6期，培训各级各类干部4000多人次。积极推进行动学习项目，导入行动学习法推进供销合作社综合改革工作，“深化农村综合改革研究——以贵港市供销合作社综合改革为例”项目列为自治区重点行动学习项目课题，于11月中旬完成结题，解决供销合作社组织僵化、服务面窄、效率低、经营能力不强等方面问题。

【选人用人工作】 2017年，贵港市认真落实新时期好干部标准，围绕贵港事业发展选人用人。引入德尔菲问卷调查法，推进精准考察识别干部。配合做好全国、自治区党代表和人大政府政协换届、领导班子调整工作。完成2017年度公务员、选调生招录工作及事业单位工作人员招聘工作，全市新录用公务员614人，新录用选调生58人，新录用事业单位工作人员1386人，创新开展并完成市直公务员（参公）单位公开遴选工作，公开遴选干部21人；认真落实推进干部能上能下有关规定，全市调整“下”的处级干部9名。

2017年9月21日，贵港市委组织部到港北区贵城街道龙圣社区开展主题党日活动
市委组织部 提供

【干部监督管理】 2017年，贵港市坚持从源头和日常从严管理干部，注重强化党组织领导和把关作用，严格执行“凡提四必”。严格开展“带病提拔”对象的倒查工作，防止干部“带病提拔”。加强干部个人有关事项报告工作，针对发现的问题，提醒、函询、诫勉干部30人。开展消化违规配备、超配的处级非领导职数工作，消化违规配备、超配的处级非领导职数23名。受理的各类信访举报件100%办结。出台《贵港市激励干部干事创业若干规定（试行）》，激发干部干事创业热情。

【人才工作】 2017年，贵港市扎实推进人才强市和创新驱动发展战略，召开市委人才工作领导小组第一次、第二次会议，传达学习习近平关于人才工作新思想新观点新要求，研究审议通过人才工作有关政策文件。出台《贵港市关于深化人才发展体制机制改革的若干实施意见》《关于进一步激发人才创新创业活力加快建成新兴工业城市的若干措施》，实行“个人所得税地方留成部分全额补贴”等人才待遇，建成人才公寓并落实人才免租入住。实施高层次人才开发工程，全年引进高层次人才87人。自治区级孵化器——贵港市高新技术应用研究所投入使用。实施“大学梦”圆梦工程，开工建设广西西江教育园区。组织13个单位赴北京、武汉、重庆三地招聘国内外重点大学人才58人；18名定向选调生加入广西工职院政校协同育人、协同创新团队。联合市人社局制定贵港市高层次和创新创业人才“一站式”服务平台建设方案，优化人才干事创业环境。

2017年10月15月，中组部调研组到贵港调研基层党建工作　　市委组织部　提供

【基层党组织建设】 2017年，贵港市强化“书记抓、抓书记”机制设计，深化“书记面对面”谈党建工作机制，创建“书记问效”党建工作平台，构建形成定责、研讨、问效、考评的闭环式责任管控体系。出台《贵港市选拔任用干部征求基层党建履职情况意见办法（试行）》《贵港市党员星级化管理办法（试行）》，深化拓展基层党建固本培元“六大行动”，开展基层党建补短克难“五项集中攻坚”，落实基层党建“9+5”重点任务，解决基层党组织弱化虚化边缘化和党员自身问题。出台《关于加强城市党建工作的意见》，全面推行街道“大工委”、社区“大党委”工作机制，创建“党建联盟”平台，全市组建各类党建联盟120个，涵盖各类组织2800个，提升城市基层党建整体水平。开展机关党建党员学习常态化、组织生活规范化、作风建设长效化、党内监督正常化“四化”建设，提升机关党建工作质量。深入推进两新组织党的建设，非公企业和社会组织党组织覆盖率分别达到83.72%、86.36%。规范管理党员，全面完成党组织和党员基本信息采集录入工作，开展党费缴纳和规范化管理工作。在全区率先完成村（社区）“两委”换届，选举产生新一届“两委”班子成员8635人，其中新进“两委”干部2188人，全市1157个村（社区）实现女干部全覆盖，覆盖率比上届提高2.17%。开展第一届“最美第一书记”宣传推选、“荷城好支部”宣传展示、“让历史照亮明天”贵港党史宣传教育、“远程教育+”等宣传推介、学用教育活动，通过“贵港先锋”参与教学人数达534万人次。

【抓党建促脱贫攻坚】 2017年，贵港市开展县（市、区）党委抓党建促脱贫攻坚工作考核2次。从严从实管理全市360名贫困村党组织第一书记和2129名工作队员，年内约谈38人，召回并调整4人，增派工作人员99人，评选出10名“最美第一书记”。率先组织开展发展壮大村级集体经济集中攻坚行动，全市所有行政村（农村社区）成立村民合作社；安排3500万元支持贫困村发展特色产业，采取“一村一策”发展村级集体经济，全年全市有224个贫困村集体经济年收入达到2万元以上。

【组织部门自身建设】 2017年，贵港市委组织部按照讲政治、重公道、业务精、作风好的要求，坚持政治立部、能力强部、作风兴部、从严治部，推进学习型、和谐型、务实型、高效型、创新型、廉洁型机关建设。组织专题学习中共十九大、全国组织部长会议精神，召开全市组织工作务虚会，进一步加强思想能力建设。每月召开部务扩大会议，深入学习贯彻上级重大决策部署。严格执行党员固定日活动，认真执行“三会一课”等制度。坚持开展“一周一小结、一月一分析、一季一总结、一年一考核”，营造比创新、比业务、比服务的浓厚氛围。在江西井冈山举办全市组工干部党性教育培训班。编印《贵港市委组织部机关工作规程》，制定文稿写作考核评比办法，建立错情通报制度，实施科室绩效考核制。对部机关会议、学习、调研、督查、人事、财务等内部管理制度进行进一步修订并严格执行，严格约束组工干部行为，努力建设模范部门。

（陆剑忠）

宣　传

【概况】 2017年，贵港市宣传工作

以宣传贯彻中共十九大精神和习近平新时代中国特色社会主义思想为主旨，深入贯彻全国、广西宣传部长会议精神和中共贵港市委、市政府的重大决策部署，主动作为，勇于开拓，唱响主旋律，汇聚正能量，提振精气神，为打造新时代“四力”新贵港，加快建成西江流域核心港口和新兴工业城市提供思想保证、精神动力、舆论支持和文化条件。

【理论武装】 2017年，贵港市下发《中共贵港市委员会关于2017年全市理论学习的通知》，开展市委中心组学习会5次。中共贵港市委宣传部(以下简称贵港市委宣传部)编印《中心组学习参考》3期1500册作为各级党委(党组)中心组学习辅导资料，编印党委中心组学习优秀调研报告和理论文章集《向实践学习2016》。利用“书记宣讲团”“中共十九大精神荷城宣讲大篷车”等载体开展中共十八届六中全会、十九大精神宣讲活动2000多场次，贵港市打造“中共十九大精神荷城宣讲大篷车”开展宣讲的做法获得中央电视台等媒体推介。组织全市党员干部开展学习市委书记李新元推荐的《担当读本》和《家风十章》读书活动，在全市党员干部中营造敢于担当、积极向上的良好氛围。编印出版贵港市社会主义核心价值观教育系列读物《我美丽的家乡荷城贵港》，编印《贵港宣传》6期。推动贵港市委与各县(市、区)、市直各单位党委(党组)签订落实意识形态工作责任制责任书，把意识形态工作纳入绩效考评，出台意识形态工作联席会议制度、督查制度、应急处置机制、问责机制等4项制度，召开市委意识形态工作联席会议2次，开展意识形态“双百”(即百名党组织书记讲百场报告会)宣讲活动600多场次，开展落实意识形态工作主体责任制述职评议。

【舆论宣传】 2017年，贵港市委宣传部组织开展“元宵节花灯”“荷花展”“创建全国文明城市”“全区投资和项目建设工作会议”“园博园开幕”等10多次重大主题宣传报道。15次邀请自治区级以上主流媒体记者300多名赴贵港集体采访。《人民日报》、新华社、中央电视台等中央主流媒体报道贵港经济社会发展亮点超过180篇(条)，获得《广西日报》新闻报道甲等奖和广西电台通讯报道先进市。构建以“贵港宣传”微信公众号、头条号为龙头，400多个“两微一端”的全市政务信息发布大平台。实行贵港网络问政平台问政答复工作“红黑榜”制度，453个上线部门积极回应网民咨询，答复率达96.6%，成为市委市政府听取民声、汇聚民智、推进民主决策的重要渠道。贵港市开展“网眼看贵港——聚集工业新三篇”“网眼看贵港——全国重点网络媒体贵港行”专题采访等活动，借助网络媒体的力量进一步提高贵港市的知名度、美誉度和影响力。11月4日，成立广西首个网络正能量传播联盟——贵港市同心圆网络正能量传播联盟，集聚本地新媒体资源，维护网络传播秩序，服务全市经济社会发展。将例行新闻发布制和突发事件新闻发布工作纳入意识形态工作考核，全年市本级举行新闻发布会、吹风会20多场次。

2017年10月31日，贵港市第七届“和为贵”文化学习宣传中共十九大精神文化下基层演出　　市委宣传部　提供

【社会宣传】 2017年，贵港市委宣传部重点做好社会主义核心价值观、爱国主义及国防教育活动、全区县域经济发展大会暨年中工作会议、全区重大项目推进工作现场会、中共十九大精神、第四届贵港市“美丽贵港·我爱荷城”荷花展、第十一届广西(贵港)园林园艺博览会等重要活动的宣传工作。通过在市中心城区、公园、各大车站、高铁站、港口码头以及高速路沿线设置固定社会宣传牌、悬挂宣传标语条幅、出版宣传板报的方式，营造出浓厚的社会宣传氛围。扶持散文集《舌尖上的乡愁》等4个2017年度重点文艺创作项目及陈芳英、高瞻等2位2017年文学创作人员；纪录片《大藤侠》被列为2018年自

2017年11月14日，贵港市召开同心圆网络正能量传播联盟成立大会

市委宣传部　提供

治区文化精品扶持项目;《乡村成长日记》《平南县数字影城》《荷美覃塘莲藕(产业)核心示范区——荷家坞民俗风情度假村》等获得自治区本级文化产业发展专项资金扶持;编辑出版贵港市社会主义核心价值观教育系列丛书，其中市情读本《我美丽的家乡荷城贵港》已出版发行，《贵港市中小学爱国主义教育歌曲读本》已付印。着力打造“和为贵”文化品牌，多方位、多角度生动诠释中国梦。举办军民迎春联欢晚会、第四届贵港市“美丽贵港·我爱荷城”荷花展、“百孝之子”评选、第七届“和为贵”文化节、“壮族三月三·八桂嘉年华”以及建市20周年系列活动等。6月26日—30日，特别是在全国第31届荷花展期间贵港市获得2018年全国32届荷花展举办权，荷城的影响力不断凝聚和提升。同时，重大节假日期间在市新世纪广场举行盛大的集中升国旗仪式。创作完成《科学家——黄大年》等10集动漫作品，全市培育和践行社会主义核心价值观的氛围越发浓郁;广播剧《红莲》获得广西第十四届精神文明建设“五个一工程”奖，首次代表广西参加全国“五个一工程”奖的角逐;完成《蓝衣壮组歌》15首本土音乐创作，多元化展示贵港市民族文化。引进《赤子丹心—黄大年》《京剧伶票展演》《丛林狮王》《花山》等7部舞台艺术精品剧目。开展“征文、演讲、讲故事”“我邀明月颂中华”诗词诵读大赛以及全民国防教育日的集中活动，极大地激发广大市民爱国爱家乡的热情，齐声奏响推动发展的最强音。

【精神文明建设】 2017年，贵港市以培育和践行社会主义核心价值观为主线，以文明城市、文明单位、文明村镇、文明校园、文明家庭创建为主要抓手，扎实推进精神文明建设工作。设立国旗街，把社会主义核心价值观的宣传融入到城市绿化彩化景观。开展“百孝之子”、道德模范、“身边好人”等评选活动，在全社会营造学习、关爱、崇尚和争当道德模范的浓厚氛围。举办“和为贵”文化节、“我们的节日”“学习和争做美德少年”、道德讲堂等主题活动，贵港市被评为广西道德模范1人，获广西道德模范提名奖2人。积极参与文明创建，提升文明水平，被评为全国文明单位3个，被评为全国第一届文明校园学校2所，被评为自治区第一届文明校园学校17所，获得第七轮自治区文明城市，获得“全国文明城市提名城市”称号。

【宣传队伍建设】 2017年，中共贵港市委宣传部继续加强基层宣传思想文化队伍建设，做好宣传思想文化干部的培养选拔和教育管理工作，做好新闻和政工系列专业技术资格评审工作。举办全市宣传思想文化业务骨干、政务新媒体、网络宣传员等专题培训班，加强宣传队伍建设。　（宋　迪）

统一战线

【多党合作】 2017年，贵港市委统战部持续推进政党协商，围绕重大决策部署献计出力，2月印发《2017年度政党会议协商计划》。组织召开政党协商座谈会4次，其中市委书记李新元主持召开2次，围绕贵港市非公经济发展、招商引资、党风廉政建设和反腐败工作等重点工作领域进行政治协商，听取党外人士意见建议，推进市委市政府科学民主决策和治理体系、治理能力现代化。支持民主党派市委会、市党外知识分子联谊会开展年度专题调研，围绕社会热点、难点问题和2017年度政党会议协商议题，为市委、市政府提供有建设性和操作性的意见和建议。

【开展思想教育引领活动】 2017年，贵港市委统战部支持民主党派、无党派人士深入开展坚持和发

2017 年 11 月 1 日，贵港市委召开向党外人士通报中共十九大精神座谈会

市委统战部　提供

展中国特色社会主义学习实践活动，于 5 月 23 日—25 日在桂林市开展贵港市统战干部党性锻炼暨民主党派无党派人士实践活动，现场学习红军图片湘江战役的英雄事迹和顽强抗敌精神、八路军桂林办事处旧址学习弘扬革命传统、传承革命精神，引导其进一步增强中国特色社会主义道路自信、理论自信、制度自信、文化自信。加强教育引导，促进非公经济人士健康成长，举办贵港市非公有制企业成长培训班 2 期，培训 300 多人次，选送 15 名非公代表人士到复旦大学、德国、中国农业大学等国内外高校参加培训，组织 90 名非公人士参加“全国年轻一代民营企业家理想信念报告会”。

【推动非公经济发展】 2017 年，贵港市委统战部优化营商环境，促进非公企业健康发展。按照自治区党委统战部、自治区非公办的工作部署，贵港市“五强化五确保”全力推进广西非公经济服务平台的运用工作，获得自治区党委常委、统战部部长赵德明批示肯定，并在 12 月 15 日召开的“广西非公经济服务平台专项工作推进会”作交流发言。联合市委办等有关部门就优化非公经济发展环境开展调研，11 月 27 日市委办、市政府办印发《关于进一步优化环境促进非公有制经济跨越发展的若干意见》。积极营造“亲”、“清”新型政商关系，通过举行民营企业家座谈会、市领导带头率先垂范走访企业、协助市政府开展“市长服务企业接待日”活动 13 期、开展大走访调研活动等，积极搭建政府与企业互动平台。创新载体，打造服务平台，市非公办与市金融办联合举办多期“银企沙龙”活动，邀请银行工作人员解答相关金融政策，面对面和企业家共同研讨企业融资问题，组织一批经济学专家、法律专家、管理学专家等专家人士到企业开展咨询服务，或组织企业家参加相关培训，助推企业提升管理水平，如联合市司法局举办多期“法律服务面对面”活动。3 月底，贵港市工商联（商会）第五届完成换届选举工作各项任务。

【党外干部队伍建设】 2017 年，贵港市选送 10 名党外干部参加广西社会主义学院党外中青年干部培训班、领导干部培训班、无党派人士代表培训班学习。4 月 9 日—4 月 15 日，市委组织部、统战部在浙江大学华家池校区举办 2017 年贵港市党外干部暨统战干部培训班，60 多名党外干部、统战干部参加。继续深化和拓展党外代表人士实践锻炼工作，进一步加大党外代表人士的培养锻炼力度，安排 4 名优秀党外代表人士到基地挂职锻炼。

【民族宗教工作】 2017 年，贵港市大力促进民族团结，动员各方力量筹措项目资金，帮助少数民族乡村解决基础设施建设问题，如为平南县马练瑶族乡修建水泥路并安装路灯等。积极开展“壮族三月三”系列民族文化活动。切实维护宗教领域和谐稳定，多措并举，健全宗教工作联席会议机制，指导开展和谐寺观教堂创建活动，成效显著。1 月，收到中央统战部、国家宗教事务局关于表彰第三届全国创建和谐寺观教堂先进集体和先进个人的决定，桂平市西山洗石庵获“第三届全国创建和谐寺观教堂先进集体”荣誉，桂平市白石山三清观负责人陈应伟获“第三届全国创建和谐寺观教堂先进个人”荣誉。

【港澳台工作】 2017 年，贵港市委统战部加强与港澳的联谊，指导成立香港广西贵港市政协同乡联谊会，充分调动香港贵港商会、港澳政协委员及代表人士的能动性，引导其在壮大爱国爱港力量中发挥积极作用；拓宽港澳海外招商渠道，推动贝丰国际有限公司等一批项目成功落地；积极协助港澳同乡联谊会加强自身建设，增进交流与沟通，凝聚更多的爱国爱港爱澳人士。深化对台交流，加强联谊，持续推进贵台两地各领域交流合作，于3月、5月、7月、8月分别组织经贸考察团、农业交流团、少数民族文化交流团赴台交流考察。3月下旬，邀请台湾花莲县参访团来访，持续推进贵台经贸、文化、农业等领域交流合作。高度重视，依法维护台商台企台胞合法权益，协调解决中太汽车销售服务有限公司权益纠纷等问题。

【统战服务中心工作】 2017年，贵港市委统战部深入开展“千企扶千村”活动，助力脱贫攻坚，动员组织175家企业与245个贫困村结成帮扶对子，投入帮扶资金14428万元，受帮扶群众20745人。组织、协调各民主党派、市工商联、无党派人士做好参与脱贫攻坚工作，落实帮扶任务，1月17日，联合各民主党派到樟村慰问、送春联、慰问困难群众等活动。在地级市一级中创新制订“扶危济困”捐助活动方案，以市光彩会为统一进出口径，均衡使用，避免出现重复捐赠现象。7月，以贵港市光彩事业促进会为接受平台，相续举办“扶贫济困——爱心捐助·情暖贫困户”民营企业专场捐赠会、“巾帼助脱贫·情暖贫困户”爱心捐赠会、“微公益·情暖贫困户”爱心捐赠会3场捐赠专场和贵港市扶贫日活动之书画义卖等，动员机关事业单位及干部职工、广大非公经济人士以及个体户等超过1000人次参与，收到捐赠款300多万元。广泛开展招商引资，分别赴湖南、江苏、深圳、广州、辽宁、四川等地，走访考察深圳市沃特玛电池有限公司等16家企业，落地项目有2个，分别为投资2000万元的广西贵港市益萃网络科技有限公司项目、投资1000万元的贵港市宗台摩托车销售服务有限公司项目。

（陈　琦）

机构编制

【行政审批制度改革】 2017年，贵港市机构编制委员会办公室（以下简称市编委办）做好行政审批项目的承接和清理工作。市本级取消行政许可事项54项、调整259项、新增2项。3月，印发行政许可事项目录，实现目录的动态化管理。加大行政审批中介服务事项清理力度，组织开展第三批清理规范行政审批中介服务事项工作，清理规范行政审批中介服务事项4项。

【完成“两单融合”】 2017年3月，贵港市启动权力清单和责任清单“两单融合”工作，市本级纳入“两单融合”工作的部门（单位）55个。6月30日，市政府向社会印发公布实施“两单融合”清单，明确43个部门（单位）保留3472项权力事项和对应的3472项责任事项（按每个权力事项对应1个责任事项，其中1个责任事项可包含若干个子项）和11项公共权力事项。

【行政体制改革】 2017年，贵港市完成纪委派驻机构改革工作。会同市纪委推进市、县两级纪委派驻机构改革，于6月底顺利完成。推进监察体制改革工作，撤销市监察局和市人民检察院的反贪污贿赂局、反渎职侵权局、职务犯罪预防局，组建贵港市监察委员会。推进挂牌机构实体化运作整改工作，12月13日召开的市五届编委第4次会议通过市编办提出的《关于挂牌机构实体化运作整改后有关单位“三定”事项》方案。

【事业单位分类改革】 2017年，贵港市重点推进经营类事业单位的改革，完成市市场服务中心转企改制的改革，核销事业编制650名，安置在编人员399人、退休职工258人，分别占全部经营类事业单位的73.0%、66.3%和66.7%。

【统筹推进其他改革】 2017年，贵港市推进城市管理执法体制改革。将市住建委管理的市规划建设监察支队和市市政管理局管理的市市政管理监察支队整合，组建市城市管理监察支队。完成市直平天山、覃塘林场等两个国有林场改革

2017年10年10日，贵港市召开经营类事业单位改革工作协调会　　市编委办　提供

后的定性定编定经费工作。完成检验检测体制改革，整合原市计量测试所等6个单位的检定、检验、检测职责，统一由市公共检验检测中心承担，建立跨部门、跨行业、跨层级的检验检测平台。（陆春勇）

政策研究

【概况】 2017年，贵港市委政策研究室服务于贵港市委工作大局，发挥参谋助手和决策服务的职能作用，履行全面深化改革统筹协调职能，为农业农村等工作提供决策咨询服务。全市14项改革成果分别在《人民日报》《中国改革报》《广西日报》等主要媒体上推介，12项改革经验在全国或全区的改革工作会议上作经验介绍，承接自治区全面深化改革绩效考评的指标实现基础分和创新争优加分“双满分”，排名并列全区第一。7月，3篇调研报告获2015—2016年度广西党委政研系统优秀调研成果奖。其中，《贵港市农村土地流转与转变农业发展模式的对策研究》获一等奖，《贵港打造西江流域现代物流中心研究》《贵港市乡村创意休闲旅游发展研究》获二等奖。

【课题调查研究】 2017年，贵港市委政策研究室围绕县域经济和农业供给侧结构性改革2个课题开展研究，3月，制订方案；4月中旬，派出2个调研组分赴滁州、石嘴山和成都、孝感进行调研，完成《以政策突破为先导　推动县域经济实现跨越式发展》《充分发挥政府规划引导作用　扎实推进贵港市农业供给侧结构性改革》调研报告。前者获自治区党委政研系统“2017年调查研究年”活动优秀调研成果三等奖，后者得到市委领导的批示。

【参与市委重大决策】 2017年，贵港市委政策研究室持续优化决策服务职能，积极参与重要文件、文稿的撰写工作，为市委重要决策做好参谋助手。

继续办好《决策参考》 编辑出版《决策参考》15期，其中3期获得市委领导的批示。10月起，在增设“每周信息速递”栏目，整理汇总成都兴邦咨询有限公司提供的国内外最新宏观经济政策、发展动态等呈送市四套班子领导参阅。

参与市委重要文稿起草 参与完成市委书记李新元在解放思想抢抓机遇再讨论暨投资促进工作大会等重要会议上的的讲话，全区开放发展大会暨招商引资工作会议上汇报发言等综合文稿475篇，积极参与《贵港市进一步优化环境促进非公有制经济跨越发展的若干意见》等重要方案的制订。

【全面深化改革】 2017年，贵港市委政策研究室扎实履行全面深化改革统筹职责，聚焦改革目标，突出问题导向，强化督察问效，注重系统集成，深化改革全面发力、多点突破、纵深推进。

建立健全改革推进机制 出台《市委全面深化改革领导小组2017年工作要点》《市委全面深化改革2017年督察计划》等引领全年改革工作的纲领性文件，进一步强化领导小组指挥统领、专项小组协调推动、市直部门和县（市、区）具体实施的“三层推进”架构。建立台账管理制度，完善市委全面深化改革年度工作台账，明确每一项改革的主要任务、完成时限、责任领导等，并实行动态管理、挂账督办、年终对账盘点。创新“红黑榜”“电视曝光台”督察载体，建立“整改、通报、考核、问责”四位一体的督察结果运用机制，确保改革督察实效。

组织召开改革工作会议 组织召开市委全面深化改革领导小组全体会议6次，审议通过重大改革方案和重要改革文件25项，听取专项小组、市直有关部门和县（市、区）改革推进情况专题汇报28项。确定重点改革任务51项，除已取消的4项和因自治区层面方案出台较晚等原因而正在推进的17项外，其余均已如期完成。

打造督察问效主官工程 在市委全面深化改革领导小组第七次全体会议上，审议通过《市领导2017年全面深化改革工作联系点方案》，率先在全区建立党政主要负责同志抓改革制度，推进党政主要负责同志抓改革常态化、制度化。该方案确定厅级领导20名，挂点联系5个县（市、区）及3个重点任务责任单位，联系改革试点或重大改革任务20项。

加强改革队伍建设 在全区首次举办全市性的深化改革专题培训班，对全市从事改革工作的领导干部和业务骨干105人进行全封闭培训。李新元出席开班仪式并作动员讲话；自治区党委改革办、发展改革委等部门相关业务处室领导亲临授课，从根本上提升全市改革队伍素质。

【重点领域改革】 2017年，贵港市召开全面深化改革领导小组会议6次，审议通过重大改革议题20多项。“放管服”改革力度加大，清理取消行政许可事项54项、调整259项，率先在全区设立行政审批中介超市。

经济体制改革领域迈开新步伐　加快商事制度改革，投资项目立项到开工的审批时间从200个工作日压减到48个工作日，行政审批提速76%，商事制度改革社会满意度、办理营业执照速度、企业投资环境满意度均排名全区第一，成为全国第三个、广西首个实施“口头申报、即可办照”简易登记模式的城市。个体工商户简易注销试点工作，贵港市是全区唯一一个提前2个月完成2016年度个体工商户年报公示任务的地市。深化国有企业改革，组建交投、建投、城投、金投四大国有集团公司。

农村和生态文明体制改革领域实现新突破　贵港市供销社获评“全国供销合作社综合改革试点工作先进单位”；引导和规范农村土地经营权有序流转，以“四季花田”为核心的港南区湛江镇农业综合开发现代农业园区经评比被确立为国家农业综合开发现代园区建设项目；桂平市创新五大机制助力脱贫攻坚，获2016年度自治区扶贫开发工作重点县一等奖；发挥龙头企业带动作用，探索出扬翔“一十百千万”精准扶贫模式，辐射至南宁、百色等6个地级市，田阳、都安等22县(市、区)，带动2.3万贫困人口脱贫致富。

党的建设领域有新作为　创建的“书记问效”平台得到《人民日报》头版头条推介，“西江先锋，党旗领航”得到《广西日报》头版头条推介；港南区创建“布山党旗红”APP智慧管理平台，开启基层党建2.0时代，被《人民日报》点赞。

【改革宣传】 2017年，贵港市统筹谋划年度改革宣传报道，制定《2017年全面深化改革宣传报道工作方案》，在《贵港日报》、贵港电视台设专栏进行专题宣传报道，展示过去一年贵港市全面深化改革惠及群众的成效，解读2017年贵港市新出台的重大改革举措，在《贵港日报》宣传改革276篇，在贵港电视台报道改革新闻147条。组织全市各级各部门收看大型政论专题片《将改革进行到底》，并要求各级各部门撰写学习心得体会。进一步提高改革信息数量和质量，组织编写《贵港全面深化改革简报》9期，上报自治区党委改革办各类改革信息239条，2条改革经验信息作为重大信息获报送中央改革办，改革信息报送工作在广西14个设区市排名第3。

【农办工作】 2017年，贵港市政策研究室强化与自治区党委农办、市农业局(市农村办)等单位对接，筹备组建市委农村工作领导小组及其办公室，于11月1日印发机构成立通知。9月14日，市编委办批复成立贵港市农村发展研究中心，为正科级财政全额拨款公益一类事业单位，负责对全市农业农村改革发展重大问题和相关政策进行研究，核定事业编制6名。

(韦欣彤)

机关党建

【概况】 2017年，贵港市市直机关党建工作以迎接和学习宣传贯彻中共十九大为主线，紧扣“服务中心、建设队伍”两大核心任务，认真贯彻落实全面从严治党要求，在落实“书记面对面”“书记问效党建”基础上，着力推进“党员学习常态化、组织生活规范化、作风建设长效化、党内监督正常化”建设(即“四化”建设)，压实机关党建工作责任，有力促进各项目标任务完成。与95市直党组织签订责任状压实责任；通过培训班、报告会、专题讲座、专题学习等多形式组织党员干部学习，各级党组织举办培训班69班次；以“三会一课”为主要内容开展督查，市直统一组织开展督查4次。年内，在已建市直机关党建示范点21个的基础上，继续打造16个示范点。

【思想政治建设】 2017年，贵港市市直机关开展集中教育培训、学习宣传贯彻中共十九大精神、抓长效机制建设、搭建党建工作平台加强思想政治建设。

建立抓学习的长效机制　制订《市直机关工委推进“两学一做”常态化、制度化实施方案》，将学习党章党规和习近平系列重要讲话纳入机关党组(党委)中心组和党支部“三会一课”学习内容。“七一”前夕，组织开展“两学一做”学习教育专题党课活动，邀请市委书记李新元以题为《打造“四型机关”争做先锋党员，为实现贵港赶超跨越汇聚强大合力》讲党课，市直机关820名党员干部参加，对机关广大党员干部坚守信念、遵纪守法、担当作为、爱岗敬业进行教育。

对党员干部的集中教育培训　组织60多名党组织书记在广西干部学院举办中共十八届六中全会精神专题培训班，组织180多名新任委员在市委党校举办党纪党规专题培训班，在广西工业职业技术学院二校区举办党的基本知识培训班1期。组织市本级厅、处级干部参加“时代前沿系列知识”讲座3场1886人次。

开展核心价值观教育　6月中旬，举办“争创‘五好’支部、争当八桂先锋、争做合格党员”情景报告会1场，750名机关党员干部参加。9月中下旬，联合中国文化旅游摄影协会在市博物馆开展举办“‘发展新成就，人民获得感’——迎接中共十九大”专题图片展览活动，为迎接中共十九大胜利召开营造氛围。

学习宣传中共十九大精神　组织市直各单位广大党员干部集中收看收听习近平总书记所作中共十九大报告，及时印发《方案》部署学习宣传活动。工委机关先后组织专题学习会8次，座谈讨论会5次，工委领导到基层党组织上党课7次。组织开展“不忘初心、牢记使命”主题党日活动，举办“市直机关党员干部学习贯彻中共十九大精神辅导报告会”，聘请自治区党校教授陶建平做专题报告。

搭建机关党建工作宣传平台　在用好《贵港日报》、贵港电视台党建宣传专栏的基础上，创建贵港机关党建微网站、微信公众号和手机短信平台，宣传各单位“两学一做”学习教育、党员服务中心大局、发挥作用的先进经验和做法。

【责任体系建设】 2017年，贵港市市直机关党建以健全机制，压实责任，严格督查，加强考核建立党建责任体制。出台《贵港市直属机关党建工作要点》，制定下发《贵港市直、中区直驻贵机关事业单位党建工作考评办法和考核评分标准》，由市直机关工委常务副书记与95个直属党组织书记签订党建工作责任书，建立三级联述联评联考制度，把抓机关党建工作的情况纳入各单位年度绩效考核内容。开展“双随机”抽查和季度一督查，采取工委直属支部必查、党委下属支部随机抽查，年终考核定级的办法，强化各级党组织履行党建工作的主体责任。

【基层组织规范化建设】 2017年，贵港市市直机关党建以集中推进“四化”建设为重点，抓严抓实党内组织生活。在市直机关党组织中集中推进“四化”建设，着力解决市直机关党组织和党员队伍中存在学习走过场、组织生活走形式、作风不扎实、监督不严格的现象。通过召开会议、出台工作方案进行动员部署，平时跟踪指导，每季度组织一次全面督查，督查后及时通报，对存在问题限期整改等措施，基层组织“四化”建设水平得到大幅度提升，党员的教育管理得到切实加强，党组织和党员的作用得到有效发挥。贵港机关党建“四化”建设经验在《广西日报》区域版头版头条刊登，在“高管信息——广西领导专供”和中国金融信息网刊登，在广西卫视新闻频道黄金时间播出宣传推广。

2017年12月7日，贵港市市直机关在会议中心大会堂举办党员干部学习贯彻中共十九大精神专题辅导报告会　　市直机关工委　提供

开展“主题党日”活动。制订《实施方案》，明确每月10日和20日为固定活动日。每次“主题党日”活动，选择一个主题，每次党日活动结束后，党员主动缴纳党费。年内，33个机关、事业单位党委、425个党支部开展党日活动共668场次，参与党员7500人次。

抓党建示范点建设。为发挥党建示范作用，在已建成市直机关党建示范点21个的基础上，继续打造16个示范点。在本级留成党费中划拨24万元到有关单位作为示范点建设补助经费。年末，机关工委所属的党组织全部按照“六有”标准，规范党组织活动场所建设。根据市委组织部的要求，按照探索创新、注重实效的原则，在市直机关创建6个党代表工作室，协调完善党代表工作室的硬件和软件建设，指导各个驻室单位认真组织党代表开展工作，发挥党代表在党代表大会闭会期间密切党群联系、参与社会管理中的作用。

积极实施素质提升行动。认真抓好党务干部、党支部书记和党员3个层次教育培训。年内，工委本级举办各类培训班3期，培训人数430人次，各级基层党组织结合开展“四化”建设，举办各类培训班66期次，培训党员干部4200多人次。

完善组织建设。划出16个企

2017年9月18日，贵港市在市博物馆举办“发展新成就——人民获得感”专题图片展
市直机关工委 提供

业党组织到非公经济组织党工委，指导督促3个机关党委、13个直属党支部（总支）完成换届选举。市直工委直接讨论批复发展新党员15名，讨论批复预备党员转正18名。完善和规范党费收缴程序和范围标准，督促做好补缴和清理工作。春节和“七一”期间，工委本级组织慰问老党员和生活困难党员85名，先进党员5名，走访慰问挂点村贫困户22户，给慰问对象送上党组织的关怀和温暖。

【机关党组织作风建设】 2017年，贵港市市直机关党建紧紧围绕市委战略目标任务，坚持把作风建设放到服务市委工作大局中去谋划，充分发挥党组织政治优势和党员先锋引领作用。

服务重大项目建设取得新突破。如市财政局、市交通局等在服务窗口开展“先锋岗”“三亮三比”活动，组织党员深入企业现场办公，统筹安排资金87.13亿元，保障179个政府投资的重大项目顺利推进，推动重大项目建设和企业良性发展。市政管理局成立项目办临时党支部，选派60多名党员干部和专业技术骨干深入一线服务项目建设与管理，实行项目建设倒排工期制，发挥“5+2”“白＋黑”精神，克难攻坚，确保该局负责15个市级层面、总投资约74亿元的重大项目建设按计划有序推进。

招商引资成效显著。动员市直机关党组织和广大党员发挥党建优势，主动参与招商引资，大招商、招大商。市直机关工委由主要领导带领招商小组到广东、区内南宁、大化等地招商，完成一个意向项目和一个签约项目，联合市文联引进的汉世伟食品集团在覃塘区投资5亿元兴办现代化生猪养殖项目，其中占地200亩，投资0.6亿元的公猪站在本年度11月底建成投产；占地1200亩的母猪育繁基地于12月份动工，计划于2018年10月竣工投产。市科技局、农业局、投资促进局、教育局引进投资10亿元以上投资项目，推动全市招商引资区外境内到位资金、全口径实际利用外资到位资金合计448.69亿元，超额完成自治区下达年度招商引资目标任务。全市总体投资满意度为83.25，名列全区14个设区市之首。

抓党建引领助力脱贫攻坚。各单位不断深化“联挂帮”活动，积极推动市直机关党组织和广大党员投身扶贫攻坚工作，充分发挥后盾单位作用，安排和争取各级扶贫专项资金2423万元，支持挂点村基础设施、集体经济发展等40多个项目建设，为群众解决实际困难和问题13769件。开展“情系贫困户—扶贫济困募捐”活动和扶贫日”党日主题活动，开展十九大精神和扶贫政策宣传活动5649场次，慰问贫困户4365户，慰问金额243.71万元。

全面开展在职党员到社区报到服务活动。加强在职党员进社区报到服务的统筹管理，确保每一个社区都有在职党员报到服务。年内市直机关共有12860人次在职党员深入到全市35个社区开展便民利民服务947次，服务群众10760多人次，为群众办好事实事4656件。配合和协助港北区贵城街道筹建5个社区“联合大党委”，构建起“共驻共建、资源共享、共同服务、共谋发展”的社区治理新格局。

【反腐倡廉建设】 2017年，贵港市市直机关加强教育，筑牢思想防线。坚持把廉洁从政教育纳入各单位中心组、民主生活会、“三会一课”重要内容。工委领导到基层上廉政专题党课5次，开展《条例》《准则》专题宣讲6次。发动各部门组织机关党员干部到警示教育基地接受教育65批次，出版反腐倡廉板报120多版次，组织观看《巡视利剑》《作风建设永远在路上》《榜样》《将改革进行到底》等专题教育片53场次，筑牢“四个意识”，积极营造廉政勤政、向先锋模范看齐的氛围。

开展贯彻落实中央八项规定

"回头看"工作。市直机关工委根据市委和市纪委整体部署，制订《"回头看"工作方案》和《自查自纠工作方案》。坚持问题导向，制定具体的整改措施，抓好建章立制，进一步推进中央八项规定精神落实常态化、长效化。

全力支持纪工委改革工作，从严问责执纪。主动接受纪工委监督，凡是工委会议都邀请纪工委书记参加，参与"三重一大"监督。协调落实纪工委的办公用房、购置办公设备及公务活动经费等。讨论市纪委转来的违纪案件4件，给予党内警告处分4人。（刘业荣）

2017年7月5日，贵港市委党校举办全面深化改革研修班，图为市委书记李新元讲话

市委党校　提供

党校干部教育

【干部培训】 2017年，贵港市委党校坚持"党校姓党"，突出"党的理论教育"和"党性教育"的主课地位，占全年主体班教学安排超70%，"党性教育"单元超过主体班总课时的20%。全年举办培训班54期，培训6582人次。创新教学方式，采用现场教学、大组研讨等互动方式，增设现场教学基地3个，组织到基地进行现场教学700余人。落实领导上讲台制度，邀请市委书记李新元和其他市委常委、市领导到党校授课19人次。开展中共十九大精神宣讲，派出校领导、骨干教师6人，到各县（市、区）和市直单位进行宣讲22场次。

【科研咨政】 2017年，贵港市委党校大力实施科研精品战略，不断提升科研成果质量，充分发挥党校的"思想库"作用。完成课题7项，其中广西党校（行政学院）系统决策咨询重点课题结项3项、广西科协招标课题4项。立项课题20项，其中获广西党校（行政学院）系统决策咨询重点课题立项3项、全区社会主义学院系统招标课题立项2项。在省、市各类研讨会上获奖4篇，学术论文发表9篇，其中有两篇分别获第六届桂海论坛二等奖和三等奖。加强咨政研究，形成成果转化为《咨政专刊》递交市委市政府3期。组织中青班学员进行"打造富硒农产品品牌""结对扶贫"及"网络问政"等5个专题的课题调研，形成调研报告在《贵港工作》上发表。完善科研制度，包括调查研究制度、科研成果激励制度等，实行自上而下的科研目标管理责任制，对每位教研人员的科研实行"两个一"要求的目标管理和量化评估。

【党校师资队伍建设】 2017年，贵港市委党校坚持推进队伍建设工作。管好用好人才队伍，扎实开展"两学一做"学习教育常态化制度化，制定《教师工作量化考核办法（试行）》《年度奖励性绩效奖金二次分配方案》等，探索人才激励机制。抓试教试讲工作，组织教师开展新专题的试教试讲试评14次、27个教学，有15个教学新专题进入主体班课程。选派人员外出培训，派出学校领导和骨干教师到中央党校、自治区党校和百色学院等地进修培训18人次，选派骨干教师参加自治区党校"导师制"活动3人，开展全市党校系统师资培训班2期。招引优秀人才，公开招聘选调教师3名。

【县级党校建设指导】 2017年，贵港市委党校把各县级党校（分校）的业务指导列入党校工作的重要内容，多措并举加强县级党校业务指导。指导协调各县级党校举办各类主体班及联合班，5个县（市）区级党校全年举办各类培训班共95期，培训党员干部1.3万人次。加强教学管理，指导各县级党校（分校）科学规划党校课程、认真落实领导上讲台制度及推进现场教学基地建设等工作。开展科研协作，指导县级党校（分校）拓宽思路、完善机制，组织教研人员开展科研资政工作，取得市级以上课题46个，呈送资政报告8篇，在《贵港党建》和《贵港组工》上发表多篇党建课题研究文章。到县（市、区）开展调研，全力协调配合县级党校做好基础设施建设。

【党校搬迁项目建设】 2017年，贵港市委党校召集相关部门就项目推进项目建设问题召开项目推进会5次。工程一期完成征地拆迁，教学综合楼实现封顶正在进行墙体砌筑施工。学校食堂完成地下室基坑土方开挖，4幢学员宿舍楼均完成基础地梁施工。工程二期完成选址、用地预审、可研批复、总平图设计、方案设计、地质勘察。

（杨思思）

老干部工作

【畅言中共十九大】 2017年，贵港市委老干部局围绕"迎接中共十九大胜利召开"以书面征集、上门访谈、集中座谈等形式，组织老干部畅谈十八大以来的发展变化，征集老干部的意见建议，600多条。联合老年大学、关工委、老科协、老促会等涉老团体，组织离退休老干部代表到贫困村参加"脱贫攻坚乡村行"活动，将党的发展成果、取得的成绩在贫困户家中传颂。市老年大学组织合唱团、歌舞团、话剧团等老年团体到农村、社区、学校开展"赞颂新变化、喜迎十九大"巡回演出活动20多场。组织离退休干部就地就近参观考察，于6月8日组织退休厅级老领导到广西（贵港）园博园、华奥汽车等重大项目参观，老领导在考察过程中就环境保护、土地综合利用等方面提出意见建议10多条。

【"两项建设"加强】 2017年，贵港市进一步加强离退休干部思想政治建设、党支部建设（即"两项建设"）。坚持落实离退休干部阅读文件、参加重要会议和重大活动、通报情况、举办理论学习培训、参观考察等制度，落实老干部政治待遇。全市为离退休干部订阅《老年知音》6000多份，组织老干部参观考察6场次，举办学习培训班10多场次，参加培训的老党员3000多人次。10月31日，中共十九大代表、市委书记李新元到市老年大学向离退休干部宣讲中共十九大精神，并通报贵港市经济社会发展情况。持续加强离退休干部党支部建设，落实离退休干部党支部书记工作补贴，在老干部学习活动集中的3所市县老年大学成立党组织。注重离退休干部党支部书记培训，组织20名离退休干部党支部书记到柳州市委党校参加广西老干部党校培训班。

2017年6月8日，贵港市组织老干部到华奥汽车总装车间参观贵港发展新变化

市委老干局　提供

【老干部服务保障提高】 2017年，贵港市落实重大节日走访慰问制度。坚持春节、中秋节等重大节日走访慰问离休干部，为其送上节日的祝福和党的关怀关爱，让老同志过个喜庆节日。落实离退休干部生病住院走访慰问制度，对生病住院离退休干部的走访慰问实现全覆盖。坚持为离退休干部做实事办好事，认真做好离退休干部生活补助发放工作，全市70多名离休干部每人领取10000元/年生活补助，3.2万名退休干部每人领取6000元/年生活补助；办理建国初期参加革命工作的退休干部护理费和生活补贴。深化亲情化服务，继续完善"一对一"结对帮扶机制，加强平时走访，及时了解老干部所需、所想、所盼，并认真加以解决。

【老干部活动阵地得到拓展】 2017年10月31日，贵港市老年大学建设项目开工建设，翻开贵港市老年教育事业的新篇章，市委书记李新元出席开工仪式。平南县开创"把老年大学办到农村去"的新路子，县政府拨款100万元，用于建设60个乡镇、村级基层老年学校，平南县老年大学获"全国示范老年大学"称号。积极推进老干部党校规范化建设，开展理论培训班10多期，培训老党员3000多人次。全市各级关工委坚持自愿参加、就地就近，量力而行、主动作为的原则，加强队伍建设，调整充实骨干力量，落实工作经费，夯实工作基础。组织“五老”宣讲团、辅导组深入学校、社区、乡村，宣讲社会主义核心价值观38场次，开展法制教育报告200多场，开展革命传统和爱国主义教育32场次，受教育人31万人次。（郑良朝）

纪检监察

【概况】 2017年，贵港市扎实推进全面从严治党，管党治党逐渐走向严、紧、硬，党风政风持续好转。各级纪检监察机关落实中央纪委、自治区纪委和市委的决策部署，围绕落实“争先创优”行动计划，主动加压，全面提质升级，全市党风廉政建设和反腐败工作取得新成效。

推进监察体制改革，制订《贵港市深化国家监察体制改革试点工作实施方案》，组建监察委员会。市纪委监察局机关各部门负责人配备按《中央纪律检查委员会、中组部关于颁发〈关于党的各级纪委内部机构和干部职务设置的若干规定〉的通知》执行，机关内设机构13个，直属事业单位1个，人员编制47名，实有人员42名，领导班子成员10名。全市有纪检监察干部677人。市纪委派驻（出）机构23个，纪检组组长（纪工委书记）23人。

【五届纪委二次全会】 2017年1月21日，中共贵港市第五届纪律检查委员会第二次全体会议在贵港城区召开。全会由市纪律检查委员会常务委员会主持，出席全会的市纪委委员37人，列席会议232人。市委书记李新元出席会议并作讲话。全会落实全面从严治党新部署新要求，总结2016年全市党风廉政建设和反腐败工作，分析形势，研究部署2017年工作任务。

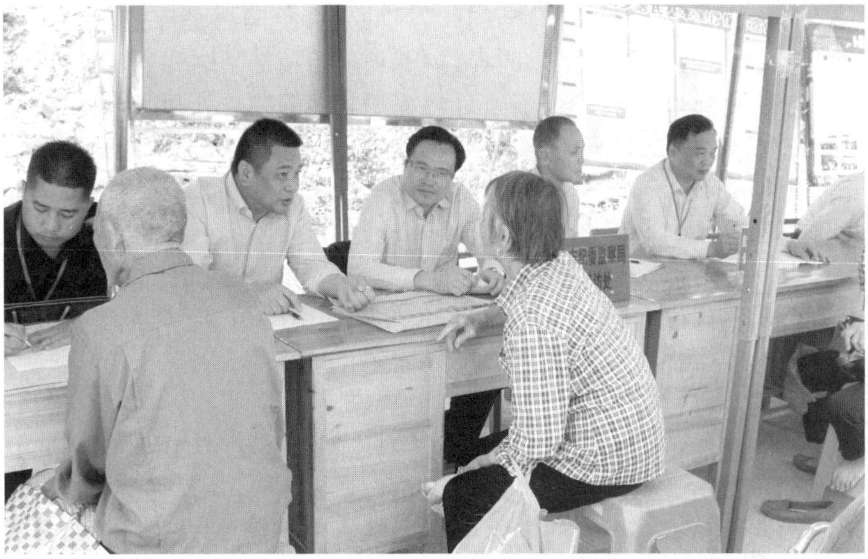

2017年11月1日，贵港市纪委、港北区纪委在港北区武乐镇开展大接访活动

市纪检委　提供

会议审议通过市委常委、纪委书记秦金敏代表市纪委常委会所作《不断取得全面从严治党新成效　以优异成绩迎接中共十九大召开》的工作报告。

【党风廉政宣传教育】 2017年，贵港市纪检监察委员会制订印发《贵港市纪检监察系统学习宣传贯彻中共十九大精神实施方案》，组织全市纪检监察干部带头学习习近平新时代中国特色社会主义思想，学习中共十九大报告和习近平系列重要讲话精神；开展主题宣讲活动，组织各级纪委领导干部深入基层，面对面向基层干部和群众宣讲中共十九大精神；开展“纪委书记畅谈学习十九大”活动，举行中共十九大报告知识竞赛，营造浓厚的学习氛围。强化纪律教育，组织开展“党内两部法规”宣讲活动，开展宣讲100多场，参加活动人数4万人次。开展“勤廉榜样”宣传，在全社会营造崇尚清廉、向上向善、争创一流的社会氛围。着力打造有特色有亮点的贵港市廉政文化基地、廉政文化示范点5个，大力传播廉政文化。利用贵港市违纪违规典型案例对党员干部开展警示教育，时刻保持警钟长鸣。

【落实全面从严治党责任】 2017年，贵港市纪检监察委员会结合推进“两学一做”学习教育常态化制度化，通过“书记面对面”谈党建工作研讨会和“书记问效”党建工作平台，把推进全面从严治党的责任、压力落实到各级党组织。推行责任清单制度，明确各级党委（党组）领导班子、主要负责人、班子其他成员的责任；落实签字背书、检查考核等制度，组织开展述职评议，对各级党委（党组）班子及其成员落实主体责任情况开展考评，进一步传导压力。制定印发《贵港市探索实践“第一种形态”对党员干部开展提醒、函询和诫勉谈话的实施办法（试行）》，全市各级党组织和领导干部实践运用“第一种形态”开展谈话提醒3334人次，切实加强对党员干部的日常监督。各级纪检监察机关把主体责任落实情况作为监督执纪的重点，抓住“关键少数”，推动全面从严治党责任向基层延伸。严格实行“一案双查五追责”,坚决向“甩手掌柜”启动问责。全市查处履行“两个责任”不力问题209起,处理422人,其中给予党纪政纪处分36人,以严格问责倒逼责任的落实。对国务院第三次大督查发现的“放管服”重大改革部署落实不到位问题所涉及的46个责任单位和55名责任人员进行问责处理。

【持续正风肃纪】 2017年,贵港市纪检监察委员会开展贯彻落实中央八项规定精神“回头看”,督促全市各级各部门全过程、全方位开展自查自纠。“回头看”期间,全市立案审查107件,约谈395人,函询4人,诫勉谈话45人,党纪政纪处分64人,通报批评730人,通报曝光问题34起。让党员干部受到一次深刻教育,一批党员干部主动向组织说明情况,查纠和整改问题一批,修订完善管理制度一批,政治影响强烈,执纪效果明显。坚持监督检查常态化,紧盯重要时间节点和重要环节开展明察暗访,注意新形式、新动向,重点关注隐形变异的“四风”问题,不断压缩不正之风的生存空间。坚持把违反中央八项规定精神问题列为审查重点,先于其他问题查处和通报;对巡察发现、信访举报反映“四风”问题线索的优先办理、快查快结。全市查处违反中央八项规定精神问题679起,处理1252人,其中给予党纪政纪处分101人,通报曝光典型问题89起。

【高压惩治腐败】 2017年,贵港市纪检监察委员会扎实推进“基层信访举报工作提高年”活动,开展基层纪委信访举报规范化建设,全市74个乡镇(街道)实现信访举报标准化,成为广西首个全面完成“标准信访举报”建设的市,得到自治区纪委通报表扬,全年接收处理信访举报件1929件。加强纪律审查力量,转变工作方式方法,突出审查重点,坚决减少腐败存量,重点遏制增量,全市各级纪检监察机关立案1243件,涉及处级干部17人;给予党纪政纪处分831人,挽回经济损失7180.8万元;全市乡镇消灭办案“空白点”。开展案件质量和处分决定执行情况检查,提升办案质量,确保党纪政纪处分决定执行到位。严格依纪依规安全文明办案,实现办案零事故、零违纪。把监督执纪“四种形态”运用到线索处置、执纪审查、执纪审理等环节,全市各级纪检监察机关运用“四种形态”处理问题线索1386人(次),其中运用第一、二种形态1275人(次),占92%。

2017年10月9日,贵港市委巡察组到国有企业开展延伸巡察　　市纪检委　提供

【扶贫领域监督执纪问责】 2017年,贵港市纪检监察委员会从强化廉政宣传教育、加强扶贫资金监管、弘扬“榜样”纪委书记等方面,打造具特色、成效显著的镇、村扶贫领域监督执纪问责工作示范点25个。强化监督检查,通过随机抽查、“点穴式”暗访、“追踪式”核查等方式,大力整治脱贫攻坚工作中作风不严不实、帮扶措施不力、工作纪律松散等突出问题,斩断伸向扶贫领域的“黑手”。全市立案查处扶贫领域违纪案件534件,结案499件,给予党纪政纪处分332人,其他处理188人,追缴资金270.93万元,通报典型案例87起。

【纪检巡察】 2017年,贵港市纪检监察委员会加强巡察制度的机制和队伍配套建设,充实完善巡察人才信息库,选优配强相对固定的巡察人员,巡察人才库人数达到259人。突出政治巡察,年内市、县两级分两轮对105个党组织开展巡察,发现问题线索1996条、廉政风险点37个。

【纪检监察体制改革】 2017年,贵港市纪检监察委员会推进派驻机构改革,在市直单位设立市纪委派驻纪检组22家和派出纪工委1家,实现对93个市级党和国家机关事业单位派驻全覆盖。深化国家监察体制改革试点,成立以市委书记任组长的市深化国家监察体制改革试点工作小组，制订《贵港市深化国家监察体制改革试点工作实施方案》，启动监察委员会组建工作。拟撤销市监察局和市人民检察院的反贪污贿赂局、反渎职侵权局、职务犯罪预防局，组建贵港市监察委员会，将所撤销机构原承担的职能、人员整体转隶至市监察委员会；市纪律检查委员会机关与市监察委员会机关合署办公，实行一个工作机构、两个机关名称，履行党的纪律检查和国家监察两项职能。

【纪检队伍建设】 2017年，贵港市纪检监察委员会全面落实"三个提名"考察办法，按照"忠诚干净担当"的要求，调整各级纪委班子，选调一大批优秀干部到纪检监察队伍。加强乡镇纪委规范化建设，全市所有乡镇已按规范化建设的要求在干部配备、工作机制、流程管理、组织保障、经费保障等方面进行规范。加强教育培训，提高队伍整体素质，打造"纪委书记问效纪检组"平台，加强对派驻纪检组管理考评，提高派驻纪检组的工作绩效。组织开展"示警明纪 筑牢防线"专题教育活动，深入排查机关内部岗位廉政风险点，不断筑牢拒腐防变堤坝。组织学习贯彻《中国共产党纪律检查机关监督执纪工作规则（试行）》，坚持依纪依规办案，防止"灯下黑"。 （梁文华）

贵港市人民代表大会

【概况】 2017年年末，贵港市有市级人大代表423人，市五届人大常委会有组成人员40人。其中，主任1人，副主任6人，秘书长1人，委员32人。年内，市五届人大常委会举行常委会会议9次、常委会主任会议12次，制定地方性法规1部，听取和审议专项工作报告14项，作出决议、决定4项，组织执法检查5次，审查报备规范性文件11件，开展专题询问1次、专题调研7次，任免国家机关工作人员32人次。

重要会议

【五届人大二次会议】 2017年1月20日上午，贵港市第五届人民代表大会第二次会议在市会议中心大会堂开幕。大会主席团常务主席、执行主席李新元主持，贵港市第五届人民代表大会实有代表425人，出席本次会议的代表394人，市长农融代表市人民政府向大会作政府工作报告。

1月21日下午，会议完成各项议程闭幕。大会表决通过《关于政府工作报告的决议》《关于贵港市2016年国民经济和社会发展计划执行情况与2017年国民经济和社会发展计划的决议》《关于全市与市本级2016年预算执行情况和2017年预算的决议》《关于贵港市人大常委会工作报告的决议》《关于贵港市中级人民法院工作报告的决议》《关于贵港市人民检察院工作报告》的决议。

大会期间，收到代表10人以上联名提出的议案9件。其中，立法方面1件、财政经济方面2件、交通基础设施建设方面3件、城乡建设环境保护方面2件、教育方面1件。经审查，陈锦秀等11名代表提出《关于制定桂平西山风景名胜区管理条例的议案》（第1号）符合议案要件要求。

【第五届人大常委会会议】 2017年，贵港市第五届人民代表大会常务委员会举行会议9次，即第三次至十一次，在市人大常委会会议室举行。

第三次会议 1月5日下午召开。会议听取和审议市司法局局长吴高受市人民政府委托所作的《关于全市"六五"普法规划实施情况和"七五"法治宣传教育实施意见的报告》，审议并通过《贵港市人民代表大会常务委员会关于开展第七个五年法治宣传教育的决议（草案）》，听取和审议并通过市人大常

2017年1月19日—21日，贵港市五届人大二次会议在贵港城区召开，图为大会会场

樊超龙 摄

委会副主任、代表资格审查委员会主任委员肖孟所作的《贵港市第五届人民代表大会常务委员会代表资格审查委员会关于代表出缺情况的报告》，听取市人大常委会秘书长郭淑娣所作的《关于贵港市第五届人民代表大会第二次会议筹备工作情况的汇报》，审议通过市五届人大二次会议的有关事项，原则通过《贵港市人大常委会工作报告（草案）》。

第四次会议　2月28日下午召开。会议听取和审议市人民政府副市长宋震寰所作的《贵港市人民政府关于提请审议2016年贵港市本级地方政府债务限额的议案》，表决通过《贵港市人民代表大会常务委员会关于批准2016年贵港市本级地方政府债务限额的决议（草案）》，听取市人大常委会副秘书长李胜通报贵港市第五届人大常委会2017年主要工作安排和贵港市第五届人大常委会2017年监督工作计划，审议通过有关人事任职事项。

第五次会议　4月26日下午召开。会议审议市人民政府副市长农卓松所作的《关于提请审议〈贵港市太平天国金田起义遗址保护条例（草案）〉的议案的报告》、市人大教科文卫委主任委员谭桂绪所作的《关于对〈贵港市太平天国金田起义遗址保护条例（草案）〉初步审议的报告》，听取和审议市农业局局长黄创优受市人民政府委托所作的《贵港市人民政府关于开展荔枝龙眼品改促进精准脱贫工作情况的报告》。

第六次会议　5月19日上午召开。会议审议通过有关人事免职事项。

第七次会议　6月7日上午召开。会议审议通过有关人事任免职事项。

第八次会议　7月10日上午召开。会议听取市人大法制委主任委员邓平所作的《关于〈贵港市太平天国金田起义遗址保护条例（草案）〉修改情况的报告》，审议并通过市人大城建环资委主任委员郑海平所作的《贵港市人大城乡建设环境资源保护委员会关于市五届人大二次会议主席团交付审议的第1号议案审议结果的报告》，听取和审议市卫计委主任黄容荣受市人民政府委托所作的《关于贵港市分级诊疗制度实施情况的报告》，听取和审议市中级人民法院副院长刘开军所作的《关于开展未成年人刑事审判工作情况的报告》，审议通过有关人事任免职事项，补选1名自治区第十二届人大代表。

第九次会议　8月31日召开。会议听取和审议市财政局局长邓骁勇、市审计局局长杨伟明、市发展改革委副主任胡巨受市人民政府委托分别所作的《关于2016年贵港市本级决算（草案）的报告》《关于2017年上半年预算执行情况的报告》《关于2016年度贵港市本级预算执行和其他财政收支的审计工作报告》《关于2017年上半年全市国民经济和社会发展计划执行情况的报告》，听取和审议市人民检察院检察长梁贻勇所作的《关于司法体制改革工作情况的报告》，听取和审议并通过市人大常委会副主任、代表资格审查委员会主任委员肖孟所作的《贵港市第五届人民代表大会常务委员会代表资格审查委员会关于代表出缺情况和补选代表的代表资格审查情况的报告》，审议市人大法制委员会主任委员邓平所作的《关于〈贵港市太平天国金田起义遗址保护条例（草案）〉审议结果的报告》，表决通过《贵港市太平天国金田起义遗址保护条例（草案表决稿）》《贵港市人民代表大会常务委员会关于批准2016年贵港市本级决算的决议（草案）》，审议通过有关人事免职和辞职事项。

第十次会议　10月31日上午召开。会议学习宣传中共十九大精神，听取和审议市工业和信息化委主任杨宗桂、市人力资源社会保障局局长黄创优、市教育局局长余铖武、市民政局局长徐林庆受市人民政府委托所作的《关于贵港市工业和信息化工作情况的报告》《关于贵港市人力资源和社会保障工作情况的报告》《关于贵港市学前教育工作情况的报告》《关于贵港市养老服务业发展情况的报告》，市人大农业委主任委员谭丕龙受市人大常委会执法检查组委托所作的《关于检查〈广西壮族自治区森林防火条例〉实施情况的报告》，表决通过《贵港市人民代表大会常务委员会关于贵港市工业和信息化工作情况的审议意见（草案）》《贵港市人民代表大会常务委员会关于贵港市人力资源和社会保障工作情况的审议意见（草案）》，审议通过有关人事任免职事项。

第十一次会议　12月27日召开。会议听取和审议市人民政府副市长韦彦所作的《关于市五届人大一次、二次会议代表建议、批评和意见办理情况的报告》《贵港市人民政府关于提请审议2017年贵港市本级财政预算调整方案（草案）的议案》的报告、市审计局局长杨伟明受市人民政府委托所作的《关于2016年度市本级预算执行和其他财政收支审计查出突出问题整改落实情况的报告》，并对2016年度市本级预算执行和其他财政收支审计查出突出问题整改落实情况进行专题询问，听取和审议并通过市人大常委会副主任、代表资格审查委员会主任委员肖孟所作的《贵港市第五届人大常委会代表资格审查委员会关于代表出缺情况和补选代表的代表资格审查情况的报告》，听取市人大常委会秘书长郭淑娣所作的《关于市五届人大三次会议筹备工作情况的报告》，表决通过《贵港市人民代表大会常务委员会关于批准2017年市本级财政预算调整方案的决议（草案）》，审议通过市五届人大三次会议的有关事项，原则通过《贵港市人大常委会工作报告（草案）》。

【五届人大常委会主任会议】 2017年，贵港市第五届人民代表大会常务委员会主任会议召开12次，即第4次至15次，在市人大常委会会议室举行。

第4次主任会议 1月3日下午召开。会议听取调研组关于开展全市“六五”普法规划实施情况和“七五”法治宣传教育实施意见调研的汇报；听取市人大法制委关于《贵港市人民代表大会常务委员会关于开展第七个五年法治宣传教育的决议（草案）》的说明；听取市五届人大常委会代表资格审查委员会《关于代表出缺情况的报告》；讨论《市人大常委会工作报告（讨论稿）》；研究市五届人大二次会议的有关事项；研究确定市五届人大常委会第三次会议召开的时间及建议议程。

第5次主任会议 2月27日上午召开。会议研究《贵港市人民政府关于提请审议2016年贵港市本级地方政府债务限额的议案》；研究对《贵港市太平天国金田起义遗址保护条例（草案）》进行初审事项；研究对贵港市开展荔枝龙眼品改促进精准脱贫工作情况进行调研事项；研究市五届人大二次会议第1号议案（《关于制定桂平西山风景名胜区管理条例的议案》）的办理事项；研究对贵港市开展民族团结进步创建活动情况进行专题调研事项；讨论《市人大常委会2017年主要工作安排（草案）》；讨论《市人大常委会2017年监督工作计划（草案）》；研究有关人事任职事项；研究确定市五届人大常委会第四次会议召开的时间及建议议程。

第6次主任会议 3月21日下午召开。会议研究介入贵港市城市道路管理条例、贵港市市容和环境卫生管理条例调研起草工作事项；研究对贵港市医改分级诊疗制度实施情况进行调研事项；研究召开县（市、区）人大常委会主任联席会议暨全市人大换届选举工作经验交流会事项。

第7次主任会议 4月24日下午召开。会议研究《贵港市人民政府关于提请审议〈贵港市太平天国金田起义遗址保护条例（草案）〉的议案》和听取市人大教科文卫委的审议报告；听取调研组关于贵港市开展荔枝龙眼品改促进精准脱贫工作情况调研的汇报；听取调研组关于贵港市开展民族团结进步创建活动情况调研的汇报；听取市人大各专门委员会、市人大常委会各委室第一季度的工作汇报；研究召开贵港市人大代表履职平台建设经验交流会事项；研究确定市五届人大常委会第五次会议召开的时间及建议议程。

第8次主任会议 5月18日上午召开。会议研究对市中级人民法院开展未成年人刑事审判工作情况进行调研事项；研究全区代表履职平台建设经验交流会在贵港市召开有关事项；研究有关人事免职事项；研究确定市五届人大常委会第六次会议召开的时间及建议议程。

第9次主任会议 6月5日上午召开。会议研究有关人事任免职事项；讨论《贵港市人大常委会2017年立法计划（草案）》；讨论《贵港市人大机关2016年度内部考核及奖励再分配工作方案（草案）》；讨论《贵港市人大机关公务员2017年平时考核实施方案（草案）》；研究确定市五届人大常委会第七次会议召开的时间及建议议程。

第10次主任会议 7月5日上午召开。会议讨论《贵港市太平天国金田起义遗址保护条例（草案二次审议稿）》；听取市人大城建环资委关于市五届人大二次会议主席团交付审议的第1号议案审议结果的报告；听取调研组关于开展贵港市分级诊疗制度实施情况调研的汇报；听取调研组关于市中级人民法院开展未成年人刑事审判工作情况调研的汇报；研究对贵港市旅游资源开发利用情况进行专题调研事项；研究对市人民检察院司法体制改革工作情况进行调研事项；研究对2016年市本级决算情况进行审查事项；研究对2017年上半年国民经济和社会发展计划执行情况进行调研事项；研究对2017年上半年预算执行情况进行调研事项；听取市人大各专门委员会、市人大常委会各委室第二季度的工作汇报；研究有关人事任免职事项；研究补选1名自治区第十二届人大代表事项；研究确定市五届人大常委会第八次会议召开的时间及建议议程。

第11次主任会议 8月28日上午召开。会议研究《贵港市太平天国金田起义遗址保护条例（草案三次审议稿）》；听取调研组关于开展贵港市旅游资源开发利用情况调研的汇报；听取调研组关于市人民检察院司法体制改革工作情况调研的汇报；听取财经委关于2016年市本级决算审查情况的汇报；听取调研组关于开展2017年上半年国民经济和社会发展计划执行情况调研的汇报；听取调研组关于开展2017年上半年预算执行情况调研的汇报；听取市五届人大常委会代表资格审查委员会关于代表出缺情况和补选代表的代表资格审查情况的报告；研究《关于建立完善预算审查前听取人大代表和社会各界意见建议的工作机制的意见(草案)》；研究对贵港市学前教育工作情况进行调研事项；研究市人民检察院关于提请许可对犯罪嫌疑人黄传赟采取刑事强制措施的报告；研究有关人事免职和辞职事项；研究确定市五届人大常委会第九次会议召开的时间及建议议程。

第12次主任会议　8月31日下午召开。会议听取市人大法制委关于《贵港市太平天国金田起义遗址保护条例(草案三次审议稿)》修改情况的说明；研究《贵港市太平天国金田起义遗址保护条例(草案建议表决稿)》，形成《贵港市太平天国金田起义遗址保护条例(草案表决稿)》，决定提交常委会会议表决。

第13次主任会议　9月22日上午召开。会议研究对贵港市工业和信息化工作情况进行调研事项；研究对贵港市人力资源和社会保障工作情况进行调研事项；研究对2016年度市本级预算执行和其他财政收支审计查出突出问题整改落实情况开展专题询问事项；研究对贵港市养老服务业发展情况进行调研事项；研究对贵港市实施《广西壮族自治区森林防火条例》情况进行执法检查事项；研究新增立法专家顾问事项。

第14次主任会议　10月27日下午召开。会议听取调研组关于开展贵港市工业和信息化工作情况调研的汇报；听取调研组关于开展贵港市人力资源和社会保障工作情况调研的汇报；听取调研组关于贵港市学前教育工作情况调研的汇报；听取调研组关于贵港市养老服务业发展情况调研的汇报；听取执法检查组关于开展《广西壮族自治区森林防火条例》执法检查情况的汇报；听取市人大各专门委员会、市人大常委会各委室第三季度的工作汇报；研究有关人事任免职事项；研究确定市第五届人大常委会第十次会议召开的时间及建议议程。

第15次主任会议　12月25日下午召开。会议研究《贵港市人民政府关于提请审议2017年贵港市本级财政预算调整方案(草案)的议案》；听取调研组关于2016年度市本级预算执行和其他财政收支审计查出突出问题整改落实情况调研的汇报，研究拟询问的问题和询问对象；研究《贵港市人大常委会立法专家咨询费支付管理办法》；研究《贵港市五届人大及其常委会五年立法规划》；听取市第五届人大常委会代表资格审查委员会关于代表出缺情况和补选代表的代表资格审查情况的报告；讨论市人大常委会工作报告(讨论稿)；研究市五届人大三次会议的有关事项；研究确定市第五届人大常委会第十一次会议召开的时间及建议议程。

重要活动

【地方立法】　2017年8月31日，贵港市五届人大常委会第九次会议审议并通过《贵港市太平天国金田起义遗址保护条例》，报经自治区人大常委会批准，10月20日正式颁布，11月1日正式施行。这是贵港市第一部实体法。同年，完成编制《贵港市五届人大及其常委会五年立法规划》。

【审议“一府两院”专项工作报告】　2017年，贵港市五届人大常委会听取审议市人民政府报告12项，分别是关于全市“六五”普法规划实施情况和“七五”法治宣传教育实施意见的报告，关于贵港市开展荔枝龙眼品改促进精准脱贫工作情

2017年11月1日，贵港市第一部实体法《贵港市太平天国金田起义遗址保护条例》颁布举行新闻发布会　　市人大　提供

况的报告，关于贵港市分级诊疗制度实施情况的报告，关于2016年市本级决算的报告，关于2016年市本级预算执行和其他财政收支的审计工作报告，关于2017年上半年国民经济和社会发展计划执行情况的报告，关于2017年上半年全市和市本级预算执行情况的报告，关于贵港市学前教育工作情况的报告，关于贵港市养老服务业发展工作情况的报告，关于贵港市人力资源和社会保障工作情况的报告，关于贵港市工业和信息化工作情况，市五届人大一次、二次会议代表建议、批评和意见办理情况的报告。听取审议市中级人民法院关于开展未成年人刑事审判工作情况的报告和市人民检察院关于司法体制改革工作情况的报告。

【人事任免】 2017年，贵港市五届人大常委会依法任免国家机关工作人员32人次。其中，政府工作人员16人次，法院工作人员14人次，检察院工作人员2人次；依法接受1人辞去领导职务；依法组织补选市五届人大代表11名、自治区十二届人大代表1名。

【执法检查和备案审查】 2017年，贵港市五届人大常委会组织检查组对《中华人民共和国旅游法》《广西壮族自治区乡村清洁条例》等5部法律法规实施情况进行检查，对《贵港市农村饮水安全工程运行管理实施办法》《贵港市企业上市（挂牌）奖励办法》等11件规范性文件进行备案审查。

【专题询问】 2017年，贵港市五届人大常委会听取和审议市人民政府关于2016年度市本级预算执行和其他财政收支审计查出突出问题整改落实情况的报告，并召开常委会联组会议，对棚户区改造项目、水利工程项目支出进度等审计查出突出问题整改落实情况开展专题询问，市水利局、市政局、财政局、审计局、兴港公司5个部门接受询问并进行答复。

【调查研究】 2017年，贵港市人大常委会围绕全市经济社会发展中的重要问题，组织开展民族团结进步创建活动情况、贵港城区征地拆迁资金落实情况、贵港市旅游资源开发利用情况等7个专题调研。

【人大信访】 2017年，贵港市人大常委会做好群众来信来访工作，全年累计受理群众来信来访24批140人次，比上年同期减少79.6%和75.8%，得到上级人大的充分肯定，自治区人大常委会于11月中旬在贵港市召开全区人大信访工作经验交流会，宣传推广贵港市人大信访工作经验。

【新闻宣传和理论研究】 2017年，贵港市宣传人大工作新闻稿被自治区级媒体采用40多篇，市级媒体采用300多篇。组织编著出版《加强县乡人大工作和建设研究——贵港市实践的思考》《拓展代表履职平台　增强代表履职活力——贵港市人大代表履职平台建设实践与探索》。同年，公众微信——贵港人大先锋订阅号创建。

【协助调研和征求意见】 2017年，贵港市人大常委会协助自治区人大常委会开展残疾人权益保障情况等9个立法调研和专题调研，检查产品质量法等3部法律实施情况，开展《反不正当竞争法》等12部法律法规的修改和意见征求工作。

【宪法宣誓】 2017年，贵港市人大及其常委会贯彻落实《中华人民共和国宪法》宣誓制度，全年组织宪法宣誓仪式4场9人次，年内选举或任命的国家工作人员全部进行宪法宣誓。

人大代表工作

【代表议案和建议办理】 2017年，

2017年6月13日—14日，自治区人大常委会在贵港市召开全区人大代表联系人民群众履职平台建设经验交流会，图为与会代表现场参观指导　　市人大　提供

贵港市人大代表在市五届人大一次会议期间提出的建议29件，在市五届人大二次会议期间提出的议案1件、建议31件。议案已通过审议报告，建议已全部办理完毕并书面答复代表。

【代表履职平台建设】 2017年，贵港市人大常委会深化推进代表履职实体平台和网络平台建设，得到全国人大常委会办公厅联络局、自治区人大常委会的充分肯定。6月中旬，自治区人大常委会在贵港市召开全区人大代表联系人民群众履职平台建设经验交流会，宣传推广贵港经验，黑龙江省七台河市人大常委会等7个地市122人到贵港市参观学习。

【代表调研和视察】 2017年7月，贵港市人大常委会组织驻桂全国、驻贵自治区人大代表以及部分贵港市人大代表对贵港市加强乡村建设工作进行专题调研，并首次委托各县(市、区)人大常委会组织由本选区选举产生的市人大代表开展调研。11月，组织人大代表对贵港市战略性新兴产业发展情况进行集中视察。调研组、视察团提出意见建议并向市人民政府反馈。

（宾　华）

贵港市人民政府

【概况】 2017年，贵港市人民政府以习近平新时代中国特色社会主义思想为指导，深入学习宣传贯彻中共十九大精神，围绕自治区持续营造“三大生态”，加快实现“两个建成”，扎实推进富民兴桂，奋力谱写新时代广西发展新篇章目标的部署，按照贵港市委提出的“13446”工作思路，深化拓展“六个年”活动，持续开展“大招商、招大商”活动，凝心聚力，开拓创新，真抓实干，经济社会持续平稳健康发展。投资和项目建设全区领先，被选定为全区投资和项目建设工作会议主会场，在会上作经验介绍。土地集约节约利用成效好，获国家和自治区用地指标奖励。

重要会议

【政府全体会议】 2017年3月3日，贵港市五届人民政府常务(扩大)会议召开，市长农融主持。会议贯彻落实全市经济工作会议和全市解放思想抢抓机遇再讨论暨投资促进工作大会精神，部署2017年市政府各项重点工作。

【政府常务会议】 2017年，贵港市人民政府常务会议共召开25次，即贵港市五届人民政府第9次常务会议至第33次常务会议，会议在市人民政府会议室召开，市长农融主持会议17次，委托常务副市长张壮主持会议8次。

市五届人民政府第9次常务会议　1月4日召开。审议《2016年国民经济和社会发展计划执行情况与2017年国民经济和社会发展计划(草案)》《2016年全市和市本级预算执行情况及2017年全市和市本级预算草案的报告》《贵港市太平天国金田起义遗址保护条例》《贵港市创建自治区食品安全城市试点工作方案》《贵港市全民健身实施计划(2016—2020年)(送审稿)》《贵港市精神卫生工作实施方案(2016—2020年)(送审稿)》，研究与广西物资集团合作办学有关问题。

市五届人民政府第10次常务会议　1月13日召开。研究铁牛集团汽车项目融资有关问题和三家银行融资方案，审议《贵港市各县市区公共资源交易项目进入市级统一交易平台集中交易规模标准》。

市五届人民政府第11次常务会议　1月17日召开。传达学习《广西壮族自治区贯彻落实〈党政领导干部生态环境损害责任追究办法(试行)〉的实施细则》，听取全市环境保护工作汇报，审议《广西华奥汽车制造有限公司三期及新增年产30万辆SUV车型项目补充协议》，研究收回广西金港科技有限责任公司国有建设用地使用权和关于解除干部处分的问题。

市五届人民政府第12次常务会议　2月6日召开。听取全市安全生产工作情况汇报，审议《贵港市地方政府性债务风险应急处置预案》《贵港市市级财政专项资金预算管理暂行办法》《贵港市扶持高档饭店运营暂行办法》《推动质量强市促进贵港经济社会发展合作备忘录》《贵港市城市公立医院实行药品零差率销售、医药价格和医保支付政策调整改革工作实施方案》，研究贵港市文化艺术中心建设项目电梯及基础工程部分增加概算投资问题。

市五届人民政府第13次常务会议　2月20日召开。审议《贵港市重大项目管理暂行办法》《贵港市2017年深化拓展“工业提质年、项目落地年、企业服务年、城市建设管理年、县域经济突破年、精准脱贫攻坚年”活动实施方案》《贵港市本级招商引资工作经费管理暂行办法》《贵港市体育中心特许经营项目实施方案》，研究关于进一步完善社会救助和保障标准与物价上涨挂钩联动机制和表彰2016年招商引资先进单位和先进个人的问题，通报自治区级平台棚改项目《委托投资协议》签订情况等议题。

市五届人民政府第14次常务会议 3月7日召开。审议《贵港市本级2017—2018年土地收储经营方案》《贵港市市本级房屋征收与补偿暂行办法》《贵港市本级辖区新一轮征收青苗和地上附着物补偿标准》《贵港市工业绿色发展“十三五”规划》《贵港市节能环保产业发展“十三五”规划》《贵港市个体工商户简易注销程序规定（试行）》《贵港市市直行政审批部门“说不”报告制度》《贵港市医疗机构设置规划(2016—2020年)》《贵港市食品安全工作评议考核办法》，研究关于设立贵港市新能源汽车产业发展基金的问题，通报《城市新能源汽车推广及储能运营项目战略合作框架协议》签订情况等议题。

市五届人民政府第15次常务会议 3月28日召开。审议《贵港市人民政府决定取消的行政许可事项目录》《贵港市人民政府决定调整的行政许可事项目录》《贵港市行政许可事项目录》《中区直驻贵单位行政许可事项目录》《广西贵港市郁江两岸综合治理工程PPP项目实施方案》《2017年市本级切块专项资金项目安排方案》，研究市文化艺术中心建设项目基础设计变更增加工程造价下浮比例结算的问题。

市五届人民政府第16次常务会议 5月9日召开。听取全市安全生产工作情况汇报，审议《贵港市社会养老服务体系建设规划(2017—2030年)》《中共贵港市委员会 贵港市人民政府关于进一步优化环境促进非公有制经济跨越发展的若干意见》《贵港市农业信贷担保体系建设合作方案》《贵港市农村饮水安全工程运行管理实施办法》《贵港市国有林场改革实施方案》。

市五届人民政府第17次常务会议 5月11日召开。审议《2017年市本级融资项目及额度方案》《贵港市限额内财政投资工程建设项目承包商定点采购管理暂行办法》《贵港市国有企业整合重组方案》《贵港市国有土地上房屋征收评估管理暂行办法》。

市五届人民政府第18次常务会议 5月17日召开。通报关于调整我市城乡居民最低生活保障标准和2016年度全区机关绩效考评结果，审议《贵港市人民政府2017年立法工作计划》《2017年贵港市法治政府建设工作要点》《贵港市港北区、港南区乡镇管道燃气特许经营协议》，研究苗圃C地块出让起拍价问题。

市五届人民政府第19次常务会议 5月22日召开。研究与柳州银行合作设立贵港市汽车产业发展基金有关问题。

市五届人民政府第20次常务会议 6月2日召开。听取环保重点工作汇报，审议《贵港市消防事业发展第十三个五年规划(2016—2020)》《贵港市一村(社区)一法律顾问工作实施方案》《贵港市小微企业融资担保有限公司组建方案》《贵港市企业上市(挂牌)奖励办法》，研究贵港市水利水电工程项目招投标和预算控制价评审有关问题。

市五届人民政府第21次常务会议 6月28日召开。审议《贵港市特困人员救助供养工作实施细则》《贵港市人民政府关于宣布失效一批市政府文件的决定》《贵港市人民政府部门权力清单和责任清单“两单融合”清单》《原平南监狱4487.2504亩土地处置协议书》《贵港市“十三五”脱贫攻坚规划》。

市五届人民政府第22次常务会议 7月12日召开。传达学习全国深化简政放权放管结合优化服务改革电视电话会议精神，审议《贵港市关于加快推进供给侧结构性改革的实施意见》《贵港市人民政府关于调整两项行政许可事项的决定》《贵港市教育事业发展“十三五”规划》《关于实施贵港市计划生育家庭关爱保险项目的指导意见》，研究设立港南区八塘街道办事处和江南街道办事处、原中山路北延段建设项目涉及黄星光等43户被拆迁户安置有关问题。

市五届人民政府第23次常务会议 7月27日召开。审议《贵港市地下综合管廊(一期)及道路工程PPP项目实施方案》《广西贵港市智慧城市建设PPP项目实施方案》。

市五届人民政府第24次常务会议 7月31日召开。听取全市安全生产工作情况汇报，审议《关于贯彻落实广西壮族自治区环境保护工作职责规定(试行)的实施方案》《贵港市关于深化人才发展体制改革的若干实施意见》《市以下财政事权和支出责任划分改革工作方案》《贵港市国资委向市直属国有独资及国有控股企业派驻监事会的实施方案》《提高2017年贵港市建档立卡贫困人员扶贫帮扶标准的实施方案》。

市五届人民政府第25次常务会议 8月22日召开。听取贵港市消防安全普查试点调研及城市风险总体评估报告，审议《汉能控股集团移动新能源项目投资合作协议》《贵港市招商引资项目联合预审工作方案》《贵港市全面推行河长制工作方案》《贵港市九路两桥交通基础设施PPP项目实施方案》《贵港市人民政府关于进一步加强土地储备工作的意见》《贵港市交通物流融合发展三年行动计划工作方案》《贵港市政府和社会资本合作(PPP)项目操作流程》《贵港市房屋建筑和市政基础设施工程总承包(EPC)项目操作流程》《贵港市医疗废物处置收费标准》,研究关于采取EPC模式建设部分园区项目的问题。

市五届人民政府第26次常务会议 9月6日召开。审议《贵港市人民政府与汉能移动能源控股有限公司之移动能源产业园项目投资合作协议》《贵港市人民政府 广西狮城投资有限公司合作办学协议书》及其补充协议。

市五届人民政府第27次常务会议 9月14日召开。听取环保重点工作情况汇报,审议《关于进一步深化行政审批改革优化政务服务的工作方案》《贵港市加强县域经济发展分类考核实施方案》《广西贵港市百益利康食品有限公司肉联厂及冷链物流配送建设项目投资协议书》《贵港市政府顾问聘任管理办法(修订)》,研究关于教育用地土地供应方式及价格,收回广西壮族自治区贵港市食品有限公司75.218亩国有建设用地使用权,授权市国资委对贵港市城市规划设计研究院履行出资人职责,市本级政府投资房屋建筑和市政基础设施工程勘察质量管理工作,进一步规范行政审批中介服务、管理、考评工作等问题。

市五届人民政府第28次常务会议 9月27日召开。审议《关于坚定不移推进农业供给侧结构性改革 大力培育贵港农业农村新动能的实施意见》《贵港市农业和农村经济发展规划(2017—2020年)》《贵港市林业产业发展规划(2017—2020年)》《贵港市地下水开发利用与保护规划》《广西壮族自治区贵港市"十三五"镇级污水处理厂及配套管网PPP项目(第二批)框架协议书》《贵港市西外环高速公路PPP项目实施方案》《原作价出资注入平台公司行政办公用房土地处置方案》,研究智慧城市PPP项目、市政府大额投资项目等相关问题。

市五届人民政府第29次常务会议 10月30和31日召开。听取全市安全生产工作情况汇报,审议《贵港"十三五"加快残疾人小康进程规划》《中共贵港市委员会 贵港市人民政府关于推进安全生产领域改革发展的实施办法》《贵港市经营类事业单位转企改革方案》《贵港市市场开发服务中心改革方案》《贵港市关于深化投融资体制改革的实施方案》《贵港市关于2017年深化经济体制改革重点工作意见》《广西贵港市郁江两岸综合治理工程PPP项目合同》《广西贵港市郁江两岸综合治理工程PPP项目合资经营合同》《江南园污水处理项目PPP合作框架补充协议》《贵港市人民政府 广西壮族自治区司法厅共建"法治贵港"框架协议》《贵港市人民政府关于"十三五"期间全面促进律师专业人才队伍建设的实施意见》《贵港市关于加快推进全市公证机构体制改革的实施方案》《贵港市普及高中阶段教育攻坚计划(2017—2020年)实施方案》《贵港市"十三五"控制温室气体排放工作实施方案》《贵港市关于完善产权保护制度依法保护产权的实施意见》《贵港市兴港投资发展有限责任公司关于天河花园有关问题的解决方案》,研究关于明确被征地集体经济组织生产生活留用地土地供应方式及土地价格、市本级房地产开发龙凤嘉苑等项目用地增加容积率补交土地出让金等问题。

市五届人民政府第30次常务会议 11月14日召开。传达学习《广西壮族自治区关于贯彻落实〈党政领导干部生态环境损害责任追究办法〉(试行)的实施细则》,审议《中共贵港市委员会 贵港市人民政府关于加快推进县域经济发展的实施意见》《关于加快推进贵港市现代物流业发展的工作方案》《贵港市智慧城市建设PPP项目合同》《"健康贵港2030"规划》《健康贵港建设实施意见》,研究市政府大额投资项目、设立港北区港城街道办事处等4个街道办事处和组建贵港市荷城艺术团有关问题。

市五届人民政府第31次常务会议 11月20日召开。听取大气污染防治工作汇报,审议《贵港市配电网建设改造"十三五"规划》《贵港市关于进一步加强拥军优属工作提升军人职业荣誉感的实施办法》《贵港市关于推动珠江—西江经济带开放发展的实施意见》,研究军分区部队3个有偿服务项目处理、维护整修拥军一路塔山花园至解放军第三〇三医院191临床部路面、在75130部队1号门外304国道十字路口设置交通信号灯及减速带等交通设施和贵港军分区机关营区常驻应急分队建设等问题。

市五届人民政府第32次常务会议 12月7日召开。学习房地产管理法律法规,审议《贵港市财政专项扶贫资金管理办法》《贵港

市深化统计管理体制改革 提高统计数据真实性实施方案》《贵港市政府投资工程建设项目招标投标管理办法》《贵港市公共资源交易管理办法》《贵港市深入推进城市管理执法体制改革实施方案》《贵港市人民政府决定调整的行政许可事项目录》《贵港市人民政府决定依据我区地方性法规设定为行政许可事项的目录》,研究贵港市市长质量奖(第三届)获奖企业名单等问题。

市五届人民政府第33次常务会议 12月19日召开。审议《2018年各项经济指标任务》《政府工作报告》《贵港市2017年国民经济和社会发展计划执行情况与2018年国民经济和社会发展计划草案的报告》《2017年全市和市本级预算执行情况及2018年全市和市本级预算草案的报告》《贵港市人民政府关于加强商标品牌建设的实施意见》《贵港市深入贯彻创新驱动发展战略决定的实施意见》《贵港市食品药品安全"十三五"规划》《贵港市与马来西亚马六甲州汉都亚在也市旅游发展战略合作框架协议》,以及建投集团、交投集团、城投集团、金投集团组建方案,研究公布政府部门行政权力运行流程、落实昌桂产业园标准厂房项目的配套商住用地和兑现财政扶持、市政府大额投资项目、智能终端手机生产(一期)项目《合作协议书》(送审稿)等问题。

【市长办公会议】 2017年,贵港市人民政府召开市长办公会9次,均由市长农融主持。

第1次会议 3月28日召开。审议《贵港市参与建设丝绸之路经济带和21世纪海上丝绸之路实施方案》。

第2次会议 5月11日召开。审议《2017年贵港市城区农贸市场建设实施方案》《贵港市老年人公寓公建民营运营权项目招商方案》。

第3次会议 6月2日召开。研究高铁贵港南站项目建设问题。

第4次会议 6月28日召开。研究购买补充耕地指标用于占补平衡、使用土地收益置换宏桂城市广场房产和市江南污水处理厂国开行贷款市财政垫付本息款项有关问题。

第5次会议 7月27日召开。审议《贵港市巡游出租汽车营运价格调整方案》。

第6次会议 8月22日召开。审议《"4321"政银担合作框架协议》。

第7次会议 9月14日召开。审议《广西贵港通泰汽车集团托管贵港市公共汽车有限责任公司期间经营亏损补贴方案》《贵港市人民政府与中国国际技术智力合作公司战略合作框架协议》《贵港市建设中路地下人防工程补充协议》。

第8次会议 9月27日召开。审议《广西贵港市辖三区乡镇生活垃圾压缩运输项目投资与营运合同补充协议》《广西华奥汽车制造有限公司"贵港华奥汽车制造"项目直接股权投资方案(送审稿)》,研究市交通投资集团提前介入市场服务中心撤事转企改革有关问题。

第9次会议 10月30日和31日召开。审议《中智贵港人力资源服务有限公司组建方案》,研究贵港市中心医院项目转让和贵港市人民政府与鼎晖公司、星爱佳成公司签订《战略合作框架协议》有关问题。

【全市工作会议】

全市解放思想抢抓机遇再讨论暨投资促进工作大会 2月24日召开。会议深入贯彻落实中共十八大和十八届三中、四中、五中、六中全会精神,以及自治区第十一次党代会、市第五次党代会精神,围绕市委"13446"工作思路,继续深化解放思想,深入实施"六个年"活动,总结2016年招商引资工作,表彰先进,部署2017年招商引资工作,确保实现"十三五"打赢经济翻身仗目标。

全市县域经济发展大会暨年中工作会议 7月24日—25日召开。会议传达学习贯彻全区县域经济发展大会暨年中工作会议精神;总结2017年上半年经济工作,分析贵港市当前经济形势,研究部署2017年下半年经济工作。总结2017年上半年"六个年"活动开展情况和研究部署2017年下半年"六个年"活动工作。

全市经济工作会议 12月29日召开。会议传达学习贯彻中央、自治区经济工作会议精神,总结2017年经济工作,分析贵港市当前经济形势,研究部署2018年经济工作。

施政方略

【工业经济持续增长】 2017年1月3日,贵港市印发《贵港市工业和信息化发展"十三五"规划》及《贵港市新能源汽车和新型电动车产业发展"十三五"规划》《贵港市先进装备制造业发展"十三五"规划》《贵港市电子信息技术产业发展"十三五"规划》,对贵港市工业和信息化发展的总体思路和发展目标、加快发展现代工业、优化空间布局、大力提升工业化和信息化水平、强化保障措施进行科学规划。1月22日,印发《关于成立贵港市新兴产业发展领导小组的通知》，加快推动新兴产业发展壮大。3月3日，印发《贵港市人民政府关于加快新能源电动车产业发展的若干意见(试行)》，提出加快培育和发展一批具有持续创新能力的新能源动力电池生产企业壮大发展新能源电动车生产基地。3月6日，印发《贵港市本级承接产业转移扶持资金管理暂行办法》，明确扶持资金的来源和用途、扶持资金的使用范畴、资金扶持的具体方式、扶持资金的申报条件和要求、扶持资金的审核、审批及拨付等。3月7日，印发《关于开展贵港市创建"中国制造2025"城市试点示范和国家新型工业化产业示范基地有关工作的方案》，加快推进创建"中国制造2025"城市试点示范和国家新型工业化产业示范基地工作。3月24日，印发《贵港市工业绿色发展"十三五"规划》及《贵港市节能环保产业发展"十三五"规划》，总结贵港市工业绿色发展和节能环保产业发展"十二五"工作成效、存在的主要问题和面临的机遇，提出贵港市"十三五"期间工业绿色发展的思路和目标、绿色发展重点领域、重点工程、保障措施，以及节能环保产业"十三五"期间发展的总体思路和发展目标、产业布局和主要任务、重点领域、重点工程、保障措施等。4月6日，印发《贵港市关于加快推进制糖企业战略重组的实施方案》，推动糖业转型升级，提高我市糖业市场竞争力。11月16日，印发《贵港市取缔"地条钢"长效监管工作总体方案》，要求做好贵港市取缔"地条钢"后续监管工作，继续保持惩治"地条钢"高压态势。12月15日，印发《贵港市人民政府办公室关于授予广西贵港钢铁集团有限公司等企业第三届贵港市市长质量奖的决定》，授予广西贵港钢铁集团有限公司、华润水泥(平南)有限公司、台泥(贵港)水泥有限公司、广西华晟木业有限公司4家企业第三届贵港市市长质量奖，并予以奖励。

【现代特色农业打造】 2017年2月12日，贵港市印发《关于明确2016年自治区现代特色农业示范区建设奖励资金使用的通知》，保障奖励资金的使用效果，加快贵港市现代特色农业示范区的创建步伐并提高质量。3月8日，印发《贵港市百香果产业发展实施方案(2017—2019年)》，加快推广贵港市百香果的种植工作。2017年3月16日，召开全市农村工作会议，贯彻落实中央、自治区农村工作会议精神，总结2016年贵港市农业农村工作，交流工作经验，安排部署2017年全市农业农村工作。10月12日，贵港市印发《贵港市农业和农村经济发展规划(2017—2020年)》，指出要加快现代农业发展、促进农业转型升级和全面深化农村改革。10月12日，印发《贵港市林业产业发展规划(2017—2020年)》，提出要将木材加工业打造成为贵港市重要的支柱产业，将贵港市打造成为全国知名的木材加工产业基地、中国和东盟地区木材加工贸易的桥头堡和集散地，创建"南方木都"。10月12日，印发《关于坚定不移推进农业供给侧结构性改革 大力培育贵港农业农村新动能的实施意见》，提出要坚持把推进农业供给侧结构性改革作为"三农"工作主线，推动优势特色产业提质增效，推进农业绿色发展和农村产业融合发展，增强农业科技支撑力，补齐农业农村发展短板，全面深化农村改革，加强和改进党对"三农"工作领导。10月12日，印发《贵港市农业水价综合改革实施方案》，要求促进农业节水和农业可持续发展。10月20日，印发《贵港市人民政府关于认定第三批市级现代特色农业(核心)示范区的决定》，认定一批现代特色农业(核心)示范区。11月13日，印发《贵港市人民政府关于认定第四批市级现代特色农业(核心)示范区的决定》，要求加大改革创新力度，扎实推进现代特色农业示范区建设。

【现代服务业发展加快】 2017年1月6日，贵港市印发《贵港西江保税物流中心(B型)申建工作实施方案》，加快推进贵港西江保税物流中心(B型)申建工作。2017年1月11日，贵港市印发《进一步做好防范和处置非法集资工作实施方案》，持续深入推进防范和处置非法集资工作。4月5日，贵港市印发《贵港市扶持高档饭店运营暂行办法》，从扶持范围、扶持原则、资金扶持、申报及审批程序、申报扶持资金需提供的资料等方面对扶持高档饭店运营做出规定。5月11日，印发《贵港市实施〈贵港市南山东湖风景名胜区总体规划(2015—2025)〉的工作方案》，要求各部门认真履职，加强管理，依法依规建设管理好南山东湖风景名胜区。5月22日，印发《2017年贵港市城区农贸市场建设实施方案》，要求切实做好2017年贵港市城区农贸市场建设工作。5月27日，印发《贵港市实施质量强市战略工作任务分工方案》，要求各级各部门抓好质量强市推进落实。6月15日，印发《贵港市现代物流发展工作联席会议制度》，促进贵港市物流业健康发展，加强部门间的协调配合。6月26日，印发《贵港市小微企业融资担保有限公司组建方案》,组建贵港市小微企业融资担保有限公司,为小微企业提供准公共产品和公益性服务。6月27日,印发《贵港市融资性担保业务监管联席会议制度》,建立贵港市融资性担保业务监管联席会议制度。8月29日,印发《贵港市交通物流融合发展三年行动计划工作方案》,提出要补齐贵港交通物流基础设施短板,进一步推动交通物流融合发展。9月6日,印发《贵港市地理标志商标注册保护方案》,全力推进贵港市特色产品的地理标志商标申请注册保护工作。10月16日,印发《贵港市消费品培育升级专项行动工作方案》,要求畅通商品流通,升级农村消费,促进汽车消费,改善住房消费,引领绿色消费,扩大进口消费,繁荣文化消费,促进休闲健身体育消费,开展旅游休闲升级行动,提升养老服务,改善健康服务,提高消费品质量,创建消费品品牌,改善消费环境。11月28日,印发《关于加快推进贵港市现代物流业发展的工作方案》,要求进一步科学引导我市物流业健康发展,补齐物流业发展短板。12月4日,印发《关于加强全市旅游市场突出问题综合治理的工作方案》,加强全市旅游市场突出问题综合治理,遏制旅游市场乱象。12月13日,印发《贵港市水路集装箱运输补助暂行办法》,推动贵港市港口航运及物流业加快发展。12月26日,印发《贵港市人民政府关于加强商标品牌建设的实施意见》,加强对商标的注册、运用、管理和保护,培育一批地理标志商标品牌,全面提升我市产品的市场竞争力。12月29日,印发《贵港市加快发展生活性服务业促进消费结构升级的工作方案》,提出到2020年,建立符合贵港发展实际的,具有持续竞争力、支撑力、带动力的生活性服务业主体。

【招商引资和项目建设】 2017年2月10日,贵港市召开2017年招商工作领导小组第一次会议,通报2016年全市招商引资工作情况,分析存在问题,研究提出2017年工作思路。2月15日,贵港市印发《贵港市各县市区公共资源交易项目进入市级统一交易平台集中交易规模标准》,明确各县市区公共资源交易项目进入市级统一交易平台集中交易的规模标准。2月23日,印发《贵港市2017年项目开竣工实施方案》,要求加大项目建设力度。3月6日,印发《贵港市重大项目管理暂行办法》,从总则、项目储备与申报、项目前期工作、项目推进、考核与督查、附则等方面对项目管理提出具体要求。2017年5月10日,召开2017年招商工作领导小组第二次会议,总结2017年第一季度全市招商引资工作情况、存在问题,提出下一步工作思路,研究讨论急需市政府层面解决的问题。5月12日,印发《2017年贵港市固定资产投资目标任务工作方案》,要求充分发挥投资对经济增长的拉动作用,加快项目建设步伐。5月22日,印发《贵港市限额内财政投资工程建设项目承包商定点采购管理暂行办法》,对市本级限额内财政投资工程建设项目施工和服务定点承包商的确定、使用和监督管理做出具体规定。6月13日,印发《贵港市2017年西江经济带基础设施大会战项目建设实施方案》,加快贵港市西江经济带基础设施大会战项目建设。2017年6月23日,召开2017年招商工作领导小组第三次会议,总结2017年上半年全市招商引资工作情况、存在问题,提出下一步工作思路。6月30日,印发《贵港市水利基础设施建设攻坚大会战实施方案》,要求全面加快贵港水利基础设施建设步伐。2017年8月22日,召开2017年招商工作领导小组第四次会议,通报2017年1—8月份全市招商引资工作情况、存在问题,提出下一步工作思路。8月25日,印发《贵港市房屋建筑和市政基础设施工程总承包(EPC)项目操作流程》,明确贵港市房屋建筑和市政基础设施工程总承包项目的适用主体、操作流程、项目管理、解释部门等。8月25日,印发《贵港市政府和社会资本合作(PPP)项目操作流程》,推动市本级PPP项目工作规范有序开展。9月5日,贵港市印发《贵港市招商引资项目联合预审工作方案》,提高招商引资项目质量,规范招商行为,增强项目布局的合理性和决策的科学性,提前排除一票否决因素,加快项目落地进程。10月25日,印发《关于加强市本级政府投资房屋建筑和市政基础设施工程勘察质量管理工作的通知》,加强贵港市市本级政府投资房屋建筑和市政基础设施工程勘察质量管理工作。2017年11月8日,召开2017年招商工作领导小组第五次会议,总结2017年1—10月全市招商引资工作情况、存在问题,提出下一步工作思路。12月11日,印发《贵港市公共资源交易管理办法》和《贵港市政府投资工程建设项目招标投标管理办法》,进一步完善公共资源市场配置机制,提高公共资源市场配置效率和效益,规范公共资源交易监督管理;进一步规范政府投资工程建设项目招标投标活动。

【强化征地拆迁和用地保障】 2017

年1月16日，贵港市印发《关于公布实施贵港市本级乡镇土地级别与基准地价更新成果的通告》，对贵港市本级乡镇范围内国有建设用地的土地级别及基准地价进行调整更新。3月15日，印发《关于印发贵港市市本级房屋征收与补偿暂行办法的通知》《贵港市本级辖区新一轮征收青苗和地上附着物补偿标准》，规范贵港市的土地房屋征收与补偿工作。5月31日，印发《贵港市国有土地上房屋征收评估管理暂行办法》，规范市本级行政区范围内国有土地上房屋征收价格评估行为。5月31日，印发《贵港市加强违法用地和违法建设查处工作管理制度》，进一步加强城市管理，及时制止和查处违法用地、违法建设行为。6月13日，印发《关于分解2017年土地利用计划指标的通知》，要求各有关部门要切实转变用地保障思路，切实提高建设用地利用效率和项目用地保障水平。9月15日，印发《贵港市人民政府关于进一步加强土地储备工作的意见》，规范土地市场，加强土地储备工作。

【深化重点领域改革】 2017年3月9日，贵港市印发《关于取消和调整一批行政许可事项的决定》，公布《贵港市行政许可事项目录》《中区直驻贵单位行政许可事项目录》，提出对贵港市行政许可事项实行目录管理和动态管理，行政许可事项目录清单统一对外公布。3月11日，印发《贵港市个体工商户简易注销程序规定(试行)》，深化商事制度改革，完善个体工商户退出机制。3月22日，印发《贵港市行政审批部门"说不"报告制度》，提升审批服务效率和质量，进一步优化投资环境。4月2日，印发《贵港市盐业体制改革实施方案》，要求积极稳妥推进贵港市盐业体制改革。7月7日，印发《贵港市投资建设项目网上预审批(微信)平台实施方案》，明确各方责任，强化监督机制，大幅度提高贵港市建设工程项目审批效率。7月11日，印发《贵港市四大国有集团组建工作方案》《贵港市组建四大国有集团清产核资工作方案》，组建广西贵港市建设投资发展集团有限公司、广西贵港市交通投资发展集团有限公司、广西贵港市城市投资发展集团有限公司、广西贵港市金融投资发展集团有限公司。8月21日，印发《关于贯彻落实自治区人民政府关于第三批清理规范行政审批中介服务事项决定的通知》，要求各级各部门切实加强事中事后监管，优化行政审批流程，提高行政审批质量和效率。9月1日，印发《市以下财政事权和支出责任划分改革工作方案》，积极稳妥推进市以下财政事权和支出责任划分改革。9月15日，印发《贵港市深化医药卫生体制改革2017年重点工作任务》，提出贵港市2017年深化医药卫生体制改革重点工作任务。9月30日，印发《关于进一步规范行政审批中介服务的实施意见》及其相应配套暂行办法，进一步规范中介服务市场行为和市场秩序，促进中介服务市场的健康发展，优化我市经济发展环境，提高行政审批效率。9月30日，印发《关于进一步深化行政审批改革优化政务服务的工作方案》，推进深化行政审批改革优化政务服务工作向纵深发展。10月20日，印发《贵港市覃塘林场改革实施方案》，加快推进贵港市覃塘林场改革。10月20日，印发《贵港市平天山林场改革实施方案》，提出到2017年年底完成林场改革主体任务，到2020年，实现生态功能显著提升、职工生产生活条件明显改善、管理体制机制全面创新的目标。10月27日，印发《贵港市国有企业职工家属区"三供一业"分离移交工作实施方案》，推动国有企业职工家属区供水、供电、供气及物业管理分离移交工作。10月30日，印发《贵港市经营类事业单位转企改革方案》，提出要推动经营类事业单位依法转制为自主经营、自负盈亏、平等竞争、自我发展的市场主体，建立产权清晰、权责明确、政企分开、科学管理的现代企业制度，提高国有资本运营效率。11月3日，印发《贵港市关于加快推进公证机构体制改革实施方案》，提出要积极稳妥地整体推进全市公证机构体制改革，激发公证机构活力，提升公证服务能力，为我市经济社会发展提供优质高效的公证服务。11月16日，印发《关于2017年深化经济体制改革重点工作意见》，要求持续深化经济体制改革，突出重点难点，推动改革精准落地。11月17日，印发《贵港市市场开发服务中心改革方案》，提出把市场开发服务中心改革重组为产权清晰、权责明确、政企分开、管理科学的现代企业，为全市经济社会发展注入新动力。12月15日，印发《贵港市深化简政放权放管结合优化服务改革重点任务分工方案》，推动政府职能进一步转变，激发市场活力和创造力，营造公平、公正、公开的营商环境和政务服务环境。

【扩大对外开放】 2017年2月16日，贵港市印发《贵港市扩大开放合作和促进开放型经济发展"十三五"规划》，明确扩大对外合作的发展基础、发展形势、总体要求、发展布局、发展任务、保障措施，提出我市要多措并举，加快推进外贸发展、内外兼顾，进一步推动双向投资、齐头并进，加强贵港口岸建设、开拓创新，搭建开放发展新平台，各有侧重，大力拓展国际区域合作。6月15日，印发《关于做好贵港市2017年推进省际合作重点工作的通知》，要求各单位认真落实“十三五”时期深化贵港市省际合作重点工程、重要事项和重大项目，推动区域合作空间和领域深化拓展，开创区域合作新局面。6月19日，印发《贵港市关于〈加快珠江—西江经济带(广西)发展若干政策〉任务分解表》，要求各相关部门结合贵港市实际，研究制定或出台相应配套政策、措施。9月4日，印发《贯彻落实国家发展改革委支持珠江—西江经济带发展涉及贵港的主要事项分工方案》，全力推动珠江—西江经济带开放发展。

【城市管理】 2017年1月12日，贵港市印发《关于认真做好2017年春运工作的通知》，要求全力以赴做好春运各项工作。2月10日，贵港市印发《关于整治市中心城区三轮车的通告》，决定在我市中心城区开展人力三轮车、电动三轮车、机动三轮车专项整治行动。2月20日，印发《关于成立贵港市深化出租汽车行业改革领导小组的通知》，积极稳妥推进出租汽车行业改革，促进全市出租汽车行业创新发展、转型升级。3月23日，印发《贵港市生态文明建设示范区创建工作实施方案》《贵港市2017年度生态文明建设示范区创建工作计划》，要求加快推进贵港市生态文明建设示范区创建工作。6月12日，贵港市印发《贵港市消防事业发展第十三个五年规划(2016—2020)》，指出贵港市“十二五”时期消防事业发展成果、存在的主要问题以及“十三五”时期消防工作面临的挑战、总体要求、主要任务、重点工程、实施责任和保障措施。6月12日，印发《贵港市一村(社区)一法律顾问工作实施方案》，建立全市一村(社区)一法律顾问制度。8月24日，印发《关于公布贵港市治理公路货车违法超限超载执法场所的通告》，决定在全市开展整治公路货车违法超限超载专项行动。11月15日，印发《贵港市市级特色小镇培育实施方案》，要求开展特色小镇、小城镇的建设工作。11月16日，印发《贵港市智慧城市管理中心建设与运维管理方案》，要求加快智慧城市管理中心建设。11月23日，印发《贵港市智慧城市项目管理办法》，进一步增强我市智慧城市建设统筹规划和统一运营管理能力，提高我市智慧城市建设水平和资金使用效率。12月29日，印发《加强城市道路交通管理工作实施方案》，要求各级各有关部门将城市道路交通管理工作纳入议事日程，把道路交通管理工作当作民生工程来抓，共同打造文明、规范、畅通的城市道路交通环境。

【生态文明建设】 2017年1月22日，贵港市印发《关于做好2017年春节期间贵港中心城区烟花爆竹禁限放的通告》，在2017年春节期间贵港中心城区实施禁限放烟花爆竹。2月13日，印发《贵港市环境保护综合督查反馈意见整改方案责任清单》，贯彻落实自治区环境保护综合督查反馈意见。3月1日，印发《关于2017年实施珠江禁渔期制度的通告》，在禁渔水域范围内禁止所有捕捞作业。4月10日，印发《关于充分运用“专业查污”成果有效解决环境问题的工作方案》，要求各级各相关部门要充分运用“专业查污”成果有效解决我市的环境问题。6月9日，印发《贵港市大气污染防治2017年度实施计划》，要求各级各部门加大大气污染综合治理力度，着力改善贵港市环境空气质量。6月28日，印发《2017年贵港市集中开展扬尘污染专项大整治行动方案》，要求逐步完善监管体系，有效落实各项扬尘防治措施，减少重污染天气的发生。6月29日，印发《贵港市贯彻落实环境保护税法工作方案》，要求各级各部门要明确职责，细化配套政策措施，提出符合市情的政策标准，确保贵港市环境保护税改革顺利实施。8月30日，印发《解决全面实施饮用水水源保护条例存在问题工作方案》，要求切实增强责任感和紧迫感，深入开展饮用水水源保护区集中整治，提高饮用水水质。9月8日，印发《达开水库水质环境综合整治工作方案》，对达开水库水质环境实施综合整治。9月11日，印发《贵港市控制污染物排放许可制实施计划》，推动贵港市固定污染源控制污染物排放许可制的顺利实施。10月12日，贵港市印发《广西壮族自治区贵港市地下水开发利用与保护规划》，指导地下水的开发、利用、保护、治理和修复工作，保障供水安全、生态与环境安全，以地下水资源的可持续利用支撑经济社会的可持续发展。11月16日，印发《贵港市“十三五”控制温室气体排放工作实施方案》，要求各级各部门要积极适应经济发展新常态，统筹节能、减排、降碳、能源消费总量控制与经济发展的关系，深入推进控制温室气体排放工作。12月22日，印发《关于划定市中心城区禁止燃放烟花爆竹区域的通告》,在市中心城区划定禁止燃放烟花爆竹区域,在禁放区内禁止任何时间燃放所有种类的烟花爆竹。

【全力打赢脱贫攻坚战】 2017年2月7日,贵港市印发《关于调整贵港市扶贫开发领导小组移民搬迁专责小组成员及主要单位工作职责的通知》,进一步理顺移民搬迁有关工作关系。6月30日,贵港市印发《贵港市"十三五"脱贫攻坚规划》,全面总结贵港市扶贫开发工作成效、基本经验,分析研判当前面临的困难和问题,全力深入推进脱贫攻坚战,确保贫困地区、贫困人口与全国、自治区同步进入小康社会。8月23日,印发《关于提高贵港市建档立卡贫困人员扶贫帮扶标准的通知》,决定提高全市建档立卡贫困人员参加城乡居民养老保险个人缴费的财政补助标准、全市建档立卡贫困人员参加城乡居民基本医疗保险缴费的财政补助标准、全市建档立卡参保贫困人员城乡居民基本医疗保险住院医疗费用报销比例、全市建档立卡贫困家庭义务教育阶段寄宿生的资助标准、农村最低生活保障标准。10月29日,印发《2017年贵港市农村危房改造暨脱贫攻坚建档立卡贫困户危房改造实施方案》,要求解决全市建档立卡贫困户、低保户、农村分散供养特困人员、贫困残疾人家庭等4类重点对象最基本的住房安全需求。11月30日,印发《贵港市财政专项扶贫资金管理办法》,进一步加强和规范财政专项扶贫资金管理,促进资金使用效益提升。

【持续保障和改善民生】 2017年2月10日,贵港市印发《贵港市人民政府关于公布第五批享受市政府特殊津贴教师名单的通知》,激励广大教师积极投身教育教学改革的工作热情。6月12日,印发《贵港市社会养老服务体系建设规划(2017—2030年)》,总结贵港市"十二五"养老服务体系建设情况,明确"十三五"期间贵港市社会养老服务体系建设总体思路、规划布局、重点任务、保障措施。6月19日,印发《贵港市农村饮水安全工程运行管理实施办法》,要求要确保农村饮水安全工程规范管理,可持续运行。6月28日,印发《贵港市人民政府办公室关于调整贵港市城乡低收入家庭收入标准的通知》,决定提高贵港市本级(含三区)城市低收入家庭收入标准。7月17日,印发《贵港市特困人员救助供养工作实施细则》,要求在全市开展特困人员救助供养工作,建立与相关社会保障制度相衔接的特困人员救助供养制度。9月25日,印发《2017年贵港市成品油市场专项整治工作方案》,进一步整治和规范贵港市成品油市场经营秩序。12月7日,印发《贵港市激发重点群体活力带动城乡居民增收的实施方案》,提出到2020年,全面完成脱贫目标,城镇就业规模逐步扩大,工资收入分配更加合理有序,人民生活水平和质量普遍提高,城乡居民年人均可支配收入年均增长8%以上,比2010年翻一番以上,城乡差距进一步缩小。

【科技教育文化事业发展】 2017年1月4日,贵港市印发《贵港市全民科学素质行动计划纲要实施方案(2016—2020年)》,提出到2020年,建成适应贵港创新发展需求的现代公民科学素质建设的组织实施、基础设施、条件保障等体系,公民科学素质建设的公共服务能力显著增强。3月6日,贵港市印发《广西贵港高新技术产业开发区创建工作实施方案》,要求通过开展高新区创建工作,加快高新区基础设施、公共服务设施建设,培育高新技术企业和科技创新平台,扶持高新技术企业快速健康发展。

3月8日,印发《关于2015年度贵港市科学技术奖励的决定》,对科学技术项目进行表彰奖励。3月15日,印发《2017年"壮族三月三·和谐美贵港"系列活动工作方案》,开展2017年"壮族三月三·和谐美贵港"系列活动。6月2日,印发《关于在工程建设中做好文物保护工作的通知》,加强贵港市文物保护工作。8月10日,印发《贵港市教育事业发展"十三五"规划》,提出到2020年,与全区同步基本实现教育现代化,基本形成学习型社会,进入广西人力资源强市行列。11月8日,印发《贵港市关于推进基层综合性文化服务中心建设的实施方案》,提出要积极探索和构建具有贵港特色的基层综合性公共文化服务中心建设模式,全面推进基层综合性文化服务中心建设。11月21日,印发《贵港市关于做好政府向社会力量购买公共文化服务工作的实施意见》,要求建立比较完善的政府向社会力量购买公共文化服务体系。12月1日,印发《贵港市市本级基本公共文化服务目录》,向社会公布市本级基本公共文化服务目录。12月22日,印发《关于落实〈自治区促进文化产业发展若干政策措施〉的实施方案》,要求加快文化产业发展列入重要议事日程,将文化产业作为新的经济增长点来培育,不断提升文化产业的实力和竞争力。12月28

日，印发《贵港市深入贯彻创新驱动发展战略决定的实施意见》，要求将创新作为引领全市发展的第一动力，以科技创新为核心带动全面创新，形成支撑创新驱动发展的动力源。

【健康贵港建设】 2017年2月14日，贵港市印发《贵港市城市公立医院实行药品零差率销售、医药价格和医保支付政策调整改革工作实施方案》，要求进一步深化我市医药卫生体制改革，加快推进我市城市公立医院改革试点工作，全面实行城市公立医院药品零差率销售改革，同步实行医药价格和医保支付政策调整。2月21日，印发《贵港地区区域性动物疫病示范区建设实施意见》，不断增强贵港市动物疫病防控工作能力，提高动物卫生水平，确保畜产品质量安全。3月6日，印发《贵港市体育中心特许经营项目实施方案》，规范市体育中心运营管理工作。3月21日，印发《贵港市医疗机构设置规划(2016—2020年)》，要求到2020年，逐步形成资源布局合理、规模适度、结构优化、层次分明、功能完善、分工明确的医疗服务体系。8月8日，印发《2017年贵港市食品安全重点工作安排》，要求各级各相关部门严防、严管、严控食品安全风险，提升治理能力和保障水平，保障人民群众食品安全，推动食品产业健康发展。11月20日，印发《贵港市落实广西食品安全行政责任追究暂行办法实施意见》，要求各级各相关部门认真履行食品安全监督管理职能，依法行使食品安全行政职责，更好地保障公众饮食安全。11月21日，印发《贵港市卫生与健康"十三五"规划》，提出到2020年，基本建立覆盖城乡居民的基本医疗卫生制度，主要健康指标达到全区平均水平，实现人人享有基本医疗卫生服务。11月22日，印发《贵港市深化医药卫生体制改革"十三五"规划》，提出到2020年，基本建立覆盖贵港市城乡居民的基本医疗卫生制度，实现人人享有安全、有效、方便、价廉的医疗卫生服务。11月22日，印发《贵港市中医药壮瑶医药健康服务发展规划(2017—2020年)》，提出到2020年，中医药壮瑶医药健康服务发展水平迈上新台阶，成为贵港市健康服务业的优势领域和推动经济转型发展的重要力量。11月22日，印发《贵港市食品药品安全"十三五"规划》，加快推进贵港市食品药品安全治理体系和治理能力现代化，进一步提升全市食品药品监管水平，保障人民饮食用药安全。11月27日，印发《贵港市基层医疗卫生机构能力建设行动计划(2016—2020年)》，提出用5年左右时间，重点加强基层医疗卫生机构服务能力建设。11月27日，印发《贵港市全民健康素养促进行动方案(2017—2020年)》，提出到2020年，健康教育纳入国民教育体系，健康知识传播工作扎实开展，公众健康生活方式逐步普及，健康支持性环境建设明显进步，全民健康意识普遍增强，全市居民健康素养水平达到18%。12月12日，印发《贵港市医疗联合体建设实施方案》，全面推进医联体建设。

【社会事业发展】 2017年6月27日，贵港市印发《贵港市110社会联动工作方案》，整合社会各部门力量，建立群众报警、求助、投诉、举报快捷处置机制。7月14日，印发《贵港市企业上市(挂牌)奖励办法》，鼓励和扶持贵港市企业上市、挂牌。10月31日，印发《贵港市"爱心驿站"建设实施方案》，要求在全市各城区适合建站的地方建设"爱心驿站"。11月6日，印发《贵港市"十三五"期间全面促进律师专业人才队伍建设的实施意见》，提出要进一步加大律师队伍建设力度，到2020年实现每万人拥有律师数2.3人的目标。11月17日，印发《贵港"十三五"加快残疾人小康进程规划》，提出要加快推进残疾人小康进程，坚决打赢残疾人脱贫攻坚仗，缩小残疾人生活状况与社会平均水平的差距，让残疾人和全市人民共享幸福小康生活。11月22日，印发《贵港市农村留守儿童和困境儿童工作实施方案》，提出全面建立以家庭切实履行监护职责为基础，政府主导、社会参与的留守儿童和困境儿童关爱服务体系。12月11日，印发《贵港市校园内部及周边道路交通安全设施设置工作方案(试行)》，进一步加强校园内部及周边道路交通安全设施设置和规范管理。12月25日，印发《贵港市人民政府 广西壮族自治区司法厅共建"法治贵港"框架协议》，提出创建市厅共建"法治贵港"模式，构建市厅合作框架，在法治宣传教育、法律服务、法律保障等方面开展深入的合作，健全完善公共法律服务体系，提升公共法律服务质量和水平。

【安全生产和应急管理】 2017年1月6日，贵港市印发《贵港市处置电网大面积停电事件应急预案》，建立健全贵港市大面积停电事件应对工作机制。3月1日，印发《2017年度安全生产监督检查执法计划》，障安全监管执法工作依法有序进行。4月6日，印发《贵港市危险化学品安全综合治理实施方案》,要求全面开展危险化学品安全综合治理,有效防范和遏制危险化学品生产事故。4月26日,印发《贵港市事故隐患和安全风险分级标准及管控办法》,要求各级各部门做好安全风险分级管控工作。5月11日,印发《贵港市森林火灾应急预案》,要求各级各部门要落实预防森林火灾的各项措施,做好紧急应对突发森林火灾的思想准备和工作准备,建立健全应对长效机制。6月12日,印发《关于贯彻落实自治区人民政府优化建设工程防雷许可意见的通知》,进一步强化建设工程防雷安全监管,保障建设工程防雷安全。6月16日,印发《贵港市洪涝灾害应急预案》《贵港市城市防洪应急预案》《贵港市抗旱应急预案》《贵港市防御台风应急预案》。10月19日,印发《贵港市自然灾害救助应急预案》,建立健全贵港市应对突发重大自然灾害救助体系和运行机制,规范应急救助行为,提高应急救助能力,最大程度地减少人民群众生命和财产损失,确保受灾人员基本生活,维护灾区社会稳定。11月16日,印发《贵港市船舶污染事故应急预案》,要求最大程度控制、减轻、消除船舶污染事故对水域环境及水域资源造成的危害,保障贵港市社会经济持续稳定发展。11月30日,印发《贵港市突发公共卫生事件应急预案》,要求进一步建立健全全市卫生应急管理体制和机制,规范应急处置工作,预防和减少突发公共卫生事件的发生。

【政府自身建设】 2017年1月17日,贵港市印发《关于明确2017年度全市财政收入预期目标的通知》,加强2017年度财政预算执行管理。2月15日,印发《贵港市地方政府性债务风险应急处置预案》,建立健全贵港市政府性债务风险应急处置工作机制。2月16日,印发《贵港市市级财政专项资金预算管理暂行办法》,规范和加强市级财政专项资金管理。2月18日,贵港市印发《关于开展政府文件全面清理工作实施方案》,做好对现行行政法规、规章、规范性文件的清理工作。2月22日,印发《贵港市人民政府关于分解落实2017年政府工作报告指标任务的通知》,要求各级各部门结合实际,采取有力措施,确保全年目标全面按时完成。3月23日,贵港市印发《贵港市政府热线受理中心工作制度(试行)》,明确市政府热线受理中心的性质、受理范围,工作程序,执行首问负责、限时办结、责任追究、绩效考评、安全保密等制度。3月28日,印发《贵港市2017年"双随机一公开"监管工作实施方案》,进一步健全完善事中事后监管机制。3月28日,印发《贵港市政府部门涉企信息统一归集公示工作实施方案》,要求全面、及时、准确地将全市各级各有关部门产生的企业信息统一归集于企业名下,依法向社会公示。4月6日,印发《关于在政务公开工作中进一步做好政务舆情回应的实施方案》,要求各级各部门要做好政务舆情回应工作。4月17日,印发《贵港市人民政府2017年各部门(单位)重点工作一览表》,要求各部门认真履行职责,密切配合,共同推进,确保各项重点工作的顺利完成。4月19日,印发《关于开展"政务服务接待日"工作方案》,更好地服务群众。4月28日,印发《贵港市加快推进网上政府服务工作实施方案》,要求加快推进网上政府服务工作。5月17日,印发《贵港市编制和优化行政权力运行流程实施方案》,推进各级行政机关行政权力运行流程编制和优化工作。5月24日,印发《贵港市贯彻落实国务院办公厅2017年政务公开工作要点分工方案》,要求各级各部门认真做好政务公开工作。5月25日,印发《中共贵港市人民政府党组关于印发2016年度领导班子民主生活会整改落实方案的通知》,提出要切实将整改措施落到实处,确保问题得到及时有效解决。6月12日,印发《贵港市人民政府2017年立法工作计划》,深入推进法治政府建设。6月12日,印发《中共贵港市人民政府党组2017年工作要点》,部署市政府党组2017年重点工作。6月30日,印发《关于宣布失效一批贵港市人民政府文件的决定》,宣布失效一批市人民政府文件。6月30日,印发《关于公布贵港市人民政府部门权责清单的通知》,决定对2016年公布的市人民政府部门权力清单和责任清单进行"两单融合",修订形成新的贵港市人民政府部门权责清单。7月4日,印发《贵港市实施全面推进政务公开六项行动工作方案》,全面推进政务公开六项行动工作。7月4日,印发《贵港市公文公开属性源头认定工作实施方案》,全面推进政务公开工作。7月13日,印发《关于调整两项行政许可事项的决定》,调整两项行政许可事项。9月7日,印发《贵港市交通运输局道路运输以及交通综合执法等职能下放方案》,改革和创新交通运输管理体制和机制,不断提高管理水平。11月3日,印发《贵港市人民政府办公室关于实行规范性文件统一登记统一编号统一印发制度的通知》,要求各级各部门准确认定规范性文件,做好规范性文件合法性审查工作,严格实行“三统一”制度。12月18日，印发《贵港市人民政府关于调整一批行政许可事项的决定》，要求各级各部门对调整的行政许可事项及时贯彻落实，加强上下沟通协调，做好对接和指导，确保调整到位、落实到位、监管到位。12月21日，印发《贵港市人民政府办公室关于公布贵港市政府部门行政权力运行流程的通知》，对行政权力运行流程进行编制和优化，公布市政府部门行政权力运行流程内容。12月25日，印发《关于政府领导工作分工调整的通知》，调整市政府领导工作分工。12月25日，印发《贵港市政府部门随机抽查事项清单》，全面推进贵港市市场监管“双随机、一公开”工作，加强监管创新，提升监管效能。（何婷婷）

政务服务

【政务服务机构调整】 2017年5月17日，根据国务院、自治区关于整合建立统一的公共资源交易平台的要求，为实现政务服务和公共资源交易一体化管理目标，贵港市在市政务服务管理办公室的基础上，组建贵港市政务服务监督管理办公室，设于贵港市人民政府办公室，挂“贵港市政务服务中心”牌子，实行“一个机构，两块牌子”管理。贵港市政务服务监督管理办公室（以下简称市政管办）设5个内设机构：秘书科、政务管理科（投诉监督科）、政务公开科、公共资源交易管理科、政务运行协调科。整合贵港市公共资源交易管理中心、贵港市公共资源交易服务中心。组建贵港市公共资源交易中心，为市人民政府直属相当正科级财政全额拨款公益一类事业单位，由市政务服务监督管理办公室代管。12月29日，经同意，再次调整内部机构设置，市政管办投诉监督科从在政务管理科挂牌调整为单独设置，并更名为政务投诉监督科，调整增加后，市政管办内设科室6个。将贵港市人民政府热线受理中心更名为贵港市“12345”便民服务中心，并由隶属于市政府办管理调整为隶属于市政管办管理，相当正科级财政全额拨款公益一类事业单位。贵港市公共资源交易中心加挂贵港市行政审批中介超市牌子。

【探索建立行政审批中介超市】 2017年11月23日，贵港市针对行政审批中介服务缺乏服务标准、有效监管和服务效率低等问题，积极探索建成行政审批中介超市，实行行政审批中介服务机构分类入库、动态管理，建立全市统一的中介服务网上信息库，建立统一服务承诺时间、统一规范收费标准、统一服务质量标准、统一服务评价标准，即“四统一”。截至12月31日，发布采购公告31个，通过自行委托、随机抽取等方式完成公开选取29个，涉及项目投资额5.01亿元，中介服务费用采购预算价197.72万元，中选价176.92万元，节约20.8万元，资金节约率10.52%。

【网上预审批平台建立】 2017年，贵港市建立投资建设项目网上预审批（微信）平台。通过与广西统一投资项目在线审批平台相配合，对项目并联审批流程再造，整合项目投资审批的各个环节及审批材料要件，通过材料集中或灵活上传，审批单位在正式审批时间之外预先审批、容缺审批、并联审批，并利用当下流行的及时通信工具“微信”进行及时沟通，将投资项目从立项到开工的行政审批时间从200个工作日压缩为48个工作日，大幅提升审批效率。为全面整合投资项目审批系统，建立统一的并联审批平台，进一步提升投资项目审批效率奠定坚实基础。

【“放管服”改革力度加大】 2017年，贵港市持续梳理取消调整和下放行政审批事项，深化推进“放管服”工作。清理取消行政许可事项54项、调整259项，市本级取消23项，新增80项，调整118项。对取消的行政许可事项，各级各部门不再实施审批，也不得以备案、审查、核准等形式进行变相审批。对调整的行政许可事项，各相关单位做好“接放”衔接，建立行政审批事项动态运行管理制度，在政务服务审批目录库中及时取消调整事项。《人民日报》以《广西贵港——深化“放管服”改革　优化亲商环境》为题作专题报道。

【行政权力运行流程规范】 2017年，按照自治区统一部署，贵港市进一步梳理部门权责清单，加快对权责清单中的行政许可、行政确认、行政检查、行政强制、行政裁决等10类行政权力，依照自治区制定的统一标准，组织本部门依法依规逐项编制和优化行政权力运行流程，市本级政府部门编制的5200多项权力运行流程，将经市政府审定后公开。力争实现全市行政权力“同一事项、同一标准、同一编码、上下对应、有效衔接”，进一步减少办事环节，简化办事程序，缩短办事时间，压缩裁量窝工，降低行政成本，提高行政效率，方便群众办事。

【政务服务质量提升】 2017年，贵

2017 年 2 月 3 日,贵港市市长农融到贵港市政务服务中心调研　　市政管办　提供

港市政务服务工作优化提升服务,推动行政审批效率再提高。拓展现场预约、电话预约和网上预约三种方式申请预约服务。对企业投资项目发放跟踪联系卡,提供咨询电话和帮办服务热线,及时主动做好服务工作。市政务服务中心各窗口单位使用政务服务暨监察通用软件接受群众咨询各类审批和服务事项 10654 件,接受申请 381927 件,受理 381912 件,办结 381462 件,承诺提速 75.4%,办理提速 90.81%,无超时办结件,办件总量和每万人办结数排名均位居全区前列。

【"两公开"工作】 2017 年,贵港市推行政务公开政府信息公开"两公开"工作,各级各部门在政府门户网站发布信息 1039756 条,其中市本级 24105 条、桂平市 22748 条、平南县 926897 条、港北区 21006 条、港南区 21735 条、覃塘区 23265 条。

【公共资源交易】 2017 年,贵港市进一步规范公共资源交易平台管理。按照"集中交易、统一进场"的原则,构建"公正开放、竞争有序、服务到位、监管有力"的公共资源交易服务平台。完成各类公共资源交易项目(除在自治区公共资源交易中心开标项目外)2083 个,预算(估算、挂牌底价)金额累计 272.91 亿元,交易金额累计 273.04 亿元。其中,工程建设项目招标预算金额为 57.51 亿元,交易金额为 53.47 亿元,节约金额 4.04 亿元,节约率 7.02%;政府采购项目招标预算金额为 132.88 亿元,交易金额为 132.23 亿元,节约金额为 0.65 亿元,节约率为 0.49%;土地使用权出让挂牌出让底价 28.54 亿元,交易金额为 33.34 亿元,增值金额为 4.81 亿元;探矿权成交价 0.53 亿元;国有资产成交金额 0.17 亿元;政府和社会资本合作(PPP) 项目 4 个,项目总投资额为 53.29 亿元。

【公共资源交易场所建设】 2017 年,贵港市为解决市本级公共资源交易场所面积不足,功能单一的问题,重新规划安排新的公共资源交易场所。公共资源交易平台场所面积由原来的 1740 平方米增加到 3470 平方米,对场所进行科学设计和功能区分,开标室由原来的 5 间增加至 9 间,评标室由原来的 6 间增加至 15 间,业主评委和专家评委分隔评标,同时可实现 10 个电子标和远程异地评标,开辟专家通道,有效的改善交易平台场地不足和功能不全的问题。　(黄春耀)

人力资源管理

【人才队伍建设】 2017 年,贵港市编制《贵港市高层次和创新创业人才"一站式"服务平台服务指南》,围绕高层次人才需求遴选服务项目,搭建"互联网 +"服务平台,运用云计算和大数据等技术,为高层次人才的评价认定、引进流动、待遇落实、生活保障等提供优质、高效的"一站式"服务。组织多家用人单位到北京、武汉、重庆等地开展人才招聘活动,引进 57 名急需紧缺人才。突出抓好教育、卫生、工程、和民营企业等重点领域职称评审以及技能人才队伍建设,全市新增高技能人才 310 人、技师和高级技师 22 人,专业技术人员 3057 人。职业资格证书核发 9687 人次。

【事业单位人事管理】 2017 年,贵港市完成国有林场改革,经营类事业单位撤事转企工作有序推进。公开招聘事业单位工作人员 1386 名。继续完善事业单位岗位设置管理,完成事业单位首次岗位设置 114 家、2264 个岗位,重新核准调整岗位设置方案 84 个、2524 个岗位,完成 426 所学校结构比例调整核准 30248 个岗位。全市累计核准岗位设置方案事业单位 2697 个。开展全市机关事业单位临时聘用人员摸底调查,摸清全市 6793 名临时聘用人员情况。核准市直 172 个事业单位，47名科级领导职位竞争上岗和考核方案。对142个市直事业单位的5624人年度考核进行审核备案。办理市直事业单位转聘交流人员，调动增人手续344个。

【专业技术资格申报与评审】 2017年，贵港市教育、医疗、公共类申报晋升高级专业技术资格的人员1755人，通过评审458人。申报晋升中级专业技术资格8050人，通过评审3057人。

【工资福利】 2017年，贵港市人力资源社会保障局审核市直机关事业单位工作人员工资待遇2.6万人次，办理退休260人，确定退休待遇410人次，办理工作人员（离退休人员）死亡后再发三个月工资、丧葬费和一次性抚恤金85人，办理（调整）遗属生活困难补助706人次。完成市直法官、检察官、司法辅助人员和司法行政人员绩效考核资金的审核工作。根据国家有关政策规定，调整市直人民警察加班补贴13061人次，调整人民警察值勤岗位津贴标准22408人次。落实政法委机关工作津贴政策，审核市直政法委机关工作津贴59人。

【军转干部安置与服务】 2017年，贵港市接收安置59名军队转业干部，其中计划分配21名、自主择业38名。全市有企业军转干部828人，其中符合享受生活困难补贴条件的有648人，均按政策规定每月按时发放生活困难补贴，并全部参加养老保险和医疗保险。

【人事培训考试】 2017年，贵港市考试录用公务员（选调生）628人，对新录用公务员（选调生）进行初任培训，培训合格607人。组织市直机关（参公单位）新任科级领导职务任职培训，培训合格107人。全市专业技术人员参加公需科目《“互联网”+开发合作》培训考试56042人，参加专业技术人员计算机应用能力考试246人。社会工作者执业水平、质量专业资格、经济、计算机软件、一级建造师、二级建造师、执业药师等各类职称资格考试工作顺利完成，参加人员共4651人。

【大中专毕业生就业】 2017年，贵港市接待高校毕业生报到16527人（博士2人、硕士97人、本科6729人、大专9151人、中专高职548人），其中市本级接待报到3415人。据2017年广西离校未就业高校毕业生实名登记系统统计显示，贵港市离校未就业高校毕业生8915名，年末实现就业8203人，升学出国入伍190人，联系不上270人，无就业意愿43人，就业率为97.57%。

【人才交流服务】 2017年，贵港市本级接收高校毕业生及流动人员人事档案6127册，转出1883册，整理录入数字化档案信息系统9561册，档案查阅、出证明等2571人次，年末库存档案75237册。举办各类人才交流（招聘）会25场次，提供就业岗位26029个，当场达成意向性协议1048人。贵港市人事人才网发布人事和人才信息429条，网上招聘单位748个，提供就业岗位3740个。办理党组织关系托管238人，代办专业技术资格2200人。

【人事档案管理】 2017年，贵港市人力资源社会保障局完成2015年度干部人事档案专项审核和2016年零散材料归档工作。整理转入档案180册、转出档案126册、换盒240册，接待查档172次。对市直单位6265人公务员（参公人员）登记进行档案核查。

【就业创业】 2017年，贵港市认真贯彻落实各项促进就业创业政策，深入开展招工服务专项活动，组织开展招聘会49场次，提供就业岗位6.2万个，招工难、就业难等问题得到有效缓解。全市累计创建12个创业孵化基地，入驻企业167家，带动758人就业。扎实推进精准扶贫职业培训、就业转移工作，全市贫困人员实现转移就业1687人，完成年任务112.47%。组织1540多名贫困户劳动力参加职业培训、455名贫困家庭“两后生”参加技工学校中期培训，分别完成年任务171.11%、128.17%。全市实现城镇新增就业21790人，城镇失业人员再就业3709人，就业困难人员就业803人，农村劳动力转移就业新增45945人，分别完成年度目标任务136.19%、105.19%、107.07%、102.10%；城镇登记失业率为1.07%，比控制目标任务数4.3%低3.23个百分点，位列全区第一。

【职业技能培训】 2017年，贵港市开展职业技能培训130期、4150人。举办新兴产业企业职工技能大赛和农民工技能大赛，组织63家企业278名职工参加8个工种的贵港市新兴产业企业职工技能大赛，评出一等奖选手13人，二等奖选手26人，三等奖选手39人；组织1105名农民工参加广西第四届农民工技能大赛，评出一等奖选手22人，二等奖选手44人，三等奖选手66人，4名特别优秀的选手分别获得化妆师、美发师的高级职业资格证书。10月10日—11日，举办全区“深化校企合作，促进区域发展”

工作推进会，成立贵港市新兴产业与技工教育联盟，广西华奥汽车有限公司等13家企业和广西机电技师学院等27家技工院校加盟。

【人社局自身建设】 2017年，贵港市在广西“美丽广西·宜居乡村”服务惠民工作现场会作经验介绍；分别在全区就业服务信息化建设工作会议、全区就业工作会议、全区农民工工作会议和全区全民参保登记成果应用和转化现场会上作典型经验介绍发言；2017年度贵港市社会保险基金预算管理绩效考核得分排名全区第一，获自治区财政厅、人社厅、卫计委通报表扬；10月10日—11日，全区“深化校企合作，促进区域发展”工作推进会在贵港市召开，会上成立广西首家“新兴产业与技工教育联盟”，得到人社部的重视和关注；在2017年全国清理整顿人力资源市场秩序专项行动中因成绩突出连续三年荣获人社部、国家工商总局通报表彰。桂平市在自治区人社厅举办的全区“两后生”培训就业业务培训班暨现场推进会上作经验介绍。

（唐天成）

信　访

【概况】 2017年，贵港市各级党政信访部门共受理群众来信来访939批次、2064人次，与上年同期1189批次、2940人次比分别下降21.03%和29.79%。其中：来访573批次、1698人次，与上年同期786批次、2537人次比分别下降27.10%和33.07%。

贵港市进京越级上访26人次，比上年224人次下降88.39%，进京非访12人次，占自治区下达贵港市控制指标数22人次的54.55%，比上年40人次下降70%，没有发生非访人员在京逗留现象；赴邕非访为零人次；没有发生因信访问题引发的极端恶性事件和舆论负面炒作，保证贵港市社会和谐稳定。

【信访维稳】 2017年，贵港市在全国“两会”、“一带一路”国际合作高峰论坛及中共十九大等重大活动期间，信访维稳工作取得新突破，特别是中共十九大期间，贵港市是广西唯一同时实现“五无”（即无进京非访、无被送久敬庄、无到京访、无安全送回事故、无被中联办通报在京违法违纪情况）目标的地级市。

【信访考评广西第一】 2017年，贵港市信访局认真贯彻落实中央和自治区党委政府有关信访工作决策部署，严格落实信访责任，加强信访工作规范化、制度化、法治化建设，积极推动信访问题依法及时就地解决，实现自治区党委提出的“一个根本好转、两个明显下降、三个坚决防止”的目标。经自治区信访联席办严格考核，贵港市信访工作责任目标管理考评分数98分，排名全区第一。

【信访制度创新】 2017年，贵港市信访局加强信息系统建设和运用，搭建起集投诉、办理、查询、跟踪、监督、评价于一体的网上工作平台，实现信访网上投、事项网上办、结果网上评、问题网上督、形势网上判的工作格局，真正让数据多跑路，群众少跑腿，极大方便信访群众，网上信访占比超过50%，得到自治区通报表扬；贵港市率先抓好一批信访基础设施标准化、规范化建设，成立全区首个群众工作联动服务部。12月28日，自治区信访联席办在贵港市桂平市召开信访基础设施建设暨规范化队伍建设现场经验交流推进会，贵港市在会上作经验介绍。

【信访责任制落实】 2017年，贵港市信访领导责任制得到进一步强化，采取约谈、通报批评、诫勉谈话、党纪政纪处分等措施，对落实信访维稳工作不力的责任人进行严厉问责，市委书记李新元作出批示，要求对执行稳控措施不力的领导干部进行问责，全年因落实维稳责任不力被倒查问责干部64名。通过加大问责力度，极大促进全市干部作风进一步转变，推动各项信访维稳工作措施落地生效。

【息访工作成效】 2017年，贵港市信访工作采取多措并举，使信访积案、缠访闹访等问题得到较好解决。

“双百案”攻坚　化减信访积案　4—7月，利用100天时间，在全市范围内开展信访“双百案攻坚战”活动，对尚未化解的205件积案、难案、骨头案集中攻坚化解。全市信访“双百案攻坚战”活动动员大会由市长农融主持，市委书记李新元做动员部署，对“双百案攻坚战”提出目标，明确责任。各级各部门以罢访息诉、签订化解协议书、复查复核三级终结、信访听证评议、导入司法途径解决五种方式之一结案作为“双百案攻坚战”的结案标准。全市化解案件204件，化解率99.9%。其中，签订息诉罢访保证书97件，息诉罢访率达49%。

信访听证评议　解决缠访闹访　全年累计进入信访听证评议

2017 年 6 月 30 日，贵港市召开信访"双百案"攻坚战研判会　　市信访局　提供

的积案 31 件，借助社会力量公开教育缠访闹访当事人，促使其罢访息诉，回归正常生活。

依法惩治　维护信访秩序　贵港市按照自治区《关于依法处理信访活动中违法犯罪行为的指导意见》要求，把 2017 年定为依法处理信访活动中违法犯罪行为活动年，下发《全市进京非正常上访重点整治专项行动工作方案》，公检法司、信访部门密切配合，加大整治力度，同时利用各种方式加大法制宣传，引导群众依法理性反映诉求，对经过法制教育和劝导仍然违法缠访、闹访，到北京重点地区进行非正常上访，或采取极端方式上访造成严重后果的违法犯罪行为，依法严厉惩治以维护正常的信访秩序。全年，贵港市依法逮捕违法上访行为 29 人，刑事拘留 38 人，行政拘留 68 人，训诫 20 人，法制教育 14 人，网上缉捕在逃人员 5 人。

【信访队伍建设】 2017 年，贵港市信访系统积极开展"迎接十九大，人民信访为人民"和"我在基层做信访"主题活动。贵港市信访系统干部职工风清气正，干部队伍实现零违纪，通过"业务大练兵"等多种形式强化信访干部学习培训，不断地提高信访干部的理论和业务水平。2017 年 7 月，贵港市信访局陈超秀被评为全国信访系统优秀接谈员。　　（李雪州）

外事　侨务
港澳台事务

【国际化发展】 2017 年，贵港市充分整合外事资源，合理布局国际合作战略支点，进一步加快推进贵港市国际化发展进程。继续深化贵港市与韩国首尔特别市九老区、菲律宾三宝颜市国际友城关系。10 月，获得中国人民对外友好协会批复同意贵港市与泰国洛坤府正式建立国际友好城市关系。加强与印度卡纳塔克邦班加罗尔市、美国肯塔基州鲍灵格林市、马来西亚马六甲州汉都亚再也市沟通并达成双方建立国际友好城市关系的意向。随着贵港市与韩国首尔特别市九老区、菲律宾三宝颜市、泰国洛坤府建立国际友城关系，发展与印度卡纳塔克邦班加罗尔市、美国肯塔基州鲍灵格林市、马来西亚马六甲州汉都亚再也市等城市建立友好沟通交流联系。芬兰赛尔康公司、印尼爱凯尔公司等国际公司落户贵港并不断扩大在贵投资，同时加强与文莱清真食品加工贸易的交流合作，贵港市在上述国家的知名度和影响力大幅度提升，进一步推进贵港市国际化发展进程。

【国际交流往来】 2017 年，贵港市因公出国 28 批、39 人次，分赴柬埔寨、美国、斯里兰卡、印度、文莱等国家和地区，对外交流合作层次领域涵盖洽谈林业资源开发与林产业合作、医学学术交流、清真食品加工贸易等方面的交流交往，贵港市对外交流进一步发展，对外开放进一步深化。

加强与马来西亚的交流　3 月 17 日—19 日，马来西亚驻南宁总领事馆总领事黄奕瑞、马来西亚公立大学境外办公室（中国）主任刘蓉和马来西亚驻南宁总领事馆翻译张萍一行 3 人到访贵港市，双方就开展国际友城、促进文化交流、人才培养、教育合作发展等进行深入交流。市长农融会见黄奕瑞。

促进与美国的交流　3 月 27 日—29 日，美国爱荷华州农业部秘书长比尔·诺西(Bill Northey)、爱荷华州大豆协会高层人员及 AGP 农场主访问中国养殖企业、最终产品及副产品用户，第一站到贵港访问广西扬翔股份有限公司。

9 月 26 日—27 日，美国驻广州总领事馆对外联络部主任、领事白佳丽一行 2 人到贵港市参观考察，了解贵港市经济、文化与教育发展情况，共同探讨双方的交流合作机会。

深化与泰国洛坤府的交流合作　4 月 9 日—10 日，泰国能源部部长顾问娜帕彭率泰国代表团到贵港市考察。其间,围绕合作项目进行深入交流,贵港市工信委、发改委、投资促进局、外事侨务办等部门负责人与泰国代表团座谈。市长农融会见娜帕彭一行。

9月10日,泰国洛坤府副府尹拉克潘尼基曼尼率代表团一行20多人到贵港市考察访问,话交流、谈合作,共商促进两地友好交流合作发展。

10月,贵港市与泰国洛坤府建立国际友城关系获中国人民对外友好协会批复同意。

开拓与文莱的交流　5月4日—6日,中国—东盟博览会(文莱展)暨文莱首届中小微企业展在文莱斯里巴加湾市举行。贵港市市长农融出席开幕式,见证文莱经济发展局与广西瑞安物流集团签署合作协议,并拜会文莱财政部副部长兼经济发展局主席拿督阿敏,考察文莱企业。

开拓与斯里兰卡和印度的交流　11月6日—13日,贵港市市委副书记李万春带队出访斯里兰卡和印度,开展招商推介活动。

【与港澳交流合作】 2017年,贵港市坚持密切港澳交流交往,有8批、13人次赴港澳开展宣传、交流活动。

市政协港澳委员开展考察活动　1月19日下午,组织出席贵港市政协五届二次会议的港澳委员在市区参观考察。

争取交流访问团到贵港　1月18日—19日,通过争取获得国务院港澳办交流司与澳门中联办文化教育部共同组织的第26届内地高校优秀澳门学生访问团到贵港市参观考察交流。

赴粤与香港企业对接交流　4月18日—20日,组成贵港市CEPA对接交流工作组赴广东省东莞市、惠州市与香港汽车零部件协会企业开展对接交流活动。

香港驻桂联络处到贵考察　8月23日—24日,香港特区政府驻广西联络处主任卢咏斯一行6人到贵港市参观考察交流和工作调研,并参加"庆回归·促合作——桂港合作成就图片展"开幕式。

开通CEPA项目绿色通道　8月28日,贵港市CEPA项目绿色通道在贵港市政务服务中心挂牌,对CEPA框架下港澳投资项目提供咨询以及优先行政审批服务。

贵港政协港澳委员座谈会　12月7日,贵港市政协在广东省珠海市召集市政协港澳委员开展委员活动日座谈会,通报经济社会发展和政协工作情况,听取意见建议。

香港广西总商会考察团到贵考察　10月22日,香港广西总商会会长吴家荣组织考察团一行14人到贵港市考察。

【因公出国(境)管理】 2017年,贵港市严格贯彻执行中央、自治区因公出国(境)管理规定,创新工作方式方法,增强工作效能,突出抓好全市因公出访计划管理、严审出访手续、积极主动联系对接上级外事部门、及时收缴因公护照(通行证)和出访报告管理、继续深入开展制止党政干部公款出国(境)旅游专项治理和加强外事纪律和党风廉政建设等工作,不断提升贵港市因公出国(境)管理及外事管理工作水平。全年,贵港市因公出国28批、39人次,赴港澳8批、13人次。既保证因公出访管理无碰"红线"触"底线"现象发生,又促进贵港市对外交流合作发展,顺利完成出访任务。

【涉外应急突发事件处置】 2017年,贵港市坚持加强涉外应急突发事件处置能力建设,提升领事保护工作能力和科学处置涉外事件水平。6月,贵港市外事侨务办公室获悉"贵港市1名在老挝务工人员遭枪击身亡、3人受伤"有关涉外案件情况后,及时联系上级外事部门和公安部门,以及驻老挝大使馆和老挝驻南宁总领事馆紧急处置和应对,通过多措并举积极主动协调,争取多方支持,稳妥做好该

2017年9月10日,泰国洛坤府副府尹拉克潘尼基曼尼率团到贵港市考察访问

市外事侨务办　提供

事件领事保护工作,有效妥善处置该事件,防止涉外各类不稳定因素发生。

【外事侨务招商引资】 2017年,贵港市坚持加强抓好外事侨务招商引资宣传推介工作,提升贵港市在侨界的知名度和吸引力,为招商引资打基础。

加强海内外联谊,密切海内外联系 积极参与国务院侨务办公室和自治区侨务办公室组织开展的海内外各种涉侨活动,突出做好侨商侨企及海外重点华人、华侨、侨团的联系工作,广泛联谊在贵港市投资发展的港澳台企业家,涵养外侨资源。

开展"请进来"实地宣传推介,话交流谈合作 加大"请进来"工作力度,实行面对面现场沟通交流,开展实地宣传推介贵港,全年重点邀请团组14个。

1月11日,广西海丝集团董事长孙侠、新加坡新保集团行政总监蔡耀龙率10人考察团到贵港市考察投资环境,并洽谈医疗合作及开设护理学院事宜。2月15日,贵港市委书记李新元会见新加坡鸿德集团董事长张原天,双方就加强农业项目合作进行深入交流。2月20日,贵港市委书记李新元会见国际华人工商协会主席李大西,并就推动有关项目合作事宜深入交换意见。4月7日—8日,荷兰海牙华商会会长刘伟林率考察组一行到平天山国家森林公园进行第二次考察。4月19日—21日,马来西亚大学申报中心助理申琪一行2人到贵港市进行教育交流宣讲。5月19日—20日,中国投资协会海外投资联合会会长刘雄英率考察团一行12人,到贵港市平南县实地考察投资环境。6月14日—15日,澳大利亚—中国商务贸易发展协会会长、中澳宏图集团公司董事长倪建良以及中国一冶集团有限公司营销总监何力宁、中冶基础设施产业投资有限公司(筹)董事长钱林峰、中澳商贸江苏分会会长、区域总经理陆建锋一行4人,对贵港市PPP、基建、新科技和旅游等方面重点项目进行深入座谈交流,并对九凌湖旅游项目等进行实地考察。9月6日下午,贵港市委书记李新元会见印尼爱凯尔股份有限公司董事长翁钰莺、总裁翁纬光一行,双方就港口经济发展进行交流。9月20日—21日,深圳搏实资本基金和深圳侨梦苑投资有限公司考察团到贵港市考察。9月25日—26日,日本股瑞特技研株式会社到贵港市港北区考察投资环境。

"走出去"宣传,培育和拓展侨务新资源 组团随自治区侨办代表团赴香港澳门进行交流访问,赴云南昆明参加第十五届东盟华商会活动,参加第五届中国·南亚友好组织论坛和第六届中国印度论坛,以加强联谊培育和拓展侨务新资源。

【第14届中国—东盟博览会签约】 2017年9月13日,第14届中国—东盟博览会签约仪式在南宁举行。贵港市参加大会集中签约项目13个,合同投资总额118亿元。其中,参加外资专场签约的项目有7个,合同投资额约8亿美元。

贵港市投资合作项目专场签约仪式签约项目总数26个,合同投资总额136.6亿元,其中投资10亿元以上的项目有8个,涵盖文化旅游、农业、电子信息、新能源、物流、健康养生、食品、设备制造等多个领域。

【外侨工作品牌创建】 2017年,贵港市坚持创新创建外侨工作品牌,加快推进平南县平山镇侨乡工艺小镇建设。平山镇是贵港市最大的侨乡,现有老华侨18人,归侨侨眷3000多人,海外侨胞3万多人。大部分侨眷侨属在该镇内开办企业,产品主要以竹木芒编工艺品为主,

2017年6月14日,澳大利亚—中国商务贸易发展协会会长、中澳宏图集团公司董事长倪建良以及中国一冶集团有限公司营销总监何力宁、中冶基础设施产业投资有限公司(筹)董事长钱林峰、中澳商贸江苏分会会长、区域总经理陆建锋一行4人到贵港市考察,并召开洽谈会

市外事侨务办 提供

产品远销国内外。经推广和辐射，全镇有非公有制经济组织50多家，其中规模以上15家，具有自主出口权的编织企业17家，带动就业8000多人。为进一步推广侨乡特色产业，创建外侨工作品牌，引进更多侨胞回乡投资兴业，贵港市外事侨务办公室推进平山镇侨乡工艺小镇创建工作，争取到自治区侨办支援经费3万元，用于平南县创建侨乡工艺小镇的门楼建设。

【华文援教】 2017年，贵港市坚持打响华文教育品牌，为弘扬中华文化，推动中华文化走向世界，扎实组织开展华文教育工作。经广泛宣传发动，主动与教育行政部门和中小学校协调，层层推荐，选出26位优秀教师进入自治区华文外派教师师资库，成功派出21名中小学优秀教师赴泰国、菲律宾、印尼、老挝、柬埔寨等国家开展华文援教。为此，贵港市外派援教工作全区领先。

【开展情暖侨心活动】 2017年，贵港市坚持多措并举，真情服务侨众民生，开展情暖侨心活动维护全市侨界和谐。元旦、春节期间，贵港市外事侨务办制订走访慰问方案，将特困归侨、侨眷户及家属慰问纳入市委市政府春节慰问工作活动中，走访慰问周某、李某等30多户，了解其生产生活，送去党委、政府的关心和温暖，发放慰问金2万多元和慰问品一批。

11月29日，自治区侨务办公室、贵港市外事侨务办公室在平南县平山镇联合组织开展“侨爱工程——广西侨界医疗专家义诊暨侨法宣传活动”，邀请平南县第二人民医院眼科、内科、皮肤科、耳鼻喉科4位副主任级侨界医疗专家参加，开展健康咨询和免费义诊。同时，在平山镇“侨法宣传角”开展侨法宣传活动。此次活动参与人员1000多人次，为群众提供健康咨询和免费义诊500人次，现场解答涉侨法律咨询400多人次，发放宣传资料2000多份。

做好侨务信访维稳工作，加大侨法宣传力度，严格按照《信访工作条例》加大对信访案件的督办，确保来信来访，件件有回音，事事有着落，全年侨务信访处理办结率100%，维护侨众权益，全市未出现因调处不力而引发的不稳定因素。

【外事侨务宣传工作】 2017年，贵港市加强外事侨务工作宣传，抓好“一服务两公开”工作，运用自治区政府信息公开统一平台外事侨务办公室、贵港门户网站外事侨务办和“贵港外侨”微信公众号三大网络平台进行宣传，着重对境外领事保护和服务、领事保护和协助、出国（境）安全注意事项、海外安全常识、国际文明礼仪、世界各地风俗习惯、公民出境旅游安全注意事项、海外应急常识、应急预警、应急管理、应急处置等方面进行宣传，共发布各类信息700多条次。

（谢日生）

民族事务

【民族团结进步示范单位创建】 2017年，贵港市民族宗教事务委员会（以下简称贵港市民宗委）继续教育和引导少数民族群众，开展民族团结进步示范单位创建，促进民族团结和谐进步。争取各级创建活动专项经费55万元，坚持进机关、学校、社区（村屯）、企业、军营、寺庙（即“六进”）作为弘扬爱国主义精神、促进民族团结进步的主阵地、主渠道，与贵港市委组织部联合举办培训班加强少数民族干部培训，以“六进”举办系列民族活动加强民族政策、民族工作宣传与教育，争取资金扶持少数民族单位创建。年内，港北区贵城街道石羊塘社区被命名为“全国民族团结进步示范区（单位）”，平南县马练瑶族乡等5个单位被命名为“全区民族团结进步创建活动示范区（单位）”，实现贵港市被命名为全国、全区民族团结进步创建示范区（单位）“零”的突破；覃塘区覃塘镇姚山村群山屯、蒙公乡新岭村新归屯、平南大鹏镇罗德村被国家民委命名为“全

2017年三月三，覃塘区蒙公镇民中师生山歌对唱　　市民宗委　提供

国少数民族特色村寨”。

【民族文化活动】 2017年，贵港市民宗委坚持以先进的社会主义民族文化为引领，把尊重、继承和弘扬少数民族传统文化、建设各民族共享的中华文化有机结合起来。加强对大藤峡瑶民起义遗址、壮族师公戏和瑶族的盘王舞等非物质文化遗产的保护与传承。港北区龙井村蓝衣壮族“哭嫁歌”列入自治区非物质文化遗产。年末，全市有自治区级物质文化遗产名录12项，市级32项，县区级52项，自治区级非物质文化遗产传承人11人。平南县大安镇被文化部命名为“中国民间文化艺术之乡”，平南县和桂平市分别被评为“中国牛歌戏之乡”和“杖头木偶戏之乡”。每年“壮族三月三”和“瑶族盘王节”，在全市少数民族村屯、城区社区组织开展少数民族传统文化和少数民族传统体育项目展演活动，打造歌圩文化，展示壮乡、瑶乡风情，向全市人民展示壮族、瑶族同胞别具一格、风情独特传承及风土人情。

【“壮族三月三·和谐美贵港”举办】 2017年，根据《自治区民宗委、自治区民语委关于印发2017年“壮族三月三·和谐在八桂”活动方案的通知》，贵港市民宗委制订印发《贵港市民宗系统2017年“壮族三月三·和谐美贵港”活动方案》，与港北区人民政府在港城街道龙井社区龙荟花世界景区联合举办“贵港市2017年民族团结进步宣传月启动仪式暨民族文艺演出”活动，体验民俗风情，品尝壮乡百家宴；在贵港市新世纪广场举办“促进民族团结，打造四力贵港”——2017年“壮族三月三”民族民俗文艺演出；在市行政中心大楼举办“少数民族和民族聚居区经济社会发展成就摄影展览”等宣传党和国家民族政策，体现党委政府对少数民族地区的关心关怀，展示少数民族和民族聚居区经济社会发展成就以及各民族团结进步的美好生活。

【少数民族扶贫济困】 2017年，贵港市民宗委争取各级少数民族发展资金1550万元，建设项目78个，解决20万人行路难饮水难问题，扶持11个村的村集体经济发展项目11个。同时，加强项目资金档案建设督查，确保项目工程高效、优质、安全。争取自治区少数民族特困优秀学生补助经费7.6万元，帮助19名高中生、19名优秀大学生解决入学难的问题。

【少数民族干部培训】 2017年5月21日—27日，贵港市民宗委与贵港市委组织联合在辽宁省大连民族大学举办贵港市少数民族干部培训班，50名少数民族干部参加学习培训。培训内容以学习习近平治国理政新方略新思想新观点、少数民族文化的创造性转化与创新性发展、城市民族工作及民族团结创建工作的方法创新、全球周期重建背景下中国经济新常态及民族地区发展战略转换等，邀请民族工作专家教授授课。其间，开展现场参观民族乡开展民族团结创建工作。 （谢燕霞）

宗教事务

【“和谐寺观教堂”建设】 2017年，贵港市民宗委制订年度工作方案，指导宗教活动场所加强秩序、安全、消防、卫生、财务等综合管理，着力抓好教职人员的教风建设。重点做好2017年春节以及各教派传统节日期间宗教场所的安全工作，加强对重点场所的调研、检查、指导，确保安全无事故。开展宗教界代表人士的慰问走访活动，走访宗教界代表人士40人，发放慰问金2万元。会同有关部门，解决贵港城区天主教堂教产遗留和拆迁重建、南山寺门票收入和公园景区关系等问题。12月中旬，组织宗教界人士到获得“第三届全国创和谐寺观教堂先进集体”称号的桂平市西山洗石庵学习交流。全年，贵港市没

2017年9月29日，贵港市宗教界在桂平市紫荆镇木山村开展宗教慈善慰问活动

市民宗委 提供

有发生影响社会稳定的涉及宗教事件。

【宗教政策法规宣传】 2017年,贵港市民宗委在总结2016年工作经验的基础上,制订完善2017年的学习月工作方案,重新编印《宗教知识宣传工作手册》,开展宗教政策法规学习宣传。7月18日,举办全市宗教政策法规培训班,市宗教工作联席会议成员单位、市本级各宗教团体、各宗教场所负责人,各县市区统战部、民宗局宗教干部,各宗教重点乡镇统战委员共120多人参加培训,印发宣传手册600册、其他资料1000多份。同时,委分管领导深入到港北区、港南区授课指导,提升了工作效果。

【宗教慈善周活动】 2017年9月,贵港市民宗委年初制订2017年“宗教慈善周”工作方案,组织开展“宗教慈善周”活动,活动注重发挥各教派的特色与优势,弘扬正能量,促进社会文明。8月,组织各县(市、区)民宗局宗教负责人、市本级四大宗教团体到崇左市、百色市学习交流宗教慈善工作经验。9月,全市各宗教团体、宗教场所集中开展宗教慈善活动,形式多样、内容丰富。按照国家、自治区提出的结合民族地区扶贫工作、开展宗教慈善活动的要求,9月29日组织贵港市宗教界到瑶族聚居贫困村——桂平市紫荆镇木山村,开展“公益慈善、四教同行”的宗教公益慈善慰问活动,为其筹资3万元,慰问贫困户20户;贵港市佛教协会另捐资12万元,汇同民族发展资金建设木山村水泥道路1.5千米。通过开展宗教慈善公益活动,促进社会和谐。 (梁 健)

机关事务管理

【概况】 2017年,贵港市机关事务管理局重点做好市行政中心、会议中心和3个管辖小区的机关后勤管理、服务和保障以及全市公共机构节能监督工作。按照《2017年市机关事务管理局党风廉政建设的工作计划》开展党风廉政工作,党总支被市直机关工委评为2017年四星级党总支部,党风廉政建设被评为优秀等次;市人民检察院、港南区二中等两家公共机构通过自治区级节约型公共机构示范单位的验收,市教育局、港北区五中、覃塘区卫计局3家单位通过自治区级节水型单位的验收;完成市行政中心监控系统的升级改造;完成市会议中心会议室及相关会议室改造;完成市人才公寓和综合楼的接管;完成行政中心庭院绿化升级改造;完成会议中心电子显示屏项目;完成市行政中心、会议中心巡逻栈道项目;完成行政中心、会议中心天花板翻新改造。

【后勤管理和服务保障】 2017年,贵港市机关事务管理局全力做好机关事务服务保障工作。在安全保卫工作上,建成并投入使用市行政中心会议中心人车自动识别系统,全年登记核查外来办事人员2万多人次,接待上访人员4733多人次;重大会议和重要活动期间,协助有关部门做好上访人员的化解和处置工作15多起。在消防安全上,通过加强消防设施的维护保养,成立消防检查小组对行政中心和会议中心的消防安全进行大排查,针对存在的消防安全隐患及时维护,更换消防设备,确保消防系统的正常畅通运行。在保洁服务方面,坚持每天集中清洁3遍和巡逻保洁不少于2遍,日保洁面积3.3万平方米。在水电保障上,严格要求故障排查、各单位更换灯管和安装排插等普通维修在半个工作日内完成。对机关水电进行日常维护、维修和管理,电梯按照合同每月维护检修2次,为市领导和机关干部职工办公楼和住宅抢修、检查各种水电线路和电器2000多次。在空调服务上,根据气温的变化调整室内温度,为干部职工提供舒适的办公环境;对中央空调1500多台机械进行例行除锈去污,对大楼各层的新风机、空气过滤网进行清洗。在财政经费管理上,严格执行财经纪律和增强经费使用透明度,规范地编制预算和账表,继续为19个部门当好家理好财。在会务服务上,全年会场服务830多场次保持零差错。在住房管理服务方面,严格按照标准对厅级干部周转住房进行修缮和配备生活设备设施,安排专业人员进行卫生清洁和安全保卫工作。在文件交换服务上,重点加强密级文件分发工作,全年为155个部门收发各种报纸、杂志、文件、信函20多万份,没有发生丢失文件、遗失资料和泄密等现象。

【公共机构节能】 根据自治区2017年公共机构节约能源资源工作安排,贵港市印发《贵港市公共机构节约能源资源工作安排》《关于下达2017年全市公共机构能源资源消费指标的通知》,明确全市2017年公共机构节能目标任务,落实工作责任,全面抓好落实。积极推进贵港市与恒天易开汽车运营公司签订的新能源汽车分时租赁一体化运营项目,使该项目成为广西第一个引进完善的分时租赁生态系统(停车位建设、充电桩建设、新能源汽车租赁)项目,计划投资2.8亿元,规划建设新能源汽车租赁点200个,投入新能源汽车2000辆,建设智能充电桩3000个,改造车位6000个。推进县(市、区)的学校、医院等单位开展空调、照明和食堂等重点用能系统及部位的节能改造,全市节能改造面积3.3万平方米。　　（苏秋萍）

政协贵港市委员会

【概况】 2017年,政协贵港市委员会召开全体委员会议1次,召开常务委员会4次,召开主席会议10次。委员提交提案338件,立案328件。组织开展7个专题调研和3次专题视察活动,提出意见建议60多条。加强学习、增进共识,筑牢共同思想政治基础;围绕中心、服务大局,认真履职助推经济社会发展;关注民生,倾情服务,助推脱贫攻坚;密切联系,凝心聚力,团结统战功能不断增强;统筹推进,求真务实,着力增强履职实效,为推动贵港市经济社会发展贡献智慧和力量。

重要会议

【政协五届二次会议】 2017年1月19日—20日,中国人民政治协商会议第五届贵港市委员会第二次会议在贵港市会议中心举行。大会由市政协副主席曾海燕主持,市政协主席肖明贵向大会作工作报告,贵港市委书记李新元在会上讲话。会议应出席406人,实到369人。

会议听取和审议《政协第五届贵港市委员会常务委员会工作报告》《政协第五届贵港市委员会常务委员会关于政协五届一次会议以来提案工作情况报告》;听取《市人民政府关于提案办理工作情况的通报(书面)》;听取并讨论《政府工作报告》及其他有关报告。会议通过《政协第五届贵港市委员会第二次会议政治决议》《政协第五届贵港市委员会第二次会议关于常务委员会工作报告的决议》《政协第五届贵港市委员会提案审查委员会关于政协五届二次会议提案审查情况的报告》。

会议期间,收到提案132件,经审查,立案131件,作为委员意见和建议转送有关部门参考1件。立案提案中,委员提案102件,占立案提案总数的77.86%,集体提案29件,占立案提案总数的22.14%,其中各民主党派贵港市委会和市工商联提案22件,人民团体提案1件,政协专门委员会提案6件。会上,对2016年度政协提案工作先进单位和个人进行表彰。

【政协常委会议】 2017年,召开政协五届贵港市委员会常委会4次,第3次到第6次。

五届政协第3次常委会议　1月20日,在市会议中心多媒体厅召开。会议听取小组讨论情况汇报;审议《政协第五届贵港市委员会第二次会议关于常务委员会工作报告的决议(草案)》;审议通过《政协第五届贵港市委员会提案委员会关于政协五届二次会议提案审查情况的报告(草案)》《政协第五届贵港市委员会第二次会议政治决议(草案)》。

五届政协第4次常委会议　6月20日,在市会议中心多媒体厅召开。会议听取市人民政府市长农融作报告,议政性专题协商大力发展县域经济,通报贵港城区水生态保护与修复专题调研情况、贵港市民族医药情况专题调研情况(书面)、贵港市加快县域金融发展专题调研情况、贵港市小额信贷产业扶贫情况专题调研情况,审议通过有关人事事项。

五届政协第5次常委会议　9月25日,在市会议中心多媒体厅召开。会议专题议政性协商促进工业园区发展,审议通过《中国人民政治协商会议贵港市委员会委

2017年1月19日,政协第五届贵港市委员会第二次会议在贵港市会议中心开幕

市政协办　提供

员履职工作规则(试行)》,报告广西贵港市政协捐资助学助残助困协会工作情况(书面),审议通过不再设立广西贵港市政协捐资助学助残助困协会,审议通过有关人事事项。

五届政协第6次常委会议 12月15日,在市政协常委会议室召开。会议学习贯彻中国共产党第十九次全国代表大会精神,听取市人民政府关于政协五届一次、二次会议提案办理工作情况的通报,审议通过《关于召开政协第五届贵港市委员会第三次会议的决定》,政协第五届贵港市委员会第三次会议议程(草案)和日程(草案),提交政协第五届贵港市委员会第三次会议审议的常务委员会工作报告并确定报告人,提交政协第五届贵港市委员会第三次会议审议的常务委员会关于政协五届二次会议以来提案工作情况的报告并确定报告人,政协第五届贵港市委员会第三次会议秘书长、副秘书长名单,编组办法和小组召集人名单。审议通过《贵港市政协2018年度协商计划草案》《政协第五届贵港市委员会常务委员会2018年工作要点》;市政协各专门委员会报告2017年度工作情况(书面),审议《住贵自治区政协委员和市政协委员2017年度专题视察报告》,审议通过有关人事事项。

重要活动

【专题调研】 2017年,贵港市政协深入开展专题调研,围绕大力发展县域经济、加快县域金融发展、小额信贷产业扶贫、城区水生态保护与修复、民族医药、工业园区发展、中小企业发展7个事关贵港发展的重大课题,组成专题调研组,深入各县(市、区)及有关部门单位、企业开展调查研究,收集大量真实可靠的第一手信息材料,通过专题协商、界别协商、对口协商等活动,形成共识,提出一系列具有前瞻性、科学性、针对性、可行性的意见建议,形成高质量的调研报告,为贵港市委市政府科学民主决策提供参考。其中《贵港市县域经济发展情况专题调研报告》《贵港市小额信贷产业扶贫情况调研报告》《贵港市中小企业发展面临的困境及对策分析》《贵港市促进工业园区发展专题调研报告》4个专题报告得到市委主要领导的批示,明确要求相关部门认真研究落实。

【专题视察】 2017年,贵港市政协组织驻贵自治区政协委员和贵港市政协委员围绕贵港市“城镇污水垃圾处理设施规划建设及运营管理情况”开展监督性专题视察,坚持问题导向,有针对性提出意见建议,促进城镇污水垃圾相关问题的有效解决。组织政协委员参加自治区扶贫领域监督执纪问责工作巡查调研,参与市纪委组织的政治巡查、执纪问责、反“四风”等活动,组织政协委员以监督员身份参与市委、市政府、市纪委、市中级法院、市检察院及有关单位举办的会议活动,发动政协委员配合社会公众评议等发挥政协民主监督作用。港南区政协开展“推进自治区级特色农业示范区建设”监督性专题视察活动,扩大民主监督的范围和渠道。协助自治区政协在贵港市开展“推进义务教育均衡发展”监督性视察,取得良好成效。

【提案工作】 2017年,贵港市政协收到提案338件,立案328件,截至9月30日,交办的328件提案全部办复,办复率达到100%,委员满意率98.5%。协助驻贵自治区政协委员提交自治区政协十一届五次会议提案12件,其中事关贵港市发展的《关于扶持新能源汽车产业发展的建议》和《关于将贵港西江农场属地化管理的建议》被列入2017年自治区政协重点督办提案,实现了贵港市政协提案工作的历史性突破。从五届一次、二次会议提案中精选13件提案作为2017年重点提案,市委、市政府主要领导对每件重点提案分别作出批示,市政协主席、副主席领衔督办,重点提案办理取得明显成效。提案《关于贵港市在公交行业优先推广应用新能源汽车的建议》,经领导领衔督办,推动承办单位购买300多辆新能源汽车,增开夜间公交、学生公交和快速公交等,提升市区公交服务能力。提案《关于开展创建村规民约示范点工作的建议》,经市委主要领导批示,要求民政局牵头,结合村“两委”换届创建示范点,做成贵港特色。示范点创建活动引起社会广泛关注,《贵港日报》《广西政协报》进行专题报道。

【文史资料采编】 2017年,贵港市政协围绕学校变迁、建设和发展,编撰第十五辑文史资料。向自治区政协报送《平南县大鹏镇大鹏村石门屯客家山庄保护纪实》文史稿,得到采用;精选作品参加“筑梦新时代——广西政协讴歌中共十九大书画展”,得到自治区政协的肯定。指导协助平南县政协建成广西首批政协文史馆并投入使用,启动贵港文史馆的筹备建设工作。

【政协理论研究】 2017年,贵港市政协把政协理论研究纳入重要议事日程，开展人民政协理论研究，举办关于加强和改进人民政协民主监督工作理论研讨活动，征集论文52篇，评选优秀论文38篇，编辑出版《贵港市第五次人民政协理论与实践研讨会论文集》。选送12篇论文参加自治区人民政协理论研讨会评比，4篇获得自治区优秀论文奖。

【“两学一做”学习教育】 2017年，贵港市政协扎实推进“两学一做”学习教育常态化、制度化，以中心组集中学习、常委会集中学习、“两学一做”微讲坛、微信公众号等为平台，通过专题片、专题讲座等形式，全面系统学习中共十九大精神。着力打造“两学一做”微讲坛平台，邀请政协参加单位和政协委员参与，采取“领导带头讲，机关干部轮流讲，政协委员参与讲”形式，变“单向讲听”为“双向互动”，深入学习中共十八大、十九大精神，习近平总书记系列重要讲话精神等。通过“两学一做”微讲坛，引导贵港市政协组织和政协委员牢固树立政治意识、大局意识、核心意识、看齐意识，增强中国特色社会主义道路自信、理论自信、制度自信、文化自信，坚决维护以习近平为核心的党中央权威和集中统一领导。“两学一做”微讲坛成为市政协党建的重要抓手，成为贵港市政协组织“两学一做”学习教育常态化、制度化的一个品牌，成为政协委员和机关干部学习中共十九大精神，提升能力建设的靓丽名片、标志性平台。

【委员行动工程】 2017年，贵港市政协以委员“联项目助企业促发展”、协商议政、调研视察、扶贫济困等七大活动为载体广泛开展“委员行动工程”，促进经济社会平稳健康较快发展和社会和谐稳定。400多名政协委员分成100个委员活动小组，联系全市111个重点项目和111家重点企业。政协委员深入企业联系走访，积极为企业发展协调解决用地难、用工难、融资难等问题，得到企业和项目业主的肯定。如督促协调贵港市智慧交通项目推进，主动与项目业主对接，持续跟踪服务，成功助推“桂民卡・贵港市民卡”在贵港正式发行；协调指导贵港市金德森木业有限公司提交项目入园、用地指标等申请，帮助落实项目用地等问题，加快了项目推进。港北区政协树立“一线政协”的理念，积极参与重大项目工作推进。平南县政协积极跟踪服务保利高重点项目，协调国土、住建、园区管委会等部门，及时解决项目推进中遇到的困难和问题，该项目成为2017年自治区县域经济发展大会暨年中工作会议现场考察点之一。

【政协招商引资】 2017年，贵港市政协发挥政协位置超脱、联系广泛的优势，加强与周边省市政协的联系，宣传推介贵港，吸引外地客商到贵港投资，主动加强与客商、企业家的联系沟通，邀请有实力的企业到贵港投资兴业，通过会议、调研、走访委员等途径，以商引商，取得良好的成效。全年，签订项目投资协议12个，项目投资额39.32亿元，在谈项目10个，计划投资92.44亿元。其中，已开工建设的项目8个，已竣工的项目2个。

【政协助推脱贫攻坚】 2017年，贵港市政协拓展委员小组活动，助推脱贫攻坚。将全市政协100个委员活动小组拓展为扶贫小组，深入全市100个贫困村，参与脱贫攻坚工作。为贫困户或贫困村筹集资金，政协委员个人捐款捐物共计218.5万元；委员所在单位支持扶贫款635万元；为贫困户争取扶贫小额贷款2325万元；为贫困村争取项目资金4178.8万元。部分企业家委员发挥自身优势，采取“公司＋农户”“公司＋合作社”等模式，派出指导员、技术员引导贫困户通过种植百香果、芥菜、莲藕，养殖禽畜等发展经济。机关干部真情助推挂点联系村发展，引导建立合作社，发展壮大村集体经济，为挂点联系村协调争取各类资金650多万元，用于挂点村光伏发电、筑路修渠，健全服务中心、文化站等。

【多党派合作】 2017年，贵港市政协密切与各民主党派、工商联和无党派人士的联系，深化党派合作，组织各民主党派、工商联和无党派人士参加学习培训、视察调研和联谊活动，努力为其参政议政创造条件，支持其在政协各种会议活动上谏言献策，提出提案和意见建议。年内，以党派团体名义提交的集体提案22件，其中5件被列入重点提案。依托各专委员会和委员活动小组，召开不同界别委员座谈会，听取、收集意见建议；发挥宗教界委员的作用，及时了解和反映宗教界的愿望和诉求。开展委员接待日活动，接待委员100多人次，收集反映社情民意意见建议20多条，编发《委员来访录》4期。加强政协对外交流，接待好区内外政协来访；组织政协委员和机关干部赴梧州、贺州、桂林和广东、福建、江西、四川等地学习考察；组织港澳委员参观考察贵港市重点企业和重大项目；举办全市政协港澳委员履职培训班；开展港澳委员接待日活动；

针对港澳委员的特点和履职要求，帮助港澳委员知情明政，充分发挥港澳委员在维护香港澳门长期繁荣稳定和促进内地经济社会发展中的“双重积极作用”。

（丘运权　周小程）

民主党派

民革贵港市委会员会

【概况】 2017年，中国国民党革命委员会贵港市委员会（以下简称民革贵港市委会）有党员152人。其中，有男性党员91人，占59.9%，女性党员61人，占40.1%；平均年龄为43岁。有省级政协委员2人，地（市）级人大代表4人、政协委员17人（其中常委4人）。有15人受聘担任市一级特邀监督员或行风监督员。

【民革思想建设】 2017年，民革贵港市委会积极组织民革党员学习贯彻中共十八届三中、四中、五中、六中全会精神和中共十九大精神；学习习近平总书记系列重要讲话精神；学习民革中央和民革广西区委重要会议精神；学习贯彻民革广西和民革全国第十三次代表大会精神；民革贵港市委会领导和机关干部积极参加各类专题讲座、座谈会和培训班。参加市委统战部、民革广西区委在浙江大学、厦门大学举办的学习培训；全体民革界别的政协委员参加贵港市政协在市会议中心举办的政协委员学习培训；机关干部积极参加各种业务培训，业务水平得到很好的提升。

民革贵港市委会高度重视宣传工作，注意收集各类信息包括党员参加的各种会议、专题讲座、座谈会、培训班学习等，及时宣传、报道市委会的各项活动情况。向《广西民革》《贵港日报》《贵港政协》等报刊和民革广西区委网站发送稿件20多篇，制作宣传板报1期。

【民革组织建设】 2017年，民革贵港市委会紧紧围绕领导班子建设、支部组织建设、后备干部队伍建设、组织发展等重点，加强组织建设工作。

加强领导班子建设　加强与中共市、县两级党委沟通协商，积极推荐民革优秀党员。有1名骨干党员到覃塘区旅游投资发展有限公司任董事长、总经理（兼），2名党员骨干分别到贵港市旅发委和贵港市建投公司挂职。有4人担任贵港市人大代表，2人任区人大代表；4人任贵港市政协常委，17人任市政协委员；28人任县（市、区）政协委员。建立常委工作机制，民革贵港市委会领导班子坚持民主集中制，重大事情班子内充分沟通协商，通过常委会议决定民革贵港市委会重大事项。班子成员通过各种形式的理论学习，不断提高自身政治思想素质。

注重发展高素质的新党员　注重发展政治思想好，工作能力强，有潜力或在单位中层以上职位的年轻成员，全年发展高素质的新党员8名，其中副科级新党员2名，党员总数达到152名。

加强后备干部队伍建设　积极向民革广西区委会、市委统战部、中共县（市、区）党委推荐后备干部，多次与港北、港南区委协商两区的民革支部届中调整人选事宜。

走访骨干党员和传统教育　11月，到港南区政府、港南区审计局和瓦塘乡政府等地分别走访骨干党员3名，每到一处，都得到党员所在单位积极配合，对骨干党员的评价都很高。同月，民革贵港市委会组织委员及骨干党员一行11人到广西北海市陈铭枢故居开展“观故居　走多党合作之路”活动，通过活动接受革命传统教育。

【民革参政议政】 2017年，民革贵港市委会紧紧围绕中共贵港市委、市政府的中心工作，贵港市经济社会发展和人民群众关心的热点、难点问题，把参政议政、建言献策放在重中之重的位置，扎实开展议政调研工作。

政治协商活动　班子成员及民革市政协委员积极参加贵港市委、市政府及有关部门召开的座谈会、情况通报会、征求意见会，以及市政协召开的专题协商会和常委会议等，就《政府工作报告》、经济社会重点领域改革、工业发展、招商引资工作、党风廉政建设、扶贫帮困、城镇化建设、生态建设等专题进行协商，发表意见建议，不少意见建议得到重视和采纳。

建言献策　民革党员自治区十一届人大代表唐晓良，自治区政协委员王成炎、麦子俊在自治区“两会”期间，向大会提交议案4件，提案建议3件。民革界别的市政协委员在市政协五届二次会议上提交提案12件，其中集体提案4件、个人提案8件。《关于尽快在八一路口附近搭建过度性菜市场的建议》获贵港市政协、市政府集中办理协商重点提案。集体提案《关于采取积极措施，加快推动贵港市低速电动四轮车发展的建议》和个人提案《关于深化文明城市建设，加

2017 年 7 月 17 日，民革贵港市委会在覃塘区三里镇隆兴村调研黄栀子种植情况

民革市委 提供

大电动车管理整治力度的建议》获 2017 年度优秀提案奖。

【民革祖统工作】 2017 年，民革贵港市委会按照中共中央对台方针政策，组织祖统委员学习习近平关于两岸关系和平发展的 4 点意见和民革中央提出的祖统工作"四个转变"要求，紧紧围绕两岸关系和平发展主题，着实抓好对台方针政策的学习和宣传，加强同海外侨胞和台胞的联系，年内接待海外侨胞和台胞 10 人次。

【民革社会服务】 2017 年，民革贵港市委会以"同心"品牌建设和参与统战部开展的统一战线"光彩扶贫联盟"活动为工作重点，认真开展社会服务工作。

开展免费写送春联活动 春节前，两次组织民革书法界党员到港北区港城镇樟村和港北区庆丰镇开展免费写送春联活动，送出 600 多副对联。

助力脱贫攻坚工作 多次到贫困村开展走访，关心贫困村产业扶贫的发展和贫困户的脱贫。到县（市、区）调研贫困村产业扶贫发展情况，并形成调研报告上报贵港市委作决策参考。向覃塘区古樟镇中周村捐助 1.08 万元用于山周屯建设篮球场，到平南县同和镇支持 7 名贫困家庭学生读书捐助 5000 元，支持覃塘区樟木镇中塘村的脱贫攻坚捐助 1 万元。

招商引资工作 招商引资任务要求完成 4 千万元，与覃塘区政府的多次协商，引进年产 10 万立方米生态板项目，计划投资 1 亿元，占地 33 亩；年纳税 700 万以上的东林木业有限公司落户覃塘林业生态循环经济（核心）示范区，6 月底正式进场开工建设。

开展"法律进校园"活动 推进法治建设和社会管理作为民革重要工作，为加强法治宣传，促使在校学生养成学法、知法、用法、守法的行为习惯，维护青少年合法权益，有效预防青少年违法犯罪，推进青少年的思想道德建设工作，帮助青少年健康成长，10 月，在贵港市德智中学组织开展"法律进校园"活动，活动得到校方的大力支持，700 多名师生参加活动。

委员行动工程 根据贵港市政协《关于印发〈贵港市政协深入开展"委员行动工程"活动实施方案〉和〈贵港市政协"委员联项目助企业促发展"活动工作方案〉的通知》，民革小组成员先后 3 次到贵港市华港农牧发展有限公司和贵港光纪国际科技有限公司走访，了解企业生产建设情况及存在的困难和问题，并形成文字材料向贵港市政协反馈。 （彭雪莉）

民盟贵港市委员会

【概况】 2017 年，中国民主同盟贵港市委员会（简称民盟贵港市委会）有 5 个市直支部，港北区支部、港南区支部和覃塘区支部共 8 个基层支部。有盟员 168 人，有自治区政协委员（常委）1 人；市政协委员 22 人，其中政协常委 3 人；县（市）区人大代表 2 人，其中人大常委会委员 1 人；县（市）区政协委员 27 人，其中政协常委 4 人。

【民盟思想建设】 2017 年，民盟贵港市委会通过抓好理论学习，开展政治交接教育实践活动加强民盟组织思想建设。

加强理论学习 始终把思想理论建设放在民盟工作的首位，强化理论武装、增强政治定力，坚持和发展中国特色社会主义，坚持中国共产党的领导，遵循中国共产党领导的多党合作和政治协商制度，按照《中国民主同盟章程》认真履行组织职能。积极引导广大盟员进一步增强"四个自信"，增进最大共识度，形成最大凝聚力。坚持不懈抓好十八大以来中共中央和习近平总书记系列重要讲话精神和治国理政新理念新思想新战略

学习，传达学习自治区第十一次党代会、民盟广西区委第十三次代表大会精神，按照自治区“四大战略”和“三大攻坚战”的决策部署，围绕加快建成西江流域核心港口和新兴工业城市目标，围绕市第五次党代会提出的“13446”工作思路，深入基层、深入扶贫联系点开展系列宣讲活动。中共十九大召开后，通过收看开幕式、发放学习书籍、机关专干中心组学习、常委会议学习讲座、邀请机关工委领导来做专题讲座等，全方位宣讲、宣传中共十九大精神，学习十九大实现盟员全覆盖。

为加强领导班子建设，提高盟员的理论素质和政策水平，4月，选派主委陈永逸参加市委统战部在浙江大学组织的各民主党派领导干部培训班学习；7月上旬，选派陆桂明参加自治区组织部、统战部组织的社会主义学院基层领导班子学习；同月，选派陈永逸、陈庆勇作为民盟广西区委2017年机关专职干部培训班学员到河北省社会主义学院开展革命传统教育学习。

开展政治交接教育实践活动 政治交接是民主党派加强自身建设的永恒主题。根据民盟中央关于在广大盟员中开展政治交接教育实践活动的要求，围绕“以政治交接为主线，以自身建设和参政议政”为重点，开展一系列政治交接教育实践活动。为适应新形势要求，针对性对各支部成员按区域、领域和工作变动进行调整。11月下旬，组织民盟贵港市委常委、支部主委、基层骨干盟员一行赴民盟发祥地重庆和民盟创始人张澜四川故居，开展主题为“不忘合作初心，继续携手前进”专题教育活动。11月底、12月初，覃塘区支部、港北区支部和市直三支部分别组织本支部盟员到广西爱国主义教育基地——来宾市金秀瑶族自治县六巷乡门头村开展政治交接教育实践活动。

【民盟参政议政】 2017年，民盟贵港市委会围绕中心，服务大局，积极发挥参政议政职能。

提案工作 在市政协五届二次会议上，民盟贵港市委会向大会提交提案28件，其中集体提案5件。提案《关于大力推行医养结合养老模式，加快建立社会养老服务体系的建议》《关于健全学生校外托管机构常态化检查机制并进一步强化监管的建议》被评为市政协优秀提案；《整合历史文化资源，打造历史文化名城品牌》和《在城市中心位置建造贵港市著名文物〈西汉大青铜马〉模型标志性建筑物，提升贵港市历史文化品味的建议》《关于加快港北新区的金港小学、港宁小学周边市政道路建设速度的建议》得到市有关部门的重视。

调研工作 8月21日—25日，为加快贵港市城市社区的平台建设，主委陈永逸率领调研组在贵港市直和各县（市、区）主管部门、街道办、社区就“网格化”管理、联合大党委、“四点半课堂”、老人照料中心等城市社区平台建设开展调研，完成《贵港市城市社区服务平台的建设调研报告》。

9月，陪同民盟广西区委有关领导到桂平市木乐镇、港南区桥圩镇开展“广西国家级特色小镇建设对策”专题调研；9月13日—14日，陪同民盟贺州市委专职副主委黄志文率领的课题组在城区开展《城市社区（村）的建设和管理问题》调研、在港北区庆丰镇开展《发展绿色生态农产品加工业》调研；10月26日—27日，陪同民盟昭平支部盟员视察组考察港北区农业生态旅游项目、对贵港市工业园新能源汽车项目和新能源电动洗车项目及园博园建设开展考察。

【民盟组织建设】 2017年，民盟贵港市委会通过人才培养、盟员发展、基层组织换届抓好组织建设。

人才培养 始终贯彻“人才强盟”战略，加大对后备干部队伍和盟务骨干的培训，加强对高层次代表人士的发展工作，在人才结构、质量、数量上有一定的提高和改善。在政治安排上，积极推荐优秀盟员担任部门领导职务，涂榆平被推荐担任桂平工商联主席，覃国祥被推荐为覃塘区地方志办公室副主任。

新盟员发展 继续按照《中国民主同盟组织发展暂行条例》严把质量关，发展政治素质好、知识层次高、代表性强的6名中青年知识分子为新盟员。

组织换届选举 上半年，民盟广西区委换届年，按要求在贵港市产生代表4名和推荐委员候选人2名。民盟贵港市委按《民盟广西区委关于选举中国民主同盟广西壮族自治区第十三次代表大会代表的通知》，多方面征求意见，召开专题会议研究，充分与市委统战部协商，层层考核，完成出席民盟广西区委第十三次代表大会代表选举和区委委员候选人考察推荐。

2017年，是民盟贵港市委基层组织换届之年。换届工作经市委会精心计划、动员部署，换届人选经基层组织民主推荐、市委会考核、与支部所在地的中共党委和统战部以及单位党组织反复磋商、个人谈话等程序完成换届。截至年末，除覃塘区支部未完成换届外，7个支部顺利完成换届。

2017 年 3 月 7 日，民盟贵港市委会开展法律进校园活动走进覃塘一中　民盟市委　提供

【民盟社会服务】 2017 年，民盟贵港市委会持续组织开展各类社会服务活动，服务大局，助推中共贵港市委中心工作任务完成。

开展“农村烛光品牌”活动　3 月 30 日下午，联合广西元丰律师事务所的律师到贵港市覃塘区第一初级中学开展“民盟烛光行动——‘预防青少年犯罪’法律进校园宣讲活动”，3800 多名师生参加。10 月 2 日，在贵港市华南中学开展“同心关爱工程”扶贫助学结对帮扶捐赠活动，与 10 名品学兼优的特困孤儿、残疾、单亲家庭学生结对帮扶捐助 5000 元。持续联系企业资助孤儿、桂林科技大学土木工程专业大二学生刘某每年 6000 元。

继续推进“同心工程”　3 月、5 月，主委陈永逸多次到平南县国安瑶族乡贫困村调研，与平南县、国安瑶族乡多次磋商，拟定借助国安瑶族乡刚通车的高速公路，依托丰富的旅游资源开展旅游项目招商。同时，开展当地甜橘的电商推广。11 月，民盟贵港市委支持国安瑶族乡扶贫经费 2 万元；市直四支部联合唐吉食品有限公司为 20 名贫困生或贫困户捐赠 2 万元和价值 1 万多元物资一批；盟员陈庆勇与光彩事业促进会、贵港温州商会向奇石初中贫困生捐赠 2 万元和为学校捐赠价值 5000 元的体育用品一批；盟员苏伟国为贫困学校捐赠价值 10300 元物品；盟员曾注忠为贵港扶贫事业捐款 5000 元；盟员黄琼捐赠白沙高中 1 万元。

开展关爱老人活动　9 月 19 日，在中秋节前夕，组织贵港市人民医院、贵港市皮肤病防治院、贵港市妇幼保健院、贵港市第二人民医院的专家教授 20 多名，到港南区新塘镇大郑村开展“金秋十月，同心·关爱农村群众健康”免费体检、义诊活动，参加免费体检群众 200 多名，接受义诊群众 300 多名。

招商引资　3 月，组织招商小组成功引进广西桂平市唐吉食品有限公司香饼加工项目，项目投资 2000 万元，分两期完成，项目建成后年加工特色香饼 1000 吨，年产值 4300 万元，提供就业岗位 60 个。年末，该公司完成项目注册、商标注册和厂房等基础设施建设。

【民盟宣传工作】 2017 年，民盟贵港市委盟员撰写被刊发文章有：民盟广西区委《广西盟讯》7 篇，民盟广西区委网站 15 篇，贵港电视台 5 条，《贵港日报》4 篇，《中国网之中国政协》网 1 篇、贵港政协网站 1 篇，《贵港政协》2 篇，贵港招商信息 1 篇。扩大民盟贵港市委的社会影响力，带动更多的盟员和社会组织加入到心系民生服务社会的各种活动。　（梁带伟）

民建贵港市委员会

【概况】 2017 年，中国民主建国会贵港市委员会（以下简称民建贵港市委会）有支部 7 个，会员人数 165 人，其中男会员 110 人、女会员 55 人。会员莫薇当选为广西壮族自治区第十三届人大代表，主委韦芬萍当选为政协广西壮族自治区第十二届委员。

【民建思想建设】 2017 年，民建贵港市委会开展形式多样的学习，尤其是专题学习中共十九大精神，以加强民建思想建设。10 月，召开民建市委委员扩大会议，专题学习十九大精神；12 月，召开全体民建会员大会，民建广西区委会副主委覃为耕授课，专题解读十九大精神。在广西民建“学习十九大、不忘合作初心，继续携手前进”演讲比赛中，会员覃文晖和韦冬梅获得演讲比赛优秀奖。派出邱秀莲和黄金超 2 名企业家会员代表赴江西井冈山开展“学习十九大、弘扬井冈山精神、做优秀企业家”教育实践活动。

【民建组织建设】 2017 年，民建贵港市委会坚持“注重质量、注意数量”的组织发展原则，发展木松岭

2017年10月21日,民建贵港市委会召开专题学习十九大精神座谈会　民进市委　提供

小学副校长苏霜、三通建设有限公司刘丁霖、蒙公乡蜜橘种植专业合作社理事长周洵、覃塘区建设投资发展有限公司总经理助理甘健4名会员。

各支部创新活动方式,4月,企业支部和财会支部联合到河池市开展基层组织建设经验交流活动;11月,市直支部到大藤峡水利枢纽工程建设工地和桂平市南津货运码头有限公司开展走访调研活动;11月,港南区支部到东津镇万垌小学开展"我为均衡发展献爱心"捐赠活动;12月,覃塘支部到三里镇尤同村开展扶贫慰问活动。在关爱服务会员上,市委会在春节、重阳等节日走访慰问民建退休老会员、退休机关干部。

【参政议政】 2017年,民建贵港市委会参加贵港市政党协商座谈会4次;完成《贵港市旅游资源开发与利用情况调研报告》提交市委市政府决策参考;在市政协五届三次会议上,集体提案《关于重视建设社区型养老机构的建议》《关于对贵港市富硒农产品进行深加工做大做强富硒产业的建议》和个人提案《关于扩大"天眼工程"范围,在贵港市农村各中小学校门口及相关重点路段安装高清摄像头的建议》《关于扶持市二轻养老服务公寓项目基础设施建设的建议》《关于发展会展经济,助推贵港市经济发展的建议》获得优秀提案荣誉称号。

【社会服务】 2017年,民建贵港市委会积极响应贵港市的精准扶贫号召,先后为平南县平山镇的登明村兴建桂枝厂捐款,为六峡村12名养殖贫困户发放扶持生产资金、为登明村小学和富盛村小学20名贫困学子发放慰问金、为桂平市西山镇佛荔村委免费送菌种,扶贫金额共5万多元。同时,引导会员企业家投身到全市的扶贫工作,"扶贫济困——爱心捐助·情暖贫困户"民营企业专场捐赠会上会员邱秀莲现场捐款5000元;广西华超电气有限公司、贵港市超力包装材料有限公司、广西书海教育投资有限公司3家会员企业被贵港市扶贫办授予"扶贫济困爱心企业"称号。

开展招商引资工作,12月,赴北京市开展招商引资推介活动;开展与兄弟民建和上级民建单位往来交流,先后接待民建中央副主席兼秘书长吴晓青一行调研组、民建广西区委调研组、民建贺州市委会课题调研组、民建河池市支部课题调研组来访;覃文晖、邱秀莲等会员参与市纪委组织开展的全市发生在群众身边的"四风"问题监督执纪问责巡查、扶贫领域监督执纪问责巡查调研活动。　(覃文晖)

民进贵港市委员会

【概况】 2017年,中国民主促进会贵港市委员会(以下简称民进贵港市委会)下辖2个总支10个基层支部和1个小组,有会员180名。有自治区政协委员1人,贵港市人大代表5人,贵港市政协委员24人。获评民进广西区2017年度新闻宣传工作先进单位。

【民进思想建设】 2017年,民进贵港市委会通过座谈交流、撰写学习体会、微信交流平台交流以及培训等形式,组织学习中共十八大、中共十九大、民进十二大和民进广西区第十一次代表大会、贵港市第五次党代会等重要会议精神,学习习近平总书记系列重要讲话特别是视察广西时讲话精神;组织全体会员收看中共十九大开幕盛况,邀请中共十九大精神宣讲团成员在骨干会员中宣讲中共十九大精神;组织基层组织负责人到桂林开展"不忘合作初心　继续携手前进"主题教育活动;选派骨干会员参加各级培训16人次。

【民进组织建设】 2017年,民进贵港市委会以基层组织换届为契机,提前物色、精心培养、优化配备，全面配优配强基层组织领导班子。在新一届基层组织领导班子12名主要负责人中，有副科级以上领导或学校中层以上领导11人。以“创星争旗”活动为载体，推进基层组织工作活动更趋规范化。10个支部参加民进广西区委“创星争旗”活动评比，参评率达支部总数的100%，8个支部获评民进广西区“十星级支部”，其中2个支部获评民进广西区“红旗支部”。民进贵港市委会引导各支部积极物色培养入会积极分子，年内新发展会员或培养入会积极分子13人。

【民进参政议政】 2017年，民进界别的政协委员向贵港市政协五届二次会议提交个人提案22件，民进贵港市委会向贵港市政协五届二次会议提交集体提案3件，其中《关于加强精准医疗扶贫工作的建议》《关于贵港市北山生态保护与合理开发利用的建议》《关于尽快在原地重建扩建市东湖小学的建议》3件提案获评为市级优秀提案；《关于加强精准医疗扶贫工作的建议》获评为市级重点督办提案。相关部门采纳民进贵港市委会提出的“开通建档立卡贫困户就医绿色通道”“着重提高危房改造补助标准”“提高最低生活保障标准”等8条建议，并出台“参加城乡居民基本医疗保险的农村贫困住院患者在县域内实行‘先诊疗后付费’，入院时不需缴纳住院押金，出院时仅缴纳个人应付部分，住院报销比例在2016年提高5%的基础上再提高5%”等系列政策。民进贵港市委会领导和会员参与市委、市政府和市政协组织的招商引资工作、作风建设、党风廉政建设、园区建设和调研成果协商等各类协商视察活动56人次，提出系列建议意见供决策参考。

【民进社会服务】 2017年，民进贵港市委会发挥会内资源优势，汇聚会外力量，组织开展系列社会服务活动。

继续开展“春联万家”活动 继2015年、2016年“春联万家”活动之后，2017年春，继续联合贵港市青年书法家协会、港北区社科联等单位开展“春联万家”活动，为港南区木格镇社岭村、八塘镇陈湾村，港北区庆丰镇鹤林村、大圩镇何村的群众免费写送春联1300幅。

开展“同心帮扶”活动 把“同心品牌”工作与脱贫攻坚工作紧密结合，与贵港市政府法制办一起多次深入桂平市罗播乡万寿村、凤镇村和西村村等贫困村调研，对特困户进行帮扶；筹集资金对万寿村村委至村小学的道路进行硬化，于10月投入使用；资助贫困村港北区大圩镇永福村小学舞台和文化长廊建设，于10月投入使用；与贵港市东湖小学联合，为贫困村学校港北区永福小学送去优质示范课。

招商引资 民进贵港市委会领导班子充分发挥会内外人才优势，通过“走出去”和“请进来”等方式到上海、江苏、北京等先进发达地区精准招商，先后引进2个总投资额超亿元的项目落户贵港。2月，民进贵港市委会招商引资工作获中共贵港市委、市人民政府表彰和奖励，是贵港市唯一获表彰奖励的民主党派。 （张 玲）

2017年1月17日，民进贵港市委会组织开展“春联万家”活动 民进市委 提供

农工党贵港市委员会

【概况】 2017年，中国农工民主党贵港市委员会（以下称农工党贵港市委会）新发展党员5名，共有党员171名，分属1个总支、12个支部。以中共十八大、十八届三中、四中、五中、六中全会和十九大精神为指引，加强思想建设和组织建设，积极参政议政，打造“同心”品牌，努力服务社会。

【统战理论和政党理论研究】 2017年，农工党贵港市委会围绕“人才强党”“政党协商”和“参政党思想建设”等主题，开展各类课题研究和学术交流活动。参加自治区政协、农工党中央、农工党广西区委、广西统战部和市政协举办的政党理论和统战理论论文评比活动，全年撰写统战理论和政协理论文章16篇，有13篇（次）文章获奖，其中《浅议参政党对执政党科学治党经验的借鉴》和《“公、和、诚、实”理念在民主监督中的运用》获得一等奖，有多篇获得二等奖和三等奖。有3篇被《广西社会主义学院学报》刊发。

【组织建设】 2017年在医疗卫生、文化教育和其他系统发展5名综合素质比较强的新党员，并对不同层次的党员进行培训。

【参政议政】 2017年，农工党贵港市委会组织党员在各级“两会”共提交各种议案提案31件，其中集体提案7件。以“贵港市中药材产业发展现状与对策研究”为题，到贵港市各县（市、区）开展调查研究活动。上报社情民意信息6条，其中有2条被农工党广西区委采用。

【社会服务】 2017年，农工党贵港市委会开展各种社会服务活动，推动经济社会建设。在城区或乡镇组织大型义诊活动4次，发放资料12000多份，受益群众1290多人次。组织健康知识讲座12场，受益群众669人次。在港南区八塘镇卫生院开展第九期乡村医生技术技能培训活动。（阳沐予韧）

致公党贵港市委员会

【概况】 2016年，中国致公党贵港市委员会（以下简称致公党贵港市委会）有5个基层组织，分别是市直支部、港北区支部、经济支部、贵糖支部和港南区支部。党员人数110人。有自治区政协委员1人，市人大代表5人，市政协副主席1人，市政协委员14人（其中市政协常委3人），县（市、区）人大代表2人（其中常委1人），县（市）区政协委员14人（其中政协副主席2人，常委3人）；在政府、团体任副处级以上职务3人，贵港市中级人民法院特邀执法监督员1人，贵港市监察局特邀监察员1人，港南区法院陪审员1人，市级特邀监督员和行风监督员14人。

【致公党组织建设】 2017年，致公党贵港市委会开拓创新，以新思路、新举措，谋求自身建设新发展。

政治理论学习 深入加强中共十九大精神等政治理论学习，“增强四个意识”加强自身建设。把学习贯彻中共十九大精神作为首要政治任务抓好抓实，以个人、机关、委员会议和年会集中等学习形式加强学习。积极参加中共贵港市委统战部召开的贵港市统一战线联合中心组的学习。

模范典型学习 1月，致公党贵港市委会召开全体党员大会表彰2012—2016年区委会组织建设工作、参政议政工作、宣传思想工作、社会服务工作、机关建设工作方面先进集体和个人，致公党贵港市委会被中国致公党广西区委评为“2012—2016年度参政议政工作优秀集体、宣传思想工作先进集体、组织建设工作先进集体、社会服务工作优秀集体、机关建设工作优秀集体、机关干部1人获致公党中央“致公党宣传思想理论工作先进个人”称号。12月，致公党贵港市委会被中国致公党中央委员会授予“坚持和发展中国特色社会主义学习实践活动先进集体”称号；被中国致公党广西区委会授予“坚持和发展中国特色社会主义学习实践活动先进市级委员会”称号。党员罗仲广、谭旭梅荣获中国致公党广西区委会授予“坚持和发展中国特色社会主义学习实践活动先进个人”称号。

开展专题活动 配合致公党广西区委开展“不忘合作初心，继续携手前进”宣讲活动，在全体党员中推荐先进人物，撰写先进事迹呈交区委。8月，组织骨干党员到桂林湘江战役旧址、八路军办事处和飞虎队纪念馆参观，进行“不忘合作初心，继续携手前进”专题教育活动和开展坚持和发展中国特色社会主义学习实践活动，增强“四个自信”。

撰写理论文章 积极撰写信息、理论及其他类别文章，上报信息及社情民意30件次，撰写理论及其他类别文章8篇。其中，封深云《坚持问题导向，强化民主监督》，李少兰《准确把握监督实质 不断强化监督实效》，黄立艺《浅谈人民政协民主监督的现状问题及解决路径》入选贵港市第五次人民政协理论与实践研讨会论文集。

参政议政业务培训 “两会”前致公党贵港市委会举行参政议政培训班，对党员进行国情区情市情教育，对提案写作进行具体指导；带领参政议政小组成员“走出去、请进来”与先进地市学习交流，做到取长补短。

【致公党参政议政】 2017年，致公党贵港市委会围绕中共贵港市委、市政府中心工作和贵港市经济社会发展大局，把加快转变经济发展方式、推动经济转型升级作为参政议政工作的重点，充分发挥人才优势，认真履行职责，积极建言献策。

2017年9月19日，致公党贵港市委会"致福民众·情感侨心"厚禄乡扶持贫困户捐款活动 致公党市委 提供

参与议政建言 积极参加中共贵港市委、市政府召集的征求意见会、调研会、座谈会、情况通报会及贵港市政协专题会等民主协商活动，积极建言献策。

提案工作 "两会"期间，向广西壮族自治区政协、贵港市政协呈交提案18件。其中，谭汝新在广西壮族自治区政协十一届五次会议期间提交的《进一步加快推进农业产业精准扶贫》获得自治区政协大会书面发言，《关于将贵港西江农场属地化管理的建议》获得自治区政协重点督办，提案由广西壮族自治区政协副主席李彬率自治区相关部门负责同志到贵港市开展督办调研。在贵港市政协五届一次、二次政协会议上集体提案《关于贵港市在公交行业优先推广应用新能源汽车的建议》《关于在贵港市建立人行天桥的建议》，个人提案《关于积极发展城郊农业提高城郊农民农业收入的建议》《关于落实贵港市中心城区公办幼儿园建设用地的建议》被评为2017年贵港市政协重点提案。在贵港市政协提案座谈会上《关于贵港市在公交行业优先推广应用新能源汽车的建议》《关于在贵港市建立人行天桥的建议等5件提案被初步评为2017年贵港市政协优秀提案。

调研工作 围绕中共贵港市委市政府中心工作，根据"党委出题、党派调研、政府采纳、部门落实"的工作原则，组织调研组深入实践，调查研究，组织对重点课题《贵港市企业用工情况的调研》开展调研。

【致公党社会服务】 2017年，致公党贵港市委会重点围绕贵港市委市政府打赢脱贫攻坚战，打赢经济翻身仗大力招商等开展服务社会。

参与扶贫帮扶 5月，到精准脱贫挂点桂平市厚禄乡开展精准脱贫帮扶、走访调研，3次对桂平市厚禄乡10名贫困学生给予5000元资助，对5名贫困户给予每户各1000元扶持，联合贵港市接待办给予10名贫困户每户500元扶持。10月，到贵港市港南区港南一中开展帮扶活动，捐赠价值5000元的激光复印打印一体机3台，捐赠举办宣传壮族"三月三"文艺节目3000元。12月，响应中共贵港市委统战部号召，为港北区港城镇樟村进行乡村路灯建设积极捐赠1.5万元。

开展"致福民众情暖侨心"活动 8月，到桂平市对部分归侨、侨眷特困家庭捐资助学，资助10名学生每人800元，致公党贵港市委会连续10年开展"致福民众情暖侨心"社会服务活动，得到广大归侨、侨眷欢迎和赞许。

招商引资 致公党贵港市委会领导分赴河北、广东、上海、江苏等地开展招商引资活动，引进广西鑫荣枫木业有限公司木板加工项目，项目投资4000万元。

（李少兰）

社会团体

总 工 会

【概况】 2017年，贵港市总工会有县（市、区）总工会5家，乡镇工会74家（其中乡镇总工会14家）。驻产业工会2家：贵港市教育工会、贵港市财贸工会；直属事业单位3家：贵港市工人文化宫、贵港市职工技协站、贵港市职工技术学校。

按照"强基层、补短板、增活力"要求，集中开展"加强基层工会建设年"活动。全市新增基层工会涵盖单位数348家，涵盖单位基层总数10198家，较上年增长3.53%，完成3%的增长任务。新增工会会员20415人，会员总数达391590人，较上年增长5.5%，完成5%的增长任务。《全国工会基层组织建设工作管理系统》建会率和会员入会率达99%。

按照“六有”基层工会建设目标，市、县(市、区)总工会开展创建合格职工之家活动，合格职工之家的比例达到基层工会总数的91.5%。开展“会员评家”活动，指导基层工会每年将工会工作向会员(代表)大会报告和开展评议工会主席(副主席)履行职责情况，覆盖面达93%；在非公企业工会中开展“三亮”活动，覆盖面达92.5%。

【重要会议】

贵港市总工会四届七次全委会议　2017年2月13日，在贵港市总工会会议室召开。会议审议通过《工会工作报告》《经济审计工作报告》，会议选举贵港市政协副主席黄汉洋为市总工会第四届委员会主席、覃容珍为贵港市总工会第四届委员会副主席，选举替补常委、委员。

工会年度工作会议　2017年3月20日下午，市会议中心大会堂召开。会议主要总结2016年工会工作，部署2017年工会工作，对2016年完成工作目标任务先进单位进行表彰。

工会改革动员部署会议　2017年6月27日上午，在市总工会四楼会议室召开。各县(市、区)总工会主席、党组书记以及市总工会全体干部职工参加会议。会议主要学习贯彻中央和全区党的群团工作会议精神以及中央、自治区党委、全国和自治区总工会关于推进群团改革的部署要求，对全市工会改革工作进行动员部署以及对工会改革要点进行解读。

【职工权益维护】 2017年，贵港市总工会加强以职工代表大会为基本形式的企事业单位民主管理，深入推进非公有制企业民主管理。贵港市国有及控股企业、事业单位建立厂务公开和职代会制度，建制率涵盖单位分别达99.79%和99.58%；全市非公企业厂务公开建制率达94.15%；职代会制度建制率达93.99%；职工董事、职工监事增加5人，较2016年增长11.36%。

完善协调劳动关系三方机制、政府和工会联席会议制度。与市政府联席会议，明确推进“爱心驿站”建设政府相关部门的职责，把“爱心驿站”建设工作列入民心工程。深化和谐劳动关系创建活动，继续开展工资集体协商专项考核互检互查活动，加强工资集体协商指导员队伍建设，推动企业集体协商工作提质增效。

扎实做好工会维稳工作。贵港市工会信访办接待处理职工来函信件5件，结案处理5件，结案率100%；接待来访职工251人次；“12351”职工维权热线80次，涉及人数166(人次)。

【困难职工帮扶】 2017年，贵港市工会全力做好困难职工解困脱困工作。抓送温暖工程、金秋助学、就业援助等工会品牌建设，完成6家爱心驿站建设，组织1350名农民工参加体检，为5.6万多名农民工赠送意外保险，完成开展3460人的“送培创”任务，配合有关部门开展“工会就业援助月”“春风行动”活动，组织开展女职工关爱行动。

深入推进职工医疗互助保障活动，坚持“受职工之托、解职工之难、暖职工之心”为目标，年末全市在保人数达到90617人。

以深化平台机制建设为重点，加强服务农民工的“五大平台”和“五大机制”建设。开展“暖流行动”为农民工平安返乡、顺利返程提供良好服务；开展在粤农民工与其子女的亲子活动；开展夏季为农民工送清凉活动，督促企业改善农民工生产、生活环境；开展农民工职业技能培训工作；开展农民工工资支付专项检查行动，推动解决农民工工资拖欠问题；完成园区职工之家建设并开展相关活动配套人员及

表4　**2017年贵港市获省(部)级以上先进集体名录表**

编号	获奖集体	所获奖项	获奖文号
1	贵港市家乐家政服务有限公司综合服务组	全国工人先锋号	总工发〔2017〕7号
2	贵港市公安局	广西五一劳动奖	桂工发〔2017〕15号
3	中国石化销售有限公司广西贵港石油分公司	广西五一劳动奖	桂工发〔2017〕15号
4	广西电网有限责任公司贵港供电局变电管理所继电保护一班	广西工人先锋号	桂工发〔2017〕15号
5	中国华电集团贵港发电有限公司设备维护部热控班	广西工人先锋号	桂工发〔2017〕15号
6	中国邮政集团公司贵港市分公司广场投递班	广西工人先锋号	桂工发〔2017〕15号
7	桂平市地方税务局第二税务所	广西工人先锋号	桂工发〔2017〕15号
8	贵港市芭田生态有限公司B塔车间BA班组	广西工人先锋号	桂工发〔2017〕15号
9	广西利维船舶制造有限公司设计部	广西工人先锋号	桂工发〔2017〕15号

建设经费。

【工会改革】 2017年，贵港市工会改革以保持和增强工会工作和工会组织的政治性、先进性、群众性为主线，优化总工会机关职能和机构设置；加强队伍建设，提高联系服务职工的能力；夯实基层基础，充分发挥基层工会组织作用；克服工会组织"机关化、行政化、贵族化、娱乐化"问题，充分发挥党联系职工群众的桥梁和纽带作用，巩固党执政的阶级基础和群众基础。

【五一劳动奖推荐评选】 2017年，贵港市开展全国、广西五一劳动奖推荐评选表彰活动，经贵港市总工会评选推荐，被授予全国工人先锋号称号单位1个，被授予广西五一劳动奖状单位2个，被授予广西五一劳动奖章个人7人，被授予广西工人先锋号称号单位6个。

【赴粤举办亲子活动】 2017年8月2日—8日，贵港市总工会为服务在粤农民工，在广东惠州市举办广西农民工留守儿童与父母团聚亲子活动，让贵港籍在惠州务工的8个农民工家庭的16名留守儿童与父母团聚，通过发放学习用品、亲子游戏、游园玩乐、观看3D电影、参观广东伊利乳业公司等活动使其享受到天伦之乐。

【职工思想建设】 2017年，贵港市工会开展以"劳模走进道德讲堂"为主题的职工职业道德建设活动。五一劳动节期间，市总工会和港南区总工会联合举办"劳模走进道德讲堂"公开课，邀请劳动模范、五一劳动奖章、五一巾帼标兵获得者和优秀党务工作者讲述工作上的故事，分享工作经验和工作法，面对面与观众交流，引导职工学习"爱岗敬业、争创一流、艰苦奋斗、勇于创新、淡泊名利、甘于奉献"的劳模精神，来自各基层、各行业职工500余人参加活动。　（麦　夏）

共青团贵港市委员会

【青少年思想建设】 2017年，中国共产主义青年团贵港市委员会（以下简称团贵港市委）坚定青少年理想信念，紧抓学雷锋活动月、纪念五四运动98周年、六一儿童节等重大节日为契机，举办新团员入团宣誓暨"创文明城市青年我先行"授旗仪式、"红领巾相约中国梦——听党的话，做好少年"少先队鼓号队比赛、"青春喜迎十九大不忘初心跟党走"青年演讲大赛等共60多场次。

发挥典型示范作用，五四前夕在共青团系统、学校系统广泛开展评选表彰活动，港北区贵城镇三合社区团支书李锐华荣获"中国青年志愿者优秀个人奖""广西青年五四奖章"，贵港市大西园食庄、贵港华电发电部集控二值、贵港邮政广场投递班获"2015—2016年度全国青年文明号"。

发挥"网上共青团"作用，积极探索分类引导青少年新路径，充分利用微博、微信公众平台等网络新媒体，传播新理念、弘扬新精神。通过"青年之声"平台、贵港共青团公众微信号发布创建文明城市、志愿服务活动、预防青少年违法犯罪等相关信息600多条。

【贵港创业投资发展大会】 2017年5月4日，贵港市举办"凝心聚力，合作共赢"——青年企业家走进贵港创业投资发展大会，来自北京、深圳、湖南和其他省市区的青年企业家，环球中小企业联盟总会企业家，广西青企协代表，各地市企业家代表，工商局、产业园、地税局等市直部门负责人，以及贵港本地青年企业家共200多人参加会议。大会为贵港市发展实现资源共享、品牌共建、协同发展奠定基础。

【青春扶贫志愿行动】 2017年，团贵港市委发挥青年志愿者协会、青年书法家协会等团属协会的作用，开展不同形式的扶贫济困活动。组织公益活动40多次，开展走访、节日慰问活动累计80余次，帮助困难

2017年10月11日，共青团贵港市第五次代表大会开幕　　团市委　提供

群众1000余人，捐助物资累计50多万元，通过开展“微公益”活动，筹集扶贫资金38万元。

【青年创建文明城市】 2017年，团贵港市委倡导青少年为创建文明城市服务，组织开展“创建文明城市 青年我先行”活动，成立志愿者小分队12支，分别深入学校、社区、车站、公园等地开展进社区、绿色环保、文明交通、“情暖回家路”等系列志愿服务共80多场次。

【服务青少年健康成长】 2017年，团贵港市委举办青年联谊活动12场、大型青少年现场书画活动10场次，组织开展“12355轻松备考与你同行”大型考前免费减压讲座2场。落实《青年中长期发展规划》精神，争取到财政资金35万元，采用社会团体购买公共服务的方式，引入社工服务，实现7个项目外包，涵盖关爱农村留守儿童、四点半课堂、校园欺凌、禁毒防艾、青年联谊等内容。

【共青团贵港市第五次代表大会】 2017年10月11日—12日，在贵港市会议中心召开。参会代表265名，中共贵港市委书记李新元作讲话，共青团广西区委副书记廖长友到会祝贺并致辞。大会听取并审议通过团市委书记王卿尉代表共青团贵港市第四届委员会所作的工作报告，选举产生共青团贵港市第五届委员会委员33名、共青团贵港市第五届委员会候补委员22名。

10月12日，共青团贵港市第五届委员会第一次全体会议召开，委员33名参加选举，候补委员22名列席会议。选举产生共青团贵港市第五届委员会常务委员会委员9名，王卿尉(苗族)当选为共青团贵港市第五届委员会书记，张美玲(女)、罗爱琴(女)当选为共青团贵港市第五届委员会专职副书记，李红平当选共青团贵港市第五届委员会挂职副书记，李翔、杨莉(女)当选共青团贵港市第五届委员会兼职副书记。

【基层组织建设】 2017年9月，贵港市委办出台《共青团贵港市委员会改革实施方案》，拉开团贵港市委改革序幕。10月，召开共青团贵港市第五次代表大会，选举产生共青团贵港市第五届委员会。全面从严治团，印发《贵港市2017年全市发展团员计划》，派出督查组到基层团组织就团员发展工作进行专项督查，确保入团程序正确，发展团员质量过硬。五四期间，全市各级团组织集中开展新团员入团宣誓、观看《入团第一课》以及其他主题团日活动。夯实团组织阵地建设，初步完成东湖海盗船青少年综合服务平台的阵地建设。争取团广西区委的资金支持，完成南江社区、三里镇等地的青少年综合服务平台建设。 (李金玮)

贵港市妇女联合会

【概况】 2017年，贵港市妇女联合会(以下简称贵港市妇联)围绕市委“13446”工作思路，深入实施妇女思想引领、巾帼建功、家庭文明建设、妇女儿童维权、强基固本、招商引资等“六大行动”。获自治区级以上荣誉的先进集体27个，先进个人38个。其中，全国级先进集体11个，先进个人7个，广西三八红旗手获表彰人数排全区第一位。

【妇女思想引领行动】 2017年，贵港市各级妇联认真履行团结引领广大妇女群众的政治责任，引导广大妇女更加紧密地团结在以习近平为核心的党中央周围，坚定不移听党话、跟党走。

宣传贯彻中共十九大。采取座谈会、研讨会、培训班、宣传板报、“贵港妇女”公众微信号信息推送等方式，广泛宣传中共十九大精神，召开学习座谈会2次，研讨会1次，制作宣传板报5版，推送十九大精神相关信息17条。

依托主流媒体引领。全力打造“网上妇女之家”，年末全市各级妇联建微信公众号6个，其中贵港妇女公众微信号关注数达982人。组建一支350人的网宣队伍，开展线上线下互动活动，弘扬主旋律，传播正能量。年内，在《贵港日报》、“贵港妇女”公众微信号推送信息816条(篇)，宣传妇女先进典型50多人次。

培树先进典型引领。注重培树、挖掘妇女优秀代表，让先进典型引领社会正能量。2017年，贵港市获自治区级以上荣誉的先进集体27个，先进个人38个，其中全国级先进集体11个，先进个人7个，广西三八红旗手获表彰人数排全区第一位。

开展品牌活动引领。举行“巾帼群英颂党恩 携手共建新贵港”纪念“三八”妇女节文艺晚会，对全国三八红旗手、广西三八红旗手(集体)、贵港市2016年“最美家庭”进行授牌和奖励，引导广大妇女争当先进。举办“快乐三八节 幸福女人行”欢乐游园活动，市委书记李新元等市领导亲临活动现场与1000多名女干部职工共同欢度节日。举办贵港市荷美女性大讲堂8期，受益妇女干部、群众达 3000 多人。

【巾帼建功行动】 2017 年,贵港市各级妇联着眼于服务贵港发展大局,以提高能力为着力点,帮助妇女创业就业,引导各行各业妇女适应经济发展新常态,调动妇女的积极性、主动性、创造性。

深入实施"产业到家 牵手妈妈"巾帼脱贫行动,帮助贫困妇女如期脱贫。着力推动小额贴息贷款工作,477 名妇女获小额担保贷款 3432 万元,获财政贴息 417.45 万元。加大以"巾帼科技示范基地"为龙头的各类"妇字号"基地的建设,成功培树 10 个市级以上"巾帼科技示范基地",其中市级 6 个、自治区级 4 个,获上级项目资金补助 16 万元。向自治区推荐 2018 年广西"巾帼脱贫示范基地"7 个,6 个获命名,其中"巾帼科技示范基地"5 个,居家灵活示范基地 1 个,获上级项目资金补助 30 万元。平南县德湖山庄、贵港市四季花田生态观光园、广西亚热带名优水果实验示范场、桂平市白石山居农家乐、桂平市紫荆镇荆山人家农庄等 5 个"农家乐"被命名为广西"金绣球"农家乐示范点,获扶持资金 50 万元。

提升"巾帼建功"工作品牌,推动妇女创业创新创优。组团参加第三届广西女企业家、城乡女能人、女科技人员创新创业产品(成果)展,贵港市 6 大类、41 种巾帼好产品参展。以"巾帼文明岗"为抓手,积极培树巾帼建功先进典型,贵港市获"全国巾帼文明岗"称号 3 个,获"全国巾帼建功先进集体"称号 1 个,获"全国巾帼建功标兵"称号 1 人,获自治区巾帼文明岗称号 6 个。培树命名市级巾帼文明岗 17 个。

加大"双培"力度,促进女性成长成才。成立贵港市女能人协会,首批入会会员 67 人。举办贵港市 2017 年城乡女能人培训班,60 多名城乡女能人集中充电。组织女企业家赴广东省茂名市开展调研考察和交流联谊活动。

【家庭文明建设行动】 2017 年,贵港市创新家庭文明创建活动载体,打造妇联家庭工作品牌,以"和谐到家 幸福妈妈"作为"寻找最美家庭"活动的载体,重点做好"五个到家"。林毓梁、张钊 2 户家庭获全国最美家庭荣誉称号;刘翼强等 9 户家庭获广西"最美家庭"荣誉称号,获表彰家庭户数名列广西各地市第二;寻找宣传贵港市"最美家庭"19 户。

以文明家风弘扬到家,联合有关单位举办"弘扬美德 和谐家风"摄影大赛、"我的家风、家教"征文活动、"秀家风 晒亲恩"家庭微视频大赛。举办贵港市"荷城巾帼弘家风·扬美德建设美丽家园"活动启动仪式,动员广大妇女和家庭成员积极投身创城的火热实践。以科学家教指导到家,深入开展"家庭教育大讲堂八桂行"活动,进社区、进村屯、进学校、进企业开展家庭教育报告会 223 场,受益家长 15276 人。以家庭矛盾调解到家,依托"维稳基石工程"三级维稳平台,及时有效解决侵害妇女儿童合法权益问题,市、县、乡、村四级共接待处理妇女儿童信访件 274 件,调处 274 件,调处率为 100%。组建家庭辅导员队伍,为全市妇女儿童、家庭成员提供婚姻指导、家庭教育、心理健康、法律咨询等服务,年内组织开展服务活动 7 次。以宜居乡村建设到家,开展"美丽贵港·宜居乡村——荷美女性在行动"活动,引导广大妇女和家庭成员树立生态文明、家庭文明理念,积极投身改善农村人居环境、提升文明素质、发展绿色生态农业的行动中来。以巾帼家政服务到家,深化拓展巾帼家政服务品牌,开展家政服务培训,为妇女铺就培训就业的"绿色通道",各级妇联开展家政培训"大篷车"进村(社区)活动 21 场(其中进贫困村 19 场),参与活动群众 2069 人,培训妇女 1541 人(其中建档立卡妇女 541 人),上岗人数 240 人(其中建档立卡妇女 107 人)。

【妇女儿童维权行动】 2017 年,贵

2017 年 3 月 6 日,贵港市三八国际劳动妇女节晚会在市会议中心大会堂举行,晚会上表彰贵港市"最美家庭"代表 市妇联 提供

港市各级妇联组织履行代表和维护妇女权益、促进男女平等的基本职能和政治责任,创新和提升维权的手段和能力,推进维权在源头、维权在基层、维权在身边。

切实维护妇女儿童合法权益。拓宽维权宣传渠道,以“建设法治中国,巾帼在行动”为主线,开展多种形式的宣传教育,开展法律讲座、面对面现场咨询、法治文化活动、模拟法庭等活动632场次,参与妇女群众23万多人次。打造维权服务新平台,创建妇女儿童法律咨询服务中心,提供专业的心理疏导、法律咨询、矛盾调解等服务23人次。开设“市妇联主席接访日”,接访妇女儿童案件8起,服务11人次。在港南区人民法院建立贵港市首个婚姻家庭纠纷人民调解委员会。新建“妇女儿童维权岗”1个;自治区级“婚姻家庭辅导室”1个,市级2个;创建村级“平安家庭活动室”1个。

全力推动“两规划”实施。《贵港妇女发展规划(2011—2020年)》提出的83项指标体系中,提前达标的有50项,达标率达到60.24%;《贵港市儿童发展规划(2011—2020年)》52项指标体系中,有33项提前达标,达标率为63.46%,全市实施“两规划”实现时间过半、任务超半。

推动“儿童之家”创建工作。新建“儿童之家”133个,开展关爱活动532场次,受益儿童6000多人。顺利推进儿童工作资源中心项目实施,创新推动儿童保护和服务工作,健全完善“专家智库+儿童保护委员会+社会组织”的长效机制。项目实施后,组织参与服务儿童之家社工613人次,开展国学礼仪、预防犯罪知识、儿童暴力伤害预防、眼睛保健、生理卫生和心理健康等主题活动89次,参与儿童达到5000多人次。全国省级儿童工作资源中心项目现场推进会在贵港市成功举办。

2017年12月14日,贵港市在市会议中心召开女能人协会成立大会　　市妇联　提供

加大对困境妇女儿童帮扶力度。全市为158357名农村妇女进行免费“两癌”筛查。争取“贫困母亲两癌救助专项基金”163万元,资金量排名全区第四,全市163名农村贫困“两癌”患病妇女每人获得“贫困母亲两癌救助公益金”1万元,分别实现对2016年建档立卡贫困家庭、农村低保家庭的患病母亲的救助全覆盖。联合市扶贫办举行“巾帼助脱贫　情暖贫困户”爱心捐助会,组织52家爱心企业、爱心女企业家现场捐赠爱心款12.87万元,捐赠童装、大米等价值2.93万元的爱心物资一批。开展真情温暖孩子,爱心成就未来——贵港市“爱心献儿童”活动,募集捐赠爱心款9.39万元,爱心物资价值1075.3元。开展“童心向党·喜迎十九大”“六一”庆祝活动,市委书记李新元、市委副书记钟畅姿、人大常委会副主任覃建平、政协副主席宋宾分别带队深入各县(市、区)贫困村“儿童之家”开展慰问活动,慰问农村留守(困境)儿童250名。

【强基固本行动】 2017年9月30日,贵港市委办公室印发《贵港市妇联改革实施方案》,改进贵港市妇联领导机构人员构成。9月25日—27日贵港市妇女第五次代表大会召开,选举产生贵港市妇联第五届执行委员会委员35名、常委13名,其中主席1名、专职副主席2名、兼职副主席2名。促进基层妇联组织建设,全面完成村(社区)妇联组织换届选举和“会改联”工作,1157个村(社区)100%完成妇联组织换届选举和“会改联”工作,选举产生妇联主席1157名,妇联副主席或兼职副主席5786名,执委12803名;推进乡镇妇联区域化建设,全市74个乡镇(街道),开展区域化的乡镇69个,占93.24%。选举产生兼职副主席132名,执委613名。持续推进“妇女之家”向各领域延伸,在实现村(社区)“妇女之家”全覆盖的基础上,在“两新”组织等其他领域建立“妇女之家”424个;积极开展星级“妇女之家”创建活动,全市有自治区级示范“妇女之家”21个,贵港市五星级示范“妇女之家”25个。加强女干部队伍建设，将女干部培养教育纳入干部教育培训整体规划，举办贵港市女领导干部培训班、贵港市妇联干部培训班、市妇联五届执委培训班等。创新联系服务妇女的载体和方式，建立健全妇联执委工作制度、妇联干部直接联系妇女群众制度等，常态化、制度化开展“下基层、访妇情、办实事”活动，切实提升服务发展、服务稳定、服务民生的能力。

【贵港市妇女第五次代表大会】 2017年9月26日—27日，在贵港城区召开。全市200多名妇女代表参加会议，市委书记、市人大常委会主任李新元，自治区妇联副主席孔献玲出席大会并讲话。会议听取并审议通过贵港市妇联主席陈晓军代表贵港市妇联第四届执委会所作《巾帼聚力促发展　砥砺前行谱华章为加快建成西江流域核心港口和新兴工业城市而奋斗》工作报告，选举产生贵港市妇联第五届执行委员会委员35名、常委13名，陈晓军当选为贵港市妇联第五届执行委员会主席，廖凤超、张承岚、韦似兰(兼)、谭健坤(兼)当选为副主席。

【招商引资巾帼行动】 2017年，贵港市妇联招商引资项目4个，总投资1.14亿元。联合贵港市工信委引进贵港市上佳电动车有限责任公司投资2亿元(市妇联分配金额3000万元)，年产300万套电动车自动防盗双撑项目；引进贵港市诗安母婴服务有限公司投资500万元的母婴服务项目、广西三德儿童主题乐园有限公司投资1000万元的儿童主题乐园项目、广西谊宾食品有限公司投资6870万元的速冻食品3000吨项目。　(李婉宁)

贵港市科学技术协会

【概况】 2017年，贵港市科学技术协会(以下简称“贵港市科协”)内设3个部(室)，管理下属二层机构贵港市青少年科普活动中心、贵港市科技馆，相当于正科级的公益一类事业单位，现有在职在编人员11人。县(市、区)科协5个，有在职在编人员37名。市科协管理的全国级科技工作者调查站点1个、自治区级调查站点5个、市级调查站点15个，市直学(协)会28个，企业科协11个(新增3个)。先后获得“2017年全国科普日活动优秀组织单位”“广西科协信息工作先进单位”和“八桂情　科技梦”优秀科技人物推荐宣传活动优秀组织奖等；决策咨询和科技工作者站点考评工作分别获广西科协系统总分第一名、第二名的成绩。黄秀群被评为全国科协系统先进工作者、谢寿泳被评为“全国创新争先先进个人”、黄定寿被评为“全国科技助力精准扶贫工作先进个人”；谭海涛、莫国平等13名优秀科技工作者被评为“广西创新争先科技星”。

【科协深化改革】 2017年，贵港市科协以完善联系服务科技工作人员、科协组织体系建设、推进学会治理为主要内容，加快科协系统改革步伐。

完善联系服务科技工作者的体制机制　贵港市科协第四次代表大会正式代表比上届增加40名；基层一线委员占77.14%、中级以上职称委员占68.57%、45周岁以下委员占40%。出台《贵港市科协联系科技人才制度》，开展“建家交友”活动。加强与企业的联系，与181家企业建立工作联系人制度，在43家企业建立起工作联络站。承办广西科协系统科技工作者状况调查站点和决策咨询工作培训班，承接中国科协企业创新服务中心2017年双创科技信息应用服，注册企业143家，举办企业知识产权培训班2期，培训200多人次，帮助广西信业生物技术有限公司等企业申报专利成果10个。举办首届全国科技工作者日系列活动，市委书记李新元、市长农融、市委副书记钟畅姿、副市长农卓松等领导深入基层看望慰问全市优秀科技工作者代表；李新元在《贵港日报》发表《致广大科技工作者的一封信》。在贵港电视台《科普之窗》栏目、《贵港日报》、荷城科普微信、贵港先锋网、贵港科普惠民网、科普长廊等平台，宣传贵港市各行业各领域科技领军人物。

加大科协组织体系建设　贵港市科技馆展教工程按计划按步骤实施，市编委会批准成立市科技馆，明确科级职数1个，落实人员编制5个。组织成立贵港市首家园区科协和11家企业科协。管好用好21个全国、自治区和市级科技工作者调查站点，5个自治区级调查站点全部评为优秀调查站点，有7篇站点信息获得广西科协采用。发展农村专业技术协会，新组织成立22家。建立科普惠农服务站20个、覃塘区科宝桑蚕种养协会、金沙果蔬协会、夏里农科文化展馆等科普专题馆(科普室)8个，认定市级和获评广西科协科普教育基地4个。

有序推进学会治理方式改革。加强学会组织建设，指导食品药品行业协会等市直学会(协会)按时换届，确保代表大会、理事会(常务理事会)、监事会依法依章程履职。学会有序承接政府转移职能工作，医学会开展医疗事故技术鉴定受理医疗纠纷案件20多例，没有出现争议或投诉。市畜牧水产学会在43个乡镇中推行政府购买动物免疫服务。

【科普宣传与服务】 2017年，贵港市通过加强科普资源普惠共享体系建设加大科普宣传服务。

完善大联合大协作工作机制 市人民政府办公室印发《贵港市全民科学素质行动计划纲要实施方案（2016—2020年）》，市全民科学素质领导小组办公室印发《贵港市全民科学素质工作2017年工作要点》，成员单位从23个增加到36个。市环保局、市安监局等成员单位分别举办“送医进社区”“预防一氧化碳中毒”等专题民生科普宣传活动51场次，各类培训班（研讨会、交流会）57场次，科普报告会35场次，开展科普大篷车进农村、进学校26场次。

十月科普大行动 2017年全国科普日活动·贵港市“十月科普大行动”暨贵港市第五届青少年科学节启动仪式在市江南中学举行。市领导、市十月科普大行动组委会成员单位领导、市直相关单位科普工作者、市江南中学、荷城初中、大圩一中、港南中学师生代表等2000多人参加第二届广西青少年科技运动会贵港市选拔赛、科普演示、科普展板展示、科技创客教育讲座等活动。各县（市、区）、各有关单位以“创新驱动发展，科学破除愚昧”为主题积极开展系列科技活动，大力弘扬科学精神，普及科学知识；各类媒体积极跟进宣传报道，全方位推动全国科普日活动·贵港市“十月科普大行动”活动延续到12月底。贵港市科协、桂平市科协、覃塘区科协获“2017年广西十月科普大行动先进单位”，贵港市公安消防支队获2017年广西“十月科普大行动”特色活动单位，港北区科协程芳爱等3人获先进个人。

实施“基层科普行动计划” 组织实施2017年贵港市“基层科普行动计划”，评选表彰先进项目21个。推荐项目参加广西“科普惠农兴村计划”评选，有7个项目获2017年广西“科普惠农兴村计划”先进单位和个人称号，获专项资金46万元。推荐参加全国“基层科普行动计划”评选，有9个项目、17个新建农技协获2017年全国“基层科普行动计划”项目实施单位，获项目资金97万元。实施“五个一”适用技术培训工程，组织先进农技协、科普示范基地、科普带头人等获奖单位和个人举办各类培训班41场，培训人数1.28万人。市科协、港南区科协等7个单位和个人获广西“五个一”培训工程先进集体和个人称号。组织桂平市百香果产业协会、港北区鑫农桑蚕种养协会、港南区养蜂协会等8个农技协、示范基地和科普带头人参加2017广西“科普惠农兴村计划”成果交流活动，桂平百香果、平南龙眼干果、港北富硒米、港南木格白玉蔗、覃塘莲藕等38个名优特新农产品参展。

2017年10月24日，贵港市举行科技信息企业推广应用服务——企业专利应用工程师培训班 市科协 提供

推进科技助力精准扶贫 邀请自治区科协专家团到港北区根竹镇江口村、港南区瓦塘镇南山村开展“科技扶贫·科普大篷车月月行”活动，培训群众210人。组织覃塘区黄练镇科宝小蚕共育协会等基层先进单位与贫困户开展结对帮扶，引导广西扬翔股份有限公司科协、史丹利化肥有限公司科协等12家企业科协投入科技扶贫攻坚。成立科技助力精准扶贫专家服务团30个，入库专家394人，开展技术服务2253人次，建档立卡脱贫人数7684人。开展贵港市科协系统科技精准扶贫评优活动，对桂平市西山碧水茶园科普示范基地、桂平市健生源种养场科普示范基地、港北区福林西江生态种养科普示范基地等8个先进基地（协会）给予适当资金补助；桂平市百香果产业协会获全国科技助力精准扶贫工作先进团队称号。

推进“科普中国·百城千校万村行动” 投入资金11万元，与贵港电视台合作开设“科普之窗”栏目，在《贵港新闻》后黄金时段播放“科普中国”知识240篇。开展科普中国e站认定建设工作，建设科普中国e站27个，通过手机大屏、多功能一体机终端及LED屏、微信群、QQ等播放“科普中国”文章1350多篇，推送微视快递200多部。特别是港北区荷城社区e站，通过微信公众号推送科普文章400多篇，推送微视快递50多部，覆盖人数超50万人次，举办各种讲座（培训）30多场次，发放各类科普资料3万多份，接受居民咨询1万多人次，荷城社区被评为2017年全国科普示范社区。加强管理，提高科普信息员队伍建设，组织科普中国e站科普信息员参加广西科协举办的科普信息员培训班学习，建立一批熟练掌握信息化手段的科普信息员队伍，积极服务“科普中国”落地应用。

【科技创新智库建设试点】 2017年，贵港市科协系统积极为经济社会发展建言献策。有效打通向市委市政府和上级科协建言献策的渠道，11篇《专家建议书》得到市委市政府主要领导批示；《关于加快推行政府购买动物防疫服务的建议》分别得到广西科协、市水产畜牧局和财政部门采纳，在全市74个乡镇（街道）、1125个行政村推行“政府购买动物防疫服务”，解决1500多名村级动物防疫员的待遇问题。《贵港市新能源汽车产业人才队伍建设的方向和对策建议》被市人才办采用，把新能源汽车产业发展领域的人才编入《贵港市人才需求目录》；《把农村电商锻造成为县域经济突破新引擎的对策建议》《广西城镇工业园区高新科技人才建议和联合协作状况研究》获得广西科协采纳（全区科协系统仅四篇获得采纳）。由市科协、市委党校、市老科协组成联合课题组报送的《提高广西城镇、社区科普能力研究》得到广西科协通过科技创新智库成果专报获得自治区副主席黄日波批示，广西城镇社区科普能力建设问题备受自治区政府关注。

构建决策咨询工作组织网络体系，有学会41个、企业（园区）科协12个、企业工作联络站43个、直属基层科协35个、科技工作者状况调查站点21个参加，组建课题研究团队15个，各类文章信息25篇被刊发。其中，《科技工作者在精准扶贫中的问题及对策》等7篇调研文章获市委机关刊物《贵港工作》刊发；11篇专报获市政府办公室《政务信息》采用；7篇被广西科协《调研动态》刊发；《实施“四大”行动计划助力科技扶贫攻坚》被自治区政府办公厅采用。《港北区中小学科技辅导员队伍建设存在的问题及对策》引起市教育部门的高度重视，建立针对贵港科技教育工作的考核、奖励机制。

打造科学决策“快速直通车”，进一步修改和完善科技工作者调查站点相关制度，明确5个县（市、区）科协为贵港市科技工作者状况调查站点的区域责任部门，促使调查站点信息上报常态化。年内，5个省级站点向自治区科协报送有效信息20篇，其中《年轻护理人员流失影响医护工作质量》《村级兽医技术人员后继乏人》《城区中小学科技辅导员队伍建设亟待加强》等7篇获得广西科技工作者状况调查站点《信息摘报》采用。市教育部门针对《中小学科技辅导员地位尴尬素养偏低》所提出的问题，通过规范管理，逐步实现“每所学校至少配备一名以上专兼职科技辅导员”的目标，并把学校科技辅导员的岗位设置、职称评定和相关待遇提高到与语数英等主科教师同等的标准行列。市科协被评为广西科协系统式AAA优秀区域责任部门（全区仅2个），5个省级站点被评为AA级2个，A级3个。

【青少年科技创新教育】 2017年，贵港市青少年科技教育平台不断拓宽。争取到中国科协2017年“农

2017年5月27日，首届全国科技工作者日期间，贵港市人民政府走访慰问一线科技工作者

市科协　提供

村中学科技馆”项目落户桂平市寻旺二中，成功举办“中国流动科技馆”广西巡展平南站活动，港北区大圩一中被评为“2017年度农村中学科技馆公益项目优秀学校”。荷城初中等2所学校获批全国科普示范学校，覃塘区覃塘高中等3所学校获批第五批广西中小学生发明创造示范单位(试点)。选送优秀学生25名、带队老师2名参加2017年全国高校科学营活动。继续大力开展贵港市科普示范学校评定工作，评出港南区第一初级中学等4所学校作为市级第六批科普示范学校。加强青少年科技辅导员队伍建设，邀请广西级专家对广大科技辅导员进行培训，挑选优秀科技辅导员20多名参加上级举办的培训班。

青少年科技创新活动成果丰硕，组织学生参加2017年全国青年科普创新实验暨作品大赛，江南中学学生代表队获得全国二等奖(总分第三名)。组织学生参加第32届广西青少年科技创新大赛，贵港市获奖作品71项，获“广西优秀科技辅导员”称号2人，市科协等5个单位被评为“基层赛事优秀组织单位”。组织创新发明作品参加广西第七届科技成果展，5个项目获得中小学生创新发明特别奖。成功举办第五届广西青少年科学节贵港市系列活动和第二届广西青少年科技运动会贵港市选拔赛，市科协被评为“第五届广西青少年科学节优秀组织单位”。与市教育局联合组织开展全市青少年科技创新大赛、明天小小科学家、青少年机器人等竞赛，择优向上级推送，获一等奖12项，二等奖22项，三等奖47项。到市江南中学、港北区荷城小学等学校科普大篷车进校园活动及“大手拉小手——科普报告希望行”讲座12场次，参与学生22000多名。

提前介入科技馆展教工程工作，及时跟踪科技馆内部变更设计，核准主体工程精装修情况，申请落实前期工作经费47.73万元，在全国范围内征集到概念性设计方案19套，经专家评选、论证、优化，年末设计方案初步形成，待报市委市政府审批。 (黄仲昆)

贵港市工商联

【第五次代表大会】 2017年3月24日，贵港市工商业联合会第五次代表大会在城区召开。大会听取和审议《贵港市工商业联合会第四届执行委员会工作报告》，选举产生第五届执行委员会，审议通过《关于贵港市工商业联合会第四届执行委员会工作报告的决议》。市委书记李新元出席大会开幕式并讲话，自治区工商联副主席韦峥芳到会指导，周桂英当选为贵港市工商业联合会第五届执行委员会主席、商会会长。

【民营经济工作座谈会】 2017年7月13日，贵港市工商业联合会(以下简称贵港市工商联)组织召开贵港市民营企业家座谈会，全市90多家民营企业参会，市委书记李新元、市委常委、统战部部长潘汉胜出席会议并讲话，李新元书记强调民营企业是经济发展的“压舱石”，号召非公经济人士常怀爱党爱国之心，积极履行社会责任，创造更好的业绩迎接中共十九大胜利召开。

【参政议政】 2017年，贵港市工商联引导非公经济人士有序参与政治生活和社会事务，提交提案《关于攻坚克难，加快覃塘化工园区建设力度的建议》《关于解决贵港市现代物流业瓶颈问题的建议》等，得到政府相关职能部门的高度重视和答复，《关于攻坚克难，加快覃塘化工园区建设力度的建议》被评为2017年贵港市优秀提案。

【工商联招商引资】 2017年，贵港市工商联引进投资23.5亿元的桥圩·中国羽绒谷项目、投资15亿元的贵港万达商业广场项目、投资1.2亿元的贵港市花果飘香休闲农业创意园项目等7个项目，总计投资额45.08亿元。

【民营企业参与扶贫】 2017年，贵港市工商联引导110多家民营企业参与“扶贫济困——爱心捐助·情暖贫困户”民营企业专场捐赠会和全市扶贫日书画义卖活动，捐赠会筹集资金106万元，扶贫日书画义卖活动筹集资金72万元。

【商会建设】 2017年，桂平市工商联、平南县工商联、港南区工商联获得“全国五好县级工商联”称号，五个县(市、区)实现全国“五好”县级工商联全覆盖。开展广西“班子建设好、团结教育好、服务发展好、自律规范好”为内容的“四好”商会建设，桂平市西山镇商会和港南区桥圩镇商会获自治区工商联“四好”商会表彰，平南县平南镇商会、港北区贵城镇商会、覃塘区覃塘镇商会等13个商会被评定为贵港市“四好”商会。 (甘永前)

文学艺术界联会

【概况】 2017年，贵港市文学艺术界联合会(以下简称贵港市文联)牢牢把握以人民为中心的工作导向,切实履行文联“团结引导、联络协调、服务管理、自律维权”的新职能,抓活动、创精品、育人才,充分发挥党和政府联系文艺界的桥梁纽带作用,推动全市文艺事业的繁荣发展。市级有团体会员16个,协会会员1600人;县级各文艺协会共有会员1950人。其中,有中国作协等国家各文艺协会会员14人,广西区各文艺协会会员190人。市文联机关人员编制6名,设办公室、组编部两个科室,主席1人,副主席5人(其中驻会1人),秘书长1人。市文联第二届委员会有委员67人,主席团成员27人。

市文联及各团体会员出版刊物6种,分别是市文联主办的《荷塘月》《金港艺坛》,桂平市文联主办的《浔江》,平南县文联主办的《花洲》,港北区文联主办的《港北文艺》,覃塘区文联主办的《荷香》。

【对外交流】 2017年6月22日,“贵港市第四届‘美丽贵港·我爱荷城’荷花展”开展,广西书画院院长石锋一行11人参加开展仪式,与贵港书画家在贵港市文艺创作交流中心举行创作笔会。广西书画院画家创作《南山朝阳》《鸣春图》《爱莲图》作品3幅赠送贵港市委市政府。7月8日,贵港市作家协会与北流市作家协会组织联合采风团一行40余人赴覃塘区开展文艺创作。贵港市第七届“和为贵”文化节,邀请国家一级美术师王荣昌赴贵港举办“岭南古郡·水韵荷风——王荣昌水墨荷花展览”。

【文艺活动】 2017年,贵港市文联举办“美丽南方·贵港”迎春美术作品展览,展出美术作品100幅。配合开展“贵港市第四届荷花展”和“贵港市第七届‘和为贵’文化节”活动,举办区文、曾义等8人书画雕塑展、“岭南古郡·水韵荷风”——王荣昌水墨荷花展、“广西书画院书画名家作品展”、“和美贵港”——陶瓷、雕塑、奇石展、“荷城·雅韵薰风——广西书画院作品展”。8月10日,应邀出席第八届都匀国际摄影博览会暨粤桂黔高铁经济带摄影展活动,活动在贵州省黔南布依族苗族自治州都匀市举办,中国、美国、法国等多国的300余位策展人、摄影爱好者参加,近5000幅中外摄影作品参展,贵港市精选摄影作品60幅参展。在贵港城区及各县(市、区)组织举办“喜迎中共十九大·唱响中国梦”文艺汇演。

【文艺服务】 2017年,贵港市文联根据中宣部《关于在文艺界广泛开展“深入生活、扎根人民”主题实践活动的意见》,组织开展主题实践活动,不断丰富基层群众的精神文化生活。市戏剧家协会开展“戏曲进校园”活动,在中小学传授戏剧知识,激发学生对传统文化艺术的尊重和热爱。进一步推进“千村万户文艺惠民工程”活动,申报自治区级文艺村、文艺户,并对已获得自治区级的29个文艺村和19个文艺户实行不定期检查,同时开展文艺辅导。持续开展文艺志愿服务工作,围绕精准扶贫和“美丽广西·生态乡村建设”多次组织文艺家、文艺工作者赴平南、覃塘等地开展“‘文艺扶贫、助力小康’——到人民中去”系列活动。春节前夕,深入乡村、社区开展义务写春联活动,组织多个书法家小分队分赴桂平市、港北区、港南区、覃塘区16个村镇(社区),为群众书写春联、送“福”1万多副。组织文艺家分别赴平南县上渡镇、武林镇、大新镇、官成镇、大安镇5个镇(村),举办“深入生活、扎根人民”文艺志愿慰问演出。在第四个中国文艺志愿服务日前后,组织艺术家赴桂平、平南、覃塘开展“到人民中去”文艺志愿服务主题活动。

【文艺创作交流】 2017年,贵港市文联围绕市委市政府的中心工作,

2017年5月22日,贵港市文艺志愿者赴覃塘区东龙镇闭村开展文艺志愿服务活动,图为志愿者上辅导课 市文联 提供

组织作家深入基层实地采风创作，创作反映贵港改革发展新进程的精品作品一批；市作协开展读书会、诵读会，举办“毛泽东与大藤峡”座谈会。市音乐家协会为港北区总工会编导以“诗、乐、舞”为形式的《百善孝为先》节目。

在贵港市第四届荷花展期间，组织各县（市、区）文联机关和艺术家一行21人采风团，分赴三区荷花种植基地和生态乡村建设示范基地深入生活采风创作。

【文艺成果】 2017年，贵港市书画家在广西艺术作品展中市艺术作品入展数量相比历年有大幅度增加，美术、书法（篆刻）作品17件入展。其中，美术作品4件，书法作品10件，篆刻作品3件。陆焱的美术作品和杨清华、谭永常的书法作品获优秀奖（优秀奖为该展览最高奖），填补了贵港市在美术作品、书法作品奖项上的空白。黄锦承的篆刻作品获优秀奖。

【文艺扶贫】 2017年，在第四个扶贫日期间，贵港市文联会同市扶贫办、市革命老区建设促进会等联合举办“丹青报国、文化扶贫、奉献爱心”为主题的“贵港市扶贫济困书画作品义卖活动暨扶贫书画作品展”爱心捐赠活动。此次书画义卖活动得到北京大学支持，北大培文教育文化产业集团捐献中国书画家的书画作品一批，包括中国书协会员、广西区人大常委会原副主任潘琦等19位艺术家的70幅书画作品，筹得善款72万元。

【文艺会员培训】 2017年12月13日—15日，贵港市举办“贵港市各文艺家协会省级会员培训班”，国家级各文艺家协会会员、自治区级各文艺家协会会员、市各文艺家协会骨干会员、县（市）区文联驻会干部共180多人参加培训。培训班就中共十九大精神和习近平总书记关于文艺工作的系列重要讲话精神进行培训，邀请广西文联党组成员、副主席石才夫，中国作协会员、市作协名誉主席潘大林，市书协主席、广西楹联学会副会长、市诗词学会会长徐联雄等进行授课。

（唐鹏飞）

贵港市残疾人联合会

【概况】 2016年，贵港市残疾人联合会（以下简称贵港市残联）围绕贵港市委“六个年”活动，组织开展残疾人关爱工程，为残疾人脱贫精准发力；实施信访维稳工程，维护社会稳定；组织开展残疾人宣传文艺工作，活跃残疾人文化生活；招商引资工作取得新突破；贵港市残疾人康复中心项目有了新进展；市、县（市、区）及乡镇换届工作顺利推进。

【残联主席团全会】 2017年，贵港市残联第四届主席团举行全体会议2次。

第六次全体会议　3月6日，在贵港市委A区一楼中型会议室召开。会议由市人民政府副秘书长、市残联第四届主席团副主席黄颖坚主持。会议听取并审议通过市残联第四届执行理事会理事长李恒兰代表执行理事会作工作报告，会议选举黄雨为贵港市残联第四届执行理事会副理事长，贵港市政府副市长、贵港市残联第四届主席团主席农卓松讲话。

第七次全体会议　10月31日，在贵港市残联四楼会议室召开。会议由贵港市人民政府副秘书长、贵港市残联第四届主席团副主席黄颖坚主持。会议选举姚海毅为贵港市残联第四届主席团委员、副主席，陈远斌为贵港市残联第四届主席团委员，陈日清为贵港市残联第四届主席团委员、副主席、执行理事会理事长，卢勇林为贵港市残联第四届主席团委员、执行理事会副理事长。

【“党员扶残温暖同行”项目】 2017年，贵港市积极实施“党员扶残温暖同行”项目，帮扶更多残疾人脱贫。全市动员1100多个基层党组织，以一帮一、多帮一的形式，对全市1115户农村贫困残疾人家庭进行结对帮扶，每户给予1000元的帮扶资金。截至10月底，项目实施全部完成，项目资金已拨付到帮扶对象账户，帮助残疾人家庭发展生产，促进贫困残疾人家庭实现脱贫。

【“农村残疾人扶贫基地”工程】 2017年，贵港市实施“农村残疾人扶贫基地”工程，辐射带动更多残疾人通过劳动脱贫。全市建立的6个“农村残疾人扶贫基地”全部完成种猪苗、中鸡苗的发放，计划扶残600户，实际完成扶持贫困残疾人602户，发放种猪苗200头，发放2.5斤以上的中鸡苗2.51万羽。发放对象均为建档立卡的贫困残疾人户，助推残疾人脱贫致富。

【农村贫困残疾人实用技术培训】 2017年，贵港市积极推进农村贫困残疾人实用技术培训工程，年度培训任务1500名，到11月底完成全部培训任务，以提高农村贫困残疾人的就业能力。

【残疾人就业及技能培训】 2017年,贵港市做好残疾人就业及技能培训工作,通过与贵港市人力资源和社会保障局联合举办贵港市2017年就业援助月暨载客人力三轮车退运人员就业现场招聘会,组织开展就业援助月专项活动等,走访残疾登记失业人员家庭153户,登记失业的残疾人员367人,组织残疾人专场招聘会4次,实名制纳入年度培训计划残疾人235人,帮助残疾登记失业人员实现就业72人,其中社会用人单位按比例吸纳就业1人,帮助残疾人享受专项扶持政策155人。通过政府购买服务的方式,对200名残疾人开展残疾人技能培训,分别举办盲人保健按摩技术培训班、盲人沐足技术培训班、残疾人糕点制作培训班、残疾人电动车维修技术培训班、计算机技术培训班等,培训残疾人202人,完成计划任务的101%。

引进适合残疾人就业的加工企业,贵港市残联通过招商引资的方式,引进广西嘉路人力资源顾问有限责任公司,计划投资3680万元,在贵港设立安排残疾人就业的加工企业。年末,该企业的第一期项目已经启动,安排残疾人就业15名,面试储备有就业意向的残疾人100多名。完成按比例安排残疾人就业审核工作。全年,协助地税、财政部门收缴残疾人就业保障金11687.93万元,其中市本级1551.09万元。

【实施"阳光家园计划"工程】 2017年,贵港市"阳光家园计划"工作任务3314名。通过项目的实施,精神、智力和重度肢体残疾人的生活环境和护理条件得到改善,为残疾人家庭减轻负担,年底全部完成任务。积极开展残疾人居家无障碍改造,改善残疾人的出行和生活环境,贵港市贫困残疾人家庭无障碍改造工作任务为195户,年底全部完成任务。

2017年11月15日,贵港市2017年盲人保健按摩技能体验活动在贵港市新世纪广场举行

市残联 提供

【残疾人康复惠民工程】 2017年,贵港市残联通过开展康复惠民工程,让残疾人得到康复服务。按进度完成全市0~6岁23名聋儿助听器康复救助项目任务,受助儿童已按规定进入定点康复机构进行康复训练。按进度完成0~6岁197名智力残疾和孤独症儿童康复救助训练任务,经筛查审核通过后,已进入相应的机构接受康复训练。按进度完成107名肢体残疾儿童康复训练任务,受助儿童在定点机构市妇幼保健院及桂平、平南当地的康复机构接受康复训练。完成0~6岁36名聋儿人工耳蜗筛查工作任务,名单上报自治区残联审核通过后,已有12名接受手术植入。完成金龙鱼爱心助残大小腿假肢安装50例任务。开展贫困成人残障者假肢矫形器服务项目和成人听障残疾人助听器验配项目筛查工作,完成成人大小腿和矫形器筛查90例(任务数73例),完成成人助听器筛查83例(任务数39例)。完成35名聋儿语言康复训练,为1620名残疾人适配轮椅等辅助器具,人均1000元。

开展残疾人精准康复服务。出台《贵港市残疾人精准康复工作方案》,印制《精准康复服务》手册36364本,各县(市、区)完成基本康复21337人、基本辅具适配人数5987人。

【残疾人信访维稳】 2017年,贵港市实施信访维稳工程,维护社会稳定,做好残疾人来信来访工作,帮助残疾人解决实际困难问题。配合市直有关部门,安排3名工作人员参与贵港城区交通整治工作,做好营运的残疾人机动轮椅车车主的法律法规政策宣传和思想疏导。配合城区报刊亭整治工作,做好报刊亭残疾人经营户的思想疏导,帮助其解决实际困难和问题,因宣传到位、思想工作到位,参与营运的残疾人车主、报刊亭经营业者思想稳定,没有出现集体上访、越级上访的情况。

积极争取自治区残联资金支持,落实资金30.03万元,为全市

1156名使用机动轮椅车的残疾人发放每人每年260元的燃油补贴，方便残疾人出行。第二批项目资金已下达各县（市、区）财政，12月底前全部完成燃油补贴款的发放。

【残疾人文体工作】 2017年，在第二十七次全国助残日期间，贵港市残联、市教育局、团市委联合主办，贵港市特殊教育学校承办"携手助残脱贫，共享文明成果"文艺会演。贵港市残联联合北京·湖北共享阳光残疾人艺术团，在文华凯莱大饭店举办"共筑梦想 共享阳光"大型残疾人文艺晚会。4月，贵港市组织节目参加全区残疾人艺术汇演，获得一等奖3个，二等奖5个，三等奖4个，优秀等次2个。

【残疾人康复中心建设】 2017年8月21日，经贵港市城乡规划委员会2017年第三次会议通过，贵港市残疾人康复中心项目用地选址在布山大道与民生路交汇处东北角，占地规模15亩。11月初，康复中心项目顺利通过贵港市政府常务会议和全市大额投资委员会会议审核。到12月底，康复中心项目通过立项、可研评估。

【残联换届】 2017年，根据自治区残联《广西市县乡三级残联换届工作指导意见》，组织市、县（市、区）及乡镇残联换届，贵港市残联制订《贵港市市县乡三级残联换届工作实施方案》，经贵港市委批复，11月3日全市乡镇残联换届工作全部完成，12月底各县（市、区）残联换届全部完成，市本级残联换届方案已报自治区残联审核。

【助推市委中心工作】 2017年，贵港市残联招商引资工作取得新突破，成功引进广西嘉路人力资源顾问有限责任公司在贵港开办民营非盈利企业，计划投资3680万元，用地50亩，安排残疾人就业350人以上。8月初，第一期项目开工；到12月底，安排15名残疾人就业，企业的营业执照正在办理中。

全力助推挂点村脱贫工作，贵港市残联党组书记、理事长多次带队深入挂点村开展调研、慰问及帮扶活动，为挂点村——港南区瓦塘镇南山村协调财政资金9.07万元，用于道路硬化；协调财政资金3万多元为庞屋屯安装太阳能灯16盏。为南山村争取贫困户危房改造指标4户，依托百香果种植基地带动南山村12户贫困户入股顺泰百香果种植专业合作社；投资金1150元为南山村种植桃树100株；慰问南山村贫困残疾人8户共5000元。

（彭艳媚）

贵港市归国华侨联合会

【"侨胞之家"建设】 2017年，根据《自治区侨联创建"侨胞之家"指导意见》，为给归侨侨眷提供良好的学习娱乐交流活动场所，贵港市归国华侨联合会（以下简称贵港市侨联）多次深入基层、侨属企业等归侨侨眷聚居的地方进行实地调研考察，向自治区侨联申报创建"侨胞之家"，经贵港各级侨联和涉侨企业的努力，7个单位创建"侨胞之家"获得自治区侨联批复，并被授予"侨胞之家"牌匾。

【海内外联谊】 2017年，贵港市侨联开展"走出去、请进来"活动，与海内外侨社开展联络工作，接待商务、公益事业考察的华侨华人港澳同胞及其社团23批、95人次，如回乡探亲、考察的平南籍美国新英格兰广西同乡会会长杨文博士、桂平籍英国华夏文化研究会会长贝学贤等，为引资引智做好铺路搭桥工作。利用在南宁召开的第18届世界广西同乡联谊大会、在防城港召开的钦廉同乡联谊恳亲会和港澳委员恳谈会之机，与美国侨领杨文、英国侨领贝学贤、加拿大侨领庄秋宁等50多位知名侨界人士友好交流和联谊。借举办贵港市第四届荷花节之机，邀请港澳、欧美

2017年10月18日，贵港市侨联向平南县同安骨伤科医院授牌　　市侨联　提供

等国家和地区的侨胞到贵港观光赏荷、投资考察、联系乡情。还利用微信、短信、电子邮箱、电子贺卡等现代社交平台加强与海外侨社团和侨胞的联系。

【侨联改革】 2017年,根据中央和自治区、市委统一部署,贵港市侨联系统全面启动侨联改革工作。7月,贵港市侨联成立改革方案起草组,10月《贵港市侨联改革方案》出炉并进行意见及建议。11月16日,经贵港市委全面深化改革领导小组第十次会议审议通过《贵港市侨联改革实施方案》。11月24日,贵港市委印发该《方案》。继市改革方案出台后,各县(市、区)侨联随即出台改革方案。

【惠侨暖侨工程】 2017年,贵港市侨联系统利用节假日、下村扶贫之际慰问困难归侨侨眷、留守儿童、长期重病患者、孤寡老人、劳动模范,看望华商代表共114户,发放慰问金、慰问品共计7.85万元。覃塘区侨联协调筹集资金建成一条长700米、宽3.5米的扶贫道路,港南区侨联联合市第二人民医院7名专家、医护人员上门为老归侨及归侨侨眷开展义诊活动。

【侨联参政议政】 2017年,贵港市各级侨联充分调动归侨侨眷人大代表、侨联界政协委员的积极性,发挥政治参与、民主监督作用,提交提案、议案共15份,得到有关领导及部门高度重视。

【侨情调研】 2017年,贵港市侨联多次深入归侨、侨眷较为集中的地区和侨属侨资企业开展调研和为侨服务。重点到广西华奥汽车制造有限公司、平南保利高塑胶制品有限公司、平南同安骨伤科医院等侨属企业排忧解难,为侨属企业服务,着力解决企业用地、资金、用水用电、招工等困难。同时,顺利完成侨资企业经营情况调研、侨联组织发展调研、侨界扶贫调研、新侨资源调研等专项调研,并形成调研报告,为下一步开展侨务工作奠定基础。

【招商引资】 2017年,贵港市侨联积极响应市委市政府"大招商,招大商"号召,大力开展招商活动。3月中旬,市侨联主要领导率领招商小分队赴广东广州、佛山等地,参观考察广州光学仪器有限公司、佛山红珠建材公司等企业并与企业负责人进行交流,推介贵港的投资环境。6月底,接待东莞桂平商会会长李荣坚一行到贵港进行投资考察,达成初步投资意向。10月,与广西明灯集成房屋有限公司签订投资3800万元的年生产10万平方米板房的合同,超额完成招商引资任务。县(市、区)侨联也积极参与"大招商,招大商"工作。其中,港北区侨联协助有关部门与广西步步高商业有限公司成功签约,总投资6亿元人民币项目;港南区侨联成功引进投资850万元的贵港市馨园农牧有限公司落户港南东津镇。

【侨联自身建设】 2017年,贵港市侨联先后组织班子成员、侨联委员、各县区侨联领导班子开展集中学习5次,传达中共十九大精神和习近平总书记视察广西重要讲话精神。全市侨联系统《侨务知识》《归侨侨眷法律》集中培训各2次。选派一批机关干部到自治区党校、湖南、浙江进行业务提升学习。

（甘玉绍）

贵港市社会科学界联合会

【概况】 2017年,贵港市社会科学界联合会(以下简称贵港市社科联)发挥社科联"桥梁纽带、组织协调、咨询服务、宣传普及"的职能,调动和凝聚全市社科工作者力量,推动全市哲学社会科学繁荣发展,为全市经济社会发展提供精神动力和智力支持。

2017年12月26日,贵港市社科联在荷城中学举办"我们走进新时代"——全市中学生学习中共十九大精神知识竞赛　　市社科联　提供

召开了贵港市社科联一届三次全委会暨2017年全市社科联工作会议，调整市社科联一届委员会委员、常务委员会委员，选举新一届领导班子，现有委员35人，常务委员13人。

【社科研究】 2017年，贵港市社科联做好自治区级课题研究，牵头申报2017年广西社会科学专项课题《五大发展理念视角下贵港新型城镇化发展路径研究》，课题成果经评审已获结项。组织开展2017—2018年度贵港市社科课题研究工作，评审立项课题20项。开展学术交流活动，组织县（市、区）社科联参加在柳州召开的全国大中城市社科联第28次工作会议，推荐本市社科工作者提交的11项优秀成果参加自治区第六届广西社会科学学术年会论文评选活动。

【科普活动】 2017年，贵港市社科召开学习贯彻《广西壮族自治区社会科学普及条例》座谈会。推动社科普及基地建设，开展多种形式的社科普及活动，与有关单位联合主办"创建文明城市·千人诵读核心价值观·读《论语》·千人现场书画大赛暨万副春联送万家"活动、"贵港市2017年第二届民俗文化春联书法作品展"，参与社科政策咨询人员2000人次。组织开展"我们走进新时代"系列活动，与市委宣传部、市教育局联合开展"我们走进新时代"——全市中学生学习中共十九大精神知识竞赛、"我们走进新时代　向党说句心里话"贵港市城区小学生书法比赛，参与市委宣传部组织的"我们走进新时代——中共十九大精神荷城宣讲大篷车"活动，有力地推进了社会科学知识的普及。

【学术阵地建设】 2017年，贵港市社科坚持"以质量为本、办精品刊物"的宗旨，组稿编印《贵港社会科学》期刊3期，内容涵盖贵港政治、经济、文化、社会、生态、"三农"等方面，提高社科宣传力度。在全区地级市社科联中率先开通"贵港社科"微信公众号，设立"社科要闻、社科普及、人文贵港、基层动态"等栏目，为了解社科知识、本地历史文化提供便利条件，实现社科普及手段和形式创新发展。

【学会管理与服务】 2017年，贵港市社科通过电话沟通、实地了解、邀请学会参加全市社科联工作会议等方式，加强对各社科学会、协会、研究会等的指导服务。规范学会的年审审核工作，对存在问题提出整改建议，为各学会的科学发展做好服务工作，社科学术团体的管理进一步规范。

【县级社科联建设】 2017年，贵港市县级社科联工作蓬勃开展。县级社科联课题研究工作成效明显，全市五个县（市、区）社科联向自治区社科联申报的2017年广西县域发展研究课题均获得立项，桂平市社科联召开《毛泽东与大藤峡》课题开题座谈会。桂平市社科联顾问卢炤岳撰写的论文《新泡桐产业对广西生态文明建设的响应》获广西第十九期发展论坛一等奖，港北区社科联与港北区文联联合举办"梁岵庐先生学术研讨会"，覃塘区社科联开展社科征文比赛活动。各县（市、区）社科联以讲座、科普咨询台、科普一条街等形式，开展系列科普宣传活动组织宣讲25场次、各类科普活动9场次。

（罗森壬）

法　　治

政法委及综治

【概况】 2017年，贵港市政法系统把“保安全、护稳定、为中共十九大营造安全稳定的社会环境”作为全年核心任务，不断增强“四个意识”，牢固树立“三治理念”（重心治政保忠诚、重力治害守底线、重点治警树新风），聚焦打赢“三场硬仗”（社会治安、非访治理、从严治警），忠诚履行维护社会大局和谐稳定、促进社会公平正义、保障人民安居乐业的职责使命。贵港市设有市、县两级党委政法委机关6个，其中地级市委政法委机关1个；有县级以上人民法院6个，人民法庭16个，其中中级人民法院1个；有人民检察院6个，乡镇检察所16个，其中地级市人民检察院1个；有市、县两级公安机关6个，派出所93个，其中地级市公安局1个；有市、县两级司法行政机关6个，司法所74个，其中地级市司法局1个。全市政法系统在职人员4908人。

【平安单位创建】 2017年，贵港市组织开展“三打击一整治”“神剑·打黑除恶”、易制爆危险化学品和寄递物流专项整治、缉枪治爆等专项行动，举行喜迎十九大、忠诚护卫保平安“红袖章”平安巡逻志愿者行动等多种形式的平安创建活动，创建平安县（市、区）5个，平安乡镇（街道）74个，平安村（社区）1156个。分别占总数的100%、100%和100%。11月30日，贵港市获2015—2016年度建设平安广西活动先进市称号，市委书记李新元参加建设平安广西活动表彰大会并领取先进市牌匾。全市综治工作首次进入广西先进行列。

【社会稳定维护】 2017年，贵港市加强维稳工作领导，坚持每月定期研判维稳工作形势，压实维稳第一责任，召开全市维稳工作会议12次，市委书记李新元出席会议并作维稳工作部署7次。建立健全党委书记议稳制度，市委市人民政府主要领导定期听取维稳工作汇报，先后对维稳工作和涉稳突出问题作出批示30多次。依托书记“面对面”、书记问效等党建工作平台，发挥党建工作在维稳工作中的引领作用。同时，根据工作需要，还将市委维护稳定工作领导小组成员单位扩充到51个，由各单位党组织的主要负责人作为领导小组成员，将维稳责任压实到各行各业，织密多维联防联控工作网络。推进重大决策社会稳定风险评估，防范化解重点人群、行业、领域安全风险，组织对102个重大项目或重大决策进行社会稳定风险评估，经评估准予实施100项，暂缓实施2项。开展社会矛盾纠纷化解，

2017年6月28日，贵港市委政法委、贵港市法学会开展法律服务进社区活动

市政法委　提供

各级人民调解组织排查矛盾纠纷1.69万件，调解成功1.66万件。排查影响社会稳定的敏感人、敏感群体、敏感案(事)件问题163件，化解55件。深入开展反邪教斗争，严厉惩治各种邪教组织违法犯罪活动，抓好教育转化、警示教育等工作，整合资源，拓展反邪教宣传平台。中共十九大期间，贵港市是广西唯一实现“五无”工作目标的地级市。打黑除恶、非访治理工作经验获得全区推广，社会稳定动态等八项工作年度考评总分在全区排名第2名。

2017年12月4日，贵港市2017年“12·4”国家宪法日活动在贵港市新世纪广场举行

市政法委　提供

【安全感和满意度工作】 2017年，贵港市继续将群众安全感和政法队伍满意度等工作列入市级重大决策督查事项，由市委政法委、市委市政府督查室牵头每季度对各县(市、区)和有关部门开展常态化督查。贵港市、港北区联合设立满意办，11月23日市满意办与港北区满意办合署办公揭牌仪式在市文化新闻出版广电局举行。年度群众安全感为93.56%，比2016年度(89.62%)提升3.94个百分点，超过全区平均数(93.11%)0.45百分点，排在全区第4名，创历史新高。五个县(市、区)安全感均超过90%，实现年初提出的“三超冲五”(全市安全感要超越全区平均水平，五个县市区安全感要超越90%，全市排名要超越2016年，奋力冲进全区前5名)工作目标。年度贵港市政法队伍满意度排在全区第4名，其中交警部门满意度在全区排第1名。

【维稳基石工程】 2017年，贵港市继续推进“维稳基石工程”，县(市、区)、乡镇(街道)、村(社区)三级群众工作平台收集处理情报信息5404条，排查调处矛盾纠纷6324件，接待群众来访6643人次，开展法制宣传和法律服务9915次，发放资料102.29万份。各级妇女儿童维权服务机构接待妇女儿童来信来访274件，调处率100%。12月中旬，贵港市委政法委会同市委组织部、市综治委、市妇联、各县(市、区)群工部等组成3个考评组，对全市5个县(市、区)群众工作部和74个乡镇(街道)群众工作中心进行考评，评出五星级群众工作部5个，五星级群众工作中心64个，四星级群众工作中心8个，三星级群众工作中心2个，对获得星级称号的群众工作部和群众工作中心授予相应牌匾。

【社会综合管理】 2017年，贵港市把综治信息化、网格化管理和综治中心建设三项重点工作列入重要议事日程。深入推进综治信息化和网格化服务管理建设，全市村(社区)实现网格化管理覆盖率100%。1156个村(社区)划分网格6000个，聘请网格员6403人。开通账号1269个，处理网格事件5.64万件。加强综治中心建设，建成规范的综治中心26个。

【社会治理】 2017年，贵港市加强流动人口服务管理，登记在册流动人口2.45万人，列管出租房屋1668套(间)，发放流动人口居住证846份。加强刑满释放人员安置帮教，衔接刑释人员1972人，安置1972人，帮教1972人，刑释人员无人重新犯罪。加强社区矫正工作，新接收社区矫正人员652人，解除矫正614人，年末有社区矫正人员841人，社区矫正人员重新犯罪率为0.12%。加强吸毒人员社区管控戒毒工作，组织社区戒毒、康复1107人。加强校园及周边环境整治，重点抓好学校、幼儿园及周边治安秩序、消防、食品卫生校园摊点和校车专项整治，检查单位2052个，排查事故隐患1020项，全部完成整改。

【基层基础建设】 2017年，贵港市加强基层基础建设，以构建立体化、信息化社会治安防控体系为目标，统筹推进城区“天网”、乡镇“天眼”建设和“三无”村(小区)创建活动,深化派出所综合指挥调度室建设和“一村一警务助理”工作,推进校园一键式报警、电动车防盗备案等级工作(“车安网”)、智能门禁系统等“地网”建设,推动具有贵港特色的城乡一体化社会治安防控体系提档升级。建有警务工作站11个,配备警力253人,设置视频监控探头1.02万个。“天眼”实现通村屯100%覆盖,“天网”工程三期项目全面竣工并投入使用。建立专职巡防队伍80支、536人,义务巡防队伍407支、2503人,其他群防群治力量2461人。年内,群防群治队伍协助抓获违法犯罪嫌疑人849人。督促寄递物流企业严格执行“三个100%”制度,与邮政快递企业签订责任状120多份,企业与内部网点签订责任状600多份,出动执法人员988人次,检查寄递网点281家,排查隐患91处,现场教育整改35次,下达书面整改26份,行政处罚39起。调整充实乡镇综治办力量,加强基层调解、治保组织建设,推进基层综治组织建设。

【法治建设】 2017年,贵港市突出抓好司法体制改革,有序推进司法责任制改革,统筹推进公安、司法行政改革,稳步推进司法人员分类管理改革,完成首批法官、检察官入额制度改革。全市入额法官230名,占编制数的31.2%;入额检察官162名,占编制数的33%。开展法学研究、法治宣传和法律服务活动,全市法学工作实现“八个全覆盖”(即县级法学会、法学会党组、会员联络组、法律服务站、“双百”报告会、法治大讲堂、校园“法治之窗”、乡镇“法治之窗”八项工作在全市实现全覆盖),在全市打造出“校园法治之窗”“乡镇法治之窗”、法治大讲堂等一批基层法治宣传样板工程。

【执法监督】 2017年,贵港市委政法委发挥党委政法委在执法监督方面的职能,有序推进涉法涉诉信访工作机制改革。年内,办结群众信访件80件,接待群众来访70人次。组织集中评查重点涉法涉诉信访案件,纠正执法偏差,评查案件51件。规范审批发放司法救助金,对31件案件、65人进行救助,发放救助金57.97万元。

【政法队伍建设】 2017年,贵港市政法系统开展全面从严治警“五查五整顿”专项行动,着力整顿政法队伍在思想、纪律、作风、担当、管理等五方面存在的突出问题。举办各种培训班242期,培训干警1.55万人次。强化党委政法委协管干部职能选好用好干部,加强领导班子建设,协助市委调整各政法部门领导班子成员3人,复核、审核提拔干部105人。全市政法系统有85个集体、78人次荣获自治区级以上表彰奖励。 (米 泉)

法治政府建设

【概况】 2017年,贵港市人民政府法制办公室(以下简称贵港市法制办)及时研究部署法治政府建设各项工作,抓好《广西壮族自治区法治政府建设实施方案(2016—2020)》的贯彻落实。2月,制订下发相应市级实施方案,要求各县(市、区)、市各责任单位制订工作方案报送市依法行政办,按计划推进法治政府建设。2月15日—3月2日,为深入了解和掌握基层法治政府建设情况,开展法治政府建设工作专题调研。5月,印发《2017年全市法治政府建设工作要点》,确定年度法治政府建设工作目标和工作重点。8月,印发《2017年贵港市法治政府建设考评指标和评分标准》,明确考评要求。加强法治政府建设工作督查,9月19日—27日,对各县(市、区)政府和市政府相关部门开展法治政府建设工作情况进行专项督查。

【政府立法】 2017年,贵港市加快推进政府立法工作。6月12日,印发《贵港市人民政府2017年立法工作计划》,市政管理局、市住建委已按工作计划开展相关立法工作。9月21日,《贵港市太平天国金田起义遗址保护条例》经广西壮族自治区第十二届人民代表大会常务委员会第三十一次会议批准,于2017年11月1日正式施行。《贵港市太平天国金田起义遗址保护条例》为贵港市第一部地方性实体法,标志贵港市立法工作取得新的突破。

【行政执法监督】 2017年,贵港市继续加强对事关经济社会发展全局和涉及人民群众切身利益的重点领域开展行政执法专项监督检查。5月24日—26日,联合市安监局开展安全生产行政执法专项监督现场检查。7月11日,开展行政执法案卷评查。通过案卷评查,强化行政执法监督和指导,进一步规范行政执法机关的执法行为,提高行政执法案件质量,评查结果实行全市通报。严格实行行政执法人员持证上岗和资格管理制度,配合自治区法制办做好每年度行政

2017 年 11 月 30 日，贵港市法治政府建设考评组进入市政管理局　　市法制办　提供

执法人员资格续职培训考试工作，提高行政执法人员执法水平。

【政府法律事务审查】 2017 年，贵港市法制办严格审查政府法律事务，发挥参谋助手作用，为市政府重大决策和规范性文件制订出具合法性审查意见 86 次，参与市本级人民政府法律事务出具法律意见 106 件。

严格按照《广西壮族自治区重大行政决策程序规定》，做好政府各项重大决策、规范性文件的合法性审查工作，收到市政府办公室送审的政府重大决策 62 份，规范性文件 24 份，均在法定时间 20 日内出具合法性审查意见书，没有逾期提出合法性审查意见书的情况，也无未提出合法性审查意见书的情况。严格按照《广西壮族自治区规范性文件监督管理办法》，贵港市制定并发布规范性文件 12 件，所出台规范性文件均通过文件、公报、网络等方式向社会公布，并按要求向自治区政府报备，报备率为 100%。做好市本级的规范性文件的备案审查工作，备案审查各县（市、区）市政府和市直部门报备的规范性文件 5 件。

【规范性文件清理】 2017 年，根据《广西壮族自治区人民政府关于宣布失效一批自治区人民政府文件的决定》，贵港市开展政府文件清理工作，经过清理，市人民政府对 189 件市政府文件宣布失效。根据《广西壮族自治区人民政府办公厅关于印发〈"放管服"改革和生态文明建设涉及的法规、规章、规范性文件清理工作实施方案〉的通知》，拟定或修改涉及"放管服"改革的规范性文件 3 件；拟废止涉及生态文明建设的规范性文件 1 件，已将清理情况报自治区法制办。

【法律顾问制度实施】 2017 年，贵港市人民政府外聘法律顾问为政府重大行政决策、政府合同、重大经济事项、行政复议、群体性事件等提供法律服务。年内，外聘法律顾问对《贵港市智慧城市建设合同书》《贵港市西外环高速公路政府和社会资本投资协议和合作合同》《贵港·盈田智谷产业园项目投资协议书》《关于变更编号 2014P-23 号地块受让人的请示》以及《贵港市违法建设查处条例》审查并提供法律意见，参与出庭应诉 10 件，发挥政府法律顾问在法治政府建设工作中的作用。

【政府行政复议】 2017 年，贵港市法制办履行行政复议职责，化解行政争议，接收复议申请 79 件，其中对符合受理条件的 70 件全部受理，已审结 61 件，法定期限内结案率达 100%，未结案的 9 件尚在审理当中，均未超法定复议期限；对不符合立案条件的 9 件已及时告知申请人，未发生不及时告知的情况。依法及时做好行政复议答复工作，自治区人民政府作为复议机关受理贵港市政府作为被申请人的行政复议案件 4 件。做好行政应诉工作，代理市政府出庭应诉 101 件次，其中一审 52 件、二审 43 件、再审 6 件。所有应诉案件都能及时收集证据，制作答辩状递交法院，并按要求派人出庭应诉。行政机关负责人出庭率位居全区前列，副市长黄星荣、农卓松、徐育东先后出庭应诉 7 件次，开创行政复议和行政应诉工作新局面。

【仲裁工作】 2017 年，贵港市仲裁委员会落实《中华人民共和国仲裁法》和国务院的有关规定，从建设法治中国的高度，健全化解矛盾纠纷的机构，积极引导市场主体运用仲裁方式解决纠纷，努力提高仲裁公信力。全年受理各类仲裁案件 343 件，比上年增长 20%，标的 4.81 亿元，审结 335 件，审结率 97.67。

（梁燕恒）

法　院

【概况】 2017 年，贵港市各级法院受理各类案件 37827 件，办结

33284件，诉讼案件结案率92.15%，执行案件结案率76.26%，均超过上级法院的要求。其中，市中级法院办结各类案件4627件。涌现出一批先进集体和个人，市中级法院获评为全国文明单位、全国维护妇女儿童权益先进集体，覃塘法院获评为全国优秀法院。贵港中级法院连续六年获“全区法院绩效考评一等奖”和“全区法院绩效考评先进集体”。

【刑事审判】 2017年，贵港市各级法院审结刑事案件2503件，同比上升8.72%。审结故意杀人、故意伤害、抢劫等严重暴力犯罪案件204件。审结盗窃、诈骗、抢夺等多发性侵财犯罪案件850件。审结涉黑、涉枪、涉毒、涉赌等犯罪案件425件。其中，港北区人民法院一审审结许某兵等16人涉嫌组织、领导、参加黑社会性质组织，故意伤害，非法拘禁，聚众斗殴，开设赌场，容留他人吸毒，非法持有枪支和寻衅滋事等8项犯罪案件，依法从重从快作出判决。审结贪污贿赂和渎职等犯罪案件30件，其中，审结广西政协原常委、北海市原市长连某农受贿案。审结减刑假释案件1620件，推进财产性判项执行情况的考核，促使服刑人员自动履行财产性判项125件373.12万元。加强与公安机关、检察机关的沟通配合，推进以审判为中心的刑事诉讼制度改革。

【民事审判】 2017年，贵港市各级法院通过依法审理民事案件，及时化解社会矛盾，促进社会和谐。全年审结民商事案件19266件。其中，审结婚姻家庭和继承纠纷案件4341件，维护婚姻家庭稳定，保护未成年人、妇女和老年人合法权益。积极稳妥审理房地产相关案件，促进房地产健康发展，审结房地产案件423件。审结借款、买卖、建设工程等合同纠纷案件8580件，推进诚信社会建设。审结劳动争议案件300件，维护劳动者合法权益，促进劳动关系和谐稳定。

【行政审判】 2017年，贵港市各级法院妥善审理涉及土地征收、房屋拆迁等方面的案件，在行政诉讼中，注重支持政府依法行政与保护行政相对人合法权益的有机统一。全市法院审结行政案件749件，同比上升58.5%，其中市中级法院审结435件。推动行政机关负责人出庭应诉制度的落实，行政机关负责人出庭应诉行政案件178件，出庭应诉率达23.8%，走在全区前列。对行政审判实践中遇到的问题，从法治角度向政府职能部门提出司法建议25条，助力法治政府建设。

2017年12月7日，贵港市中级人民法院组织学生旁听庭审　市中级人民法院　提供

【审判执行】 2017年，贵港市各级法院以开展“百日清案”专项活动为契机，加大审判执行力度。执结执行案件8164件，同比增长12.5%，执结标的5.4亿元。加强与住房公积金中心、公安机关、银行、不动产办证中心等部门的联动，形成执行合力，提高执行效率。加强推进司法网络拍卖，全市法院成功网拍219件，成交总金额为1.58亿元，溢价率达19.52%，为当事人节省拍卖佣金687.29万元。加强惩治失信行为、拒执行为，限制高消费4760人，拘留152人，移送公安机关立案侦查17人，判决拒不执行判决、裁定罪3人。通过以上措施，促使1039人自动履行判决，同比增加55%，自动履行金额为7240.57万元，同比增加97%。

【特色司法服务】 2017年，贵港市各级法院营造良好法治环境，服务发展大局。运用法治方式服务贵港“大招商、招大商”，依法先予执行西江化工有限公司起诉的租赁合同纠纷案，解决了招商投资1亿多拖延一年多不能开工生产的问题，实现法律效果、社会效果和政治效果的统一。依法高效保障重点项目的顺利推进，快速审理涉及贵港二线船闸建设工程的行政案6起，协助完成征收贵港二线船闸工程建设用地246.19亩，完成213户房屋拆迁工作；强制执行南木镇政府与南木镇中桥村土地行政裁决

2017 年 9 月 26 日,法律进社区——贵港市中级法院法官深入荷城社区宣讲

市中级人民法院　提供

案,快速为大藤峡水利枢纽工程扫清无场地堆放砂石的障碍。设立服务点服务重点项目、园区建设,充分发挥“大藤峡水利工程项目法官服务点”“石卡产业园法官服务点”等服务平台的作用,主动为项目、园区企业化解矛盾 200 多起,接受法律咨询 1500 人次,解决棘手法律问题 200 多个。积极投入扶贫攻坚工作,全市法院派出 34 名干警担任乡村第一书记及驻村扶贫工作队员,全力投入脱贫攻坚工作,挂点帮扶贫困村 23 个,促使 114 户 492 人脱贫。

【司法为民】 2017 年,贵港市各级法院把司法为民作为法院一项重要工作抓紧抓好,以群众看得见的方式深化司法公开。不断强化司法公开理念,依托信息化手段,建成审判流程、庭审活动、裁判文书、执行信息四大公开平台,通过网络直播庭审 1657 件,公开生效裁判文书 24920 份。不断创新司法公开形式,加强法院新媒体建设,通过法院门户网站、微博、微信、今日头条客户端等方式,发布各类信息 2000 多条,向社会提供详尽权威的司法信息和方便快捷的司法服务。

以群众喜闻乐见的形式推进法治建设。加大普法创新力度,迎合新媒体的需求,将法院真实案例改编拍摄成微电影、微视频、公益广告 13 个,讲好法治故事,传播法治声音。加大青少年法治教育力度,组建青少年普法志愿服务队,奔赴学校开展法律宣讲活动 48 场次,利用青少年法治教育基地开展法治教育活动 41 场次,接待 9000 多人次,桂平人民法院获全国青少年普法教育活动优秀组织奖。加大专题法治宣传,结合各种节日主题,开展送法进社区、送法进村屯等专题法治宣传活动 38 次。发挥“巡回法庭”案例教学作用,为村民讲授婚姻家庭、土地纠纷等法律知识。

以群众实际需要为导向完善便民利民措施。全面推进诉讼服务中心建设,开通网上立案、预约立案,使立案流程更为快速便捷。加大信息化建设,建成 35 个科技法庭,实现对庭审录音录像和网上直播庭审,其中市中级人民法院建成 11 个。建成全国四级法院对接的远程视频接访室,方便群众在家门口向上级法院诉访。创建妇女儿童维权岗、维权合议庭、维权服务点 68 个。继续加大对弱势群体的司法救助力度,为符合条件的当事人减免缓诉讼费 119.3 万元、发放司法救助金 101.34 万元。

【司法监督】 2017 年,贵港市各级法院主动接受各方监督促进司法公正。强化接受人大监督意识,认真做好年度工作报告,未成年人刑事审判工作专项报告。坚决贯彻人大决议及常委会审议意见。主动邀请人大代表、政协委员旁听庭审 76 人次、视察法院工作 21 次,走访人大代表、政协委员征求意见 292 人次。依法接受检察机关的法律监督,共同维护司法公正。

【司法改革】 2017 年,贵港市各级法院按照上级统一部署,推进司法改革。组建以员额法官为中心、以辅助人员为支撑的新型审判团队,推进类型案件审理专业化,提升案件审理的质量和效率。成立专业法官会议,负责对重大复杂、新类型疑难等案件进行研究并提出对策,全年讨论案件 56 件。探索建立新型审判权运行机制,取消行政化的案件审批制,确立合议庭、法官办案主体地位,提交审判委员会讨论的案件数量同比下降 26%,裁判文书由独任法官、合议庭直接签发。实行院庭领导带头办案常态化机制,全市法院院、庭领导带头办理大案、难案、骨头案,审结案件 16975 件,占法院结案数的 51%。其中,中院院、庭领导审结案件 3239 件,占全院结案数的 70%。

构建多元化纠纷解决机制。在乡镇、街道建立法官工作室、服务站(点)等,联合司法所和社区、村委会等人员化解矛盾纠纷,接待群众3900多人次,化解纠纷1500多起。发挥交通巡回法庭的作用,派驻法官到交警一线现场办案,与交警部门联动调解交通事故责任纠纷案,该类案件诉前调解率达60%。在法院诉讼服务中心成立第三方工作室,引入律师参与化解涉诉信访工作,促进当事人息诉罢访。利用家事审判合议庭、婚姻家庭纠纷调解工作室等平台,加强与妇联、团委、学校等机构的协作,构建多元化纠纷解决平台。

推进案件繁简分流机制。以民商事案件繁简分流为重点,大力推行案件繁简分流机制改革,出台《民商事案件繁简分流和调解速裁操作办法》,组建专门审理简单案件的审判团队,做到"简案快审、繁案精审"。通过简案快审,速裁简易案件12623件,分流率达60.04%。同时,简化裁判文书和庭审方式,以较小的司法成本取得较好的办案效果,全市一审简易程序适用率达86.5%,在全区法院排名前列。

【审判基础和队伍建设】 2017年,贵港市各级法院落实从严治党促进廉洁规范司法。全面加强法院系统党的领导,坚定不移推进全面从严治党,创新开设"书记微讲堂"。积极开展"五查五整顿"专项行动,开展纪律作风问题专项督察工作,规范审判执行工作。持之以恒落实中央八项规定精神,严肃查处违法违纪行为,始终保持惩治腐败的高压态势。

加强能力建设促进素质提高。推进法院信息化基础建设,正式启用全市法院智慧审判系统,实现审判管理精准化和精细化。实行全员培训机制,建立健全经常性学习制度,全年开展学习培训3000多人次,不断满足适应新形势新任务的知识需求。开展岗位大练兵、案件评查、"优秀示范庭审"评选等活动,提高法官驾驭庭审、认定事实、适用法律等各方面的能力。全市法官人均结案数达145件,法官人均结案数位居全区法院前列。积极创先争优营造良好的工作氛围,全市法院获地级市以上荣誉74项211人。 (莫学平)

检 察

【概况】 2017年,贵港市检察机关依法履行法律监督职责,扎实推进司法改革、司法规范化建设和过硬队伍建设,市人民检察院和桂平市、平南县人民检察院被最高人民检察院评为全国检察机关"文明接待室",桂平市人民检察院获全国青少年普法教育活动优秀组织奖,平南县人民检察院驻平南县看守所检察室被评为全国一级规范化检察室,平南县、港北区、覃塘区人民检察院获最高人民检察院评为全国检察机关宣传先进单位,平南县、港北区、港南区、覃塘区人民检察院获自治区检察院评为全区检察机关案件管理示范岗;全市检察机关有8个集体和2名个人获全国先进荣誉,24个集体和25名个人获自治区级先进表彰,获表彰的集体和个人分别比2016年增加60%和125%。党建工作、刑事立案监督、电子检务工程、公诉部门服务非公经济4项工作在全区检察工作相关会议上介绍经验;1件案件被评为全国检察机关羁押必要性审查优秀案件,34件案件被评为全区检察机关精品(优质)案件或"优秀公诉庭"、精品(优秀)检察建议等,相比2016年的25件,增加40%。

【惩治刑事犯罪】 2017年,贵港市检察机关全面履行审查逮捕、起诉职责,依法严惩各类危害社会安全稳定、侵害人民群众合法权益的刑事犯罪。全市检察机关批准(决定)逮捕案件2223件、2979人,不批准逮捕255件、500人;提起公诉2355件、3135人,不起诉70件、87人。加大对绑架、故意杀人、抢劫、强奸等严重影响群众安全感刑事犯罪惩治力度,批准逮捕犯罪嫌疑人148人,起诉380人;加大对电信诈骗、网络诈骗等电信网络新型犯罪的惩治力度,批准逮捕犯罪嫌疑人15人、起诉54人;加大对生产安全、环境资源和食品药品安全等领域犯罪活动的惩治力度,批准逮捕犯罪嫌疑人39人、起诉116人。提前介入涉案范围覆盖全国的组织、领导传销活动案——"善心汇"案,引导侦查取证,批准逮捕"善心汇"系列案10件、10人,起诉5件、5人。

【查办和预防职务犯罪】 2017年,贵港市检察机关坚决贯彻中央关于严惩腐败的决策部署,认真履行查办和预防职务犯罪职责,努力在突出办案重点、加大办案力度、提高办案质量、强化办案安全上下功夫,有6件案件被评为全区检察机关反贪反渎优质案件,查办职务犯罪案件工作继续保持在全区先进行列。全年共立案侦查贪污贿赂案件71件、98人,立案侦查渎职侵权案件18件、21人,挽回经济损失1055万元。加大职务犯罪源头预防,结合办案向有关单位发出防控风险、完善制度的检察建议和预防报告55件,有8件被评为全区精品(优质)检察建议或预防报告,市人民检察院年度预防报告获市委书记、市人大常委会主任李新元批示肯定。安排检察官到机关、企事业单位上廉政教育课33次，依托预防警示教育基地开展反腐倡廉教育93批、4300人次，完成网上警示教育基地视频的拍摄及报送评审工作，视频成果在2017年全区检察机关预防职务犯罪网上警示教育基地评选中获三等奖；为有关单位提供行贿犯罪档案查询23359次，派检察官参与重大工程投资项目招投标现场监督17次，涉及金额36亿多元；开展“预防职务犯罪邮路”活动，依托邮政系统向社会广泛寄送反腐败宣传资料，促进社会化预防体系建设；开展服务村、社区“两委”换届选举专项预防，促进基层选举依法有序进行；开展大藤峡重点水利工程项目、贵隆高速公路等重点项目及扶贫领域专项预防工作，1件专项预防事例获评全区检察机关扶贫领域优秀预防事例。

2017年3月8日，贵港市人民检察院服务非公经济工作办公室在贵港市工商联会员部揭牌

市人民检察院　提供

【诉讼监督】 2017年，贵港市检察机关深化对公安派出所刑事侦查活动监督改革试点，对应当立案而不立案的，督促侦查机关立案120件，对不应当立案而立案的，督促撤案40件，有2件案件被评为全区检察机关精品（优秀）刑事立案监督案件；对应当逮捕、起诉而未提请逮捕、移送起诉的，追加逮捕犯罪嫌疑人124人，追加起诉171人，有1件案件被评为全区检察机关优秀纠正漏捕案件。推进审查逮捕案件“诉讼式审查”试点工作，覃塘区人民检察院办理贵港市首例“诉讼式审查”案件；对认为有错误的刑事判决，提出抗诉7件，港南区人民检察院1件案件被评为全区检察机关精品刑事抗诉案件。加强对监管执法和刑罚执行活动的监督，依法纠正减刑、假释和暂予监外执行不当100件，纠正刑事执行活动违法83件，办理羁押必要性审查案件121件，有1件被评为全国检察机关羁押必要性审查优秀案件。开展财产刑执行专项检察，核查涉财产刑罚人数7587人，发出书面检察建议4件已被采纳。开展监外执行（社区矫正）专项检察，监督纠正监外执行履行职责不当64件。平南县人民检察院驻平南县看守所检察室被评为全国检察机关一级规范化检察室。开展基层民事行政检察工作推进年专项活动，受理民事行政监督案件131件，审查后提请抗诉11件，获自治区检察院支持抗诉7件，提出抗诉或再审检察建议10件，3件案件文书评为全区检察机关精品（优秀）民事行政法律文书。

【司法改革】 2017年，贵港市检察机关基本完成上级部署的司法体制改革任务。推进检察人员分类管理改革工作，有员额检察官162名、检察辅助人员201名、司法行政人员64名，分别占编制数的35.06%、43.51%和13.85%，员额检察官占比低于改革方案规定比例。其中，入额院领导（含专职检委）38名，占入额检察官总数的23.17%。落实司法办案责任制和检察官权力清单，72.56%的员额检察官配备到一线业务岗位办案，入额院领导办案制度化、常态化。完成基层检察院内设机构改革，桂平、平南人民检察院内设机构精简为8个，港北、港南、覃塘人民检察院精简为7个，较改革前分别减少6~8个。平稳推进检察环节的国家监察体制改革，及时召开党组会、部署会、谈心会等学习贯彻国家监察体制改革精神和决策部署要求，扎实做好检察机关侦防人员思想政治工作，保证队伍的思想稳定和工作的持续开展。按时间、步骤要求完成编制、人员、装备转隶和职务犯罪案件“五清”工作。全面推开检察机关提起公益诉讼改革，出台《贵港市检察机关全面开展公益诉讼工作实施方案》，开展公益诉讼专题培训3次、参加上级培训5次。开展生态环境资源、食品药品安全、国有财产保护、国有土地使用权出让等领域公益诉讼案件线索集中排查，发现公益诉讼线索67条，审查立案6件，发出督促履职检察建议3件、提起民事公益诉讼诉前公告1件。

【司法服务创新】 2017年，贵港市、县两级检察院检察长带队到企业走访调研80余次，为企业提供法律咨询、司法救济、职务犯罪预防等服务。创新服务于非公经济举措，市人民检察院设立“服务非公经济工作办公室”和覃塘区人民检察院设“服务石卡产业园区工作室”，出台检察机关服务和促进非公经济健康发展“15条措施”。加大服务非公经济力度，办理涉企民事行政申诉案件8件，提出、提请抗诉2件，开展服判息诉工作5件，保护企业合法权益。加大对经济犯罪的惩治力度，突出惩治非法集资、金融诈骗等涉众型经济犯罪，批准逮捕各类破坏市场经济秩序犯罪49件、65人，起诉47件、69人。对政府重大工程投资项目派检察官参与招投标现场监督17次，为贵港市招标项目提供行贿犯罪档案查询2.3万次。积极投入精准扶贫工作，依法查办科技惠农、新型农村合作医疗等领域职务犯罪案件21件、44人。市县两级院协调、筹集资金190多万元，为30个贫困村联系落实扶贫项目55个。

2017年8月25日，自治区检察院邀请25位自治区人大代表到贵港专题视察贵港市检察机关服务政府重点项目工作情况　　市人民检察院　提供

【社会矛盾化解】 2017年，贵港市检察机关推行轻微刑事案件和解工作机制，对一些附带民事赔偿的轻微刑事案件，通过促使案件当事双方相互沟通协商，达成民事赔偿和解协议，化解双方矛盾，减少冲突对抗，增进社会和谐，促成刑事案件和解19件，1件被评为全区检察机关“化解社会矛盾精品案件”。履行控告申诉检察职责，全面落实执法办案风险评估预警、涉检信访定期排查化解和检察长接访、包案约访等制度，依托综合检务服务中心、派驻乡镇检察室和自治区、市、县三级检察院高清远程视频接访系统就近接访，以及调解和解、司法救助、听证释法等，有效化解矛盾纠纷，解决群众信访诉求，办结群众来信来访542件次，依法救助被害人家庭88户，发放救助金61.3万元。依法批准逮捕和起诉信访活动中涉嫌犯罪嫌疑人，促进依法信访和息诉罢访，做到全年涉检进京赴邕“零非访”。市人民检察院和桂平市、平南县人民检察院被评为全国检察机关“文明接待室”。

【基层检察院建设】 2017年，贵港市人民检察院加强检务保障和信息化建设，以打造“智慧检察”为目标，加快推进市人民检察院和港北区、港南区人民检察院专业技术用房建设，组织开展电子检务工程、检监互联、远程提讯系统和移动办公平台建设，推动检察工作数据化、信息化、智能化，以信息化助推规范执法和缓解人少案多矛盾。

【检察队伍建设】 2017年，贵港市检察机关加强队伍思想政治建设，把集中收看、学深学透和宣传贯彻中共十九大精神作为全市检察机关最大的政治任务，组织全市检察人员集中收看中共十九大开幕式，制订《学习贯彻十九大精神工作方案》，层层召开学习讨论会、举办各种形式辅导讲座、知识竞赛、撰写学习心得以及到扶贫村开展集中宣讲等，深入学习宣传贯彻中共十九大精神，确保检察工作发展的正确政治方向。突出抓好检察机关党建和意识形态工作，制订出台加强全市检察机关党建和意识形态工作意见等文件14个，扎实开展“党组书记面对面”谈党建和“支部书记谈党建”工作，每季度一期主题，全年举办4期，推动全市检察机关党建、意识形态和思想政治工作开展。市人民检察院连续多年被评为贵港市党建工作先进单位。加强纪律作风建设，认真落实党风廉政建设主体责任，持之以恒抓好检察队伍党风廉政、纪律作风建设,开展全面从严治检“五查五整顿”专项行动,查找整改队伍思想、纪律、作风、担当、管理等方面的突出问题,开展执纪督察4次,调查核实反映检察人员问题的信访件5件。全年,全市检察机关没有发生违纪违法案件。加强素质能力建设,以打造“规范检察”为抓手,积极推进检察队伍专业化正规化建设,公开招录急需专业人才20名,选调、引入6名,组织参加检察业务培训和院校培训65期、4680人次。有15人在全区检察业务评比中获先进表彰。

(姜永明)

公 安

【概况】 2017年,贵港市公安局以深化公安改革和推进“四项建设”为抓手,坚持主动求变、聚焦跨越发展、致力改革创新,大力实施科技强警战略,积极开展“神剑·打黑除恶”“三打击一整治”、制爆危险化学品和寄递物流专项整治行动等系列专项行动,严厉惩治黑恶犯罪、严重暴力犯罪、多发性侵财犯罪、严重经济犯罪和毒品犯罪,严惩整治刑事犯罪活动。公安工作和队伍建设发生巨大变化,社会治安持续好转、群众安全感满意度稳步提升、公安整体工作保持全区先进。贵港市群众安全感从2013年全区末位(第14名),连年上升至2017年全区第4名,群众对贵港市公安机关满意度跃居全区第3名,群众对贵港交警部门满意度升至全区第1名,贵港市公安局绩效考核全区排名第3。

武警贵港市消防支队(贵港市公安消防支队)实现火灾形势和队伍管理的“双稳定”,争取消防经费2.83亿元,同比递增208%,首次突破2亿元大关,所有大队业务费均突破千万元,创历史新高。投入9754万元购置消防车辆器材装备,实现质的飞跃,强力推进城东消防站、石卡消防站、长安消防站等11个重点基建项目。全市连续15年未发生重特大火灾事故。

【治安综合防控体系建设】 2017年,贵港市公安机关坚持科技引领,打防综合效能实现“六连降”“八连升”。以构建立体化信息化治安防控体系为目标,统筹推进城区“天网”、乡镇“天眼”和“三无”村(小区)建设,继续深化派出所综合指挥调度室建设和“一村一警务助理”工作,大力推进校园一键式报警、电动车防盗备案登记“车安网”、智能门禁系统等“地网”建设,推动具有贵港特色的城乡一体化社会治安防控体系提档升级,防控效能取得“六连降”的显著成效,全年全市刑事案件立案总数、八类主要案件和抢劫、抢夺、盗窃、诈骗案件立案数同比分别下降22.3%、10.2%、34.1%、43.3%、28.2%和28.6%。同时,精心打造智能化、集约化运作的三级实战型可视化全息作战指挥平台和合成作战平台,全市刑事案件、八类主要案件和抢劫、抢夺、盗窃、诈骗案件破案率分别为47.7%、80.2%、70.1%、50%、46.9%、10.3%,同比分别上升8.5、19.1、20.1、12、7.6、0.9个百分点,抓获、逮捕刑事作案人员同比分别上升35.7%和16.4%,惩治破案效能实现“八连升”,现行命案连续三年保持全破。打黑除恶工作成效稳居全区第二,惩治涉枪涉爆犯罪成效创历史新高跃居全区第三,百警逮捕数绩效保持全区第一。成功侦破的公安部督办的“1·22”非法买卖使用储存危险物品案、“3·3”特大网络赌博案、公安部目标2017-31跨国贩毒案等一批在全国有重大影响的大要案件,创贵港有史以来缴获危险物品数量、查破网络赌博案件涉案人数和金额、缴获冰毒数量“四项之最”,得到公安部、自治区和公安厅的批示表扬。

【惩治电信网络诈骗犯罪】 2017年,贵港市公安机关坚持问题导

2017年3月27日,贵港市公安局召开“神剑”打黑除恶专项行动工作情况新闻发布会

市公安局 提供

向，惩治电信网络诈骗犯罪，全市立电信诈骗案件984起，同比下降28.95%，涉案金额2640万元，同比下降15.75%。破案85起，刑拘犯罪嫌疑人91名，同比上升184.37%；逮捕犯罪嫌疑人44人，同比上升63%；破获部督办案件“5·13”邓某某等人涉嫌妨害信用卡管理案，抓获嫌疑人8人，破获案件21起，涉案金额200多万元；破获“8·3”特大网络诈骗案，抓获嫌疑人42人，破获案件14起，涉案金额800多万元。

【打击经济犯罪】 2017年，贵港市公安机关服务发展，惩治制售假冒伪劣和侵犯知识产权犯罪、金融犯罪，组织开展重点整治侵犯知识产权、传销等经济犯罪活动6次；立经济犯罪案36件，破案29件，挽回经济损失1.3亿元；立非法集资犯罪案件5起，破5起，其中大要案件4起；立传销犯罪案件25起，破20起，其中破厅督大要案件4起；立假币犯罪案件2起，破1起，其中破厅督大要案件1起、缴获假人民币300多万元，公安机关共收缴假人民币413.53万元，警银收缴率达330%，远超公安部警银收缴率60%任务目标；立假冒注册商标案件4起，破3起，均为督办大要案件，缴获耐克等假冒服装10多万套。

【惩治涉毒犯罪】 2017年，贵港市公安机关坚持合成作战，全链条惩治毒品犯罪。全市破毒品犯罪案件436起，与上年比上升3.07%，其中破获公斤级以上案件或3人以上团伙案件33起，同比上升32%；逮捕530人，同比上升13%；缴获各类毒品合计306.61千克，同比上升498.6%；查处吸毒人员3706名，同比上升20.56%，强制戒毒1384人，同比上升9.58%。联手佛山警方成功侦破公安部“2017-31”毒品目标案，历时近两年，抓获犯罪嫌疑人22名，缴获各类毒品169.7千克，扣押涉案车辆14辆、毒资46万元，缴获制式军用手枪2支，五一式子弹55发。

【社会维稳】 2017年，贵港市公安系统围绕“三个不发生”“五个严防”目标要求，坚持情报主导，强化情报线索预知预警预防，深化矛盾纠纷和风险隐患排查化解，排查矛盾纠纷709起，调处成功632起，排查出各类敏感人员101名、敏感群体6个、敏感案（事）件12件，有效预警处置“2·25”“8·19”等重大敏感事件，得到自治区副主席胡焯、市委书记李新元的高度肯定。圆满完成中国—东盟博览会、中共十九大等敏感期的各项安保维稳任务，市公安局以优异成绩被自治区公安厅授予中共十九大安保维稳工作突出贡献奖，在全区公安机关中共十九大安保工作总结会作经验发言。全年，贵港市社会稳定八项动态指标排名全区第2名，全市人民群众安全感从2016年全区第6名升至第4名，创历史新高。

【警务惠民】 2017年，贵港市公安机关创新机制，实施户籍制度改革，制定印发《贵港市公安局关于调整户口迁移政策实施办法》，放开公民挂靠亲属落户限制，进一步明确租赁房、挂靠旁系亲属住所、高校毕业生、技术工人、职业院校毕业生等人员落户所需材料，统一规范办理流程。同时，以具有固定住所为户口迁移的基本条件，重点解决高校毕业生、技术工人、职业院校毕业生、留学归国以及进城时间长、就业能力强人群的落户限制，推进农业转移人口市民化工作，进一步提高全市户籍人口城镇化率。年内，通过户口迁移在贵港市城镇落户12423人，其中乡村人口转城镇人口9608人。

居民身份证异地受理、挂失申报和丢失招领制度全面实施，在全市89个户籍派出所建立居民身份证异地受理、丢失招领、挂失申报业务点，受理跨省异地身份证1759件，受理省内异地身份证4744件、挂失申报32928件。开通市内“同城异所”办证业务，本市公民可就

2017年6月26日，贵港市公安系统在贵港城区举行“禁毒日”宣传活动

市公安局 提供

近在市内任何一个户籍窗口办理居民身份证业务。在身份证办理业务上实现“让信息多跑路、群众少跑腿”的目标。

科技惠民,提升出入境管理水平。市公安局投入100多万元,为出入境管理部门购置自助受理照相设备9台,投入资金和启用设备数量年内全区排名首位。10月25日,在公安出入境接待大厅正式启用出入境办证免费照相,出入境证件照相、自助填表、采集指纹、采集签名、排队取号等功能。2个多月,提供免费出入境相片服务8千多人次,为群众节省费用24万元。

【公安改革和“四化建设”】 2017年,贵港市公安机关坚持主动求变,继续深化以合成作战、情指行一体化、警务指挥“一张图”等为核心的现代警务机制改革,成立全区首个地级市警令指挥部,在全区率先实现市、县两级公安机关按照广西公安厅架构设置建设警令指挥部。强化警企合作和信息化建设,与阿里巴巴集团签订战略合作协议,自主研发“慧眼”超融合平台,被贵港市委政法委确定为跨部门政法大数据办案平台在全市政法部门推广应用。继续深化“放管服”改革,全市所有户籍窗口全面建立居民身份证挂失申报、丢失招领和区内异地受理制度,县级公安机关建立跨省异地身份证受理点。11月3日,作为广西区第一家的港北区流动人口服务中心挂牌成立。大力推进警务创新工作,“荷城警心”获全区公安机关警务创新二等奖,港北分局被自治区公安厅确定为广西公安基层科技创新基地,覃塘分局民警曾梓研发的仿生智能抓捕器获国家专利,被广西公安厅选送参加全国公安机关科技创新项目大赛。自治区公安厅先后在贵港市召开全区信息技侦达标验收现场会、全区县级公安机关情指行一体化建设现场会和全区公安机关规范警务辅助人员管理工作现场推进会,贵港市公安局的公安改革、出入境、打黑除恶、信息化建设等多项工作在全区性会议上作经验介绍,《桂平市公安局创新合成作战一体化机制》获自治区党委《广西全面深化改革简报》(第57期)采用。

【警务保障建设】 2017年,贵港市坚持项目带动,强力推进落实以“211项目”(即两个办公区和一个监管中心、一个反恐基地项目)为重点的警务保障工程建设,列入“十三五”规划项目11个,5个项目被列入贵港市“项目落地年”主要建设项目,7月市公安局新业务技术大楼启用,新信访楼基本建成,贵港市看守所二期项目及强制隔离戒毒所项目、毒品检查站项目等10个项目全力推进。

【公安队伍建设】 2017年,贵港市公安机关坚持队伍为本,强化职业保障建设,落实新的人民警察加班补贴、值勤岗位津贴政策,开通市、县级公安民警因公致伤致病紧急救治“绿色通道”,建立全区首个市级公安机关民警心理健康服务平台——“荷城警心”心理服务微信平台。突出实战技能训练和岗位练兵,举办各类培训班146期,培训民警10501人次,选派参加部、厅、市举办的各类培训550多人次。深化创先争优,贵港市公安局获广西五一劳动奖状,交警支队获评为全国文明单位,港南分局桥圩派出所获全国优秀公安基层单位、全国维护妇女儿童权益先进集体;谭智信获全国优秀人民警察、广西第二届“最美警察”称号并记个人一等功;贵港边防检查站邓小东被授予联合国和平勋章。 (邓勉霞)

【消防政治建设】 2017年,武警贵港市消防支队践行习近平“四句话、十六字”要求,在班子建设、火灾防控、灭火救援和后勤保障能力方面精准发力,全市消防工作和部队建设实现跨越式发展,成功举办建队以来首场“全市警民迎春文艺晚会”,贵港市四家班子领导以及上千名群众参加。精心组织“发扬雷锋精神,竭诚为民服务”主题活动,拍摄的献礼宣传片《不忘初心,砥砺前行》《勇士相惜,共勉未来》引发社会广泛关注,承办贵港市建军90周年文艺晚会,创作大型情景音乐剧2部。其中,《大安往事》被列为贵港市2018年文化精品项目,推荐到自治区宣传部,作为庆祝自治区成立60周年文艺演出备选节目;《传承》入选广西电视台119消防主题晚会。思想政治教育基地挂牌成立,把“忠诚于党”的核心价值融入官兵血脉。建立全区首个消防红门醒狮锣鼓队,承办公安系统登山比赛,并获团体总分第1名,包揽男子个人前3名。投入136万元,率先把所有影院升级为3D数码影院,在全区政治工作会议上作经验介绍。成功举办桂西南政治协作区活动,不断扩大政治工作影响力。支队考上武警学院1人,考上消防指挥学校4人,考上南京士官学校2人,取得建队最好的考学成绩。在中共十九大安保期间,充分发挥思想政治工作生命线作用,团结带领官兵以“舍小家顾大家的家国情怀”和“舍我其谁的气魄担当精神”,戮力同心、众志成城、坚守岗位、连续奋战,涌现出吴培涛、陈光孟等一大批与个人。

【消防执勤训练】 2017年，武警贵港市消防支队立足“能打仗、打胜仗”，坚持以练为战，锤炼善战精兵。以实战化训练提高战斗力，年内选派18名骨干参加总队水域山岳救援、危化品事故处置和车辆事故救援技术培训，举办基层指挥员、班长骨干等培训班6期，达到全员轮训、全员练兵效果。组建专业救援队28支；完成213份数字化预修订，100%完成年度任务。中队干部指挥能力考评通过率100%，士兵岗位职业技能鉴定通过率100%。开展支队级熟悉演练13次，参加全市应急救援综合演练2次。以正规化管理夯实战斗力基础，以正规化达标创建活动为契机，全面推进“两个经常性”工作法，不断强化官兵安全意识，组建官兵微信群，从“面对面”到“键对键”，多渠道听取基层心声，不断提高部队管理能力和水平。新增政府专职队员35人，超额完成全年征召任务；全年无行政责任事故，无违法违纪案件，部队高度安全稳定。以信息化升级加快战斗力生成，加强通信保障能力建设，投入50多万元配备卫星便携站、公网集群终端和升级营区视频监控、GPS车辆定位系统。建立健全应急通信保障分队，每周开展3G（4G）单兵、卫星电话通信、无人机等实战训练，提高应对复杂环境的通讯保障能力。

【灭火救援】 2017年，武警贵港市消防支队接警出动506起，出动车辆1234辆次，出动警力6269人次，抢救财产价值1815.1万元，抢救人员233人，疏散人民群众182人。在各类灭火救援战斗中，行动迅速、指挥正确、战术得当、措施得力，出色完成各项急、难、险、重的灭火抢险救援任务，获得党委政府和群众的高度赞扬。特别是在“7·5”港北中旺加油站油管泄漏和“9·19”覃塘福庭家具厂仓库火灾等处置中，参战官兵英勇顽强、冲锋在前，彰显出荷城消防铁军能打仗、打胜仗的过硬素质。

【防火监督】 2017年，武警贵港市消防支队坚持“十项措施”，推行“并联审批”制度，缩短审批时限，开辟绿色通道，实行首错不罚、每周上门消防培训等一系列便民服务措施。组建技术服务队主动上门服务60余次，指导企业解决难题80个。支队办证窗口每季度均被评红旗窗口，业务人员先后被评为“服务之星”8次，获群众赠送锦旗2面。火灾“四项指标”全面下降，贵港市无较大火灾事故发生，无上访信访事件，群众满意度调查达到96%以上。主动协调发改、财政、公安等部门，组建“智慧消防”五大平台，投资2500万元将“智慧消防”纳入《贵港市智慧城市顶层设计》公益类项目。

【消防宣传】 2017年，贵港市消防宣传工作围绕中心目标任务，立实创新、多点发力，形成“党政重视、部门合力、媒体聚焦、群众参与”的新格局。100%完成人员器材、宣传车辆、科普基地、小区消防橱窗等4项建设任务，成立宣传队伍76支，招募志愿者2650名，聘请参与“全民消防我代言”公益行动690人，被评为“社区消防宣传大使”48人。投入260万元改造主题公园、主题广场、科普教育馆等活动，开展消防进万家、暑期消防宣教、十九大消防宣传、119宣传月、冬防集中宣传100天行动，举办首届微型站消防运动会，获2016年度贵港市级电视台、《贵港日报》宣传报道先进集体，公益广告获全区“三等奖”“十佳微信”“十佳微博”等称号，超额完成全年上稿任务。

（韦榆锋）

司法行政

【人民调解】 2017年，贵港市司法行政系统建立健全人民调解组织网络，推行法律顾问参与基层矛盾纠纷四级联调机制，构建专业性行业性人民调解组织，医患矛盾纠纷、水运矛盾纠纷、旅游矛盾纠纷等行业性和专业性人民调解工作机制不断完善，深入开展矛盾纠纷“大排查、大调处”“精准排查、精

2017年1月10日，“珠江—西江经济带（贵港）法律服务团”成立暨第一期“法律服务面对面”活动启动仪式在贵港市贵港国家生态工业园举行 市司法局 提供

细化解”“化解矛盾纠纷助力和谐换届”等系列活动，确保中共十九大及重大节假日期间没有非法上访等情况发生，全力维护社会和谐稳定。全年，全市调处各类矛盾纠纷16952件，调处成功16675件，成功率98%。防止民间纠纷引起自杀25件、25人，防止民间纠纷转化为刑事案件30件、366人，制止群体性械斗197件，防止群体性上访306件。全市医患纠纷人民调解案件68件，涉案金额1087.9万元，调解成功52件(其中调解案件进行司法确认3件)，赔(补)偿数为260.1万元。全市对511起案件进行司法确认，确认的案件100%自觉履行，无反悔、无上访现象。

【法律援助】 2017年，贵港市司法局利用法律援助窗口和“12348”法律服务热线，做好来电来访法律咨询服务，做好法律援助申请的受理、审查和指派工作。全市各级法律援助中心共接待来电来访4258人次，办理法律援助案件1639件。

【法律服务】 2017年，贵港市司法系统开展“企业服务量化年”活动，成立5个工作组每月深入企业开展走访，为5家企业提供服务，为促进企业依法决策、管理、经营、参与市场竞争、维护自身合法权益提供专业的法律意见和法律服务。

开展“法律服务面对面”活动，贵港市司法局协调贵港市律师协会与深圳市律师协会共同组建以律师为主的珠江—西江经济带(贵港)法律服务团，成功举办“法律服务面对面”活动6期，为商会、企业和基层干部群众解答遇到的法律问题。其中，第二期“知识产权保护与富硒产业发展”主题受企业高度肯定，20多家企业主动与律师联系，要求律师指导企业进行商标、专利申请和生产标准、知识产权体系构建，律师结合调研提交《关于富硒产品地理标志商标申请的报告》得到市政府领导肯定；第三期“化解矛盾纠纷助力和谐换届”活动，向市政府提交《关于来贵公路山林纠纷调处意见的报告》。

加强司法鉴定和公证质量评查，全市3个公证处办理各类公证5871件，比上年增加1187件。其中，国内公证4599件，涉外公证1035件，涉港、澳、台公证237件。各个公证处每个季度开展一次公证质量自查，贵港市司法局每半年进行一次抽查，合格率为100%，无假证、错证。全市3个司法鉴定机构办理鉴定业务1624件，其中法医临床773件、法医毒物835件、痕迹鉴定16件。

2017年12月4日，贵港市146名执业律师在“12·4”国家宪法日集中宣传系列活动启动仪式现场进行庄严宣誓 市司法局 提供

【社区矫正和安置帮教工作】 2017年，贵港市司法系统在全市社区矫正队伍中开展“岗位练兵 争当能手”活动，积极开展法治理论、法律法规学习，岗位技能训练和实战训练。强化县(市、区)社区矫正中心规范化建设和管理，进一步抓好社区矫正考核、奖励制度建设和执法检查督查。年内，新接收社区矫正人员652人，解除矫正614人，年末全市有社区矫正人员841人，社区矫正人员累计重新犯罪率为0.12%，没有产生脱管、漏管现象。加强刑满释放人员安置帮教，衔接刑释人员1972人，安置1972人，帮教1972人，刑释人员无人重新犯罪。

【普法宣传教育】 2017年，贵港市法治宣传教育工作实施“谁执法谁普法”工作责任制，制定普法责任清单。贵港市司法局牵头实施法治建设专项绩效考评，法治建设考评责任得到有效落实。发挥领导干部学法用法联系点作用，扎实推进领导干部和公务员学法用法工作。普法方式和阵地建设不断完善，在桂平市、港南区建成青少年法制教育基地，全市建成党风廉政建设暨预防职务犯罪警示教育基地4个，在全市103所学校建立校园“法治之窗”，在荷城中学建立法治文化长廊，实施“互联网+”利用微信、微博、今日头条、一点资讯等平台推送普法动态信息及普法知识共448期、摄制《平安贵港》栏目6期。全年，全市开展“法律六进”活动278场次，发放宣传资料38万份，宣传物品80000多份，法律服务工作者现场解答法律咨询10000多人次。各级司法部门对挂点村开展法治宣传活动1000多场次，悬挂标语3000多条，展出法治宣传板报600多块，发放宣传资料5.6万份，提供法律咨询6800人次，贫困村法治宣传率100%。

【公共法律服务体系建设】 2017年，贵港市积极推进公共法律服务体系建设，建成“贵港市公共法律服务网”和微信服务平台，进一步完善市、县、乡镇、村级公共法律服务，强化村级法律顾问工作，印发《贵港市一村(社区)一法律顾问工作实施方案》，明确法律顾问人员配置、工作职责、工作机制等，落实工作经费3600元/村·年。制定村级法律顾问考评办法，全市1156个村(社区)中有948个村(社区)聘请了法律顾问，法律顾问覆盖率85%，超额完成70%的任务目标。

【国家司法考试】 2017年，贵港市司法考试报名人数创历史新高，贵港考区报名人数814人，交费人数774人，比2016年增长近一成。考试防范工作以人防、物防、技防多措并举，保证考卷、考生、考场安全，切实做到“四个不发生”。

【律师制度、公证体制改革】 2017年，贵港市出台《贵港市关于深化律师制度改革的实施方案》《贵港市人民政府关于“十三五”期间全面促进律师专业人才队伍建设的实施意见》，为保障律师在全面推进“法治贵港”建设中的地位提供制度依据，为在2020年前全市律师人才数量有较大提升的目标，为加快贵港市西江流域核心港口和新兴工业城市建设步伐提供高素质人才保障奠定基础。健全完善公职律师办公室的管理职责，统筹市直部门公职律师的运用和管理，明确公职律师在全市法治建设工作中的参与度。积极引进广西万益律师事务所、广东诚公律师事务所在贵港市开设分所，与广东思豪律师事务达成合作意向，推动贵港市律师行业的良性发展。按照司法部、自治区司法厅部署，推进全市公证体制改革，完成全市3个公证处(贵港市公证处、平南县公证处、桂平市公证处)全部改制为公益二类事业单位工作。

【市厅共建“法治贵港”】 2017年，贵港市司法局结合贵港市“13446”工作思路，围绕市委市政府提出的打赢经济翻身仗的目标，提出以公共法律服务体系建设为抓手，协调、推动贵港市人民政府在法治宣传教育、法律服务、法律保障等方面与自治区司法厅开展深入的合作。12月20日，贵港市人民政府和自治区司法厅签订《贵港市人民政府 广西壮族自治区司法厅共建“法治贵港”框架协议》，为贵港市积极响应“一带一路”倡议，打赢经济翻身仗，加快建成西江流域核心港口和新兴工业城市提供优质的法律服务和坚强的法治保障。

(梁伯聪)

军 事

贵港军分区

【概况】 2017年，贵港军分区以强军目标为引领，以军队规模结构和力量编成改革为动力，深入推进政治建军、依法治军、改革强军，突出“迎接十九大、贯彻十九大”这条主线，完成军分区系统调整改革任务，军分区机关调整为战备建设、动员、政治工作、保障4个业务处。全年，累计出动民兵425名，出色完成抗洪抢险等应急任务。

【思想政治建设】 2017年，贵港军分区贯彻政治建军要求，始终把举旗铸魂、看齐追随作为部队建设的首要政治任务。深入学习贯彻中共十九大精神，坚持用习近平中国特色社会主义思想和强军思想武装头脑，深入抓好党委中心组带机关理论学习和“维护核心、听从指挥”主题教育，扎实推进“两学一做”学习教育常态化、制度化和军委主席负责制专题教育。深入开展敌社情调研、“科学识网、依法用网、安全上网”专项教育整顿、违法违规涉军网站和新媒体账号专项整治活动，有效推进军地隐蔽斗争和网络安全防范工作物化落地。投入130余万元完成军史馆及国防教育室建设。

【战备训练】 2017年，贵港军分区按照“平时服务，急时应急，战时应战”要求，修订完善2类、32种战备方案，指导市国动委各专业办公室搞好行动计划与本级方案衔接配套。同步参加军区组织的动员指挥业务训练，干部队伍军事素质和指挥能力进一步提高，年终军事训练考核军事理论、射击、中长跑等科目合格率100%、优秀率95%。组织45名民兵骨干进行为期8天的封闭式集训，培养一批民兵组训骨干。着眼信息化发展需要，投入260多万元建成集“平时开会、机关训练、网上演练、战时指挥”于一体的作战指挥中心，实现作战、训练指挥系统功能大幅提升；指导各人武部抓好基层武装部“两室一库”建设，70%以上的乡镇完成规范化建设任务。

【国防动员】 2017年，贵港军分区修订完善各专业各系统应急动员预案，开展8大类、155项重点潜力数据采集，落实各专业保障队伍编组演训。全民国防教育深入扎实，组织辖区党政领导学习国防理论知识和过“军事日”，全面落实学生军训，定期组织防空袭疏散演练，全民国防观念进一步增强。完成退伍军人、地方与军事专业对口技术人员预备役登记核对工作，满18周岁男性公民兵役登记率达100%。完成兵役征集任务，大学生新兵比例达58.4%，初中生比例0.78%；征集女兵全部为大学生，直接招收士官。

【综合保障】 2017年，贵港军分区落实财务工作规范化、制度化要求，抓住预算管理、预算开支这个龙头，全年行政消耗性开支70.71万元，同比下降24.5%。落实党委理财，重大经济活动坚持党委集体论证决策和“军政主官联审联签”制度。关停7个有偿服务项目。其中，终止收回项目4个，置换移交项目1个，委托管理项目2个。投入200余万元完成营区道路白改黑工作。投入10余万元完成军分区武器弹药库监控系统升级改造。

【作风建设】 2017年，贵港军分区深入开展全面彻底肃清郭徐流毒影响“两个清理”工作，稳步推进“四严”党风廉政学习教育实践活动。围绕军委审计反馈的问题线索以及人武系统“微腐败”和官兵身边不正之风70个问题清单，专题开展作风纪律教育整顿，深入剖析自身问题。对廉洁征兵、重点工程建设、部队训练经费、油料管理等可能发生问题的行业领域组织全面清理整治，共清退不合理开支

57.87万元、不合理住房14套，受理和调查核实廉洁征兵举报线索3起，责任倒查退兵问题8起。在节假日和敏感时期派出3个波次6个明察暗访组，处理违规违纪4人。指导桂平市人武部开展基层风气监察联系点试点工作，探索建立基层风气监督员等创新做法。

【党管武装】 2017年，贵港军分区认真落实双重领导、议军会、武委会、党政领导"过军事日"等党管武装工作制度。积极推进双拥共建，协调贵港市委、市政府联合制定出台《关于进一步加强拥军优属工作，提升军人职业荣誉感的实施办法》，落实上门悬挂光荣军属牌、送立功喜报和发放义务兵优待金等优待政策；协调驻军（警）单位先后出动兵力1000余人次，积极投身精准扶贫、生态乡村建设活动。军分区各级先后投入资金50余万元、协调资金348.7万元，对口援建和帮扶贫困村。　（刘友柏）

边防检查

【边检执法】 2017年，贵港边防检查站负责对贵港口岸往来香港、澳门的人员、货物和交通运输工具实施边防检查，防范和惩治走私、偷渡、贩毒等违法犯罪活动，确保口岸安全稳定，承办贵港、南宁、河池、柳州、来宾、玉林等地区内河运输船舶出海船民证及出海船舶户口簿的办理、年审，将中心工作融入驻地经济社会发展大局，打造"西江明珠·阳光边检"服务品牌，不断提高部队服务管控效能。

创新勤务组织，提高边检服务水平。高站位找准边检工作与地方经济社会发展的契合点，主动服务西江经济带建设和贵港市"加快建成西江流域核心港口和新兴工业城市"发展战略目标，全力推进西江流域执法机制建设，加强西江沿线边检勤务联动。深化"8·19"边检服务宣传推介活动，扩大边检服务的社会认知度。严格落实船舶手续预报检、登船上门服务和24小时随到随检等便民利民举措，确保口岸顺畅通关。全年，检查出入境船舶280艘次，员工2164人次，货物69656吨，办理年审各类证件2000余份，边检服务保持建站21年来无任何有效投诉。

织密防控网络，维护口岸安全稳定。深度运用海港边检勤务综合指挥系统，推进船舶航行动态管控系统建设，提高口岸管控科技水平。利用视频监控系统对口岸限定区域进行动态巡查，重大敏感节点派出警力进驻口岸，驻点监管。加强与海关、检验检疫等联检单位协勤联动，形成口岸管控合力。排查研判外贸船员79名和内河渔船民信息2000多名，深入甄别非在控涉恐人员。以"快反班"作为机动警力，加强突发情况处置演练，提高部队快速反应能力。年内，出动警力350多人次、车辆80余辆次。加强口岸巡逻监管，联合口岸单位开展执法执勤12次，开展应急突发情况处置演练20多次，圆满完成中共十九大和东盟博览会等重大活动的边防安保任务。

【爱民固边】 2017年，贵港边防检查站军政主官率队多次深入挂点村开展扶贫，在文化教育和医疗卫生等方面开展调研，助力驻地精准扶贫攻坚战。深化军地融合发展，扎实开展双拥共建，官兵连续12年关爱困难儿童的事迹获得贵港电视台"平安贵港"栏目报道。年内，走访慰问困难群众15户，开展义诊6次，赠送药品和慰问金价值8000元；驻点服务春节返乡摩托车大军500人次；为群众抢收花生、稻谷等农作物7亩，为群众做好事、办实事、解难事20多件，进一步密切了警政警民关系。

【警营文化建设】 2017年，贵港边防检查站扎实开展"维护核心、听从指挥"主题教育和改革强警教育等活动，盘活教育资源、拓展教育载体和创新教育形式。组织官兵到驻地中共广西一大旧址和南山烈士陵园等教育基地开展现场教学，传承红色基因，筑牢忠诚警魂。大力开展"一队一品牌"活动，组建警营乐队，编排舞蹈、声乐和小品等节目，丰富官兵业余生活，提升警营文化软实力。加强文化育警，联合贵港市委宣传部及友邻单位举办庆祝"八一"文艺晚会，拍摄微视频《我是谁》和微电影《初心》，全面展示官兵形象，扩大部队影响力。

【边检队伍建设】 2017年，贵港边防检查站紧盯队伍建设根本，聚焦强警目标，坚持以"四项建设"为抓手，从严从难锤炼部队，不断提升遂行实战任务能力。提升信息牵引效能，推进基础信息化建设，做好航行港澳小型船舶出入境人员基础信息采集，为管控服务提供信息支撑。走访公安局，争取信息资源权限支持，实现信息资源整合共享。年内，开展梅沙系统和一体化运用等培训20多期，组织梅沙系统应急保障演练8次。强化实战导向作用，持续抓好基础体能、队列和擒敌等科目训练，将体能考核结果与绩效考评挂钩,激发官兵的练兵热情和素质潜能。严格落实中共十九大等重大活动边防安保工作部署,实行超常规措施,发扬攻坚克难、顽强拼博、连续作战的工作作风,确保口岸辖区和部队内部"两个稳定",出色完成中共十九大等重要敏感节点的边防安保任务。年内,开展军事技能训练120多次、240多个课时,举办业务知识培训12次,组织各类业务技能考核25次。强化法制规范引领,开展执法突出问题排查整治及"回头看"活动,制定《重点业务工作流程规范》,强化情报搜集研判,常态化推进口岸巡逻防控,购置执法记录仪10台、对讲机5台、单反相机2台和执法装备1批,以提升执勤执法能力。积极参与"西江流域边检执法执勤协作"机制建设,通过集中授课、模拟办案和旁听案件庭审等形式,提高官兵执法技巧和办案水平。强化队伍正规有序,开展安全工作大检查和《条令》学习月等活动,加强《条令》知识培训,增强官兵纪律意识与号令意识。加强督导检查,推动中央军委"十一条禁酒令"和从严治警"九条铁规"等禁令铁规的刚性落实。严格落实"三铁两器"、双人双锁和定期保养等制度,进一步规范枪弹管理。狠抓装备车辆和干部私家车管理,开展安全行车教育12次,进行驾驶技术考核2次。年内,通过公安部甄选考核赴利比里亚执行维和任务并被授予联合国和平勋章1人,入围总队第三届"十佳警嫂"候选人家属1人,被市公安局评为十九大安保先进个人1人,获全市公安机关"迎接十九大忠诚保平安"主题演讲比赛二等奖1人,被总队评为执法工作先进个人1人。

(邓小东)

人民防空

【概况】 2017年,贵港市人民防空工作以军事斗争人民防空应急准备为牵引,以人防基础设施建设为中心,以城市地下空间开发为重点,人防专业队伍扩建至8支500人,全市统一举行"9·18"防空警报试鸣,被自治区人民防空办公室评为2017年度人民防空工作目标管理"达标先进单位"。

【人防训练演练】 2017年,贵港市人民防空委员会办公室(以下简称贵港市人防办)每月与自治区人防办及其他地市联合训练,每周二、五进行专业训练,提高应急机动通信指挥能力,为战时"联得通、打得赢"奠定基础。5月,赴来宾市参加2017年人防救援联合通信保障应急演练。6月,参加区人防办在玉林市博白县组织的人防通信保障演练暨人防宣传教育活动。9月,在贵港城区、桂平市、平南县城区同步举行"9·18"防空警报统一试鸣活动,全市51台警报器鸣响率达100%,音响覆盖率达95%以上。结合警报试鸣活动,市直、各县(市、区)6所初级中学同步进行人员疏散隐蔽演练。

【人防行政审批】 2017年,贵港市人防办按照"以收促建,以建为主"的原则,严把民用建筑项目人防行政审批关。市本级受理行政审批15项,办结15项,按时办结率100%,服务对象满意率100%,没有责任投诉,没有出现违法违规"减、免、缓"的现象。

【人防宣传教育】 2017年,贵港市人防办结合防空警报统一试鸣,在《贵港日报》、贵港电视台连续5天刊登、播放试鸣防空警报的通告;在《贵港日报》开辟人防宣传专栏,及时报送贵港市人防建设新成就、新动态;利用人防宣传展板在市行政中心和各党政机关进行人防知识巡展;发放贵港市防空防灾应急手

2017年9月18日,贵港市举行2017年"9·18"防空警报统一试鸣活动

市人防办 提供

2017 年 11 月 30 月，贵港市举行建设中路人防工程竣工暨开街仪式 市人防办 提供

册 1 万本，宣传资料 10 万份；会同教育部门抓好中心城区和县（市、区）城区初级中学八年级人民防空防灾知识教育和防护技能训练，全市接受人民防空防灾知识教育和防护技能训练的学校 20 所，师生 1.5 万名。

【人防执法】 2017 年，贵港市人防办加大人防执法力度，组织执法人员对全市房地产公司进行摸底排查，重点查处少报、漏报、瞒报建设工程，对全市未报建工程项目进行追缴，开展人防行政执法检查 38 次，受检单位 13 个，追回易地建设费 1661 万元。

【人防工程建设】 2017 年，贵港市人防办坚决贯彻落实市委“13446”工作思路，全力做好招商引资工作，引进贵港市金田路世纪经典商场投资建设商业超市项目，项目总投资额 3000 万元。11 月，建设路地下人防工程项目全面竣工并成功开业，投资 3 亿元，改善了贵港市人防掩蔽工程面积不足的状况，为城市多元化投资建设和人防工程建设提供了示范。

按照“科学选址，合理布局，有效安置”要求，新建港北区中里乡塘河村、港南区木格镇云垌村、覃塘区五里镇东流村 3 个疏散接收地域。投入资金 30 万元对港南区瓦塘镇八合村等 8 个疏散地域进行升级改造，可疏散人口 2 万人，占应临战疏散人口的 20% 左右。

【人防组织和队伍建设】 2017 年，贵港市狠抓人防机关“准军事化”建设，修改、完善规章制度 18 项，各县（市、区）依法组织防空警报统一试鸣和人员疏散隐蔽演练，人防易地建设费征收额创历史新高，桂平市、平南县人防指挥所建设完成前期工作。

人防专业队伍建设由上年的 5 支、310 人，扩建至 8 支、500 人，新建信息防护专业队、心理防护专业队和伪装设障专业队等 3 支专业队伍。新建队伍结合组建单位的工作和生产实际，坚持以在职训练为主、集中训练为辅的方法，加强专业技能和应急救援等方面的训练，以提高专业队伍的业务水平和应急反应处置能力。

（黄丽丽）

经　济

经济综述

【概况】 2017年，贵港市实现地区生产总值1082.18亿元，增长9%，经济总量首次突破千亿元大关，增速广西排名第3位。规模以上工业总产值1182.25亿元，增长19.5%；规模以上工业增加值360.7亿元，增长12.2%。财政收入90.03亿元，增长12.7%。全社会固定资产投资983.81，增长16.9%。社会消费品零售总额480.7亿元，增11.3%。外贸进出口总值23.88亿元，增长26.6%；直接利用外资3405万美元，增长17%。城镇居民人均可支配收入28806元，增长7.6%；农村居民人均可支配收入12544元，增长8.4%。

【产业结构调整】 2017年，贵港市第一产业增加值193.65亿元，增长4.2%，对经济的贡献率为9%；第二产业增加值465.86亿元，增长11.3%，对经济增长的贡献率为52%；第三产业增加值422.68亿元，增长8.8%，对经济增长的贡献率为39%。三次产业结构由上年的19.8∶41.0∶39.2调整为17.9∶43.0∶39.1，一产下降1.9个百分点，二产上升2个百分点，三产比重与上年持平。规模以上工业增加值占地区生产总值的比重由上年的31.2%上升到33.33%，同比上升2.13个百分点。

【农业生产发展】 2017年，贵港市农林牧渔业总产值334.75亿元，同比增长4.4%，比上年提高0.4个百分点。其中，农业产值149.57亿元，同比增长3.9%；林业产值21.73亿元，同比增长12.1%；牧业产值118.28亿元，同比增长2.84%；渔业产值43.77亿元，同比增长5.78%。

主要农产品产量有增有减。粮食总产量149.63万吨，同比下降3.4%。水果产量31.05万吨，同比增长8.7%。水产品产量25万吨，同比增长5.72%。肉类总产量38.07万吨，同比增长1.87%，其中，猪肉产量28.4万吨，同比增长2.2%。生猪存栏323.97万头，同比增长1.3%；生猪出栏356.79万头，同比增长2.2%；家禽存栏2230.65万只，同比增长3.9%；家禽出栏4384万只，同比下降1.1%。

【工业及园区发展】 2017年，贵港市全部工业增加值378.53亿元，同比增长11.3%，比上年提高2.9个百分点，对经济增长的贡献率为41.9%，拉动经济增长3.8个百分点。截至12月末，全市规模以上工业企业499家，比上年增加43家，实现规模以上工业增加值同比增长12.2%，增速比上年提高3.4个百分点，增速在全区排名第二位。

工业园区发展势头强劲，五

2017年1月12日，香港贝丰集团贵港一期项目竣工投产仪式　　市发改委　提供

大园区规模以上工业企业216家，占全市规模以上工业企业数的43.29%。五大园区规模以上工业增加值同比增长11.9%，增幅比全市平均水平低0.3个百分点，园区带动全市经济发展的效应凸显，发展步伐强劲。

【服务业发展】 2017年，贵港市第三产业增加值422.68亿元，增长8.8%。交通运输、仓储和邮政业实现增加值82.05亿元，增长6.7%；批发和零售业增加值75.06亿元，增长7.2%；住宿和餐饮业增加值17.93亿元，增长6.9%；金融业增加值45.64亿元，增长11.7%；房地产业增加值65.35亿元，增长5.8%；商品房销售额173.63亿元，同比增长55.7%，增幅比上年提高23个百分点，其中，住宅商品房销售面积291.22万平方米，同比增长15.1%；销售额160.62亿元，同比增长57.9%。港口货物吞吐量6322万吨，增长9.7%；集装箱吞吐量22.22万标准箱，增长33.4%；公路客货运周转量124.4亿吨千米，增长9%；水路客货运周转量448.48亿吨千米，增长12.2%。社会消费品零售总额480.7亿元，增长11.3%；城镇、乡村社会消费品零售总额分别为353.38亿元、127.32亿元，同比分别增长9.3%、17.3%，乡村消费增长速度快于城镇8个百分点。旅游经济不断发展壮大，接待国内游客2090.7万人次，增长25.45%；旅游总消费237.85亿元，增长32.8%。

【投资和项目建设】 2017年，贵港市固定资产投资完成983.81亿元，同比增长16.9%，增速虽比上年回落5.1个百分点，但持续保持高位运行，全区排名第一位。

全市主要建设项目762个，累计完成投资418.7亿元，其中192个项目实现开工，160个项目实现竣工。其中：37个自治区统筹推进重大项目完成投资93.43亿元，完成年度计划投资的179.04%；360个市级层面重大项目完成投资32.33亿元，完成年度计划投资的142.67%；9个西江经济带基础设施建设大会战项目完成投资6.06亿元，完成年度计划投资的66.18%。中央预算内投资项目共146个，累计争取中央资金8.51亿元，已开工145个，完成中央投资5.97亿元。成功举办全区投资和项目建设工作会议，并作经验介绍。入选国家重大市政工程领域PPP创新工作重点城市；市大额投资项目管理委员会审议通过重点实施的PPP项目共15个，总投资约246亿元；郁江两岸综合治理工程、“十三五”镇级污水处理厂、智慧城市3个PPP项目开工建设。

【改革开放】 2017年，贵港市继续深化“放、管、服”改革，清理取消行政许可事项54项，调整259项，提前实现权力清单和责任清单“两单融合”，稳妥推进经营类事业单位改革。稳步推进供给侧结构性改革，“三去一降一补”取得明显成效，累计为全市企业减负10.7亿元。深入推进投融资体制改革，2017年度总体投资环境满意度排名广西第一。引导和规范农村土地经营权有序流转。桂平市创新五大机制助力脱贫攻坚；扬翔“一十百千万”精准扶贫模式辐射至南宁、百色、田阳、都安多地，带动2.3万贫困人口脱贫致富。扎实推进商事制度改革，成为广西两个“全国个体工商户简易注销登记改革试点”之一，在全区率先推行个体工商户和个人独资企业“口头申报、即可办照”登记改革，贵港市办理工商营业执照速度全区最快。市供销社获评“全国供销合作社综合改革试点工作先进单位”。着力盘活土地资源，拉大城市框架，制定贵港市与自治区农垦、林场、监狱、水产畜牧系统协同发展的工作机制。司法责任制改革有序推进，顺利完成全市首批法官检察官入额制度改革。全面推进义务教育学区制管理改革，开展高中教育集团化办学改革。深入推进医改工作，全市11家城市公立医院全部取消药品加成，实

2017年3月8日，贵港市举行医改新闻发布会　　市发改委　提供

施药品零差率销售，开展县乡医疗服务一体化管理试点工作。不断深化和推进国有企业、林业、水利、安全生产、财政金融等其他各项改革。招商引资成效显著，实施精准招商，全市招商引资新签约项目424个，合同投资额974.04亿元，其中亿元以上项目262个，合同投资额908.78亿元；150个项目实现落地开工。成功引进新能源汽车、电子信息、生物制药等新兴产业项目48个。

【社会民生】 2017年，贵港市科技创新能力不断增强，新增国家高新技术企业12家，新增自治区知识产权优势企业3家，新建15个产学研合作关系；全市有效发明专利拥有量317件，每万人口发明专利拥有量0.74件；广西泰亿诺环保科技有限公司"纳米电热管"项目获第六届中国创新创业大赛"优秀企业"奖；科技特派员服务实现贫困村全覆盖。教育事业加快发展，建成桂平五中、桂平光明小学、平南镇东湖小学、港南一幼、港南二幼等学校，开工建设广西物流职业技术学院、贵港高中新校区、中山路小学、荷城二中、登龙桥小学、荷城二幼；新建幼儿园3所，实现市级示范幼儿园县市区全覆盖，全市学前教育三年毛入园率85.4%；义务教育巩固率95%；高中阶段毛入学率87.7%，每万人口高中在校生人数位居全区第一，每万人口上一本线比例全区第二；职业教育整体办学水平逐步提高，桂平市第一中等职业技术学校和平南县中等职业技术学校被遴选为第三批广西中等职业教育示范特色学校。文化体育事业繁荣发展，新建102个村级公共服务中心；非物质文化遗产保护得到加强，完成罗泊湾一号汉墓棺椁修复工作；广泛开展群众性文化体育活动，获得第32届全国"荷花展"举办权，开展"三月三"民族民俗文化活动50多场次，举办全市篮球、乒乓球和气排球争霸赛，成功承办全国健美健身公开赛、广西第四届县域篮球赛和广西青少年男子篮球锦标赛。卫生计生工作得到加强，港北区人民医院新址业务综合楼投入使用，市妇幼保健院、儿童医院和妇产医院"三合一"业务大楼建成；12家医院实现跨省异地就医直接结算服务；基层卫生服务能力进一步提高，家庭医生签约服务覆盖率100%，村级卫生室实施基本药物制度覆盖率96.4%。脱贫攻坚成效明显，深化拓展"精准扶贫深化年"活动，全面完成65个贫困村、4.56万贫困人口的摘帽脱贫奋斗目标，贫困村全部实现村集体经济收入2万元以上；修建贫困村屯道路1055千米，改造危房4468户，完成易地扶贫搬迁项目17个、安置搬迁贫困群众9834人。着力提高居民收入，城乡居民人均可支配收入20344元，增长9.1%，增速高于年初计划1.1个百分点，超额完成2017年目标任务。其中，城镇居民人均可支配收入28806元，增长7.6%；农村居民人均可支配收入12544元，增长8.4%。努力扩大就业渠道，新增城镇就业1.8万人，城镇登记失业率1.07%；新增农村劳动力转移就业4.56万人。强化社会保障工作，参加各类社会保险744.23万人次，城乡居民最低生活保障标准分别提高12.9%和8.8%。切实加强保障性安居工程建设，开工建设保障性住房5510套，基本建成4523套；建设移民新村68个，发放扶持资金1.25亿元。"平安贵港"创建活动深入开展，维稳、安全生产、信访、综治、人民调解和法律服务工作得到加强，国防和双拥工作迈出新步伐，社会和谐稳定。 （麦菲菲）

招商引资

【概况】 2017年，贵港市围绕"13446"工作思路，深化拓展"六个年"活动，持续开展"大招商、招大商"活动，坚持招商引资"一号工程"，不断创新招商思路和方式，主动践行十九大报告所提出的"走出去、引进来"开放发展战略，全市累计新增签约项目424个，总投资974.04亿元。其中，新增亿元项目262个，投资额908.78亿元。全市完成实际到位资金（含续建项目）423.35亿元，完成自治区下达年任务的120%；完成全口径实际利用外资（含续建项目）4.4亿美元，完成年任务的109.95%。招商引资实际到位资金增速排名从2014年全区第八名跃升到2017年全区第一名。重大项目投资完成率、企业投资环境满意度等均排名全区第一。贵港市获自治区2017年度招商引资专项考评第五名，评为优秀等次；奖励贵港市200万元资金、300亩建设用地指标。

【领导招商】 2017年，贵港市招商工作坚持领导主抓，高层推动，全市各级领导带队外出招商682次，贵港市委书记、市长坚持每月常态化外出招商，平均每周接见客商2批次以上，直接推动国轩高科、和乐门业、爱玛电动车、广东海大集团等一批重大项目的洽谈和落地实施。县（市）区及部门主要领导亲自抓招商，亲自谈项目，也纷纷

2017 年 3 月 22 日—24 日，贵港市市长农融（右三）率队赴浙江招商，图为考察浙江中控技术股份有限公司

市投资促进局　提供

“走出去、请进来”，先后带队赴贵州、广东、湖北、重庆、福建、北京等地考察大数据、招商引资，对接了广东国通产业城、湖北智轩科技新能源汽车、铁汉生态环境股份公司等一大批项目。同时，积极在项目落地上下功夫，有效加快推进一批重点项目开工建设，全市招商引资工作保持良好发展势头。

【部门招商】 2017 年，贵港市部门联动，借力招商势头强劲。各级各部门充分利用部门资源上下联动、横向发力，以主题活动为突破口，借助各种论坛及会展活动积极推介贵港。6 月，贵港市工信委成功举办第二届广西新能源电动车博览会新闻发布会暨中国—东盟新能源电动车生产基地招商推介会；11 月，贵港市林业局成功举办中国（贵港）木材加工产业发展高峰论坛；12 月，贵港市农业局成功举办广西（贵港）富硒农产品博览会；贵港市商务局借助东莞电子信息协会及深圳外商协会平台，两次成功举办异地专题招商推介会；此外，贵港市发改委、财政局、旅发委、国土局、工商局、工商联等部门也积极开展系列招商引资活动。各县（市、区）积极创新工作机制和工作方法，形成比学赶超的浓厚氛围。桂平市旅游养生健身实现新跨越；平南县资源利用助推新兴产业新提升；港北区电动车产业链和电子产业招商成为新亮点；港南区羽绒业及林产品取得新突破；覃塘区围绕新能源汽车产业链招商有成效。

【产业招商】 2017 年，贵港市突出重点，产业招商持续发力。为拉长产业链，完善产业结构，针对新能源汽车产业链，贵港市招商小分队主动拜访全国排名前十名的动力电池知名企业；贵港市工信委、港北区以浙江、天津等地为方向，积极对接全国知名品牌电动车企业，与绿源、爱玛、五星钻豹等电动车企业成功签约；针对电子信息产业，电子信息小分队借力深圳、东莞电子信息协会承办专题推介活动，主动对接赛尔康、嘉龙海杰等上下游企业。各职能部门积极开展智能终端产业“百日攻坚”行动，以深圳宝安、龙岗和东莞为主攻方向，对接中能绿色、ASM 先进科技、雅裕达、黑茶手机等意向企业。针对生物制药及医疗设备产业，贵港市食药局、卫计委等部门积极主动对接修正药业、七喜集团、鼎辉集团、艾迪尔等公司；同时针对传统产业，港南区、覃塘区及有关部门以北京、山东等地为重点积极对接中国食品协会、中国林产品协会及柳桥集团，全力打造“中国硒港”品牌，推动木材、羽绒等传统产业提档升级，为产业招商奠定基础。

2017 年 6 月 20 日，贵港市招商小分队参加广西农业投资合作项目交流洽谈会

市投资促进局　提供

【招商服务】 2017年，贵港市强化机制，规范招商行为。坚持问题导向，严肃招商经费使用，突出政策招商的效应，规范招商引资的项目流程，加快项目落地，研究出台《贵港市招商引资经费管理使用暂行办法》《贵港市承接东部产业转移资金扶持暂行办法》《贵港市本级承接产业转移扶持资金管理暂行办法》《贵港市招商引资项目联合预审工作机制》等；制度的创新完善加快推动项目签约和快速落地。强化服务，提升项目审批效率，围绕“简政放权、放管结合、优化服务”，推行“六证合一、一证一码”“全市通、就近办”“口头申报注册”“联审联批”，把串联改并联、出台容缺机制等，项目落地效率大大提高。以“项目建设优质年”、“企业服务量化年”为载体，建立项目联系人责任制，实行“保姆式”服务，及时研究解决企业面临的困难和问题；精准招商服务。在项目考察洽谈中，招商团队能够快速为企业提供企业所需的相关材料，加快对接频率，让企业第一时间了解项目落地可行性，增强企业决心，加速项目谈判落地进程。继续实施重大项目动态管理，项目建设实现新突破。投资10亿元的赛尔康（贵港）电子产业园项目仅用7个月时间便完成15万平方米主体厂房建设并投产；腾骏汽车项目从动工到即将完成主体工程建设，仅用7个月，再续重大项目建设的“贵港速度”。 （黎 航）

扶贫开发

【概况】 2017年，贵港市坚持“实事求是、产业先行、整合资源、廉洁扶贫”四个原则，深入推进“精准扶贫深化年”活动，实现64个贫困村、4.55万贫困人口脱贫摘帽，贫困发生率从6.7%下降到4.3%，减贫速度（减贫人口占上年贫困人口的比重）21.05%，顺利通过自治区巡视组、自治区第三方评估、自治区“四合一”实地核查等工作。贫困人口动态调整工作在全区会议上得到自治区党委副书记孙大伟的表扬；党建促脱贫攻坚工作得到自治区的肯定，贵港市在全区交流会上作经验介绍；2016年和2017年贵港市易地扶贫搬迁工作进度在全区12月底的通报中综合排名第一，在全区现场会上作经验交流发言；产业发展模式在全区推广；扶贫档案管理走在全区前列。

【扶贫机制体制建设】 2017年，贵港市精准扶贫、脱贫攻坚工作坚持领导高位推动，完善顶层设计，创新工作平台建立键全机制体制建设。

领导高位推进 贵港市委书记李新元、市长农融带头履行一把手职责，多次参加脱贫攻坚会议，重点部署，深入贫困村屯开展调研走访活动29次、听取扶贫专题汇报5次，以实际行动支持脱贫攻坚工作；成立由市厅级领导带领的督导队深入县（市、区）、村屯开展脱贫攻坚季度督查，有效形成以上率下的工作氛围，推动贵港市扶贫政策及工作的落实。

完善顶层设计 从调整脱贫攻坚滚动计划、脱贫攻坚帮扶力量、专责小组职责和驻组制度、社会帮扶捐助、提高公共服务标准、制定产业奖补办法6个方面出台一系列政策措施，逐步完善脱贫攻坚顶层设计。

创新工作平台 以“书记面对面”谈党建促脱贫和“书记问效”党建促脱贫工作为平台，层层传导压力，进一步压实各级党委、政府和对口部门的帮扶责任；对党委和政府分管扶贫领导进行7次业务培训，有效提升分管扶贫领导及扶贫干部的业务水平。

【贫困人口动态调整】 2017年，贵港市坚持实事求是、严格程序的原则，做到“四个狠抓”“一个创新”（狠抓业务培训人员、狠抓工作进度、狠抓识别方法、狠抓识别精准、创新工作措施），按照“应纳尽纳”要求，新识别5869户、24408人，认定返贫775户、3551人，剔除错评2352户、9480人。动态调整后贵港市建档立卡贫困人口总规模为40.2万（含2014年、2015年退出户，2016年脱贫户）。

【扶贫财政投入加大】 2017年，贵港市筹措落实财政扶贫资金87350万元，支出85772万元，支出进度为98.19%，资金支出和项目完成进度都达到自治区考核要求。统筹整合财政涉农资金73013万元，支出67188万元，支出进度为92.02%；清理存量资金可统筹部分15542万元，用于扶贫7899万元，占比50.82%；落实扶贫小额信贷贴息资金6588万元，落实风险补偿金15386万元。

【产业扶贫】 2017年，贵港市制定出台《1+3扶持发展壮大村集体经济办法》，市本级财政“十三五”期间，拟投入1.4亿元用于产业奖补。360个贫困村均成立村民合作社，完成计划任务数100%；64个脱贫村“3+1”特色产业覆盖率达95.11%，村级集体经济收入均达2万元以上、达标率100%；1073个有扶贫任务的行政村完成村级经济发展规划制定任务100%；新建新型农业经营主体1106个、建立电子商务村级服务站点1151个，完成率分别为147.3%、126.2%。

【扶贫村基础设施建设】 2017年，贵港市创新项目建设挂点联系制度，在每个项目建设点安排市、县（市、区）、乡（镇）、村建设责任人，形成四级联动责任人负责制，层层落实责任和目标，每月制订形象进度表，实施清单管理，创新村屯竞争模式推进项目。完成村屯道路建设1054.4千米、贫困户危房改造4549户、农村饮水安全巩固提升工程33个、贫困村村级公共服务综合楼建设50个、篮球场建设50个、电网改造升级项目39个。

【扶贫公共服务保障】 2017年，贵港市对建档立卡贫困户在城乡居民养老保险、医疗保险个人缴费、医疗住院费用报销比例、贫困家庭寄宿生补助、农村低保五个方面提高帮扶标准。将参加新农合的贫困群众个人缴费给予60%的补助提高到80%；将贫困群众住院报销比例在上年的基础上再提高5%；农村最低生活保障标准从每人每年2940元提高到3200元。对因病、因残、因灾、因老等原因导致家庭主要劳动力失去生产能力的深度贫困群体，加大帮扶力度，实行政策性保障兜底，确保应扶尽扶、应保尽保。

【易地扶贫搬迁】 2017年，贵港市移民集中安置点17个，项目投资完成率、住房建设率、搬迁入住率均达100%，工作进度在全区年终通报综合排名第一。

【扶贫社会捐助】 2017年，贵港市出台《贵港市"扶贫济困"捐助活动实施方案》，以贵港市光彩事业促进会作为统一接收社会力量捐助的平台，通过发挥机关工委、统战部、妇联、团委、工商联、老促会等群团部门的作用，合力推进扶贫济困捐助规范化、常态化，全年开展6次扶贫济困专场捐助活动，筹集270多万。

【扶贫宣传】 2017年，贵港市加强扶贫政策和先进典型的宣传，在中央级媒体发表扶贫报道107篇，自治区级媒体刊播新闻报道88篇，在《广西精准脱贫攻坚简报》上发表典型扶贫经验信息5篇，在贵港市级媒体刊播新闻报道400多篇，不断提升脱贫攻坚影响力、向心力、催动力，为贵港市脱贫攻坚工作提供良好的舆论氛围和精神动力，有力营造全民参与扶贫的浓厚氛围。

（冼　峰）

2017年，港北区在根竹镇老乡家园流转500亩土地，创新建成的"微田园"

市扶贫办　提供

工业园区建设

【概况】 2017年，贵港市产业园区是经贵港市委、市政府批准同意成立的唯一的市直属工业园区，辖江南园、粤桂园、石卡园等3个园区。市产业园区总体规划面积为59平方千米，正在做规划修编，将扩区至110.7平方千米。园区已建成道路26条39千米、污水处理厂2座、自来水厂1座、公租房1201套，建成标准厂房73万平方米、粤桂园供热供水管道2.2千米。年末，入园企业202家，投产企业168家。其中，规上企业75家，主要产业有新能源汽车（华奥汽车制造项目、腾骏汽车项目）、电子科技（嘉龙海杰）、电力（华电贵港电厂）、化肥（史丹利）、现代机械制造（西江重工）、饲料、木材加工、羽绒、服装、造纸、建材及生产性服务业等。全年，园区实现工业总产值182.2亿元，同比增长27%；完成工业增加值44.63亿元，同比增长27%；完成税收4.83亿元，同比增长2%；完成工业投资6.97亿元，同比增长52%；完成基础设施投资1.18亿元，同比增长26%。

江南园　成立于2001年，2006

年升格为自治区级工业开发区，是自治区桂东四市东部产业转移示范基地之一，是自治区重点工业园区之一。规划面积34.2平方千米，已建成道路21条共25千米，在建道路3条共2.2千米；建成公租房649套、标准厂房53万平方米、污水处理厂1座。园区主要发展羽绒、木业加工、化肥、饲料、电子、皮革、纺织等产业，主要企业有史丹利化肥、嘉龙海杰电子、华强羽绒、恒源木业等。2017年年末，入园企业163家，其中，木业100家，羽绒8家，化肥3家，饲料7家。已投产企业143家，在建、续建项目20个。规模以上企业有62家，其中，木业37家，羽绒4家，化肥2家，饲料6家。

粤桂园　原隶属于贵港国家生态工业（制糖）示范园区，是全国第一个批准设立的循环经济试点园区。2001年8月，经国家环保总局正式批准并授牌；2012年8月，被评定为自治区A类产业园区。规划面积22.7平方千米，园区主要发展电力、制糖、造纸、新型建材等产业。2017年年末，入园企业8家，主要有华电贵港电厂等。其中，已投产企业6家，规上企业6家，正在做前期工作项目2个。

石卡园　包括大岭工业集中区，原隶属于广西贵港（台湾）产业园，成立于2009年9月。2010年，经自治区批准列为全区27个重点推进园区之一。2011年5月，被评定为自治区A类产业园区。规划面积53.8平方千米，已修建道路5条共14.13千米、公租房552套、污水处理厂1座、自来水厂1座、标准厂房20万平方米。园区主要发展新能源汽车、现代机械制造、新型建材、现代物流仓储等产业。2017年年末，入园企业31家，主要有华奥汽车制造项目、腾骏汽车项目、久久星新能源汽车、西江重工等，已投产企业24家。其中，规上企业7家，在建项目7个。

2017年3月8日，石卡园腾骏汽车项目奠基仪式现场　　市产业园区管委会　提供

【园区基础设施建设】　2017年，贵港市产业园区管理委员会推进61个项目前期工作。其中，完成项目立项20个，完成可研批复进入项目“两评两案”编制阶段项目10个，发布招标公告项目1个。推进建设工作项目10个。其中，粤桂园华电至华南纸业供热供水项目实现竣工验收；进港五路、沿江三路、汽车大道、城东大道（南段）进入雨污水管管道和路面工程施工阶段；西江保税物流中心进入场地平整和地块内道路排水管道沟槽开挖施工阶段；江南污水处理厂实现进水调试运行；逢启二线、逢运线迁改项目进入迁塔杆基础施工和杆件安装阶段；城南大道进入路面工程施工阶段。创建贵港高新技术产业园申报材料已提交到自治区人民政府。

【园区土地服务管理】　2017年，贵港市产业园区管理委员会配合港北、港南、覃塘区人民政府完成土地征收10358.57亩（属新征地6049.57亩，属原预征土地4309亩），是2016年征地量的4倍，拨付征拆资金14367万元。完成土地预审7308亩，完成新调规土地18039亩，新增建设用地9069亩。全年安排项目落地48个，安排用地总面积6805亩，总投资166.57亿元。办理26个项目供地手续，面积3134亩。开展园区批而未供土地专项整理工作，出让成交19个工业项目用地，面积2576亩，成交总价款30515万元。划拨基础设施项目1个，面积224亩。

【园区招商引资】　2017年，贵港市产业园区管理委员会成功签约17个项目，计划总投资额28.79亿元，是年度目标任务的9倍多。入园项目中，有27个项目实现开工建设。

【园区企业服务】　2017年，贵港市产业园区管理委员会进一步深化捆绑服务企业责任制，通过16个捆绑服务小组和3个驻园办事处，将服务重心下移，及时解决企业建设生产存在的问题。全年收到企业反映发展中遇到的问题218件，解决企业招工、用水、用电、环评和用地等困难、问题211件，解决率达96.8%。围绕华奥汽车、腾骏汽车、嘉龙海杰等重大项目，园区成立以单位主要领导为组长的服务工作组，实行三天一调度、一周一督查，倒排工期、挂图作战，积极跟进追踪，及时协调解决存在问题，推进重大项目建设。

【历史遗留问题处置】 2017年，贵港市产业园区管理委员会依法解除与港龙公司的皮革城合作协议，盘活江南园皮革城土地5800亩；完成与港北、港南、覃塘区人民政府的园区债权债务交接，对接江南污水处理厂续建工作，解决部分历史欠款问题。（郑　冰）

国际贸易合作

【组织企业参展】 2017年，中国国际贸易促进委员会贵港市支会（以下简称贵港市贸促会）组织53家企业100人参加第14届中国—东盟博览会、中国—东盟商务与投资峰会。其中，参展企业2家，13家企业21人分别参加峰会的4场活动。会展期间，协助1家甜茶企业成功获得第14届中国—东盟商务与投资峰会推荐产品资格；协助贵港西江锅炉在东盟博览会上签订意向协议，广西竹福星生物科技有限公司生产的竹汁产品推销，协调2家企业接受多家媒体的采访、报道；组织2家参加广西优质食品走进美国采购对接会，并签订采购意向协议。年内，还组织企业参加第六届广州国际食品食材展会，第八届湘博会等大型博览会，组织贵港动力公司、贵港市森林木日用品有限公司参加在德国奥芬巴赫举办的“2017年中国广西（德国）商品博览会”。组织贵港市动力公司、贵港市东海木业公司参加第二届澜沧江—湄公河国家经济技术展览会。

【法律服务】 2017年，贵港市贸促会为企业开展法律服务工作，为香港森联国际贸易有限公司贸易纠纷提供法律援助，挽回损失100多万元。举办2017年贵港贸促商事法律服务培训班，组织会员企业主和进出口公司的业务骨干60多名参加培训，广西贸促会法律部部长冷志刚、副部长毛健宁到会并授课。

【招商与扶贫】 2017年，贵港市贸促会与市移民局组成联合招商小组，到广东省分别与广东省佛山市顺德淋斯莱克节能科技（中国）有限公司、中山市巨禾电子科技有限公司2家公司达成合作意向。8月，成功引进平南县集德创展建材项目，项目合同投资额3000万元。6月，倡议会员企业参与扶贫，筹集化肥2吨，向平南县同和镇良田村部分种植贫困户发放，下半年为该镇争取广西地震局科普项目1个，资金5万元，年底已完成项目建设。（黄小英）

财　税

财　政

【概况】 2017年，贵港市组织财政收入90.03亿元，一般公共预算收入50.41亿元，财政收入同比增长12.7%，高于全区平均增速（6.1%）6.6个百分点，增幅在全区排名第2位，其中非税占一般公共预算收入比重33.3%、全区排名第5位。全市财政一般公共预算支出233.93亿元，同比增长10.1%，低于全区平均增速（10.6%）0.5个百分点，增幅在全区排名第8位，其中八项支出同比增长16.3%、全区排名第1位。获2016年度广西财政国库管理改革工作量化考评二等奖、2016年度财政总决算工作考评二等奖、全区财政系统二等功、2016年度社会保险基金预算管理优秀等次、固定资产决算报表编制先进单位、2016年度企业财务会计决算工作先进单位等多个奖项和荣誉。

【财政收入】 2017年，贵港市累计组织财政收入90.03亿元，增收10.15亿元，增长12.7%。

按收入组织结构划分：上划中央“两税”收入20.45亿元，增收4.82亿元，增长30.8%；上划中央营业税收入969万元，减收1638万元，下降62.8%；上划中央所得税收入10.16亿元，增收2.28亿元，增长28.9%；上划自治区分享“四税”收入8.91亿元，增收4279万元，增长5.0%；一般公共预算收入50.41亿元，增收2.79亿元，增长5.9%。在一般公共预算收入中，税收收入33.63亿元，增收2.55亿元，增长8.2%；非税收入16.78亿元，增收2450万元，增长1.5%。

按收入征管部门划分：财政部门组织收入13.29亿元，减收8791万元，下降6.2%；国税部门组织收入46.30亿元，增收13.66亿元，增长41.9%；地税部门组织收入30.44亿元，减收2.63亿元，

表 5

2017 年度贵港市一般公共预算收支决算总表

单位:万元

预算科目	决算数	预算科目	决算数
一、税收收入	336262	一、一般公共服务支出	190450
增值税	107305	二、外交支出	
企业所得税	34821	三、国防支出	3191
个人所得税	13190	四、公共安全支出	141843
资源税	11172	五、教育支出	528765
城市维护建设税	22462	六、科学技术支出	3200
房产税	9803	七、文化体育与传媒支出	15809
印花税	8284	八、社会保障和就业支出	277936
城镇土地使用税	7810	九、医疗卫生与计划生育支出	341516
土地增值税	27165	十、节能环保支出	13830
车船税	8331	十一、城乡社区支出	303937
耕地占用税	38218	十二、农林水支出	270184
契税	47701	十三、交通运输支出	52852
烟叶税		十四、资源勘探信息等支出	43476
其他税收收入		十五、商业服务业等支出	17812
二、非税收入	167833	十六、金融支出	1597
专项收入	39983	十七、援助其他地区支出	
行政事业性收费收入	35503	十八、国土海洋气象等支出	27520
罚没收入	22654	十九、住房保障支出	78533
国有资本经营收入		二十、粮油物资储备支出	8099
国有资源(资产)有偿使用收入	50301	二十一、其他支出	956
其他收入	19392	二十二、债务付息支出	17446
		其中:地方政府一般债券付息支出	17417
		二十三、债务发行费用支出	304
收入合计	504095	支出合计	2339256

下降 8.0%。

按行政区域划分:市直完成 20.97 亿元,增收 2.07 亿元,增长 11.0%;港北区完成 17.69 亿元,增收 2.13 亿元,增长 13.7%;港南区完成 7.81 亿元,增收 1.22 亿元,增长 18.5%;覃塘区完成 8.9 亿元,增收 1.94 亿元,增长 27.8%;平南县完成 18.12 亿元,增收 1.79 亿元,增长 11.0%;桂平市完成 16.53 亿元,增收 9962 万元,增长 6.4%。

【财政支出】 2017 年,贵港市一般公共预算支出 233.93 亿元,完成预算的 97.2%,增支 21.38 亿元,增长 10.1%。

八项及民生支出:八项支出 180.15 亿元,增支 2.54 亿元,增长 16.4%;民生支出 194 亿元,增支 21.92 亿元,增长 12.7%,民生支出占一般公共预算支出比重的 82.9%。

按行政区域划分支出:市直支出 48.5 亿元,增支 10.68 亿元,增长 28.2%;港北区支出 19.98 亿元,增支 4059 万元,增长 2.1%;港南区支出 19.43 亿元,增支 1.1 亿元,增长 6.0%;覃塘区支出 20.31 亿元,增支 2.5 亿元,增长 14.1%;平南县支出 57.19 亿元,增支 5.49 亿元,增长 10.6%;桂平市支出 68.52 亿元,增支 1.19 亿元,增长 1.8%。

【政府性基金收支】 2017 年,贵港市政府性基金预算收入 33.98 亿元,增收 17.22 亿元,增长 102.7%。政府性基金预算支出 33.8 亿元,增支 11.69 亿元,增长 53.9%。

【财政总收支】 2017 年,贵港市财政总收入257.85亿元。其中，一般公共预算收入50.41亿元，上级补助收入148.77亿元(含返还性收入6.81亿元、一般性转移支付收入98.5亿元、专项转移支付收入43.46亿元)，债务转贷收入31.36亿元、待偿债置换一般债券结余2196万元，上年结余5.95亿元，调入预算稳定调节基金10.69亿元，调入资金10.46亿元。

财政总支出250.49亿元。其中，一般公共预算支出233.93亿元，上解上级支出1.47亿元，债务还本及其他债务还本支出7.03亿元，安排预算稳定调节基金8.07亿元。收支相抵，年终滚存结余7.36亿元。扣除结转下年继续使用的专款7.91亿元，净结余-5460万元。

【“三公”经费支出】 2017年，贵港市“三公”经费一般公共预算支出决算8955.52万元，同比减少3810.43万元，下降29.85%。其中，因公出国(境)费125.16万元，增长16%；公务用车购置及运行费6323.98万元，下降35.48%；公务接待费2506.38万元，下降12.26%。

【社会民生事业支出】 2017年，贵港市教育、社保、医疗、农林水等民生支出194亿元，增长12.7%，占一般公共预算支出比重的82.9%，比上年提高1.9个百分点，基本公共服务均等化水平进一步提高。

教科文事业　全市教科文预算支出54.78亿元。其中，教育支出52.88亿元，科学技术支出0.32亿元，文化体育与传媒支出1.58亿元。教育支出主要涉及“双千计划”公办幼儿园建设及多元普惠性幼儿园发展，建档立卡子女保教费，农村义务教育基础薄弱学校改造，农村义务教育阶段教师特设岗位补助，免除建档立卡贫困户子女，库区移民子女及非建档立卡的家庭经济困难残疾学生，农村低保家庭学生，农村特困救助供养学生的学费、课本费和住宿费等方面。文化支出主要涉及公共服务中心，博物馆、公共图书馆、文化馆免费开放等方面。科学技术支出主要涉及技术研究及开发，科技创新平台建设，科技企业扶持、技术推广及企业技术创新等方面。

社保与医疗　市直安排“社会保障和就业”和“医疗卫生”专项配套资金共1.12亿元，同比增加1608万元，增长16.7%，主要用于城乡居民养老保险、城乡居民医疗保险、高龄老人津贴、困难残疾人生活补贴和重度残疾人护理补贴等社保领域。实施整合城镇居民医保和新农合制度，实现覆盖范围、筹资政策、保障待遇、医保目录、定点管理、基金管理的有机统一。建立起困难群众基本生活救助、医疗救助、困难残疾人生活补贴和重度残疾人护理补贴以及高龄老人生活津贴制度，及时掌握补助对象的数量、构成及专项资金结余情况，防止虚报、漏报情况发生。全市全年累计发放困难群众基本生活资金5.28亿元，城乡医疗救助资金4418.33万元，困难残疾人生活补贴和重度残疾人护理补贴3402.35万元，高龄老人生活津贴4002.678万元。出台《贵港市就业补助资金职业培训和职业技能鉴定专项补贴资金管理实施细则》，明确业培训和职业技能鉴定专项补贴相关规定，规范就业补助资金管理。全市就业资金累计支出3427万元，同比增加190万元，增长6%。享受就业扶持政策1.2万人，其中享受就业见习补贴人数545人，同比增加405人，增长三倍。

农业发展　筹措落实财政扶贫资金8.74亿元，支出8.58亿元，支出进度为98%。其中，新增政府债券用于扶贫资金2.71亿元，完成100%支出。全市统筹整合财政涉农资金7.3亿元，支出6.72亿元，支出进度为92%。全市共清理存量资金可统筹部分用于扶贫共计7899万元。落实扶贫小额信贷贴息资金6588万元，风险补偿金1.54亿元。争取到自治区耕地地力保护补贴2.77亿元、水利建设补助专项资金3500万元，获得中央农村土地承包经营权确权登记颁证补助资金2596万元、中央和自治区农机购置补贴资金3225万元。出台《关于开展农业信贷担保试点工作的指导意见》，启动港北区试点工作。全市授理各类新型农业经营主体提出申请131笔，金额1.14亿元；出具担保确认函64笔，金额4270万元；放款47笔，共计3139万元。

【安居工程建设】 2017年，贵港市下达保障性安居工程资金4.84亿元。其中，下达中央财政资金3.3亿元，包括用于发放廉租住房补贴18.8万元、新建公共租赁住房963.31万元、棚户区改造1.72亿元、棚户区改造基础设施建设1.48亿元；下达自治区资金4691.15万元；市本级投入1.07亿元，全部用于棚户区改造。

【国库改革】 2017年，贵港市国库集中支付制度改革覆盖面达100%，累计预算改革资金量占当年预算支出的98.8%。公务卡结算制度改革覆盖面达100%，公务卡使用率达到68.6%，高于自治区财政厅目标要求38.6个百分点。贵港市国库集中支付改革、资金安全管理以及财政国库各项重点专项工作等均位列全区前茅，在2016年全区国库管理量化考核工作中，贵港市总分排名第4，获得二等奖。

【财源培育】 2017年，贵港市落实招商引资工作经费3000万元，支持开展“大招商、招大商”活动，围绕拉长现有新兴产业和传统产业链条，瞄准重点区域、重点企业开展精准招商，助力新能源汽车及电动车、生物制药、电子信息产业“新三篇”。落实资金4.5亿元支持赛尔康电子信息产业和华奥新能源汽车产业加快发展，夯实财源基础。支持深化拓展“工业发展优质年”和“企业服务量化年”活动，筹措落实企业技改、淘汰落后产能、节能减排等资金1亿元，推动工业转型升级。积极推进“惠企贷”工作，推进中小微企业加快发展。落实创业贷款风险担保基金，推动农村金融改革。创新支农方式，促成广西农业信贷担保公司贵港办事处成功设立，为解决贵港市现代农业发展“融资难”、“融资贵”问题开辟新路径。

【政府债务和资金管理制度建设】 2017年，贵港市印发《贵港市政府债务风险评估和预警暂行办法》《贵港市地方政府性债务风险应急处置预案》，建立起风险评估预警及应急处置机制，明确防范化解政府债务风险各级责任和工作思路。出台《贵港市市级财政专项资金预算管理暂行办法》，规范和加强市级财政专项资金管理，集中资金服务市委、市政府确定的重要项目和重点工作。

【财政投资评审】 2017年，贵港市完成财政性投资评审项目876个，送审金额67.40亿元，审定金额60.41亿元，审减金额6.99亿元，综合审减率10.37%。评审项目涉及建筑工程、市政工程、城市绿化、广场建设工程等项目。根据《广西壮族自治区人民政府办公厅关于进一步加强中央预算内投资管理的若干意见》要求，贵港市将财政评审起评标准调整为100万元。根据《广西壮族自治区人民政府办公厅关于进一步加强中央预算内投资管理的若干意见》，修改和完善评审限时办结制，即收到完整评审材料后15个工作日内出具评审报告。修订《贵港市本级财政投资项目评审业务安排管理办法》，将200万元(含)以上项目安排，调整为通过摇号机随机抽取，100万元(含)至200万元以下项目安排则通过排序抽取。

【政府采购】 2017年，贵港市政府采购预算38.37亿元，实际采购规模36.79亿元，节约资金1.57亿元，资金节约率4.91%。采购金额较上年同期减少12.37亿元，缩减25.16%。

政府采购制度改革 印发《关于非招标方式采购信息公告管理有关问题的通知》《关于采购文件预公示有关问题的通知》，通过完善政府采购信息公开的配套制度和细化规定，建立覆盖全过程的政府采购信息公开机制，推进政府采购信息公开透明。

政府采购信息化建设 10月，市本级政府采购计划管理系统正式上线运行。对所有符合备案要求的采购计划缩短为1天内即可办结，较手工办理速度提高200%以上。

对代理机构监管 实行“宽进严管”“放管结合”方式，统一监管标准，由事前监管向事中事后监管转变。促进代理机构公平竞争。落实日常抽查制度，开展代理机构专项检查工作，对代理机构发布的公告、招标文件、中标公告等进行抽查，及时纠正所发现问题。做好政府采购投诉和举报处理工作，对政府采购代理机构的严重违法失信行为实施联合惩戒，加大对违法行为的处罚问责力度。

政府采购招投标改革 11月底，市本级政府采购所有项目开标评标正式全部纳入公共资源交易中心进行。发售招标文件、开标评标等关键环节的监管进一步加强，有效杜绝违法违规行为。

【会计管理】 2017年，贵港市初级资格无纸化考试报考人数1827人，实际出考1215人，出考率66.50%，合格人数291人，合格率23.95%。中级资格报名人数841人，全科合格人数58人。组织2018年度初级资格考试报名，报名人数3922人，比上年增加2095人。

【财政监督】 2017年，贵港市通过违规违纪补贴发放、预算编制执行、预算公开、民生政策落实等专项检查，以加强财政资金监管。

违规违纪发放补贴检查 开展自查自纠单位1257个，查出违规违纪金额3197.38万元，其中违规发放津补贴2637.43万元。对97户单位进行重点检查，查出违规违纪金额232.55万元。

预算编制执行情况检查 开展2016年度预算编制执行情况、贯彻中央厉行节约情况及结余资金管理使用情况检查，查出未按规定公开决算收入、未按规定核算上

级补助收入、未按规定使用预算科目核算支出、未按规定办理政府采购手续、虚假列支、应收款项及暂存款项长期挂账等违规违纪金额306.83万元。

年度预决算公开情况专项检查　对各县(市、区)2017年度预决算公开情况进行专项检查,查出未按规定使用预算科目核算支出、未按实际发生公开决算数据内容、决算数据与部门决算数据与会计报表数据不符、虚列办公费、接待费科目支出等问题金额4875.69万元。

民生政策落实情况检查　各级各有关部门组织检查人员1313人进行民生资金重点检查,检查对象51948个,涉及各类民生资金29.42亿元,查出违规违纪金额1448.7万元。　(唐　浩)

国家税务

【概况】 2017年,贵港市国家税务局(以下简称贵港市国税局)组织国家税务总局考核口径收入49.51亿元,同比增收14.71亿元,增长42.28%;组织自治区政府考核口径收入45.55亿元,同比增收13.26亿元,增长41.05%;组织市政府考核口径税收收入45.44亿元,同比增收13.25亿元,增长41.15%。市国税局机关保留"全国文明单位"称号,全市国税系统累计获评省部级以上的表彰和荣誉20多项。

【国税税制改革】 2017年,贵港市国税局落实各项税收改革举措,推进营改增等税制改革,通过举办行业专题培训班和部分行业专项辅导座谈会,对税负上升的企业进行面对面的辅导,加强宣传辅导,进一步提升纳税人对税制的适应程度,及时帮助纳税人实现税收优惠应享尽享、进项税额应抵尽抵、涉税流程应简尽简,确保所有的行业只减不增。全年,举办纳税人培训班53期,培训3876人次;利用电子屏宣传税收政策283期,发送短信1.5万多条,发放税收资料6万余份(册),开展营改增政策大辅导1.34万户次,召开座谈会156户次,调研走访760户次,辅导纳税人5.28万户,辅导工作覆盖面100%。

推进国地税征管体制改革,进一步加强国税地税合作,深入推行国地税联合办税模式和联合执法。拓展国地税委托代征税款和协同开展共管事项,联合开展定额管理,联合开展管户清查和匹配等工作。抓好建安业税收管理,研发"贵港市建筑业税收管理系统",对建筑业实施项目化管理,以行政事业单位发包的建安工程、国家专项资金工程、房地产开发工程3类信息为切入点,全程监控工程流程和税源状况,确保税收征管到位。积极落实税务行政审批制度改革,全面推进"六证合一,一照一码"各项工作任务,共接收工商部门推送信息56930条,已办理税务登记14886条。

【国税税收执法】 2017年,经自治区司法厅批准,贵港市成立公职律师办公室,4名干部获得公职律师工作证。税务案件审理明显加快,经过多方面多层次沟通协调和调查取证,重大税务案件审理委员会审理结案15件,追缴税款1000多万元;组成重大案件审理政策分析团队,为重大案件审理提供决策。法制税务示范基地创建活动深入推进,贯彻《国务院关于加强法治政府建设的意见》,全面推行政务公开和税收执法权力清单制度,切实加强行政审批和执法督察工作,进一步规范税收执法自由裁量权行使,不折不扣落实简政放权的各项工作。税收执法大督察稳步开展,通过自查和重点抽查的方式,组织开展税收执法大督察活动,在自查阶段发现并纠正问题7个,先后对2个县(区)局进行重点抽查,发现问题6大类、20个,完成整改问题19个,整改率95%。稽查力度不断加大,落实"双随机一公

2017年3月29日,贵港市税务部门召开民营企业家座谈会　市国税局　提供

开”制度，查办案件92件，同比增长22.67%，稽查查补入库税款7810万元，同比增收855万元，增长12.3%。税收优惠政策成效显著，采取网上宣传与实地宣传、集中培训与个体辅导相结合，深入宣传国务院六项减税政策等税收优惠政策，切实做到“全覆盖”和“应知尽知”。2017年，共减免（退）税额13亿元。

【国税税收征管】 2017年，贵港市国税系统征管基础得到实质性加强，联合市地税局开展管户清理，通过交换户籍信息，排查漏管户和非正常户，对纳税人的户籍登记信息进行核对更新；组织开展金三数据质量检查，对16个类别、6620条问题数据进行修正。征收管理模式得到实质性转变，以港北局为试点，在保持现行征管机构、征管格局、税款属地入库原则“三个不变”前提下，税源管理从“管户制”转向“管事制”，按照简政放权，放管结合和优化服务的要求，对外创新纳税服务机制，对内理顺征管职责，合理划分涉税事项，实现流程化的任务分配、工作推送和监督考核，防范执法和廉政风险，实现固定管户向流程管事转变，事前审核向事中事后监管转变、无差别管理向风险管理转变、经验管理向大数据管理转变。大企业税收管理取得实质性地成果，做好第二批大企业风险分析任务应对工作，对某村镇银行股份有限公司2013—2016年度有关涉税事项进行税收风险分析，发现涉税风险事项4个，应补缴税款38.5万元。风险管理得到实质性地改善，组建“固定＋机动”模式的贵港市风险分析团队，设置4个岗位配备4名专职工作人员；各县（市、区）局以风险应对为主，风险分析为辅；深入开展行业税收清理工作，将木材、羽绒、造船、陶瓷、胶水、混凝土、石材、石灰、大米、铁合金、汽车销售及售后服务、水路交通运输、药品及医药耗材销售、塑料编织和腐竹生产等15个行业列为税收清理规范的重点行业，对近3年来清理过的行业进行评价总结，完善征管措施和参数模型，达到评估一个行业规范一个行业的效果。税收共治格局建设取得实质性进展，联合地税、财政部门争取地方政府出台《税收保障实施方案》，定期采集涉税信息，明确31个部门向税务部门提供涉税信息的时间、内容和形式，积极构建税收共治格局，从住建委等部门获取重大建设项目信息，及时跟踪建筑业增值税预缴情况，取得成效1.7亿元。实名办税取得实质性成绩，拓宽实名办税制信息采集范围，将纳税人领用发票等事项增列为实名制重点对象，实名办税由一般纳税人采集稳步推进到领购使用发票的小规模企业和个体企业，全市实名办税纳税人为22383户。发票管理取得实质性成效，积极构建横向齐抓共管，纵向上下联动，全流程覆盖立体式发票管理机制，不断加强纳税人经营情况核查的事中管理，深入强化增值税发票信息数据监控比对的事后管理，积极打击发票违法行为。

【国税队伍建设】 2017年，贵港市国税系统领导班子结构不断优化，狠抓思想教育和领导干部监督工作，深入落实“交流制、退出制”，根据岗位工作需要，调整交流科级领导干部29名，对6名因身体健康等原因不再适合担任科级领导干部进行免职。队伍活力进一步激发，发挥绩效管理“指挥棒”作用，强化绩效考评结果运用，进一步激发基层人员干事创业的主动性、积极性。教育培训全面加强，举办各种培训班143期，培训人数5067人。岗位练兵持续开展，以为纳税服务业务为重点，认真开展业务大练兵活动，切实提高广大干部的业务素质，在全区纳税服务大比武中，获得团体二等奖。人才建设取得初步成效，3月，9名优秀年轻干部入选全区国税系统高端人才培训。 （郑祖颖）

2017年4月28日，贵港市国税局开展税法进校园活动　　市国税局　提供

表 6

2017 年贵港国税税收收入统计表

金额单位:万元

行号	项目 / 单位	国家税务总局口径收入			自治区政府口径收入			贵港市政府口径收入		
		税额	同比增减额	同比增减%	税额	同比增减额	同比增减%	税额	同比增减额	同比增减%
1	全市合计	495120	147123	42.28	455492	132556	41.05	454384	132462	41.15
2	港北区国税局	195578	47210	31.82	195437	47069	31.72	194790	46861	31.68
3	其中:港北区级	95353	32030	50.58	95212	31889	50.59	95211	32621	52.12
4	市直	100225	15180	17.79	100225	14447	17.79	99579	14240	16.69
	车购税分局	23730	8364	54.43						
5	港南区国税局	52414	17231	48.98	51050	15867	45.10	51050	15867	45.10
6	覃塘区国税局	60342	21020	53.46	60197	20875	53.09	60197	20875	53.09
7	桂平市国税局	76962	27829	56.64	69317	25282	57.41	69317	25283	57.42
8	平南县国税局	86094	25469	42.01	79491	23463	41.88	79030	23576	42.51

表 7

2017 年贵港市国家税务局税收收入分税种分项目完成情况分析表

金额单位:万元

行号	项目	12 月完成				累计完成		
		本月数	同比增减额	同比增减%	比上月增减%	累计数	同比增减额	同比增减%
1	税收收入(总局口径)	39737	−6586	−14.22	−5.14	495120	147123	42.28
2	税收收入(自治区政府口径)	38509	−5681	−12.86	2.06	455492	132556	41.05
3	税收收入(地方政府口径)	38509	−5681	−12.86	2.06	454386	132461	41.15
4	一、税收收入合计	40762	−6941	−14.55	−10.05	503364	146494	41.05
5	其中:中央级收入	22673	−4344	−16.08	−16.98	295372	71342	31.84
6	地方级收入	18089	−2597	−12.55	0.46	207992	75152	56.57
7	★国内“两税”合计	36548	−5120	−12.29	4.36	379339	112398	42.11
8	(一)国内增值税	33902	−5440	−13.83	1.67	350736	110948	46.27
9	酒精	116	−12	−9.38	−20.55	1306	−45	−3.33
10	糖	482	193	66.78	40.94	4660	1850	65.84
11	机制纸	−34	−422	−108.76	−113.93	1983	−2419	−54.95
12	电力	1037	−1194	−53.52	1.77	17692	−7260	−29.10
13	其中:火力发电	0	−900	−100.00		2544	−4417	−63.45
14	水力发电	442	54	13.92	−29.39	3904	−1803	−31.59
15	供电	628	−319	−33.69	58.59	11578	−707	−5.75
16	服装皮革(羽绒)	1104	316	40.10	76.36	12176	2778	29.56
17	钢坯钢材	0	−2306	−100.00	−100.00	13865	3854	38.50
18	木材加工	1549	−920	−37.26	−31.28	35874	12021	50.40
19	水泥	4927	−1531	−23.71	40.41	33007	9538	40.64
20	商业	5036	530	11.76	14.72	48087	10166	26.81
21	其中:卷烟	1010	474	88.43	−4.99	9005	3789	72.64

续表

行号	项　　目	12月完成				累计完成		
		本月数	同比增减额	同比增减%	比上月增减%	累计数	同比增减额	同比增减%
22	营改增增值税合计	17018	−75	−0.44	5.15	154873	76977	98.82
23	其中:旧营改增项目小计	1361	1429	−2101.47	−30.91	23922	6879	40.36
24	交通运输业	611	167	37.61	22.94	5578	563	11.23
25	邮政服务业	3	−4	−57.14	−62.50	87	23	35.94
26	现代服务业	1755	704	66.98	20.21	17473	7592	76.83
27	电信业	−1008	562	−35.80	−20260.00	784	−1299	−62.36
28	其中:新营改增项目小计	15657	−1489	−8.68	10.15	130951	69964	114.72
29	建筑服务业	7613	−3693	−32.66	−1.54	56121	25158	81.25
30	金融服务业	471	107	29.40	0.43	21886	12842	141.99
31	生活服务业	383	227	145.51	192.37	2865	1500	109.89
32	销售无形资产	25	−5	−16.67	−39.02	281	55	24.34
33	销售不动产	7165	1875	35.44	22.67	49798	30409	156.84
34	其他	2667	−19	−0.71	−10.26	27213	3488	14.70
35	(二)国内消费税	2646	320	13.76	57.78	28603	1450	5.34
36	烟草	2622	323	14.05	59.10	28185	1421	5.31
37	(三)企业所得税	1961	−561	−22.24	−27.67	76151	20159	36.00
38	水泥	1784	1784		8.78	27611	16274	143.55
39	电力	57	13	29.55	62.86	671	−455	−40.41
40	房地产业	8	−1776	−99.55	−84.31	11300	−2893	−20.38
41	金融业	3	−306	−99.03		14082	3599	34.33
42	烟草	0	0			5288	759	16.76
43	(四)个人所得税	339	339		123.03	1554	1551	51700.00
44	(五)车辆购置税	670	−1463	−68.59	−82.45	36394	11333	45.22
45	(六)海关代征	1025	−355	−25.72	−70.06	8244	−629	−7.09
46	二、出口退税	−1130	145	−11.37	−8.20	−10016	2243	−18.30
47	三、水利建设基金	425	−235	−35.61	1.92	6359	900	16.49
48	附件:免抵已调增值税	459	−181	−28.28		3073	−2904	−48.59
49	财政退库	0	0			1106	95	9.40

地方税务

【概况】 2017年,贵港市地税局组织各项地税收入31.35亿元,同口径增收4.23亿元,增长15.58%。其中,自治区地税局考核口径收入28.95亿元,同口径增收3.24亿元,增长12.6%,提前超额完成建议目标;市政府考核口径收入30.71亿元,同口径增收4.09亿元,增长15.34%,协助完成财税总体预期目标102.5%,地税收入同口径增幅高于全市财政增幅2.64个百分点。全市6个征收单位有5个实现增收,在全区16个征收单位中,贵港市地税局累计收入排名第九,比2016年上升一位。同口径增幅排名第七,高于全区平均增幅5.2个百分点。

【地税收入组织】 2017年,贵港市地税局税收质增效长,收入组织工作总体运行良好,以季度为节点,收入增幅分别为0.08%、9.98%、14.21%和12.61%,收入进度分别为 23.7%、57.1%、76% 和 101.1%，实现自治区地税局和贵港党委政府的收入目标。优势税种贡献突出，11 个税种"九增二减"，企业所得税、个人所得税、印花税、城维税和契税五项税种收入增幅高于全区平均水平。其中，印花税和契税分别增长均位居全区第二。行业发力点增加，19 个行业"十四增五减"，增收面维持在 74%。收入过亿的行业有 7 个，总量回增到营改增前的水平。主导产业偏向明显，三次产业占比依次为 0.5∶26.1∶73.4。第一、二产业税收总量不足第三产业的一半，第三产业占比比去年同期提高 4.2 个百分点，呈现绝对主导优势。

【税收分析】 2017 年，贵港市地税政策调整和经济发展多方因素拉动个税增长。受广西统筹推进"居民收入倍增计划"驱动，居民收入稳步提升。特别是受自治区规范机关事业单位津补贴和施行工资科学增长机制等政策红利驱动，全市教育、卫生和社会工作、公共管理、社会保障和社会组织等行业工资待遇明显提升。全年工资薪金所得个人所得税累计入库 28922 万元，同比增收 5267 万元，同比增长 22.3%。一次性税源抬高收入总量，由于开展增量房契税清理和房地产市场活跃的原因，契税入库 47701 万元，同比增收 20506 万元，增长 75.4%。各项查补入库税费合计 7410 万元，其中企业所得税入库近 2800 万。受房地产市场向好影响，土地增值税入库 27164 万元。释放降成本政策红利大幅减税，贵港市地方税务局不折不扣落实供给侧结构改革优化营商环境的政策，减免各项地方税收 10.96 亿元。对改善民生，优化地区产业结构和促进经济发展做出应有的贡献。

【营业税改增值税】 自 2016 年 5 月 1 日起，营业税改增值税试点范围扩大到建筑业、房地产业、金融业和生活服务业，贵港市地税部门向国税部门移交涉营业税纳税户 5037 户、涉及税款 12.89 亿元的基础信息资料，具体包括户籍、发票、申报、征收、优惠等 653 万条涉税信息。受理纳税人销售其取得的不动产和其他个人出租不动产的申报缴税和代开增值税发票业务（简称"双代"）。2017 年，贵港市地税系统代开增值税发票 13637 份，开票金额 247302 万元（不含税），代收增值税 2041 万元，免征增值税 9456 万元，并及时对个人转让和租赁房产有关税收政策进行调整，确保了营改增的顺利进行。

2017 年 2 月 23 日，全区地税系统重点税源管理工作会议在贵港召开　市地税局　提供

【税收法治】 2017 年，贵港市地税局加强对税收规范性文件的管理。，严格依照《税收规范性文件制定管理办法》，经合法性审查、合规性评估和备案等程序，制定税收规范性文件 3 个。开展税收规范性文件清理，清理该局制定的税收规范性文件 12 份，其中确认现行有效文件 10 份，全文失效废止文件 1 份，部分条款失效废止文件 1 份。印发全市地税系统税收规范性文件统一登记、统一编号、统一印发制度规定。开展 2017 年日常税收执法督察和大督察工作，年末对执法督察中发现的存在问题全部整改。开展行政执法案卷评查活动，对 2016 年 6 月—2017 年 5 月期间已办结的行政许可、行政处罚和行政强制（包括行政强制措施、行政强制执行）三类案卷进行评查。开展贵港市地方税务局行政权力运行流程编制工作，梳理行政许可、行政处罚、行政强制、行政征收、行政检查、行政奖励及其他行政权力事项 71 项，编制行政权力事项实施清单及运行流程，并按要求向社会公开。开展法治基地建设，指导平南县地税局、覃塘区地税局开展地税系统法治基地创建活动，将平南县地税局作为全区地税系统法治基地建设候选单位上报自治区地税局。推行法律顾问制度，完成市局机关法律顾问的遴选聘任工作，形成由内部机关人员担任法律顾问和外聘法律顾问组成的法律顾问队伍。强化领导学法机制建设，根据《贵港市地方税务局领导干部

日常学法制度》，利用党组中心组学习的形式，组织局领导集中学习与税收工作紧密相关的法律法规4次。贯彻落实“放管服”改革工作，保留“对办理税务登记（开业、变更、验证和换证）核准”一项行政许可事项。全年，该局没有行政复议和行政诉讼案件发生。

【税收政策落实】 2017年，贵港市地税局全面贯彻落实促进“三去一降一补”、国务院六项税收优惠政策、小微企业发展、创业就业、万众创新等一系列税收优惠政策，促进政策红利充分释放，减免税款10.96亿元。其中，改善民生减免6.52亿元，占59%，涉及纳税人92189户次；支持金融资本市场减免2852万元，占24%；执行促进区域发展、高新技术、转制升级、节能环保、文化教育体育及其他事业发展的税收优惠政策减免约4.16亿元，涉及纳税人35150户次。发挥税收调控作用，促进企业改革和地方经济发展，使纳税人真正享受到改革释放的“红利”。

【税种管理】 2017年，贵港市地税局加强税种规范管理。贯彻落实国家税务总局、自治区地方税务局出台的城镇土地使用税、耕地占用税、土地增值税清算、房地产交易、车船税、印花税等管理规程、指引，推行“单项税种台账化、台账管理问题化、问题销号清单化、清单管理责任痕迹化、责任管理绩效化、绩效管理直观化”的“六个化”管理，全面加强税种规范管理。继续深化资源税改革，推进营改增后续管理、配合推进房地产税、耕地占用税、烟叶税立法，做好印花税和契税立法调研，做好环境保护税开征前准备工作。重点开展增量房契税和耕地占用税专项清理，规范税收执法行为，清理入库契税17081万元，涉及22760户增量房交易纳税人。全年，入库契税共47701万元，同比增收20506万元，增长75.4%；完成2014年—2017年全市498个项目135937.41万元耕地占用税的核查和征管档案的补充完善，扭转以前纳税主体定性不明、纳税环节不准确的局面。

【纳税服务】 2017年，贵港市地税局落实《纳税服务规范》，所有涉税事项全部前移到大厅受理。推进行政审批制度改革，保留行政许可类1项。落实税务总局12类、40项便民措施，推行全区通办、同城通办，30项涉税事项免填单服务，窗口服务满意率由89.61%提升至98.45%。全面实施纳税信用等级评定，加强银税互动，对全市6097户符合纳税信息评定条件的纳税人进行纳税信用评定，联合评出A级纳税人333户，为38户纳税信用好的小微企业发放涉税金融产品贷款3309万元。简化办税流程，推行“容缺受理”、预约服务、免填单服务、自助办税服务、绿色通道服务。各县（市、区）地税局全部实现国地税联合办税，采用“一机双系统”一窗式受理模式和代征代缴模式。与贵港市国税部门共建24小时办税服务区，年末全局有自助办税终端机21台，其中6台为24小时自助办税终端机。推行网上办税为主、自助办税为辅、实体办税服务厅兜底的办税模式，年内新开通网上申报纳税人9426户。通过报纸、杂志、电视、网站、办税服务厅、“12366”服务热线、微信公众号、税企Q群、纳税人学堂等媒介，开展“政策速递”“码”上知道、在线咨询、政策辅导等税法宣传工作，使纳税人能够及时准确掌握最新的税收资讯。举办“税法进校园”活动、税企座谈会、纳税人政策辅导培训班，开展“走访服务企业”活动，深入到挂点企业和重大企业进行政策指导，采取措施有效解决纳税人涉税诉求和疑难问题32个。

【征收管理】 2017年，贵港市地税局配合税制改革，加强推进“六证合一”“一照一码”“两证整合”工作，国地税新增纳税户11176户。全面落实《全国税收征管规范(1.2版)》和实施《国地税合作规范(3.0版)》，探索建立国地税合作平台，推

2017年12月26日，贵港市地税局召开第六期“局长面对面”活动　市地税局　提供

进“一窗通办”，扩大合作征收税款的范围。加快税收征管方式转变，有序推进税收征管方式转变，分解落实县（市、区）地税局承接的任务，确保全市转变税收征管方式工作落实；优化征管资源配置，将专业化和复合型人才优先配置到数据管理和风险管理部门；多方采集获取涉税信息，深入推进第三方数据获得的利用，重点做好工商、国土、房管、城建、发改委、财政等部门的数据交换共享。完善风险管理工作机制，成立县（市、区）级税收风险分析评估中心。在不改变现有机构框架下，成立由取得“三师”资格、“十百千”人才等具有专业知识的人员组成的分析评估中心，出台税收风险管理工作实施办法，通过完善“纵向+横向”风险管理机制，推广应用税收风险管理系统，促进业务、技术、人力、数据等税收管理要素的充分融合，有效降低管理成本和协调难度，实现风险管理常态化。同时，强化金税三期决策2包（税收风险管理系统）的应用，对于扫描识别出来的风险，坚持先验证，再推送风险任务。抓好重点税种、重点行业、重点事项的风险管理，主要是企业所得税税收分析、房地产行业无税户税收风险、重点税源印花税税收风险等风险推送，全年推送风险纳税人总户数521户，入库税款10064.72万元，入库滞纳金738.18万元。

【税务信息化】 2017年，贵港市地税局完成各项数据质量管理与数据清理任务，数据清理与数据对照5批次，清理异常数据49861条，其中补录总局绩效考核指标数据5400户。获取公共资源交易信息工作，研究建立公共资源交易涉税信息共享机制，探索推动委托代征、税收前置等税收协作。继续夯实金三系统运维基础，按自治区地税局要求做好金三系统技术维护，确保环保税征收工作的顺利推进。配合自治区地税局推广标准规范POS机的使用，全年全市各大厅新增标准POS机19台。继续做好税收征管电子档案系统实施工作，推行税收征管档案一户式电子化管理、纸质档案分类管理的方式。

【政务管理】 2017年，贵港市地税局加强“强基础　补短板”工作，根据自治区地税局关于工作要求，编印《强化基础工作材料汇编》《补齐短板工作材料汇编》，主动查找短板，落实整改。加强政务及后勤管理，对保密、信访、督查督办、政务公开、税收科研、机关后勤、档案管理、节能减排、安全生产等加强管理，各项工作取得较好成绩，节能工作被自治区评为获为公共机构节水型单位。做好绩效管理工作，科学设置和持续优化指标考评，针对综合性指标按照职责科学分解；对考评指标进行2次问题排查和3次调整，排查指标和加分问题22个，4次对21个考评指标细则以及3项加分内容进行调整；抓绩效分析考评，单位一把手亲自主持召开绩效考评专题会议、绩效管理工作会议和每季度绩效分析会议，针对存在风险的考评指标进行分析讲评并通报，督促相关责任单位、部门落实整改。

【地税人事管理】 2017年，贵港市地税局严格按照《党政领导干部选拔任用工作条例》的规定和程序，加强和改进干部选拔任用工作，推荐任用处级领导干部2名，提拔任用科级以上领导干部8名。拓宽干部交流挂职途径，交流挂职干部26人次。其中，选派到市国税局挂职交流锻炼的税收业务骨干6人，到自治区地税局挂职锻炼干部5人，县（市、区）局到市局挂职锻炼1人，到乡镇政府挂职1人，参加“美丽广西”乡村建设（扶贫）工作队14人。合理调整干部岗位，优化队伍配置，调配干部28人次。持续抓好“十百千”人才（第三层次）的培养，安排各层次人员到高校进行培训。

【地税干部教育培训】 2017年，贵港市地税局结合干部年龄、学历、岗位技能等结构特点，制订《贵港市地方税务局2017年干部职工培训计划》，通过集中学习、网络培训、微课堂等形式进行培训，提高地税人员的业务水平和适岗能力。通过外聘教师授课、本局小教员授课、观看学习视频、骨干外出学习等，帮助干部职工实现碎片化、实时性的知识学习。利用“广西干部网络学院”“广西教育培训网公务员在线学习平台”“广西地税网络学院”“党建学习微信群”，引导全员网上学习答题，不断更新知识结构。举办公务员更新知识培训班2期，选派地税系统120名在职干部到高校深造学习，同时组织参加各类培训25次，累计培训300多人次。注重培训成果转化，将个人培养成果与专业人才库、人事管理、绩效管理、基层建设等工作统筹考虑、有机结合，顺利接轨。对于获得“岗位能手”“专业骨干”称号的干部，在年终绩效考核中给予加分奖励，并作为提拔、晋升的重要参考。

【基层建设】 2017年，贵港市地税局牢固树立大抓基层的鲜明导向，采取切实有效措施支持基层、服务基层、发展基层，形成自上而下加强基层建设的局面和氛围，为加快税收现代化建设、深化税收“放管服”改革，加强组织领导，健全机制。成立基层建设工作领导小组，加强组织领导；制定印发一系列意见、方案、措施，完善基层建设工作机制；加强思想教育，激发基层活力。规范税收执法行为，建立税务法治基地、普法教育基地，实施“免填单”服务、“银税互动”等。

（陈　洋）

表 8　**贵港市地方税务局 2017 年市政府考核口径入库进度表**

金额单位：万元

序号	项　目	12 月			第四季			全年			完成预期目标 %
		本月收入	同比增减数	同比增减 %	季度累计	同比增减数	同比增减 %	年度累计	同比增减数	同比增减 %	
1	政府考核收入	27777	−9817	−26.11	74082	2502	3.50	307108	−24014	−7.25	102.50
2	一、本级收入	16433	−5337	−24.51	46011	6462	16.34	179082	−13643	−7.08	
3	（一）直属局	8117	−3969	−32.84	20049	2958	17.31	60278	1510	2.57	
4	（二）港北局	5092	−347	−6.38	16957	3404	25.12	72784	−10019	−12.10	
5	（三）港南局	1296	−3028	−70.03	4307	−2469	−36.43	22825	−3161	−12.17	
6	（四）覃塘局	1928	2008	−2528.43	4697	2569	120.73	23196	−1972	−7.84	
7	二、桂平市	6273	−1433	−18.60	14328	64	0.45	62220	−10514	−14.46	
8	三、平南县	5070	−3047	−37.54	13743	−4024	−22.65	65806	142	0.22	

表 9　**贵港市地方税务局 2017 年分税种入库进度表**

金额单位：万元

序号	项　目	12 月			全年			完成预期目标 %
		本月收入	同比增减数	同比增减 %	年度累计	同比增减数	同比增减 %	
1	各项收入合计	28554	−9468	−24.90	313533	−33836	−9.74	
2	其中：区局考核口径	26762	−7987	−22.99	289539	−43692	−13.11	
3	政府考核口径	27776	−9821	−26.12	307108	−24014	−7.25	
4	一、税收收入合计	24788	−8721	−26.03	274706	−48014	−14.88	
5	（一）营业税	−67	−966	−107.50	1834	−74275	−97.59	
6	1. 金融保险业	−124	246	−66.51	−104	−11345	−100.92	
7	2. 其他营业税	56	−1213	−95.55	1938	−62930	−97.01	
8	（二）企业所得税	1834	−188	−9.28	40267	5709	16.52	
9	（三）个人所得税	3166	90	2.94	51206	10360	25.36	
10	（四）资源税	835	−168	−16.77	11171	1192	11.94	
11	（五）城镇土地使用税	1526	−611	−28.58	7810	701	9.87	
12	（六）城市维护建设税	2377	206	9.47	20779	1581	8.24	
13	（七）印花税	687	93	15.68	8284	3910	89.37	
14	（八）土地增值税	2461	−146	−5.61	27164	3674	15.64	
15	（九）房产税	2380	−126	−5.01	9805	−1421	−12.66	
16	（十）车船税	738	−39	−5.02	8331	1333	19.05	
17	（十一）烟叶税							
18	（十二）耕地占用税	95	−12015	−99.21	38218	−22464	−37.02	

续表

序号	项　　目	12月			全年			完成预期目标%
		本月收入	同比增减数	同比增减%	年度累计	同比增减数	同比增减%	
19	（十三）契税	8566	5087	146.21	47701	20506	75.40	
20	（十四）营改增增值税	191	62	48.35	2135	1179	123.35	
21	二、税务罚没收入	57	57		61	−489	−88.85	
22	三、教育费附加收入	1259	19	1.50	10697	736	7.39	
23	四、文化事业建设费收入				−1	−32	−102.20	
24	五、水利建设专项收入	−9	−835	−101.09	16	−1641	−99.06	
25	六、地方教育附加收入	839	13	1.61	7120	496	7.48	
26	七、代收工会经费	711	44	6.60	4394	345	8.51	
27	八、残疾人就业保障金收入	183	−1562	−89.51	11905	10129	570.14	
28	九、附列国税代征	727	340	87.86	4634	3383	270.42	
29	（一）个人所得税	336	48	16.67	1553	665	74.89	
30	（二）城市维护建设税	218	163	296.36	1681	1472	704.31	
31	（三）教育费附加	104	78	300.00	840	748	813.04	
32	（四）地方教育附加	69	51	283.33	560	498	803.23	

说明：1. 本月数据统计时期为 2017.12.01 至 2017.12.31；

2. 区局口径包括：税收收入合计 + 税务罚没收入 + 教育费附加 + 附列代征（个人所得税、城维税、教育费附加）；

3. 政府口径包括：税收收入合计（不含金融保险营业税和营改增增值税）+ 税务罚没收入 + 教育费附加 + 文化事业建设费 + 水利建设专项收入 + 地方教育附加 + 残保金 + 附列四项代征

金　　融

金 融 综 述

【概况】 2017 年，贵港市继续围绕“金融服务实体经济”的导向，着力搭平台、建机制、攻改革、强管理、优服务，不断引导金融机构信贷资源投放，大力推动企业进入资本市场融资，逐步强化融资担保服务能力，为金融业的发展提供良好的金融生态，为实体经济的发展提供有力的金融支撑。年末，全市各金融机构本外币存款余额 1263.37 亿元，存款规模居全区第 5 位，增速居全区第 2 位；金融机构本外币贷款余额 814.54 亿元，贷款规模居全区第 6 位，增速居全区第 4 位；全市小额贷款公司贷款余额 12.27 亿元；全市融资性担保公司在保余额 19.62 亿元。

【担保体系建设】 2017 年，贵港市完善担保体系建设，全方位服务企业。保持商业性融资担保机构市场化发展，贵港市金融办继续做好对贵港市西江担保有限公司的业务指导，着重为贵港市需要解决融资难题的企业提供的融资担保服务，年末，公司在保余额 3 亿元。建立政府性融资担保体系，市县两级共同出资 2 亿元组建贵港市小微企业融资担保有限公司，着力为全市广大小微企业提供低费率的融资担保服务（商业融资担保公司费率一般在 2.5% 左右，而小微企业融资担保有限公司担保费率约为 0.87%），12 月末，贵港市“4321”融资担保业务在保余额 1.5 亿元。发力农业信贷担保服务；6 月，贵港市与广西农担公司合作的广西农担公司贵港办事处揭牌成立，通过放大财政支农政策效应，提高财政支农资金使用效益，为切实解决贵港市现代农业发展“融资难”“融资贵”问题开辟新路径；12 月末，广西农担公司贵港办事处共担保贷款 47 笔，担保余额 0.31 亿元。

【企业融资发展】 2017 年，贵港市逐步提升企业意识，推动直接融资发展。

贯彻落实自治区关于企业直接融债务融资的奖励政策。对成功开展资产证券化和发行企业债、公司债等非金融企业债务融资工具的企业给予一次性奖励，鼓励企业通过相关金融工具解决融资难题，增强自身实力。

出台《贵港市企业上市（挂牌）奖励办法》。对贵港市企业在主板、“新三板”、“新四板”等平台上市（挂牌）工作予以财政奖励，鼓励贵港市企业积极通过资本市场进行直接融资。

加大资本市场融资专题培训力度。全年举办资本市场培训班5期，为300余家企业提供智力支持，增强了企业运用资本市场、实现挂牌上市的业务能力。年末全市纳入自治区上市后备企业13家，辅导备案企业1家，正在筹备新三板挂牌企业1家，在北部湾股交所挂牌企业53家。

【金融政策服务】 2017年，贵港市推行金融服务政策，降低企业融资成本。出台《加快金融业改革发展全面提升综合服务能力工作方案》，以健全金融机构体系、发展金融市场体系、完善金融服务体系、建立金融引导体系、构建金融人才体系为重点，强化贵港市金融机构对企业的服务能力。推行无还本续贷政策，为502户企业办理618笔无还本续贷业务，共计贷款余额22.25亿元，节约企业过桥成本0.45亿元，为企业减费让利0.23亿元。灵活运用支农再贷款政策，截至12月末，人民银行贵港市中支支农再贷款余额2.5亿元，金融机构借用人民银行资金发放的一年期涉农贷款的加权平均利率比运用其他资金发放的同类贷款利率低约1.5个百分点，切实降低“三农”融资成本。

【金融环境改善】 2017年，贵港市改善金融生态环境，提高服务质量。持续开展“金融服务促进月”活动，构建银企有效沟通交流平台。每月由一家银行负责组织银企对接会、金融沙龙、信贷产品推介会等多种形式的活动，使银企沟通交流常规化、常态化，解决信息不对称导致的融资难问题。据统计，“金融服务促进月”期间，各银行共组织各类活动36次，参加的企业达到1600多家（次）。

定期举办“金融知识大讲堂”活动，提高领导干部金融素养。邀请人民银行总行、福建南安农商行等相关金融机构的专家为贵港市机关单位、金融机构和企业开讲授课，拓宽贵港市企业融资思路，提高贵港市金融机构产品创新能力和服务水平，丰富贵港市经济部门工作人员的金融知识。

加强金融管理部门间的合作，防范金融风险。对全市金融企业进行风险排查，加大对市场违规违法行为的惩治力度，加大防范金融风险宣传，切实提高群众的思想认识，维护区域金融生态，努力净化辖内金融环境，为辖内企业的发展壮大提供有效的金融支持。

【深化农村金融改革】 2017年，贵港市深化农村金融改革，夯实农村金融基础。“农金村办”模式推广实现“四个全区第一”，全区第一个实现农村金融综合服务站覆盖全部行政村，截至12月末，贵港市农村金融综合服务站达1074个，占全区总数的52%；全区第一个以财政配套资金支持农村助农取款点建设的地市，两年累计拨付财政资金60多万元；全区第一个实现农村金融综合服务站融合电商发展的地市，也是数量最多的地市，年末贵港市融合电商发展的农村金融综合服务室达594个；全区第一个制订《农村金融综合服务站管理办法指导意见》《“两点一站”安全联防工作实施方案》，有效地确保农村金融综合服务站安全运营和快速发展。

“四级联创”信用评级更上新台阶。建立统一的农村信用信息系统，依托涉农金融机构推进农户信息的收集，截至12月末，全市创建信用乡镇39个，覆盖率达到54.17%；创建信用村552个，覆盖率达到51.4%；创建信用户428746户，覆盖率达到51.46%，为各银行发放涉农、支农贷款提供授信基础。

（李　凯）

2017年1月19日，贵港市2017年金融促进月活动动员会在中国人民银行贵港市中心支行召开

市金融办　提供

银　　行

人民银行

【概况】 2017年，中国人民银行贵港市中心支行（以下简称人民银行贵港市中心支行）围绕服务实体经济、防控金融风险、深化金融改革（即“三项任务”），以“创新”为抓手、以“务实”为导向，把握引领经济金融发展新常态，着力提高地方经济金融发展质量和效益，落实稳健中性的货币政策，进一步深化改革创新，维护辖区金融稳定，强化金融管理和服务，为贵港市打造西江流域核心港口和新兴工业城市提供金融支撑。年末，全市人民币各项存款余额1263.37亿元，比年初增加172.37亿元，增长15.81%，居全区各地市第4位，存款增速居全区各地市第2位。人民币各项贷款余额814.54亿元，比年初增加130.62亿元，增长19.11%，居全区各地市第5位，贷款增速居全区各地市第4位。企业融资成本下降，全市人民币贷款加权平均利率6.55%，比年初下降0.08个百分点，节约利息成本约6516万元。

【金融服务实体经济】 2017年，贵港市不断优化改善中小微企业融资环境，积极搭建政银企合作平台，获得银行信用贷款的诚信企业229家，贷款总额5.24亿元。截至12月末，应收账款融资平台累计注册机构61家，累计成交金额76.9亿元。完善小额担保资金保障机制，不断增加创业担保贷款专项担保基金，提升金融杠杆效力。贵港辖区创业担保基金4534万元，同比增长83.04%。创业担保贷款余额1.6亿元，同比增长93.99%。审核辖区6家金融机构获得2016年度小企业贷款风险补偿资金451.15万元，比上年度增长20.9%。

【金融服务三农及精准扶贫】 2017年，贵港市涉农贷款余额459.12亿元，同比增长11.9%。贵港市金融部门充分利用扶贫再贷款货币政策工具，为地方法人金融机构提供充足的扶贫资金保障。年末，贵港市扶贫再贷款余额达1.5亿元，同比增长87.5%。完成创建扶贫示范点11个，引导金融机构向示范点给予资金支持1.23亿元。贵港辖区各金融机构创新推出“致富贷”“安居贷”等特色产品，推行“银行+龙头企业+贫困户”的产业模式，金融精准扶贫贷款余额51.2亿元，同比增长13.8%。

【金融风险防范】 2017年，人民银行贵港市中心支行加强与金融办、检察院、法院等相关部门的沟通联系，加强辖区金融风险苗头信息的交流共享，定期开展小额贷款、融资担保、典当、融资平台等领域的监测分析，早监控、早施策。采取金融机构反洗钱分类评级、反洗钱现场检查、反洗钱监管走访、反洗钱监测分析、可疑交易线索研判等多种措施，提高反洗钱监管水平。年内，协助贵港市公安局破获涉及洗钱的上游犯罪（网络赌博）案件，成功冻结涉案账户45个，缴获及冻结涉案资金1200多万元。指导金融机构向公安部门报案2起，立案2起，实现贵港辖区可疑交易线索立案“零突破”。加强外汇执法，严抓可疑违规线索。全年查处外汇违法案件3件，涉及金额242.25万美元，累计罚没66.85万元。

【普惠金融】 2017年，贵港市大力改善农村支付环境，出台《关于支持农村金融综合服务站增加保险业务功能的通知》《关于推动农村“金融综合服务站”支持电子商务融合发展的指导意见》等制度，为改善农村支付服务环境建设提供坚实的机制保障。召开改善农村支付服务环境建设推进会、视频成果展暨表彰会，总结经验做法，明确目标任务，统一思想认识。推动1047个行政村助农取款点全部升格为金融综合服务站，加载各项缴

2017年1月19日，贵港市2017年金融促进月活动动员会在中国人民银行贵港市中心支行召开　　人民银行贵港市中心支行　提供

费、养老、医疗、保险等多项支付业务于一体,并辅以信用信息收集、信贷咨询等金融服务,满足农村群众对保险业务需求。贵港辖区乡镇一级支付系统和网点均实现100%的覆盖率,综合服务站数量列全区第一,占全区总数的51%,累计完成各类交易181万笔,金额15.14亿元。

强化普惠金融教育与金融消费者权益保护。广西首次开展"消保短剧送知识　以案说法辩风险"为主题的金融消费权益保护典型案例宣传视频大赛,超10万金融消费者关注与参与。开展金融法制宣传,利用金融机构网点、各种媒体等平台,播放电视宣传广告、摆摊设点,开展"依法行政年"、国家宪法宣传、农村金融法律知识需求调查等活动,借助贵港市元宵灯会、"3·15"、金融知识普及月等活动宣传;开展普法进校园、进社区、进乡村活动。联合市委宣传部、精神文明办、团市委等部门制订《贵港市青年诚信行动方案》,"诚信同步课堂"成功上线,通过诚信微课程、微视频、微电影、有声读本、故事读本等方式,将诚信文化教育纳入国民教育体系,推出覆盖全市中小学生不同需求的诚信文化教育教材,形成诚信知识宣教长效机制,覆盖中小学生80多万。高效合规处理金融消费者咨询、投诉事项,结案率与满意率100%。

【金融服务体系建设】 2017年,贵港市完善金融统计激励机制,出台《贵港市金融机构统计工作考核评比办法》,提高金融机构统计工作水平。推行金融统计数据共享,服务地方经济金融法治。参与完成广西银行卡收单业务监管系统开发。推进贵港市农户信用信息系统建设,年底联网运行,在广西各地市首个实现农户信用信息系统三级全覆盖并联网互通。有序推进全市农村信用四级联创工作,截至12月31日,贵港辖区共评定信用户428746户,占全市农户51.46%;信用村552个,占全市行政村51.40%;信用乡镇39个,占全市乡镇54.17%,超额完成自治区人民政府下达的农村信用四级联创考核任务。深化贵港辖区小面额人民币现金供应长效机制建设,建立银行业金融机构营业网点及农村金融综合服务站小面额人民币现金合理需求预约公告,保障银行网点小面额现金充足。履行国库经理职责,全市国库收入130.3亿元,同比增长27.9%;国库支出271.99亿元,同比增长19.3%。跨境人民币结算量实现翻番,截至12月31日,贵港辖区跨境人民币实际收付结算量6.90亿元,同比增加145%。

【内部管理】 2017年,人民银行贵港市中心支行勇于创新,推动专业技术职务试点改革工作,树立"重实绩"的人才培养导向,增强专业技术职务人员的责任意识。做好预算管理业务系统正式上线前测试,推进预算管理由粗放型预算管理向科学化精细化转变。开展"流程再造"工作,组织各科室梳理制定《贵港市中支业务操作流程》,促进各项业务规范、有序、高效开展,突出抓好岗位风险防控;在门卫室建立重点单位微型消防站,配齐所需设施,进一步提升安全防范水平。档案工作连续第11年获得贵港市档案工作"优秀单位"称号。

【"两会两联"建设】 2017年,人民银行贵港市中心支行充分发挥贵港金融学会、贵港钱币学会、贵港市金融文体联、贵港市金融青联平台作用,举办特色主题活动。举办"2017年贵港市金融大讲坛"活动,人民银行研究局货币理论与政策研究处处长牛幕鸿解读十九大报告关于金融领域方面的新动向、新思想。树立精品意识,针对辖区自身经济金融运行特点开展金融研究工作。以金融文体联、金融青联为平台,成功举办2017年贵港市金融系统"红五月、亮风采"礼仪展示大赛暨金融系统志愿者服务队授旗仪式、"规划自我　圆梦中国　青年建功十九大"贵港市金融系统2017年青年职业生涯规划大赛等活动,展示贵港市金融机构良好的金融服务形象,为全市金融战线发扬正能量、践行和培育社会主义核心价值观,激发工作热情搭建平台。　（蒙莹莹）

农业发展银行

【概况】 2017年,中国农业发展银行贵港市分行(以下简称农发行贵港市分行)下属3个营业机构,贵港市分行营业部、桂平市支行和平南县支行,全行员工72人。年末,各项支农信贷资金余额50.65亿元,同比增幅28.44%。其中,贷款余额44.50亿元,同比增幅29.96%;易地扶贫搬迁统贷资金0.96亿元,实现易地扶贫搬迁统贷业务突破;农发行重点建设基金余额5.19亿元。年末各项存款余额19.09亿元。其中,低成本存款19.09亿元,同比增幅42.01%;日均低成本存款余额13.81亿元,同比增幅8.33%。年末实现账面盈利6052.13万元。全年实现中间业务收入155.08万元,人均中间业务2.12万元;国际业务结算量6814.56万美元,完成全年计划的155%,人均中间业务收入、国际业务任务完成率全区农发行系统第二。年内没有发生新增不良贷款，不良贷款余额和不良贷款率均保持为零；没有发生任何违法违纪案件，没有发生重大事故，持续保持“四无”目标。

【聚焦服务“三农”】 2017年，农发行贵港市分行累计注入贵港的信贷资金30.18亿元，同比增长15.85%，实现贷款净增10.26亿元。其中，累放贷款29.22亿元，累投扶贫统贷0.96亿元；累计收回各类贷款18.96亿元。全力支持粮食收储，累放贷款2.96亿元，支持收储粮食10.10万吨；下划订单优质谷收购资金3.14亿元，支持企业收购优质稻10.40万吨。服务城乡一体化，累计投放项目贷款20.07亿元，同比增加9亿元，涉及农村路网、新型城镇化、农村土地整治、人居环境等领域。年末基础设施建设中长期贷款余额32.65亿元，同比增加15.02亿元。服务农业现代化，累计向农业产业化龙头企业投放贷款5.69亿元（含进口押汇），重点支持具有贵港区域优势的农业产业，年末贷款余额5亿元。做好精准扶贫业务，易地扶贫搬迁统贷投放0.96亿元，惠及搬迁建档立卡人口3989人，同步搬迁建档立卡人口394人。做好服务客户工作，及时足额兑付3.84亿元补贴资金；主动与财政、发改、住建、交通等部门沟通，年底新增营销储备项目21个，意向融资130多亿元。

【经营管理】 2017年，农发行贵港市分行合理运用风险监测及压力测试等防控措施，不断强化风险防控，较少风险敞口贷款6650万元。发挥债权委员会约束作用，协同防范化解金融风险，作为牵头行顺利组建完成西化集团公司、金源公司等债权委员会。顺利完成市分行本级办公楼搬迁及平南县支行营业用房维修改造基建。组织开展银监部门“四治”专项治理工作自查，配合监管部门现场检查，及时抓好问题整改和问责。组织党员干部到贵港市监狱开展警示教育主题活动，邀请贵港市检察院检察官作廉政教育讲座2期，确保全年安全营运，实现“四无”目标。

（张勇坚）

中国工商银行

【概况】 2017年，中国工商银行股份有限公司贵港分行（以下简称工行贵港分行）下辖贵城支行、桂平支行、平南支行3个一级支行，有营业网点17个。年末，本外币各项存款余额83.16亿元，本外币各项贷款余额106.25亿元，存贷比为127.77%。全年实现净利润1.86亿元，累计上交税金3476.76万元。在全区工行系统14个二级分行经营绩效和业务发展考评中排名第4位；在全国工行系统293个二级分行经营绩效考评中排名第84位。桂平支行被中国工商银行广西区分行评选为“广西分行县域支行综合经营能力评价优胜单位”。

【存款业务】 2017年末，工行贵港分行本外币各项存款余额83.16亿元，比年初增加12.79亿元。其中，储蓄存款余额48.27亿元，比年初增加3.85亿元；对公存款余额34.89亿元，比年初增加8.94亿元。

【贷款业务】 2017年，工行贵港分行围绕贵港市“六个年”工作部署和“大招商、招大商”活动，为贵港市经济社会发展提供全方位的金融服务和支持，资产业务稳健发展。年末，本外币各项贷款余额106.25亿元，比年初增加11.05亿元。其中，法人贷款余额43.35亿元，比年初增加2.48亿元；个人贷款余额62.9亿元，比年初增加8.57亿元。贷款不良率0.37%，不良率保持在较低水平。

【文明服务】 2017年，工行贵港分行进一步做好网点布局优化调整，加快服务窗口功能转型，辖区17个营业网点实现智能机具全覆盖，大

2017年11月2日，工商银行贵港分行参加2017年贵港银行业“清风荷韵”廉政主题文艺会演

工行贵港分行 提供

大提升客户的业务办理效率，有效缓解了网点的排队难问题。工行贵港分行被中国工商银行广西区分行继续评为“广西分行文明单位”，桂平市支行被广西分行授予“第四届广西分行文明单位”，贵城支行、平南支行被广西分行授予“第四届广西分行精神文明建设工作先进单位”称号，贵城新城支行被中国工商银行广西区分行授予“巾帼文明示范岗”称号。

【内控案防】 2017年，工行贵港分行扎实推进“内控合规执行强化年”活动，培育合规文化，强化全员依法合规经营的理念。进一步强化合规文化宣讲教育，在全行开展“合规标兵”树典推优工作，提高全员的合规意识。全面落实新时期“十大禁令”和总行、广西分行“三个办法一个评价”的要求，层层压实案防责任。全辖区经营环境稳定，连续保持无内部案件、重大责任事故和群体性事件发生。在广西工行系统内控评价考核中排名第一。（黄天晓）

中国农业银行

【概况】 2017年末，中国农业银行股份有限公司贵港分行（以下简称农行贵港分行）各项存款余额为187.39亿元，比年初增加13.98亿元。其中，对公存款比年初增长1.79亿元；储蓄存款比年初增加12.19亿元。人民币各项贷款余额82.24亿元，比年初增长17.24亿元。实现营业收入5.25亿元，净利润2.01亿元，拨备前利润3亿元，拨备后利润2.68亿元。

【三农业务】 2017年，农行贵港分行加强“三农”县域业务，重点支持家庭农场、专业大户和农民合作社等新型农业经营主体，加快农户贷款投放。推进惠农通工程与互联网金融的融合升级，通过上线农银“e管家”、推广掌银应用、升级智付通终端等，将惠农通服务点打造成农村综合金融服务驿站。优化惠农通服务点布点结构，确保惠农通电子机具行政村覆盖率稳中有升。年末，涉农贷款比年初增加8.7亿元，增速32.62%，高于全行各项贷款平均水平，实现涉农贷款“两个不低于”的监管要求达标。成功发放首笔“惠农E贷”贷款，迈出全行发展普惠金融的重要一步。

【零售业务】 2017年末，农行贵港分行非“三农”个贷余额41.21亿元，比年初增加8.17亿元。全行信用卡有效客户新增2.62万户，消息服务客户新增11.91万户，全区农行系统排名第1位。掌上银行客户净增4.27万户，电商客户净增9895户。实现电子银行业务收入2706.89万元，信用卡业务收入3456.48万元，两项业务收入合计占全行中间业务收入的61.27%。信用卡资产规模持续扩大，全行信用卡透支余额6.78亿元，比年初增加1.91亿元。信用卡分期交易额4.28亿元。（易远杨）

中国建设银行

【概况】 2017年年末，中国建设银行贵港分行（以下简称建行贵港分行）全口径存款余额93.91亿元，比上年末新增13.32亿元。其中，企业存款余额42.82亿元，比上年末新增8.43亿元；储蓄存款51.13亿元，比上年末新增4.92亿元。各项贷款余额91.71亿元，比上年末新增22亿元。其中，对公非贴贷款余额28.22亿元，比上年末新增8.83亿元；个人贷款余额63.52亿元，比上年末新增13.31亿元。中间业务实现收入9585万元，比上年末增加4817万元。全年实现经济增加值1.51亿元，被上级行评为2017年度“先进单位”。

【资产情况】 2017年末，建行贵港分行不良贷款余额为1478万元，比年初增加40万元，不良率为0.2%，比年初下降0.04%。资产质量在建行系统内处于优良水平。全年未发生案件和重大违规事件、无监管处罚。

【信贷支持实体经济】 2017年，建行贵港分行积极向上级行争取信贷资源，不遗余力支持贵港市的经济社会发展。截至年末，累计投放贷款30.62亿元，各项贷款余额91.69亿元，比上年同期增加14.94亿元。

围绕实体经济稳增长目标，全力支持地方重要企业发展。该行围绕贵港市委“13446”工作思路，精准支持对贵港经济具有重要带动作用的重点项目和重点工程，重点支持新能源汽车等新兴产业的发展，大力支持糖业、木业等传统产业二次创业。分别为广西贵港甘化股份有限公司授信0.4亿元，年内新发放流动资金贷款0.1亿元；向贵港理昂生物质发电有限公司新发放贷款0.3亿元。向市政府重点项目投放信贷资金，实现政府服务购买贷款在各县（市、区）全覆盖，向贵港市宏港兴业投资建设有限公司等政府平台公司新投放11.71亿元，支持青云大桥等重点项目建设。创新信贷支持方式，全年累计向桂平市、平南县发放3.8亿元理财产品，用于支持桂平水利移民安置工程和平南产业园区道路建设。

支持房地产"去库存",支持城镇化建设及居民住房贷款需求。发展住房金融业务,支持房地产"去库存",截至2017年末,累计投放个人住房贷款3480笔、12.52亿元,年内新增额在全区建行系统内排名前列;新投放房地产开发贷款0.4亿元,支持贵港市城市建设。

【服务社会民生事业】 2017年,建行贵港分行优化对地方学校、医院的服务,与贵港江南中学等五所学校搭建"银校通"平台,与平南第二人民医院开展"银医通"服务平台,与市社保局合作开发推广贵港社保APP缴费平台。发动全行员工开展"10·17"扶贫活动,累计捐款1.84万元。

【普惠金融】 2017年,建行贵港分行稳步推进普惠金融机制,持续提高金融服务的覆盖率、可得性和满意度,设立普惠金融事业部,保障对小微企业和"三农"的金融支持。加强与地方政府和地方龙头企业的合作力度,创新"龙头企业+合作社+贫困户+金融"的精准扶贫模式,发放扶贫贷款300万元,带动农户脱贫35户,成为全区推广的典范。结合区域产业特色推出信用贷——创业贷、POS贷多项新产品,提升"助保贷"效能,向贵港国家生态工业(制糖)示范园区内的小企业累计投放流动资金贷款0.3亿元。

围绕贵港区域特色产业适时持续创新产品,推进扬翔"助销贷""助销E贷"产品,为扬翔集团等核心企业下游小微企业发放流动资金贷款133笔、0.42亿元;打造桂平市西江通达建材市场"商圈贷"平台,支持商圈内的商户发展;做好"小微快贷"上线工作,全年办理"小微快贷"148笔,授信金额0.63亿元。

年末,该行小微企业信贷余额(含小微企业主、个体户)6.72亿元,其中小微企业非贴贷款余额1.73亿元,小微企业主及个体工商户贷款5亿元。小微企业贷款户数413户,比上年同期增长152户。其中小微企业非贴贷款户数144户,比上年同期增长56户。小微企业主及个体工商户贷款户数为283户,比上年同期增长96户。小微企业申贷获得率91.56%,比上年同期增长0.12%。

【消费者权益保护】 2017年,建行贵港分行建立消费者权益保护工作机制,对群众处理来电、来函、来访等处理流程进行规定,以最短的时间对客户的投诉进行处理。加强对个人消费信息的保密,切实维护金融消费者财产安全。积极做好金融消费风险与安全宣传,普及宣传金融知识,全年累计堵截假冒他人身份证开立账户事件5起、电信网络诈骗事件2起,为客户挽回经济损失8万元。开展"金融消费权益日"宣传,3月10日,参加贵港银行协会统一组织的消费者权益保护集中活动,现场接待群众咨询30人次,发放宣传资料100多份。

(陆伟国)

2017年12月29日,建行贵港分行为退休职工举办退休欢送会　建行贵港分行　提供

中国银行

【概况】 2017年,中国银行贵港分行(以下简称中行贵港分行)围绕总行"担当社会责任,做最好的银行"的战略目标,扎实推进"创新、转型、化解、管控"重点工作,发展基础不断夯实,较好地完成全年发展目标,同时全面加强党的建设,从严治行不断深入,综合实力得到持续提升。年末,本外币日均存款余额114.81亿元,本外币日均贷款余额71.53亿元。

【中行存款业务】 2017年,中行贵港分行按照国家存款政策,充分依托全行的服务平台,大力做好客户的营销宣传工作,各项存款稳定增长。年末,本外币日均存款余额114.81亿元,比上年末增长5.44亿元,日均存款总量在四大行排名第2。

【中行贷款业务】 2017年,中行贵港分行围绕贵港市实体经济需要,加快调整信贷资产结构,主动经营债券资产，稳步提高盈利贡献，加强经济资本约束，降低资产业务风险权重，保持信贷适度稳健增长。年末，本外币日均贷款余额71.53亿元，比上年末新增3.26亿元。

2017年7月31日，中国银行贵港分行营业部创“五星级”网点验收现场

中行贵港分行　提供

【中行服务管理】 2017年，中国银行贵港分行继续开展“网点标准化流程”管理工程，建立周学习制度，细化服务管理流程，通过组织网点员工利用晨会、夕会时间，积极开展集中学习网点标准化流程管理规范、开展服务检查、知识考评等活动，切实提高员工服务知识和服务礼仪。贵港分行营业部获中国银行业协会“2017年中国银行业文明规范服务五星级营业网点”称号，网点服务水平得到大幅度提高，实现网点管理、营销和服务的标准化、流程化和规范化，激发网点的内生发展动力，全面提高网点的核心竞争力。

【中行风险防范】 2017年，中行贵港分行紧抓风险化解的重要窗口期，持续做好全面风险管理，加强信贷风险管理，严密盯防流动性风险，加强市场风险管理，强化反洗钱控制能力，切实管控案件风险，持续强化合规管理，充分发挥国有大行的骨干作用，坚决维护金融市场稳定。截至12月末，授信资产不良余额1879.82万元，比上年末增加328.68万元；不良率0.26%，不良率控制在较低水平，公司贷款不良率为零。

【中行队伍建设】 2017年，中行贵港分行进一步强化政治意识、大局意识、核心意识、看齐意识，全面落实从严管党治行，进一步加强党的建设，进一步加强队伍建设，积极打造简单清新的企业文化，为全行改革发展营造风清气正的良好环境。通过重点抓好“三大建设”工程，为员工搭建施展才华的舞台。通过实施青年成才计划、建立中层干部后备人才库、管理岗位和部门岗位空缺统一公开竞聘、破格录用优秀青年员工、举办大讲堂等措施培养和激励员工成才。年内，40名员工职位得到晋升，其中31人为1985年后出生，占比78%。

【中行文化建设】 2017年中行贵港分行企业文化建设、精神文明建设工作卓有成效。通过组织党员与党建共建单位结对子、组织员工开展公益献爱心、平天山登山外拓等活动，满足员工多层次的文化生活需求。参加贵港市政府及监管机构组织的各项竞赛活动，参加贵港市金融消费权益保护典型案例宣传视频大赛获一等奖、参加贵港市金融系统“红五月·亮风采”金融礼仪展示大赛获三等奖、参加贵港银行业“清风荷韵”廉政主题文艺汇演获三等奖。积极响应总行、广西区分行号召，用实际行动贯彻落实中共十九大精神，组织辖内各党支部代表、分行团委前往贫困村及乡镇小学，开展爱心捐赠暨学习十九大精神助力精准扶贫系列活动，进一步树立中国银行“担当社会责任，做最好的银行”的品牌形象。

（黄梓谣）

交通银行贵港分行

【概况】 2017年末，交通银行股份有限公司贵港分行（以下简称交通银行贵港分行）各项存款余额15.41亿元，较年初增加3.22亿元，增长26.41%。各项贷款余额16.09亿元，较年初增加4.83亿元，增长42.9%。全年累计投放各项贷款10.32亿元。其中，小微企业贷款累计投放4.02亿元；个人住房贷款累计投放2.57亿元，余额较年初增加2.13亿元。

【金融服务】 2017年，交通银行贵港分行搭建创新系统平台，持续推进银卫安康、银校通、案款管家、党费管家等平台，以产品创新引领服务升级。利用“聚合支付”收单业务推进方案专项资源整合，推进网点智能化，引入智能机具，减少客户排队时长。开展金融知识进校园、进社区、进园区等活动，主动为群众提供金融服务，扩大金融知识受众面。

【服务实体经济】 2017年，交通银行贵港分行主动对接贵港实体经济发展需求，通过抓项目储备、业务创新、表内外一体化融资，不断提高支持实体经济的能力。围绕市政府的基础建设、教育等重点项目，累计新增投放贷款4.46亿元。其中，市政基础设施类新增3.4亿元，学校教育类新增0.36亿元，现代农业类新增0.7亿元。

（宋美健）

邮政储蓄银行贵港市分行

【概况】 2017年，中国邮政储蓄银行贵港市分行（以下简称邮储银行贵港分行）积极践行“普惠金融”责任，不断深化改革，加快转型，稳健经营，各项业务总体发展态势良好。截至年末，资产总额196.97亿元，各项存款余额192.27亿元，各项贷款总额26.85亿元。

【邮储银行服务实体经济】 2017年，邮储银行贵港市分行扎实推进农村金融服务工作，加大对中小企业的金融支持力度，有效支持当地实体经济发展，在贵港市经济社会发展中发挥积极作用。加大对涉农领域的贷款投放，支持民生，服务“三农”。截至年末，涉农贷款余额20亿元，其中家庭农场（专业大户）贷款余额2740万元；全年投放农民工创业担保贷款1.03亿元。加大对实体经济发展及当地特色产业的支持力度，截至2017年年末，全行信贷规模结余26.85亿元，其中涉农贷款余额达到20亿元，占比达74.48%；小微企业贷款余额3.56亿元，占比13.25%。开办“惠企贷”业务，缓解中小企业担保不足和融资贵问题。通过构建政银企三方合作，有效解决小微企业由于抵押物不足或没有抵质押物而导致的贷款难问题，成立小企业金融部并增配多名客户经理，建立审查审批环节绿色通道，用快捷和优质的服务缓解企业燃眉之急，年内“惠企贷”余额6350万元。

【邮储银行普惠金融服务】 2017年，邮储银行贵港市分行依托覆盖城乡的网络优势，坚持根植百姓、立足城乡、秉承“面向社会、服务‘三农’、打造一流零售银行”的宗旨，坚持服务“三农”、服务社区、服务中小企业的定位，自觉承担“普之城乡，惠之于民”的社会责任。加强农村金融服务体系建设，提高农村金融服务水平。截至年末，全辖有助农取款服务点有1027个，覆盖村镇面达95%，实现交易金额5.2亿元。围绕农村地区的服务需求，依托村村通达的投递配送网络和覆盖城乡的渠道网点资源，打造集“公共服务、普惠金融、网络代购、商品批销”于一体，覆盖县乡村，功能齐全，运行高效的农村电子商务综合服务平台，帮助农民实现“创业、销售、生活、购物、金融、寄递”六不出村。扩大自助设备覆盖面，加快电子体验区、离行式自助银行建设，新建离行式自助银行2个。公司业务走进客户、贴近客户进行营销，为地方政府、企业等单位提供良好的公司存款账户管理、现金管理、公司授信服务。

【邮储银行企业文化】 2017年，邮储银行贵港市分行构建企业价值观、使命、愿景、精神和作风5项核心文化理念的企业文化体系，以及创新、经营、发展、管理、人才培养等15项基本文化理念，提出“建成资产优良，特色鲜明，竞争力强的一流商业银行”的企业愿景，“诚实守信、互利共赢”的经营理念，在员工中强化“邮储遍壮乡，银行惠万家”的企业价值观和“惠泽客户、关爱员工、回报社会、奉献国家”的企业使命，弘扬“唯进则大，唯进则强”的企业文化精神，倡导“崇尚服从，赢在执行”的企业作风，营造“同心同德，同向同行”的团队合作氛围，增强全分行员工的认同感、归属感和凝聚力，践行“借力发展、错位发展、借道发展和联动发展”发展理念，不断拓宽服务领域，实现特色发展。

（吴佳忆）

广西北部湾银行贵港分行

【概况】 2017年，广西北部湾银行贵港分行（以下简称北部湾银行贵港分行）围绕“业务规模上台阶”工作主题和“促发展、降风险”工作核心，执行“上台阶、清不良、建队伍”的工作思路，推进稳健发展，各项工作有序开展。年末，分行内设7个部室和4个营业网点，离行式自助银行6个，有员工89人。分行各项存款余额44.09亿元，比年初新增18.59亿元，增幅72.9%，日均存款24.86亿元，比年初新增1.45亿元，增幅6.18%。各类贷款余额22.26亿元，比年初增加8.77亿元，增幅65.05%。不良贷款余额比年初减少1360.02万元，不良率0.78%。

【城市发展投资基金建立】 2017

年，北部湾银行贵港分行与贵港市港北区人民政府合作，通过贵港市港北开发投资有限公司和北部湾行共同出资设立“湾行·贵港港北城市发展投资基金”，总规模为3亿元的契约型基金，用于支持贵港市港北区公共基础设施项目、产业投资项目、教育文化建设、路网建设等涉及城市发展项目的资金需求。

2017年5月23日广西北部湾银行贵港分行“送金融知识进校园”广西工业职业技术学院贵港校区　　北部湾银行贵港分行　提供

【服务实体经济】 2017年，北部湾银行贵港分行新增公司类授信项目储备，支持贵港龙头企业和城镇化建设。深度发掘营销原有授信客户，努力拓展新客户，为城市建设增加融资，支持贵钢集团、扬翔公司、台泥（贵港）公司、西江担保公司等龙头企业。支持教育建设工程，对贵港高中整体搬迁项目授信5亿元；支持港区中学校园建设工程，信贷余额1200多万元。支持医疗卫生事业建设工程，支持贵港市中医医院建设，贷款余额8700万元。服务贵港市政府重大招商引资项目，对“上亿汽车城”项目，年内投放商业用房按揭贷款4720万元。为支持地方税务企业推出“税银贷”，发放贷款20笔，发放金额1850万元。

【服务“三农”】 2017年，北部湾银行贵港分行为解决农村养殖户融资难问题，通过核心企业推行六个方案制小微贷款模式，“扬翔公司＋养殖户（肉猪）”方案制贷款、“扬翔公司＋养殖户（母猪）”方案制贷款、“扬翔公司＋经销商”方案制贷款、“扬翔公司＋货运商”方案制贷款、“汉世伟公司＋养殖户”方案制贷款、“甘化公司＋种植户”方案制贷款、“上亿集团＋商户”方案制贷款等。其中，与扬翔合作养殖户贷款168笔，发放金额4853万元；与汉世伟食品有限公司合作养殖户贷款29笔，发放金额1498万元；向贵港支柱产业之一的甘蔗种植业发放甘蔗贷4笔，总金额80万元。

【服务民生工程】 2017年，北部湾银行贵港分行继续配合市社保局代理金融社保卡发放，助力惠民工程。为提升社保卡服务，专人专设窗口为广大参保人员提供快速便捷社保卡发放激活业务。截至12月末，社保卡累计发卡份额达到5.23万张，发卡3.01万张，激活2.81万张，在贵港代理行中排名前列。为支持教育事业，向25所私立幼儿园发放教育微贷1260万元。

【房屋按揭贷款稳健增长】 2017年，北部湾银行贵港分行践行“以客户为中心、全行为客户”服务理念，挑选业务骨干成立住房按揭贷款业务专营团队，优化业务办理流程，在客户集中申贷的高峰期，坚持“5+2”“白＋黑”的工作模式，落实“住房按揭贷款条件符合24小时内放款”的承诺。至年末，房屋按揭贷款达10亿元（比年初新增6.6亿元）。同时，按揭贷款业务持续实现零不良，开创住房按揭贷款质量数量双升双优的良好发展格局，服务效率通过市场的检验，打响北部湾银行住房按揭贷款“快、优、强”的口碑。按揭业务的快速发展，优化该行资产结构，降低信贷综合风险，打牢信贷业务长期稳健发展的根基，同时带动个人存款、电子产品、个人价值客户的增长。

【金融消费者权益保护】 2017年，北部湾银行贵港分行为保障金融消费者权益保护，严格执行收费项目和收费标准上墙公示制度，把服务收费置于“透明阳光”之下，帮助客户“清清楚楚的消费，明明白白的使用”；严格执行告知制度，坚持“只把合适的金融产品推介给合适的客户”工作准则，为客户做好风险评估工作，保护客户的资金安全；深入开展不规范经营专项治理活动，严格执行银监部门要求的“七不准”“四公开”，在各项经营活动和与客户合作过程中依照“依法合规、诚实守信、公开透明、公平公正、文明规范”的原则，充分履行和兑现对消费者的服务承诺，为消费者提供文明规范服务，保障和维护消费者合法权益，共同维护良好的市场秩序，促进社会和谐进步。公布24小时客服电话和客户投诉电话等，第一时间接受和处理客户咨询和投诉。开展金融消费知识“五进”活动，即：“送金融知识进社区、送金融知识进乡镇、送金融知识进街道、送金融知识进企业、送金融知识进校园”活动，宣传金融政策法规和消费者权益保护知识。

【内控管理】 2017年，北部湾银行贵港分行结合监管要求，主动对接，开展集团集群客户风险排查、信用风险排查、“三违反、三套利”排查、整治市场乱象排查、“四不当”排查、员工行为专项治理排查、影响社会不稳定因素排查等多项排查工作。紧抓安全保卫和案件防控等，确保分行工作氛围风清气正，零事故、零案件，保障各项工作稳健运行。

【队伍建设】 2017年，北部湾银行贵港分行强化党建和党风廉政工作力度，对违规违纪人员进行行政处罚、党纪处分，分别召开中层干部廉洁从业警示教育会和全体党员理论学习会，进一步优化干部队伍作风建设。加强员工培训力度，细化培训项目和时间节点，强化考核，聘请外部专业文明服务和网点建设培训机构对网点员工进行系统化培训。开展员工关怀慰问活动、妇女节春游活动、员工家访活动、学雷锋志愿者活动、气排球联谊比赛、游泳比赛、礼仪展示大赛、廉政建设文艺会演、职业生涯规划大赛等丰富多彩文体活动，丰富企业文化，构建和谐团队。

（杨永平）

贵港市区农村信用合作联社

【概况】 2017年，贵港市区农村信用合作联社（以下简称贵港农村信用社）有员工571人，营业网点53个，覆盖全市所有乡镇。实现营业总收入8.03亿元，比上年同期增加1.26亿元，增幅18.61%，利润总额3.68亿元，比上年同期增加0.98亿元，增长36.30%，经营效益稳步提升。

【存款业务】 2017年年末，贵港农村信用社各项存款余额达161.93亿元，比年初增加17.26亿元，增幅11.93%，完成全年任务的138.09%，存款偏离度合理稳定性强，各项存款余额继续领跑当地同业。

【贷款业务】 2017年，贵港农村信用社贷款持续快速增长结构进一步优化。年末各项贷款余额119.80亿元，比年初增加20.14亿元，增幅20.21%，其中涉农贷款余额106.9亿元。大力支持林产品加工、羽绒、大米加工等产业发展，推进优势产业提档升级。持续加大对农户的信贷支持力度，积极推进精准扶贫工作，发放扶贫贷款4.13亿元，比年初增加1.08亿元，贫困户累计获得分红3806.7万元。

【农村金融服务】 2017年年末，贵港农村信用社以农村金融综合服务站建设为抓手，积极践行普惠金融。充分发挥网点遍布城乡的优势，承担全市60万多户农民粮食直补、6万多户农村低保、“五保”、危房改造和全市城乡居民养老、农村合作医疗、水电费等代收代缴代发业务，为广大农户提供便捷的金融服务。

为巩固农村主阵地、满足广大群众日益强烈的金融服务需求，年末设立农村金融综合服务站365个，其中港北区90个、港南区135个、覃塘区140个。农村金融综合服务站全年办理动账业务41.84万笔，查询业务10.36万笔，交易金额4亿多元。签约POS机特约商户1620户，新增有效商户242户，所有商户回访率达到100%，实现全市所有行政村金融服务全覆盖，使广大农民群众“足不出村”即可办理小额存取款、现金汇款、转账、消费和代领财政补贴等业务，获得人行贵港中支行授予“贵港市改善农村支付服务环境建设工作先进单位”称号。

（吴祥金）

柳州银行贵港分行

【概况】 2017年末，柳州银行股份有限公司柳州银行贵港分行（以下简称柳州银行贵港分行）按照“立足柳州，服务广西，面向全国”的战略定位，立足当地，攻坚克难、务实求效、抢抓机遇、开拓进取，专注地方经济建设、专业支持小微企业发展。年末，各项存款余额36.38亿元，比年初增加28.22亿元；各项贷款余额35.67亿元，比年初增加7.71亿元；实现营业收入2.26亿元；营业利润1.77亿元。

【业务经营】 2017年，柳州银行贵港分行得到贵港市政府及财政部门的大力支持，财政性存款大幅增长，年末财政、社保存款余额达到3.9亿元，比年初增加3.2亿元。与贵港市政府达成铁牛集团“年产20万辆新能源及传统汽车整车产业基地建设”项目的合作，发起设立柳银壹号新能源汽车产业基金，7月初募集资金全面到位，年内投放用款26亿元。

积极拓展个人客户源头性代发业务、征地拆迁款项目，截至年末，拓展代发工资49户、发放金额0.13亿元，代发拆迁资金2.16亿元。

【金融产品宣传与营销】 2017年，柳州银行贵港分行开展金融产品宣传，举办产品推介会、银企座谈会、金融沙龙等宣传活动30多场，宣传和普及金融知识，惠及大众。宣传营销柳州银行产品桂民卡、龙行卡、企业网银、个人网银、手机银行、步步盈、定活宝、取息宝、龙行e码付、创业通、消费贷等，提升客户使用柳州银行产品体验度。

【机构建设】 2017年，柳州银行贵港分行获得筹建平南支行的指标，继2016年桂平支行开业后，物理网点将扩延到平南区域，弥补在平南县缺少一级营业点的空白。在平南设立支行，是柳州银行贵港分行贯彻落实贵港市委市政府金融精准扶贫政策、服务地方经济建设的重要举措，是继续落实总行"走出去"战略的重要一步，将进一步扩大柳州银行在广西的业务辐射，提升柳州银行的品牌影响力。（傅姗姗）

保　　险

【概况】 2017年，贵港保险市场发展稳中向好，产品保障功能凸显，行业风险防控能力持续增强。贵港保险主体24家，保险专业中介机构16家。其中，财产险公司13家，人身险公司11家。四级及以下营业性机构154家。其中，支公司36家，营销服务部89家，城区营业部8家，三农服务站21个。全市保险从业人员9825人，其中营销员8990人。

全行业实现原保险保费收入31.95亿元，同比增长16.92%。原保费排名全区第5，增速排名全区第11。其中，财产险公司和人身险公司分别增长13.14%和19.1%；赔付支出共10.08亿元，同比增长13.88%；财产险公司赔款支出5.54亿元，同比增长18.31%；人身险公司赔款和给付支出合计4.54亿元，同比增长8.76%。

【产寿业务平稳发展】 2017年，贵港市保险业保持较快发展，但增速有所放缓，同比下降0.29个百分点。财产保险业务积极向好，实现原保险保费收入9.13亿元，同比增长32.39%。与国计民生密切相关的责任险持续增长，实现原保险保费收入0.34亿元，同比增长7.93%；农业保险业务较快增长，实现原保费收入0.66亿元，同比增长36.88%。人身保险业务增长放缓，实现原保险保费收22.81亿元，同比增长18.10%，增速下降5.31个百分点。其中，寿险9.45亿元，增长10.63%；健康险4.41亿元，增长24.23%；意外险1.10亿元，增长18.28%。

【业务结构持续调整】 2017年，贵港市人身险公司从险业务结构，普通寿险业务规模保费占比45.78%，较上年下降3.5个百分点；万能险0.29%，下降0.11个百分点；分红险37.74%，下降1.85个百分点。新单缴费结构看，新单原保险保费收入9.69亿元，同比增长35.92%。其中，新单期交业务4.76亿元，同比增长15.2%，占新单业务的49.12%，提升0.75个百分点。从业务渠道看，个人代理业务原保险保费收入14.39亿元，占人身险公司业务总量的69.72%，同比上升5.85个百分点。银邮代理业务5.43亿元，占比26.31%，同比下降6.12个百分点；财产险公司宏观经济改善与积极的财政政策利好，财产险公司车险业务实现原保险保费收入7.01亿元，同比增长14.62%；非车险业务2.12亿元，同比增长35.03%，高于车险增速20.41个百分点，占比23.22%，同比上升3.6个百分点。

【农业保险覆盖面进一步扩大】 2017年，贵港市人保财险、太保产险、北部湾保险3家农业保险经营机构，立足贫困地区资源优势和特色产业，因地制宜开展水稻、政策性森林保险、生猪和能繁母猪保险等农业保险产品业务，指导贫困户做好防灾防损工作，从而有效防止"因灾致贫、价低伤农"现象的发生。全市政策性农业保险实现保费收入6619.4万元，同比增长36.88%；赔付3466.8万元，同比增长18.49%。

【参与社会治理有效推进】 2017年，贵港市保险行业推动县域及农村道路交通事故快处快赔机制建设，经过多次考察和调研，先后在平南及覃塘、东龙、大圩建立快处快赔网点4个，为县域减轻交通拥堵压力发挥积极作用。启动高速公路快处快赔服务，9月27日贵港保险行业协会联合贵港市交警支队共同启动三北（高速快处快赔港南服务点）与苍硕（高速快处快赔桂平服务点）2个高速路快处快赔服务网点。联合贵港市交警支队先后成立贵港道路交通事故人身损害赔偿保险理赔工作室2个，委托江苏乐凡公估有限公司派遣具备医学、法学、保险理赔等专业知识的工作人员进驻，由贵港市司法局颁发人民调解员聘书，发生人伤交通事故工作室提前介入，评估事故造成的人身、财产损失，担当双方当事人的沟通桥梁，并实行纠纷调解、保险理赔一站式服务。截至12月底，理赔工作室累计处理人伤案件627件，成功调解550件，调解成功率87.72%，主张赔偿金额604.77万，实际核损金额418.3万，节省社会资源186.47万元。

【助推脱贫攻坚成效显著】 截至2017年12末，贵港市农业保险累计为20996户(次)贫困农户提供保险保障2009.81万元，签单保费80.11万元；已决赔款112件，受益农户263户(次)，赔付12.21万元。大病保险赔付建档立卡贫困户6739人次，赔付金额累计1257.61万元。补位保险为政府、企事业单位驻村干部和扶贫挂职干部提供综合人身保险计划累计200人次，计生家庭“关爱保险”扶贫项目承保人数73494人次，为覃塘区建档立卡贫困残疾人、低保户、五保户、民政优抚对象、登记在档的孤儿提供意外伤害保险共46799人，累计赔付252人次，赔付金额为28.47万元。产业保险围绕贵港小额贷款扶贫项目，积极开展借款人意外伤保险业务，全年累计提供保障6226人次，保障金额426867.6万元，保费收入为211.43万元。 （孙昭凝）

经济管理与监督

国有资产监督管理

【概况】 2017年，贵港市国有资产监管系统监管企业17家(暂时继续实行委托监管6家)。正常经营的为10家，停产和半停产企业7家，17家企业资产总额470.75亿元，负债总额216.69亿元，所有者权益总额254.06亿元。实现国有资本保值增值率为101.05%。

【国企改革重组】 2017年，贵港市主要推进企业公司制改造，停产企业处置，生产企业改制，组建国有企业集团等加快国有企业改革。

组建四大国有集团　贵港市人民政府国有资产监督管理委员会(以下简称贵港市国资委)着力推进行业相关、产业相近、业务相同的国有企业整合重组，以促进贵港市国有资本向城市基础设施建设领域、社会公共服务领域及重点产业或优势企业集中，优化资源配置，不断增强贵港市国有企业经济活力、影响力和抗风险能力，使之成为实力强、前景好、发展快的市场主体，不断提升发展质量和效益，同时能更好地承担市委、市政府赋予的重任，组建国有建投集团、交投集团、城投集团和金投集团公司，于10月12日举行授牌仪式。截至2017年年底，完成四大国有集团公司的注册登记，资产划转工作有序进行。

实施企业公司制改造　为进一步完善企业法人治理结构，理顺企业的经营管理机制，贵港市国资委主动与工商部门对接，指导4家全民所有制企业完成公司制改造，改造后的新公司名称分别为：广西贵港市公共交通有限公司、贵港市荷港国有资产管理有限公司、贵港市交投矿产有限公司、贵港市交投铁路有限公司。

抓停产企业处置及国企减负　按照“分类施策、因企制宜、精准处置”的原则，开展停产企业处置工作，完成矿产公司、水产公司划转交投公司管理运营工作，为盘活公司资产奠定基础。同时，多次与港北区洽谈捆绑处置市粮贸公司资产事宜，争取筹集资金安置好粮贸公司和饲料公司2家特困企业的职工。根据上级关于加快分离企业办社会职能的精神，开展国有企业职工家属区“三供一业”分离移交工作，促使供水、供电及物业移交协议签订等任务按时完成。

协助撤事转企改革　贵港市国资委主动协助市编办等有关单位制订完善12家经营类事业单位转企改革方案，报市政府审议通过。成立市场服务中心改革临时党委，支持市交投集团组织和动员市场服务中心99%的职工签字同意实施撤事转企改革，成功解决困扰该中心多年的历史遗留问题。

【国资监管】 2017年，贵港市国资委围绕促进企业提高经营效益和落实国有资本保值增值目标，不断强化国资监管基础工作。

强化企业经营业绩考核管理　通过对一般商业性和承担政府重大专项任务的企业分类实行经营业绩考核及薪酬管理，同时采取推行全面预算管理和开展财务大检查等外控与内控相结合等措施，督促企业抓好经营管理，17家企业实现营业收入45.98亿、利润0.7亿元、实现税费2.51亿元，该三项指标与2016年相比基本保持稳中略增。

推行外派监事会制度　报请市政府审定通过《向市直企业派驻监事会实施方案》，完成贵港市国有企业监事会工作中心的注册登记。

建立健全激励约束机制　报请市委、市政府审定下发《关于深化国有企业负责人薪酬制度改革的意见》和《贵港市国有企业负责人履职待遇业务支持管理暂行办法》;制定《贵港市市属国有企业全面预算工作考核暂行办法》,形成对促进企业经营发展更为有效的考核及激励机制,进一步激发企业内生动力。报请市审改领导小组审议通过《贵港市国资委监管企业功能界定与分类实施意见》,促进企业的分类管理与考核。

落实企业负责人离任审计制度 按程序选定审计中介机构对交投公司、港盛公司、公交公司、水产公司4家企业负责人进行离任审计,对企业负责人行权履职进行专项检查。

抓清产核资工作 按时按质完成30家国有企业清产核资审计和清产核资结果批复,加快4大国有集团公司组建进度。

抓国有资产及产权管理 与市国土部门共同开展原作价出资注入平台公司行政办公用房土地的整改工作,使近80亿元原行政事业单位资产转换为相关企业集团资产,抓好国有资产经营管理工作。全年,市国资委备案或审批企业资产出租及处置事项20宗,成交15宗,成交率75%,成交额356.18万元,溢价率44%。

【服务企业重大项目】 2017年,贵港市国资委抓好项目融资,促使市建投集团、交投集团和城投集团融资138.76亿元,到位资金134.15亿元。督促企业加快项目建设,市建投集团、交投集团和城投集团在建项目53个,开展前期工作项目55个,年计划投资46.09亿元,完成投资44.12亿元,完成率95.72%。协调推进木圭锰矿棚户区改造,与市发改委、住建委及财政局共同完成报请广西住建厅将木圭锰矿棚户区350套的改造任务调减为166套,使该项目建设得以加快推进,5栋楼盘全部实现封顶。支持金投集团持股的西江担保公司拓展市场,该公司全年实现在保企业62户、在保金额5.3亿元,扶持重点产业融资超过5000万元。 (李云山)

安全生产监督管理

【概况】 2017年,贵港市安全生产监督管理局(以下简称贵港市安监局)深入推进安全生产领域改革发展,强化安全生产责任落实,抓好安全生产隐患排查治理、“打非治违”和专项整治工作,开展安全生产宣传教育培训,狠抓安全生产标准化建设,开展职业健康监管,全市安全生产总体形势平稳。全市发生各类生产经营性事故56起,同比下降46.7%;死亡65人,同比下降44.4%;发生较大以上事故1起,死亡3人,控制在自治区下达指标内。铁路、农机、危险化学品、烟花爆竹、水上交通等行业没有发生安全生产伤亡事故、重大安全生产事故,没有接到职业病案例报告。

【安全生产领域改革发展】 2017年,贵港市出台《关于推进安全生产领域改革发展的实施办法》。强化科技支撑,推广和使用广西安全生产综合信息平台和贵港市安全生产综合信息平台。加强安全生产领域失信行为联合惩戒体系建设,出台《安全生产领域失信行为联合惩戒信息管理制度》。利用保险机构作为第三方的风险控制和社会管理功能参与企业安全管理,出台实施《贵港市安全生产责任保险试点工作实施方案》,全市安全生产责任保险投保企业、保费和保额位列全区第一。

【安全生产责任制】 2017年,贵港市安监局落实中央、自治区和市委、市政府对安全生产工作的各项决策部署,及时向市委、市政府汇报安全生产工作情况。为研究部署全市安全生产工作,贵港市委召开常委会1次、市政府召开常务会4次。严格落实企业主体责任,建立健全企业安全生产和职业健康管理制度。出台非煤矿山、危险化学品、烟花爆竹等行业企业落实全员安全生产责任指导意见。督促各部门深入企业指导标准化建设工作,督促企业做到隐患排查治理闭环管理。全市标准化达标企业369家。

【重点领域专项整治】 2017年,贵港市开展非煤矿山、危险化学品、烟花爆竹等重点行业领域安全生产专项整治,检查督查单位和场所16218家,排查发现隐患21663处,责令停产停业停止建设94家,关闭非法违法企业29家,罚款143万元。7—10月,严格按照国务院安委会和自治区安委会关于开展安全生产大检查的决策部署,组织全市各行业领域进行全覆盖的大检查,并严格落实“五个一批”和“四个一律”。大检查期间,全市组织检查督查组1973个,其中暗查暗访组173个,交叉检查组226个,出动检查督查人员12846人次;检查企业单位和场所8057家,排查发现隐患12435项,全部完成整改;打击严重违法违规行为111起,关闭取缔企业20家,停产整顿企业11家,暂扣吊销证照企业1家,处罚罚款121.13万元,追究刑事责任5人,曝光违法违规企业28家。

【安全风险防控和重大隐患整治】2017年，贵港市出台《贵港市事故隐患和安全风险分级标准及管控办法》，建立完善安全风险分级管控和隐患排查治理双重预防机制，各个部门切实落实安全生产源头管控和安全准入工作，对重点行业、重点区域、重点企业实行风险预警控制。实现对全市227家危险化学品生产经营单位、42座正在生产的非煤矿山企业的安全风险分级管控。列入2017年度自治区重点监督整改的重大生产安全事故隐患整改项目（贵港市金地矿业有限责任公司2#斜井重大事故隐患和广西贵港钢铁集团有限公司3号高炉上料斜桥安全隐患）按期完成整改。列入2017年度贵港市重点监督整改的重大生产安全事故隐患整改项目全部按期完成整改。完成列入自治区治理任务指标的桂平聚龙选矿厂尾矿库的技术改造。

【危险化学品安全综合治理】2017年，贵港市安监部门完成对全市许可的227家危化生产经营单位摸排评估分级；对全市35家重大危险源进行摸排，安监部门主管的15家重大危险源企业均设置视频监控系统，制订、重大危险源“一张图一张表”，确定覃塘甘化园区为贵港市化工园区，完成对15家危化品罐区企业的全面检查。全市14家涉及“两重点一重大”的危化企业完成自动化控制系统改造工程。

【职业卫生防治】2017年，贵港市新增职业病危害申报企业279家。6月，推进安全生产与职业健康一体化监管执法工作，开出第一张安全生产与职业健康一体化处罚罚单，罚款4.5万元，其中职业健康违法罚款3万元、安全生产违法罚款1.5万元；组织开展陶瓷生产、石材加工、木材加工和家具制造、水泥生产、汽车生产和蓄电池制造等重点行业领域职业健康专项整治工作，检查企业199家，督促企业整改隐患和问题428项，企业职业危害防治的关键、薄弱环节得到加强，继续保持职业病病例零发生局面。

2017年1月23日，贵港市安监局检查中石化贵港油库安全生产工作

市安监局 提供

【依法行政】2017年，贵港市安监部门受理安全生产行政审批664件，全部按时办结，办结率100%，提速率70%。组织召开行政审批会议12次，对驻贵广西壮族自治区二七三地质队等41家生产经营单位申请的安全生产许可证或经营许可证进行集体讨论，依照法进行审批许可。对2016年公布的贵港市人民政府部门权力清单和责任清单进行“两单融合”，修订形成新的部门权责清单并上网公布，强化了权力运行和责任落实监督。

【安全生产基础保障】2017年，贵港市安监局围绕“全面落实企业安全生产主体责任”主题，组织开展“安全生产月”活动，推进安全生产法制宣传教育进机关、进乡村、进社区、进企业、进家庭、进公共场所。组织开展“健康中国，职业健康先行”为主题《中华人民共和国职业病防治法》宣传周活动。加大媒体宣传力度，在《贵港日报》、贵港电视台开辟专栏宣传安全生产法律法规知识。加强安全生产行政执法培训，提高安监队伍能力建设，组织县（市、区）安监局和局机关各科室、监察支队安全执法人员263人次参加9期执法视频培训。组织“三项岗位人员”安全生产培训，培训人员4458人，考试人数3912人。组织安全生产专题讲座4期，市及县（市、区）安委会成员单位和企业负责人参加人数4600多人。加强应急救援队伍标准化建设，广西矿山救援大队贵港中队救援队伍获评为自治区标准化一级。制定《贵港市安全生产委员会办公室生产安全事故统计信息归口直报工作制度》，全市事故发生后7天准时直报率为87.27%。

【机构设置调整】 2017年，贵港市安监局撤销烟花爆竹安全监督管理科、危险化学品安全监督管理科，合并设立监督管理三科；撤销法规与培训科，设立行政审批与法规科技科。将各监管科室所负责的审批事项全部归集到行政审批与法规科技科。 （黄立云）

质量技术监管

【质量监督管理】 2017年，贵港市质量技术监督局（以下简称贵港市质监局）四大质量指标均符合标准，强化日常巡查和生产许可证年度审核，从严加强产品全面质量监管。完成全市58家企业巡查任务和生产许可证年审工作，随机抽取10%以上企业进行年审现场审核，巡查覆盖率100%，下发整改通知6份，落实整改内容8项，促进企业持续保持获证条件，落实企业质量主体责任，9家企业9个产品获得2016年度广西名牌称号。完成自治区对贵港市质量考核工作和开展各县（市、区）质量强县（市、区）活动。

加强品牌培育，制订名牌产品培训计划，深入全市30多家制糖、化肥、水泥、人造板等传统产业和新兴新能源汽车、电动车和电子信息产业开展名牌产品培育工作，组织10多家新能源电动车企业开展品牌培育交流会2期，多次深入申报企业进行业务指导，以质量、标准、认证等服务为切入点，促进企业加强质量管理，鼓励企业引进ISO 9001质量管理体系。开展质量教育实践活动，组织60多家企业开展质量讲座和品牌培育交流会3期，倾力打造“贵港品牌”。年内，抽查危化品、肥料、农药、纸制品等产品291批次，合格276批次，总合格率94.8%。

【标准化监督管理】 2017年，贵港市开展标准化工作，指导史丹利化肥等5家龙头企业开展标准化良好行为试点创建，为50家企业开展企业产品标准自我声明公开服务培训，培训150人次，指导、帮扶企业开展标准自我声明公开510项。年内申报广西地方标准制修订计划4项，其中“富硒百香果生产技术规程”“富硒农产品中有机硒含量的测定”2项富硒地方标准已获自治区质监局批准立项，为打造贵港富硒品牌提供技术支撑。

【计量监督管理】 2017年，贵港市质监局对19家重点用能单位开展能源计量监督帮扶，培育广西区工业计量标杆示范企业1家。抽查18家生产企业、2家超市定量包装商品共49批次，合格率100%。检查辖区内3家制糖企业和7家粮食收购企业在用的19台电子汽车衡，现场核查汽车衡计量性能11台，均合格。抽查市辖三区26家加油站在用加油枪270条，检查市交警支队在用机动车测速仪21台，1家高速公路收费站在用动态汽车衡4台，8家燃气企业在用可燃性气体报警器76台，4个住宅小区在用民用三表120块，2家出租汽车公司在用计价器203台，6家眼镜店在用眼镜配制用计量器具47台，未发现相关计量违法行为。4月1日起，贵港市各计量检定机构免收强制检定费，免收费用400万元。

【特种设备安全监督管理】 2017年，贵港市在广西率先引进“物联网电梯动态管理系统”项目。针对电梯数量日益增多和监管人员少的矛盾，贵港市质监局通过与贵港电信公司合作，在城区人员密集和使用频繁的公用电梯安装物联网，采用“互联网+”技术，结合互联网在电梯的应用，实现对整个城市区域电梯的动态监控管理。加大《中华人民共和国特种设备安全法》宣传力度，开展安全知识进企业、社区、校园活动。结合节假日和重点领域开展安全大排查，重点对贵港电厂、旅游景区、小区物业、大超市、气瓶充装等领域特种设备使用单位安全管理方面逐一进行隐患排查，及时有效地对网络问政、市长投诉热线、举报投诉反馈的特种设备问题进行监督检查。全年，检查企业128家，下达安全监察指令书75份，移交稽查局处理7个。做好特种设备使用、注册登记基础工作，办理设备安装维修告知391份（台），复审、核发作业人员操作证1160份，设备使用证169份。

【认证认可监督管理】 2017年，贵港市质监局对全市55家获证检验检测机构组织年度自查和年报数据统计，开展现场监督检查11家，组织13家检验检测机构参加认监委和自治区质监局、行业主管部门8项能力验证工作。组织电线电缆强制性认证产品监督检查10家次。

【行政执法监督管理】 2017年，贵港市质监局围绕民生，重点开展农资、建材、纸制品等“质检利剑”专项打假行动，严厉惩治制售假冒伪劣产品的违法行为。树立执法服务企业理念，坚持对一般标识等普通违法行为，以整改为主免于行政处罚，对涉及安全、严重质量问题、多次违法或屡犯不改的违法行为实施从严从重处罚。出动执法人员440人次，检查企业181家，办理各类行政执法案件47起，结案47起，罚没款101.7万元。其中，已办结5万元以上大案要案件数8件，占已结案案件的17%，大要案罚没款总额43万元。所办理的案件做到事实清楚，证据确凿，适用法律法规证确，程序合法，无一起行政复议或行政诉讼案件。及时准确上报各类报表、专项工作总结，无错报、漏报现象发生。重点加强对建筑用钢筋生产许可获证企业监督检查，严防“地条钢”等淘汰产品死灰复燃，按照生产许可证实施细则的相关要求，检查生产企业的生产条件是否持续保持许可要求，发现有生产条件发生较大变化的，及时责令改正，督促企业落实质量主体责任。检查建材生产企业130家，抽取建材产品98个批次，经检验合格率100%。

【行政审批服务】 2017年1月起，贵港市质监局所有行政审批事项向全社会公开，并接受社会监督。所有行政审批项目均进入市政务服务中心质监局窗口集中办理。1月，窗口取消机动车安全技术检验机构检验资格许可，核对自治区审批项目后，窗口行政审批项目8项，4项行政确认、行政裁决及其他行政权力事项。作为自治区质监局行政审批系统改革试点，贵港市质监局结合贵港实际制订试点方案，1—2月试运行系统，3月1日起正式上线。行政许可网上申请平均办结时限压缩80%以上。市质监局实施市政务中心窗口+网上行政审批系统两线办理，确保企业可以在网上直接提交申请材料，申请材料的流转实现网络传送，由“群众跑”转变为“数据跑”，节约时间成本、材料成本，经济效益和社会效益显著。全年受理行政审批业务398件，便民服务事项668件，办结率100%，满意率100%。

【技术机构改革发展】 2017年，贵港市计量所加强人员培训和计量标准器管理，开展计量强检和计量惠民工作，检定、校准计量器具26826台(件套)，完成业务收入243万元。深入市辖区56家乡镇卫生院、6个集贸市场固定摊点开展计量免费检定活动。2017年是计量工作大转变的一年，根据自治区质监局《关于停止强制检定收费的紧急通知》，4月1日起，停征涉企行政事业性“计量收费”。贵港市加强组织，全面落实停征涉企行政事业收费，做到收费减免、服务不打折、上门服务水平不降低。4—12月，免收涉企行政事业收费284万元，为550多家企事业单位的提供上门检定检测服务。

贵港市质检所加强科技兴检，投入大量资金采购国内外先进设备一批，完成各项监督抽查和委托检验任务，完成检验样品1650批次，完成业务收入192万元。

（梁新荣）

食品药品监督管理

【食品药品监管机构改革】 2017年10月16日，贵港市人民政府办公室印发《贵港市盐业监管体制改革方案》，明确贵港市食品药品监督管理局为贵港市人民政府食盐质量安全监管机构，承担全市食盐质量安全管理、市场管理与盐政执法职能。12月29日，经市编委五届四次会议研究决定，组建贵港市公共检验检测中心，暂由贵港市食品药品监督管理局代管，撤销贵港市食品药品监督管理局管理的贵港市食品药品检验所，其职能由贵港市公共检验检测中心承担。

【食品药品许可审批】 2017年，贵港市食品药品监督管理局开展“两单融合”编制和优化行政权力运行流程工作，执行首问负责制、限时办结制、责任追究制“三项制度”，全年受理行政审批事项9508件，办结9128件；对9家企业的许可事项作出不予许可决定，许可审批工作零投诉。

【食品药品日常监管】 2017年，贵港市探索餐饮服务企业一户一档的建档模式，完成425家餐饮服务单位“一户一档”建立。在全市推行餐饮服务色标管理，完成色标管理建设学校食堂35家。加强“四品一械”领域安全检查，检查食品交易自建网站4家次，检查入网食品经营者123家次，责令停业4家。检查药品批发企业16家、药品零售连锁总部18家、药品零售企业1033家和医疗机构、诊所1148家，医疗器械企业1127家次；通过开展飞行检查撤销药品零售企业GSP证11家。进行重大活动餐饮食品的安全保障39次，下达监督意见书50份，开展食品快速检测1020批次，重大活动零事故。建设完成视频监控系统、“每餐菜单”监管系统，通过食品生产经营台账管理系统和逐步开放餐饮食堂后厨等，使食品药品生产经营全过程可监督、全社会可参与、全方位可评价。

【食品药品行业示范创建】 2017年，贵港市继续开展“自治区食品安全示范城市”创建，创建工作通过自治区中期评估。开展“食品销售十百千万示范”建设，创建食用农产品批发市场1家、示范农贸市场3家,食品示范店230家。

【食品药品风险管理】 2017年,贵港市获证食品生产企业100%完成风险分级评定并按频次开展监管,自治区食品药品监督管理局在贵港召开现场会。继续推进量化分级,全市参与分级评定餐饮单位4282家,年度等级评定率95.3%,其中评定为A级的133家,B级的3191家,C级的958家。6家药品生产企业、975家药品零售企业、142家医疗器械生产经营企业100%开展信用等级评定。年内,收到药品不良反应报告表4449份,医疗器械不良事件报告686份,化妆品不良反应报告194份,分别完成年度任务178.67%、145.34%、150.39%,药品生产企业常年生产品种PSUR上报率100%。监测到疑似聚集性药品不良反应事件4起。选定2家市级医疗机构和1家县(区)级医疗机构作为药械化妆品不良反应/事件监测市、县级监测基地。累计悬挂宣传条幅500幅,出动宣传车辆567台次,发放宣传单10万份,印发宣传海报1万张,宣传台卡1万张,发送宣传短信20万条。接收食品药品投诉举报1226件,同比增长62.16%。

【食品药品质量保障】 2017年,贵港市继续加大"四品一械"监督抽检力度,有针对性开展后处置工作。抽检食品(含保健食品)870批次,合格率91.72%;食用农产品1457批次,合格率97.80%;快速检测食品12732批次,产品合格率100%。抽检餐饮具89份,合格率96.63%;抽检药品289批次,合格率99.31%;抽检医疗器械19批次,合格率100%;抽检化妆品90批,合格率98.89%。公布食品和食用农产品抽检信息124期次、样品总数2430批次。100%核查处置国家抽检不合格食品33个、自治区抽检食品84个,其中有22个国家抽检不合格食品被国家食品药品监督管理总局列为重点督办的核查处置;100%核查处置国家抽检不合格药品5份。

【食品药品专项整治】 2017年,贵港市开展学校食堂及周边地区、旅游景区等餐饮专项治理,检查全市学校食堂2961家次,责令整改学校食堂372家次,完成整改336家次;检查旅游景区等餐饮单位81家次,现场下发《监督意见书》31份。规范网络订餐餐饮服务经营行为,实地检查餐饮企业111户,约谈网络订餐平台5家次;检查冷藏药品经营、使用单位157家;集中整治农村药品流通市场秩序,检查零售药店658家,诊所966家。桂平市食品药品监督管理创新推进食用植物油专项整治,工作经验在全区系统工作会议上作交流发言。全年查处食药违法案件1154件,同比增长264%,移送公关机关追究刑事责任12件。 (韦海红　李进伟)

银行业监管

【概况】 2017年,中国银行业监督管理委员会贵港监管分局(以下简称贵港银监分局)坚决贯彻落实银监会、广西银监局的各项决策部署,围绕贵港市委"13446"工作思路,回归本源,专注主业,服务实体经济、银行业改革、风险防控和监管工作取得新成效,辖区银行业总体运行平稳。年末,辖区银行业金融机构各项贷款余额814.54亿元,比年初增加130.62亿元,增长19.1%。各项存款余额1263.37亿元,比年初增加172.37亿元,增长15.8%。

【助推改革】 2017年,贵港银监分局支持重大项目信贷需求,引导辖区银行业金融机构积极投入"一带一路"建设,加大对重大项目信贷支持力度,主动对接地方重大项目建设和招商引资工作,不断满足地方经济发展资金需求。持续发挥债委会作用,通过政策传导、跨部门协同跟踪反馈、动态更新等一系列机制的建立和运转,发挥债权人委员会支持优质企业、稳住困难企业的重要作用。房地产去库存成效显现,坚持"房子是用来住的,不是用来炒的"定位,引导银行业金融机构落实房地产"去库存"政策。持续降低企业融资成本,推动银行业进一步落实"减费让利"政策,通过主动承担抵押登记费、减免结算费、降低利率等方式为企业减费让利。

【金融宣传】 2017年,贵港银监分局利用贵港市金融服务促进月活动宣传服务平台——"金融沙龙",推动辖区银行业开展"走进三个一百"活动银企对接会,促进银、政、企多方直接交流沟通,传导金融监管政策法规,改进金融服务,传递企业合理融资需求信息,持续推动缓解企业融资难融资贵问题。"走进三个一百"活动累计走访国企56户,走访民企271户,走访园区12个,走访企业家221名,为企业解决问题289个。组织辖区银行业开展"金融知识进万家"宣传活动,创新建立"送金融知识进校园"长效宣传机制,通过多渠道、多方式向公众介绍金融法规知识,提升广大群众防范金融风险的意识和依法维权能力，履行银行业社会责任。活动累计受众人数27.53万人次，发送宣传短信8.37万条，发放宣传资料超过16.7万份，微信宣传发送6.37万条，制作拍摄金融知识宣传片视频1部，在“八桂金讯”微信公众号对外宣传。

【金融服务】 2017年，贵港银监分局推动辖区银行业机构不断改进金融服务方式和产品。主动协调各部门搭建“银政”“银协”“银企”“银担”“银保”五大合作平台，为实体经济拓宽融资渠道。做实小微企业和“三农”金融服务，加大涉农贷款投放力度，扎实推进“银税互动”和“惠企贷”业务的发展，助力小微企业走出经营困境。金融精准扶贫工作取得新进展，联合贵港市扶贫办召开金融扶贫工作联席会议，举办2017年贵港银行业金融扶贫经验交流会，不断夯实金融扶贫基础工作。

【金融风险防控】 2017年，贵港银监分局严密监测重点领域风险，通过开展“三违反、三套利、四不当、十大乱象”专项治理行动，督促银行机构开展信用风险排查、流动性风险压力测试等各类风险排查活动，进一步厘清风险传导链条，推动各银行机构认真落实风险防控主体责任，辖区银行业整体风险可控。同时，配合处非办组织辖区银行业机构开展涉嫌非法集资广告咨讯信息排查清理活动。

（黄晓琪）

2017年11月14日，贵港银监分局联合市扶贫办举办贵港银行业金融扶贫工作经验交流会

贵港银监分局 提供

物价管理

【概况】 2017年，贵港市居民消费价格指数同比累计上升1.6%与全国、全区平均持平，商品零售价格总指数累计上升1.7%，农业生产资料价格指数累计上升0.2%，城镇低收入居民基本生活费用价格指数累计上涨0.4%。

【价格改革】 2017年，贵港市贯彻落实国家价格改革政策，有序放开部分价格。全面放开食盐价格，自1月1日起，放开食盐出厂、批发和零售价格，由企业根据生产经营成本、食盐品质、市场供求状况等因素自主确定。港南区南山寺门票由政府定价改为实行市场调节价，废止新建住宅区供配电设施建设维护收费政策。

落实电价改革。落实广西2017—2019年输配电价；进一步明确两部制电价用户基本电价有关问题；运用价格手段促进钢铁行业供给侧结构性改革，钢铁行业严格执行差别电价和阶梯电价政策。自7月1日起，降低一般工商业电价、大工业电价0.72分/千瓦时。

稳步推进医药价格改革。3月1日零时起，在贵港市11家城市公立医院正式实施药品零差率销售政策，并同步调整部分医疗服务价格，放开部分公立医疗机构医疗服务项目价格实行调节价。及时公布新增医疗服务项目价格，全年公布新增医疗服务项目价格5批，并实行动态管理。

做好天燃气价格管理。贯彻执行国家和自治区物价局有关政策，临时降低管道燃气价格，一般县城及以下居民用气销售价格降低为不超过3.80元/立方米。9月1日起，在现行实际销售价格基础上，按国家调低的标准每立方米0.10元同步等额降低非居民用气销售价格。

抓好交通运输价格管理。贵港市巡游出租汽车营运价格调整采取微调和“政府指导价”的形式，即制定基准价，在现行价格的基础上略为提高，允许出租汽车经营企业在基准价基础上20%内上下浮动。

【收费管理】 2017年，贵港市物价部门规范机动车检测收费，严格执行规定项目收费，制定贵港城区汽车南站、西站、高铁广场停车服务收费标准，调整全市生猪定点屠宰服务费收费标准，规范民办学历教育收费标准。

【市场价格监督检查】 2017年，贵港市物价部门重点开展重大节假日期间市场价格行为的监管，加大对群众生活必需品的粮、油、蔬菜、肉等重要商品和服务价格的检查力度。开展教育收费检查工作，抽查6所中小学校的代收费收支情况，防止部分学校价格违法行为的发生，规范学校的收费支出行为，维护学生的切身利益。开展市城区房地产市场明码标价整治，抽调4人，出动50多人次，对贵港市32家房地产开发商进行现场明码标价工作检查与指导。做好农业生产资料市场价格巡查，配合农业生产部门，落实全国农资打假电视电话工作会议精神，助力贵港市农业生产发展。做好卫生医疗服务价格及药品价格的检查工作，对市内二级甲等以上的公立医院所经营的药品价格进行检查，为贵港市医改的顺利进行提供保障。配合自治区物价局做好涉企收费专项检查工作，分别对贵港市气象系统、质量技术监督系统、交通系统、林业系统的15个单位进行检查，并向市政府做出专题报告。开展景区门票、机动车停放领域价格行为专项检查整治，开展电力价格专项检查。

【价格举报、投诉、咨询受理】 2017年，贵港市"12358"价格举报呼叫平台电话接到电话咨询125件。其中，交通运输42件，停车收费22件，物业管理10件，商品零售13件，医药10件，社会服务7件，教育7件，网络购物3件，房地产1件，邮政通信1件，宾馆酒店1件，其他8件。投诉件1件，均已按要求及时答复处理完毕。

【价格成本监审】 2017年，贵港市完成有2016—2017榨季原料蔗生产成本与收益直报调查、早晚籼稻生产成本与收益常规调查和农户存售粮情况、农户种植意向专项调查等农产品成本调查，并汇总上报。完成成本监审项目7个，分别是：贵港市生猪定点屠宰服务成本监审、贵港市城区巡游出租汽车营运成本监审、港南区第一幼儿园幼儿教育培养定价成本监审、港南区第二幼儿园幼儿教育培养定价成本监审、贵港市快速公交专线车营运成本监审、平南中威公司管道燃气运营成本监审和桂平帝恒公司管道燃气运营成本监审，核减不合理成本费用1214.44万元。

【价格认定】 2017年，贵港市通过做好县(市区)认定业务指导，强化基层价格认定机构依法依规开展价格认定，举行业务培训、组织人员到梧州市、河池宜州学习等提高基层价格认定人员的业务水平，加强价格认定工作。受理并完成各项价格认定案件1627件，认定金额44325.84万元。其中，市本级完成32件，认定涉税金额655.03万元；县(市、区)完成1595件，认定涉税金额43670.81万元。

【价格监测】 2017年，贵港市物价部门每月定期编写主要商品价格走势分析及居民价格指数分析，并上报市委、市政府。全年上报各类价格监测数据2.5万条，分析材料25篇、各类价格信息50多条，客观、真实、及时地反映贵港市市场价格变化以及农副产品平价商店建设动态，提出对策建议。

【平价商店管理】 2017年，贵港市持续抓好农副产品平价商店建设管理，树立平价商店品牌，进一步完善农副产品销售价格调控体系，构建稳定"菜篮子"价格的长效机制。平价商店发挥着稳价安民的突出作用，年内市区试点建成的6家平价商店的6大类平价商品销售总额达2782.7万元，让利596.8万元，让利率21.4%。（刘华富）

工商行政管理

工商行政综述

【概况】 2017年，贵港市工商行政管理系统按照"简政放权、放管结合、优化服务"和继续深化改革、转变政府职能的要求，深化"六个年"活动，深入推进系列商事登记制度改革，全面实施"双随机一公开"制度，加大重点商品(领域)监管力度，推行市场监管信息化建设。贵港市工商行政管理局(以下简称贵港市工商局)获得2017年全国清理整顿人力资源市场秩序专项行动取得突出成绩单位、自治区商事制度改革工作成绩突出单位、第三批自治区检察机关预防职务犯罪工作示范单位、2016年度全市绩效考评优秀等次、全市招商引资先进单位、全市脱贫攻坚工作先进集体等荣誉，在全区商事制度改革督查暨市场主体年报工作电视电话会议、全区工商系统"诚信经营 放心消费"创建工作现场会、全市"两学一做"学习教育工作座谈会、全市绩效考评工作大会等多项会议上做典型经验发言。港北工商分局荷城工商所先后获得全国巾帼文明岗、自治区三八红旗集体等荣誉；陈秋娟获评全国最美消费维权人物提名奖；市局机关、桂平局、平南局、港北区分局获全区工商系统记集体二等功；韦兆满、黄海林、周健清、尹瑞林、钟林岑、梁红梅等获全区工商系统记个人二等功；尹瑞林还获评为广西最美十大工商所长，杨英杰、董映凤、黄炳华、高耀天等4人被评为自治区商事制度改革工作成绩突出个人。

【商事制度改革】 2017年，贵港市工商系统进一步简政放权，深入推进登记注册便利化改革，营造良好市场准入环境，工商登记前置审批事项仅33项。继续贯彻落实个体工商户营业执照和税务登记证“两证整合”改革，3月，在覃塘区试点推行个体工商户和个人独资企业“口头申报、即可办照”登记模式，经营者本人到窗口口述申请内容，无需填表、直接提交办理登记所需材料，即可实现即到即办、签字完成、当场出照；全面下放个人独资企业登记权限到工商所，推行企业登记注册“容缺后补”机制。9月1日，与全区同步推行“多证合一”改革，将13个部门的35个证整合在工商部门一张营业执照上。大力推广电子营业执照和企业登记全程电子化，发出电子营业执照38张。继续实行“绿色通道”、预约办理等特色服务，主动承接自治区改革试点任务，在全市试点推行个体工商户简易注销登记改革；推进企业简易注销登记改革，完善市场主体快速退出机制，简易注销公告232户，准予简易注销227户，已撤销简易注销公告7户，不予受理9户。

推广电子营业执照和企业登记全程电子化，贵港市工商行政管理局与中国工商银行贵港分行签订银行网点（试点）无偿办理商事登记服务合作协议，开通“企业通”便民业务，实现银行网点（试点）无偿办理商事登记服务，实现企业登记注册业务网络与银行业务网络互联互通、办事场所和时间优势互补的新式企业登记注册服务模式，为新设企业提供商事登记、账户开立、结算融资等“一站式”综合服务，使得企业实现获得执照快、进入市场快、办事速度快。

【市场主体登记注册】 2017年，贵港市新发展市场主体3.37万户，注册资本399.51亿元，从业人员11.3万人，分别比上一年同期增长18.83%、44.12%、26.1%。全市累计市场主体15.14万户，注册资本1495.91亿元，从业人员54.23万人。

2017年9月1日，贵港市多证合一启动仪式颁发第一证书　　市工商局　提供

年内，新增外商投资企业24户。其中，外商独资6户，中外合资5户，分支机构13户，投资总额4652.61万美元，注册资本2947.93万美元，其中外方认缴2558.18万美元。截至年末，全市共有外商投资企业220户（含分支机构），比2016年同期增长12.24%。其中，中外合资企业19户，中外合作企业10户，外商独资79户，分支机构112户。外商投资企业投资总额238732.42万元，比2016年同期增长1.73%；注册资本171358.10万美元，比2016年同期增长1.75%；其中外方认缴153228.64万美元，比2016年同期增长1.70%。

【服务非公经济】 2017年，贵港市发展非公有制经济市场主体147761户，注册资本1322.17亿元，从业人员54.23万人，比上年分别增长15.86%、45.22%、6.83%。

实行联系挂点精准服务企业制度　贵港市工商局实行领导联系挂点企业制度，对6家企业每月进行一次服务联系，全年联系54家次，为企业解决实际困难。如指导广西泰亿诺环保科技有限公司申请发明创造专利、提供出口退税信息、落实项目用地；为广西贵港市安丽纸业有限公司协调新厂区入厂道路硬化、电路改造增容、融资难等问题，指导、帮助企业融资3190万元；帮助贵港绿友农生物科技有限公司获得广西农村信用社贷款600万元等。

开展“企业服务量化年”活动　进一步深化“1+N”精准服务市场主体活动，指导帮助95户企业融

表 10　　2017 年贵港市市场主体登记数据表

项目				单位	本期登记	2016 本期登记	与上年本期同比	期末实有	2016 年年末实有	与上年期末比
企业	企业总数			户	5915	5324	11.10%	31751	27431	15.75%
企业	内资企业	户数		户	5915	5324	11.10%	31751	27431	15.75%
企业	内资企业	注册资本(金)		万元	3494586.01	2122265.4	64.66%	12866004.13	8259982.73	55.76%
企业	内资企业	其中：私营企业	户数	户	5764	5300	8.75%	28288	23964	18.04%
企业	内资企业	其中：私营企业	注册资本(金)	万元	3393606.01	2089409.4	62.42%	11299951.24	7594095.7	48.80%
企业	内资企业	其中：私营企业	从业人员	人	40943	30847	32.73%	192334	203183	−5.34%
企业	外商投资企业	户数		户	24	11	118.18%	220	196	12.24%
企业	外商投资企业	注册资本		万美元	2947.93	17795.37	−83.43%	171358.10	168410.27	1.75%
个体工商户	户数			户	26855	21450	25.20%	115214	100132	15.06%
个体工商户	注册资本(金)			万元	307135.36	232724.84	31.97%	1029879.69	818028.14	25.90%
个体工商户	从业人员			人	69101	53984	28%	321214	280289	14.60%
农民专业合作社	户数			户	875	1542	−43.26%	4259	3436	23.95%
农民专业合作社	出资总额			万元	192694.85	321151.89	−40%	891890.29	692407.05	28.81%
农民专业合作社	成员总数			个	2929	4730	38.08%	28751	24176	18.92%

注统计时间截至 2017 年 12 底

资 21.98 亿元，引导企业申报“守合同重信用”62 户，帮助申报广西著名商标 22 户，为 6.43 万户市场主体提供“一对一”年报精准服务，为市场主体办理登记注册 15227 户、变更 4816 户，为 10427 户市场主体提供市场信息，实现 40 户招商引资等。

推动“个转企”工作　实行限时办结、快速登记，支持个体工商户转型升级、做大做强。全年办理“个转企”（个体工商户转为企业）25 户。

开展诚信示范市场创建和“守合同重信用”公示　经过逐级推荐、好中选优、广泛公示，向自治区工商局推荐广西贵港梦之岛时代广场有限公司、广西农垦西江家和居建材有限公司 2 个单位为贵港市 2016—2017 年度诚信示范市场。成功指导和推荐广西贵糖（集团）股份有限公司、广西贵港建设集团有限公司、广西竹福星生物科技有限公司等 27 家企业获得 2016 年度“广西壮族自治区守合同重信用”公示企业称号。贵港市获得自治区“守合同重信信用”公示企业数量增加 21 家。

深入推进“小个专”党建　健全“小个专”党建工作体制机制。5 月—6 月，各县（市、区）分别召开“小个专”党委（党总支）第一次党员大会，选举产生第一届党委（党总支）委员，标志贵港市各县（市、区）全部依托工商部门成立“小个专”党委（党总支），完善上下贯通的市、县、乡三级“小个专”党组织网络架构。截至 2017 年年底，有市本级“小个专”党委 1 个，县区级“小个专”党委 2 个，城区“小个专”党总支部 3 个。推进“1+N”精准服务，巩固扩大“两个覆盖”，在基层工商所成立 78 个非公党建工作指导站，选派 288 名党员干部担任非公党建指导员，每名指导员认领 N 户市场主体，从摸底调查、指导组建、巩固提升到发挥作用进行全面跟踪指导，并实行 100% 全覆盖。同时，指导组建“小个专”党组织 126 个，其中党委（党总支）6 个、“小个专”联合党支部 80 个、“小个专”单独党支部 40 个；指导组建“小个专”团支部 2 个。

开展农村党员经纪人培训　各级工商部门采取送法下乡、送书下乡、课堂培训、现场交流等方式，依托党员培训基地、龙头企业、农民专业合作社和农业产业示范基地等，分期分批对农村党员经纪人进行惠农政策、合同法律法规、农资识假、养殖种植和电商经营管理等知识进行系统培训，举办农村经纪人培训班 51 期，培训农村党员经纪人、“两委”干部 1040 人，完成任务数的 113%。

【市场监管信息化建设】　2017 年，贵港市工商局推行市场监管信息化，推广自治区工商局开发的广西部门协同监管平台、工商综合监管系统建设，推进“天眼工程”建设，完成政务内、外网的搭建，并通过验收投入试运行。建成市局天眼指挥中心、港北区分局分控中心以及安居市场、农垦西江家和居建材广场2个“天眼工程”市场，实现与区局指挥中心的并网联调和互联互通。

【打击传销】 2017年，贵港市工商系统层层签订《2017年打击传销工作目标责任书》，共900余份，建立健全打击传销工作责任体系，完善“政府领导、部门配合、综合治理”惩治传销工作机制。9月15日，召开全市惩治传销工作研讨会。开展惩治传销宣传，推进“禁止传销进校园”宣传教育，发放宣传资料1万份，展出宣传板报15板次，悬挂宣传横幅10条次，解答群众咨询1200多人次。开展惩治传销专项整治行动，元旦、春节期间开展“打传”专项整治行动，于4月中旬联合市公安局、市综治办开展2017年惩治传销违法犯罪专项整治。9月，开展惩治以“招聘、介绍”工作为名从事传销活动专项整治全年捣毁传销窝点14个，教育并遣散涉嫌传销人员61人，解救被拘禁人员1名，行政处罚传销案1件。配合做好“善心汇”专案惩治工作，继续完善“无传销社区(村)”创建活动，畅通“12315”举报平台，完善快速惩治传销活动应急机制，受理涉嫌传销举报投诉39起，处置率达100%，有效巩固“无传销县(市、区)”创建成果。

加强直销企业的监管，重点检查直销企业服务网点、经销商是否存在夸大虚假宣传、夸大计酬收益、违规招募培训等行为是否规范，对罗麦、完美、玫琳凯等直销产品经销商检查50多户次，跟踪监管完美产品、罗麦推介会5次，没有发现违法违规行为。

【诚信经营示范创建】 2017年，贵港市工商部门指导港北区“一街两商圈”(市区荷城路、文化广场商业街区、广西农垦西江家和居建材广场)、桂平市特色旅游商品街4个街区开展示范街区创建，参与企业(门店)546个，引导培育华隆超市有限公司荷花店、梦之岛时代广场有限公司贵港店等202个企业(门店)作为创建活动的示范店。印发创建标示承诺牌、宣传资料一批，签订“诚信经营放心消费”承诺书，统一张贴“贵港市诚信经营放心消费创建承诺店”标示，建立完善处理消费者投诉的相关制度、办理流程，设立服务电话、配备专职工作人员等。4月，在全区工商系统“诚信经营　放心消费”创建工作现场会上作经验发言。7月，在全国工商与市场监管管理部门放心消费创建交流会议上，该局送展宣传板报获得通报表扬。

【法制工商建设】 2017年，贵港市工商局按照“一表两单”的要求，对权力清单和责任清单进行调整，实现两单融合。经调整，权责清单事项由原来的282项调整为293项。启动编制和优化行政权力运行流程工作，建立规范性文件清理长效机制，全面完成2001年—2016年1400多份文件的清理工作。做好行政处罚案件核审，核审案件11件，其中万元以上大案10件，无一例引起行政复议和行政诉讼。

市场监督管理

【企业信用监管】 2017年，贵港市落实企业年报制、企业信息公示制、企业经营异常名录管理制度、推行政府部门涉企信息归集公示，以加强企业信用监管。

企业年报　贵港市工商局将企业年报工作作为全年工作的“一号工程”，主动创新、全力推进，提前60天在全区率先完成年报公示工作任务，获得自治区工商局的通报表扬。截至6月30日止，全市2016年度已年报企业25208户，年报率为91.91%；已年报个体工商户86361户，年报率为90.59%；已年报农民专业合作社3323户，年报率为96.21%，分列全区排名第三、第三和第二。

企业信息公示　推进行政处罚信息的公示，全市工商机关在国家企业信用信息公示系统公示2017年工商行政管理行政处罚信息620条，信息公示率100%；在国家企业信用信息公示系统向社会公示市场主体注册登记信息150759条，企业备案信息1601条，动产抵押登记信息834条，股权出质登记信息749条，行政处罚信息1979条，实现工商机关依法应当公示的信息记于企业名下归集率100%。加强对企业公示即时信息的指导，9—11月期，对746户企业公示即时信息进行“双随机”抽查，强化对企业的行政许可、行政监管等即时信息公示的监督。

政府部门涉企信息归集公示　3月，印发《贵港市政府部门涉企信息归集公示工作实施方案》。向自治区工商局申请开通市、县(区)203个政府部门的国家企业信用信息公示系统广西协同监管平台使用权限，并通过创建QQ群以培训、指导各单位使用。事中事后监管联席办公室发出通报4期，公布市、县两级政府部门涉企信息归集公示数据进展情况，截至11月25日，通过国家企业信用信息公示系统归集公示涉企信息46508条。其中，市级24个部门归集信息9643

条，港北区14个部门归集信息9721条，港南区15个部门归集信息7463条，覃塘区12个部门归集信息6623条，桂平市14个部门归集信息6981条，平南县19个部门归集信息6077条。

落实企业经营异常名录管理制度 依法将未按时公示2016年度年报的12769户市场主体列入经营异常名录或标记为经营异常状态，并通过国家企业信用信息公示系统向社会公示。同时，对“双随机一公开”抽查结果异常的市场主体，列入经营异常名录，通过公示系统向社会公示。

【“双随机一公开”监管】 2017年，贵港市根据《贵港市2017年“双随机一公开”监管工作实施方案》，在自治区层面尚未建成统一随机摇号系统的情况下，1月，贵港市工商局委托软件公司开发建成贵港市“双随机”抽查平台，并在港南区工商分局试点，初步实现从抽查计划制定、抽查实施、结果录入、结果公示等各环节全程留痕。5月11日，在港南区政府召开“双随机一公开”监管工作现场推进会，全面推广运用“双随机”抽查平台实施“双随机一公开”监管方式。9月开始，按照自治区部署，运用贵港市“双随机”抽查平台随机选派工商执法人员对自治区工商局随机抽取确定的4157户市场主体统一进行检查，检查企业登记事项、信息公示情况、流通领域商品质量、格式合同、商标使用等内容19项，实现在2017年年底前抽查事项的“全覆盖”。港南区、覃塘区工商分局和桂平市工商局探索跨部门联合抽查，分别联合食药监、农业、烟草、消防、国土等部门开展“双随机”联合抽查2次。

【无证无照查处】 2017年，贵港市实行市、县、基层工商所三级联动排查机制，全面排查与整治无证无照经营行为。与相关部门联合开展一系列专项整治行动，检查市场132个、各类经营户10375户，出动执法人员2990人次，发放宣传资料8303份，引导办理营业执照2137户，发限期整改通知书735份，查处无照案件524件。

2017年3月3日，港南区工商分局、港南区农业局对港南区农资市场开展“双随机”联合抽查
市工商局 提供

【反不正当竞争执法】 2017年，贵港市工商部门以查处虚假宣传、虚假表示、仿冒等不正当竞争行为，以及供水、供电、供气、通信、公共交通等行业企业的强制交易、滥收费用、搭售商品、附加不合理交易条件等违法行为为重点，开展对市场销售商品、保健类生活用品和公用企业存在限制竞争、不正当竞争、垄断等行为的集中整治专项行动，查处反不正当竞争案8件，其中查处虚假宣传案件5件、擅自使用他人企业名称案件1件、查处不正当有奖销售案件2件。

【安全生产责任制监管】 2017年，贵港市工商局严格依法办理涉及安全生产审批事项的工商登记，把好市场准入关，对涉及安全生产后置审批事项的，实行“双告知一承诺”制度，进行“双告知”7000多户。加大对无照经营、超范围经营等非法生产经营行为的惩治力度，查处涉及安全生产无照经营案件5件、案值20万元。与有关部门开展安全生产大检查、重点行业领域专项检查、安全生产领域“打非治违”等专项行动，出动执法检查人员5650人次，检查市场主体10130户次，发放责令整改通知书108份。

【合同格式条款监管】 2017年，贵港市工商局以宣传教育、上门走访、行政指导（告诫）等方式，加大对《中华人民共和国合同法》《合同违法行为监督处理办法》和《广西合同格式条款监督管理条例》等法律法规的宣传力度，开展供水、电信、快递、旅游、房地产等行业企业的自查自纠，指导、督促相关企业对其制定或者使用的合同格式文本进行整理、依法进行公示。截至11月，各级工商部门共出动执法人员530人次，上门走访宣传921户次，召开座谈会57次，对企业开展行政指导85次，业务指导各类企业37家、在广西合同格式条款公开查阅系统上传格式合同文本60份。对涉嫌格式合同违法行为下达责令改正通知书15份，查办合同格式条款违法案件2起。

【人力资源市场专项整治】 2017年，贵港市工商部门重拳抓违规行为治理，集中力量对职业中介机构、各类招工用人单位进行清理整顿，加强对各类职业介绍机构、劳务派遣机构、职业培训机构的事中事后监管，检查各类人力资源服务机构260户、用人单位323户，解决农民工劳动纠纷1起，纠正发布虚假就业信息用人单位1户。帮助解决企业在社会保险征缴、劳动用工、人才引进和劳动关系协调方面的问题，指导企业员工购买社会保险，为企业免费发布用工招聘信息，规范用工行为。全年，累计发展农民专业合作社4196户、出资总额87.65亿元、促进就业2.83万人；发展家庭农场1293户、注册资本6.77亿元、促进就业5214人。获得由人力资源社会保障部办公厅、国家工商总局办公厅授予"全国清理整顿人力资源市场秩序专项行动取得突出成绩单位"称号。

【2017红盾护农行动】 2017年，贵港市工商部门突出春耕、夏种等重点时节，加强对城乡结合部、乡镇等重点区域，农资批发、农资零售等重点市场主体，化肥等重点农资商品的监管力度，严厉查处无照经营、不履行法定责任和义务、虚假宣传、销售假冒伪劣农资商品等违法行为。截至11月，累计出动执法人员2572人次、执法车辆913台次、检查农资经营主体3031户次，立案查处农资案件300件，已结案288件，案值274.16万元，没收不合格复合肥52.8吨、叶面肥200瓶。

【网络市场监管】 2017年，贵港市工商局以推动网络市场线上线下一体化监管格局的构建为目标，发挥全国网络交易平台监管系统(广西专版)大数据监测的作用，联合11个部门开展2017网络市场监管专项行动，加强对本地网络市场经营行为的监管，坚决惩治网络市场中发现的违法行为。举办网络市场监管培训班1期，培训网监管理员、基层网监执法人员44名。完成3个交易型企业网站链接电子标识的审核和发放，完成对上级下达的网监数据进行全面清理冗余、逐个比对，鉴别数据2329条，理清有效数据1692条，删除无效数据637条，回退无管辖权数据40条。组织市级网络市场专项行动，通过网监系统线上检查辖区网站1539个，完成系统专项检查任务率为92%，线下检查出动执法人员466人次，实地检查网站或网店230个，查办3起网络市场案件，案值12.6万元。

【成品油市场监管】 2017年，贵港市工商部门以推动国五标准油品销售实施为契机，开展2017成品油市场专项整治，依法严查无照经营、销售质量不合格的油品、与标号标识不相符的油品等违法违规行为。截至11月中旬，出动执法人员570人次，出动执法车辆126辆次，检查加油站226户次，对辖区流通领域车用成品油进行抽检44个批次，发现不合格批次4个，查办成品油案件7件，案值19.87万元。

【"地条钢"专项整治】 2017年，贵港市工商部门开展流通环节"地条钢"专项整治，出动执法人员755人次，检查钢材经营户958户次，抽检21个批次，查处经营"三无"钢材案件1起。

【配合做好旅游市场监管】 2017年，贵港市工商局配合做好旅游市场监管，出动执法人员387人次，执法车辆107车次，检查景区景点11个次，检查旅行社、宾馆、餐馆、超市等相关经营主体667户次，检查旅游格式合同32份，下达责令改正通知书7份，增设"南山公园""四季花田"2个景点"12315"消费维权服务站，受理消费者旅游市场方面的咨询8件，投诉和举报2件，成功调解2件，为消费者挽回经济损失0.12万元。

【其他重要商品(领域)的市场监管】 2017年，贵港市工商局组织开展文物市场、野生动植物保护、动物疫情防控、卫星地面接收设施、烟花爆竹、地图、限塑等重点商品(领域)市场专项行动。截至11月，组织开展专项行动10次，出动执法人员3536人次，执法车辆546台次，检查集贸市场466个次，经营主体7421户次，发放宣传资料2700多份，规范经营主体行为1200多户，教育和引导群众1200多人次。办理拍卖活动前期备案147起，涉及合同标的478宗、金额7.69亿元；各级工商部门累计为137家公司办理动产抵押登记158件(次)，涉及动产抵押合同标的金额22.85亿元。

商标管理

【概况】 2017年，贵港市针对商标工作加强宣传、营造浓厚氛围，强化保障、提升服务水平，加强组织协调、增强发展后劲，建章立制，实现高位推动。年内，新申请商标3135件，有效注册商标1501件，分别较上年增长49.57%和22.25%；向国家工商总局商标局递交地理标志商标申请材料8件，占广西年度地理标志商标申请量的近20%。有效注册商标实现连续四年超过20%增长，四年内注册商标总量翻一番。年末，有效商标注册量已突破8000件大关，达到8248件，位居全区第5位。

【商标品牌培育】 2017年，贵港市印发《贵港市地理标志商标注册保护方案》，成立地理商标发展工作领导和工作机构。10月10日—14日，由分管副市长带队，奔赴福建省宁德市、贵州遵义市开展专题调研，考察学习当地地理标志商标发展的成功经验，为市领导决策提供科学参考；到国家工商总局商标局汇报该市商标发展有关情况，积极争取商标局的政策支持。同时，积极组织企业参加商标节、品牌成果展，为参展企业带来405万元订单，不断扩大贵港品牌知名度。在挖掘地理标志商标资源发展保护地理标志商标品牌中，贵港市工商局重点围绕大米、莲藕、茶叶、百香果、穿心莲、羽绒、白玉蔗、肉桂、余甘果、龙眼十大特色农产品，开展地标培育和注册工作。对条件成熟可以在2017年年底提交地理标志申请注册的贵港大米、贵港茶（红茶、绿茶）、贵港肉桂、平南石硖龙眼、贵港木格白玉蔗、覃塘莲藕，与农业局、地方志等部门进行沟通，落实地标代理机构、地理标志样图(logo)、地理标志注册申请主体等相关工作。对2017年年未能提出地理标志申请注册的贵港百香果、平南余甘果、港南穿心莲、港南羽绒，做好相关材料的收集并报送到市地方志办将地标资料载入2017年《贵港年鉴》。年末，贵港市有注册地理标志商品10件，地理标志产品基本覆盖粮食、茶叶、水果、药材等重点农林业领域，惠及人口337万，占全市总人口61%。从事地理标志商标产品生产、加工、销售的农户人均年收入0.9万元，全市农民收入38%来自地理标志证明商标产品。

2017年3月20日，贵港市工商系统开展打击和取缔违法销售“地条钢”专项行动

市工商局　提供

【商标品牌建设】 2017年，贵港市工商局向自治区工商局推荐申报桂平市为商标品牌战略实施示范市、推荐申报广西贵糖(集团股份有限公司)、广西扬翔股份有限公司、广西源安堂药业有限公司为商标品牌战略实施示范企业，全面提升贵港市企业的自主创新能力，推进商标强贵工作。是年，桂平市被自治区工商局授予“商标品牌战略实施示范市”称号，广西贵糖(集团股份有限公司)、广西源安堂药业有限公司被自治区工商局授予为“商标品牌战略实施示范企业”称号。

【商标品牌宣传】 2017年7月，贵港市实施商标品牌战略作为服务地方经济的有力抓手，推进“三书五进”宣传指导，推行“1+N”精准帮扶，进一步加大商标品牌培育扶持力度，迅速提高全社会的商标品牌意识。成立广西首个商标品牌联盟，建成广西首个商标品牌展示厅，在“贵港工商”微信公众号上推出网上商标商城，指导建立桂平市木乐镇、覃塘区石卡产业园等两个商标品牌服务指导站。深入开展“遍行天下　心仪广西—广西品牌神州行系列活动”。分别组织4户企业代表到北京广西大厦参加“遍行天下　心仪广西—广西品牌神州行”系列活动，展示桂平社坡腐竹、覃塘富硒红米和黑米、港南铁皮石斛和红糖等产品，活动启动日实现签约金额150万元；组织11家贵港知名品牌企业和3个地理标志证明商标企业参加在广西桂林国际会展中心举行的2017中国国际商标品牌节暨“遍行天下　心仪广西—广西品牌成果展”活动，参展企业现场签署255万元，5户企业获得“优秀参展企业”奖项，“东津细米”地理标志保护产品的注册单位贵港市港南区粮食行业协会被自治区工商局授予“广西地理标志商标运用示范单位”。宣传商标知识，利用3·15”消费者权益保护日、“4·26”世界知识产权日和阳光热线活动，设立商标知识咨询台，派发商标法律法规宣传资料1000多份、推送微信100条。商标申报工作，由坐等上门办事，转变为主动上门服务，深入企业、走进田园，帮助企业、农户设计商标，为产品命名，提供查询服务，开辟商标注册的快速通道。

【商标知识产权保护】 2017年，贵港市以保护中国驰名商标、广西著名商标、地理标志证明商标、涉外商标为重点，严厉查处侵犯各类商标专用权的违法行为，维护商标专用权人和消费者合法权益。印发《贵港市工商局办公室关于印发2017年全市工商系统开展打击侵犯知识产权和制售假冒伪劣商品专项行动工作方案的通知》《贵港市工商局办公室关于印发全市工商系统打击侵犯注册商标专用权专项整治行动方案的通知》等相关文件，加大商标行政执法力度，严厉惩治侵犯注册商标专用权的行为。截至10月，收到涉嫌商标侵权案件举报线索9条，查处商标侵权违法案件50件，案值27.03万元。

广告管理

【概况】 2017年，贵港市加大对互联网、电视、户外广告发布的医疗服务、医疗器械、药品、保健品、食品、房地产等广告的监管，对广播电视台、当地主要报纸等媒体广告进行治理，立案查处虚假违法广告27件，结案27件。

7月1日—10月30日，国家工商总局通过随机确定监测日期，对广西124家电视、广播、报纸媒体的医疗器械、普通食品、酒类、医疗服务、药品、普通商品、保健食品等22个类别的广告发布情况进行抽查，监测贵港市大众媒体广告718条、监测广告33090条次、监测广告总时长为126.81万秒，所有广告违法条数、违法条次和违法时长均为“零”。

消费维权

【概况】 2017年，贵港市工商局开展“诚信经营放心消费”创建工作，完成200家县(市)区级示范店、4条示范街(街区)的审核挂牌。开展消费维权“三个一百”工程，在全市981家市场主体开通“12315”消费争议直通车，编制发放《百个典型案例警示教育》书籍2500本，开展消费维权教育课100堂，受教育人群达8.6万人次。推行“三方通话”电话调解工作模式，及时高效开展消费维权工作，消费纠纷调解成功率75.57%，高出全广西平均水平15个百分点，“12315”消费者申诉举报中心接受消费者咨询3615件，举报81件，投诉480件，为消费者挽回经济损失103.2万元，消费者申诉举报中心获评自治区维护妇女儿童权益先进集体。

【消费维权宣传】 2017年，贵港市工商局开展“3·15”年主题现场活动，市政府、自治区工商局领导和市内34个部门参加。活动既有丰富多彩的文艺活动，也有群众喜爱的有奖知识问答。开辟维权宣传专栏或专题节目，利用电视、网络、报纸以及微信公众号、编发手机公益短信、曝光2016年消费维权典型案例等形式，全方位维权宣传。3月12日，配合广西电视台栏目组开展消费者权益日特别行动走进贵港活动；成功举办首届“广西消费大集(贵港)”暨2017年“3·15”国际消费者权益日活动，在覃塘区东龙镇举办“优质农资商品乡村行——走进覃塘”宣传，引导现场观众如何有效避免消费陷阱等等。到贵港市老年大学、港北区西江小学、港南区八塘一中等多所学校开展消费教育活动。借助“贵港工商”微信平台发布消费提醒、消费警示信息17期。

【消费维权“三个一百”工程】 2017年，贵港市工商部门印制《贵港市百个消费维权案件》汇编，以图文并茂的形式讲述百个消费维权案例。百堂消费教育课开讲，针对学生、老人、成人等不同消费群体，制作多款教学课件，做到有的放矢。消费教育进商场、进校园、进社区、进农村、进企业讲课100堂，建立消费教育基地85个，受教育人数8.6万人次。开设百个消费争议企业直通车，新发展梦之岛百货、南宁百货贵港分公司等113家企业加入快捷解决消费纠纷问题直通车行列。截至12月，贵港市已经建立消费争议直通车981家。

(韦　波)

统　计

【经济社会统计调查】 2017年，贵港市统计局按照国家统计报表制度和要求，组织开展2016年核算、农业、工业、能源、投资、服务业、科技、贸易、劳动工资、房地产、建筑业、等专业统计年报和2017年定期统计报表工作，以及城市年报、人口抽样调查、小康测评、妇女儿童调查等调查，全面及时的反映贵港市经济发展的基本情况，为领导掌握和了解经济发展形势提供即时信息，为开展工作提供重要依据和参考。在全区统计系统2017年22个专业业务工作考评中12个专业获奖，其中获二等奖5个，比2016年增加2个，在对各市统计局年度工作综合考评中，连续两年获三等奖。

2017年，贵港市地区生产总值1082.2亿元，同比增长9%，经济总量突破千亿元大关，增速全区排名第3，比上年前移5位。分产业看，第一、第二、第三产业增加值分别为193.65亿元、465.86亿元、422.68亿元，分别增长4.2%、11.3%、8.8%，贡献率分别为9%、52%、39%。产业结构进一步优化，三次产业比重为17.9∶43∶39.1，第一产业比重同比下降1.9个百分点，第二产业比重同比上升2个百分点，第三产业比重基本与上年持平。分县（市）区看，港北区、港南区、覃塘区、平南县、桂平市的生产总值增速分别为9%、7.9%、11.3%、8.7%、8.6%，五个县（市、区）的增速均高于全区平均水平。全市规模以上工业增加值同比增长12.2%，增速全区排名第2；固定资产投资983.8亿元，同比增长16.9%，连续两年增速全区排名第1；社会消费品零售总额480.7亿元，同比增长11.3%，增速全区排名第5；财政收入90.03亿元，同比增长12.7%，增速全区排名第2。

【统计服务】 2017年，贵港市统计局开展“统计服务提升年”活动，实施学习培训提升工程，举办“经济学前沿知识”“统计学前沿知识”“统计专业知识提高班”等培训班11班次，全面提高干部职工综合能力。实施统计数据发布提升工程，开通统计数据电话咨询专线，落实专人接受社会各界来电咨询；每月编印《贵港经济动态月报》公布统计数据与信息，全年编印14期、印刷1680份，报送市委市政府领导及相关经济部门，以及县（市）区党政主要领导，同时电子版本通过政府办公系统发送至各相关单位；及时发布统计公报，9月初，在贵港统计信息网上发布《2016年贵港市经济和社会发展统计公报》，被自治区统计信息网所采用。实施调研分析提升工程，重点围绕市委、市政府中心工作、人民群众关注热点和“两办”约稿要求，明确调研课题、落实专人，深入基层贴近发展、贴近民生、贴近社会开展调研，完成调研课题23篇，其中《贵港市经济借力高铁发展的调研报告》《贵港市经济新旧动能转换发展现状及建议》获得国家统计局采用。实施信息服务提升工程，每月、每季度重点关注经济运行新特点新情况，对趋势性、苗头性问题进行分析，强化对经济运行中出现的各种问题进行监测预警。加强对统计动态、统计信息、统计分析的报送，完成上级布置的信息要点、专业约稿任务，全年上报信息310多篇，被自治区统计局、市委、市政府等部门采用90多篇，获市领导批示9篇，信息报送工作获自治区统计局考评三等奖。

【“四上”企业入库统计】 2017年，贵港市统计局把企业入库作为统计重点工作之一，对达到“四上”企业申报标准而未申报入库的企业进行全方位排查，及时收集申报材料组织入库申报，对各乡镇统计助理、各企业的统计人员开展“四上”企业入库培训，联合市发改委、工信委、住建委、商务局对各县（市、区）“四上”企业申报入库情况进行督查。全市“四上”企业入库173家，比上年同期147家增加26家，增长17.7%。其中，工业企业73家，房地产企业32家，建筑业企业4家，批发零售业46家，住宿餐饮业4家，重点服务业14家。

【农业普查】 2017年，贵港市统

2017年1月1日，贵港市在港城镇龙井村举办第三次全国农业普查入户登记启动仪式

市统计局　提供

计局创新运用“挂图作战法”“督查与培训结合法”方法开展农业普查，完成105.49万农户、3996户规模农业经营户、4470个农业经营单位、1156个村(居)委会、74个乡镇(街道办)的数据填报审核，第三次全国农业普查工作圆满完成，被国务院第三次全国农业普查领导小组授予“全国先进集体”称号。

以党建带动农业普查，组织、领导到位，促进机构、人员、经费“三落实”，全市落实普查经费2130.83万元，户均经费达20.2元。其中，市本级落实经费122.6万元，县级落实经费2008.23万元。“两员”选聘培训到位，全市选聘普查指导员与普查员12828人，党员占28%，通过分级分批、实战模拟、试填试报进行培训，全市举办普查培训班1100多班次，培训6万多人次。宣传动员到位，制作3分钟的农业普查宣传片，在贵港电视台、城区主要路口高清电子屏幕连续4个月滚动播放，是广西统计系统唯一制作农普宣传片的地市，在《贵港日报》连续4个月开辟“农普宣传专栏”；开展农普征文活动，向国务院农普办报送诗歌、散文、小小说、漫画等作品20个，其中2个作品获得国务院农普办表彰，是广西统计系统唯一获得国务院农普办表彰的作品。督查指导到位，全年开展事前督导3次、事中督导4次、事后督导3次，确保普查各项阶段工作顺利完成。

【经济普查】 2017年，根据《全国经济普查条例》规定，国务院决定于2018年开展第四次全国经济普查。覃塘区作为广西第四次经济普查的专项试点，贵港市统计局积极配合自治区统计局组织的专项试点，从前期筹备工作、业务培训、现场登记、数据处理、工作总结等阶段，全面模拟第四次经济普查的机构成立、宣传动员、普查区划分与电子绘制、普查员选聘编制单位清查底册、业务培训、PDA入户登记、质量复查复核、数据处理汇总、质量抽查、试点工作等普查重要环节。经过自治区、贵港市、覃塘区三级统计部门与基层300多名普查人员3个多月努力，顺利完成专项试点各项任务。12月27日，广西第四次经济普查(覃塘区)专项试点总结会在贵港市召开，贵港市统计局局长周仕志主持会议，自治区统计局党组成员、副局长唐旭出席会议并讲话，充分肯定此次试点工作的成果。

【1‰人口抽样调查】 2017年，贵港市统计局开展人口变动情况抽样调查工作，经调查员的选调及业务培训，扎实开展调查摸底工作，入户调查，查遗补漏等环节，完成抽样调查任务。根据自治区统计局反馈结果：全市常住人口437.54万人，同比增长1%，城镇化率达到49.02%，比上年提高1.06个百分点。全年全市人口自然增长率9.93‰，比上年提高个0.46千分点。其中，出生率15.26‰，死亡率5.33‰。

【统计法制建设】 2017年，贵港市统计局贯彻中办、国办《关于深化统计管理体制改革提高统计数据真实性的意见》精神，按照全区统计法治工作会议要求，落实统计机构主要负责人推动统计法治建设第一责任人的职责，实施统计法治建设目标责任考核制。加强普法宣传，发放宣传资料3000多份；做好统计“七五”普法宣传，制定《贵港市统计法治宣传教育第七个五年规划》；强化基层统计人员的教育培训，坚决反对统计弄虚作假，切实遵守统计“十三条铁律”；制作宣传专栏，悬挂宣传标语，与市电视台、电台合作，制作宣传动画片，在电视台、电台播放进行宣传《中华人民共和国统计法实施条例》出台。

持续加大统计执法力度　推行统计执法“双随机”抽查制度，制订《贵港市统计局开展2017年度随机抽查工作方案》。7—9月，组

2017年2月27日，贵港市统计局召开全市统计系统深化统计管理体制改革工作会议

市统计局　提供

成检查组分别对港北区3家工业企业、桂平市2家房地产及1家建筑业企业、平南县3个投资项目和覃塘区3个乡镇统计机构进行“双随机”执法检查,做到坚持有案必查、违法必究,严肃查处统计违法案件,严守“四条红线”。对上级转交、督办和直接核查的案件,认真做好配合,依法依规处理到位。年内,查办自治区统计局转交的统计违法案件5件,均作出警告和罚款的处理。

深入推进法治政府建设　建立健全重大决策合法性审查机制,全面开展合法性审查工作。依法履行规范性文件报送备案职责,强化规范性文件监督管理。根据《贵港市法治政府建设方案(2016—2020年)》,结合工商行政在法治政府建设中的任务和要求,制订《贵港市统计局全面推进法治政府建设工作方案》,抓好落实,严格考核。

【统计规范化建设】 2017年,贵港市统计局将基层统计规范化建设置于突出地位抓紧抓好,加强督查和培训。6月,成立4个乡镇(街道)统计工作规范建设督查组,分别对全市74个乡镇(街道)进行统计工作规范建设全面检查,现场评分,现场点评,将检查情况形成通报,及时将评分结果和存在的问题反馈给各乡镇。7月,对全市乡镇(街道)统计工作规范建设举办培训班,邀请自治区统计局设管处领导(专家)授课。9月,开展“回头看”检查,成立4个督查组再次对全市所有乡镇(街道)进行“回头看”检查。经检查,平均分为92分,比第一次检查提高10.9分,达到90分以上的有55个乡镇,较上次增加36个,60分以下的由上次6个缩小到1个,13个乡镇获评为全区统计规范化建设优秀乡镇。

【城乡划分】 2017年,根据《自治区统计局办公室关于开展2017年年度全区统计用区划代码和城乡划分代码报送工作的通知》,贵港市统计局加强领导和部门协作,开展2017年统计用区划代码、城乡属性代码质量控制和数据检查工作。与民政部门沟通,掌握并核实各乡镇区划代码和城乡属性调整、变更及征地、建设用地、政府驻地迁移、村级单位拆分(合并)等情况,依据民政部门或各级政府正式文件,参考影像资料,深入到现场核实后编制对应的统计用区划代码和城乡划分代码。严把数据质量关,组织进行年度数据质量抽查,做到来源真实有据,划分合理,符合国家城乡划分规定的标准和要求。

(李　娟)

经济社会调查与监测

【统计调查】 2017年,国家统计局贵港调查队组织开展居民消费价格调查、商品零售价格调查、农业生产资料价格调查、城镇低收入居民基本生活费用价格调查、工业生产者价格统计调查、住户收支与生活状况调查、农村住户固定资产投资抽样调查、农民工监测调查、农民工市民化监测调查、劳动力调查、县级粮食产量抽样调查、主要农产品中间消耗调查、农作物单位面积产量抽样调查、农作物播种面积抽样调查、农产品生产者价格调查、主要畜禽监测调查、规模以下服务业抽样调查、规模以下工业抽样调查、批发零售住宿餐饮限额以下行业抽样调查、采购经理调查、新设立小微企业和个体经营跟踪调查、建筑业小微企业抽样调查、退耕还林(草)监测调查、党风廉政建设满意度调查、投资环境调查、农村党员培训情况调查26项调查,为辖区经济社会发展提供优质高效的统计调查服务。

【统计服务与宣传】 2017年,国家统计局贵港调查队开展服务型统

2017年5月11日,国家统计局贵港调查队到桥圩镇杨村开展劳动力调查

国家统计局贵港调查队　提供

计建设，为党政领导、统计用户、统计对象提供服务。向各相关部门发布《贵港调查简讯》12 期，向贵港市“两办”报送《贵港调查专报》80 期。完成《贵港调查年鉴2017》编印出版。报送新闻通稿获得采用 10 篇。其中，《贵港队推进农产量调查样本轮换》《贵港农资价格指数微降》获《中国信息报》采用刊登，《贵港市：3 月份CPI 同比上涨 1.4%》《贵港市一季度生猪市场继续火热》2 篇新闻通稿获广西新闻网、贵港新闻网刊登以及人民网、新华网等网站转载。开展建队十周年新闻宣传，联合贵港电视台拍摄制作题专题新闻视频，在黄金栏目《贵港新闻》播出，《贵港日报》头版刊登宣传报道，制作宣传画册，举行宣传板报成果展，召开建队十周年座谈会，加深社会民众对统计调查工作的了解。

【调查基础建设】 2017 年，国家统计局贵港调查队加强统计调查基础建设，改善基层辅调员待遇，完善标准网络机房，完善机关大院基础设施建设，加强调查员队伍建设，更新完善辅助调查员名录，完善辅助调查员管理办法，组织辅助调查员开展岗位知识培训，不断提高辅助调查员综合业务素质和调查能力。建立规范化数据管理体系，定时报送调查数据电子材料，统一管理，建立数字化档案，按季召开数据评审会，规范数据审核评估。改进作风，提高行政效能，重点对信息化建设、政务信息写作等工作进行督查督办；编制全年会议目录，从总体上控制会议费用支出；开展档案管理，整理归档好 2016 年相关档案资料。强化财务管理，提升财务管理水平，规范预算执行；强化财务基础建设，规范会计核算；强化固定资产管理，规范采购行为，按要求清理固定资产；强化单位内部控制，规范财务管理；规范档案保管，按照会计档案编制要求统一归档。

【国调队伍建设】 2017 年，国家统计局贵港调查队开展“两学一做”学习教育常态化、制度化。提高班子决策能力，抓好理论学习，强化团结协作；加强制度执行，增强创新意识；抓好廉政建设，提高班子自控力。开展“调查大讲坛”主题干部培训活动，组织参加国家统计局统计基础知识培训班，成功举办第七届“岗位技术能手”比武活动，组织队员到地方挂职锻炼。推进党风廉政建设，履行“一岗双责”，落实整改“四风”问题，加强机关效能建设，强化对“人、财、物、数”重要领域的纪检监督。

【国调统计法治建设】 2017 年，国家统计局贵港调查队始终把加强法制宣传教育摆在突出位置，组织干部深入学习《中华人民共和国统计法》《统计违法违纪行为处分规定》和《统计上严重失信企业信息公示暂行办法》，打造素质过硬的统计执法队伍，做守法护法表率。利用“中国统计开放日”“12·4”全国法治宣传日、“12·8”统计法颁布纪念日等时段，采取召开座谈会、举办法制讲座、悬挂横幅、发放宣传资料、发送手机短信等形式，加强对统计调查对象统计法律法规的宣传。利用推进城乡住户调查一体化改革的机会开展宣传工作，加深调查对象对统计法律法规的了解，有效提升统计调查工作的社会认知度。同时，结合贵港调查工作实际，对规模以下工业、服务业小微企业、工业生产者价格、采购经理调查进行执法检查，进一步维护国家统计调查工作权威。

（黄崇色）

审　计

【概况】 2017 年，贵港市审计机关完成审计项目 1311 个，查出主要问题金额 26.8 亿元。其中，应上缴财政 6877 万元，应减少财政拨款或补贴 24977 万元，应归还原渠道资金 2581 万元，应调账处理金额 131835.41 万元；上缴财政 6630.82 万元，已减少财政拨款或补贴 24977.47 万元，归还原渠道资金 3258.17 万元，调账处理金额 43693.6 万元。核减投资额 2.54 亿元。移送司法机关、纪检监察部门处理事项 7 件，涉及金额 4835 万元；提出审计建议 547 条，被采纳 529 条。

贵港市审计局完成审计项目 108 个，查出主要问题金额 14.09 亿元。其中，应上缴财政 6678 万元，应减少财政拨款或补贴 4745 万元，应归还原渠道资金 2581.1 万元，应缴纳其他资金 559 万元，应调账处理及其他整改金额 126342.9 万元；已上缴财政 6553.74 万元，已减少财政拨款或补贴 4745 万元，已归还原渠道资金 2581.1 万元，已调账处理及其他整改金额 38234.75 万元。移送司法机关、纪检监察部门处理事项 4 件，移送处理金额 2107 万元。审计提出建议 181 条，被采纳 171 条。港北区审计局实施的某市土地房屋征收工作办公室 2010 年 6 月—2015 年 4 月财务收支情况审计项目被评为 2017 年全区优秀审计项目三等奖；贵港市审计局实施的某市2016年保障性安居工程情况的跟踪审计项目被评为2017年全区表彰审计项目。

【财政审计】 2017年,贵港市审计机关完成财政审计项目7个,查出主要问题金额165239万元。其中,贵港市审计局完成财政审计项目1个,查出主要问题金额88767万元。重点关注政府行政运行成本和管理绩效情况,深化对政府预算编制、存量资金盘活、财政管理绩效、国有资产管理、转移支付等情况的审计,有效推动财政提质增效。特别是对“三公”经费支出,公务卡结算、财政专户管理进行延伸审计。审计发现的主要问题有结转资金支出进度较慢,未及时上缴非税收入;经费支出不够合规,零余额账户使用不够合规,预决算公开不够规范等。审计工作报告因揭示问题有深度,内容全面,反映问题抓住关键、得到贵港市人大常委会的充分肯定。

【行政事业审计】 2017年,贵港市审计机关完成行政事业审计项目29个,查出主要问题金额26582万元。其中,贵港市审计局完成行政事业审计项目9个,查出主要问题金额6040万元。行政事业审计主要是与经济责任审计结合进行,查出的问题主要有个人超标准报销电话费,违规报销非公务车辆费用,超范围支出工作经费,应缴未缴非税收入并坐支,执行重大经济事项集体决策制度不够到位;部分费用报销手续不够完善,未按规定执行政府采购,公务用车管理使用不够规范,会计核算不够规范等。

【固定资产投资审计】 2017年,贵港市审计机关完成固定资产投资审计项目1260个,核减工程造价2.53亿元。其中,贵港市审计局完成固定资产投资审计项目98个,核减投资额4745万元。全市审计机关将审计监督贯穿于工程建设始终,有效控制工程造价、促进规范管理、维护合法权益。充分利用大数据分析,实现数据分析和现场核查相结合,进一步提升审计的广度、深度和精度,提高公共资金、公共资源的使用效率和效益。贵港市审计局对贵港市文化艺术中心、贵港市园博园、贵港市港城棚户区改造等重大政府投资项目实行现场跟踪审计,促进了基本建设工程的规范运作。

2017年9月4日,贵港市审计局开展廉政面对面活动　　市审计局　提供

【经济责任审计】 2017年,贵港市审计机关完成经济责任审计项目27个,查出主要问题金额18253万元。其中,贵港市审计局完成经济责任审计项目(含自然资源资产离任审计项目1个)9个,查出主要问题金额6203万元。经济责任审计围绕领导干部履行经济决策权、经济管理权、政策执行权、经济监督权以及履行单位廉政建设“第一责任人”情况,重点加强对重要岗位关键环节的权力监督,抓住重要财经法规政策执行、重大经济决策、重大投资项目,以及重要财政收支、财务收支活动开展审计和审计调查。实行党政同责、同责同审,保证重点部门单位、重点岗位领导干部在一个任期内至少接受一次经济责任审计,努力实现领导干部经济责任审计全覆盖。

【专项资金审计(调查)】 2017年,贵港市审计机关完成专项资金审计(调查)项目4个,查出主要问题金额5922万元。其中,贵港市审计局完成专项资金审计(调查)项目1个,查出主要问题金额5364万元。

重大政策措施贯彻落实情况跟踪审计。主要审计降低实体经济企业成本、化解过剩产能、房地产去库存、政府债务管理、促进精准扶贫脱贫、重点项目推进、财政专项资金管理、促进创业创新工作推进、制度健全完善等方面的政策措施落实情况。审计发现问题，各相关部门单位均能高度重视，完成大部分问题整改。按照自治区审计厅的部署，对贵港市2016年新型农村合作医疗基金情况开展审计。对平南县2016年扶贫政策措施落实和扶贫资金分配管理使用情况审计，指出在执行扶贫政策、项目建设和管理、项目实施效益情况等方面存在的问题，查出主要问题金额2969.25万元，移送司法机关、纪检监察部门处理事项1项，涉及金额2369.04万元。

【社会保障审计】 2017年，贵港市审计机关完成社会保障审计项目8个，查出主要问题金额34776万元。其中，贵港市审计局完成社会保障审计项目6个，查出主要问题金额32248万元。贵港市审计局对港北区新型农村合作医疗基金进行审计，查出问题金额2461万元，移送司法机关、纪检监察部门处理事项1项，涉及金额193万元。贵港市审计局对5个县(市、区)2016年保障性安居工程进行跟踪审计，着力揭示安居工程资金使用和管理不严格、资金闲置，廉租住房租赁补贴资金结余较大等突出问题，移送司法机关、纪检监察部门处理事项1项，涉及金额1868.9万元。

【企业审计】 2017年，贵港市审计机关完成企业审计项目1个(港南区审计局实施)，查出主要问题金额81.83万元。审计发现的主要问题是未依法进行公开招投标。

（李银萍）

2017年11月1日，贵港市审计局在港南区开展自然资源资产审计　　市审计局　提供

海关监管

【概况】 2017年，贵港海关围绕中央和海关、自治区、贵港市各项决策部署，以党建工作为统领，以落实全面从严治党责任为主线，改革创新，全面提升队伍把关服务能力。贵港市实现外贸进出口总值23.88亿元，增长26.6%，增幅高出全国平均水平12.4个百分点。其中，进口12.85亿元，增长51.9%；出口11亿元，增长6%。监管进出口货运量123.3万吨，增长13%，税收入库8498.62万元。

【通关监管】 2017年，贵港海关推动落实重大决策部署坚决有力，精准服务助推贵港经济发展。全年出口通关时间0.56小时，压缩通关时间42.9%；进口通关时间16.1小时，压缩通关时间68.5%，顺利完成压缩货物通关时间1/3的工作目标。推进全国通关一体化改革取得明显成效，"自报自缴"业务开展迅速增长，占同期应税报关单的34.6%，国际贸易"单一窗口"标准版落地启用，"国门利剑2017"联合专项行动深入开展。

【综合治税】 2017年，贵港海关坚持守法便利、失信惩戒的管理导向，推动税收征管由海关主导型向企业自律型转变，大力支持贵港传统产业和重点招商引资项目发展，形成税源新增长点。利用"通关一体化+保税仓库"一企一策服务税源大户，吸引异地企业报关回流税收6552万元。

【服务发展】 2017年，贵港海关班子成员带队走访政府部门、企业30余次，主动通报海关改革政策，推动海关重点改革项目融入贵港市重点项目和重大规划，全力支持贵港西江保税物流中心(B型)申建工作。支持落实好对查验无问题的企业免除移柜与仓储费政策，免除15家外贸企业、47个查验没有问题集装箱的吊装移位仓储费用1.73万元。围绕促进贵港外贸稳增长开展深度研究，有针对性地提出对策建议，被海关总署、自治区及贵港市采用各类分析文章13篇次。积极培育加工贸易新增长点，年内贵港市加工贸易进出口总值4.5亿元，增长65.5%。

（任才韬）

出入境检验检疫

【概况】 2017年，贵港检验检疫局围绕广西检验检疫局“一四六”和贵港市委市政府“13446”工作思路，扎实履行职责。受理检验检疫进出口货物2269批次，同比减少8.84%，货物总值9881万美元，同比减少13.2%。其中，出口2045批，8186万美元，同比分别减少12.01%、17.98%；进口224批，1694万美元，同比分别增加35.76%和20.82%。检出不合格货物45批次，金额458万美元，同比分别增长4.65%、18.99%。检验检疫出入境集装箱10112标箱，同比减少20.48%；出入境船舶309艘次，同比减少18.47%。出入境人员查验2420人次，同比减少14.91%；健康检查1158人次，同比减少7.59%；发现病例140例，同比增加174.51%。

【出口产品质量提升服务】 2017年，贵港出入境检验检疫局坚持不懈严抓质量问题，提升进出口产品质量安全水平，落实提高供给侧结构性改革。帮助3家出口腐竹企业成功登录认监委“同线同标同质”（简称“三同”）信息服务公共平台，不断扩大“三同”实施范围，助力辖区出口食品企业由外销转向内外并举，兼顾内外两个市场，提高产品的市场竞争力。培育质量安全示范企业，助力质量品牌建设，已建成3家外向型种植备案基地。瞄准国际先进质量标准，围绕贵港优势产业，加强对国外技贸措施跟踪、研究、预警和应对，帮助辖区3家企业通过HACCP认证。

【口岸疫病疫情防控】 2017年，贵港市口岸疫病疫情防控成效显著，国门安全得到有效保障。贵港口岸以83.9分顺利通过广西检验检疫局口岸核心能力复核督导检查；开展鼠类及其体表寄生虫监测3次，蚊类监测18次，蜚蠊类监测9次；从入境集装箱和进口废纸中截获蜘蛛、书虱、红火蚁等多种有害生物活体，并做出有效除害处理；从出入境人员中检出艾滋病1例，性病4例，肺结核4例，肝炎8例。强化有害生物疫情检疫，从进口粮食、原木等货物中截获有害生物160种，1477次，检疫性有害生物达12种，全国首次截获的有害生物3种。加强对贵港辖区进出口危险化学品及其包装的把关服务，全年出口危险品货物没有出现退赔事故，也没有出现安全事故。辖区出口松节油深加工系列产品等危险化学品196批次，同比增长2.6%；重量1742.1吨，增长11.7%；货值1145.8万美元，增长62.9%。

【通关效率提高】 2017年，贵港市全力推进通关便利化，成功实现e-CIQ主干系统和新无纸化报检业务系统上线运行，为辖区30家无纸化备案报检企业通过利用无纸化系统累计节约人工、耗材、交通运输成本近20万元。提高检验检疫工作效率，制定压缩检验检疫通关时长督导和工作联系单制度，采取有力措施大幅压缩检验检疫通关时长，企业报检时间缩短至原来的10%。

【服务贵港外贸发展】 2017年，贵港出入境检验检疫局积极服务贵港市政府申报进口粮食指定口岸，提升口岸功能。落实“放、管、服”改革，简化外贸企业备案手续，主动加强与贵港市商务局协作，10月31日正式启动对外贸易经营者备案登记表、出入境检验检疫报检企业备案表和原产地证企业备案登记证“三证合一”改革。截至年末，办理“三证合一”备案企3家业。指导企业用足用好自贸区优惠政策，提高外贸企业竞争力，全年签发产地证478份，签证金额2637万美元，享受关税减免约1388万元。严格执行国家减免收费政策，节约外贸企业成本，按规定减免检验检疫收费近70万元，以实际行动为

2017年5月23日，贵港市政府工作队在海关码头监管区调研　　贵港海关　提供

辖区外贸企业减负增效。

（王　菁）

海事管理

【概况】 2017年，贵港海事局有内设机构8个，处室办事机构2个，下设3个基层海事处。主要履行贵港、玉林两市行政区划的水上交通安全监督管理、船舶进出口岸监管和防治船舶污染水域的职能。全年辖区船舶进出港口报告43.26万艘次（船舶进出口岸查验292艘次），进出港船舶货运量7401.1万吨，安全发送水上旅客719.7万人次。

【海事安全管理】 2017年，贵港海事局辖区未发生一起一般等级以上统计性事故，四项指标（事故件数、死亡人数、沉船数、经济损失）与2016年相比分别下降100%、下降100%、持平、下降100%；发生非统计性事故27起，直接经济损失376.06万元。

通航管理　加强重点时段、重点船舶和重点航段监管，加大隐患排查力度，落实重大安全隐患向地方政府通报及事故船舶所属航运公司约谈制度，严格实行隐患“挂牌—督办—销号”排查治理机制，评估建立安全隐患数据库，整改大藤峡水利枢纽施工项目未取得水上水下活动许可证擅自施工等5项挂牌督办的重大安全隐患。推进电子巡航和海事动态监管网格化管理，开展“盯屏”行动，组织开展季度干线联合巡航及西江干线跨辖区联合巡航，惩治水上交通违法违章行为306起。全年出动巡航车船1387辆（艘）次，执法人员3935人次，巡航10.87万海里/5316.8小时，检查各类船舶7055艘次（其中客渡船3990艘次）。审核审批水工许可项目12件，水工施工延期申请6件，监管水工项目9件，水工监管2508天，组织通航安全评估7次、通航安全核查1次，安全监管约谈水工项目8次，发布航行通告36次。

船舶管理　围绕“平安船舶”专项行动，统筹开展船舶载运危险货物安全综合治理、未持有有效国籍证书船舶等专项行动，严肃整治辖区船舶未按规定报告、未持有有效国籍证书等违章行为，严把危险品水上运输安全。全年实施船舶安检1325艘次，滞留48艘次，查出缺陷共4359项；办理船舶登记证书审核制证3967项；签发船舶最低安全配员证书1141本；开展船舶吨位丈量复核73艘；办理船舶载运危险货物进出港审批435艘次，监管水上危险货物吞吐量26.47万吨。

航运公司管理　强化航运公司日常监管，推进航运航运公司差异化管理、诚信管理，突出安全管理主体责任的督促落实，对107家航运公司开展安全与防污染检查，纠正航运公司“代而不管”的问题，推动航运公司不断建立安全管理机制。

船员管理　运行船员考试、发证、评估体系，全年组织各类船员考试1604人次，签发船员服务簿907本、内河船舶船员适任证书3692本、包危特培证35本、客船特培证130本，无违规签发船员证书现象。开展船员履职现场检查活动，检查船舶645艘次、检查船员944人次，船员违法记分196人次。

【海事搜救应急处置】 2017年，贵港海事局及时传递各类气象、水文、航行等预警预报信息20万条。接报水上险情报警49起，组织搜救行动19次，遇险船舶21艘，获救船舶18艘；遇险人员80人，获救人员80人，人员获救率达100%。无险情瞒报、漏报、迟报现象发生。组织开展应急演练18次，其中客渡船应急演练10次、客渡船船员应急技能演练1次、水上加油站溢油应急演练2次、危险品船应急演练3次、长航货船应急演练2次。

【海事服务】 2017年，贵港海事局全力服务保障辖区重点水工项目建设，组织开展大藤峡水利枢纽工程通航安全评估“现场办公”，对贵港航运枢纽二线船闸和鲤鱼江防洪堤坝建设进行“定点驻守”，确保施工水域平安无事故。深化海事行政“放管服”，落实“单一窗口”建设，推行行政审批“一站式”改革，优化海事行政审批工作流程，升级便民利民十项举措，开辟“应急通道”解决急件、要件1600件，帮扶航运企业获得抵押融资3.78亿元。优化船舶进出口岸查验程序，牵头与海关、边检、检验检疫建立国际航行船舶联合登临检查机制，口岸检查时间由3小时缩短为45分钟，港澳船舶通关效率大幅提升。立足海事职能优势，以防治船舶污染、保护通航水域清洁为切入点，积极参与贵港市河长制工作，建立贵港、桂平、平南溢油应急设备库，推动船舶污染防治应急预案出台，建立与环保、城建部门联合监管机制，加强重点饮用水源地现场巡航，扎实有效地推进落实贵港海事局河长制任务分工。加强海事人文关怀，开展合渡运安全月、安全生产月活动，落实水上安全知识“三进”要求，与教育部门联合举办安全知识进校园活动15次，开展典型案例

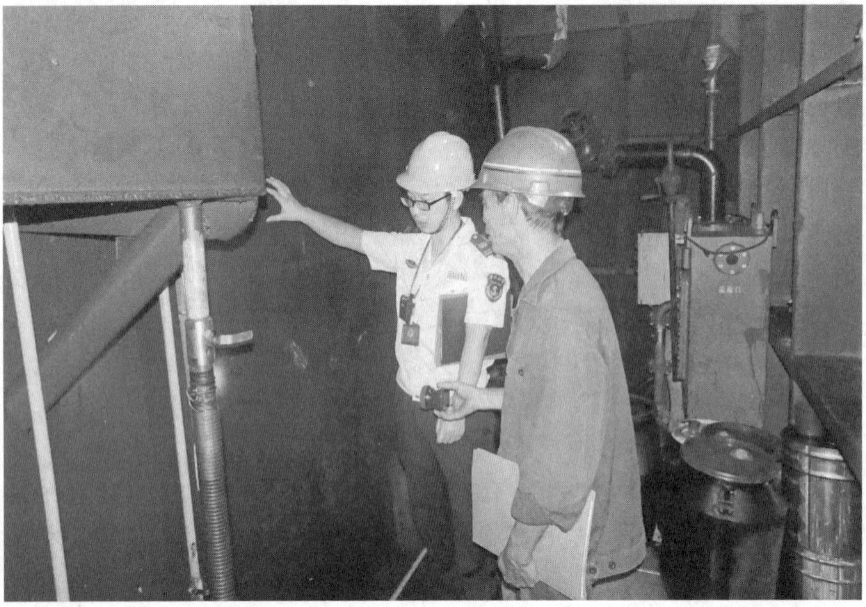
2017 年 5 月 26 日，贵港海事执法人员在广西金源生物化工码头对停靠的散化船进行安全检查
贵港海事局　提供

进船员培训机构 2 次，安全知识宣传活动 54 次。

（吉龙玉）

船舶检验

【概况】 2017 年，贵港船舶检验局完成船舶检验 5990 艘次，其中完成建造船舶检验发证 88 艘、营运船舶 5648 艘次，完成 74 艘船舶的新船开工前检查评审、14 套船舶设计图纸审查、14 种船用产品型式认可及换证、船用产品出厂检验发证 3434 台(套)。完成船舶检验费征收 449.65 万元。全年，辖区没有发生检验责任事故和安全生产事故，没有立案案件。

【建造船舶检验】 2017 年，贵港船舶检验局加强对船厂质量控制的管理，重点抓船用钢板使用、焊缝无损检测监管、船用产品装船等重点项目和环节，在检验中严格把关，对检验中发现的问题，先向船厂反馈，由厂方制订整改方案，经审查后再实施，逐步改变过去船检部门保姆式服务方式，促使船厂逐步适应船检工作新要求，在生产设备投入上有所增加、在建造工艺上有所改进、在质检工作上有所加强、在生产管理上有所改善，船舶建造质量有所提高。加强船舶焊接质量管理，重点抓好船长不小于 50 米的大型船舶的焊接质量。针对辖区建造船普遍船长在 50 米以上的大型船舶，实行施工前提出明确要求，施工中强化检查，加强对无损检测过程监督，开展船舶焊接质量评估，评估焊接质量、分析存在问题、查找问题原因、制定改进措施，确保船舶建造质量。

【无损检测机构管理】 2017 年，贵港船舶检验局继续加强对无损检测机构的监控和管理。运用《关于第三方检测机构的管理研究报告》的成果，强化对无损检测机构的监管，探伤前要求其根据适用规范制订无损检测方案，经验船师审核通过后才予实施；验船师及无损检测机构一起共同确定检测部位，现场监督并向探伤公司发放底片识别标志；要求在当地(尽量当天)冲片，并将底片回收保存；对一次探伤合格率经常 80% 以上的探伤公司重点关注，必要时予以抽查，促使无损检测机构认真如实开展无损检测，保证检测结果客观真实。

【营运船舶检验】 2017 年，贵港船舶检验局继续抓好营运船舶的检验，落实乡镇船舶检验计划，完成乡镇船舶检验发证 203 艘，计划实施到位率 100%，对检验不合格的船舶及时发出《检验意见通知书》要求进行整改，确保人民群众安全出行。加强对长航货运船舶检验遗留问题的跟踪落实，督促船舶安全隐患整改，编写《船舶迎检自查指南》引导船舶加强维护保养和预检自查。全年，没有出现因检验责任造成船舶滞留的现象。严把船舶转入关，建立船舶转入评估机制，在船舶转入前进行初步勘验和评估，对质量低劣、技术状况恶劣的船舶拒绝转入，年内拒绝转入低质量砂船 4 艘。

【LNG 双燃料动力船检验】 2017 年，贵港船舶检验局继续抓好 LNG 双燃料动力船检验，打造检验质量标杆。西江重工在广西首次批量开工建造 20 艘 LNG 双燃料动力船，为督促厂方落实质检责任，切实加强建造技术质量管理，经贵港船舶检验局建议组建了独立的质量管理部，理顺双方在质量自检、报检程序、记录整理及提交上的沟通协调渠道，检验发现问题也能以《检验意见通知书》形式及时向厂方反馈，加强了造船过程中厂方的质检职责，船检机构的检验要求基本得到落实，建造质量得到保证。9 月底前，该批船舶已全部完成检验发证。

【船用产品检验】 2017年，贵港船舶检验局推进船用产品装船率，加强对船用钢板的抽检，杜绝非船用钢板装船，保证造船钢板质量；针对辖区船舶部分救生、消防设备不属船用产品的情况，要求新建船舶和营运船舶的所有救生、消防设备限期整改，必须达到持证船用产品的要求。

【船舶档案管理】 2017年，贵港船舶检验局加强船舶档案管理，通过外聘档案整理公司加本单位档案管理人员，完成船检科和分局历年积压未归档的3000多卷船舶及船用产品检验案卷的清理和归档，对新增船舶检验及产品检验档案也及时整理归档，使船检档案管理工作得到根本性改善。

【船检基础管理】 2017年，贵港船舶检验局加强管理，规范检验行为，提高船检管理水平。检验业务方面，进一步统一全局内部三地（贵港、桂平、平南）的检验尺度和做法，按照“统尺度、促执行、抓重点、保质量”的思路，通过船检业务研讨会等方式，及时对检验中遇到的问题进行讨论研究，制定统一的标准和做法，以书面形式给船检科及分局贯彻执行，规范三地检验行为，缩小验船师自由裁量权，提高船检部门的公信力和执行力。制度建设方面，结合上级党组织巡察反馈意见建议以及上级有关政策和管理要求变化，对现有50多项规章制度进行全面梳理和评估，建立健全财务管理、考勤管理等制度35项。成立内控工作领导小组、风险评估小组，完善内控工作机制，有效防范经济活动风险，努力实现用制度管人管事。抓好船舶检验质量管理体系运行，配合上级完成新版质量管理体系文件的编写和排版及付印。认真开展新版体系文件试运行，开展建造检验现场监督，对建造检验质量进行监督检查。进行船舶检验质量管理体系内审提出问题的整改，将内审组提出的问题汇总发至相关部门，要求责任部门分析问题存在原因，提出整改措施，不断改进工作，提高船检基础管理工作水平。

【阳光船检建设】 2017年，为优化船舶检验服务，贵港船舶检验局按照上级的部署全面推进阳光船检建设，检验流程和要求通过上墙展示、印发宣传册、业务Q群等形式广泛公开，编印《船舶迎检告知书》发放给水运企业和船东，共同营造风清气正的检验工作环境。在全区船检机构率先完成船舶检验行政许可事项进驻当地政务服务中心的工作，做到“一个窗口受理，一站式发证”，并根据工作情况不断简化、优化检验申请及办证工作流程，创新网络报检模式，方便船东申请检验，获得船东好评。拓展阳光船检服务，坚持送检上门，定期赴广东检验船舶，完成检验800多艘。完善廉政监督机制，发放船检服务质量调查表1861份，开展廉政回访286次，召开企业座谈会6次，走访水运企业27家，召开行风监督员座谈会1次，重新聘请行风义务监督员20名。年内，全局没有发生廉政问题案件，服务对象对各项检验和服务工作评价较好，2017年度综合满意率为95.6%。

【停止征收船检费】 2017年，贵港船舶检验局严格执行国家从4月1日零点起停征船舶及船用产品设施检验费的政策，做好宣传解释工作，及时停征检验收费。按要求对3月底前已检验完毕并签发船舶检验证书（或船用产品证书、船舶审图批准文件）但尚未交费的及时催缴，做到“应征不漏，应免不征”。1月—3月，征收船检费449.65万元，除已检未领证的4艘船舶检验费14860元没能征缴外，其它船舶均按规定完成检验费的收缴。按要求及时清理封存有关票据、注销有关账户。

【安全生产专项活动】 2017年，贵港船舶检验局根据上级统一部署，结合船检工作实际开展平安港航、防汛抗台、油船和散装液体化学品船专项整治、安全生产月等专项活动，邀请消防部门对职工进行消防安全培训，定期开展内部安全检查，每季度召开安全生产例会，对辖区船厂的登船设施等安全防护设备进行排查，在局机关和分局安装视频监控设备，对过期的灭火器全部换新，确保船舶技术安全和单位人员及财产安全。全年没有出现安全事故，安全生产保持稳定态势。

（胡 东 黄 铧）

产　　业

农　业

农业综述

【概况】 2017年，贵港市以推进农业供给侧结构性改革为主线，优化结构、提质增效、农民增收为目标，大力发展高效特色农业，推进产业扶贫行动，开发富硒产业，深化农村体制改革，扎实推进现代农业核心示范区建设，全市农业生产保持平稳较快发展。全市农林牧渔业总产值334.75亿元，同比增长4.41%。其中，农业产值149.57亿元，同比增长3.88%。第一产业增加值193.65亿，增长4.2%，在地区生产总值中占比17.9%，对经济增长贡献率9%。

【粮食生产】 2017年，贵港市大力推广良种良法，推广测土配方施肥、水气平衡栽培、病虫害统防统治等实用技术，全面提高种粮科技含量。推进农机农艺融合，提高专业化和机械化水平。加强防灾减灾工作，最大限度减少台风、洪涝等自然灾害造成的损失。全市完成粮食播种面积406.52万亩，粮食总产量149.63万吨，比上年减产3.4%。落实耕地地力补贴政策，发放补贴面积233.8万亩，发放补贴资金27216.35万元。开展粮食绿色高产高效创建活动，建立千亩示范区24片，示范面积7.5万亩。

【富硒农业开发】 2017年，贵港市有62家企业和合作社参与富硒农产品开发，建立富硒农产品生产基地88个，总面积58153亩，覆盖水稻、蔬菜、茶叶、中药材、水果等产业。有32个农产品获得广西富硒农产品协会认定，认定数排全区各市首位。桂平市西山碧水茶园富硒茶产业示范园、港北区庆丰镇富硒优质稻产业全程机械化示范区、港南区木格镇北一大垌万亩生态富硒优质稻集中生产基地等富硒基地，各具特色，产业优势突出，起到很好的示范带动作用。9月，在第四届世界硒都（恩施）硒产品博览交易会上，贵港市有6个产品获得中国名优（特色）硒产品称

2017年12月27日，第一届中国（广西贵港）富硒农产品博览会在贵港城区开幕　　　市农业局　提供

号，是广西唯一获奖的地级市，其中“东津细米”牌富硒香米考评位居第一名。12月27日，在贵港城区成功举办第一届中国（广西·贵港）富硒农产品博览会，贵港被中国副食流通协会授予“中国生态富硒港”称号。

【现代特色农业示范区建设】 2017年，贵港市启动创建各级现代特色农业（核心）示范区96个，建成并通过验收47个。其中，自治区级9个（五星级2个、四星级3个、三星级4个）、市级11个、县级11个，乡镇级16个。有效整合资源，全市引入农业企业等新型经营主体294家参与示范区建设，各级示范区核心区面积达17.09万亩，示范区发展规模经营流转耕地11.42万亩；市、县、乡三级投入示范区建设整合财政资金及民间资金达到29.52亿元，其中财政投入资金5.58亿元、经营主体投入资金23.94亿元。各示范区新修建道路441.8千米，新修建水利设施264.8千米，新建电力设施231.9千米。各示范区销售总额15亿元。贵港市现代核心示范区建设得到自治区党委、政府领导的充分肯定，港南区四季花田休闲农业（核心）示范区作为全区春季农业生产暨农民增收现场会参观点、港北区龙荟花世界休闲农业示范区作为全区投资和项目建设工作会议参观点。

【经济作物】 2017年，贵港市经济作物种植面积152.61万亩，同比增长1.68%；产值31.79亿元，同比增长5.61%。其中，水果种植面积96.78万亩，比上年增长3.52万亩。百香果种植面积6.5万亩，新增5万亩；砂糖桔、沃柑等柑橘类水果种植面积7.16万亩，新增0.96万亩。全市水果产量31.05万吨，同比增长8.7%。其中，火龙果产量0.16万吨，同比增加20.2%；百香果产量1.65万吨，同比增长200.3%；砂糖桔、沃柑等柑橘类水果产量5.48万吨，同比增长64.2%。蔬菜种植面积103.02万亩，产量171.57万吨，同比增长7.04%。

【农业招商引资】 2017年，贵港市农业局围绕农业资源，主动出击，动员全系统力量，有针对性地开展招商引资，积极为企业协调解决各种问题、办理各类证照等服务。全年签约招商引资项目16个，签约项目投资额43.67亿元。其中，亿元项目14个，年内开工项目6个，超额完成年度招商引资任务目标。

【产业扶贫】 2017年，贵港市落实产业扶贫、产业富民等扶持政策，实施“十项进村行动”，推进“五化”建设，指导贫困村选准农业主导产业和贫困户脱贫产业，大力扶持发展优质农产品生产。完成行政村村级经济发展规划制定1073个，落实和推进实施村集体经济项目475个，建设村现代农业生产示范基地1063个，新建新型农业经营主体1106个，建立电子商务村级服务站点1151个。积极探索发展“村‘两委’+村级合作社+贫困户”协同发展的模式，发展高效经济作物、立体种养、生态养殖、林下经济等，壮大村集体经济，示范带动贫困户增收，增强了产业富民后劲。平南县大坡镇雅水村“村委+合作社+基地+贫困户”的百香果产业扶贫模式获全区脱贫攻坚业务培训会推广。

【农村改革】 2017年，贵港市落实农村承包土地确权颁证工作，72个乡镇全面完成权属调查，覆盖行政村1100个、村民小组22523个，承包农户896727户。全市完成二轮审核公示1097个村，占总村数的99.7%；完成可颁证农户872105户，占全市总农户的97.65%，确权工作进度排居全区前列。

【产业化发展】 2017年，贵港市有市级以上农业产业化重点龙头企业134家，其中国家级3家、自治区级17家。年内新增农民专业合作

2017年7月18日，广西农村土地承包经营确权登记颁证工作推进会在贵港市召开，图为参观现场　　市农业局　提供

社 820 家，累计 4313 家；新增家庭农场 169 家，累计 1462 家。全市建立无公害生产基地 53 个，获得无公害农产品认证 74 个；获得绿色食品认证 8 个，获得地理标志认证产品 7 个。全市“三品一标”监管面积 150 多万亩。6 月 27 日—28 日，在农业部举办的中国国际荔枝产业大会“全国优质荔枝擂台赛”上，桂平市麻垌“桂味”荔枝获 1 金 2 银 1 铜奖项。

【农作物病虫害防控】 2017 年，贵港市经工商注册的专业化统防统治组织 65 个，同比增长 12%，从业人员 995 人。专业化统防统治组织机械总装备 1370 台套，植保无人机 78 架，日作业能力达到 7.5 万亩。全市全年实施农作物专业化统防统治面积 265 万亩次。专业服务组织开展统防统治，有效控制重大病虫危害，降低化学农药使用量，节约防治成本。

【农产品质量安全监管监测】 2017 年，贵港市扎实开展农资打假专项治理行动，出动农业行政综合执法人员 1864 人次，检查各类农资生产企业（经营店）、农产品生产企业（合作社、家庭农场、种植大户）9351 家次，市场质量监督抽查农资样品 150 个。加强蔬菜、瓜果抽样检测，全年完成 660 个样本的定量检测抽检任务，合格样本 651 个，合格率 98.64%；已完成 11036 个定性检测任务，合格样本 11024 个，合格率达 99.89%；73 个乡镇完成蔬菜水果快速检测样品 62199 个，合格 62138 个，合格率为 99.9%。全市没有出现重大农产品（种植业）安全事故。

【科技兴农】 2017 年，贵港市开展新型职业农民培育 896 名，其中认定中级 3 人、初级 865 人。投入培训经费 82 万元，举办技术培训班 139 期，培训农民 11225 人次，其中农村党员 1156 人次，发放培训资料 16350 份。开展植物组培技术研究，完成甘蔗组培苗的快繁与移栽 8000 瓶（3 万株），进行甘蔗瓶外生根试验约 3 万株，快繁转瓶巴西人参 2.5 万株、牛大力 1000 瓶，培育牛大力苗 2.5 万株。实施 2016—2017 年百香果苗育项目，建立 200 万株百香果（紫香一号、台农一号）繁育基地，建设育苗大棚 7748 平方米，完成装袋穿插育苗 237 万袋，交付合格百香果苗木 135 万株，为 2017 年百香果产业扶贫提供种苗保障。 （廖维孟　黄彬桃）

糖业发展

【概况】 2017 年，贵港市实施“双高”糖料蔗基地建设项目，截至年底建成“双高”基地 6.39 万亩，占自治区下达 2014—2017 年任务 6 万亩的 106.5%，其中全面完成 2014—2015 年“双高”基地建设面积 3.73 万亩，占自治区下达任务 3.5 万亩的 106.6%，拨付土地整治、水利化建设资金 7942.33 万元，占应拨付项目资金的 100%。

年内，完成糖料蔗种植面积 35.2 万亩，完成任务的 100.6%，比上年增加 1.2 万亩，增长 3.6%。全市种植自治区良种名录中的桂糖 40、41、42 号，桂柳 05/136、粤糖 60 号、新台糖 22 号等高产高糖新品种 26.18 万亩，良种率达 74.4%。

2017—2018 年榨季，2017 年 12 月 1 日—2018 年 4 月 3 日，贵港市糖业榨季生产实现“六增”。原料蔗产量增加，全市进厂糖料蔗 145.4 万吨，比上榨季 132.37 万吨增产 13.03 万吨，增幅 9.8%；蔗糖份与产糖率增加，平均蔗糖份 13.41%，比上榨季同期的 12.99% 提高 0.42 个百分点，平均产糖率 11.61%，比上榨季同期产糖率 11.02% 提高 0.59 个百分点；产糖量增加，全市累计产糖 16.78 万吨，比上年 14.71 增加 2.07 万吨，增长 14%；蔗款收入增加，进厂蔗 145.4 万吨，蔗款收入 7.7 亿元，比上年 6.86 亿元，增加 0.84 亿元，增长 12.24%；制糖企业工业产值增加，糖产值 10.42 亿元（以当时平均销售价折算）比上年增加 0.45 亿元，增长 4.5%；制糖企业节本增效，全市平均产糖率 11.61%，比上榨季同期产糖率 11.02% 提高 0.59 个百分点，意味着每吨糖节约成本 384 元，16.78 万吨糖企业原料成本节约 6443.5 万元。

【“双高”糖料蔗基地建设】 2017 年，贵港市上报 20 个项目片区（点）11508.39 万亩，完成自治区下达的年度建设 1 万亩任务，所有项目片区（点）的土地整治完成规划设计、通过评审，土地整治项目开工建设 14 个。其中，已完成土地整治工程复核片区 4 个，有 6 个项目点已拨付奖补资金 248.23 万元。由于规划设计变更，大多都要先完成水利化项目后在实施土地整治，导致施工进度较为缓慢。

水利化部分，石卡镇大岩村大岩片区、石卡镇万塘村万塘片区已具备水利化条件不需要进行水利化设计，已完成全部项目的设计评审工作；其中 10 个片区施工图已交付乡镇分管和项目业主，5 个片区已出财评结果，18 个片区已组织设计单位、监理单位与施工单位进行交桩，已具备开工条件；其中覃塘镇黄鹤村马山督屯片区片区已

2017年5月23日，自治区“双高”基地良种良法组在覃塘区蒙公镇检查“双高”基地建设 市糖业发展局 提供

验收完成，水利化已签审拨付奖补资金133.18万元，其他项目片区也陆续开工建设。

良种良法部分，完成糖料蔗种植面积9914亩，符合良种面积6921亩，通过验收面积4553亩，已拨付良种补贴136.59万元；

机械化部分，全程械化深耕面积6921亩，一体化种植面积3126亩，分段式机械化种植面积3795亩，中耕培土面积5120亩。

【现代化糖业发展】 2017年，贵港市甘蔗种植面积稳中有增，完成糖料蔗种植面积35.2万亩，完成任务的100.6%，比上年增加1.2万亩，增长3.6%。甘蔗规模化、集约化发展培育经济能人、合作社或农业发展公司多种经营主体，培育糖料蔗种植面积50亩以上农户237户，总种植面积5.6万亩，占全市糖料蔗种植面积35.2的15.9%。高产高糖技术推广应用，推广机械化深耕深松作业面积10万亩，完成任务8万亩的125%。推广甘蔗种植覆盖地膜4.5万亩，完成任务4万亩的112.5%。开展甘蔗高产高糖栽培技术培训，4月11日在覃塘区召开全市甘蔗田间管理暨新技术演示会，现场演示甘蔗粉垄耕作、甘蔗宿根盖膜、无人机甘蔗植保机械化作业；6月6日，在覃塘区委党校召开覃塘区2017年双高糖料蔗基地建设工作培训会。抓好甘蔗良种繁育基地，指导建设2016年自治区三级良种繁育基地1500亩。下达项目资金270万元，完成签订土地流转协议1600多亩，种植甘蔗良种1300多亩，繁育秋植良种桂糖46号200多亩。

【推动企业技术改造】 2017年，贵港市糖业局主动作为，积极利用各方面政策，组织申报2017年自治区糖业发展专项资金项目3个，分别是广西贵糖（集团）股份有限公司申报《粤桂热电循环糖厂搬迁技改——连续煮糖及连续助晶一体化控制技术项目》、广西贵港甘化股份有限公司申报《热能中心节能降耗技改工程项目》、西江制糖有限公司申报《污染减排综合治理项目》，其中广西贵港甘化股份有限公司申报项目获得审批，补贴250万元。组织符合条件的单位申报2018年自治区糖业审发展专项资金项目3个，分别是广西贵糖（集团）股份有限公司贵糖热电厂锅炉烟气脱硝。除尘技术改造工程项目，广西农垦糖业集团西江制糖有限公司制糖节能减排升级技术改造项目，贵港市欣盛农业开发有限公司覃塘区樟木乡、蒙公乡三级良种繁育基地项目。年末，项目材料报送自治区待审批。

【糖料蔗收购】 2017—2018年榨季，根据《广西壮族自治区物价局 广西壮族自治区糖业发展办公室关于2017—2018年榨季糖料蔗收购价格问题的通知》，贵港市执行全区统一的普通糖料蔗收购首付价政策，普通糖料蔗收购首付价定为500元/吨，糖料蔗收购价格采取蔗糖价格挂钩联动、二次结算的管理方式，维持蔗糖价格挂钩联动水平，即每吨普通糖料蔗收购价格500元/吨与每吨一级白砂糖平均含税销售价格6800元挂钩联动，挂钩联动价系数维持6%；继续实施优良品种加价政策，加大糖料蔗品种结构调整力度。按自治区物价局发文规定，贵港市确定优良品种为：桂柳05/136、桂糖42号、桂糖44号、桂糖46号、粤糖00/236，每吨加价30元；实行全区统一的二次结算价格标准。具体的二次结算价格标准按《广西糖料蔗价款二次结算价格核定暂行办法》执行。

（甘炳铭）

西 江 农 场

【概况】 2017年，广西农垦国有西江农场(以下简称西江农场)有土地10.17万亩,呈马蹄形分布在贵港市城区周围。农场下辖农业分场13个,6个公司及8个改制工业单位,1个社区。截至年末,全场辖区内有人口3.03万人。其中,在职职工1176人,耕种土地的家属902人,离退休职工2483人。完成管区经营总收入64.8亿元,同比增长4.5%;完成管区生产总值25.85亿元,同比增长4.2%;西江农场及西江产业园区完成固定资产投资33亿元,同比增长6.45%;招商引资完成30亿元。

【甘蔗生产】 2017—2018年榨季,西江农场在甘蔗种植面积因征地比上榨季减少3500亩的情况下,进厂原料蔗总产量为26.75万吨,再创历史新高。甘蔗含糖份14.63%,比上年13.76%增长0.87个百分点;混合糖产率11.96%,比上年11.30%增长0.66个百分点。

大力推广良种良法标准化种植。调进668吨桂糖46号供职工种植,实现2017年良种良法标准化种植面积20088亩,比上年增加7181亩,同比增加55.6%。大力推广"双高"良种使用尾半茎留种种植,2017年全场尾半茎留种种植面积达到7600亩(半茎进厂料蔗1.7万吨)。

推广甘蔗"三早四大"高产栽培技术。5月底,完成新植蔗中耕施肥培土工作,"三早"工作比往年提前15天完成。引导职工使用大马力机车深耕整地及加大肥料投入(每亩投入肥料410元以上),2017年全场深耕整地面积18740亩,占翻新种植面积的93.3%;全场基本实现1.2米大行距种植。倡导碎叶还田1897亩,比上年增长150%。

实施惠农扶持政策。农场和糖厂在尾半茎留种、地膜覆盖、肥料、农药、碎叶还田、麻改蔗等方面制定相应补贴政策,补贴496万元。为职工申请自治区财政和农垦局配套良种补贴708.24万元。

【项目建设】 2017年,西江农场大力建设发展物业市场群,合作开发房地产,打造农场经济新的增长点。

西江花卉产业示范区项目,建设面积5427亩(其中核心区717亩、拓展区1110亩,辐射区3600亩),规划总投资4082万元,完成建设资金投入4237.27万元,形成集绿化苗木、花卉生产销售、休闲观光与生态旅游于一体的林业示范基地,并入围广西现代特色农业县级示范区创建单位名录。

2017年8月26日,西江农场的西江绿城　　西江农场　提供

西江商住综合楼项目,总建筑面积10699平方米,高11层,项目是商住综合体,总投资2200万元。

贵港农垦大厦项目,总建筑面积64840平方米,高32层150米,投资总额3亿元。项目是以办公写字楼、酒店、商业配套为主的城市综合体,建成后,将成为西江农场乃至广西农垦在贵港市的地标性建筑。

西江绿城·香榭里花园项目,是农垦房地产公司独立开发的项目,其中西江农场占股49%。项目占地约106亩,预计总投资13亿元,项目一期于7月29日开盘,推出商品房464套,已全部售出。

中央花园项目,是农场与贵建房地产公司合作建设的项目,项目占地面积10373平方米,总建筑面积7.5万平方米,是集商业、住宅为一体的综合性小区。

西江商贸城项目,第三期于2017年上半年完工并开始招租,主营餐饮,出租率99%。

家和居建材广场项目,总建筑面积20104平方米,农场2016年接管经营管理,2017年配合商家举办大型的促销活动,制定和完善招商优惠政策和奖励政策,打造品牌,吸引商家进驻,扩大物业收入。

【农垦改革】 2017年,西江农场贯彻中央、自治区关于进一步推进农垦改革发展的精神,有序推进农垦改革工作。开展解放思想大讨论活动,收到合理化意见建议126份231条。承担自治区农垦局"党建工作改革""农场企业化改革和公司化改造""国有土地作价出资授权经营改革"三个专题的试点工作，成立农场改革领导机构和日常工作办公室，组成3个工作组，拟订《西江农场党建改革工作方案》《西江农场企业化改革工作方案》《西江农场国有土地作价出资（入股）授权经营改革工作方案》。

有序推进农场办社会职能改革，审定17项需要移交的社会职能内容，主动与地方政府对接，成立工作机构，形成工作方案，配合地方政府做好移交范围资产认定、财务清理、审计评估等工作。

年内，农场完成国有土地确权登记发证40071.69亩，占农垦新颁证面积的72.79%。

【民生建设】 2017年，西江农场投入50万元在部分分场建设机动车集中停放点，采取财政资金与农场自筹资金相结合的形式，投资498万元改善职工住宅区的基础设施，改善人居环境。投资300多万元建设西江农场水厂二期工程项目，项目设计规模为10000立方米/日，总体工程年底完工。全场危房改造工作进入拆除清退阶段，全年拆除危旧房231户514间。

【企业文化】 2017年，西江农场利用春节、三八妇女节、五一劳动节、国庆等节日举办书画摄影大赛、游园活动、集体趣味游戏比赛、拔河比赛、广场舞比赛等一系列文体活动。6月25日，举办首届“西江农场杯”山地自行车比赛，活动由自治区农林水利工会、农场主办，广西自行车运动协会、西江农场工会承办，来自贵港、南宁、宾阳、柳州、顺德及港澳等广西区内外各地的自行车运动员220人参赛。9月24日，农场组织合唱团代表自治区农垦工委参加自治区“迎十九大 感恩祖国”主题歌咏会演活动，获优秀奖。 （侯莹莹）

农业机械化

【概况】 2017年，贵港市农机部门贯彻落实中央一号文件和全区、全市农村工作会议精神，立足农机，服务“三农”，助力乡村振兴，全市各项机械化指标继续攀升、水稻生产全程机械化继续领跑广西、农机安全重大事故零发生。主要农作物耕种收综合机械化水平60.08%，同比增长3.9个百分点；甘蔗耕种收综合机械化水平59%，同比增长1个百分点。农机总动力368.97万千瓦，农机原值达到31.8亿元。

【农机购置补贴】 2017年，贵港市农机部门继续实行“全价购机、县级结算、直补到卡”补贴方式。加大政策宣传，规范操作程序，强化监督检查，优化服务质量，农机购置补贴工作规范推进，大型、先进机械增量有突破。全市使用中央和自治区补贴资金3072.22万元，占全年资金总额的115.5%，资金使用量及结算进度均排在广西前列。全市补贴机具2406台套，受益农户2213户，销售总价9284.4万元，拉动农民投入购机资金6212.18万元。新增水稻插秧机516台，水稻联合收割机700台，无人飞机17台，中型拖拉机226台。覃塘区购买全市第一台大型凯斯800型甘蔗切段式收获机，水稻联合收割机和水稻插秧机拥有量接近全区总量的三分之一。

【农机化技术推广】 2017年，贵港市农机部门紧扣农业供给侧结构性改革方向和精准扶贫，积极参与富硒水稻生产全程机械化和粮食生产示范园区建设，水稻机械化育秧能力、烘干能力和社会化服务能力实现大突破，水稻全程机械化“最后一公里”烘干环节圆满打通，水稻生产全程机械化继续走在全区前列。年内，组织24个农民（农机）合作社申报“十三五”广西科技计划项目；全市投入农业机械10多万台套，完成机耕面积315.48万亩，机播面积154.54万亩，机收面积314.81万亩，机械植保23万亩，水稻耕种收综合机械化水平达

2017年11月10日，贵港市在港北区举办农机“互联网＋订单作业”培训会

市农机局 提供

82%，同比增长2.28个百分点。创建桂平、港北两个水稻生产全程机械化示范县（市、区），建立富硒水稻生产全程机械化示范基地15个，示范机播面积7.9万亩（超出计划1.9万亩），新建、扩建机械化育秧中心20家，全市单造育秧能力12.7万亩。新增烘干中心24家（烘干设备92座），新增批次烘干能力4000多吨；拥有烘干设备塔267座，批次烘干能力超过5000吨。机械化育秧中心数量、供秧能力和谷物烘干能力位居全区首位。全市拥有插秧机5600台，收割机4900台，无人飞机32台。富硒水稻全程机械化成为贵港在广西农机线的一张名片。3月14日，广西农民增收现场会在港北区延塘农机专业合作社进行现场观摩。

履行在甘蔗“双高”示范基地建设中的职责，开展甘蔗机械化收获、种植技术和田间管理技术演示会等活动3场次。完成甘蔗“双高”基地机械收获1.16万吨，机种3950亩，机械中耕培土1.02万亩，深耕深松近1万亩，甘蔗机械水平59%，比上年提升1个百分点。

马铃薯、玉米、花生、水果等特色作物机械化生产取得新进展，在港南区实施自治区马铃薯生产机械化示范基地建设项目，建立490亩的马铃薯生产机械化示范区，开展机械化收获与人工收获工效对比实验。争取农业部农业技术推广体系改革与建设补助项目资金130万元。

【农机社会化服务】 2017年，贵港市农机部门加强农机专业合作组织等服务实体的培育和扶持，新建农机专业合作社10个，总数达到240个；开展社会化服务面积45.14万亩，比上年同期增加5万多亩。引进“土爸”网络平台，通过网上订单开展农机社会化服务，加速水稻生产机械化、规模化、专业化、产业化的发展。

【农机教育培训】 2017年，贵港市农机部门实施科技推广和创新进村行动，围绕农业供给侧结构性改革，按照“想什么、给什么、缺什么、补什么”的培训思路，抓好重点农时机械化技术，推广农机驾驶技术、农机维修技术、农村实用技术、特种设备技能等培训，结合精准扶贫工作，通过送教下乡、上门培训、菜单式培训等方式，对农机操作人员、农机管理人员和农机富余劳动力转移进行各项技术培训。全年培训各类农机手4396人次，其中农机管理人员197人次、农机技术人员835人次、农机操作人员3364人次。

【农机安全生产】 2017年，贵港市农机部门紧抓“平安农机”创建，采取重点抓细节、抓平时、抓预防、抓管理、抓重要节假日，开展农机专项整治，查违章、查隐患、保平安。年内，联系交警、安监等部门和县（市、区）开展联合执法、宣传111次，检查拖拉机2500多台次，纠查各类农机违法行为198起，安装固定警示牌195个，教育机手892人次；全面启用农机驾驶人职能桩考，全年无重特大农机安全事故发生。

（李泳仪）

水产畜牧兽医

水产畜牧兽医综述

【概况】 2017年，贵港市水产品总产量25万吨，同比增长5.72%；肉类产量38.07万吨，同比增长1.87%。生猪出栏356.79万头，同比增长2.24%；家禽出栏4383.98万羽，同比减少1.12%；肉牛出栏16.65万头，同比增长8.54%。全市水产畜牧业总产值162.05亿元，同比增长3.62%。其中，渔业总产值43.77亿元，同比增长5.78%，畜牧业产值118.28亿元，同比增长2.84%。全年重大动物疫病防控、重大水产畜牧产品质量安全监管、重大水产畜牧业安全生产等形势稳定，没有发生重大事件，水产畜牧业发展态势平稳。2012年，获得中央财政生猪调出奖励经费1788万元。

【现代生态养殖】 2017年，贵港市水产畜牧兽医部门解放思想、转变方式、创新举措，通过开展畜禽规模养殖场生态养殖认证、稻（藕）田综合生态种养示范创建，推进贫困村内农作物秸秆和畜禽粪污资源化利用，实施生态养殖进村助农增收行动等，发展渔牧业生态养殖，取得突破性进展。

“广西畜禽现代生态养殖场”认证超额完成任务 全市规模养殖场通过自治区级认证，获得“广西畜禽现代生态养殖场”称号有333家。其中，五星级10家，四星级112家，三星级211家。规模养殖场认证数完成年度200家任务数的166.50%，截至2017年年末全市畜禽现代生态养殖场累计352家，生态养殖规模场占比由2016年的6%提高到2017年的52.8%。

“微生物+”模式推广应用 全市推广引导农户使用微生物技术的规模养殖场（户）286家，新建改建高架网床面积8.4万平方米，“微生物+高架网床”技术应用占比40%以上。稻田、藕田综合生态种养模式逐步推广。10月30日，广西首个稻虾共生项目——桂平维军万亩生态农业基地建设在桂平正式启动。

表 11 **2017 年水产畜牧业生产情况表**

项目	单位	2016 年	2017 年	同比增长(%)
一、畜禽出栏				
(一)猪	万头	348.97	356.79	2.24
(二)牛	万头	15.34	16.65	8.54
(三)山羊	万只	7.42	8.32	12.13
(四)家禽	万羽	4433.57	4383.98	−1.12
其中:鸡	万羽	3447.37	3426.18	−0.61
二、畜禽存栏				
(一)牛	万头	38.85	39.74	2.29
(二)猪	万头	319.79	323.97	1.31
其中:能繁母猪	万头	40.97	41.42	1.10
(三)山羊	万只	5.10	5.38	5.49
(四)家禽	万羽	2146.44	2230.65	3.92
其中:鸡	万羽	1644.72	1752.26	6.54
肉鸡	万羽	1457.97	1554.30	6.61
蛋鸡	万羽	139.28	147.79	6.11
三、畜禽产品产量				
(一)肉类总产量	吨	373753	380743	1.87
1. 猪肉	吨	277893	284011	2.20
2. 牛肉	吨	13996	15142	8.19
3. 羊肉	吨	1076	1191	10.69
4. 禽肉	吨	74466	73553	−1.23
5. 兔肉	吨	520	571	9.81
6. 其他肉	吨	5802	6275	8.15
(二)禽蛋	吨	25485	27293	7.09
其中:鸡蛋	吨	17324	19689	13.65
(三)奶类产量	吨	4184	5386	28.73
(五)蚕茧	吨	20415	19753	−3.24
四、水产品产量	吨	236445	249965	5.72
五、水产畜牧业总产值	亿元	156.38	162.05	3.62
渔业产值(按上年价格计算)	亿元	41.37	43.77	5.78
牧业产值(按上年价格计算)	亿元	115.01	118.28	2.84

品牌创建成效显著　平南县建强农牧有限公司的“草藕猪”牌富硒猪肉、贵港市桂田黄沙鳖种苗场的“聖膳源”牌富硒黄沙鳖、贵港市港南区丰源养殖场的“贵县橘井”黄沙鳖通过富硒农产品认证。年末,贵港市水产畜牧养殖通过富硒农产品认证的企业已达 6 家。

【现代特色农业示范园区创建】 2017 年,贵港市水产畜牧兽医部门落实自治区、贵港市关于深入开展示范区创建工作部署,把示范区创建作为稳增长、调结构、惠民生、促发展加快转变农业发展方式和加快供给侧改革的重要抓手,大力实施农业标准化生产,建设一批畜禽养殖标准化示范场、畜禽现代化生态养殖场、水产健康养殖场,结合脱贫摘帽产业扶贫工作、“10+3” 特色农业产业提升行动,大力抓好示范区的产业培育,全面推进现代特色农业示范区创建,带动全市现代特色农业(农林牧渔)提档升级,促进现代农业建设。年内,港南区亚计山生态养殖(核心)示范区获“五星级广西现代特色农业(核心)示范区” 称号,港北区港丰瑶山鸡生态养殖(核心)示范区、平南县活力龚州生态循环农业(核心)示范区获“四星级广西现代特色农业(核心)示范区” 称号,列入自治区县域经济会现场参观点。另外,建成桂平市凤岭循环产业化养殖示范区等带动能力强、辐射范围广、具有地方特色的省级、县级、乡镇级现代农业特色示范区一批,涵盖猪、禽、羊等多个特色品种养殖。

【重大项目建设】 2017 年,贵港市水产畜牧兽医部门勇于担当、积极作为,尽职尽责、通力协作,全力推进水产畜业重大项目建设,促进水产畜牧业经济较快发展。广西农垦永新畜牧集团有限公司年出栏 3 万头育肥猪场建设项目、贵港市西江福林龙宝生态养殖有限公司 20 万头生态养猪项目、广西正大畜禽有限公司肉鸡产业化养殖项目、华西希望产业化项目、贵港市海大饲料有限公司年产 20 万吨猪浓缩料及全价配合饲料建设项目等一批高标准、大规模、上档次的大项目开工建设,工程进度按计划顺利推进,全年完成投资额 1.40 亿元,基础设施(办公大楼、养殖栏舍及配套用房、仓库等)建成面积 2.3 万平方米,工程完成率、竣工投产运营

扬翔亚计山生态养殖基地内景　　市水产畜牧兽医局　提供

率均达70%以上。

【水产畜牧业招商引资】 2017年，贵港市水产畜牧兽医局继续响应贵港市委市政府“大招商、招大商”号召，大力开展招商引资活动。招商引资签约项目6个，合同投资额23.9亿元，同比上年增加16.59亿元，增长220.15%，其中亿元以上项目4个、千万元以上项目2个。有广西贵港市百益利康食品有限公司投资8.3亿元的肉联厂及冷链物流配送建设项目、贵港市恒和生态农牧有限公司投资6.0亿元的生猪生态养殖及畜产品加工项目、广西汉世伟食品有限公司投资5.0亿元的生猪生态环保养殖扶贫建设项目、广州益豚猪业投资有限公司投资3.6亿元的生猪生态环保养殖扶贫建设项目、广西港牧生态养殖有限公司3万头生猪生态养殖项目、贵港市港南区康大养殖场年出栏1万头生猪养殖项目等，投资领域涵盖猪、肉牛、禽、肉类加工等。

动物疫病防控

【春秋两防动物疫病免疫】 2017年，贵港市水产畜牧兽医部门免疫高致病性禽流感2494.09万羽、鸡新城疫1279.45万羽、猪牛羊口蹄疫427.03万头、高致病性猪蓝耳病307.16万头、猪瘟病387.59万头、羊小反刍兽疫4.33万只、狂犬病15.33万只，以上各类畜禽病种免疫密度均达100%，免疫抗体总体合格率70%以上。

【动物免疫抗体监测】 2017年，贵港市开展免疫抗体监测禽流感(H5)1680份，合格率84.9%；禽流感(H7)1680份，合格率100%；新城疫960份，合格率88.9%；猪瘟240份，合格率85.6%；口蹄疫O型360份，合格率86%；口蹄疫I型120份，合格率85%；猪蓝耳病240份，合格率84%；监测数量均完成任务数的100%，全年群体免疫抗体合格率均达85%以上，免疫合格率达100%以上。

【防疫物资储备及应急管理】 2017年，贵港市动物防疫物资储备严格按照《贵港市动物防疫物资管理办法》《贵港市畜禽标识管理办法》《关于进一步明确重大动物疫情应急防疫物资和资金储备数量的通知》要求，对疫苗、畜禽标识、消毒药等防疫物资实行专人、专责、专账、专库管理，做好防疫物资台账，及时发放畜禽标识；定期对疫苗、消毒药、防护服、消毒器械等应急防疫物资的储备情况进行检查，对储备数量不足的物资进行补充，对受损、发霉变质或超过有效保存期的防疫物资进行更换。储备猪口蹄疫疫苗73.5万毫升、牛口蹄疫疫苗15万毫升、猪瘟疫苗200.4万头份、猪蓝耳病疫苗122万头份、禽流感疫苗179.95万毫升、禽流感——新城疫二联活苗48万羽份、小反刍兽疫活疫苗0.26万毫升。

防疫应急管理严格按照广西《关于进一步明确重大动物疫情应急防疫物资和资金储备数量的通知》要求，储备充足的应急动物防疫物资，落实好重大动物疫病应急处理储备资金和应急处置车辆，市本级储备消毒剂6吨、纺织袋1500个、防护服500套、口罩600个、手套3900副，县级动物防疫应急物资也相应储备充足，达到上级要求。

动物卫生监督

【动物检疫监管】 2017年，贵港市开展产地检疫，74个动物检疫申报点实现动物产地检疫电子信息化管理，每个申报点落实检疫申报制度，产地检疫监管做到“五有”(有办公地点、有各项规章制度、有规范档案记录、有联系方式、有公示牌)，全年检疫生猪201.28万头，牛1.58万头、禽1665万羽，检疫申报受理率、检疫合格出证率均为100%。狠抓生猪屠宰检疫，屠宰检疫生猪90.4万头，检出病害猪151头，按规定无害化处理病害猪151头。定点屠宰动物入场持证率100%，屠宰检疫率100%，无害化处理率100%。加强动物卫生监督证章标志管理与使用,防止出现动物卫生监督证章标志的违法行为发生,发放动物检疫合格电子证64.15万张。其中,动物B证13万张,产品B证50万张,动物A证1万张,产品A证1500张。执法人员多次对检疫人员使用检疫证明情况进行倒查,未发现有买卖证章标志等行。

强化活禽经营市场监管,进一步规范津华禽畜专业经营市场秩序,督促各活禽经营市场建立健全卫生、消毒、无害化处理、定期休市管理制度,特别为了防范H7N9,对活禽经营和屠宰场所、活禽运输工具和屠宰器具等坚持每日消毒,对活禽粪便及废弃物等按规定进行无害化处理,对上市畜禽严格检验,确保质量安全。加大养殖环节病死猪无害化处理监管,发放相关宣传资料0.45万份(册)。明确从事畜禽饲养、屠宰、经营、运输的单位和个人是病死畜禽无害化处理的第一责任人,并建立健全监督举报机制。对全市74个乡镇的规模养殖场病死猪无害化处理监管3512次,无害化处理病死猪29836头,杜绝病死猪进入屠宰加工环节。加大执法办案力度,全年查办违反动物卫生案件31件,结案31件,罚没金额56128元,有效地惩治各类动物卫生违法行为。积极开展行政执法案卷评查活动,全年评查收到各县市区、各执法单位上报案卷15卷,其中动物卫生监督执法5卷、兽药监督执法5卷、渔政渔港监督执法4卷、行政许可1卷。评出优秀案卷4卷,其中动物卫生监督执法2卷、兽药监督执法1卷、渔政渔港监督执法1卷。

【生猪屠宰监管】 2017年,贵港市严格生猪屠宰厂(场)监管。全市在营屠宰厂(场)均为代宰企业59家。其中,规模企业15家,小型企业44家。全市5个县级水产畜牧兽医局均与屠宰厂(场)签定安全生产责任状,屠宰企业与肉商签定委托屠宰协议书。所有屠宰厂均落实生猪进场查验、"瘦肉精"自检、病害猪(产品)无害化处理等生猪屠宰企业管理制度并建立相关台帐。年内,全市屠宰环节无害化处理病害猪168头,屠宰环节"瘦肉精"抽样1400份,开展执法994次,出动执法人员13674人次,对在营生猪屠宰厂(场)监管率达100%。开展生猪屠宰"扫雷行动",对全市重点区域、重点对象和重点违法行为进行全面排查,排查隐患31处,整改31处。

推进肉品品质检验电子出证试点,贵港市有港北区江北屠宰厂、平南县城区肉品购销站2家自治区肉品品质检验电子出证试点企业。截至12月31日,港北区江北屠宰厂调试完毕,领取票证5万份,已具备出证条件;平南县城区肉品购销站配套设施正在完善。

【产品质量安全监管】 2017年,贵港市水产畜牧兽医部门开展畜禽产品质量安全例行监测。元旦春节期间,开展畜牧产品抽检10批,其中猪肉5批、鸡肉5批,送自治区检测中心检测,样品合格率100%,检测结果合格率100%。开展县级快速专项"瘦肉精"猪尿样本抽检156批,结果全部为阴性。对动物及动物产品进行兽药残留抽检抽取样品185份(其中猪肉65份,鸡肉40份、鸡肝35份,禽蛋5批,鸭肝5批,猪肝30批,牛肉5批),样品已按时送自治区检测中心检测,样品合格率100%,检测结果合格185批、合格率100%。对兽药生产、经营、使用环节开展兽药质量监督抽送检,完成抽样送检样品38批(其中生产环节5批、经营环节22批、使用环节11批),样品合格率100%;饲料产品抽检完成质量安全监测抽检样品153批(任务150批),样品合格率100%。

开展兽药、饲料、水产品专项整治和交叉执法检查。兽药、饲料专项整治出动执法检查人员817人次,检查饲料生产企业13家次、饲料经营企业135家次、规模养殖场(户)93场次、兽药批发市场5个次、兽药经营企业378家次、兽药使用单位326家次,没有发现涉嫌假劣兽药。水产品专项整治出动39车次、240人次,发放宣传资料2000多份,检查养殖场57家,其中水产规模养殖场20家(包括自治区级良种场1家和健康养殖场6家)、水产苗种场28家,经查均办有养殖证或苗种生产许可证,养殖场的生产、用药、销售3项记录基本完善;对13家养殖场26个样品进行药残快速检测抽查,26个样品阳性率为零。

【动物卫生监管信息化建设】 2017年,贵港市74个动物产地检疫申报点和60家生猪定点屠宰场全部实施动物检疫电子出证,完成率100%。全市累计投入170多万元(其中平南县110万元、港北30万元),推进动物卫生监督远程监控平台信息化建设,对辖区内的规模养殖场、屠宰场、检疫申报点实行全程监控。年末,市级、平南县动物卫生监督远程视频监控平台建设正式投入使用,港北区动物卫生监督远程视频监控平台正有序推进。监管软件使用,全市有138家规模养殖场安装使用养殖监管软件,其中平南62家,港南21家,港北30家,覃塘14家,桂平11家,安装使用率90%以上。

渔政管理

【渔业安全生产管理】 2017年,贵港市水产畜牧兽医部门大力开展渔船安全大检查和隐患排查。利用元旦、春节、全国"两会"和清明、"五一"、端午节、国庆、中秋节等重要时段,开展渔业安全生产大检查大排查和"打非治违"工作,深入沿江渔船集中停靠地方,突出检查渔船通信、救生、消防、信号等安全设备配备,特别检查渔船有无非法载客运输违规行为,出动检查人员126人次,检查渔船228艘次,排查一般事故隐患10处,发出整改通知书10份,已整改的渔船有10处,整改率100%,没有发生渔船重大安全事故。

开展"渡运安全月"活动 根据《贵港市安全生产委员会办公室关于开展2017年渡运安全月活动方案》通知,全市各级渔政管理部门深入渡口、码头,组织开展渡运安全检查,配合海事部门查处在渡运水域内拦河网具、从事捕捞或养殖等可能危及渡船航行安全的作业或者活动,有效维护渡运的安全。

开展安全生产应急演练 9月19日,为提高广大渔民的安全意识和渔业系统工作人员的救援能力,防范渔业安全事故的发生,在港南区新塘镇郁江江面开展2017年渔业安全生产应急演练,市水产畜牧兽医局、3个城区渔业主管部门分管领导、安委办人员和渔民代表等100多人参加演练活动。

联合执法 中共十九召开期间,全市各级渔政管理部门,多次联合开展交界水域禁渔期的联合执法检查行动,严格惩治非法捕捞和违反安全生产行为。行动期间,全市出动执法船艇18艘次、执法车36车次、执法人员118人次,销毁大型网具3张,扣押非法捕捞渔船2艘,没收渔获物3公斤,扣押非法安装禁用渔具渔船3艘,罚没金额1万多元。

【珠江禁渔宣传】 2017年,贵港市水产畜牧兽医部门开展珠江禁渔宣传,通过发放告知书、宣传资料、悬挂横幅、张贴标语、向渔民发短信、开放广播等形式开展禁渔宣传,做到珠江禁渔家喻户晓,深入人心。在贵港电视台、《贵港日报》等新闻媒体刊发禁渔专版、新闻报道、专题片等宣传禁渔情况。禁渔期间,市、县两级政府发布通告3个,印发2017年珠江禁渔的通告资料3000多份,下拨专项经费35万元,出动宣传车船132次,发放宣传资料9500份,发送宣传短信1万条,悬挂横幅280条,张贴标语或通告2000份,设置固定宣传牌3块,电视新闻报道18次,专题片3期,报纸专版3版,刊登禁渔文章6篇。

【禁渔执法巡查】 2017年,贵港市按照"船回港、网封存、证集中"和"江中无捕捞船、水中无渔具、市场无江渔"的要求,加强珠江禁渔巡航检查,强化执法监管,组织力量加大夜间和早上巡逻,严查顶风作案的违法者。禁渔期间,全市开展检查行动253次,出动渔政执法人员2000人次,出动渔政车160辆次,出动渔政船艇362艘次,查处违反禁渔期规定捕捞渔船6艘次,取缔违规渔具1086件、长度5800米;查处电炸毒鱼案件1起,没收三无船舶5艘,没收电鱼工具1台套,没收非法渔获物58公斤,移送司法机关电鱼案件1件。

【禁渔期联合执法】 2017年,贵港市各级渔政管理部门在禁渔期间联合开展执法行动,出动执法船艇6艘次、执法车12车次、执法人员36人次,取缔违规渔具100件,销毁大型网具3张,扣押非法捕捞渔船2艘,没收渔获物3公,扣押非法安装禁用渔具渔船3艘。6月13日—17日,在梧州市、桂平市水域展开由农业部长江流域渔政监督管理办公室、广东省渔政总队、广西自治区渔政指挥中心、珠江流域渔业管理委员会办公室联合开展珠江禁渔期粤桂渔政联合执法专项行动。两省13个渔政部门40多名执法人员(其中贵港市15人)、13艘执法船(艇)参加行动,专项行动查获涉嫌非法电鱼船舶1艘,岸边徒手电鱼行为1起,清理水中各种网具、鱼笼一批。

【禁渔期增殖放流】 2017年,贵港市禁渔期开展水生生物增殖放流活动,在平南县平南镇水域放流青鱼、草鱼、鳙鱼、鲢鱼、鲤鱼等鱼苗82.2万尾,投入资金25万元;在郁江大岭乡水域、贵城水域、达开水库放流青鱼、草鱼、鲢鱼、鳙鱼、赤眼鳟、黄颡鱼等鱼苗700万尾,以及甲鱼苗、龟苗一批,投入资金50万元。

【禁渔期困难渔民扶助】 2017年禁渔期间,贵港市为解决困难渔民生产生活问题,桂平市按每月100元/人标准,落实生活补助资金发放。平南按照每艘渔船补贴400元标准,对240艘渔船进行补贴,补贴金额9.6万元。禁渔期间,全市渔民没有出现大规模渔民集体上访现象,社会稳定。

【渔业船员培训】 2017年,广西财政加大对渔业船员扶持培训,按每培训1名渔业船员财政补贴500元标准，下拨贵港市培训资金60万元。9月—10月，贵港市各级渔政管理部门分别在市级（港北区、港南区、覃塘区）、桂平市、平南县举办渔业船员培训班6期，培训渔民1000多人次。通过培训，提升渔民基本航行安全知识、掌握救生、消防、急救等基本技能，有效防范渔业安全事故的发生。

（彭伟雄）

水 利

【概况】 2017年，贵港市水利工作按照稳中求进工作总基调，围绕稳增长、促改革、调结构、惠民生、防风险的要求，以水利项目建设为抓手，促进水利改革发展。全市争取上级水利投资资金4.8亿元，比上年增长56.35%；完成投资6.97亿元，完成率102.5%。新建、加固堤防8.6千米，渠道防渗长度525.72千米，新增供水能力1115万立方米，新增节水灌溉面积35.74万亩，新增、恢复或改善灌溉面积37.57万亩。全市各类水利项目建设顺利推进，已建成的水利项目充分发挥工程效益。

【防汛抗旱】 2017年，贵港市水利系统以“做好决策参谋、确保人民群众生命财产安全”为前提，增强责任感和紧迫感，坚决克服麻痹思想和侥幸心理，按照思想、责任、工程、预案、物资、队伍“六到位”的要求，及早部署、提前准备，扎实开展各项防汛工作。全年成功抵御强降雨8次、洪水3次、台风影响2次，把灾害损失降到了最低，避免了人员伤亡。特别是在防御第13号台风“天鸽”期间，按照防灾救灾应急预案，贵港市委、市政府主要领导全程组织并指挥，分片包干的厅级领导、政府分管领导，以及成员单位主要领导全都参与，各防汛部门统筹协调，根本性扭转以往防台防灾工作完全由水利部门进行单打独斗的不利局面，全市上下一条心、一盘棋，防台防灾取得全面胜利，获得自治区党委、政府以及自治区水利充分肯定，并在2018年全区防汛抗旱工作电视电话会议上作经验典型发言。

2017年11月8日，贵港市委书记李新元（前右二）率队在郁江进行河长制巡河

市水利局　提供

【水生态文明建设】 2017年，贵港市全面落实最严格水资源管理制度，以“三条红线”为抓手，编制完成全市实施节水型社会建设实施方案。加强水资源保护，实施5项重点饮用水水源地保护工程项目建设，完成11个重要水功能区标志牌建设，全市48个规模以上入河排污口监测率达到100%。推进水生态文明城市建设试点，基本完成城北片河湖连通工程、城南片河湖连通工程、市职教园区片河湖连通工程等项目前期工作。加大小流域水土流失综合治理，治理水土流失面积58.65平方千米；强化水土保持“天地一体化”监管，进一步提高全市水土保持监督管理信息化水平。抓好农村水电安全生产管理，完成发电量1.74亿千瓦时。

【重点防洪工程建设】 2017年，贵港市继续推进西江干流、主要支流治理项目建设，郁江石卡至竹村段河道治理工程、郁江左岸鲤鱼江口防洪闸工程和鲤鱼江治理工程累计完成投资15096万元；桂平市城区河道治理工程（郁江大桥至大关码头段）累计完成7200万元；平南县城南外堤新埠村至下畲村段工程实现开工，年内完成投资764万元。

【民生水利建设】 2017年，贵港市实施中央财政小型农田水利建设项目40个，完成投资7698.7万元，新增恢复或改善灌溉面积12万亩。开展中小河流治理，完成河堤及护岸工程建设11千米，占任务的110%。开展水利脱贫攻坚，完成农村饮水安全巩固提升工程建设33处，巩固提升受益人口5.42万人，占任务的293%。实施以“双高”糖料蔗基地水利化建设及现代特色农业示范区建设为重点的高效节水灌溉工程70个，完成高效节水灌溉面积5.03万亩，占任务的136%。开展“兴水利”主题活动，全面完成2016—2017年度冬春农田水利建设目标，完成投资5.23亿元，占计划任务5.1亿元的102.5%；启动2017—2018年度冬春农田水利建设工作。

【全面推行河长制】 2017年，贵港市市本级、5个县(市、区)及74个乡镇全部由党委、政府联合出台工作方案；在全市江河湖库分级分段建立市、县、乡、村四级河长体系，落实各级河长3211名；市、县、乡三级全部挂牌设置河长制办公室，出台中央规定的河长会议等6项工作制度，探索出台河长巡河、巡查保洁、通报等制度。全面完成江河湖库名录调查，有序推进一河一策方案编制；市、县、乡、村四级河长迅速上岗履职，以河长巡河为抓手，以问题为导向，积极开展江河湖库整治，推进“清河行动”。贵港市获得自治区河长制工作红榜通报，在自治区河长制工作推进会上作典型发言。

【依法治水管水】 2017年，贵港市人民政府印发《贵港市农村饮水安全工程运行管理办法》，进一步规范农村饮水安全工程运行管理。加强水利执法监督，查处水事违法案件28件，拆除非法侵占河道建筑3处，拆除非法砂场23座，拆除非法网箱养殖587箱。开展行政审批“放管服”工作，进一步加强行政审批事中事后监管。强化水利工程建设管理，加强水利建设市场主体信用体系建设，处理水利建设主体不良信用事件1起；抓好招投标活动行政监督，加大水利建设质量监督工作。抓安全生产责任落实，强化水利水电生产工作安全运行。开展水资源费征收工作，全市征收水资源费1635.45万元。（李二梅）

林　业

【概况】 2017年，贵港市林业用地面积50.18万公顷，占国土总面积的47.29%。其中，国有林地面积3.14万公顷，集体林地面积48.62万公顷。森林面积49.13万公顷。其中，有林地面积41.13万公顷，国灌、乔木林、经济林、竹林、四旁树绿化面积8万公顷。活立木总蓄积量2634.66万立方米，年林木采伐限额222.68万立方米，森林覆盖率46.3%。

【林业生态建设】 2017年，贵港市将植树造林工作纳入各级政府的绩效考评内容，层层落实责任制，市领导带头参与春季义务植树活动，全年山上造林完成14.47万亩，占任务的138%，全民义务植树完成608.4万株，占任务的101.4%。古树名木资源普查，普查登记古树名木4553株。其中，一级古树45株(其中2株千年古树入选广西树王)，二级古树170株，三级古树3412株，准古树800株；名木126株，主要树种有榕树、樟树、荔枝、龙眼、鸡毛松等，已经顺利通过自治区验收。贵港市荣获“广西森林城市”、桂平市金田林场获得“全国十佳林场”和“中国最美林场”，港南区湛江镇平江村和覃塘区蒙公镇新岭村获得“全国生态文化村”称号。大力发展森林旅游，通过加大资金投入、强化基础设施建设、完善经营管理，加快平天山森林公园国家AAA级旅游景区创建。10月28日，成功举办2017全国重阳登高健身大会·南方会场暨中国健身名山·广西平天山(贵港)登山赛。

【森林资源管护】 2016年12月—2017年11月(统计区间)，贵港市森林公安局立刑事案件128起，破案82起，占任务的117.8%；查处行政案件271起，林业行政处罚271人，挽回损失148.6万元。核发林木采伐蓄积量181.15万立方米，占采伐总限额270万立方米的67%，出材143.02万立方米。全市审核上报工程项目建设长期征占用林地28宗，面积258.89公顷，均已全部获得审批。市本级审批临时使用林地1宗，面积6.06公顷，收取森林植被恢复费3111.6万元。

加强采伐限额管理，严格控制森林资源不合理消耗。要求凡是采伐林木必须到林业主管部门申请办理采伐许可证，并在规定的期限内完成采伐作业和伐后更新任务。2017年，全市核发木材运输证82716份(其中区内77170份、区外5546份)，核发林木采伐蓄积量182.06万立方米，占采伐总限额222.68万立方米的81.8%，出材143.68万立方米；全市依法查处无证运输176起，罚没木材蓄积量320.867立方米，处罚70.2万元。

2017年，为规范野生动物驯养繁殖和经营利用管理，促进特种养殖产业的持续健康发展，贵港市林业局开展野生动物专项执法行动2次，加大对野生动物资源违法犯罪活动的查处和综合治理，严防乱捕滥猎、非法贩卖、非法运输珍贵濒危野生动物违法行为发生。年末，全市办有驯养繁殖证的养殖户119家，经营利用证的经营户75家。

【林业产业发展】 2017年，贵港市落实“六个年”活动，按照市委书记李新元提出的“把林业产业建设成为重要支柱产业、闪光产业”要求，各级林业部门抓住机遇、主动作为，全力推动林产业做大做强，全市林业产业保持平稳较快发展。6月，参加在广东省佛山市顺德区乐从镇举办主题为“绿色发展·产业升级”的交易会；10月，举办2017年全国重阳登高健身大会南方会场暨中国健身名山广西平天山（贵港）登山赛；11月，市人民政府与中国林产工业协会、自治区林业厅共同举办第二届中国（贵港）木材加工产业发展高峰论坛暨林产品展销会，展销会签约项目2个。同时，《贵港市林业产业发展规划》通过专家评审经市政府批准印发执行。年内，林产品加工产值230亿元，同比增长41.1%，税收4.5亿元，同比增长42%。

【国有林场改革】 2017年，贵港市实施国有林场改革，采取高位推进、主动协调、着力解决实际问题等措施推进改革落实。将国有林场改革工作提到重要议事日程，纳入绩效考评范围，市委书记、市长亲自到林场开展改革调研，并多次召开协调会、研究会；贵港市林业局主动与市发改、编办、财政、人社等部门沟通协调，突出以人为本，着力解决好职工的实际问题，按照“保持国有林场现有在职在编人员稳定”的原则，改革后按现有职工人数暂定事业编制数，职工身份、工作职能不变，人员只出不进，逐一减编，逐步达到合理编制数。年内，完成改革实施方案、“三定”方案文件的印发，明确了人员岗位设置，完成富余人员安置、财政预算、事企分割、森林资源管理、基础设施建设等工作，建立绩效考核制度。主体改革任务已完成，林场职工思想稳定，没有发生上访事件。

【生态能源建设】 2017年，贵港市以农村大气污染防治和节能减排为目标，以实施农村清洁能源开发利用工作为重点，以项目建设为抓手，将农村能源建设工作融入“美丽贵港·生态乡村”村屯绿化专项活动中稳步推进。项目建设推进实施农村能源项目21个，其中中央预算内项目6个、自治区项目15个；总投资2032万元，其中争取中央预算内投资711万元。建设创新沼气（共享式）项目3个，争取自治区补助资金105万元。组织向自治区新申报项目56个，计划投资1188.3万元。其中，拟申请自治区财政预算内资金874.5万元，地方配套资金313.8万元。

农村沼气安全生产管理。1月中旬，开展节日期间沼气安全生产检查，督促各级农村能源部门做好春节期间农村沼气安全生产；6月份，根据自治区的统一部署，开展农村能源安全生产月活动，对沼气用户、项目工地进行检查，排查安全隐患、发放整改通知和安全知识宣传资料，全年无沼气安全生产事故发生。

【森林防火】 2017年，贵港市森林火灾受害率为0.08‰，远低于0.8‰的年度控制目标。其措施：各级高度重视，9月—10月，贵港市人大常委会主任带队对实施《广西壮族自治区森林防火条例》报告情况进行检查；中共十九大期间，市森林防火指挥部、市人民政府与各县（市、区）人民政府签订森林防火安全责任书。推进森林防火项目建设，贵港市浔江流域森林火灾高风险区综合治理项目是年内全区森林防火投资最多的项目，总投资2221万元，年末初步设计通过自治区林业厅评审。森林防火示范乡镇建设，全市选定12个林区乡镇作为森林防火示范乡镇建设试点，得到国家和自治区财力物力的大力支持，增强基层防火能力。加强森林防火知识培训，邀请全国森林防火专家授课，连续三年举办培训班，参训人员2000多人次，提升领导干部和一线人员的防火能力。加大先进防火设备投入使用，首次使用无人机开展森林防火应急操作演练，同时与南方航空护林总站合作在覃塘林场建设航空护林基地。加强应急能力建设，贵港市森林防火信息指挥中心业务用房项目获市发改委立项批复，总投资240万元（项目硬件设备由国家林业局配备，价值500多万元）；新增专业森林消防队员45名；开展森林防火应急演练13场次，参加人员600多人次，提升了森林消防应急处置能力。

【森林病虫害防治】 2017年，贵港市做好林业有害生物监测普查和防治，有害生物成灾率责任状目标控制在4.2‰以下，完成率为1.17‰，经国家林业局审核通过，平南县松材线虫病疫区被撤销。完成全市有害生物监测和普查验收，桂平、平南国家级监测点和港北区、港南区、覃塘区自治区级监测点，定期派人做好监测记录，发现问题及时解决；2014—2016年全市林业有害生物普查户外作业完成，于2017年5月聘请专家对普查工作报告和技术报告进行评审验收，并正式出具文本报告，完成自治区的要求任务。做好松材线虫病防治，桂平市是贵港市松材线虫病的重灾区，2017年1月，《桂平市松材线虫病综合治理项目可行性研究报告》通过专家评审，落实防治经费1400多万，全年清理枯死植株8000多株，飞机防治10万亩次，生物防治释放肿腿蜂10万只、花绒寄甲70万只，设诱木150堆，设诱灯150盏，药物注射8000株。

贵港市平天山林场 2017年，林场总面积5043.3公顷，其中非林用地64.4公顷。林场乔木林蓄积量为46万立方米。其中，人工林蓄积量为41.8万立方米，天然林、防火林等其他林分蓄积量为4.2万立方米。林场设有林场办公室、财务股、生产技术股、森林公园办公室、森林消防队5个职能机构，下设有谭坪站、兰山站、六芦站、六班站4个营林生产站，有职工186人，其中在职人员89人、离退休人员93人、聘用人员4人。

平天山林场依托丰富的森林资源 2003年，申报自治区级森林公园，2005年12月，晋升为国家级森林公园——广西平天山国家森林公园，公园与林场实行"一个机构，两块牌子"的管理方式。公园总面积为1676.2公顷，森林覆盖率90.2%。园内有"林海奇景、北岳仙池、平天大峡谷、石人石马、状元帽、桫椤群落、仙人瀑布、高山茶园、高山矮林、黄三立寨遗址"等自然景观和人文景观。主峰大平天是贵港境内最高点，是桂东南第二高峰，山顶有233.3公顷草甸，是广西第一大高山草甸。公园在加强基础设施建设的同时，注重打造旅游品牌，开展的主要旅游活动有烧烤、拓展运动、游泳、林中漫步、森林游憩、登山等。10月28日，成功举办2017年全国重阳登高健身大会南方会场暨中国健身名山广西平天山（贵港）登山赛。

覃塘林场 是贵港市林业局直属正科级财政全额拨款公益一类事业单位。属于小型平原林场，林场土地总面积470.4公顷，其中林业用地面积386.4公顷；有林地面积160.2公顷，其中特用林60公顷，商品林143.1公顷。次生植被以旱生型植被为主，无天然林，建场后主要人工植被有马尾松、桉树、龙眼、板栗、珍贵树种和各种绿化苗木，2017年森林蓄积量18725立方米，森林覆盖率97.6%。国有林场改革后管理机构设场领导办公室、党支部办公室、办公室、财务股、科研股、基地股、技术推广监测股、森林资源保护股，年末有在职职工29人，其中行政干部3人、技术干部6人，退休职工31人。林场的经营范围内有国家级马尾松良种基地、各种绿化苗木及造林苗木基地、林产品加工区、龙泉山庄娱乐场所。

【林业"一服务两公开"】 2017年，贵港市林业局落实"一服务两公开"制度，驻市政务服务中心林业窗口办结行政许可和公共服务事项282件，评议率、办结率、满意率均为100%。其中，林业植物检疫证书核发62件，临时占用林地和建设工程占用、征收、征用林地审核22件，林木采伐许可证核发52件，在林区经营（含加工）木材审批88件，对从省外调入应检疫植物及植物产品提出检疫34件次。

根据林业部门政务服务事项目录，编制、修订、公布政务服务事项操作规范和流程图，全年14项行政审批与服务事项实现办结总体提速71%以上。落实简政放权制度，下放行政审批权限，将森林植物检疫签发、市直属下属单位木材运输证、国家二级保护野生植物采集证核发和出售、收购审批及因科学研究需要进入自然保护区核心区审批4项下放至县级林业行政主管部门实施；取消"在林区经营（含加工）木材审批"，制定事中事后监管制度，通过强化监管，保障木材加工行业持续健康发展。优化并联审批和网上智能审批服务，推进广西投资项目在线审批监管平台全面覆盖所有并联审批事项。启用"广西林木种子生产经许可证核发智能审批及监管系统"，实现24小时在线审批。严格落实信息公开的发布审核、保密审查、依申请公开、不予公开备案等制度，信息更新做到及时、完整。年内，通过各类门户网站主动公开政府信息732条，在各级新闻媒体发表信息30多条，党政信息20多条。

【林业依法行政】 2017年，贵港市加大林业法治和山林纠纷调处维稳工作力度，做到突发、新发案件第一时间深入案发现场开展勘查和稳控工作，全年没有涉林非法赴邕进京上访事件发生，确保争议林区社会稳定。推进林业法治建设，制订《贵港市林业局法治政府建设工作实施方案(2016—2020年)》，开展行政权力运行流程编制和优化工作，深化林业行政审批制度改革；加大山林纠纷调处维稳力度，把山林权属纠纷调处和信访维稳工作相结合，按照"一案一档一策"原则，加强涉林非法上访隐患、山林纠纷突出事件排查摸底和调查处理工作，扎实做好自治区政府指定由贵港市牵头贵港市林业局负责的桂平市中沙镇容北村教子屯与玉林市大容山林场2起积案的调处和化解工作。（杨翼嘉）

工　业

工业综述

【概况】 2017年，贵港市坚定不移按照市委"13446"工作思路，全面贯彻"工业兴市、工业强市"战略，深化拓展"工业发展优质年"

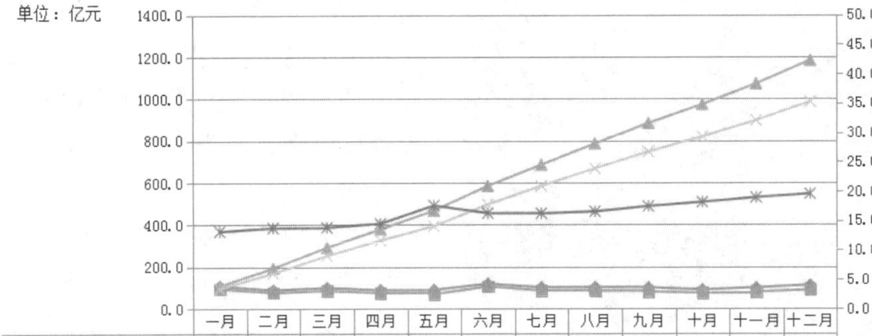

	一月	二月	三月	四月	五月	六月	七月	八月	九月	十月	十一月	十二月
17年月完成值	105.3	87.5	98.1	87.2	88.4	117.5	100.4	100.6	98.8	89.2	98.2	111.1
16年月完成值	93.1	74.4	84.0	73.1	67.8	104.2	85.3	83.2	79.1	73.3	77.9	87.7
17年累计值	105.3	192.8	290.9	378.1	466.5	584.0	684.4	785.0	883.8	973.0	1071.2	1182.3
16年累计值	93.1	167.5	251.7	324.7	392.2	496.4	583.6	667.0	746.1	819.3	897.2	985.7
累计同比增长率（%）	13.1	13.7	13.8	14.5	17.5	16.2	16.2	16.5	17.4	18.1	18.9	19.5

贵港市规模以上工业总产值走势图

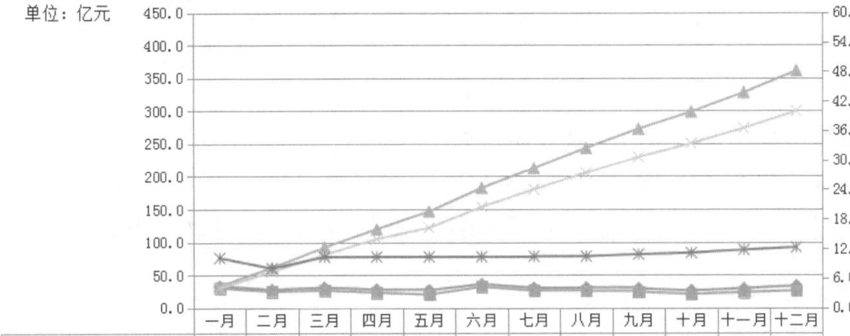

	一月	二月	三月	四月	五月	六月	七月	八月	九月	十月	十一月	十二月
17年月完成值	33.2	27.7	31.0	27.7	26.8	35.9	30.2	30.7	29.2	25.9	29.2	33.2
16年月完成值	30.2	24.7	26.6	23.0	20.2	31.8	26.2	25.5	23.7	20.7	23.2	25.9
17年累计值	33.2	60.9	91.9	119.6	146.4	182.3	212.5	243.2	272.4	298.3	327.5	360.7
16年累计值	30.2	54.9	80.6	104.6	121.5	153.3	180.0	205.4	229.2	250.0	273.2	299.4
累计同比增长率（%）	10.1	8.0	10.3	10.3	10.3	10.3	10.4	10.4	10.8	11.1	11.7	12.2

贵港市规模以上工业增加值走势图

和“企业服务量化年”活动，推进产业转型升级和工业结构调整，全市工业经济实现稳中快进持续向好发展。完成规模以上工业总产值1182亿元，迈上千亿元台阶，同比增长19.5%，排名全区第六；规模以上工业增加值360.7亿元，同比增长12.2%，位列全区第二。完成第二产业投资438.6亿元，同比增长11.6%，在全区排名第四；完成技术改造投资347.44亿元，同比增长24.9%，在全区排名第一；完成制造业投资351.63亿元，同比增长13.6%。规模以上万元工业增加值能耗同比下降11%，全部超额完成年度目标任务。

【工业经济稳中快进】 2017年，贵港市抓好要素保障，工业经济稳中快进。加强电力执法，保障企业用电需求，组织华润水泥（平南）公司等22家企业申报电力直接交易。突出抓好贵钢集团、瑞康饲料、金源生物等重点企业和产值亿元以上企业稳增长，加强工业运行监测分析和区域调度，全力推进工业经济稳定健康发展。工业经济增速高于预期，规模以上工业增加值增速高于上级下达目标3个百分点。

【招商项目成果丰硕】 2017年，贵港市持续推进“大招商、招大商”活动，全市新签约工业项目195个，其中亿元以上项目132个，计划总投资431.1亿元，年内开工项目61个。8月25日，广西战神新能源专用汽车项目落户广西第二汽车生产基地——贵港市产业园石卡园；11月29日，贵港·爱玛电动车项目落户中国—东盟新能源电动车生产基地。其中，贵港市工信委签约项目9个，计划投资34.1亿元。

【新兴产业加速发展】 2017年，贵港市加大政策扶持，新兴产业加速发展。出台《关于加快新能源电动车产业发展的若干意见》，印发《新能源汽车及新型电动车发展“十三五”规划》，有效引投资，加速产业集聚。截至年末，引进新能源汽车企业4家、电动车生产企业75家，其中12家企业获得广西战略性新兴产业企业认定，排名全区第二。以华奥新能

2017年4月23日，贵港市市长农融开展2017年第五期“市长服务企业接待日”活动现场

市工信委 提供

2017年9月4日，贵港市委书记李新元（前右）在华奥汽车制造有限公司现场办公

市工信委　提供

源汽车、赛尔康电子为代表的新兴产业项目相继投产，新兴产业发展初见成效。贵港市“新三篇”新兴产业产值同比增长144.3%，高于规模以上工业增速125个百分点。

【工业质量效益持续提升】 2017年，贵港市推进企业技术改造和重点企业智能工厂建设，提档升级传统产业。机械制造、冶金、纺织与皮革、林板纸、建材、农产食品、饲料、化工8个重点传统产业全部实现正增长，其中冶金、林板纸、机械制造等3个行业增速超过30%，机械制造工业产值超百亿元。规模以上万元工业增加值能耗同比下降11%。板材加工业向家具制造转型，建材产品向新型材料升级。贵钢启动特钢技改项目，产值较上年增长45%，贵糖实施绿色智能集成技改工程，获国家工信部工业转型升级重点扶持。

【政府服务职能不断强化】 2017年，贵港市强化服务职能，优化企业发展环境。深化拓展“企业服务量化年”“市长服务企业接待日”等活动，全力帮助企业解难题、破瓶颈、促发展。开通“贵港企业服务”微信平台，解决问题的效率和问题解决率持续提升，累计协调解决企业问题261项，其中14期“市长服务企业接待日”活动协调解决问题70个。落实降成本政策措施，全年减轻企业负担16.2亿元。企业发展环境持续优化，在全区总体投资环境满意度测评中排名第一。

【项目建设“贵港速度”常态化】 2017年，贵港市加大对重点项目服务协调力度，及时跟踪项目推进情况，全市签约项目加快落地、在建项目加快竣工。华奥汽车通过工信部验收，15款产品进入公告目录；广西贵港腾骏汽车项目主体工程封顶并开始安装设备；1月，贝丰国际（贵港）科技产业园一期竣工投产；8月25日，广西战神新能源专用汽车项目签约落户，12月16日一期项目产品下线，再现“贵港速度”。9月，赛尔康（贵港）电子工业

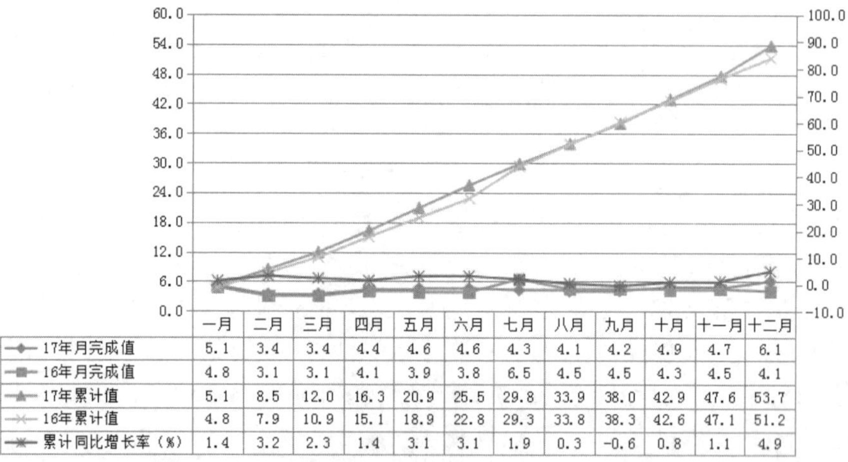

	一月	二月	三月	四月	五月	六月	七月	八月	九月	十月	十一月	十二月
17年月完成值	5.1	3.4	3.4	4.4	4.6	4.6	4.3	4.1	4.2	4.9	4.7	6.1
16年月完成值	4.8	3.1	3.1	4.1	3.9	3.8	6.5	4.5	4.5	4.3	4.5	4.1
17年累计值	5.1	8.5	12.0	16.3	20.9	25.5	29.8	33.9	38.0	42.9	47.6	53.7
16年累计值	4.8	7.9	10.9	15.1	18.9	22.8	29.3	33.8	38.3	42.6	47.1	51.2
累计同比增长率（%）	1.4	3.2	2.3	1.4	3.1	3.1	1.9	0.3	-0.6	0.8	1.1	4.9

贵港市工业用电量走势图

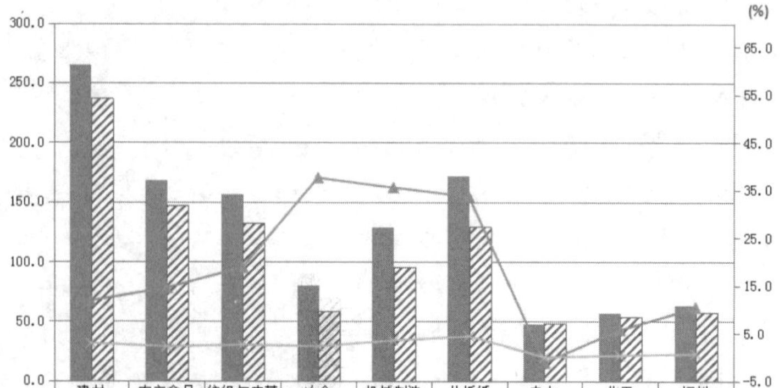

	建材	农产食品	纺织与皮革	冶金	机械制造	林板纸	电力	化工	饲料
2017年累计值	265.0	168.3	156.7	80.7	129.2	172.7	48.1	57.1	63.7
2016年累计值	237	147	131.9	58.7	95.3	129.3	48.7	54	57.7
累计同比增长率（%）	11.8	14.5	18.8	37.6	35.5	33.6	-1.2	5.7	10.4
拉动增长（百分比）	2.84	2.16	2.52	2.23	3.44	4.40	-0.06	0.31	0.61

贵港市九个重点行业产值

单位：亿元

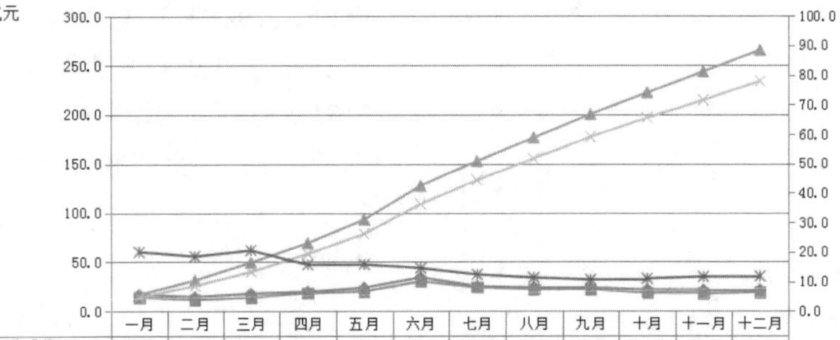

	一月	二月	三月	四月	五月	六月	七月	八月	九月	十月	十一月	十二月
17年月完成值	16.9	14.5	18.0	19.8	23.8	34.4	25.2	23.8	23.8	21.8	21.2	21.8
16年月完成值	14.1	11.7	14.1	18.4	20.1	30.4	24.2	22.3	22.0	18.7	18.0	19.2
17年累计值	16.9	31.4	49.4	69.2	93.0	127.4	152.6	176.4	200.2	222.0	243.2	265.0
16年累计值	14.1	25.8	39.9	58.3	78.4	108.7	133.0	155.2	177.3	196.3	214.3	233.6
累计同比增长率（%）	20.1	18.6	20.6	15.7	15.8	14.6	12.4	11.3	10.7	11.0	11.6	11.8

建材工业总产值走势图

单位：万千瓦时

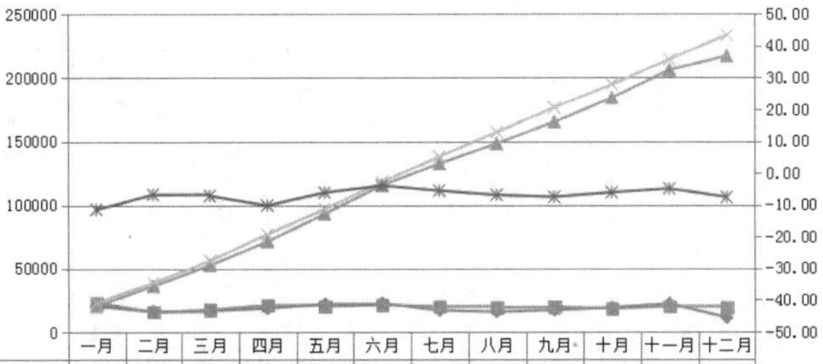

	一月	二月	三月	四月	五月	六月	七月	八月	九月	十月	十一月	十二月
17年月完成值	20200	15900	16500	18600	21800	22400	16900	15700	17000	19000	22000	11000
16年月完成值	22807	15468	17361	20877	19920	21077	19844	19100	19500	18100	19800	18900
17年累计值	20200	36100	52600	71200	93000	115400	132300	148000	165000	184000	206000	217000
16年累计值	22807	38700	56061	76938	96858	117935	137800	156900	176400	194500	214300	233200
累计同比增长率（%）	-11.43	-6.75	-7.13	-10.10	-6.10	-3.90	-5.50	-6.90	-7.50	-6.10	-4.90	-7.60

建材工业用电量走势图

单位：亿元

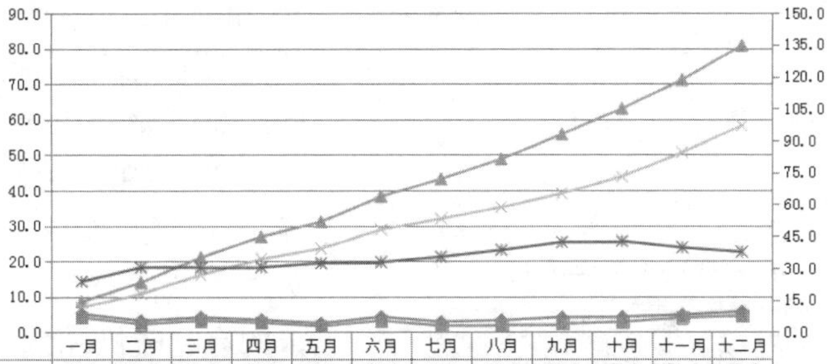

	一月	二月	三月	四月	五月	六月	七月	八月	九月	十月	十一月	十二月
17年累计值	8.6	14.0	21.0	26.9	31.1	38.3	43.2	48.8	55.8	63.0	71.1	80.7
16年累计值	6.9	10.8	16.1	20.6	23.5	28.9	31.9	35.2	39.1	43.9	50.6	58.2
17年月完成值	8.6	5.4	7.0	5.8	4.2	7.2	4.9	5.6	7.0	7.2	8.1	9.6
16年月完成值	6.9	3.8	5.4	4.4	2.9	5.4	3.0	3.3	3.9	4.8	6.8	7.6
累计同比增长率（%）	23.8	30.5	30.2	30.5	32.4	32.8	35.3	38.5	42.1	42.5	39.6	37.6

冶金工业总产值走势图

单位：万千瓦时

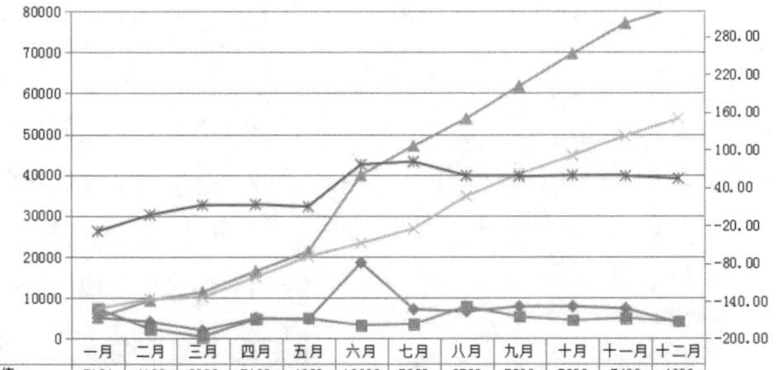

	一月	二月	三月	四月	五月	六月	七月	八月	九月	十月	十一月	十二月
17年月完成值	5181	4192	2000	5100	4800	18600	7200	6700	7900	7900	7400	4000
16年月完成值	7366	2364	440	4882	5018	3258	3572	7900	5400	4500	5000	4200
17年累计值	5200	9400	11400	16500	21300	39900	47100	53800	61700	69600	77000	81000
16年累计值	7366	9730	10170	15052	20070	23328	26900	34800	40200	44700	49600	53800
累计同比增长率（%）	-29.41	-3.39	12.09	13.01	9.49	76.20	80.80	58.60	57.10	59.10	58.00	53.80

冶金工业用电量走势图

园项目正式投产；嘉龙海杰开工建设，贵糖搬迁技改项目加快推进。

【园区产业集聚加快】 2017年，贵港市加强园区建设，产业加速集聚发展。提升园区发展定位，积极推进广西第二汽车生产基地规划建设，发展壮大中国—东盟新能源电动车生产基地，围绕工业"新三篇"产业链进一步优化园区空间和产业布局。年内，新增入园企业70家，入园企业累计突破500家，达530家。广西第二汽车基地、中国—东盟新能源电动车生产基地框架基本形成。园区规模以上工业占全市工业比重65%。 （魏 勇）

重点行业发展

【概况】 2017年，贵港市9个重点行业增长呈"八升一降"，累计完成规模以上工业总产值1141.4亿元，同比增长18.95%，占全市总产值的96.5%。其中，机械制造同比增长35.5%、冶金增长37.6%、纺织与皮革增长18.8%、林板纸增长33.6%、建材增长11.8%、农产食品增长14.5%、饲料增长10.4%，七个行业均保持两位数增长；化工增长5.7%，电力下降1.2%。

【建材工业】 2017年，贵港市建材工业完成产值265亿元，同比增长11.8%；工业用电量累计21.7亿千瓦时，同比下降7.6%，建材工业产销率为97.2%。水泥业重点企业华润水泥（平南）停窑检修，产值下降，使得全市水泥业产值增速下滑，总产值为108.1亿元，同比下降0.3%。因市场需求下降，水泥业销售产值102亿元，同比下降5%，产销率为94.4%；重点产品产量有升有降，水泥的产量为2419.8万吨，同比增长1.9%，水泥熟料产量为2171.3万吨，同比下降0.5%。重点企业华润水泥（平南）产值同比下降0.34亿元，拉低建材行业总产值增速0.1个百分点。

重点产品石灰产量增长，产量1049.6万吨，同比增长11.1%。石灰和石膏制造业完成产值83.1亿元，同比增长11.6%，拉动建材行业总产值增速3.6个百分点；石灰石的产量422.3万吨，同比增长11.9%，增长势头强劲。全年，陶瓷业运行良好，完成产值17亿元，同比增长23.4%。其中，重点产品瓷质砖产量3291.5万平方米，同比增长24.5%。

【冶金工业】 2017年，贵港市冶金工业完成产值80.7亿元，同比增长37.6%；累计工业用电量8.1亿千瓦时，累计同比增长53.8%，工业产销率为98.3%。冶金行业保持高速增长，重点企业开工充足，重点产品增长势头强劲，钢材产量为136万吨，同比增长6.4%；粗钢产量150.5万吨，同比增长7.9%，生铁产量为140.4万吨，同比增长8.3%。重点企业贵钢集团抓住钢材价格上扬、产品供不应求的有利时机，全年总产值达45亿元，同比增长45.3%。拉动冶金行业总产值增速23.9个百分点。

【农产食品加工业】 2017年，贵港市农产食品加工业完成产值168.3亿元，同比增长14.5%；累计工业用电量1.5亿千瓦时，同比增长6.9%，工业产销率为98.9%。

重点食品行业产值有增有减。酒、饮料和精制茶制造业产值47.4亿元，同比增长25.5%；食品制造业产值23亿元，同比增长8.7%；农副食品加工业（不含饲料业）产值97.9亿元，同比增长11.1%。

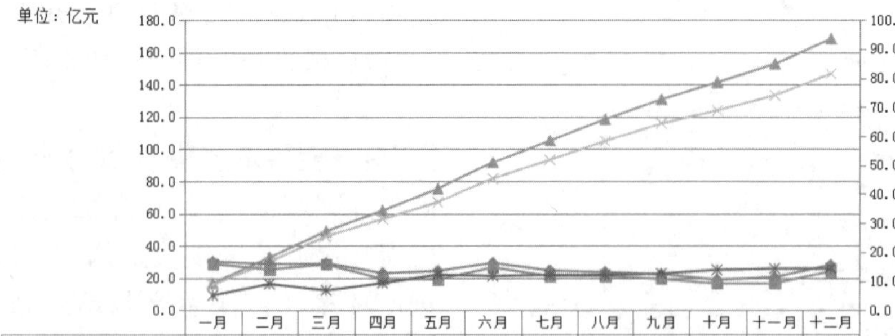

	一月	二月	三月	四月	五月	六月	七月	八月	九月	十月	十一月	十二月
17年累计值	16.8	32.7	49.0	61.8	75.3	91.6	105.3	118.4	130.8	141.3	152.7	168.3
16年累计值	15.9	30.0	45.8	56.5	67.0	81.5	93.3	105.0	115.8	123.9	133.3	146.6
17年月完成值	16.8	16.0	16.2	12.8	13.6	16.3	13.7	13.1	12.4	10.5	11.4	15.6
16年月完成值	15.9	14.1	15.8	10.7	10.6	14.7	11.8	11.7	10.8	9.2	9.4	13.3
累计同比增长率（%）	5.2	9.1	6.9	9.3	12.3	11.8	12.2	12.2	12.6	13.9	14.3	14.5

农产食品加工业总产值走势图

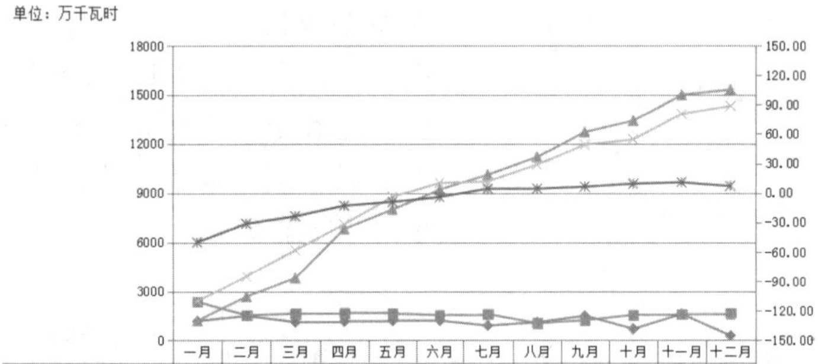

	一月	二月	三月	四月	五月	六月	七月	八月	九月	十月	十一月	十二月
17年月完成值	1185	1490	1113	1160	1200	1200	900	1100	1500	700	1600	300
16年月完成值	2355	1535	1627	1664	1627	1538	1600	1044	1219	1550	1580	1640
17年累计值	1200	2676	3800	6800	8000	9200	10100	11200	12700	13400	15000	15300
16年累计值	2400	3890	5518	7085	8791	9603	9684	10728	11947	12249	13829	14312
累计同比增长率（%）	-50.00	-31.21	-23.59	-12.80	-9.00	-4.20	4.30	4.40	6.30	9.40	10.80	6.90

农产食品加工业用电量走势图

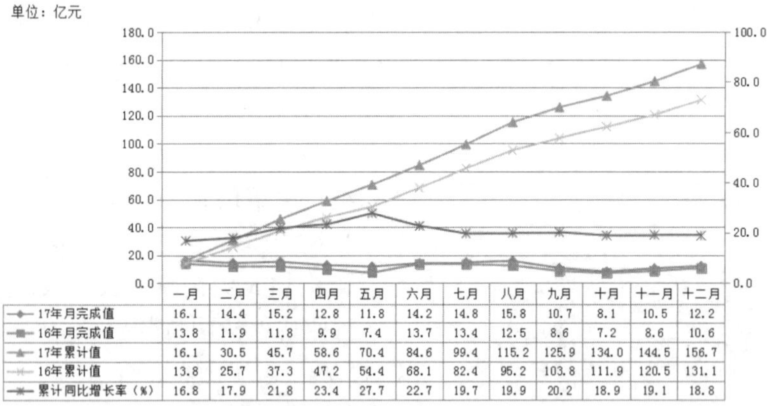

	一月	二月	三月	四月	五月	六月	七月	八月	九月	十月	十一月	十二月
17年月完成值	16.1	14.4	15.2	12.8	11.8	14.2	14.8	15.8	10.7	8.1	10.5	12.2
16年月完成值	13.8	11.9	11.8	9.9	7.4	13.7	13.4	12.5	8.6	7.2	8.6	10.6
17年累计值	16.1	30.5	45.7	58.6	70.4	84.6	99.4	115.2	125.9	134.0	144.5	156.7
16年累计值	13.8	25.7	37.3	47.2	54.4	68.1	82.4	95.2	103.8	111.9	120.5	131.1
累计同比增长率（%）	16.8	17.9	21.8	23.4	27.7	22.7	19.7	19.9	20.2	18.9	19.1	18.8

纺织服务与皮革工业总产值走势图

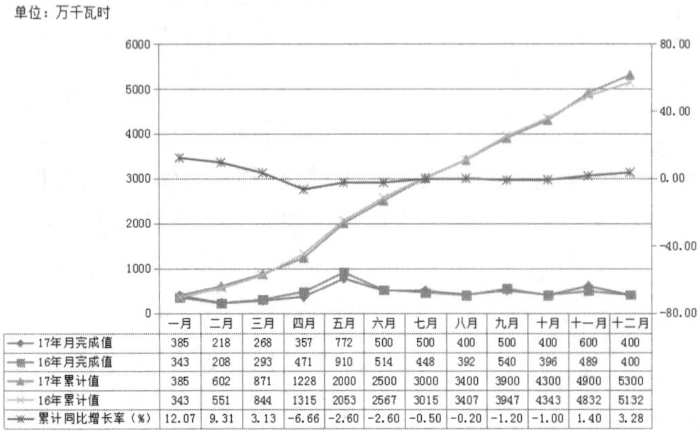

	一月	二月	三月	四月	五月	六月	七月	八月	九月	十月	十一月	十二月
17年月完成值	385	218	268	357	772	500	500	400	500	400	600	400
16年月完成值	343	208	293	471	910	514	448	392	540	396	489	400
17年累计值	385	602	871	1228	2000	2500	3000	3400	3900	4300	4900	5300
16年累计值	343	551	844	1315	2053	2567	3015	3407	3947	4343	4832	5132
累计同比增长率（%）	12.07	9.31	3.13	-6.66	-2.60	-2.60	-0.50	-0.20	-1.20	-1.00	1.40	3.28

纺织服务与皮革工业用电量走势图

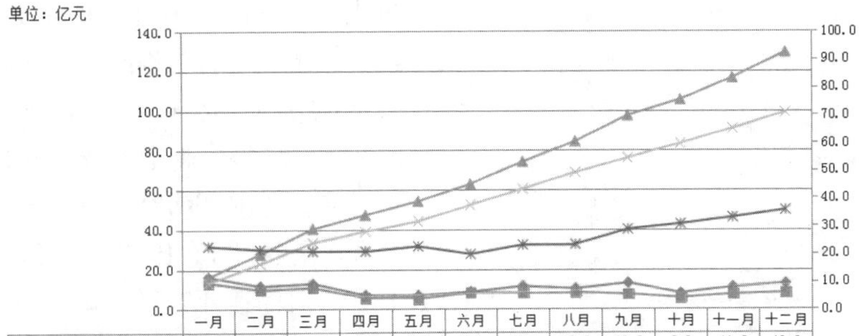

	一月	二月	三月	四月	五月	六月	七月	八月	九月	十月	十一月	十二月
17年月完成值	16.1	11.5	12.8	7.0	6.9	8.6	11.4	10.2	13.0	8.0	11.0	12.8
16年月完成值	13.1	9.6	10.7	5.6	5.1	8.2	8.0	8.4	7.4	5.7	7.4	8.2
17年累计值	16.1	27.6	40.3	47.3	54.2	62.8	74.2	84.4	97.4	105.4	116.4	129.2
16年累计值	13.1	22.7	33.4	39.0	44.1	52.3	60.3	68.7	76.1	83.4	90.8	99.0
累计同比增长率（%）	22.5	21.3	20.7	20.7	22.5	19.7	23.0	23.2	28.6	30.5	32.9	35.5

机械制造工业总产值走势图

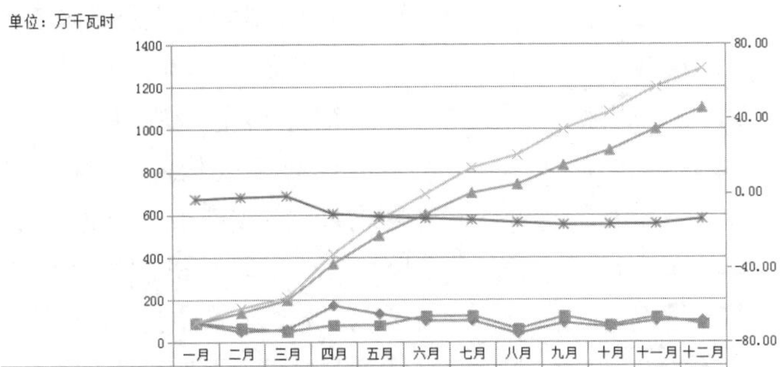

	一月	二月	三月	四月	五月	六月	七月	八月	九月	十月	十一月	十二月
17年月完成值	89	49	59	171	132	100	100	40	90	70	100	100
16年月完成值	92	67	51	80	78	122	124	61	121	80	118	84
17年累计值	89	138	197	368	500	600	700	740	830	900	1000	1100
16年累计值	92	159	210	414	572	694	818	879	1000	1080	1198	1282
累计同比增长率（%）	-3.26	-2.26	-1.59	-11.10	-12.60	-13.60	-14.40	-15.80	-17.00	-16.70	-16.50	-14.02

机械制造工业用电量走势图

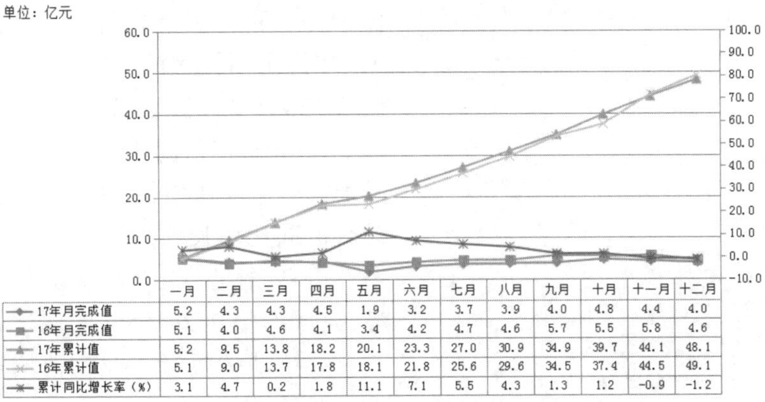

	一月	二月	三月	四月	五月	六月	七月	八月	九月	十月	十一月	十二月
17年月完成值	5.2	4.3	4.3	4.5	1.9	3.2	3.7	3.9	4.0	4.8	4.4	4.0
16年月完成值	5.1	4.0	4.6	4.1	3.4	4.2	4.7	4.6	5.7	5.5	5.8	4.6
17年累计值	5.2	9.5	13.8	18.2	20.1	23.3	27.0	30.9	34.9	39.7	44.1	48.1
16年累计值	5.1	9.0	13.7	17.8	18.1	21.8	25.6	29.6	34.5	37.4	44.5	49.1
累计同比增长率（%）	3.1	4.7	0.2	1.8	11.1	7.1	5.5	4.3	1.3	1.2	-0.9	-1.2

电力工业总产值走势图

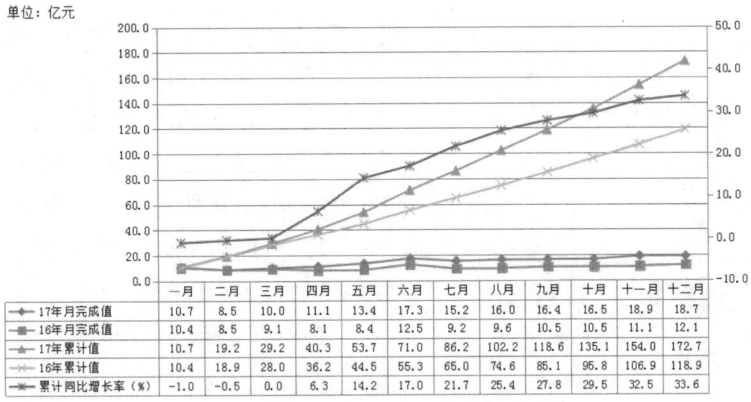

	一月	二月	三月	四月	五月	六月	七月	八月	九月	十月	十一月	十二月
17年月完成值	10.7	8.5	10.0	11.1	13.4	17.3	15.2	16.0	16.4	16.5	18.9	18.7
16年月完成值	10.4	8.5	9.1	8.1	8.4	12.5	9.2	9.6	10.5	10.5	11.1	12.1
17年累计值	10.7	19.2	29.2	40.3	53.7	71.0	86.2	102.2	118.6	135.1	154.0	172.7
16年累计值	10.4	18.9	28.0	36.2	44.5	55.3	65.0	74.6	85.1	95.8	106.9	118.9
累计同比增长率（%）	-1.0	-0.5	0.0	6.3	14.2	17.0	21.7	25.4	27.8	29.5	32.5	33.6

林板纸工业总产值走势图

重点产品产量在市场需求拉动下增长势头良好。发酵酒精产量为39.2万千升，同比增长7.3%；鲜、冷藏肉产量为16.1万吨，同比增长12.5%。食品添加剂产量为156万吨，同比下降43.1%。农产食品加工业拉动全市工业经济增速2.2个百分点。

【纺织服装与皮革工业】 2017年，贵港市纺织服装与皮革工业完成产值156.7亿元，同比增长18.8%；累计工业用电量0.53千瓦时，累计同比增长3.3%，工业产销率为97%。

因服装价格上涨的利好，服装业继续保持增长势头，完成产值108.8亿元，同比增长18.9%，拉动纺织服装与皮革工业总产值增速13.1个百分点；制鞋业产值为14.1亿元，同比增长12%。产品产量方面：全市服装产量为16920万件，同比增长16.8%；皮革鞋靴产量为1399万双，同比增长5%。

【机械制造工业】 2017年，贵港市机械制造工业完成产值129.2亿元，同比增长35.5%；累计工业用电量0.1亿千瓦时，同比下降14%，工业产销率为96.1%。

造船业累计完成产值78.3亿元，同比增长14.8%，拉动机械制造工业产值增速10.6个百分点。船舶产品产销衔接良好，产销率为97.5%，民用钢质船舶产量为369.9万载重吨，同比增长17.2%。汽车制造业累计完成产值19.3亿元，较上年增加产值17.9亿元，拉动机械制造工业产值增速18.8个百分点，得益于华奥汽车（产值12亿元）等项目竣工投产。

【电力工业】 2017年，贵港市电力工业完成产值48.1亿元，同比下降1.2%。电厂发电量52.1亿千瓦时，同比下降11.8。其中，火力发电量43.4亿千瓦时，同比下降11.7%；水力发电量8.3亿千瓦时，同比下降15.8%。重点企业华电集团由于产能过剩，发电量减少，导致产值(9.7亿元）同比下降19.3%，拉低电力工业产值增速4.7个百分点。

【林板纸工业】 2017年，贵港市林板纸工业完成产值172.7亿元，同比增长33.6%；累计工业用电量2.4亿千瓦时，累计同比下降5.2%，工业产销率为97.4%。

纸业行业因龙头企业洁宝金田纸业有限公司停产，生产成本大幅增加，完成产值7.9亿元，同比下降42%。其中，机制纸及纸板的产量为19.4万吨，同比下降27%；纸浆产量为3.5万吨，同比下降3.5%。

由于板材行业原材料充足，生产成本下降的利好，全市人造板产量达746.8万立方米，同比增长51.1%，助推人造板行业总产值(124.4亿元）同比增长45%，拉动林板纸工业产值增速29.9个百分点。其中，胶合板产值同比增长51.3%；纤维板产值同比增长13.5%；刨花板产值同比增长5.8%。竹藤棕草企业开工充足，产值保持增长态势，完成产值36.6亿元，同比增长27.6%，拉动林板纸工业产值增速6.1个百分点。

【化工工业】 2017年，贵港市化工工业完成产值57.1亿元，同比增长5.7%;累计工业用电量1亿千瓦时，同比下降21.2%。工业产销率为95.2%。由于化肥行业生产成本逐年上升，产能过剩。全市化肥产量为4.5万吨，同比下降32.4%。

重点产品产量有增有减。甲醛产量为30.8万吨，同比增长13.1%；二氧化锰产量为166.2万

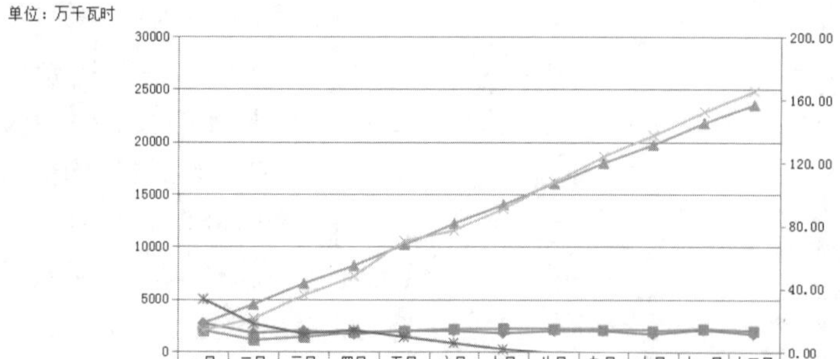

	一月	二月	三月	四月	五月	六月	七月	八月	九月	十月	十一月	十二月
17年月完成值	2719	1790	2023	1700	2000	2000	1800	2000	2000	1700	2100	1700
16年月完成值	2038	1130	1404	1856	1997	2192	2224	2200	2100	2000	2200	2000
17年累计值	2719	4500	6500	8200	10200	12200	14000	16000	18000	19700	21800	23500
16年累计值	2038	3168	5344	7200	10556	11553	13600	16178	18614	20614	22814	24814
累计同比增长率（%）	33.42	17.78	11.63	13.89	9.50	5.60	1.70	-1.01	-3.30	-4.60	-5.20	-5.16

林板纸工业用电量走势图

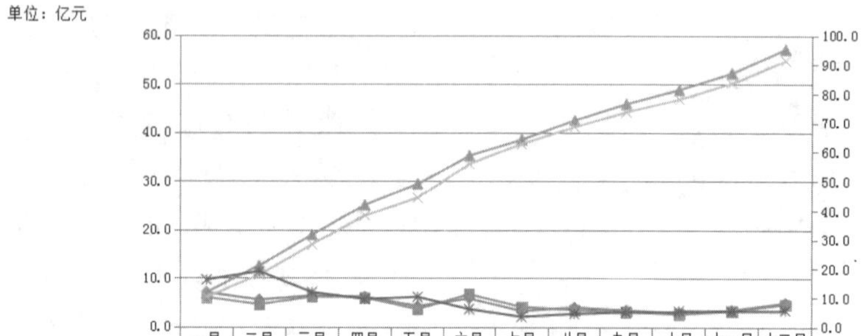

	一月	二月	三月	四月	五月	六月	七月	八月	九月	十月	十一月	十二月
17年月完成值	7.0	5.6	6.4	6.2	4.3	5.8	3.3	4.0	3.4	2.9	3.4	4.9
16年月完成值	6.0	4.6	6.2	6.0	3.7	6.7	4.1	3.5	3.1	2.6	3.3	4.6
17年累计值	7.0	12.6	19.0	25.1	29.4	35.2	38.5	42.5	45.9	48.8	52.2	57.1
16年累计值	6.0	10.6	17.0	22.9	26.6	33.5	37.6	41.1	44.2	46.8	50.1	54.7
累计同比增长率（%）	16.1	18.9	11.8	9.5	10.2	6.1	3.5	4.5	5.0	5.4	5.4	5.7

化工工业总值走势图

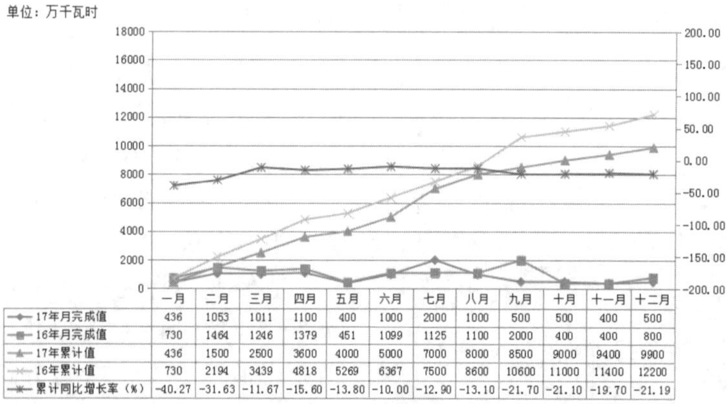

	一月	二月	三月	四月	五月	六月	七月	八月	九月	十月	十一月	十二月
17年月完成值	436	1053	1011	1100	400	1000	2000	1000	500	500	400	500
16年月完成值	730	1464	1246	1379	451	1099	1125	1100	2000	400	400	800
17年累计值	436	1500	2500	3600	4000	5000	7000	8000	8500	9000	9400	9900
16年累计值	730	2194	3439	4818	5269	6367	7500	8600	10600	11000	11400	12200
累计同比增长率（%）	-40.27	-31.63	-11.67	-15.60	-13.80	-10.00	-12.90	-13.10	-21.70	-21.10	-19.70	-21.19

化工工业用电量走势图

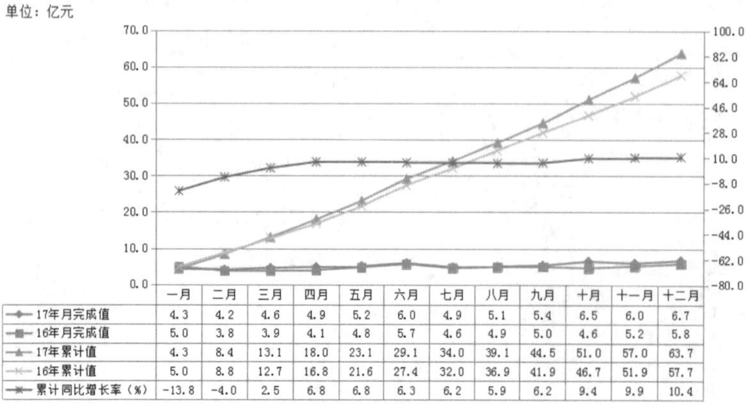

	一月	二月	三月	四月	五月	六月	七月	八月	九月	十月	十一月	十二月
17年月完成值	4.3	4.2	4.6	4.9	5.2	6.0	4.9	5.1	5.4	6.5	6.0	6.7
16年月完成值	5.0	3.8	3.9	4.1	4.8	5.7	4.6	4.9	5.0	4.6	5.2	5.8
17年累计值	4.3	8.4	13.1	18.0	23.1	29.1	34.0	39.1	44.5	51.0	57.0	63.7
16年累计值	5.0	8.8	12.7	16.8	21.6	27.4	32.0	36.9	41.9	46.7	51.9	57.7
累计同比增长率（%）	-13.8	-4.0	2.5	6.8	6.8	6.3	6.2	5.9	6.2	9.4	9.9	10.4

饲料工业总产值走势图

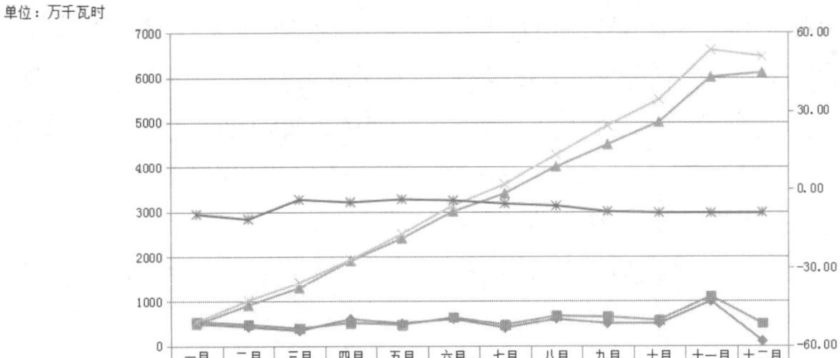

	一月	二月	三月	四月	五月	六月	七月	八月	九月	十月	十一月	十二月
17年月完成值	492	423	338	600	500	600	400	600	500	500	1000	100
16年月完成值	544	476	390	513	472	638	467	672	649	578	1107	500
17年累计值	492	915	1300	1900	2400	3000	3400	4000	4500	5000	6000	6100
16年累计值	544	1020	1410	1923	2497	3135	3602	4274	4923	5501	6608	6463
累计同比增长率（%）	-9.56	-11.48	-4.00	-5.00	-3.90	-4.30	-5.60	-6.40	-8.60	-9.10	-9.20	-8.98

饲料工业用电量走势图

吨,同比增长19.6%;植物类饮片产量为104.8万千克,同比增长15.5%;硫酸产量为20.2万吨,同比增长37.2%;合成氨产量为4.1万吨,同比增长8.8%。基础化学原料制造业(产值为21.9亿元,同比增长23.1%)和医药制造业(产值为12亿元,同比增长10.3%)产值增长较快,共拉动化工工业产值增速9.6个百分点,拉动作用明显。

【饲料工业】 2017年,贵港市饲料工业完成产值63.7亿元,同比增长10.4%;累计工业用电量0.6亿千瓦时,累计同比下降9%,工业产销率为98.6%。

饲料市场需求旺盛,全市饲料产量为214万吨,同比增长12%。受业内市场竞争激烈,需求提升的影响,瑞康饲料产值同比增长2.8%,拉动饲料工业产值增速1.3个百分点。　　　　（魏　勇）

二轻城镇集体工业

【概况】 2017年,贵港市二轻工业企业15家,职工人数506人。企业的生产经营项目涉及制浆造纸、日用品、塑料制品、金属制品、服装、编织工艺等工业门类,产品包括纸板、白铁制品、塑料制品、木家具、旗类、刀具、镍氢镍镉电池、服装、工艺品等。全市二轻行业累计完成工业总产值12410万元,同比增长8.64%;完成销售收入12053.8万元,同比增长8.49%;上缴税金290.3万元,同比增长11.87%;实现利润239.5万元,同比增长12.07%。

【企业安全生产】 2017年,贵港市二轻城镇集体工业联合社(以下简称贵港市二轻联社)始终强化安全责任意识,广泛开展安全生产宣传,时刻牢记安全生产责任重于泰山。成立安全生产工作领导小组,与管辖企业签订安全生产责任状。实行按期检查和专项检查相结合,组织开展月检、季度检和重大节日安全生产检查。年内,发现并整改安全隐患6处,实现企业安全生产零事故。

【二轻行业管理】 2017年,贵港市二轻联社推进二轻行业服务管理,开展"服务基层、创新发展"主题活动,努力推动贵港市工艺美术行业的传承和发展,不断发展壮大传统手工业。积极组织近30家工艺美术企业分别参加全国、自治区、贵港市级展览展销共6次,参展作品300多件(套),参评作品90件,获奖30个,贵港工艺美术的影响力和知名度不断提升,鼓舞和调动工艺美术工作者的创作热情。协助贵港市省级工艺美术大师黎宏宇成立大师工作室,并获得自治区二轻联社创作资金补助2万元,黎宏宇大师工作团队创作的《西行图》获得广西工艺美术大师精品创作工程"精品奖"。挖掘贵港东龙彩灯、传统宫灯、油纸伞3个特色品类工艺品,并组织和发动企业参加区内展销会。其中,传统宫灯获第七届广西发明创造成果展览交易会发明创造奖、油纸伞获"八桂天工奖"银奖。传统宫灯、油纸

2017年9月23日,贵港市二轻联社组团赴南宁参加2017广西工艺美术作品(旅游工艺品)暨大师精品展览会,图为展会现场

贵港市二轻联社　提供

伞同时获2017中国—东盟博览会旅游展“最佳商品推广奖”旅游工艺品优秀奖。做好特色区域授名培育工作，指导平南县平山镇获“广西编织名镇”新授名，指导桂平市罗秀镇通过“广西米粉之乡”复评。截至年末，贵港市拥有国家级授名1个和自治区授名3个，实现基层联社特色区域授名的全覆盖，在全区名列前茅，有力促进本地特色区域经济的发展。

【二轻招商引资】 2017年，贵港市二轻联社围绕市委市政府中心工作，制订方案，成立工作小组，加大招商引资力度，帮助投资方解难题。年内，开展外出招商活动4次，引进二轻养老公寓(养老中心)新增投资500万元，该项目累计投资超1000万元，一期项目竣工；引进投资3300万元恒康木业落户到联社红砖厂，已竣工投产；联合引进太奇教育等2个项目，投资总额达1.83亿元。 （季善辉）

交通邮政业

交通运输综述

【概况】 2017年，贵港市公路总里程7665千米，比上年增加277千米。其中，高速公路291千米，一级公路140千米，二级公路659千米，三级公路412千米，四级公路5125千米，平均每百平方千米土地面积有公路65.05千米，所有的乡镇和行政村通公路。辖区内有内河航道287千米，所有县(市、区)均有船舶通航。拥有各类营运车辆40449辆、货运船舶3072艘、470万载重吨，旅游客船5艘、488客位。开通汽车客运班线490条。年内，完成道路货运量9324万吨、客运量2713万人，完成水路货运量1.54亿吨，完成港口货物吞吐量6322.03万吨。全市道路运输车辆发生涉及人员死亡的行车事故15起、死亡17人、受伤9人，未发较大(死亡3人以上)道路运输行车事故，水路交通没有安全责任事故发生。

【交通基础设施建设】 2017年，贵港市累计完成投资59.3亿元，占目标任务的111.4%。其中，高速公路完成投资39.8亿元，路网项目完成投资8.4亿元，农村公路完成投资1.58亿元，水运项目完成投资1.49亿元，社会交通投资8亿元，公路运输站场40万元。

【交通文明城市创建】 2017年，在创文明城市期间，贵港市交通运输局集体出动检查37次，出动执法人员1100人次、企业工作人员643人次，出动车辆190辆次。在车站、运输企业、公交车、出租车等地方张贴、悬挂、播放有关社会主义价值观、讲文明树新风等创文明城市标语、视频，强化创文明城市宣传。做到逐车逐线进行检查，建立一车一检查登记，针对检查中发现的问题，及时告知企业及相关负责人落实整改。创城期间，受理投诉件157起、网络问政54起。同时专门举办出租汽车、公交车驾驶员法律学习培训班各2期，对违章驾驶员进行法律法规、职业道德教育。摄制《让出行更美好》《礼让斑马线》宣传短片，用以宣传运管法律法规。开展贵港市公共交通行业2016年度及2017年上半年“文明车辆”“优秀驾驶员”评选活动，通过表彰先进，树立典型，提高了公共交通运输行业文明服务水平。组织交通志愿者行动，开展“贵港市交通志愿者为创城增添光彩”“小手捡烟头　大家爱贵港”“夏日送清凉”以及出租车免费接送军嫂和公交车免费接送退伍军人等活动。 （谭兵兵）

【国省干线示范路创建】 2017年，贵港公路局在国省干线组织开展“畅安舒美”示范路创建活动，选取辖区G209线、G241线(容平路段)、G358线、S206线(长安至玉林交

2017年12月13日，贵港市平南县农村公路施工现场　　贵港市交通局　提供

2017年3月7日，贵港公路管理局在S204线(金平路)的平南官成至马练路段部署"畅安舒美"示范路创建工作 贵港公路局 提供

界)、S511线(东环路起点至玉林交界)作为"畅安舒美"示范路和路政执法示范路创建工作突破口，提高公路管养、路况、安全、出行服务和路域环境综合水平。累计投入人力4580人次，挖掘机716台班，运输车辆608台班，资金468.34万元。整治路容路貌299.69千米；修复路肩10.8万平方米，清理道口387个，清理路基农作物2275.5平方米、堆积物5730立方米，进行路面修补17.23万平方米。修复、开挖土沟1.25千米，清理道口安装涵管218米，疏通桥、涵51座。修复砌体1152立方米，修复波形护栏1547米、交通安全标志532块、道口桩和轮廓标1524个、路面标线5786平方米。 (冯俊铭)

公　路

【公路建设】 2017年，贵港市国省干线公路建设由公路管理局负责，非国省干线交通基础设施建设由贵港市交通运输局负责。

高速公路建设　完成投资39.8亿元。贵港至合浦高速公路、梧州至柳州高速公路建成通车，贵港至隆安、荔浦至玉林高速公路顺利推进。截至2017年年底，全市高速公路里程291千米，中心城区东西南北方向均通高速公路，高速公路密度为2.76千米/百平方千米，全区排名第四。

地方路网建设　完成投资6.1亿元。贵港木格经城隍至博白水鸣、来宾寺山至贵港二级公路建成通车，根竹至平天山、国道358线平南大安至镇隆公路进展顺利。年内，新建、改建农村公路142条、594千米。达开水库高山桥项目顺利通过交工验收，新建平天山桥和溪头桥2座桥梁开工。危桥改造工程续建3座，其中合水思德桥3月已完工、大坪桥主体完工、西江大桥改造10月底开工；危桥改造工程新建3座，其中桂平市白沙江桥和上河桥开始基础施工、桂平市石冲桥完成盖梁施工。县乡联网工程，覃塘区居仕至樟木段完成路基建设。窄路加宽工程，新建、续建项目24个、154千米，全部完工。通村水泥路工程，通村硬化路项目12个，完工11个。农村公路生命防护工程项目17个，完工17个。

农村公路建设　开展"四好农村路"创建，新建、改建农村公路142条、594千米。新建的高山桥项目顺利通过交工验收；改建项目居仕至樟木、峡山至东津等县乡公路开工建设。完成窄路加宽项目20个、125.4千米。完成安保工程项目13个，处理隐患里程74.4千米。完成危桥改造项目2个、82米。投资223万元，完成全市农村公路沿线446所学校周边路段安全隐患的治理；17个农村公路安全生命防护工程建设项目已全部完工。贵港市在全区农村公路工作综合考评中排名第三，荣获二等奖，其中项目建设专项考评获第二名。

(谭兵兵)

国省干线公路建设　国道324线贵港至覃塘一级公路建设投资责任目标为3861万元，实际完成5420.16万元。截至年末，该项目累计完成投资1.14亿元，完成该项目的全部投资计划。

国省干线大中修工程建设　完成路面大中修工程15.15千米、投资1192万元，完成公路安全生命防护工程75.9千米、投资190万元，完成公路地质灾害防治项目2.19千米、投资75万元，完成危桥改建项目1座、投资120万元，完成危险路段改造工程项目3个、投资95万元，完成水毁抢修工程项目14个、投资210万元，以及路基、桥涵、公路大中修项目11项、投资160.4万元。 (冯俊铭)

【道路运输】 2017年，贵港市有道路运输客运企业31家(含公交企业5家、出租车企业8家)、货运企业178家(含危险货物运输企业11家)、驾培企业65家(含经营性教练

场1家)、维修企业667家(市城区220家、桂平423家、平南24家)。客运站62个,便民候车亭109个。营运客车2401辆,货车36528辆,出租车1057辆,公交车463辆。公交线路63条,客运班线490条。

道路运输业完成客运量2713万人次、客运周转量352073万人千米,与上年同比分别下降4.17%和5.07%;完成货运量9324万吨、货运周转量1208817万吨千米,与上年同比分别增加8.85%和9.49%,其中全年客货周转量比上年增长9.02%。

【公路养护管理】 2017年,贵港市农村公路管养里程6317.09千米,检查里程5872.28千米,其中县道835.95千米、乡道1286.01千米(含专用道)、村道3750.33千米。县道良等路411.02千米、优良路率49.17%,中等路310.81千米、中等路率以上86.35%,差等路28.43千米、差路率为3.40%。乡道良等路505.01千米、优良路率39.27%,中等路559.12千米、中等路率以上82.75%,差等路53.7千米、差路率4.18%。村道良等路1127.06千米、优良路率30.05%,中等路1736.52千米、中等路率以上76.36%,差等路278.08公路、差路率7.41%。全市农村公路平均绿化率达到30%以上,其中县、乡、村道绿化率分别达到60%、30%、20%。

贵港市农村公路生命防护工程项目17个,全部实现开工,完工13个。危桥工程续建3座,合水思德桥完工、大坪桥主体完工、西江大桥改造实施桥面梁板更换;危桥工程新建1座,石冲桥开工建设。根据《贵港市安委会办公室关于贵港市两起道路交通事故的通报》精神,贵港市交通运输局组织人员对全市农村公路学校路段进行安全隐患排查,完成对县乡村道沿线446所学校进行安全标志标线设置。 (谭兵兵)

【国省干线养护】 2017年,贵港公路管理局管养国省公路里程932.86千米,实现优良路线里程707.83千米,好路率77.13%,高于全区64%的平均水平。

完成公路路面日常修补面积55.92万平方米,完成目标任务的101.8%。投入资金100万元,加强桥梁小修养护,及时开展新接养国省道路桥梁专项整治,恢复桥面标线890平方米,完善桥梁管理信息标志643块。投入绿化美化资金105万元,实施道路绿化美化66.68千米。开展路域环境整治,加大"美丽广西·宜居乡村"公路行动投入,投入绿化美化、路面修补资金369.12万元,拆除非公路标志1704块,清理水沟40多千米,疏通涵洞286处,拆除违章搭棚5554平方米、330处。结合贵港市秋冬季大气污染治理攻坚行动,对辖区国道358线北环路、贵港至覃塘一级路部分路段实施路面保洁和扬尘专项治理,投入资金26.5万元,抑尘保洁22.5千米,投入机械237台班、人工920人次,清理垃圾、碎石464.6立方米。 (冯俊铭)

2017年7月21,自治区公路管理局工作组到贵港至覃塘一级公路工程项目现场指导
贵港公路局 提供

水 路

【水运项目建设】 2017年,贵港市推进水运工程项目9个,其中列入自治区交通运输厅投资责任目标项目6个,计划完成投资2.85亿元,实际完成投资2亿元,占全年总额的85.33%。贵港华电码头完成监理单位招投标工作;武林作业区二期工程1~2#泊位通过交工验收,开港试运营;苏湾作业区一期工程项目开港试运行;蒙圩棉宠作业区一期项目前期准备工作完成,码头堆场完成,码头水工部分主体工程基本完成并通过验收;永泰码头工程项目码头水工结构施工全部完成,1~4#泊位已完成交工验收。

【水路运输】 2017年,贵港市有港航企业242家。其中,经营内河跨省普通货物运输航运企业119家,水运旅游企业2家;港口企业90家,舶舶管理业、船代、货代服务企业31家。贵港市有内河货运船舶运力3072艘、470万载重吨;船舶运力平均吨1504吨,最大单船运力载重吨位4451吨。

贵港市完成港口货物吞吐量6322.03万吨,同比增长9.69%。其中,集装箱吞吐量累计22.22万标准箱,同比增长33.50%;水路货运量累计1.54亿吨,同比增长6.8%;水路货物周转量累计448.48亿吨千米,同比增长12.15%。

【西江航运交易所发展】 2017年,西江航运交易所通过交易平台完成二手船舶交易705艘104.08万载重吨,交易额9.2亿元。每月船舶交易量基本位居国内内河前三位,全年交易量和交易额同比增长40%、46%。

西江航运交易所围绕维护航运市场公平、规范航运交易行为、沟通航运动态信息等功能定位,打造西江航运各类功能平台,取得初步成效。4月,与重庆航运交易所合作,成功引进重庆船东互保协会在西江开展业务,截至年底,参保船舶21艘、22992总吨,总保费61.83万元,承保责任险8件,保额2.2亿元。10月20日,重庆航运交易所协助成立贵港市船东互保协会。该协会是全国第四家船东互保组织,致力于开展西江船东互助保险业务,满足船舶保险需求,同时标志着广西拥有属于自己的船东互保组织,对全区航运事业发展具有里程碑式的意义。

在贵港市开展船东互保业务后,西江船舶保险费率从上年度1%下降至0.65%,每艘船舶平均可节约保险费7000元。船东互保成功鞭策和规范船舶保险市场,商业保险公司历史性地主动降低保费,贵港市船舶保费比2016年节约开支超过2500万元。 (谭兵兵)

交通运输行业管理

【道路运输安全管理】 2017年,贵港市交通运输行业安全生产形势持续稳定,道路运输车辆共发生涉及人员死亡的行车事故15起、死亡17人、受伤9人,未发生一次死亡3人以上的较大道路运输行车事故。港口水运、交通工程建设领域未发生安全生产责任事故。

督促道路运输企业加强车辆动态监控管理,落实道路运输企业安全生产主体责任。约谈凌晨2时至5时违规运行客运车辆所属企业、安全隐患相对突出的道路运输企业主要负责人,对相关客运企业及客运车辆依法依规严肃处理;组织违规运行客运车辆所属企业主要负责人、承包业主、客车司机进行安全生产法律法规培训。组织宣讲《中共中央国务院关于推进安全生产领域改革发展的意见》《公路水路行业安全生产监督管理工作责任规范导则》和《中华人民共和国安全生产法》的主要精神,引导企业牢固树立安全生产发展理念,强化发展决不能以牺牲安全为代价的红线意识。继续大力组织开展"道路运输平安年""安全生产月""平安交通"专项整治等活动,开展全行业安全生产大检查,推进"平安车""平安站"建设,定期召开全市道路运输行(企)业安全工作例会,组织抓好营运客车应急锤更新更换专项工作。

【水运安全管理】 2017年,贵港市交通运输局落实"党政同责、一岗双责、齐抓共管"要求,在元旦、春节、清明、"五一"、中秋、"十一"以及中共十九大召开期间,形成工作方案组织检查组深入企业、渡口开展安全生产检查督查工作,组织专项整治活动,充分利用渡口渡船视频监控平台,密切关注监控的渡口渡船运行情况。全年,组织检查组821组,检查人员2700人次,检查督促企业单位和场所2454个,排查一般安全生产隐患42起,整改36起,处罚3起,罚款1.5万元。

【城市公共交通管理】 2017年,贵港市加强城市公交提级改造,贵港

2017年6月2日,贵港市与广西一卡通贵港分公司在贵港城区签订贵港市交通一卡通入网协议
贵港市交通局 提供

市为全国第一批“十三五”期间公交都市建设50个创建城市之一。年内计划投入新能源公交车350辆，实际投入运营118辆，运行服务12条公交线路。优化和延伸公交线路，推出党员先锋车、巾帼文明示范车、学生公交、快速公交、定制公交、夜间公交等，以新车新线路运营促进公交新形象和服务水平的提高。推进交通一卡通建设，贵港市交通一卡通已在全区实现互联互通，提前一年完成任务。

稳妥推进巡游出租汽车行业改革，制定《贵港市交通运输局整治贵港城区出租汽车违法违规经营行为实施方案》《贵港市城区出租汽车驾驶员黑名单制度（试行）》等新的管理细则。推进巡游出租车运力投放工作，督促企业及时购买车辆投入市场。完善出租汽车标识和设备，统一驾驶员工作服饰、服务卡，车内统一安装使用行车记录仪，所有出租车上落实安装视频监控系统，并推出“贵港出租车”专用出租车APP打车软件。

【客运管理】 2017年，贵港市积极推进全市所有一、二级客运站实施实名制管理工作，并按规定接入道路客运联网售票系统。落实好110个经营期满班线的许可续营审核工作，许可107个，不予许可3个，完成2016年度的燃油补贴申报工作以及清理、注销无效道路运输证工作。同时核定新增48个符合客车通行条件的建制村，年内完成13个建制村通行客车任务。做好督促便民候车亭建设工作，完成了10个便民候车停建设任务。

【货运管理】 2017年，贵港市物流工作取得新发展，开展农村物流网络体系试点前期工作。引进广西

2017年6月20日，在根竹至平天山公路建设项目工地开展应急救援演练

贵港市交通局　提供

贵港市海冀运输有限公司，建设贵港市农村物流中心项目，贵港市港北区申报成为广西农村物流体系建设试点区县，年末该项目已完成可行性研究报告，正在进行该项目的用地选址等前期工作。

【交通工程施工安全管理】 2017年，贵港市交通工程质量监督部门以“规范监督、消除隐患、保证质量、和谐发展”为思路，强化服务意识，加强质量安全督查。重点检查在建交通公路水运工程项目施工、监理单位安全生产管理制度落实、施工现场安全警示设施、施工现场临时用电、施工安全管理“三类人员”持证上岗、建设工程防坍塌防坠落专项措施等方面的落实情况。全年开展安全检查12次，检查在建项目36个次，发现一般安全隐患28处，完成安全隐患整改28项，整改率100%。（谭兵兵）

【路政管理】 2017年，贵港公路管理局查处损毁公路路产赔偿案件98起，受理路政许可项目176起。先后联合覃塘区交通局、玉林公路管理局、玉林高管局、贵港市交通综合执法部门开展联合治超，投入执法人员1万多人次，检查货运车辆2.7万辆，查处超限超载车辆763辆，卸载或分装货物8736.39吨。开展非公路交通标志专项治理行动，清理非公路标志1599块，清理堆积物158处、2270.8平方米，拆除违法建筑3处、166平方米，清理临时搭棚5处、59平方米，疏通人为堵塞水沟256米。

【安全生产管理】 2017年，贵港公路管理局开展平安交通和安全生产大检查。排查出一般隐患134处，整改隐患134处，累计投入安全保障资金108万元，完成国省干线生命安全防护工程隐患整治4条、95千米，危桥改造1座，危险路段整治项目3个、660米，地质灾害防治1条、46千米。开展学校周边交通安全隐患大排查大整治。投入资金202.3万元，完成辖区公路沿线“三院一校”周边道路安全标志标线207处，完成安装标志牌810块，斑马线（含让行、停止、导向等路面标线）13695.6平方米，减速标线

5647.5平方米。落实道路保畅责任，提升应急抢险能力。2017年汛期，受强降雨影响，所管养公路2条道路交通中断，贵港公路管理局及时组织各单位抢险保通，在最短时间内恢复通行，保证国省干线公路的安全畅通。全年安全生产形势平稳，连续5年保持安全生产零事故。（冯俊铭）

【维修行业管理】 2017年，贵港市交通运输局开展机动车维修行业监管，规范维修企业质量管理。审批二类汽车维修企业1家，三类汽车维修店6家，检查汽车维修企业100多次；对三区56家一、二类汽车维修业户按国家标准《汽车维修开业条件》(GB/T16739—2014)进行改造情况检查；开展汽车维修企业安全检查，对12家安全管理制度不完善，安全履职不到位企业进行限期整改。

【机动车驾驶员培训管理】 2017年，贵港市培训考试客货运驾驶员、危险货物运输从业人员3795人、继续教育驾驶员17192人、通过计时培训结业各类驾驶员109027人（不含摩托车）；继续推行"先培训后付费"服务模式，通过强化学员自主选择权利来推动驾培行业服务质量的提升，维护学员、驾培机构、教练员各方的合法权益。对机动车驾驶员培训教练场地实施专项检查工作，对检查发现的问题，要求驾校限期整改。

【交通行政执法】 2017年，贵港市交通运输局道路运政执法累计查处违法违章车1844辆；查处违法违章物流企业32家；查处违法违章维修厂41家。公路路政执法查处超限超载运输车辆59辆（次），卸载货物1400多吨。水路运政执法方面查处违章经营船舶16艘（次）。

中心城区三轮车专项整治 根据《贵港市人民政府办公室关于印发贵港市中心城区集中整治三轮车专项行动方案的通知》精神，通过政府牵头、交通、交警、工商、市政、残联等部门联动、集中整治贵港市中心城区三轮车违法违章行为，进一步净化市中心城区市容市貌环境。

出租车专项整治 4—9月，执法支队与市运管处、出租车企业每周开展2次出租车专项整治行动，坚持路面执法检查与企业源头管理相结合，行政处罚与教育相结合，惩处与宣传相结合的方式，深入高铁站、汽车站等人流量密集的区域进行突击检查，重点整治出租车不按规定使用计价器、拒载等行为，规范出租车经营行为。

货车违法超限超载专项整治 执法支队与贵港路政执法支队、贵港交警支队等部门继续联合执法，根据货车运行特点，以贵港公路局超限检测站、大岭等高速公路入口为支点，以贵港市城区主要国道、省道等公路为重点，不定时间、不定路段，灵活机动地开展治超检查，实行部门职能互补，协调联动。为强化日常监管，持续开展整治行动，公布贵港市三个治超执法场所：贵港城区（含港北区、港南区、覃塘区）超限检测站、桂平市紫荆公安交通安全执法服务站、平南县公安局交警大队大安执法服务站。

（谭兵兵）

邮 政

【概况】 2017年，贵港辖区内邮政普遍服务网点83个。其中，港北区12个，港南区9个，覃塘区11个，桂平市28个，平南县23个；城区网点11个，其中市级城区网点5个、县级城区网点6个；农村地区网点72个。全市投递线路231条。快递营业网点284家，同比增长14.05%。新增网点46家，其中法人企业1家，分支网点45家；现有乡镇网点180家，乡镇覆盖率达100%。

贵港市邮政业业务总量完成53560.28万元，同比增长28.11%，占全区比重为6.08%，业务总量在全区排名第5位；实现邮政业业务收入（不包括邮政储蓄银行直接营业收入）57932.43万元，同比增长19.81%，占全区比重为6.82%，业务收入在全区排名第5位。其中，快递业务量完成1214.59万件，同比增长27.96%；业务收入完成17964.05万元，同比增长27.84%。全市电子商务类快递业务总量达到743.65万件，同比增长38.55%，占快递业务总量比重61.23%。

【邮政改革】 2017年3月17日，贵港市邮政管理局联合市发展和改革委员会印发《贵港市邮政业发展"十三五"规划》（以下简称《规划》）。《规划》指出到2020年全面建成与小康社会相适应的现代邮政业，邮政业业务总量达到9.77亿元，年均增长速度26%以上；邮政业业务收入（不含邮政储蓄直营收入）达到9.84亿元，年均增长21%以上。其中，快递业务量突破2500万件，年均增长速度45%以上；快递业务收入达到3.13亿元，占邮政业业务收入的比重超31%，年均增长速度34%以上。"十三五"期间，全市邮政业新增就业岗位3000人以上。

开展"政策落实年"活动，加强法律法规宣贯及政策落实，重点抓好"十三五"规划、邮政普遍服务新标准、禁寄物品管理规定以及自治区人民政府关于促进广西快递业发展的实施意见等的宣贯工作。2017年，市政府相继出台的《贵港市现代物流发展工作联席会议制度》《贵港市关于〈加快珠江——西江经济带（广西）发展若干政策〉任务分解表》《贵港市“十三五”脱贫攻坚规划》《贵港市港北区农村物流网络体系试点建设实施方案》等多个政策制度文件中均包含涉及邮政业发展的利好政策制度。市邮政管理局与市政府、发改等部门沟通联系，加快电商物流园的项目落实，争取政府将符合条件的物流园项目纳入重大项目库报送到自治区。年末，市邮政管理局和市交通运输局共同推进港北区的广西农村物流体系试点区建设，其中物流园项目正在积极推进。2017年，全市各级政府对邮政企业发展农村电视项目、电子商务交易平台项目、电商扶贫年货物流等给予拨付专项补贴资金59.2万元。

深化邮政业供给侧结构性改革。国家邮政局提出“打通上下游、拓展产业链、画大同心圆、构建生态圈”的思路，以“补短板、提质效、降成本”为主轴加快行业供给侧结构性改革。2月6日，国家邮政局印发《2017年邮政业更贴近民生实事的通知》，明确2017邮政业7件更贴近民生实事，即：全面提高邮政普通包裹时效，实现投递入户；推动提升县级城市党政机关党报当日见报率；提升邮政、快递服务“三农能力”；稳步提升快递末端投递服务水平；实施放心消费工程；提高快递包装绿色化、减量化水平；改善投递员工作环境。5月，国家邮政局审议通过《国家邮政局关于加快推进邮政业供给侧结构性改革的意见》，对邮政业改革发展具有重要意义。

深化“放管服”改革。广西壮族自治区邮政管理局2017年6月印发的《广西壮族自治区邮政行政管理权力清单、责任清单和市场准入负面清单》，明确邮政管理部门行政许可、行政检查、行政处罚、行政强制、行政征用、行政奖励等方面的具体内容和行政审批、行政处罚的流程。贵港市邮政管理局按照相关要求逐步建立健全贵港市邮政行政管理权力清单、责任清单和市场准入负面清单制度体系。进一步规范行政执法行为，不断增强邮政监管工作的针对性、操作性和有效性，着力打造公平竞争的市场环境和法治化便利化经营环境，更好地服务企业，激发市场主体活力。

贵港市邮政管理局坚持放管结合并重推进，寓严管于其中，创新监管手段，特别是加强服务质量、安全等方面的监管。制定并实施《贵港市邮政管理局“双随机一公开”抽查实施细则（试行）》，建立完善抽查对象名录库和抽查人员名录库，明确随机抽查比例和频次。开展“随机抽取检查对象、随机选派检查人员”的“双随机”抽查工作，并将抽查情况及查处结果及时向社会公开。2017年，贵港市邮政管理局对本辖区三区一县一市的7个城区和40个乡镇网点邮政普遍服务营业场所，及52个建制村进行实地检查，其中属于“十二五”期间补建局所3个，出具整改通知书3份、行政处罚1单、约谈邮政企业1次。

【**邮政普遍服务**】 2017年，贵港市1069个行政村全部实现直接通邮，全市投递路线长度（单程）10144千米，其中农村地区8666千米，城市地区1478千米，服务总人口548.94万人，服务总面积1.06万平方千米，邮政普遍服务得到有效保障。全市5县市区县级党政机关《人民日报》见报率达到100%。

邮政普遍服务服务能力及水平进一步提升。贵港市邮政管理局指导邮政企业不断整合资源，叠加服务内容，搭载缴费等便民服务，同时在邮乐购店等农村电商服务点搭载便民服务，推进建制村直接通邮。引导企业做好普通包裹资费调整，提高邮政普通包裹时效，提升服务水平。年末贵港市74个乡镇全部实现乡乡设所，有83

2017年9月27日，贵港市邮政管理局联合公安、国安等部门开展寄递渠道安全检查

市邮政局 提供

个普服营业场所，建成村邮乐购服务站1337个，为农村电商发展提供平台，实现邮政惠民目标。

严格抓好邮票发行、邮政机要通信监督工作，保证邮票发行服务、机要安全保密等符合国家规范。2017年，邮政管理局组织开展《丁酉年》《张骞》《香港回归祖国二十周年》《中国人民解放军建军九十周年》《中国共产党第十九次全国代表大会》等邮票发行的监督检查，全年共检查邮票销售网点6个次，参与监督检查20人次。开展机要通信“回头看”专项检查工作，对所有机要通信场所、人员、车辆以及机要运输邮路、投递段道等进行复查，并建立台账。

【企业监管与服务】 2017年，贵港市邮政管理局推动“三进”工程，全面提升末端服务能力。邮政管理局联合交通、交警等部门规范快递车辆临时通行，有效解决快递车辆通行难问题，打通投递服务最后一公里；推进智能信包箱建设，年末全市共在政府、学校、乡镇邮政营业场所等投放智能信包箱29组，逐步形成“上门+自提”相结合的投递服务新模式，有效解决城市投递“最后100米”问题。进一步规范清理乡镇违法违规网点，营造良好的诚信经营环境，促进优秀企业加大对乡镇网点的建设力度，增强末端网络的稳定性；开展“三不”治理、印发《关于开展邮件快件“不着地、不抛件、不摆地摊”专项治理工作的通知》，全面加强邮件快件投递服务质量整治，推动快递企业标准化建设。

多举措抓“三项制度”落实。通过加强宣传营造舆论氛围、联合公安国安等部门执法、督促企业落实主体责任、强化从业人员培训等举措，做好寄递渠道“扫黄打非”“禁毒”“反恐”等专项监管工作。全年查处违反“三项制度”行为30起，处罚金额12.7万元。

开展邮政业安全生产大检查。对全市所有邮政企业、快递企业的营业、分拣、运输、投递等各个生产环节进行全面检查，突出生产场地、快件运输车辆交通安全等重点部位检查，推动企业安全生产主体责任落实。2017年，检查寄递网点308家次，出动执法人员1071人次，排查整改安全隐患91处，查处违规违法行为为65次，其中下达书面整改通知26起、做出行政处罚39起、处罚金额15.1万元。

抓好12305申诉处理工作，行业消费者对申诉处理满意度攀高。落实专人负责申诉处理工作，对邮政业消费者申诉的受理和处理做到热情及时、准确无误，根据申诉案例有力督促企业加大人力物力做好业务旺季投诉处理工作。年内，处理消费者申诉770起，有效申诉98起，为消费者挽回经济损失31155.5元人民币，消费者对申诉处理满意率为98.2%。

促进快递业服务现代农业和制造业工作。推动邮政服务“三农”，做优品牌。贵港市邮政管理局“三把关一优化”，即把好宣传发动关、制度落实关、行政执法关、优化发展环境，做好百香果、龙眼、荔枝等生鲜水果销售旺季寄递服务保障工作。确定将贵港市的百香果项目作为贵港市“一市一品”农产品进城示范项目，定期跟踪农产品配送业务量。贵港市邮政公司主办“贵港市富硒百香果电商峰会”，进一步促进贵港市百香果发展，助力国家精准扶贫政策落实。深入企业开展快递业与其他产业协同发展情况的调研，全面了解贵港市快递服务农业、服务制造业能力，形成《关于贵港市简易木衣柜电商发展的调研报告》向市政府报告，争取政府加大对快递服务现代农业和制造业的扶持力度。同时组织和引导企业向先进学习好经验、好做法，推动贵港市形成“快递+农产品”“快递+工业品”，一地一品，更好地拉动贵港经济发展。贵港市快递服务制造业比较突出的是木制简易衣柜，平均每天出港量超过15000件，2017年的全行业年销售总量达到540多万件，年产值约4.05亿元。贵港简易木衣柜畅销全国，约占全国简易木衣柜市场的95%，成为全国最大的生产和销售简易木衣柜中心，为贵港市提供1100多个就业岗位。在木衣柜的带动下，木制婴儿床、化妆盒等电商也逐步发展起来。

推进行业诚信建设。邮政管理局开展“诚信快递、你我同行”“3·15”主题宣传活动周活动，通过“3·15”国际消费者权益日宣传活动、主题调研、组织参与主题演讲比赛、媒体宣传等系列宣传等活动，并组织企业加强诚信文化建设，营造讲诚信、守信用的行业氛围，稳步推进行业信用体系建设。

（丘　凌）

商贸流通业

商贸流通综述

【对外贸易】 2017年，贵港市对外贸易进出口总额为23.88亿元人民币，同比增长26.6%。其中，进口12.85亿元，增长51.9%；出口11.03

亿元，增长6%。加工贸易进出口4.51亿元，同比增长65.5%，增速位居全区第二。

桂平市进出口72143.6万元人民币，同比增长25.56%；平南县进出口33084.52万元人民币，同比下降18.26%；港北区进出口41995.78万元人民币，同比增长45.96%；港南区进出口25837.78万元人民币，同比增长88.94%；覃塘区进出口2428.07万元人民币，同比下降33.81%。

【利用外资】 2017年，贵港市完成合同外资额23530万美元，实际利用外资额3405万美元(商务部口径)，同比增长17%。新批准成立外商投资企业4家(贵港三正糖蜜深加工有限公司、广西飞行华际航空股份有限公司、广西澳贵现代农业发展有限责任公司、广西贵港雅达科技有限公司)。台泥(贵港)水泥有限公司等重点外商投资企业进一步扩产增资超过1.3亿美元。贵港市商务局荣获自治区2017年度利用外资优秀单位。

桂平市实际利用外资额440万美元，同比增长5%；平南县实际利用外资额500万美元，同比增长2%；港北区实际利用外资额580万美元，同比增长2%；港南区实际利用外资额470万美元，同比增长2%；覃塘区实际利用外资额410万美元，同比增长8%。

【消费品市场】 2017年，贵港市实现社会消费品零售总额480.7亿元，同比增长11.3%。分行业看，批发业销售额230.73亿元，同比增长14.32%；零售业销售额531.13亿元，同比增长15.99%；住宿业营业额4.38亿元，同比增长14.96%；餐饮业营业额23.12亿元，同比增长16.69%。“个转企、小上限”培育工作推进顺利，新增81家限上企业及个体户。市场运行监测工作正常开展，全市38家市场监测系统样本企业能够按时报送数据。继续开展生猪储备工作，全年完成生猪储备21600头。

桂平市2017年社会消费品零售总额129.24亿元，同比增长10.91%；批发业22.67亿元，同比增长14.96%；零售业163.66亿元，同比增长14.53%；住宿业1.7亿元，同比增长12.02%；餐饮业6.6亿元，同比增长13.19%。

2017年11月30日，贵港市人民政府与东莞市电子信息产业协会在东莞市共同举办“贵港之夜”——贵港市加工贸易招商引资推介会　市商务局　提供

平南县2017年社会消费品零售总额72.27亿元，同比增长10.25%，批发业21.44亿元，同比增长5.52%；零售业80.93亿元，同比增长20.11%；住宿业0.63亿元，同比增长15.83%；餐饮业4.08亿元，同比增长17.2%。

港北区2017年社会消费品零售总额186.46亿元，同比增长12.46%，批发业165.35亿元，同比增长13.96%；零售业155.27亿元，同比增长12.08%；住宿业1.51亿元，同比增长21.93%；餐饮业6.59亿元，同比增长15.99%。

港南区2017年社会消费品零售总额46.86亿元，同比增长10.31%，批发业5.9亿元，同比增长38.16%；零售业64.71亿元，同比增长15.17%；住宿业0.39亿元，同比增长5.53%；餐饮业0.69亿元，同比增长6.91%。

覃塘区2017年社会消费品零售总额45.88亿元，同比增长10.45%，批发业15.38亿元，同比增长23.72%；零售业66.57亿元，同比增长25.74%；住宿业0.15亿元，同比增长7.22%；餐饮业5.16亿元，同比增长23.61%。

【口岸管理】 2017年，贵港市进出口货运量123.29万吨，同比上升13%；入出境集装箱10708标准箱，同比下降23.33%；入出境船舶308艘次，同比下降18.73%；入出境人员2376人次，同比下降16.46%。

贵港至香港定期班轮周二至周六每天至少一个班次正常运营，贵港口岸联检大楼建成投入使用，2017年度自治区口岸工作第一次联席会议在贵港市召开，贵港电子口岸建成并投入使用。2017年7月28日，自治区人民政府批复同意贵港市申报设立贵港西江保税物流中心(B型)，且项目被纳入自治区统筹的重大项目，同时项目确定采用EPC投资建设模式，并于2017年12月15日开工建设。

【重点商贸项目建设】 2017年，贵港美家居国际博览城项目一期于7月投入运营，年内完成投资5000万元；贵港·上亿国际汽贸博览城项目，完成投资5000万元。农贸市场项目，国旺临时农贸市场于6月建成投入使用；东湖农贸市场完成地下农贸市场主体工程建设和装修工作；铁路农贸市场完成部分主体工程建设和部分装修工作。

【荷城电商发展】 2017年，贵港市建成村级电子商务服务站点65个。其中，市邮政公司建设"邮乐购(农邮通)"贫困村电商服务点30个；市农村信用联社建设"利农商城"贫困村电商服务点15个；阿里巴巴集团建设"农村淘宝"贫困村电商服务点7个；乐村淘电子商务有限公司建设"乐村淘"贫困村电商服务点7个；深圳合众传媒公司建设"合众传媒"贫困村电商服务点6个。举办电子商务培训班2期，培训农民专业合作社、家庭农场、电商创业人员200人。首个电商孵化基地——通泰电商产业园正常运行，41家企业入驻，运转情况良好。

【会展经济】 2017年1月，贵港市举办"党旗领航电商扶贫"年货展销会暨电商年货节，172家企业参展，展销产品1000余种，销售额6690万元。3月，举办贵港市第十八届大型汽车展销会暨荷城房展美食节等大型促消费活动，40家企业参展，展销产品100余种，下单车辆478台，总销售额5500万元。7月28日至8月28日，举办2017贵港石硖龙眼节，在亩产较2016年减产40%的情况下，龙眼销量和价格双双走高，网上销售量突破0.5万吨，占总产量的20%。9月，举办电商网货节，采取"线上+线下"销售模式，70多家企业参展，展销产品200余种，完成销售额1050万元，其中现场成交额103万元，网上成交额520万元，意向(订单)成交额427万元。第十九届大型汽车展销会暨新能源电动车展销会首次以"动漫"为主题，汇聚国内外40个汽车品牌经销商，获得318台订车销量，总销售额高达3800万元。12月，举办广西贵港(中国硒港)首届富硒农产品展销会，62家参展商参展。

2017年8月29日，贵港市商务局与澳门高棉米业贸易有限公司签署共同推动广西澳贵现代农业发展合作协议。该项目属于贵港市CEPA框架下第一个澳门项目，计划总投资8.8亿元人民币，将落户贵港市港南区　　市商务局　提供

【CEPA绿色服务通道开通】 2017年1月，贵港市批准设立贵港三正糖蜜深加工有限公司，合同外资额432万元，该项目落地运营并备案。8月签署CEPA框架下澳贵现代农业发展合作项目协议。

【商贸改革】 2017年，贵港市商务局牵头贵港市开展合作体制改革专项小组工作，出台《贵港市贯彻落实〈实施开放带动战略全面提升开放发展水平的决定〉的实施意见》及任务分解表、《贵港市开放发展和促进外向型经济发展"十三五"规划》《关于新形势下进一步加强口岸工作的实施方案》《关于促进加工贸易产业创新发展实施意见》等对外开放政策性文件。

11月17日，市政府印发《贵港市市场开发服务中心改革方案》，对贵港市市场开发服务中心进行撤事转企改革，改革后组建成立广西贵港市交投市场有限公司，由广西贵港市交通投资发展集团有限公司接管。截至2017年12月31日，贵港市市场开发服务中心共有643人办理了转企手续，办理率达98.9%，仅有7名职工未办理转企手续，其中退休4人(1人去世)，在职3人(均为失联人员),实际未办理转企手续人员3人。

【商贸招商】 2017年,贵港市商务局引进3个投资额亿元以上项目:旺盛农贸市场,投资额1.2亿元;300万支电热管系列生产基地项目,投资1.2亿元;CEPA项目广西澳贵现代农业发展项目一期,投资2亿元。其中,旺盛农贸市场项目完成土地平整。

【商务综合执法】 2017年,贵港市商务局联合市政、工商、交通运输、交警部门加大对二手车市场清理整治力度,出动执法人员30人次,查处二手车经营户45户,引导进场经营20多户。

加大对成品油市场专项整治,出动执法人员25次,检查加油站点32个,查处取缔非法加油站点6个,发出整改通知书两份。

加强惩治侵权假冒工作力度。1—12月,全市各有关行政执法部门共立案329件,结案304件,移送司法机关4件。公安机关破获案件13起,抓获犯罪嫌疑人17人,检察机关批捕涉嫌侵权假冒犯罪案件1件、2人,起诉2件、2人。审判机关受理案件1件,审结案件1件,生效判决1人。

(滕丽丽)

粮食流通

【概况】 2017年,贵港市粮食系统切实贯彻落实粮食安全行政首长责任制,完善粮食宏观调控体系,提升粮食流通现代化水平。贵港市国有、重点非国有和粮食转化企业粮食总购进187万吨(贸易粮,下同),同比增加31万吨,增幅17%;粮食总销售186万吨,同比增加31万吨,增幅17%,剔除玉米、豆粕后销售粮食48万吨,饲料用粮需求强劲。全市国有粮食购销企业粮食销售额7.9亿元,实现利税156万元。储备粮规模落实到位,粮食仓储设施建设力度不断加大,粮食流通监督检查不断加强,市场通畅有序,粮食价格未发生大的波动。

【粮食安全行政首长责任制】 2017年,自治区人民政府已将粮食安全行政首长责任制列入专项考核范围,贵港市粮食局切实履行粮食安全行政首长责任制考核工作职责,下发对县(市、区)粮食安全行政首长责任制考核通知,使地方政府粮食安全责任从“软任务”变成“硬指标”。同时,层层签订粮食安全责任状,实行任务目标倒逼工作制,加强督促检查,圆满地完成粮食安全行政首长责任制6项具体指标考评任务。

【直补订单粮食收购】 2017年,贵港市直补订单粮食收购18.82万吨(原粮),完成自治区下达19.58万吨计划的96.1%,其中普通稻收购3.5万吨,优质稻收购15.32万吨,订单粮食收购量占广西订单收购总量的24%,年收购总量连续四年在广西排名第一位。

【粮食仓储设施建设】 2017年,贵港市累计完成项目投资4055万元,其中贵港市粮食储备库项目完成3299万元,市军粮供应基础设施建设项目完成625万元,桂平军粮供应站完成131万元。全市三个粮安工程粮食仓储设施智能化升级改造项目完成招投标工作。港北区庆丰中心粮库项目1#、2#仓库完成主体工程,相继开展验收工作,港南区2.5万吨中心粮库通过竣工验收。

【粮食流通监督检查】 2017年,贵港市推进粮食依法行政,先后组织开展粮食库存检查、粮食收购市场联合执法检查、粮食安全隐患大排查快整治严执法行动等一系列粮食流通专项监督检查,进一步规范市场秩序;加强粮食卫生质量管理,组织开展春秋季粮油安全普查、“放心粮油”质量监督检查等专项行动,加强对粮食收购、供应、储存环节的粮食质量卫生安全监管,全年共抽取289份样品送各级粮油测验机构检验,做到不合格粮食不出库,从源头上确保粮食质量卫生安全;积极参与惩治走私大米专项行动,防范走私大米的泛滥;开展行政审批“先照后证”制度改革,加强事中事后监管,对县级粮食行政管理部门的行政执法案卷进行集中评议,推动规范化执法;加强粮食市场监测,建立11个粮油监测点,定期上报粮油价格行情信息,开展社会粮油供需平衡调查,编发政务信息170条,为政府宏观调控当好参谋。

【大米加工】 2017年,贵港市依托贵港富硒土壤资源优势,引导企业大力发展优质、绿色、有机、富硒大米产业,在9月第四届世界硒都(恩施)硒产品博览交易会上,贵港“东津细米”牌富硒香米、“满田乐”牌富硒香黏米、“状园”牌天然富硒黑米、“聖民”牌富硒香米、“雄达”牌富硒米5个富硒产品获得“中国名优(特色)硒产品”称号。加强产销合作,邀请广东省东莞市粮食局带领24家粮食加工企业到贵港考察参观,举办两市粮食产销合作洽谈会,与东莞市签订粮食产销合作意向书，每年向东莞市提供商品粮（稻谷）25 万吨。全市全年大米加工 30 万吨，产值 16.2 亿元。

【粮食应急保障】2017 年，贵港市签订粮食应急加工企业协议 33 家、应急供应单位 79 家，完善粮食应急供应体系的建设。 （周 敏）

电力供应

【概况】2017 年，贵港供电局拥有 35 千伏及以上变电站 98 座(500 千伏变电站 1 座、220 千伏变电站 10 座、110 千伏变电站 32 座、35 千伏变电站 55 座)，主变总容量 728.16 万千伏安；35 千伏及以上电压等级线路总长 3431.46 千米。形成了以 500 千伏电网为支撑，东西部 220 千伏双环网运行，110 千伏基本实现 N-1 的区域性供电格局，全市重要客户有一半以上实现了双电源或双回路供电。电网最高负荷为 130.3 万千瓦。贵港电网用电客户数达 144.4 万，其中局本部 60.49 万、桂平 46.04 万、平南 37.87 万。

【电网规划与建设】2017 年，贵港市将 2017 年电网建设任务纳入三区一市一县绩效考评，发布《贵港市电网基础设施建设攻坚大会战实施方案》。年内，完成固定资产投资 7.98 亿元，为年度投资计划的 103.61%，新增主变容量 21.03 万千伏安，2006 个 10 千伏及以上的电网基建项目有序推进，其中：220 千伏方竹站、高塘站 T 接大安至桥头 110 千伏线路工程、110 千伏桥头变电站改造工程 3 个 110 千伏及以上主电网项目按期投产，35 千伏寺面站、五里站、大圩站、瓦塘站等 4 个 35 千伏农配网项目如期投产，110 千伏官成变电站工程荣获“南方电网公司 2017 年基建优质工程奖”。持续加大低电压整治力度，完成 2226 个低电压台区的升级改造，其中：新投产配变 1081 台，改造低电压台区 1145 个，低电压诉求闭环处理率 100%，改善 22.3 万多群众的用电质量。

【安全生产】2017 年，贵港供电局全面压实安全生产责任，将“依法治安”要求融入“党政同责、一岗双责、失职追责”的安全生产责任体系。印发《“三保”“四护”人身安全基本操作规范》手册，狠抓人身安全基本技能轮训。深入开展“治理违法违规、确保人身安全”专项治理，查处各类违章行为 43 起，五级电力事故事件同比下降 50%。推广“设备主人”差异化运维，建立完善输配电线路“黑点档案”，开展防山火、防树障隐患和配网故障专项治理，全年输电线路未发生树障、山火导致的跳闸事件，配网故障同比下降 42.8%。完成涉电公共安全隐患整改 395 项，未发生有责涉电公共安全事件。开展电力监控系统、管理信息系统网络安全专项加固，完善网络安全边界防护策略，强化运行监视和计算机病毒防控，各级网络平稳安全运行。

【电网运行】2017 年，贵港市电网运行最高负荷 130.3 万千瓦，日供电量最高达 2575.58 万千瓦时。全年实行调控一体化，110 千伏及以上保护正确动作率达 100%，220 千伏及以上故障快速切除率达 100%。以“降低客户停电时间”为抓手，进一步完善综合停电计划管理与考核机制，做细停电计划“三级联调”，实现 18 点按时复电率 95.01%。积极开展带电接火，累计开展带电作业 205 次，减少停电户时数 19186 户时数，全年客户平均停电时间同比下降 28.3%。科学安排电网运行方式，最大限度降低电网检修方式下的电网潜在风险等级，成功应对主网Ⅵ级以上电网风险 126 次。建立基于问题的应急管理横向督办机制，实施

供电运维人员开展抢修复电工作 韦振宏 摄

"一张图""可视化"保供电,成功应对"天鸽""帕卡"等台风及强对流天气,顺利完成中共十九大、全国"两会"等57个三级及以上保供电任务。

【市场营销】 2017年,贵港市全社会用电量86.43亿千瓦时,同比增长7.2%。其中:第一产业用电量1.29亿千瓦时,同比增长20.85%;第二产业用电量54.71亿千瓦时,同比增长5.1%(其中:工业累计用电量53.7亿千瓦时,同比增长4.92%);第三产业用电量10.15亿千瓦时,同比增长24.69%;城乡居民生活用电量20.28亿千瓦时,同比增长4.71%。贵港市十个重点产业中电量比重前三位分别为建材、金属冶炼和林纸板业,这三个行业电量比重共达88.52%。当年电费回收率100%;综合线损率5.10%,同比下降0.05%。综合电压合格率99.23%;客户平均停电时间21.34小时/户。深化片区经理服务网格化,推行"一证受理""三免"服务,报装时间平均缩短24.25%。主动服务地方招商引资,促成华奥汽车等289个项目平均提前15天投产用电。全年完成7万户表轮换,完成53万户低压集抄改造,远程自动抄表应用率达87.35%。突出抓好满意度提升工作,全年协同处理客户诉求21292起,客户诉求解决效率同比提高15%,在广西公共行业客户满意度测评中蝉联贵港第一。

【电力体制改革】 2017年,贵港供电局严格落实《广西壮族自治区人民政府关于进一步降低实体经济企业成本的意见》等文件要求,针对自治区降本增效41条和5月出台的进一步降低成本的新28条,采取降低工商业销售电价、降低高可靠性供电费用和免收新增电力用户临时接电费用等降低实体经济企业用电成本的全方位措施,全年累计为贵港市实体经济企业降低用电成本1.68亿元。积极推动电力市场化交易,加速电力市场化交易进程,督促43家符合准入条件的用户申报电力交易,促成贵钢等43家企业直接交易电量22.5亿千瓦时,全年为企业减少用电成本7500万元。对工业园区、经济开发区全口径、全电压等级延伸至客户红线,启用497.7万元电网基建紧急备用金实施高压客户投资界面延伸。

【人力资源管理】 2017年,贵港供电局持续深化"335"队伍建设工程,通过挂实职锻炼等方式,提高干部履职能力。开展结构性缺员专项整治,引导冗员专业向缺员专业流动,全年跨专业、跨部门调整95人次,实现各专业配置率不低于3%、各班组不低于90%。实施关键岗位接班人培养,狠抓一线员工技能培训,人岗匹配率达100%,高技能人才占比达77.91%,实现贵港网区三级技术专家、一级技能专家零突破,县级助理级技能专家零突破。深化"人人有培训目标",实施"青年成长工程",启动三期"金鹰计划",搭建覆盖员工职业生涯全阶段的人才培养平台。

【科技创新与节能降耗】 2017年,贵港供电局实现职工创新全覆盖,建成6个创新工作室、3个"创客空间"及1个职工创新基地,其中岑宗元劳模创新工作室获南方电网五星级工作室。全年荣获国家专利2项、国家软著专利5项,中国电力创新成果三等奖1项,广西电网公司优秀成果奖3项,星火创客空间的创新成果《基于多源大数据报表收资定制平台》荣获南方电网网首届数据应用创意大赛获优秀成果奖。积极构建"三位一体"精益管理模式,狠抓精益理念导入和行动计划落地,51个精益项目推动电压低、停电多等问题稳步改进。推动精益管理向县企延伸,解决县企业务交叉、管理真空等问题,实现县企管理链条再缩短,业务流程再优化。南方电网首个自动化仓库芙蓉仓库在贵港落地运用,进一步拓展仓储功能。

(韦勇娇)

食盐供销

【概况】 2017年,是贵港盐业体制改革政策实施的开局之年,也是食盐经营走向市场化的第一年。贵港盐业分公司销售各类用盐10097吨,年末库存2567吨,经营收入1993万元,上缴税金202万元,安全生产经营率为100%。食盐库存充足,市场供应稳定。

【盐政管理】 2017年,是贵港市盐业体制改革盐政监管职能的移交期,面对食盐市场经营主体的多元化,盐政监管工作压力倍增,经营劣质盐、假冒盐的行为死灰复燃,规范盐业市场秩序的工作越来越难,食盐安全隐患加大。面对困局,盐政执法人员顶住压力,履职尽责,积极抓好盐政工作,将隐患降至最低程度。坚持执法权在手一天,保障食盐安全的责任就在肩一天,始终坚持定期巡查市场、做好宣传解释、惩治涉盐违法行为工作,确保食盐市场安全有序。年内,有3起涉盐案件以

2017年5月16日，贵港市在城区石羊塘市场开展真假盐宣传　　盐业贵港分公司　提供

涉嫌非法经营罪移送司法机关，2人被刑拘。5月初，市场相继出现异味食盐，一时间，群众的心理一片恐慌。根据自治区盐业局的统一部署，贵港盐业局迅速行动，查获异味食盐27吨，有效地防范食盐安全风险，食盐质量安全得到进一步巩固。

【盐业经营】 2017年，贵港市食盐经营主体的增多，市场竞争机制的引入，给传统的食盐经营带来巨大的冲击。贵港盐业分公同动员全体员工认准形势，找准差距，转变观念，主动把握和适应盐行业的“新常态”，进入改革适应期，主动融入市场竞争，提升服务质量，以新的理念抓好新一年的各项工作。面对适销盐品库存不足、购进计划落空等不利因素，积极寻找破解困局方案。积极寻找货源，经与区公司市场经营部沟通，及时调运澳州日晒海盐投放市场，满足食盐市场用盐需求。为适应市场环境，该公司成立价格决策领导小组，按照盐业改革方案要求，根据市场情况及本公司实际，研究制定食盐合理的配送价格。制定切合实际的促销政策，以客户为中心做好服务工作，赢得客户和消费者的信赖，同时加强品牌宣传，提升桂盐、桂山品牌的知名度和认可度。在激烈的盐业市场竞争中仍保持70%以上的食盐市场销售份额，体现国有企业、地方主要食盐批发企业的责任与担当。　（黄东莉）

烟草专卖

【概况】 2017年，贵港市烟草专卖局（公司）围绕贵港烟草“整体实力逐步接近区内先进地区水平”的目标，行业发展总体呈现出“三个增长六个新”。“三个增长”，全年实现销售卷烟110661箱，比上年增加236箱，同比增长0.21%；实现单箱额24484元，比上年增加1570元，同比增长6.85%；累计上交各种税金共50960万元，比上年增加3495万元，同比增长7.36%。有效维护国家利益和消费者利益，有力支持贵港市社会经济发展。“六个新”，党建工作实现新局面、经济运行实现新水平、终端建设实现新突破、专卖管理实现新成效、规范建设实现新进展、企业管理实现新提高。

【企业管理基础建设】 2017年，贵港市烟草专卖局（公司）加强年度采购计划和前置性审查，完成采购项目28个，比预算金额2282.7万元节约资金100.58万元。继续深入开展办事公开民主管理，公开事项756条。扎实开展贯彻落实中央八项规定精神“回头看”工作，全面对照检查、落实国家局党组专项巡视整改要求以及区局党组各项要求，强化制度建设，建立和修订完善市局党组工作规则等50多项企业内部管控制度。

【网络终端建设】 2017年，贵港市烟草专卖局（公司）新建成250户现代终端，完成年任务的100%。全市累计建成2422户，占比13.68%。全年新打造整店户104户，完成年度任务104%。2017年，全市零售户户年均盈利为23473元，同比提升4.1%，为全市1.7万多户卷烟零售户增加了收入来源，零售户经营卷烟信心增强。

【专卖市场监管】 2017年，贵港市烟草专卖局（公司）查处涉烟违法案件752起，其中案值1万元以上案件359起，同比增加167起，5万元以上国标以下案件26起，百万元网络案件2起。查获各种非法卷烟1887.17万支，同比增长48.33%。其中，假冒商标卷烟110.38万支，走私烟703.13万支，非法渠道卷烟222.562万支，散支烟851.1万支。移送公安机关案件13起，移送处理人员中刑拘13人，逮捕11人，判刑9人。　（梁小玲）

供 销 合 作

2017 年 12 月 12 日，贵港市供销社农村电商平台正式运营　　市供销社　提供

【概况】 2017 年，贵港市供销合作社联合社（以下简称贵港市供销社）继续深化综合改革。通过资本纽带和产权联系，以供销集团（贵荷投资公司）为龙头，联合三区基层社建成港城供销社危旧房改造项目、大圩供销社日用消费品综合楼项目、中里供销社茶厂、东津水厂扩建等项目，完成投资 3800 多万元；庆丰日用消费品大楼、中里商贸街、东龙商贸街、市农资公司桥圩仓改造、新塘马骝塘仓库改造、桂平市石龙供销大厦等项目正按计划推进建设；奇石供销社超市、奇石商贸街、木格供销社建材城、东龙肥料仓、中里龙山分社大院改造、石卡林桥仓库改扩建等项目正在抓紧规划设计。占地 5 亩的供销社总公司商务楼顺利封顶，建筑面积 11250 平方米；物回公司位于西江产业园 44.14 亩项目用地、土特公司 6 亩多安置置换土地已经完成办证工作，正在抓紧项目规划设计，城区项目建成后供销社企业可获得 50000 平方米以上全产权商用物业。这些项目将为打通供销社上下贯通服务网络提供有力支撑，全力推动供销合作社综合改革向纵深推进，为供销社可持续发展打下坚实基础，综合改革试点工作走在全国前列。2017 年 4 月，贵港市供销社被评为“全国供销合作社综合改革试点工作先进单位”，这是继 2012 年获得“全国供销社先进集体”之后又一个很有分量的奖项。市联社党组书记、理事会主任黄品清获得“全国供销社系统先进工作者”荣誉称号。贵港市供销社系统在拓展便民快递、助农金融服务等新兴业务方面还处在摸索阶段，尚未形成系统网络优势。

【供销经营】 2017 年，贵港市供销社系统充分利用经营服务网点优势推进主营业务开展，各项主要经济指标任务运行良好。全年实现商品购进总额 82.47 亿元，比增 20.73%；销售总额 91.18 亿元，比增 19.24%；农副产品购进 11.10 亿元，比增 24.92%；消费品零售总额 47.52 亿元，比增 21.6%；售农生资 27.24 亿元，比增 12.29%；再生资源回收额 1.13 亿元，比增 29.21%；完成项目投资 4.01 亿元，比增 8%；实现利润 1419 万元，比增 18.6%。

【为农服务】 2017 年，贵港市供销社整合系统内外资源，打造为农服务共享共赢平台。充分利用 5 个县级综合服务中心、22 个乡镇综合服务站、40 个村级综合服务社的组织优势，拓展为农服务业务。充分利用农业、水产畜牧、林业、科技等部门力量，分批分期开展农技培训。与快递公司合作，逐步把乡镇供销合作社经营服务网点打造成为农村物流快递中转站，解决农村快递“最后一公里”难题。稳步开展农村金融服务，承接中国人寿、平安等 6 家保险公司保险服务，范围覆盖 3 区辐射全市，全年保费达 1098 万元，成为农村保险服务新生骨干力量；与建行、农行合作，拓展农村助农金融服务网点，让农民在家门口就能办理存取款、缴费等 12 项金融业务。积极发展农村电子商务，建设市级“荷城货郎”电商平台，组建县级社电子商务公司 5 家，对接供销 e 家、淘宝等电商平台，拓宽农产品销售渠道。年内，推进百香果、富硒大米等 25 种本地特色农产品网上推介、销售，全年实现电子商务销售额 1.04 亿元，比上年增长 51%。

发挥基层组织优势，拓展农业社会化服务。由供销集团（惠农服务公司）牵头，联合各基层社及其创办的农民专业合作社、“农合联”组建为农服务中心，着重在水稻种植方面为普通农户、家庭农场、专业大户及农民合作社提供种子供应、机耕机种、统防统治、机收烘干、加工销售等“保姆式”或“菜单式”服务，促进农业规模化、产业化发展。2017年实施土地托管5万多亩，同比增长322%，成为农业社会服务的生力军。　　（李月芬）

旅 游 业

旅 游 综 述

【概况】 2017年，贵港市接待游客总人数2100.33万人次，同比增长25.43%，其中入境过夜游客人数9.63万人次，同比增长6.18%。旅游总消费237.85亿元，同比增长32.75%，其中旅游外汇消费3979.68万美元，同比增长11.29%。旅游各项指标平稳增长，旅游业发展继续保持良好的增长势头。有国家A级旅游景区14家，其中AAAA级3家、自治区级星级乡村旅游区和农家乐27家、星级旅游饭店10家、旅行社19家；星级汽车旅游营地3家。

【旅游党建联盟建立】 2017年，根据贵港市委党建工作创新措施，建立行业党建联盟。6月30日，贵港市旅游党建联盟成立大会在贵港城区成功召开，全市行业党建联盟基地建设示范单位之一的贵港市旅游党建联盟正式成立，全市旅游行政主管部门6个、旅游企业65家加联盟。各县（市、区）旅游部门相继牵头组织成立当地旅游行业党建联盟，以旅游行业党建联盟为载体，组建旅游党建联盟微信群，旅游行业党建联盟下分4个行业联盟，分别是旅游社联盟、旅游景区联盟、旅游饭店联盟和旅游商品企业联盟。年内，贵港市旅游党建联盟组织联盟活动4次，先后参与社区党建、组织大型旅游节庆活动志愿服务等活动。11月30日—12月3日，市旅游党建联盟服务中心组织市旅游行业4个分联盟和桂平市旅游党建联盟党员志愿者40多名，开展第四届中国汽车（房车）露营大会举办地桂平市西山镇白兰村西山泉国际养生文化综合区开展志愿者服务活动，提供辖区内旅游线路宣传推介、景区景点宣传、酒店微信预订、旅游商品展示促销服务。活动期间，提供志愿服务600多次，服务游客9.8万人次，微信订房1700多间，旅游商品销售收入100多万元。

2017年6月30日，贵港市旅游党建联盟正式揭牌成立　　市旅发委　提供

【旅游行业党委建立】 2017年11月底，经贵港市非公经济组织和社会组织党工委批复同意，贵港市旅游行业党委正式成立。行业党委组织、指导旅游企业建立基层党组织，先后组建港北区生态旅游党建联盟、平南县南雄北帝联合党委、平南县奇湖山庄党支部等多个基层组织，实现了党组织和党的工作“两个覆盖”。贵港市党建联盟成员单位有65家旅，旅游从业人员8600多人，有党组织14个、党员178人；非公旅游企业党组织4个、党员28，培养入党积极分子16名。行业党委在旅游行业发展中发挥积极服务功能，组织开展“党员面对面”“书记问效工程”“党员对表工程”和“为人民服务，担当起该担当的责任，做一名合格旅游人”等活动4次，组织联盟党员和业务骨干进入旅游企业服务79次，开展业务指导与培训26次，帮助解决旅游企业发展问题15个。

旅游市场开发

【中国健身名山·广西平天山（贵港）登山赛】 2017年10月27日—28日，贵港市连续第两年在贵港市平天山景区成功举办。由中国登山协会、中国风景名胜区协会、自治区旅游发展委员会、自治区林业厅、自治区体育局和贵港市政府联合主办的2017全国重阳登高健身大会南方会场暨中国健身名山·广西平天山（贵港）登山赛系列活动，

2017年10月28日，全国重阳登高健身大会南方会场暨中国健身名山·广西平天山（贵港）登山赛正式开赛　　市旅发委　提供

来自全国2000多名登山专业选手和爱好者展开角逐。赛事设男、女竞速组、家庭双人组、健身组和团体赛。其间，还举办"一名山一小学"爱心公益活动以及"敬老爱老"重阳爱心公益活动、最炫民族风情文艺演出、名特优产品博览会等活动。市委书记李新元在开幕式上致辞，自治区体育局副局长吴数德讲话，市委常委、宣传部部长、副市长黄卫平主持开幕式，中国登山协会副秘书长李豪杰宣布比赛开始。

【第四届中国汽车（房车）露营大会】 2017年11月30日—12月2日，第四届中国汽车（房车）露营大会在桂平市西山泉汽车露营地举行。大会吸引了数百台房车，超5000辆自驾车和来自国内各省、自治区、直辖市以及马来西亚、泰国和柬埔寨等部分东盟国家的数万名自驾游爱好者参与。桂平西山泉汽车露营地获得全国五星级汽车自驾运动营地称号。此次露营大会围绕营嘉·大本营、营嘉·嘉年华、营嘉·共享社三大活动版块，重点推出极具地方特色的汽车房车露营综合性体验活动，包括体育与露营产业联动发展论坛和中国露营地行业公开课、2017汽车自驾运动营地攻防箭大赛、露营美食嘉年华（贵港市农特产品展销会）、广西民俗竞技表演、民族团结运动会、"营光"户外音乐季、"营光"夜跑派对、工厂店行业展销、营地休闲运动新项目体验展示等。

【贵港市第五届"荷菜·旅游美食"大赛】 2017年6月19日，在市区举行。市内20家餐饮企业的45个菜品参加比赛。参赛菜品均选用荷花、荷叶、莲子、莲藕等与"荷"有关，融入荷文化、荷元素的食材，巧妙构思，精心制作而成。大赛邀请自治区、市内烹协美食专家做评委，评选出金奖1名，银奖2名，铜奖、优秀奖、创意奖各3名，荷城宴特色奖2名。

【"荷美贵港·祈福之旅"旅游摄影大赛】 2017年7月，贵港市"荷美贵港·祈福之旅"旅游摄影大赛开赛，经过专家评选、公示等环节，评比获奖作品220幅，先后在贵港市图书馆、平南县、贵港园博园等地免费向公众进行展览。

【参加广东国际旅游产业博览会】 2017年9月8日—10日，贵港市旅游发展委（以下简称贵港市旅发委）组织各县（市、区）旅游行政主管部门、旅游企业参加在广州市中国进出口商品交易会琶洲展馆举办的2017年广东国际旅游产业博览会。此次博览会有全球55个国家及地区、全国22个省（市）、广东省21个地级市参加，约有2万多名专业观众以及将近50万的普通观众前往参展和观看。博览会上，贵港市向公众展示推介贵港的旅游风光和旅游特产，介绍旅游优惠产品和派送旅游纪念品，发放宣传资料1万多份，接受咨询0.8万人次，发放旅游纪念品3000多份。

【参加中国—东盟博览会旅游展】 2017年10月11日—13日，2017年中国—东盟博览会旅游展在桂林市举办。贵港市旅发委率5个县（市、区）旅游主管部门人员和旅游企业负责人30多人参展。此次展会是推动"一带一路"战略建设的重要载体，展会总面积2.5万平方米，设有"一带一路"主题展、国际旅游专业展、国内旅游专业展、广西旅游形象展、国际旅游商品展、旅游消费馆等七大展区，参展、参会国家和地区60多个。展会贵港馆分市直（含覃塘、港北）、桂平、平南和港南四个展馆，以"荷"为设计元素，亮出贵港"荷城"的城市名片，融入历史宗教文化和秀丽的山水风景等特色旅游资源，展示出"荷美贵港·祈福之旅"的独特魅力。展会期间，贵港馆接受咨询1万多人次，发放资料0.5万份，全天滚动播出形象片40多次，受众人数3万多人次。

【参加港澳主题旅游宣传推广活动】 2017年4月4日—10日，由国家旅游局主办的"美丽中国—2017丝绸之路旅游年"宣传推广系列活动先后在澳门、香港开展。国家旅游局副局长李世宏，中央人民政府驻澳门、香港联络办公室领导，澳门、香港旅游商会及内地24个省、区、市旅游部门负责人，内地与港澳100多家旅游企业、新闻媒体等200余人出席系列活动。贵港市旅游部门和企业随自治区代表团参加活动，派发旅游宣传资料2000多份，广告礼品一批，通过精品旅游线路宣传、旅游咨询服务、旅游知识有奖问答、业务洽谈等形式向港澳居民展示贵港丰富的旅游资源和产品。

景区景点规划与建设

【旅游项目建设】 2017年，贵港市重点推进的旅游项目有太平天国金田起义遗址红色旅游经典景区、桂平西山泉国际养生旅游文化综合区、北帝山旅游区、雄森生物科技园、布山古郡、铜鼓湾温泉度假区、平天山国家森林公园等旅游基础设施建设。其中，西山泉国际养生旅游文化综合区、北帝山旅游区、雄森生物科技园、布山古郡、铜鼓湾温泉度假区5个项目列入2017年自治区领导联系推进的重大旅游项目，太平天国金田起义遗址红色旅游经典景区项目同时列入中央预算内投资项目。铜鼓湾温泉度假区和雄森生物科技园2个项目入选2017年全国优选旅游项目。7月，全区县域经济发展大会暨年中工作会议在平南雄森动物大世界及雄森酒业项目现场召开，为全区在“旅游+工业”“旅游+农业”“旅游+养殖”方面提供宝贵经验。

西山泉国际养生旅游文化综合区　项目计划投资36亿元，年内完成投资4.08亿元，完成叠翠水岸小区30栋别墅、旅游风情街4栋建筑的主体工程，蟠龙谷森林庄园项目、汽车营地开工建设。

北帝山旅游区　项目计划投资9.06亿元，年同完成投资0.75亿元，完成入口区停车场主体工程、景区大门主体工程、北帝山大酒店主楼4楼及副楼主体工程、登山观光区500米登山步道修筑、起漂点道路绿化改造、4块旅游导览牌安装等建设内容，景区入口道路建设开工。

2017年11月30日，第四届中国汽车(房车)露营大会在桂平市西山泉汽车露营地举办　　市旅发委　提供

雄森生物科技园项目　项目计划投资20亿元，年内完成投资3亿元，完成园区停车场建设，五星级酒店南楼主体工程、北楼7层主体工程建设。

布山古郡项目　项目计划投资16亿元，年内完成投资1.35亿元，完成覃塘大道500米、旱河西路建设，府东路开工建设。

铜鼓湾温泉度假区项目　项目计划投资11.4亿元，年内完成投资1.2亿元，完成游客服务中心主体工程、20个温泉池建设，温泉综合楼(温泉酒店)实现开工。

【旅游公共服务设施建设】 2017年，贵港市整合资源，加大旅游公共服务设施的投入，不断提升旅游景点景区档次。

景区基础设施项目建设　继续以举办全国、全区性的旅游活动如中国健身名山·广西平天山(贵港)登山赛、第四届中国汽车(房车)露营大会等活动为契机，积极筹措资金，完善景区景点道路、旅游厕所等各项基础设施建设。

旅游厕所建设　新建、改建旅游厕所16座，顺利完成承接自治区绩效考评工作任务，进一步完善各景区景点公共服务设施。

旅游服务中心建设　贵港汽车东站旅游集散中心投入使用，平南县旅游集散中心进入招商引资工作环节，平南雄森动物大世界游客服务中心建成投入使用，铜鼓湾温泉、北帝山旅游区等地的游客服务中心完成主体工程。

【广西特色旅游名县创建】 2017年12月，桂平市创建“广西特色旅游名县”工作以全区最高分成绩通过公示。该创建活动是2013年7月自治区党委政府在桂林市召开的全区旅游发展大会上，决定创建20个广西特色旅游名县，2015年6月30日自治区创建广西特色旅游名县工作领导小组出台《广西特色旅游名县创建工作管理办法》，广西特色旅游名县须经申报、创建、自检、初评、验收、审批、命名环节。2013年，桂平市申报广西特色旅游名县，经多年创建。2017年11月25日—27日，接受自治区创特验收评定组的验收，于12月通过公示。

【旅游招商引资】 2017年，贵港市旅发委按照“大招商、招大商”要求，积极谋划，主动作为，大力开展旅游招商引资，开展招商活动28次，其中“请进来”19次、“走出去”9次，跟踪洽谈项目12个、签订合同或协议6个，总投资额7.2亿元，年内实现签约旅游项目开工4个，建立旅游招商引资项目库并包装入库项目30个。

【景区景点创建】 2017年，贵港市新增国家AAAA级旅游景区1家、国家AAA级旅游景区6家、广西星级乡村旅游区及农家乐11家。

国家AAAA级旅游景区 太平天国金田起义地址获评国家AAAA级旅游景区。

国家AAA级旅游景区 九凌湖景区、太平天国金田起义博物馆、桂平市滨江文化公园、桂平市革命烈士纪念碑公园、桂平市罗丛岩景区、桂平市东塔景区。

广西星级乡村旅游区 四季花田生态观光园获评广西五星级乡村旅游区，平南县奇湖山庄获评广西四星级乡村旅游区。

广西星级农家乐 平南县垌美生态游乐园、港北区港岛山庄获评广西五星级农家乐，桂平市紫荆镇荆山人家农庄获评广西四星级农家乐，桂平市坚彩庄大排档、君回农家饭庄、西山缘美食馆、阿木美食馆、强宏农家饭庄获评为广西三星级农家乐。

广西星级汽车旅游营地 桂平市龙潭汽车旅游营地获评广西四星级汽车旅游营地。

广西生态旅游示范区 桂平市南木镇金龙汇德休闲农庄、桂平市石龙镇稻香新村农业休闲示范园、平南县镇龙镇拥平村星河屯获评“广西生态旅游示范区”。

广西金绣球农家乐示范点 平南县德湖山庄、港南区四季花田生态观光园、桂平市广西亚热带名优水果示范场、白石山居、荆山人家农庄获评“广西金绣球农家乐示范点”。

广西智慧旅游示范企业 桂平市龙潭国家森林公园和港南区四季花田生态观光园获评“广西智慧旅游示范企业”。

【贵港市第三届特色旅游商品(设计)大赛】 为继续推动贵港市旅游商品的研发与销售，打造一批贵港特色的旅游商品，促进旅游业繁荣发展，市旅游发展委于2017年9月28日在汽车东站贵港市旅游集散中心组织2017年贵港市第三届特色旅游商品(设计)大赛评选活动暨贵港市旅游集散中心揭牌仪式。此次商品评比，共发动旅游企业30余家、旅游商品及设计稿50件参加评选。经各县(市、区)精心挑选和推荐，评委严格、公正的评选，按计分排名共评选出6个特色旅游商品，分获金奖(1个)、银奖(2个)、铜奖(3个)。活动进一步丰富全市旅游商品名录，给游客提供旅游购物更多的选择。贵港市具有得天独厚的地理气候环境，物产丰富，土特产各类众多、风味独特，深得游客喜爱。开发出一批具有本地特色、类型丰富的旅游纪念品、工艺美术品、旅游日用品、文物古玩及仿制品、土特产品等，主要是以莲藕粉、茶叶、富硒农副产品等为主材开发的产品深受游客喜爱。近年来，贵港市加强旅游商品培育和扶持力度，多次组织相关旅游企业参加国家和自治区级的展销、评比活动，开展特色旅游商品展示现场展销活动，共挖掘培植200多种特色旅游商品，评出贵港市“十佳特色旅游商品”“优秀特色旅游商品”约30多件，获评的特色旅游商品均推荐在全市8家旅游咨询服务中心(点)中进行展销。贵港市工艺品《高山流水》(贵港市根号叁雕刻艺术有限公司)和旅游休闲·养生品平丹大玉余甘果系列(贵港市广西大玉余甘果责任公司)荣获首届“广西必购旅游商品”称号。特色旅游商品正成为贵港市旅游消费的新增长点。

【旅游扶贫】 2017年，市旅游发展委全力做好后盾单位扶贫包村脱贫攻坚工作，精心选派1名旅游管理专业研究生学历的副科长到贫困村桂平市西山镇佛荔村担任第一书记，专职驻村帮助挂点村开展脱贫攻坚工作。班子成员先后20次深入挂点村开展扶贫帮扶工作，与挂点村村委共同商讨发展乡村旅游、旅游脱贫攻坚之策，并经常联系帮扶贫困户，到贫困户家中走访慰问，通过拉家常、访民情、积极向贫困户宣传党的新政策，积极引导挂点村走产业脱贫、就业脱贫之路。全年累计慰问贫困户、困难党员56人次，发放慰问金1.5万元；组织开展乡村旅游和旅游扶贫暨农村党员大培训、乡村旅游推介活动各一期；推动落实挂点村旅游停车场、旅游咨询服务中心等扶贫项目共5个，协调投入帮扶资金252万元，帮助解决项目、资金、就业、住房等各类问题13个；挂点村要求2017年脱贫的11户贫困户全部实现脱贫目标。此外，市旅游发展委还重点帮扶平南县寺面镇新隆村、港北区根竹镇新民村、覃塘区樟木镇凌动村等5个重点旅游扶贫村在旅游规划编制和旅游基础设施建设等方面实施旅游扶贫项目。截至2017年12月31日，5个旅游扶贫村均完成旅游规划或旅游基础设施建设。

旅游行业管理

【旅游行业绩效考评工作】 2017年6月16日，中共贵港市委员会办公室、贵港市人民政府办公室印发《关于贵港市2016年度绩效考评结果的通报》，市旅游发展委2016年度绩效考评工作获得优秀等次，连续第二年获此殊荣。所承接的自治区旅游发展委对贵港市的“游客人数增长、旅游消费增长、重大旅游项目建设、创建特色旅游名县、旅游厕所建设”等指标均圆满完成，没有被自治区扣分；市本级绩效考评指标也较好地得到完成，绩效考评总得分排在经济管理类被考评单位中第八名，再次获评为优秀等次。

【旅游质监系统执法技能比武大赛】 2017年10月26日，来自广西14个地市旅游质监执法系统的参赛队伍在南宁市参加由自治区旅游发展委员会组织的首次岗位技能比武活动，贵港市代表队夺得第一名。近年来，自治区旅游发展委员会高度重视旅游质监执法队伍建设，通过组织培训、暗访、交叉检查等方式，不断提高旅游执法队伍的能力和水平，为检验成果，组织此次全区旅游质监执法岗位技能比武大赛。此次比武活动客观题与实操题相结合，内容为选择题和案例分析题。上午进行的是个人必答题、团队必答题和团队速答题，下午进行的旅游投诉和行政处罚案件办理。经过来自国家旅游局、浙江省旅游局和自治区旅发委的多名专家现场评分，贵港市参赛队伍最终以776分获得团体一等奖，这是贵港市在此类比赛中首次斩获桂冠，体现贵港市旅游综合执法队伍建设取得实实在在的成效。

【旅游行业监督管理】 2017年，市旅游发展委联合工商、公安、交通、商务等部门开展联合执法检查，整治旅游市场不合理低价活动、游客不文明行为以及“黑车”“黑导”“黑社”等非法经营行为，建设覆盖全市重点旅游景区的实时监控系统，市场综合监管和旅游市场秩序整治联合执法工作取得了明显成效，旅游服务质量明显提高，旅游市场环境明显好转，游客满意度明显提高，2017年第三季度贵港市游客满意度在全区排名上升至第4名，再创历史新高。

【旅游行业培训】 2017年，市旅游发展委积极组织各旅游企业开展旅游行业专业技能培训，提高全市旅游行业整体专业水平。组织举办了2期导游人员、行政管理人员和乡村旅游培训班；组织桂平宇洋国际大酒店参加广西旅游饭店服务技能大赛的客房中式铺床夜床、中餐宴会摆台、西餐宴会摆台等3项技能比赛；组织贵港福来登酒店、桂平宇洋国际大酒店、贵港市通泰旅游社、西山风景名胜区的4名人员参加旅游企业窗口岗位人员培训班；举办2期旅游星级饭店从业人员业务培训班，培训旅游星级饭店从业人员250人；开展1期旅游从业人员预防艾滋病培训班，培训各类旅游从业人员200人；6月8日在桂平市大藤峡码头游船上开展专项水上安全演练。通过开展各类培训班，提高贵港市旅游从业人员的职业技能、行业素质和服务水平，促进贵港市旅游服务质量的提升。

【旅游安全生产管理】 2017年，市旅游发展委高度重视旅游安全生产工作，定期召开旅游安全生产会议，提高企业安全生产意识。分别于2月20日和4月8日召开全市旅游行政部门和旅游企业参加的春季、夏季旅游安全生产工作会议，并于9月29日约谈了贵港城区内的星级饭店、国家A级旅游景区以及旅行社(分社)、网点的负责人共26人。要求各旅游企业针对不同时期的安全生产要求，切实落实安全生产主体责任制，全面开展安全生产自查自纠和限期整改工作，确保全市旅游系统安全生产。同时，通过微信、QQ、电话、邮件等方式，及时向各旅游企业传达安全生产检查内容，针对不同时期旅游安全生产的特点和重点，再三督促企业做好各项安全工作。与此同时，以重大节庆日为重点，集中开展春节及全国全区“两会”安全大检查、“三月三”、清明节、中秋节、国庆节、中共十九大等10多次节庆日专项安全大检查以及消防安全专项大检查、道路交通安全大检查等专项检查，共检查旅游企业200多户次，重点检查旅行社及其分社、服务网点的标牌、许可证、营业执照、备案登记证悬挂以及经营档案管理情况，旅行社落实各项安全生产工作制度；检查星级饭店（星级乡村旅游示范区、星级农家乐）消防设备、消防演练、消防巡查是否落实到位等问题以及国家A级旅游景区（点）对森林防火以及防台风、暴雨、洪水、泥石流、山体滑坡等灾害预防措施是否落实等问题，共检查出旅行社防火设施配备不到位、安全制度不够完善、景区警示标语少、安全防护设施不够全、饭店食品留样制度落实不彻底等10多个安全隐患和存在问题。市旅游发展委责令存在问题及隐患的旅游企业及时进行整改，并将整改后的情况进行书面反馈，及时排除安全隐患。全市全年未发生重大旅游安全生产事故。

【旅行社管理】 2017年，市旅游发展委依法开展行政许可工作，共办理旅行社分社变更登记1个，服务网点登记20个，换发电子导游证160个。同时，根据《自治区旅游发展委员会关于实行“多证合一、一照一码”登记制度改革工作相关事宜的通知》，自9月1日起，旅行社设立分社和服务网点，由设立社向分社和服务网点所在地工商行政管理部门办理设立登记即可，市旅游发展委将不再出具“旅行社分社备案登记证明”和“旅行社服务网点备案登记证明”。此外，市旅游发展委加强对旅行社的监督管理，开展多次专项检查活动。在各节假日，特别是中秋节、国庆节黄金周假期，针对广大游客比较关心的以不合理低价游组团并在旅游过程中强迫购物以及旅游黑车、黑导游等问题，以检查旅游合同、旅游包车合同为抓手，开展查处不合理低价游、旅游黑车等专项整治活动。查看合同里是否存在捆绑销售两条线路以上的旅游套餐产品，是否一次性向游客收取两条线路（含）以上的旅游款；严禁旅行社以“买一赠多”“交押金送旅游”等方式变相从事不合理低价游。同时查看旅游包车合同是否存在租用不符合安全标准或没有旅游客运资质的“黑车”“病车”。共检查旅游合同及旅游包车合同170多份，指出并纠正合同方面的不平等条款7条次，有效的规范全市旅行社的经营行为。

【文明旅游建设】 2017年，贵港市旅游行业紧紧围绕市委、市政府的工作重心，大力开展创建文明城市工作。市旅游发展委对照《贵港市2017年迎接全国文明城市测评实地考察点任务分解表》中所负责的星级宾馆、景区、旅行社及网点的检查标准，对辖区内所监管的旅游企业逐一进行检查，制作实地检查记录表逐一检查整改过关。在开展创建全国文明城市活动中，共检查旅游企业300多户次，督促旅游企业制作旅游投诉流程牌200户次，制作学雷锋岗位牌及绶带5块（条），滚动播出社会主义核心价值观35条次，整改相关问题45次。经过反复督查，全市旅游企业都达到了创建全国文明城市的标准。市旅游发展委荣获“贵港市创建第七轮自治区文明城市工作先进单位”的称号。

与此同时，市旅游发展委以创建全国文明城市为动力，将“创城”工作与文明旅游相结合，要求各旅游企业张贴行业规范、文明出境旅游提示牌、文明旅游倡议书、公益广告、行前说明会制度等宣传材料，并在实际工作中践行文明旅游的各项制度。在重大节假日对各旅游企业落实文明旅游情况进行检查。通过开展“创城”工作和文明旅游工作，进一步提升全市旅游从业人员的素质，增强游客文明旅游意识，树立文明旅游的良好形象。 （杨小聪）

信 息 业

中国电信

【概况】 2017年，中国电信股份有限公司贵港分公司（以下简称电信贵港分公司）属中型本地网，管理港北区、港南区、覃塘区等3个区域分公司和桂平、平南2个县（市）分公司。该公司加快规模发展步伐，各项业务指标名列全区前列，主营收入累计完成5.42亿元，收入同比增长11%，全市固定电话用户数17.35万户，移动电话用户54.61万户，互联网宽带用户28万户。

【网络建设】 2017年，电信贵港分公司新建设站点61个。其中，城区1.8兆站点29个，农村1.8兆站点5个，800兆站点25个。截至12月底，贵港完成9个项目基站建设任务，开通站点1762个（其中1.8兆站点407个、800兆站点1303个、室分站点52个）。至此，累计开通4G基站数量3628个，是原有3G基站数量的3.5倍，4G信号覆盖率远超原有3G网络覆盖水平，与移动4G信号可比，在11月网络对比测试中贵港电信城区LTE覆盖率为97.43%。开通283个800兆新建站L网业务，开通800兆语音站点1303个（其中城区318个、农村985个）。

【城市光缆网建设】 2017 年，电信贵港分公司实施城市光缆网建设，支撑有线、无线、政企全业务基础能力；全面支撑智慧城市项目的实施，建设城市区域主干光缆 142 段，累计投资 1280 万元。现有小区实现 100%FTTH 改造，新建小区贯彻国标实现 100%FTTH 进场覆盖，FTTH 建设端口能力同步考虑端局退网需求，结合千兆入户市场需求推进采用 10G GPON 技术开展 FTTH 网络建设。截至 12 月底，新建 FTTH 宽带端口 18.8 万线，本地网 FTTH 宽带端口达 82.8 万线，宽带端口总容量 100 万线，城市光网覆盖率达 99.9%，行政村通光缆比例达 99.6%。

【IP 城域网优化扩容工程建设】 2017 年，电信贵港分公司实施贵港 IP 城域网 14 扩工程，完成贵港城域网出口提升到 800G，完成 4 台 SR7750 设备退网，实现业务结构调整及节能减排，同时为全面 10G 网络建设奠定基础。

【电子政务内网改造】 2017 年，电信贵港分公司对贵港市政府系统电子政务内网的网络 IP 地址进行统一规划和分配。将市政府行政中心外部单位的接入线路改造为兆 STP 专线，由原来的光纤拨号或光电接入方式改成专线电路接入。采用全程兆 STP 点对点通信方式实现各外部政务单位节点与平台业务节点的业务传送；电子政务内网平台通过光纤专线连接电信城北机房，作为各政务单位光纤汇聚总线。

【创新建设“微信城管”平台】 2017 年，电信贵港分公司建设“微信城管”平台，通过关注“贵港市政”微信公众号上报或举报城市管理问题信息，市民通过微信即可随时随地进行案件上报，系统拥有完整的数据集中能力，利用数据统计分析，便于辅助领导的决策，有效地促进各执法单位跨部门协同，创造一个由几十个部门共同管理的大市政同管的手段，有效提升大市政管理水平。

【“互联网 +”智慧党建服务平台】 2017 年，电信贵港分公司协助港南区委组织部打造集党建管理、组织生活、学习教育、互动交流等元素，整合建立“互联网 +”智慧党建服务新平台，实现党建工作的信息化、标准化、现代化管理，做到“把党建连到网上，把党员连在线上”，助力实现党建工作由封闭向开放、由静态向动态、由单边向互动转变，推动管党治党走向“严实硬”，从而使党组织对广大党员和群众的吸引力、凝聚力得到增强，使党建工作效果和作用得到进一步提升。

【客户服务】 2017 年，电信贵港分公司月均客户咨询投诉 14.65 人次 / 万用户，好于不大于 18 人次 / 万户管控目标和全区平均水平(16.35 人次)；月均工信部越级申诉率 1 人次 / 百万用户，好于不大于 4 人次 / 百万用户管控目标和全区平均水平(2.05 人次)。月均咨询投诉处理及时率为 99.83%、好于不小于 98% 管控目标和全区平均水平(93.39%)，月均用户咨询投诉处理准确率为 99.58%%，好于不小于 98% 管控目标和全区平均水平(97.86%)。月均工单集约率为 99.9%，好于不小于 90% 管控目标和全区平均水平(96.2%)，其中多个月全区排名前三名。全年，受理咨询投诉单 18431 件，其中前端投诉 10506 件，占 57%；月均前端客户咨询投诉率 8.34 人次 / 万户 · 月，后端投诉 7925 件，占 43%，月均后端客户咨询投诉率 6.3 人次 / 万户 · 月。重点监控、调度、解释安抚装移修工单 97000 张，月均 7500 张。宽带装维服务投诉率 1—11 月月均 1.2 人次 / 万用户，宽带装移维即时测评满意度月均为 97.2%，月均宽带催修率为 2.78%，宽带重复故障率月均 19.5%。

【助力保障“放心肉”】 2017 年，电信贵港分公司助力贵港市水产畜牧兽医局建设动物卫生监督视频监控，在规模以上生猪定点屠宰场安装监控终端设备，动物卫生监督视频监控工作平台和监控终端设备的安装运行，是贵港市“放心肉”服务体系建设的重要工作环节，实现了省、市、区县三级主管部门对屠宰企业从生猪进场查验、静养待宰、检疫检验、产品出厂、无害化处理等关键环节的远程监控。主管部门根据监管工作需要调出相应资料进行查看，便于行政执法人员及时查处违章违法屠宰行为，为保障肉品质量和食品安全，确保市民吃上“放心肉”提供有力的技术支撑。

【打造光宽带端到端运营平台】 2017 年，电信贵港分公司打造光宽带端到端运营平台，实现用户监控、故障处置、装维服务的网络运营智能化。光宽带端到端运营平台以客户为中心，聚焦工单流转效率、预处理能力、资源数据准确性、网络质量改进等方面的效能提升，包括新建工程智能验收、业务自动开通、故障自动判障、光宽智能分析、装维随销、装维即销即装等系统。平台上线后,工单流转效率、预处理能力、资源数据准确性、网络质量改进等方面都有较大提升。

【提速降费行动发布会】 2017年4月20日,电信贵港分公司举行1000兆光宽带上市、200兆大提速暨落实提速降费行动发布会,宣布推出1000兆和200兆超高速宽带,同时宣布提速降费“七大”举措,标志着贵港正式迈入“千兆光网时代”。贵港市相关部门领导、42家工商企事业单位代表及5家媒体记者出席发布会。千兆接入宽带,将为用户带来全新的上网体验,为用户提供天翼高清、智能组网、家庭云存储、高清电视电话等更多专享智能化服务,对贵港信息化建设和智慧贵港建设具有里程碑意义。活动现场,贵港分公司副总经理唐涛以“超越,不止于卓越”主题进行详细解读,现场演示千兆宽带对工作和生活带来的巨大改变。同时,展示中国电信在翼支付、智慧家庭,互联网+政务、医疗、教育,云计算和物联网等方面的最新成果。

【“智慧养猪”合作项目签订】 2017年,电信贵港分公司与广西扬翔股份有限公司签订“智慧养猪”合作项目,将物联网技术运用到生猪生产的各个流程,为养猪企业节省大量用工成本,实现企业效益和竞争力双提升。“智慧养猪”项目引入实时数据采集和分时数据分析技术,着力打造生态型互联网养殖平台,从饲料加工到生猪配种、分娩、检疫申报等各个环节,养殖者无需时时刻刻在圈舍来回走动,通过计算机和手机APP远程控制,给生猪投放饲料并合理控制生猪采食量;适时控制猪舍内温度、湿度、空气质量、猪群密度;对因异常现象发出的警报进行处理等,实现全程标准化、智能化运行。

【参与军地联合应急通信演练】 2017年8月14日下午,“烽火-2017”广西军地联合应急通信演练在贵港举行。演练由广西通信管理局主办,中国电信广西公司承办,贵港电信协办,移动公司、联通公司、铁塔公司联合参演,演练旨在全面做好应急通信支撑服务,不断提高全区应急通信任务保障水平。自治区通信管理局副局长谭国栋、中国电信广西公司副总经理侯义兵出席演练现场。演练由贵港电信、玉林电信应急维护人员代表电信方参加,演练模拟通信中断应急抢修、应急指挥远程视频连接等场景,电信员工快速抢修光缆、开通远程视频、架设应急通信设备,以高水平、高质量的成绩圆满完成此次演练。

【企业自身建设】 2017年,电信贵港分公司认真抓好党建工作,公司党委扎实落实党建工作主体责任,履行“一岗双责”,坚持把从严治党、加强党建融入企业改革发展,做到党建与经营目标一体、责任一体、运作一体、考核一体。全年,公司党委召开专题党建工作部署会6次,基层调研43次,研究解决员工伙食补贴标准、改善乡镇人员办公环境等问题60多项。落实“三重一大”项目管理要求,通过党委会和总经理办公会讨论选人用人、采购招标、合作伙伴选择、营销方案、重大合同签订等事项100多项。通过签订责任状、严格落实组织生活制度、完善廉政防范机制建设等加强基层党组织建设。实行领导党风廉政宣讲制,建立党建工作群、党群沟通群、各党支部群等12个微信、易信群以加强党风廉政教育管理。

做好群团工作,不断丰富“四小”品牌内涵,开展关心关爱员工和“五必访、五必贺”活动。全年慰问员工人数124人,慰问费用11.77万元。 (黄文华)

中国移动

【概况】 2017年,中国移动通信集团广西有限公司贵港分公司(以下简称贵港移动公司)坚持党建工作和业务工作两手抓、两手硬,全面实施“大连接”战略和“四轮驱动”融合发展提供坚强政治保障,通信服务接近12亿元,增长近10%。3月22日,贵港市委宣传部举办2016年度贵港市正能量新媒体平台颁奖仪式,经公众投票,贵港移动公司“荷城和4G”微信公众号获得2016年度贵港市正能量新媒体平台称号。

【移动企业会议】 2017年1月10日,2017年度工作会议暨二届三次职工代表大会在贵港城区召开,会议上贵港移动公司总经理李悦传达自治区移动公司2017年工作会议精神,并作题为《巩固竞争优势,提升客户价值,奋力实现转型升级发展新跨越》的工作报告,报告提出“1228”工作思路,就2017年工作进行部署。

2月23日,贵港移动公司举办构建大链接　共谋大发展——2017年合作伙伴大会暨家庭产品展示会。会议表彰2016年度优秀合作商,对2017年的合作商工作思路作统一部署，力求以标准的业务流程、卓越的服务品质展示贵港移动“移动信息专家”的高要求。现场展示即将推出的宽服站、和家庭·1000兆光宽带、和家庭·魔百和、和家庭·和目等新渠道、新产品。

【移动企业宣传】 2017年6月12日，贵港移动公司以“智慧贵港，信息惠民”为主题，邀请媒体参观该公司信息体验厅。信息化体验厅向公众媒体展示最新的信息化产品及技术解决方案，介绍贵港移动公司互联网+教育、互联网+生活、互联网+医疗、智能穿戴、大数据、云计算等前沿科技。在推进城市智慧化的同时，注重前沿科技“接地气”的发展，以公众需求为导向，前沿科技为依托，推出便民服务方案及智能穿戴设备落地实施。

8月11日，组织“荷城和4G”微信公众号粉丝集体观影《战狼2》，观影活动吸引5000多名客户办理咪咕视频会员、定向流量包、数字会员套餐，带动业务量和收入提升。

【移动企业营销】 2017年9月4日，贵港移动公司紧追热点，根据各大高校迎接最后一批90后新生，开展贴近学生喜好的二次元文化校园营销。活动赢得学生围观与合影，女仆装扮的营销员分发爱心卡、咪咕、小黄人宣传扇子等小礼品，引导客户办理业务，现场火爆。同时，开展营销现场直播，通过学生会群、新生群等推送咪咕直播APP，并由“女仆”女主播直播现场营销现场。

9月28日，云创未来　融汇天下信息化巡展活动第二站在贵港开启，贵港市副市长徐育东、公司副总经理李剑、贵港市工业和信息化委员会主任杨宗桂以及智慧城市、云计算专家和贵港中小企业代表出席。活动安排各地市“中小企业云”战略合作协议签约、云计算和新型智慧城市研究专家报告会、信息化大篷车产品展示三部，重点面向政府、金融、医疗、交通、能源、教育等行业及中小企业的客户。大篷车集中展示该公司在云计算、新型智慧城市领域、物联网的相关产品及解决方案。活动中，贵港移动公司与广西战神新能源专用车制造有限公司、广西上亿置业有限公司、贵港嘉特电子有限公司、广西乐和饮食有限公司等企业签订“中小企业云”战略合作协议。

2017年9月28日，“云创未来，融汇天下”移动信息化巡展贵港站

贵港移动公司　提供

【移动通信服务】 2017年4月15日，根据客户特殊情况下的特殊需求，贵港移动公司转变观念，改变既定的业务办理规定，主动上门服务，为因受伤住院的客户办理手机补卡业务。

7月20日，在贵港新世纪广场贵港移动公司与贵港市公安局共同举行“惩治盗抢二轮电动车违法犯罪专项行动暨‘车安网’二轮电动车防盗备案登记”启动仪式，揭开与公安系统信息化合作的新篇章。此前，该公司与贵港市公安局通过“天眼”工程专线建设进行合作，得到首肯。“车安网”通过“和车宝”定位搜索，结合路面监控进行追踪定位，提高二轮电动车盗抢案件破案率。10月11日，通过该系统破获贵港市首例被盗电动车案，破案用时2天多。

12月9日，贵港市举办“星耀荷城2017贵港明星演唱会”，是贵港市举办的最大规模演唱会，现场观众2万多，贵港移动公司作全程通信保障。演唱会时移动4G用户达到1.44万户，全场产生4G流量高321G，无线接通率始终保持在98%以上，无线掉线率在1%以下，保障时段未出现拥塞及投诉情况，各项网络指标正常。

【移动企业文化建设】 2017年7月1日，响应“政府十三五规划2020年所有地级市需成立阅读会，带动全民阅读发展’”的号召，贵港移动公司联合贵港市作家协会、贵港市港北区统计局举办

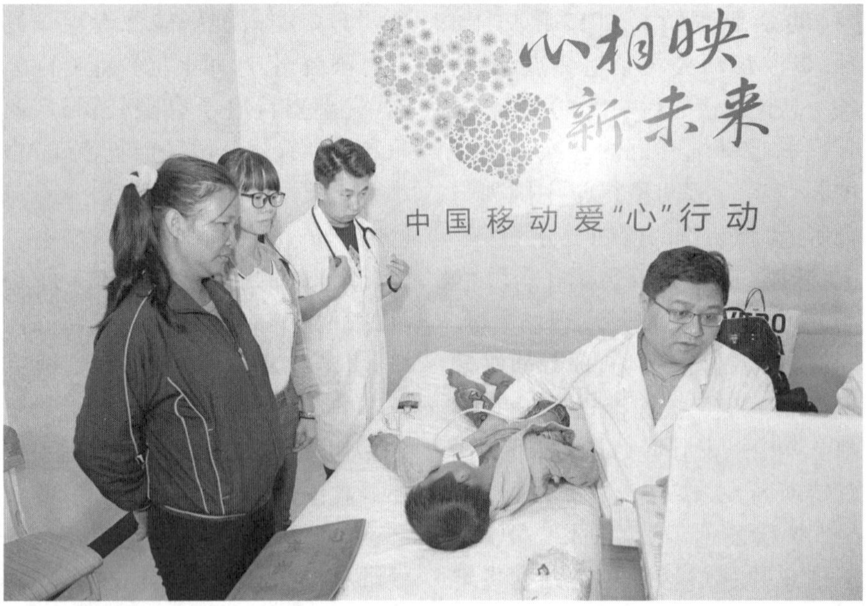

2017 年 11 月 12 日，中国移动爱"心"行动——贫困先心病儿童救助项目第二期贵港站启动，图为开展筛查工作　　贵港移动公司　提供

2017 年咪咕阅读读书分享会，为市民创造阅读新体验。活动中，贵港公司开展咪咕阅读 APP 营销，赠送话费优惠，使其体验到便捷的数字阅读。

7 月 13 日，举办"念党恩　颂经典"主题朗诵比赛。比赛以提升员工思想道德修养和文明素质为核心，以"诵读经典"为基本形式，营造实现"中国梦""移动梦"的浓厚氛围，以此为员工搭建自我展示的舞台，激发员工创新创业的热情。

9 月 19 日，联合贵港市总工会在贵港国际大酒店举办第一届职工岗位技能竞赛。技能竞赛分服务营销技巧、有线业务装维、通信网络技能三项，采取主会场、分会场同时进行，主会场进行服务营销技巧及有线业务装维比赛。竞赛中引入该公司"和目"产品进行现场投屏直播。

【移动企业社会服务】 2017 年 3 月 9 日，贵港移动公司团委组织志愿者协同荷城义工协会开展"学雷锋·智服务"志愿服务活动，活动践行"正德厚生　臻于至善"的企业核心价值观，免费为市民提供手机屏幕清洗、手机软件安装、业务咨询等服务，向大家讲解手机日常维护及故障处理的小知识。

11 月 12 日—14 日，中国移动爱"心"行动——贫困先心病儿童救助项目第二期贵港站筛查工作启动，为 270 名患儿提供免费筛查。筛查前期，通过贵港宣传部今日头条号、《贵港日报》、贵港移动微信公众号等进行广泛宣传，积极与贵港民政局沟通协调。该公司组织由党员、团员组成的志愿者队伍 66 名，经集中培训参与筛查工作。在全市经手术适应症患儿筛查，确定适合做手术患儿 79 名。12 月 8 日，派出志愿者协同贵港市民政局护送 39 名患儿到天津市免费接受诊疗，患儿最小 1 岁，最大的 11 岁，由于南北气温变化，患儿出现多种不适之症或感冒、发烧，由志愿者全程负责保障服务。

（区弘哲）

无线电管理

【无线电台(站)审批】 2017 年，贵港市无线电管理处根据国家和自治区 150 兆赫、450 兆赫频段专用对讲机频率划分和使用管理的有关规定，提出符合本地区的做法，统筹本地区的无线电对讲机频率资源，合理指配频率。

【无线电监督检查】 2017 年，贵港市无线电管理处按照监督检查计划，贯彻监督检查和行政执法合理、公正、公开的指导思想，对市移动公司、大型超市、酒店、宾馆等多家设台单位依法开展监督检查工作，检查台站 30 余台(套)，规范设台用户依法用频，促进无线电频率和台站管理的规范化、制度化、科学化。

【无线电频谱使用评估专项活动】 2017 年，贵港市无线电管理处开展无线电频谱使用评估专项活动是国家下达的无线电管理工作的一项重点任务。历时 1 个月，行程 300 多千米，完成辖区内的港北区、港南区、覃塘区、平南县和桂平市 5 个监测区域的移动监测数据的采集工作，监测覆盖 85% 以上的城市主干道和次干道，采集监测数据近 100G。

【无线电监测】 2017 年，贵港市无线电管理处严格按照国家和自治区有关要求，对辖区内的航空无线电通信、移动通信、调频广播、集群、对讲机等重要业务频段开展监测，特别是对西江黄金水道、南广高铁沿线和桂平、平南航空等无线电专用频率的监测。全年，贵港市

2017 年 8 月 30 日，贵港市无线电管理处查处私设手机信号屏蔽器干扰中国移动基站案

市无线电管理处 提供

无线电管理处开展无线电日常监测 20000 多小时，形成主要业务监测报告 12 期。全面掌握辖区各业务频段的用频情况，为科学指配无线电频率，有效利用频谱资源，促进各项无线电业务健康发展打好坚实的基础。

【无线电管理技术演练】 2017 年 4 月、9 月，贵港市无线电管理处参加由自治区工信委无线电管理局举办的第十四届中国—东盟博览会无线电安全保障技术演练和中共十九大无线电安全保障技术演练，均取得不错的成绩，有效提高工作技术人员的技术水平。

【无线电安全保障】 2017 年，贵港市无线电管理处加强与公安、森林防火、防汛抗旱、民航等相关部门建立应急联动机制，制订并完善应急预案。春节、国庆、元旦、“两会”、中共十九大等重要时段，坚持 24 小时值班和 24 小时监测，认真做好特殊时期无线电监测工作和特殊时期无线电安全保障工作。配合教育、人事等部门，做好社会各类考试无线电安全保障工作，防范利用无线电设备进行作弊的行为，维护考试的公平、公正。全年开展考试无线电安全保障工作 56 次，保障时间 28 天，派出人员 103 人次，派出车辆 60 车次，启用技术设备 65 台次。

【“黑广播”查处】 2017 年，贵港市无线电管理处在惩治“黑广播”违法犯罪活动过程中，出动监测车 110 车次，动用监测定位设备 139 台次，出动监测人员 306 人次，工作监测时长 2314 小时，与公安机关、文新广局联合执法，查处“黑广播”案件 20 余起，缴获多套“黑广播”设备，有效遏制“黑广播”蔓延发展势头，严厉惩治违法犯罪分子的嚣张气焰。

【打击“伪基站”】 2017 年，针对“伪基站”干扰用户正常通信、发送诈骗、广告短信等违法行为，贵港市无线电管理处做好无线电监测分析、定位、逼近“伪基站”工作，并利用下班时间对市区主要街道进行巡逻监测。为提升工作合力，贵港市无线电管理处与市公安网监支队、三大运营商等建立联络机制。年内，贵港市无线电管理处配合市公安局，查处“伪基站”案件。其中，广西壮族自治区玉林市玉州区潘克（群众）使用“伪基站”发送带有钓鱼网站链接的信息并销毁发送信息数量的记录，扰乱无线电管理秩序，贵港市港北区人民检察院依法以涉嫌扰乱无线电通讯管理秩序罪对潘某提起公诉。起诉书认定，依法应当以扰乱无线电通信管理秩序罪追究其刑事责任。

【无线电干扰排查】 2017 年，贵港市无线电管理处查处贵港辖区内电信、移动、联通基站受干扰案件 5 起，及时消除各类无线电干扰，维护良好的用频秩序。

【无线电管理宣传】 2017 年，贵港市无线电管理处以“2·13”世界无线电日、“5·17”世界电信日及各类考试和其他重大活动为契机，创建无线电管理专题科普长廊，利用宣传栏、官方网站等各种形式开展无线电法规宣传和普及活动。2017 年，为扩大宣传影响，贵港市无线电管理处撰写无线电宣传稿 50 余篇。2016 年 12 月 1 日正式施行新修订的《中华人民共和国无线电管理条例》（以下简称新《条例》）。对新《条例》的宣贯是 2017 年宣传工作的重中之重。贵港市无线电管理处积极创新宣传方式，开辟宣传渠道。9 月 25 日，贵港市无线电管理处联合市群众艺术馆，在贵港市东湖公园水上舞台举办“人人都用无线电 个个都要守法规”为主题的庆祝新《条例》颁布实施法律法规现场宣传活动，进一步提升无线

2017 年 9 月 25 日，贵港市无线电管理处在贵港城区东湖举办无线电管理现场宣传活动　　市无线电管理处　提供

电管理社会认知度和影响力，为推动新《条例》的社会普及和贯彻落实营造有利的舆论氛围。

【走访设台用户】 2017 年，贵港市无线电管理处结合自身职能特点和工作实际，走访南宁铁路局南宁电务段贵港高铁通信车间、中国移动贵港分公司、中国联通贵港分公司等设台单位，进一步加强与设台用户的沟通协调，强化服务意识，进一步夯实无线电管理工作基础。

【无线电管理学习培训】 2017 年，贵港市无线电管理处结合实际，开展集中理论学习 12 次；参加台站管理、监测检测技术、宣传、财务、纪检监察业务等培训班 34 人次。根据自治区工信委党组、纪检组及市委的要求，认真开展中共十九大精神学习，推进“两学一做”学习教育制度化常态化，全面做好廉洁廉政工作。同时，积极与崇左市无线电管理处及各设备厂商开展技术、业务学习交流，通过抓学习、抓党建、抓工作，全面提升干部职工的综合素质。

【业余无线电】 2017 年，贵港市无线电管理处按照《业余无线电管理办法》及自治区工信委的要求，于 5 月、11 月举办了 2 期业余无线电台操作技能考试，扩大业余无线电爱好者队伍。

【无线电频率占用费收缴】 2017 年，无线电频谱资源属于国家所有，国家对无线电频谱资源实行统一规划、合理开发、有偿使用的原则。贵港市无线电管理处按照规定，坚持“票款分离”“收支两条线”的征管机制收缴频率占用费。6 月 15 日前，完成上半年计征报表的上报，12 月 1 日前完成下半年新增台站计征报表上报。全年向设台单位征收频占费 10.17 万元。

【无线电管理技术设施建设】 2017 年，贵港市无线电管理处按照《广西壮族自治区无线电管理“十三五”规划》要求，紧紧围绕服务经济建设中心开展技术设施布局和建设，完成猫儿山基站黄金水道监测网建设项目和桂平站、平南站 2 个高铁新站点的建站工作及贵港站站点的搬迁工作。经过近两年的不断努力，贵港初步建成铁路专用无线电监测网，实现对辖区内高铁沿线重要路段的监测覆盖。

【无线电管理工作专题汇报会】 2017 年，贵港市无线电管理处加强与政府部门的协调沟通，及时汇报无线电管理工作新情况、新进展，积极宣传无线电管理工作在服务经济社会发展方面的重要作用，争取政府主管部门和相关单位对无线电管理工作的理解和配合。2 月初，贵港市政府副市长黄星荣、市政府副秘书长甘靖康等一行 3 人莅临贵港市无线电管理处开展检查指导工作。8 月下旬，贵港市副市长黄星荣主持召开贵港市无线电管理工作专题汇报会。会后，由贵港市人民政府拟定并签发《贵港市无线电管理工作专题汇报会的会议纪要》。在无线电管理技术设施建设、无线电管理宣传、查处“黑广播”“伪基站”等工作方面，均得到市政府的大力支持，为贵港市无线电管理处开展工作创造有利的决策依据和社会氛围，对推进无线电管理工作具有十分重要的意义。　　（甘　萍）

房地产业

住房与房地产

【概况】 2017 年，贵港市有房地产开发企业 239 个，其中一级资质企业 1 家，二级资质企业 20 家，三级资质企业 37 家，四级资质企业

21家,暂定级资质企业160家。全市商品房销售面积310.22万平方米,同比增长16.2%;房地产投资136.59亿元,同比增长33.3%;2017年年底商品房待售面积32.87万平方米,消化周期为10.5个月。

【保障性住房建设管理】 2017年,贵港市推进棚户区改造、基本建成、分配入住和新增住房租赁补贴发放工作,超额完成自治区下达的任务。年内,全市棚户区改造(国家任务)完成开工5510套,占任务的100%;建成棚户区改造336套,占任务的103%,建成公共租赁住房4187套,占任务的100.04%;完成2013年年底前政府投资开工建设的公共租赁住房分配入住16296套,占任务的102.54%,完成2014年年底前政府投资开工建设的公共租赁住房分配入住4846套,占任务的109.94%;发放新增住房租赁补贴82户,占任务的164%。

【物业管理】 2017年,贵港市有物业管理小区201个,物业服务企业179家,物业管理总建筑面积约2400万平方米,物业就业人员约13000人。贵港市住建委进一步规范对物业服务企业的管理,年内办理前期物业服务管理合同备案16宗、物业服务企业变更备案2宗,指导成立8个物业小区成立业主委员会,归集物业专项维修资金522万元,对62个物业小区开展专项检查。 (陆雅萍)

住房公积金管理

【概况】 2017年,贵港市住房公积金管理中心完成住房公积金归集额16.08亿元,增长12.84%;住房公积金提取额11.34亿元,同比增长15.24%;发放住房公积金个人住房贷款8.02亿元,下降15.84%。6月30日,完成2017年度结息工作,为3943个单位的14.81万名职工完成计结利息5261.84万元,同比增长18.1%。在广西住房公积金系统业务综合考评中连续13年获得优秀。12月14日,再次被人力资源和社会保障部、住房城乡建设部授予“全国住房城乡建设系统先进集体”,是全区住房公积金系统中唯一继2012年连续两次(五年评一次)获此荣誉的单位。

【住房公积金归集】 2017年,贵港市住房公积金归集额16.08亿元,增长12.84%,完成全年任务指标(自治区下达,下同)的104.48%。截至12月底,累计住房公积金归集总额为92.86亿元,归集余额为40亿元。参缴单位累计4060个、15.41万人,2017年纯新增缴存单位216家,人数7882人,完成全年新增任务指标的179.71%。

【住房公积金提取】 2017年,贵港市住房公积金提取额为11.34亿元,同比增长15.24%,占当年新增归集额的70.52%。其中,住房消费类提取42543人、9.24亿元,占提取总额的81.48%;非住房消费类提取5554人、2.1亿元,占提取总额的18.52%。累计住房公积金提取总额为52.86亿元。

【住房公积金贷款】 2017年,贵港市发放住房公积金个人住房贷款(简称个贷)8.02亿元(其中公积金自营6.01亿元,公转商2.01亿元),下降15.84%。完成全年任务指标的118.62%。中心个贷余额为34.43亿元,个贷比率为86.09%,已累计向24676户家庭发放住房公积金个人贷款48.46亿元。累计为政府民生工程城市廉租住房建设贡献7076.2万元补充资金(其中2017年上缴廉租住房建设补充资金1800.93万元)。

【住房公积金提取贷款政策调整】 2017年,贵港市住房公积金提取贷款政策调整:下半年,暂停公积金

2017年3月22日,贵港市举行住房公积金个贷政策调整新闻发布会

市住房公积金中心 提供

贷款业务，全面启动“公转商”业务和二次、异地贷款排队轮候贷款业务；暂停办理装修提取业务；变更二手房因“公转商”住房贷款办理模式；以基准利率的九五折或基准利率继续开办“公转商”贷款业务；贷款额度计算方式调整，通过“以存定贷”公式计算贷款额度，即按照贷款职工从贷款之日起至法定退休年限止，缴存住房公积金总额加上其住房公积金账户余额之和的2倍，计算个人住房公积金贷款的额度；将申请住房公积金贷款的月还款额和其他所有债务支出之和与月收入比由60%调整为50%；个贷率超过90%时，暂停办理公积金贷款业务和“商转公”贷款业务，启动“公转商”贷款业务。3月22日，举行贵港市住房公积金个贷政策调整新闻发布会。时任市委常委 、市政府副市长、市公积金管委会主任委员张启威介绍贵港市住房公积金个贷政策调整有关情况。新闻媒体记者就贵港市住房公积金个贷政策调整提问，市住房公积金管理中心新闻发言人答记者问。

2017年3月10日，2017年广西住房公积金信息化建设现场会在贵港市住房公积金管理中心召开

市住房公积金中心　提供

【广西住房公积金会议召开】 2017年3月10日，广西住房公积金工作会议暨信息化建设推进工作现场会在贵港市召开。全区14个地市的16个公积金中心、分中心领导、中层骨干80多人参加会议。贵港市住房公积金管理中心主任陈志军在会上做题为《创新引领，科技为先，助推贵港住房公积金信息化建设不断跃上新台阶》的经验介绍。会后观摩贵港公积金中心档案库房、数字化档案系统、综合业务系统和数据中心机库及综合监控平台等，观看综合服务管理系统、财务系统和绩效管理系统的现场演示。

【住房公积金缴存纳入劳动合同示范文本】 2017年5月起，贵港市住房公积金缴存历史性纳入劳动合同示范文本，成为全区同行第二家完成此项工作的中心。将缴纳住房公积金列入劳动合同示范文本，把住房公积金与社会保险一起在劳动合同中明示，有助于督促用人单位履行依法为职工缴存住房公积金的义务，也有助于职工正确行使权力，依法要求用人单位按规定缴存住房公积金，有效维护劳动者的合法权益，同时还能避免、减少缴存而导致纠纷和劳动争议的的发生，有利于创建稳定和谐的劳动关系。

【综合服务平台建设】 2017年，贵港市以“互联网＋公积金”为导向，以互联网和移动终端为主要载体，开通网上办事大厅，实现大部分传统柜面业务让职工可以足不出户在网上办理。向缴存单位及个人提供包括缴存业务的单位信息变更、基数调整、账户转移、单位汇补缴确认登记、缴存结算以及部分个人公积金提取、贷款业务在线办理业务功能。同时依托中心信息交换平台，客户可通过门户网站、“12329”热线、自助查询终端、微信、APP查询到单位及个人住房公积金缴存、贷款等情况；短信平台为缴存单位及个人提供包括住房公积金缴存、年度结息、提取等多项信息内容。同时，全面接入全国住房公积金异地转移接续平台，实现住房公积金“账随人走、钱随账走”。综合服务平台扩大业务办理渠道，为广大缴存职工提供更高品质的服务，服务规范、整齐划一，促进业务服务管理精细化。通过综合服务平台的各功能渠道，对关系民生的政策法规、办事流程、年度报告、公积金信息等信息全面真实的予以公开，提高公积金管理运作的透明度，实现与群众的良性互动。（赵　凤）

建设　环保

国土资源管理

【概况】 2017年，贵港市国土资源局有序推进耕地保护、土地规划、用地报批、项目供地、矿产管理、执法监察、地灾防治、测绘地理信息等工作，在自治区用地指标总量减少的情况下，全市获得新增建设用地指标29685亩，同比增长117%，实现逆势大幅增长，保障了196个急需用地的项目指标；项目用地报批179个，总面积49303亩，同比增长28%；获项目用地批复146个，总面积22611亩，同比增长233%；供应国有建设用地159宗，总面积14047亩，同比增长33%。2012年—2016年全市平均供地率达70.4%，已连续四年达70%以上。8月，创新建立建设项目“服务专员”办公室，统筹、协调、督促和指导建设项目用地服务保障各项工作、各个环节，以“主动、快捷、优质”的服务赢得项目业主的高度肯定。年内，获得全区国土资源系统政务信息报送先进单位一等奖、全区测绘地理信息行政管理工作考评特色工作单位、自治区国土资源厅综合管理目标考核一等奖、市招商引资工作先进单位、市重大项目推进先进单位、市网络问政“网民最满意单位”、市政协提案工作先进承办单位。

【耕地保护】 2017年，贵港市获批非农业建设占用耕地10397亩，全部按规定进行先补后占，做到耕地占补平衡。在2013年基本农田划定成果的基础上，完成全域永久基本农田划定方案的编制和审核工作，并获得自治区国土资源厅、农业厅批复，桂平市、平南县的永久基本农田划定方案按自治区要求全部完成市级的批复并报备自治区国土资源厅、农业厅。层层签订《耕地保护责任状》和《基本农田保护责任书》，全市建立乡（镇）级基本农田保护标志牌72块，界桩7855个，签订责任书1163本，发放明白卡94.9万份。

【土地开垦与整理】 2017年，覃塘区整县推进高标准基本农田土地整治项目16个子项目，涉及8个乡镇、39个行政村，实施面积14.38万亩，建设高标准基本农田面积12.46万亩，投入资金17706.64万元，11月覃塘区16个子项目获得竣工验收批复。桂平市整县推进高标准基本农田土地整治项目23个子项目，实施面积28.38万亩，建成高标准基本农田23.45万亩，总投资35003.92万元，年底21个项目完成竣工验收，2个项目正在施工。

全市实施提质改造“旱改水”项目12个，实施规模共1.24万亩，计划增加水田面积0.99万亩，投资4499.83万元，年底完成竣工项目5个，确认新增水田0.47万亩。实施后备资源开垦项目7个，实施规模0.29万亩，计划增加水田面积0.22万亩，投资1613.44万元，年底完成竣工项目1个。

【国土规划】 2017年5月23日，自治区国土资源厅批复贵港市港城镇、根竹乡、石卡镇、八塘镇、新塘乡、南木镇、西山镇、寻旺乡、平南镇、上渡镇、镇隆镇11个重点乡镇土地利用总体规划调整完善方案；6月28日前，41个一般乡镇土地利用总体规划调整完善方案获得贵港市人民政府的批复，为将来3~5年的项目用地奠定规划基础。2017年，获得新增建设用地指标29685亩，保障196个前期工作完善的项目用地指标。

【项目用地调控和监测】 2017年，自治区层面统筹推进重大项目涉及贵港市范围68个。其中，跨市项目30个，已保障或有保障用地指标的项目10个，未保障或部分保障用地指标的项目13个，不需新增建设用地指标的项目7个；贵港市项目38个，已保障项目19

2017年8月18日，贵港市国土资源局工作组到桂平市调研大藤峡水利枢纽工程项目用地情况

市国土资源局　提供

个，部分保障项目6个，未保障项目13个。

实施的厅管重大项目11个专项，包含39个子项目，总投资预算为70773.47万元。11个专项项目中，2个项目申请设计变更，1个项目正在进行财政预算评审，2个专项项目进行整改，6个专项项目获得竣工验收确认批复，正在进行审计决算。39个子项目中，覃塘区整县一期整县推进土地整治项目(16个子项目)全部获得竣工验收批复，桂平市整县推进土地整治项目(23个子项目)完成审计获得市政府下达确认批复1个，其余22个项目均在整改。

【土地储备】 2017年，贵港市完成30个项目的立项，面积1760亩；完成15个项目的用地预审报批材料上报，面积583亩；市本级储备商住及村集体留用地项目5个，报批面积399亩。全年偿还西江河畔农村土地收储整治项目的贷款本息33658.55万元，其中本金33332万元、利息326.55万元。办理项目征地拆迁补偿及征地相关资金用款手续144个项目，由市财政安排解决资金问题项目147个，支付资金61031万元，为项目报批及征地拆迁提供了资金保障。

【建设用地供应】 2017年，贵港市供应国有建设用地159宗，面积14047亩，同比增长33%；土地总价款33.09亿元，同比增长84%。全市近五年平均供地率为70.4%，已连续四年达70%以上。全市盘活存量建设用地13724亩。

按供应方式分类：拍卖出让10宗，面积182亩；挂牌出让88宗，面积5695亩；划拨用地以协议方式补办出让17宗，面积227亩；划拨44宗，面积7943亩。

按土地用途分类：供应商服用地13宗，面积718亩；工矿仓储用地52宗，面积3270亩；住宅用地59宗，面积2873亩；公共服务等其他用地35宗，面积7186亩。

【不动产登记】 2017年，贵港市不动产统一登记工作实行“市本级同城通办”“房产交易、不动产登记业务一窗联办”“特特殊人群定制绿色通道和上门服务”等便民举措，颁发不动产权证26265本、不动产登记证明53922本。其中，市本级颁发不动产权证17124本、不动产登记证明29669本；桂平市颁发不动产权证3977本、不动产登记证明10715本；平南县颁发不动产权证5164本、不动产登记证明13538本。办理不动产抵押登记10659宗，其中市本级21119宗、桂平市5851宗、平南县6451宗。

【地籍管理】 2017年，贵港市完成年度土地变更调查及城镇地籍调查数据更新汇总工作，为土地管理提供现实性的基础数据成果。加快推进农垦国有土地使用权确权登记发证工作，开展广西农垦国有西江农场地籍调查3600公顷，其中已完成地籍调查29宗(2672公顷)、已登记发证22宗(2671公顷)，工作进度位于全区农垦系统确权登记发证工作的前列。

【测绘管理】 2017年，贵港市国土资源管理局加大推广“数字贵港”应用，建立覆盖全市域、多尺度、多类型的基础地理信息数据库和“数字贵港地理信息公共平台”，促进信息共享和充分利用。争取上级资金110多万推进数字贵港地理空间框架应用示范项目建设，其中“贵港市613管理系统”建设项目已通过评审验收。市、县两级国土系统2000国家大地坐标系成果转换工作在全区率先完成。分发覆盖全市的1：2000数字正射影像图11741幅，为贵港市农村土地承包经营权确权工作的顺利开展提供有力保障。会同贵港市国家保密局、安全局等部门有针对性地开展涉密测绘成果保密检查和测绘资质巡查，开展全覆盖排查整治“问题地图”

专项行动，排查86家单位109幅地图、政府部门网站44个，对检查发现问题已全部督促整改到位；对9个市级卫星导航定位基准站的安全风险点进行专项整治行动。

根据市、县测绘行政主管部门职责的划分，推进权力清单和责任清单融合，及时编制行政权力运行流程，向社会公开涉及市、县测绘管理方面的权责事项20项。贵港市测绘地理信息产业不断壮大，有测绘资质单位22家，其中乙级单位5家、丙级单位10家、丁级单位7家，完成测绘服务总值3523.8万元。

【矿政管理】 2017年，贵港市严格落实矿业权人勘查开采信息公示制度。应公示采矿权85个，完成填报公示78个，完成率91.76%；勘查项目56个，已完成填报公示55个，完成率98.21%。办理矿业权审批登记46宗。其中，市本级办理采矿权审批登记5宗、探矿权审批登记25宗，桂平市办理采矿权审批登记12宗，平南县办理采矿权审批登记4宗。

【地质灾害防治】 2017年，贵港市通过完成市城区岩溶地面塌陷调查与评价项目，对调查评价区进行岩溶塌陷预测风险管理区划，提出地质灾害防治建议，提升贵港市防灾减灾和保护地质环境的能力，为新型城镇化建设、重大工程建设提供基础地质数据。贵港市地质灾害预警信息系统使用正常，在汛期期间利用预警信息系统发布预报信息153次，发布地质灾害预警预报橙色预警1次，黄色预警8次，蓝色预警144次，预警短信13615条。年内，全市发生的地质灾害35起，造成的直接经济损失179.8万元，同比减少60.6%。

【行政审批】 2017年，贵港市国土资源管理局推进行政审批制度“审管分离”改革，全面提高行政审批效率。受理前期服务收件421件，使用政务服务业务通用软件办理咨询件727件，保持政务中心每月量化排名前三；受理审批事项937件，办结946件，按时办结率达100%，群众评议率达99.8%，满意率达99.9%。微政务预约30件，回复群众意见反馈6条；办理否定报备事项2件；贵港市国土资源管理局政务服务窗口6次被市政务中心评为“红旗窗口”，被评为“星级首席”5人次，被评为“党员先锋岗”5人次，被评为“服务之星”12人次。

【执法监察】 2017年，贵港市国土资源执法监察加强法律法规宣传和执法培训，举办执法监察业务培训班3期，受训人员600多人次。开展“6·25”全国土地日、“12·4”国家宪法日等宣传活动，对国土资源法律法规、保障发展和保护耕地新政策进行宣传。

开展日常执法监管，通过日常执法巡查发现违法案件651宗（土地违法646宗、矿产违法5宗），已依法进行相应查处。收到违法违规用地用矿举报线索112件，已核查答复办结110件，办结率98.2%。推进2016年度土地矿产卫片执法监督检查，并顺利通过自治区检查验收，总得分74.8分，排名全区第一。

根据国家土地督察广州局进驻贵港市对土地例行督察的《例行督察意见书》，开展土地例行督察执法方问题清单整改工作，贵港市列入土地例行督察问题清单土地执法方面的问题共368个，12月顺利通过自治区的检查验收，初步通过国家土地督察广州局验收核查。

【国土资源管理队伍建设】 2017年，贵港市加强干部队伍建设，规范干部选拔任用，完成18名干部、15个职位的转任、推荐考察、任用工作。落实干部交流和挂职锻炼机制，在本系统内轮岗交流科级领导干部13名（交流10名、岗位调整3名）；选派干部到自治区国土资源厅跟班学习1名；向自治区国土资源厅、自治区测绘地理信息局请示选派测绘、矿产资源管理人才到贵港市国土资源管理局挂职7名。加强干部教育培训，创建“国土大讲堂”平台，局领导、每个科室

2017年7月27日，国土资源行业党建联盟成立　　市国土资源局　提供

的领导轮流上课，全年举办培训班39期，其中“国土大讲堂”19期、计划内举办20期，培训率达87%；选派干部职工参加部、厅等上级部门举办的各类培训班300多人次。“四所合一”工作推进顺利，完成“四所合一”国土所人员的调动和人事档案的移交。（吴秋凤）

城乡建设

城乡规划

【概况】2017年，贵港市围绕建成西江流域核心港口和新兴工业城市的目标，立足“双城”战略定位，充分发挥规划引领作用，科学编制各类城乡规划，加强城乡规划建设，中心城区建成面积73.1平方千米，拉开现代化中等城市框架，城市品位和综合服务功能稳步提升，城乡人居环境日益优化。

【城乡规划编制】2017年，贵港市本级在2016年完成贵港市城市总体规划实施评估的基础上，组织开展城市总体规划修改前期工作，形成“区域分析与城市定位”等10个专题研究初步成果。组织开展西江新城规划编制工作，为打造集生产、服务和消费于一体的城市新区，提出了初步空间规划结构。贵港市住房和城乡规划建设委员会（以下简称贵港市住建委）完成《贵港市中心城区城市地下综合管廊专项规划（2016—2030）》《贵港市中心城区海绵城市专项规划（2017—2030）》《贵港市城市排水（雨水）防涝设施建设专项规划（2016—2030）》《广西贵港高新技术产业开发区总体规划（2017—2035）》等专项规划编制并获市人民政府批复实施。组织开展《贵港市中心城区抗震防灾规划（2017—2030）》《贵港市中心城区无障碍环境建设规划（2017—2030）》等专项规划编制并形成初步规划成果。

各县（市、区）扎实推进本区域的城乡规划编制工作，城乡规划体系逐步完善。桂平市完成旧城区、西山路沿线控制性详细性规划编制，将长安工业集中区二期由工业用地调整为商住用地，开展南木镇总体规划编制工作并已出初步成果；平南县开展本县城江南区、城西区控制性详细规划和城区消防专项规划编制工作；港北区完成武乐镇、根竹镇乡镇总体规划修编；港南区完成新塘镇总体规划编制；覃塘区开展覃塘城区总体规划修编已完成初稿，完成蒙公镇、三里镇、五里镇、大岭乡等乡镇的规划编制前期工作。

【项目审批】2017年，贵港市住建委办理建设项目选址意见书75份、建设用地规划许可69份、审查总平面规划图158项（含用地报批项目48个）、出具规划定点意见书5项、非建筑类建设工程规划定点16份、非建筑类工程规划许可4份、规划设计条件及用地界限图217件，处理规划答复、意见类232份；开展设计方案论证审查88项（件），核发建设工程规划许可证121本、规划核实证明41项，组织工程项目验线42项。办理建设工程规划许可证的项目有贵港市高级中学新校区、荷城第三初级中学、贵港市文笔山小学等项目规划审批手续。办理贵港市卫生学校迁建项目、达开实验小学、贵港市江南中学等项目规划审批手续。登龙桥小学、达开实验小学、荷城第二小学、荷城第三小学、贵港市江南中学、港南中学、万达广场等城市配套公建项目完成了总平审查及核发建设用地规划许可证。核发贵港市旺岭仓储项目、金田大厦、贵港市粮食储备库、金港商贸城回迁房、热电循环糖厂搬迁技改项目、贵港市消防训练基地和战勤保障大队、郁江湾、万达广场、中共贵港市党校搬迁项目二期、江南中学5#教学综合楼、西江写字楼、达开高中增容工程1、2#教师周转宿舍等。贵港航道养护基地综合楼、全科医生临床培养基地加建项目、富民商城、普罗旺斯、圣湖城、金港明珠、钓鱼台·和府、广汇·东湖城、美家居国际博览城等项目实现竣工并办理规划核实证明。推进市中心城区重点项目和市政基础设施建设，开展南山片区水环境综合整治、城东大桥及接线工程、江南大桥及接线工程、城东污水处理厂、城西污水处理厂提标改造工程、龙床井水厂改扩建工程及民生路、进港公路提升改造工程、金田路、达开路等中心城区道路以及产业园区道路方案审查工作。

【历史文化保护】2017年，贵港市人民政府印发《贵港市历史文化街区和历史建筑确定工作方案》，并在全市范围内推进历史建筑普查、测绘和和规划编制工作。年内，组织各县市区开展历史建筑潜在对象摸底，收集到潜在历史建筑27处。

【规划监察】2017年，贵港市开展“双违”大会战行动，市住建委联合市国土资源局和市“双违”整治办

2017 年，贵港市南江棚户区建设项目　　市住建委提供

进行“双违”建筑整治，出动督查车辆 573 车次，无人机航拍监控 674 次，下发疑似违法建筑督办核查单 628 宗，经核实属违法建筑 454 宗，查处违法占地面积 42.69 万平方米，违法建筑面积 34.86 万平方米。开展城乡建设行政案件查处工作，立案查处违法案件 84 宗，查处违法占地面积 1.19 万平方米，违法建筑面积 4.63 万平方米。

（陆雅萍）

城市建设

【概况】 2017 年，贵港市住建委负责建设重点项目 8 个，其中棚户区改造项目 3 个、PPP 项目 2 个、其他基础设施建设项目 3 个，项目总投资 51.34 亿元，年度计划投资 0.96 亿元，实际完成投资 1.7 亿元，占年度计划投资的 178%。市政基础设施及终点项目建设和海绵城建设稳步推进。

【棚户区改造】 2017 年，贵港市震塘社区棚户区改造项目完成投资 5622 万元，占年度计划投资 2800 万元的 200%。其中，1# 和 2# 楼完成内外墙抹灰及室内装修，3# 楼完成东单元 21 层主体框架施工，4# 楼 10 月底完成封顶。南江社区棚户区改造项目完成投资 3729 万元，占年度计划投资 1300 万元的 286%，完成砌筑工程、抹灰工程、装修工程、绿化工程、供排水、供配电等小区配套设施施工，其中 5# 至 9# 楼 11 月竣工。堤路园棚户区改造项目（二）A 标段完成投资约 3592 万元，占年度计划投资 1500 万元的 239%，8 月开始进场进行现场围挡及清表。

【PPP 项目建设】 2017 年 8 月，贵港市郁江两岸综合治理工程进场开工建设，进行南岸和北岸局部场地平整、清表及土方开挖，北岸进行挡墙护岸施工，完成投资 1609 万元，占年度计划投资 1500 万元的 107%。地下综合管廊（一期）项目完成规划、立项、可研、“两评估一方案”及 PPP 项目资格预审，12 月完成施工招标。

【基础设施建设】 2017 年，同济大道下穿铁路工程受两端道路施工影响除外电电缆、排水压力管无法施工外，其余工程完成施工，完成投资 1950 万元，占年度计划投资 700 万元的 278%。新华路（港宝街—圣湖路）除受征拆影响的 K0+350 至 K0+650 桩段 300 米不能施工外，其余路段均完成施工，完成投资 546 万元，占年度计划投资 250 万元的 218%。迎宾大道东侧支路（布山大道—金港大道）主要进行沟槽开挖与路面施工。

【市政基础设施及终点项目建设】 2017 年，贵港市住建委推进市政基础设施及终点项目建设，配合项目业主开展南山片区水环境综合整治工程、鲤鱼江治理及水生态保护项目、城东大桥及接线工程、江南大桥及接线工程等终点项目前期工作，审查市中心城区路口渠化改造方案、民生路、仙衣路等市中心道路以及产业园道路方案。

【海绵城市建设】 2017 年，贵港市中心城区建成区总面积 66.79 平方千米，达到海绵城市建设要求总面积 3.49 平方千米，占建成区面积的 5.23%。

（陆雅萍）

【市政项目建设】 2017 年，贵港市市政管理局负责项目 40 个，总投资 84.39 亿元，年度计划投资 16.1 亿元，年度完成投资 33.45 亿元。兴六高速一级连线和金港大道交通改造提升工程 5 座立交桥实现通车，完成工程量的 70%；高铁站前广场一期工程投入使用；港城棚户区改造项目完成一期建设、二期实现主体封顶；完成城区白改黑道路 16 条；完成 15 条道路和 15 个小区路灯安装，城区 5 条河道截污和生态治理工程开工建设，牛皮河黑臭水体生态治理工程、马尾江整治工程等项目也加快推进，城市承载力和服务功能不断完善。

【城镇污水垃圾处理设施建设】 2017年,贵港市新增城镇污水处理能力3.32万吨,全市“十三五”首批10个镇级污水处理厂整体比自治区要求的时间提前2个月建成运营,贵港市垃圾场渗沥液处理站改造工程、桂平市污泥处理处置项目、平南县污水厂提标改造工程等项目完工投入使用,贵港市城西污水处理厂提标改造工程和牛皮河黑臭水体治理工程实现开工。统筹推进全市农村垃圾两年攻坚,全面完成289个村级处理设施和44个乡镇垃圾转运站建设,“村收镇运县处理”体系基本建成。市政公厕建设超额完成自治区下达三年建设任务,累计新建、改建市政公厕139座。 （卢 斌）

村镇建设

【概况】 2017年,贵港市将推进村镇建设同新农村建设、“美丽贵港”建设紧密结合,农村危房改造、示范县建设示范工程、百镇建设示范工程、农村改厕改厨等工作顺利完成;特色小镇申报培育和传统村落保护取得新成效,港南区湛江镇被评为改善农村人居环境示范村;第一批示范镇覃塘区东龙镇、第一批少数民族乡平南县马练乡顺利通过自治区验收。9月26日,全区2017年乡土特色建设现场示范会议在贵港召开。乡土特色、乡改镇、民族乡建设等项目按计划完成年度任务。

【农村危房改造】 2017年,贵港市农村危房改造总任务7017户,其中建档立卡户4468户,按要求年内所有改造任务全面开工,所有建档立卡危房改造户全面完成。年内,农村危房改造项目开工7639户,占任务的108.86%;竣工7318户,其中建档立卡贫困危改户竣工4536户。超额完成自治区下达的年度目标任务。

【示范县建设示范工程】 2017年,贵港市落实示范县建设示范工程项目,平南县列为2016年度自治区新型城镇化示范县,建设年限2016—2019年,由自治区专项配套2000万资金对该县城区江滨路综合整治工程等10个示范项目进行建设,总投资13568万元。2016—2017年,计划投资11338万元,完成投资14509万元,完成2016—2017年投资计划的127.97%。

【百镇建设示范工程】 2017年,贵港市实施《广西百镇建设示范工程实施方案》,开展第二、三批百镇建设示范工程建设。平南县大安镇是自治区第二批百镇建设示范工程,建设年限2015—2017年,项目总投资2000万元,年内大安镇完成投资2030.9万元,完成投资率101.55%。平南县丹竹镇、桂平市木乐镇是自治区第三批百镇建设示范工程,建设年限2016—2018年。其中,平南县丹竹镇项目2016—2017年计划投资1470万元,实际完成投资1628.1万元,完成投资计划的110.76%;桂平市木乐镇项目2016—2017年计划投资2600万元,实际完成投资2785.5万元,完成投资计划的107.13%。

【农村改厕改厨工程】 2017年,贵港市改厕任务56000户。其中,港北区4800户,港南区4400户,覃塘区6800户,桂平市22000户,平南县18000户。实际完成改厕56594户,占任务的101.06%。改厨任务56000户。其中,港北区4800户,港南区4400户,覃塘区6800户,桂平市22000户,平南县18000户。实际完成改厨56216户,占任务的100.39%。超额完成自治区下达的年度目标任务。

【特色小镇申报与培育】 2017年,贵港市积极开展国家级、自治区级、市级特色小镇申报创建工作,16个乡镇提交申报材料。其中,港南区桥圩镇和桂平市木乐镇入选国家级特色小镇;平南县大安镇、港北西江产业园入选自治区级特色小镇;港南区桥圩镇,桂平市木乐镇、麻垌镇,平南县大安镇、平山镇,港北西江产业园,港南区湛江镇,覃塘区覃塘镇、石卡镇等列入市级特色小镇名录。市级特色小镇培育实施方案年内出台,保障特色小镇的健康可持续发展。

【传统村落保护】 2017年,贵港市列入自治区传统村落保护范围村屯16个。贵港市积极开展中国第五批传统村落申报工作,组织10个村屯申报,申报材料已提交到住建部。分别有:港城镇龙井村、桥圩镇东井塘村、木格镇云垌村、瓦塘乡柳江村平依屯、木梓镇回龙村、中沙镇南乡村、大安镇镇大社区、大鹏镇大鹏村石门屯、思旺镇双上村、镇隆镇富藏村中团屯。

（陆雅萍）

市政管理

【环境卫生管理】 2017年,贵港市环境卫生行业围绕打造干净、整洁城市环境,投资1110万元,新建47座环保公厕;新增多功能喷雾抑尘车2辆,清扫、冲洗车4辆,并对部分作业车辆安装GPS汽车定位器和行车记录仪。推进清扫保洁市场化运作，港北新城区290万平方米道路清扫保洁实行市场化服务，创建荷城路等路段垃圾收集一体化示范路。年内，贵港市中心城区新增清扫保洁面积84.9万平方米，累计清扫保洁面积606.7万平方米，机械冲洗清扫面积为332万平方米，机械清扫率为57%。中心城区征收生活垃圾处理费1355万元。

【市容秩序管理】 2017年，贵港市城市管理部门以开展"城市建设城市形象提升年"活动为契机，以创建"全国文明城市"为抓手，抓好市容市貌专项整治。开展报刊亭（便民亭）整治，全部拆除城区报刊亭276个，彻底根治报刊亭多年来乱摆乱设的乱象。开展户外广告专项整治，拆除城区大型高杆广告22杆；违规广告牌978块，面积2.5万平方米；发放霓虹灯整治通知书52份，整治残缺霓虹灯37处；拆除医疗广告1200张，面积4500多平方米；清理牛皮癣小广告2万多张；清理乱挂横幅2500多条、彩旗600多条；整治流动车123辆；按照不低于30%比例在主次干道、公交站台和路名牌等设置公益广告388块。开展马路市场整治，重点对人民路桥底、六八村路口、一九一路口、旧龙山路口及龙圣市场周边等马路市场进行专项整治，保障道路安全畅通，维护良好交易秩序。开展摊点乱摆乱卖专项整治，港北城区整治占道摊点9.7万摊次，整治门店占道（超门槛）经营行为4万多次，发放市容整改通知书1.2万份，发放宣传资料3.5万份，教育当事人10万人次；港南城区整治流动摊点8900摊次，劝导疏通流动摊贩回归市场内8100起，暂扣保存登记物品547起，累计罚款16410元。开展夜市摊点整治，港北城区累计发放夜市摊点规范经营通知书2000多份，整治夜宵摊4000多摊次；港南城区采用集中经营的办法，基本消除夜市摊点随街乱摆现象。开展渣土运输撒漏专项整治，全年出动巡查车辆1408班次，联合执法5550人次，巡查临控中心城区市政道路和施工工地2万多次，对违规行驶司机和工地业主进行思想教育580多次，严管重罚404起。

【园林绿化管理】 2017年，贵港市围绕"城市大变化"总体目标，投资900万元，完成迎宾大道、中山路北段和金港大道东段3条道路绿化改造提升；完成3条道路彩化、1个街头小绿地、7处荷花布展等工作，有效提升中心城区绿化景观；完成中心城区东、南、军分区等3个进城出入口绿化景观改造提升，打造简洁大气、具有贵港特色的门户形象；加大城区园林绿化及裸露土地治理，完成金港大道、仙衣路、桂林路等多条道路裸露土地治理，补植黄金叶、大红花等品种植物35万株，铺设草皮3000平方米。抓好园林绿化日常养护，施放肥料25吨，除虫15次900万平方米，修剪地被12次700万平方米，修剪乔木、造型植物约5万株次；加强园林监察保护，查处毁绿案件603起，追回赔偿金额12.6万元；抓好苗圃生产和管理，培育各类花卉植物6600盆，各种袋苗47.3多万株；完成第九届（贺州）园博会贵港展园建设，并荣获植物造景艺术奖、插花艺术展团体金奖。

【城市公园管理】 2017年，贵港市城市公园以提升管理和服务水准，推进项目建设和公园彩化，打造设施完善、环境美好、秩序和谐、管理规范的城市公园形象。增设便民设施，新增休闲凉亭10座、石桌石凳20套、休闲长椅33个、垃圾桶110个。修缮和改造便民场所，完成南山公园北门、南山动物园售票亭、马草江公园公厕、东湖翼王亭等场所修缮，对便民桥、游园小路、无障碍设施等一批便民设施进行改造升级，对民族文化公园如意湖便民桥进行加宽改造，十二仙桥进行防滑和无障碍改造，马草江公园西门消防通道完成护坡施工，东湖公园北入口改造，马草江生态公园阳光大草坪步道改造及民族公园完善路网等。节约资源再利用，利用废弃的石板完善公园路网300米、修复残损垃圾桶150个。完善公园安全监控网络，新增摄像头15个。

【城市广场管理】 2017年，贵港市新世纪广场日常养护管理继续实施政府购买服务，通过设立专职监管人员、"三会制度"、养护保证金、绿化卫生网格化管理。坚持清扫保洁16小时制、巡查监察24小时制，累计清除牛皮癣小广告2000多张、清洗消毒垃圾桶4200个次、冲洗雕塑80尊次，修剪乔木5500株、绿篱8.2万平方米、绿化病虫害防治4次、清除杂草7.1万平方米、解决噪音问题7个、规范停放车辆3000多辆、劝离摊贩70人次，维修灯具450盏、喷淋管道126处、健身器材53件，调试喷泉31次，清理疏通公厕40次，冲洗硬化铺装地面6万平方米，对2000多个停车位重新划线标志，增设提醒牌7块、栏杆13副，补植各种苗木1.25万株、草坪0.5万平方米、增设路缘石

600多米,完成广场彩化提升工程,栽种彩化苗木20种3万株。开展新世纪广场区域整治乱摆卖摊点,采用在店铺门前划分界线,杜绝越界摆卖;开展公益广告宣传,在广场灯杆上、主要出入口悬挂设置各类公益广告117幅;加强广场歌舞噪音的监控。

【公共照明管理】 2017年,贵港市加大照明设施维修养护力度,持续开展楼宇照明景观建设,处理群众来电报修路灯问题860多件次,维修照明设施7280多件次,更换电缆12.76千米,修复故障路灯专变箱90多台,确保亮灯率98%、设施完好率达95%以上。加大有路无灯区域路灯建设,投资1050万元,完成国际生活港、解放路(桂林路—布山大道)、江南商贸城周边道路、旧环卫处垃圾场路、覃塘平龙路(三〇七医院至覃塘火车站)、覃塘区政府周边6段道路,桂林路与金田路交会处、江北大道与仙衣路交汇处、建设路与仙衣路交会处3个路口,東焦巷内四方岭小区、登龙桥良君垌小区、金港小区(郊场东片)、北环新村安置区东片区、北环新村安置区西片区、白沟井北小区、东港新苑小区、三合龙岗小区、武思江水库移民小区、大松石路、气象局西边小区11个小区路灯建设,安装或更换LED灯751盏,庭院灯24盏、太阳能路灯14盏,马路弯灯717盏,地埋电缆11.39千米,架空线路33.3千米。照明景观亮化建设,财政投资1000万元,完成市体育中心的主体育场、游泳馆、综合体育馆及观景台的夜景照明设施安装;宣传发动社会自筹资金完成通泰爱丽舍、碧桂园、钓鱼台和府、观天下、华泰国际三期、金港明珠、盛世荷城A3区、万豪国际城等8处、32栋楼宇亮化建设。

【城市道路管理】 2017年,贵港市投资570万元完成市城区道路设施改造提升工程,施划城区道路标线5.2万平方米,采购并安装城区道路护栏7.81千米,城区道路标志牌150杆。投资470万元完成金港大道人行道维修改造工程,维修改造人行道及建筑退让道路红线部分3.86万平方米。投资200万元完成2016年覃塘区小街小巷维修改造工程,硬化道路面积6800平方米、新建排水排污管沟900米、安装路灯14套、安装给水管550米。投资190万元完成2016年贵港城区小街小巷维修改造工程,硬化木松岭社区、廉石社区、南山社区、航运新村社区道路面积9200平方米,铺设排水沟300米;硬化密岭小区、八一社区道路面积8000平方米,安装八一社区路灯约15盏。启动概算投资4200万元的西江大桥维修加固工程,年内完成投资约760万元。全年,累计更换护栏9.2千米、维修破损路面2.91万平方米、路缘石259米,清洗护栏2255千米,更换防撞桶142个,雨(污)井盖292块,改造井盖134座,回填废弃窨井2座,安装更换反光立柱49杆,清除私设路缘斜坡1000米,清除停车位50个,拆除废弃广告基础墩22个,清除私设减速带65米。

【污水处理】 2017年,贵港市加强中心城区生活污水处理运营管理,城西污水处理厂污水处理总量3140万吨,中心城区污水处理率92.1%,进水COD浓度110.94毫克/升。

【供水排水管理】 2017年,贵港市供水运营监管对照国家饮用水标准,委托第三方检测单位对龙床井水厂和南江水厂的出厂水及管网水进行106项指标检测,并及时向社会公布检测结果。全年供水总量4160万吨,水质合格率99.2%,水压合格率98.5%。加强城区道路积水治理,完成登龙桥雨水管改造、迎宾路铁路桥底雨水管改造、零星积水点改造、西江园路雨水系统改造,对易涝路段的排水系统进行疏通,疏通排水管道100千米,清出淤泥270吨。

【燃气供气管理】 2017年,贵港市城区新增燃气市政管网1.8千米,天然气供气量1423.2万立方米,液化石油气供气量12740吨。开展燃气安全检查,组织自治区燃气专家组对全市23家燃气企业进行年度运行安全检查,结合燃气经营许可证核发要求燃气企业进行安全隐患问题整改,整改率达85%,责令1家安全条件不符合要求的企业进行停业整改。完成贵港市市级燃气监测预警平台建设,实现燃气场站视频数据与实时检测数据实时上传自治区燃气业务平台,为贵港市燃气安全监管和应急管理奠定了基础。

【垃圾处理】 2017年,贵港市中心城区及所辖三区乡镇生活垃圾基本清运至贵港市生活垃圾焚烧发电厂进行焚烧处理。全年生活垃圾进场量27.18万吨,日均771.4吨,生活垃圾无害化处理率100%;完成渗滤液处理系统工艺设备升级改造;焚烧厂渗滤液处理24596立方米,日均67.3立方米;加强中心城区建筑垃圾管理,全年清运违规排放建筑垃圾2.3万立方米,平整场地 9.8 万平方米。

【微信城管平台建立】 2017 年，贵港市建立城市管理微信平台，办理案件 9045 宗，结案 8852 宗，结案率 97.8%，初步建立具有贵港特色的数字化城管体系。 （卢 斌）

建筑业管理

【建筑市场秩序整顿】 2017 年，贵港市继续狠抓工程建设监管工作，市本级依法核发施工许可 142 项，开工建设建筑总面积 348.32 万平方米，总造价 65.54 亿元。其中，中心城区核发施工许可 46 项，总面积 176.39 万平方米，总造价 42.56 亿元。做好建筑业企业诚信信息库入库管理工作，审核入库企业 11 家，发放诚信卡 458 张，实施中标锁卡 431 张，解卡 125 张。推行农民工实名工资卡工作，加强建筑劳务人员管理，全市实行实名制工程项目 76 项。

【工程招投标管理】 2017 年，贵港市继续推进招投标监管，2 月 1 日，建设工程类施工招标实现电子化招投标。推广建设工程施工总承包招投标模式，贵港市园博园建设项目、贵港市兴六高速一级连线建设等项目均采用施工总承包模式进行招标。全市施工、施工总承包、监理、设计使用自治区统一的标准招标文件，推行招投标文件报备准入制度。市本级招标工程 181 项，中标价 74.86 亿元，同比增长 184.6%。其中，施工总承包项目 15 个，中标金额 57.77 亿元，占总造价的 77%。

【施工安全监管】 2017 年，贵港市住建委落实建筑企业安全生产主体责任，进一步强化建筑企业施工安全监管。组织拉网式检查 2 次、层级检查 6 次、专项检查 3 次。对施工企业进行 10 次、监理企业 6 次、项目经理 49 次、项目总监 1842 次、专职安全员 119 次安全动态扣分，发出质量安全隐患整改通知书 435 份，停工通知 16 份。组织召开全市建筑施工安全生产专项会议 12 次，开展全市建筑施工质量安全标准化暨扬尘治理现场观摩会 1 次，举办消防应急演练 2 次。组织安全生产、文明工地评选，评选出市级文明工地 36 个，自治区文明工地 20 个。

表 12　**2017 年自治区建筑施工安全文明标准化工地名单**

序号	工程项目	施工企业	项目经理／总监理工程师
1	贵港市高速铁路客运站站前广场 A-J 轴工程	中建三局第一建设工程有限责任公司	郭远龙
2	桂平市国贸中心广场 B 区 3# 楼	广西建工集团第三建筑工程有限责任公司	石国鹏
		广西广厦工程建设咨询管理集团有限公司	李常兵
3	广西贵港市翰林世家二期	广西建工集团第五建筑工程有限责任公司	韦长欢
		广西桂宝工程监理咨询有限公司	李传艺
4	平南通泰中央商务区二期(5#~10# 楼)	广西建工集团第五建筑工程有限责任公司	胡奕世
5	广西区三〇七核地质大队危旧房改住房改造项目	广西建工集团第一安装有限公司	万宏林
		广西益建工程建设监理有限责任公司	曾毅勇
6	贵港·凯旋国际四期工程	广西贵港建设集团有限公司	苏　毅
		广西中正金诺建设工程项目管理有限公司	王纯伟
7	贵港市联邦·太古 A 区一期(2#、3# 楼)	广西莲城建设集团有限公司	周声扬
8	广西壮族自治区粮食局贵港粮食储备库	广西四方建设工程有限公司	白云雪
9	贵港碧桂园一期 B 标段(25#~31# 楼)	河北建设集团有限公司	张　勇
		广西益建工程建设监理有限公司	梁　运
10	贵港市两桥棚户区改造同济大桥北岸安置住房建设项目	广西建工集团第一建筑工程有限责任公司	陈庆福
		广西隆欣建设监理有限公司	马福旺

续表

序号	工程项目	施工企业	项目经理／总监理工程师
11	“福桂三千城”D区1#、7#、8#、9#楼及一期地下室	广西建工集团第四建筑工程有限责任公司	胡时铭
12	鑫炎·凤凰城9#、12#、13#楼及地下室	广西建工集团第四建筑工程有限责任公司	谭昌立
13	桂平市喜源居商住小区	广西建工集团第四建筑工程有限责任公司	谭亲民
		广西桂春工程项目管理咨询有限公司	农伟军
14	通泰·爱丽舍二期(4#、5#、6#住宅)	广西建工集团第五建筑工程有限责任公司	兰鸿吉
15	贵港迎宾华府A6~12#楼	广西贵港建设集团有限公司	周超志
		广西中正金诺建设工程项目管理有限公司	王纯伟
16	华泰国际四期(12#、13#、15#、16#地下室)	广西贵港建设集团有限公司	罗　坚
17	港北区人民医院公共租赁住房项目	广西贵港建设集团有限公司	张善忠
18	贵港市凯旋国际五期综合楼及地下室	广西贵港建设集团有限公司	苏　毅
		广西中正金诺建设工程项目管理有限公司	王纯伟
19	贵港市六八村棚户区改造项目	广西贵港建设集团有限公司	梁俊成
		广西桂宝工程监理咨询有限公司	潘敬攀
20	贵港城区至兴六高速贵港出入口一级连线和金港大道(迎宾大道至解放路)交通提升改造工程EPC	广东省基础工程集团有限公司	林哲雄
		广西桂宝工程监理咨询有限公司	莫必晩

表13　**2017年贵港市建筑施工安全文明标准化工地名单**

序号	工程名称	施工单位／监理单位	项目经理／总监	备注
1	贵港市翰林世家二期	广西建工集团第五建筑工程有限责任公司	韦长欢	
		广西桂宝工程监理咨询有限公司	李传艺	
2	贵港市通泰·爱丽舍二期4、5、6#楼工程	广西建工集团第五建筑工程有限责任公司	兰鸿吉	
3	贵港市江湾名苑工程	广西建工集团第一建筑工程有限责任公司	董　锐	
		广西新厦工程咨询有限公司	梁志忠	
4	贵港市高速铁路客运站站前广场A-J轴工程	中建三局第一建设工程有限责任公司	郭远龙	
5	广西区三0七核地质大队危旧房改住房改造项目	广西建工集团第一安装有限公司	万宏林	
		广西益建工程建设监理有限责任公司	曾毅勇	
6	贵港市凯旋国际五期综合楼及地下室	广西贵港建设集团有限公司	苏　毅	
		广西中正金诺建设工程管理有限公司	王纯伟	
7	贵港·迎宾华府A6、A7、A8、A9、A10、A11、A12楼	广西贵港建设集团有限公司	周超志	
		广西中正金诺建设工程管理有限公司	王纯伟	
8	贵港市新区市场(二期)1~6#楼住宅工程	广西华凯建设工程有限公司	梁亮杰	
9	贵港碧桂园一期B标段(25#~31#楼)	河北建设集团有限公司	张　勇	
		广西益建工程建设监理有限责任公司	梁　运	
10	广西壮族自治区粮食局贵港粮食储备库14~17#仓库项目	广西四方建设工程有限公司	白云雪	
11	贵港市港北区港口高级中学教学综合楼项目	广西莲城建设集团有限公司	岑　毅	
12	贵港市港南区妇幼保健院业务楼项目	广西莲城建设集团有限公司	覃江韦	

续表

序号	工程名称	施工单位／监理单位	项目经理／总监	备注
13	贵港市港北区第三初级中学学生宿舍楼项目	广西莲城建设集团有限公司	陈庆生	
14	贵港市港南区第一初级中学学生宿舍楼项目	广西莲城建设集团有限公司	杨　昆	
15	贵港市港南区第一小学建设项目 1# 楼教学楼项目	广西莲城建设集团有限公司	黄东汎	
16	平南通泰中央商务区二期(9#、10#)	广西建工集团第五建筑工程有限责任公司	胡奕世	
17	华鹏・西江明珠商住楼	广西建工集团第三建筑工程有限责任公司	邹　毅	
		广西南宁建科工程监理有限责任公司	叶方启	
18	贵港市通泰・爱丽舍二期(4#、5#、6# 住宅)工程	广西建工集团第五建筑工程有限责任公司	兰鸿吉	
19	贵港市通泰・爱丽舍(9#、10#)工程	广西建工集团第五建筑工程有限责任公司	兰鸿吉	
20	贵港市翰林世家二期	广西建工集团第五建筑工程有限责任公司	韦长欢	
		广西桂宝工程监理咨询有限公司	李传艺	
21	贵港市西江绿城・香榭里花园一期项目	广西贵港建设集团有限公司	周敏智	
		广西南宁建科工程监理有限责任公司	黄启健	
22	贵港市华泰国际工程四期	广西贵港建设集团有限公司	罗　坚	
23	贵港市六八村棚户区改造项目(园博园第一安置南区)项目	广西贵港建设集团有限公司	梁俊成	
		广西桂宝工程监理咨询有限公司	潘敬攀	
24	贵港城区至兴六高速贵港出入口一级连线和金港大道(迎宾大道至解放路)交通提升改造工程 EPC	广东省基础工程集团有限公司	林哲雄	
		广西桂宝工程监理咨询有限公司	莫必晚	
25	中共贵港市委党校搬迁项目一期工程教学和研讨用房	广西建工集团第四建筑工程有限责任公司	刘余兴	
		广西桂宝工程监理咨询有限公司	谭巧琪	
26	贵港市两桥棚户区改造同济大桥北岸安置住房建设项目	广西建工集团第一建筑工程有限责任公司	陈庆福	
		广西隆欣建设监理有限公司	马福旺	
27	贵港市天悦华府一期 1#、2# 楼及地下室工程	广西莲城建设集团有限公司	梁伟杰	
28	贵港市钓鱼台・和府二期(4#、5# 楼及地下室工程	广西莲城建设集团有限公司	梁志华	
29	贵港市恒大城 B 地块	江苏南通六建建设集团有限公司	徐洪焕	
30	贵港市港北区人民医院公共租赁住房项目	广西贵港建设集团有限公司	张善忠	
		广西桂宝工程监理咨询有限公司	谭伯逸	
31	桂平市人民检察院危旧房改造住房异地改造工程	广西莲城建设集团有限公司	李小星	
32	桂平市鑫炎・凤凰城 9# 楼及地下室	广西建工集团第四建筑工程有限责任公司	谭昌立	
		广西南宁建科工程监理有限责任公司	宾广德	
33	桂平市鑫炎・凤凰城 12#、13# 楼及地下室	广西建工集团第四建筑工程有限责任公司	谭昌立	
		广西南宁建科工程监理有限责任公司	宾广德	
34	桂平市喜源居商住小区工程	广西建工集团第四建筑工程有限责任公司	谭亲民	
		广西桂春工程项目管理咨询有限公司	农伟军	
35	“福桂三千城”D 区 1#、7#、8#、9# 楼及一期地下室	广西建工集团第四建筑工程有限责任公司	胡时铭	
		广西南宁建科工程监理有限责任公司	文　旭	
36	“福桂三千城”E2 区(繁华里 5# 楼)	福州龙峰建筑工程有限公司	林　东	
		广西南宁建科工程监理有限责任公司	文　旭	
37	平南通泰中央商务区二期(9#、10#)	广西建工集团第五建筑工程有限责任公司	胡奕世	

【施工质量管理】 2017年，贵港市全面落实五方责任主体项目负责人的质量终身责任制，强化建设工程竣工验收及备案监管，不断加大创优工程的培育和监督指导力度。新受监工程198项，总造价78.78亿元，总建筑面积271万平方米；竣工工程48项，总造价9.1亿元，总建筑面积84.5万平方米，竣工工程合格率100%。符合核发施工许可证条件的新开工工程质量监督覆盖率达到100%，受监工程竣工验收合格率达100%（其中大中型工程的一次竣工验收合格率达到100%），未发生质量事故及房屋倒塌事故。全市有20项工程被评为贵港市优质工程，6项工程获评自治区优质工程。开展住宅工程质量满意度四年提升专项活动，印发《贵港市住宅工程质量满意度四年提升专项行动方案》，8月22日，在贵港市翰林世家二期项目召开全市提升住宅工程质量满意度誓师大会，各建设、施工、监理、在建工程项目主要负责人参会，年内工程住宅满意度较上年有所提升，满意度达80%。

表14

2017年度广西优质工程名单

序号	工程项目	施工企业	项目经理或项目总监
1	贵港市体育中心综合体育馆、健身中心、室外总平	广西建工集团第一建筑工程有限责任公司	罗继振
2	中强·普罗旺斯四期A区67#~69#及地下室	广西建工集团第一建筑工程有限责任公司	周立华
3	贵港市体育中心游泳馆、观景平台	广西建工集团第二建筑工程有限责任公司	林家富
4	贵港坤兴御林皇府29#楼(A52、A53)栋及地下室工程	广西建工集团第二建筑工程有限责任公司	杨学新
5	贵港市体育中心主体育场	广西建工集团第五建筑工程有限责任公司	彭　劲
6	贵港御林皇府36#楼及其地下室工程	桂林建筑安装工程有限公司	黄　琰

表15

2017年贵港市优质工程名单

序号	工程名称	获奖单位	项目经理或项目总监
	中心城区(9个)		
1	贵港市体育中心主体育场	广西建工集团第五建筑工程有限责任公司	彭　劲
2	贵港市体育中心综合体育馆、水上健身中心、室外总平工程	广西建工集团第一建筑工程有限责任公司	罗继振
3	贵港市体育中心游泳馆、观景平台	广西建工集团第二建筑工程有限责任公司	林家富
4	贵港市翰林世家三期(1#楼)	广西建工集团第五建筑工程有限责任公司	韦长欢
		广西桂宝工程监理咨询有限公司	谭伯逸
5	贵港市凯旋国际12#、17#楼	广西贵港建设集团有限公司	苏　毅
		广西中正金诺建设工程项目管理有限公司	王纯伟
6	贵港御林皇府12-13#楼(A35~A36栋)及地下室工程	桂林建筑安装工程有限工司	黄　琰
7	贵港坤兴御林皇府28#楼(A37、A38)栋及其地下室工程	广西建工集团第二建筑工程有限责任公司	杨学新
8	贵港市华泰国际工程二期(2#、5#、6#楼)	广西贵港建设集团有限公司	罗　坚
		广西益建工程建设监理有限责任公司	杨善创
9	贵港市华泰国际工程一期(1#、3#楼)及地下室	广西贵港建设集团有限公司	罗　坚
		广西益建工程建设监理有限责任公司	杨善创
	港北区(2个)		
1	贵港市港北区综合档案馆大楼	广西莲城建设集团有限公司	黄君才
2	贵港市港北区港区中学学生食堂	广西莲城建设集团有限公司	陈梦华

续表

序号	工程名称	获奖单位	项目经理或项目总监
港南区(2个)			
1	贵港市港南区桥圩镇中心卫生院公共租赁住房	广西莲城建设集团有限公司	邓敬新
2	港南区江南街道办事处南江社区服务中心综合楼	广西莲城建设集团有限公司	郑运恒
覃塘区(1个)			
1	贵港市覃塘区就业和社会保障服务中心	广西贵港建设集团有限公司	罗施进
桂平市(2个)			
1	三千城花漾里2#楼	广西建工集团第四建筑工程有限责任公司	申德仁
		广西南宁建科工程监理有限责任公司	梁　衡
2	现代豪庭小区1#楼	广西建工集团第三建筑工程有限责任公司	邱　军
平南县(4个)			
1	天悦居工程	广西莲城建设集团有限公司	黄文静
2	平南县东方家园经济适用房B区A、B栋	广西莲城建设集团有限公司	梁锦助
3	平南县东方家园经济适用房B区C、D栋	广西莲城建设集团有限公司	梁锦助
4	平南县东方家园经济适用房B区E、F、G栋	广西莲城建设集团有限公司	梁锦助

【工地扬尘治理】 2017年,贵港市结合“城市形象提升年”和创建文明城市工作,大力开展工地扬尘治理工作,对工地围挡公益广告开展专项整治。要求工地严格设置冲洗设备、设施,落实值班冲洗人员,确保工地出入车辆不污染街道,并做到“九个100%”,即在建工程建筑施工现场扬尘治理方案编制率达到100%(含责任公示牌上墙);建筑工地四周设置连续围挡率达到100%;施工现场渣土运输车辆出入口车辆冲洗设备、设施设置率达100%;施工现场主要道路硬化率100%;施工现场堆土绿化、覆盖率达到100%;密闭化运输达到100%;抑尘措施达到100%(包括喷雾喷淋、湿法作业);禁止建筑垃圾场内焚烧100%;视频监控率达到100%。统一工地围挡设置标准,要求围挡发布公益广告必须不低于围挡面积30%,主要活动场所和关键节点的建筑工地公益广告宣传版面比例要增加到50%。全年召开工地扬尘整治、围挡公益广告工作会议3次,完善贵港市建设工程文明施工扬尘治理专项整治方案,向所有工地发出《贵港市建设工程项目文明施工扬尘治理告知书》,对18个项目进行整改约谈并实行安全生产动态扣分,对16个拒不整改或整改不到位的项目进行行政处罚。市中心城区在建工程围挡公益广告、工地扬尘治理呈现好转态势。

【建安劳保收缴】 2017年,广西下达贵港市建筑安全劳动保护费收缴目标任务数4500万元。截至年底,贵港市本级收缴建筑行业建安劳保费16732.74万元。办理施工企业申请核退建安劳保费43个项目,核退金额5147.77万元。

【工程造价管理】 2017年,贵港市建设工程招标控制价、合同价备案96项,总建筑面积280.90万平方米,总造价56.25亿元,其中,招标控制价44项,总建筑面积54.52万平方米,总造价14.43亿元;施工合同价52项,总建筑面积226.38万平方米,总造价41.82亿元。审查申请进入贵港市政府投资项目工程造价机构库的造价咨询企业13家,协调处理工程造价争议12个,工程计价咨询100多个,办理工程造价员变更60人,出版《贵港市建设工程造价信息》12期。

【建筑节能】 2017年,贵港市城镇新增居住建筑面积235.5万平方米,新增公共建筑面积74.6万平方米,实现节能4.81万吨标准煤,超额完成自治区下达的1.5万吨标煤目标任务。

能耗监测　为全面掌握既有建筑节能改造情况,实现建筑节能效果可监测、可核查,切实提高建筑节能使用效率。贵港市委托广西壮族自治区建筑科学研究设计院建立贵港市能耗监测平台。平台监测到贵港市中级人民法院等7个项目,运行状态良好,监测数据上传稳定、连续、可靠;委托对中心城区45栋大型公共建筑开展能耗统计和分析。

墙体改革　主动适应节能环保的新形势,紧密结合贵港市自然资源和农村住房建设的特点,把墙改工作同实施乡村发展战略、加快新农村建设相结合,采取超常规的新措施,大力培育和推广使用面向乡村的清水墙砖。将覃塘区港桥水泥厂定为清水砖生产示范点,并给予一定的资金扶持,在覃塘区组建广西港桥新型墙体材料有限公司(2016 年 7 月组建,2017 年 3 月正式投产),8 个月时间扶持建成广西规模最大的清水墙砖项目。年内,结合覃塘区村级党群服务中心全面建设,推动覃塘区 46 个、2 万多平方米的党群服务中心建筑(年内竣工 22 个、1 万多平方米)全部使用清水砖,半年时间生产并推广使用清水砖 1000 多万块,开创了墙改在农村的新局面。

可再生能源建筑应用　2017 年,贵港市积极推广可再生能源在建筑中的规模化应用,重点推广学校、医院、大型商场、宾馆等公共建筑利用可再生能源,减少“碳”排放,提高环境质量。推动贵港市高级中学热水供应系统、港北区人民医院水源热泵空调热水系统项目作为示范项目建设,根据《贵港市住房和城乡规划建设委员会关于对 2017 年贵港市建筑节能示范工程项目进行奖励的通知》对试点项目进行资金奖补。要求城市规划区内具备可再生能源利用条件的“四类建筑”至少应用一种可再生能源,减少“碳”排放。全年,评审绿色建筑技术方案项目 35 个,有 19 个项目设计应用可再生能源,应用建筑面积 305 万平方米。

绿色建筑推广应用　从 2017 年开始,贵港市规划区内新建民用建筑全面执行绿色建筑标准。结合财政投资项目、大型公建建筑节能审查和日常管理工作,抓好建筑节能宣传和培训,协调重点项目推广应用绿色建筑,并加大示范项目指导监督和管理力度。年内,贵港恒大城、港南区第一小学、荷城嘉园等 35 个项目的绿色建筑技术方案通过专家组评审。2017 年,全区《广西民用建筑节能条例》《广西居住、公共建筑节能设计标准》《广西绿色建筑设计规范》宣贯培训会在贵港市举办,贵港市和玉林市住房城乡建设系统负责人和相关管理人员以及相关企业专业技术人员 180 多人参会。　(陆雅萍)

勘测　拆迁

【勘察测绘】 2017 年,贵港市开展坐标转换工作,完成总工作量的 70%,其内容包括贵港市新旧 GNSS 控制网平差、区域大地水准面精化计算、新旧坐标系统坐标成果转换参数计算及软件开发、2000 国家大地坐标系成果转换。推动全市 6 个基站点实现与广西测绘局站点基准统一,完成包括市住建委站、樟木、五里、木格、蒙圩、平南安怀 6 个 CORS 站点与广西测绘局基站网的联测与解算工作。推进数字城市建设,完成全市片区民房建模 5 平方千米和桂平市野外像控测量 3500 平方千米。在完成贵港市 2000 坐标系与贵港市 1954 北京坐标系的相互转换解算以及数学模型设计工作的基础上,解决贵港市坐标系历史遗留问题。完成贵港市西江保税物流中心地形、广西主要支流郁江贵港市左岸河道治理工程地形、路灯照明(22 条路)地形、马草江河道地形、鲤鱼江河道地形、沙江河道地形、杜冲江河道地形、贵糖新城 1：2000 地形、盛世嘉园 1~7# 及幼儿园建筑放样、2012 年市本级限价房 1~4# 楼及地下室竣工等测绘工作。

【国有土地房屋征收】 2017 年,贵港市落实《国有土地上房屋征收与补偿条例》等法律法规,做好新形势下城市建设中的房屋征收工作。完成征地 3.2 万亩、房屋征收 40.51 万平方米。贵港市委党校搬迁、苗圃 C、蓝田安置区、郁江物流仓储 B 区、郁江物流仓储 C 区、同济大道下穿铁路及南北道路建设、荷城二中、港北新苑二期、荷城九小、六小及二幼、解放路下穿铁路工程(南段道路)、白凹窝、老年大学、园博园、一级连线项目、市西江教育园区建设项目(一期)、贵糖搬迁、电厂码头、贵港市西江国际农产品物流中心、老乡家园、民政公益园、军供粮站、贵石液化汽站搬迁、第三公交停车场、桂东南汽车城、电子信息产业园、中国东盟电动车生产基地、鲤鱼江防洪闸工程、港北区妇幼搬迁、贵港至隆安高速公路项目、铜锣湾温泉项目、嘉龙海杰项目、新塘镇修正药业健康城项目、港南区狮子岭公墓项目、腾骏汽车项目、益达汽车项目、贵港市覃塘区布山古郡文化旅游项目等项目征拆工作全面完成。郁江北岸堤路园项目、贵隆高速征地项目、石卡防洪堤项目等项目超额完成年度任务。高铁站前广场项目、贵钢职工生活区改造项目、温馨家园项目 A、郁江两岸综合整治工程、同济大道(南段)项目等重大项目征收工作,均取得根据性进展。

(陆雅萍)

环境保护

环境质量监测

【概况】 2017年,贵港市环境保护局完成城区环境空气、降水、地表水、饮用水、噪声等环境要素的监测、国控重点污染源监督性监测和其他工业污染源的委托监测等,按时上报城市环境空气日报、河流水质监测、自动监测水质月报、城市集中式饮用水源地水质月报;按时编制污染源监测季报、年度环境质量概要和年度环境质量报告书。环境空气优良率为84.9%,主要江河水断面水质达标率、县级及以上集中式饮用水源地水质达标率均为100%,城市功能区声环境质量总体良好,二氧化硫、氮氧化物、化学需氧量、氨氮四项减排指标相比上年分别下降13%、5.05%、0.22%、0.35%。

【环境空气监测】 2017年,贵港市设置国控监测点位4个,分别为贵城子站、江南子站、荷城子站和德智子站,其中德智子站为对照点,数据不参与统计。贵港市环境监测站对城市环境空气质量进行自动监测,监测项目包括二氧化硫、二氧化氮、可吸入颗粒物、细颗粒物、一氧化碳、臭氧。监测频率为每天24小时连续自动监测,经监测有310天达到或优于Ⅱ类标准,优良率为84.9%。

【降水监测】 2017年,贵港市降水常规监测设置区控监测点位2个,分别为庆丰一中、贵港市环境监测站。监测项目为:pH值、降雨量、硫酸根离子、硝酸根离子、电导率、氟离子、氯离子、铵离子、钙离子、镁离子、钠离子、钾离子共12项指标。监测频次为逢雨必测。降水酸度(pH值)以pH值大于5.6作为划分酸雨的界限。市区监测降水170场次,降水的pH值范围为5.17~8.35,pH年均值为6.53。其中pH值小于标准值5.6的降水3场次,酸雨频率为1.8%。

【地表水监测】 2017年,贵港市设水体环境监测国控江河水点位5个、市交界江河水点位4个、湖库水点位4个、全流域江河水点位29个和市级城市饮用水源水质监测点1个。主要江河水断面水质达标率、县级及以上集中式饮用水源地水质达标率为100%。

国控监测断面　郁江港北区河段的火电厂断面、黔江桂平河段的白额断面、浔江桂平河段的石嘴断面、浔江平南县河段的武林渡口断面、武思江的武思江大桥断面5个水点位、13个测点,每个月监测1次,监测项目26项。

市交界断面　碧滩断面、大湾断面、相思洲断面、大岭渡口(南岸)断面4个水点位,水质每月监测1次,监测项目24项。

湖库水点位　达开水库、平龙水库、六陈水库、武思江水库,达开水库水质每月监测1次,监测项目31项,其他水库水质每年4月、9月各监测1次,监测项目31项。

全流域江河水点位　武思江出口、大平水库出口、下江口、陈村河、白沙口、鲤鱼江、渡冲江、东坣江、冲口河、画眉江、大洋江、崩江河、搬江、独流江、大湟江、万江、维新河、社坡河、群合河、历江、清河、望步河、乌江、河口河、芳岭河、秦川河、渭河、白沙江、竹南河。5月、11月各监测1次,监测项目25个。

贵港城区集中水源监测　对泸湾江集中式饮用水源地进行水质监测,采样点位设左、中、右3个点位,监测频率为每月监测1次,监测项目61项,并统计取水量。7月,开展全分析1次,监测项目是《地表水环境质量标准》(GB3838-2002)中的109项。

【饮用水水质监测】 2017年,贵港市根据《贵港市人民政府办公室关于印发全国重要饮用水水源地贵港市郁江饮用水水源地安全保障达标建设实施方案的通知》,贵港市对4个县级及以上饮用水源地组织开展2016年度贵港市饮用水水源环境状况评估。对贵港城区集中式饮用水水源地——泸湾江饮用水水源地开展水质分析,分析项目61项,每月监测1次,监测结果全部达到《地表水环境质量标准》(GB3838-2002)表1的Ⅲ类标准,水质达标率为100%。对县级3个集中式饮用水水源地监测,覃塘城区、桂平市区、平南县城饮用水水源地,水质分析项目61项,监测频率为每季度1次,经监测4个季度结果全部达到Ⅲ类标准,水质达标率为100%。

【声环境监测】 2017年度,贵港市环境监测站对道路交通噪声、城市建成区区域环境噪声和功能区噪声进行环境噪声监测,城市建成区区域噪声布设监测点位118个,道路交通噪声布设监测点位30个,城市功能区噪声布设监测点8个。监测频率为交通噪声和城市建成区区域环境噪声每年各监测1次,城市功能区环境噪声每季度监测1次，经监测城市功能区声环境质量总体良好。

2017年9月19日，贵港市大气污染联合执法大队对城区施工工地进行执法检查
市环保局　提供

【重点污染源监督性监测】 2017年，根据环保部《2017年国家重点监控企业名单》贵港市国家重点监控企业28家，其中废水国控企业13家，污水处理厂5家，废气国控企业6家，重金属废水国控企业4家。监督性监测频次为一年监测2次，原则上每年开展不少于1次全指标监测。装有在线监测设备的企业，每个季度须对企业的在线监测设备开展1次比对监测，监测完成率达100%。

环境安全监管

【环境监察稽查】 2017年2月27日—3月2日，根据《环境保护厅关于做好2017年环境监察稽查工作的通知》部署，贵港市环境保护局对各县(市、区)环境保护局环境监察移动执法系统后台基础数据录入及信息更新、执法笔录、管理制度等情况进行专项检查，并提出改进工作意见和建议。3月29日，印发《贵港市2017年排污费征收工作稽查工作方案》，于9月底对5个县(市、区)下达《排污费稽查处理决定书》，至12月31日，追缴排污费76.37万元。4月17日，制订《2017年贵港市环境监察稽查工作方案》。8月至9月，对5个县(市、区)环保局的环境监察工作进行专项稽查，稽查工业污染源现场监察记录档案23份，建设项目现场监察记录档案11份，行政处罚案卷材料13份，发现问题160个，对下达环境监察稽查意见书5份，并对其在2015年、2016年稽查发现问题整改情况开展“回头看”。

【污染源在线监控】 2017年，根据《污染源自动监控设施现场监督检查办法》，贵港市环境保护局对国控污染源自动监控设施每月至少检查一次，对其他污染源自动监控设施每季度至少检查一次，检查在线设备440次，填写相关档案表格640份，对有问题的企业下达整改通知77份，并跟踪监督和指导企业进行整改，确保在线监控设施的正常运转，数据准确稳定上传。同时，制订《贵港市环境保护局关于印发2017年度重点污染源自动监控设施社会化运行飞行抽检工作实施方案的通知》，第一季度由市环境监测站进行飞行抽检比对监测，第二季度起委托第三方监测机构进行飞行抽检，全年全市完成123个点位的飞行抽检比对监测，其中63个废水点位、60个废气点位，经查9个废水点位和8个废气点位飞行抽检比对不合格，1个废水点位和8个废气点位超标排放。

【核辐射安全监管】 2017年，贵港市积极开展核技术利用单位监督管理以及审批工作。对20多家核技术利用单位进行辐射安全监督管理检查，发现并排除辐射安全隐患5处。完成8家核技术利用单位辐射安全许可证的核发，12家核技术利用单位辐射安全许可证的延续，15个核技术利用项目的审批，4个核技术利用项目的验收，确保核技术利用单位安全生产。

【排污费征收】 2017年，贵港市排污费征收企业971户(包括一般工业企业、小型企业、第三产业、畜禽养殖业和建筑施工)，比上年增加190户，增长24%。排污费共解缴入库4064.19万元(含稽查补征2015、2016年排污费127.64万元)，比上年增加967万元，增长31%。其中市级征管企业14户，解缴入库2258.17万元；区县征管企业957户，解缴入库1806.01万元。

【中央环保督察反馈问题整改】 2017年，贵港市为落实中央环保督察反馈的8个问题，树立“问题不是包袱、整改才是机遇”的思想，印发《贵港市贯彻落实自治区环境保护综合督查反馈意见整改方案》，强化措施、全力整治，针对问题、靶向整改，建账督办、验收销号，建立多部门联合行动、严格执法、全面调查摸排、对污染源进行彻底清查，探索建立联防联控联动工作机制。按照《贵港市委市政府督查室关于开展2017年全市环境保护重点督查的通知》，实行挂图作战，逐一整改销号，按绩效考核要求建立和健全档案，完成全部问题整改。

【环境执法】 2017年，贵港市结合中央环保督察反馈意见整改、重大节日环境安全保障、大气污染监管执法等行动，严格开展环境风险隐患大排查大整治，针对重点领域环境违法行为，严格执法、铁腕执法，确保环境安全。

《中华人民共和国环境保护法》及四个配套办法案件的查处。运用按日计罚、查封扣押、限产停产、移送行政拘留等“组合拳”，依法依规查处案件46件。其中，查封扣押案件8件、限制生产案件26件、移送行政拘留案件9件，按日计罚3件、罚没3.73万元。

专项执法行动。利用春节及“两会”期间，开展环境安全保障行动，组织参加自治区环保厅“清废打假促达标”督查执法等行动，全市出动执法人员412人次，检查和排查企业173家，发现问题企业63家，下达整改通知书65份。落实日常监管“双随机”抽查制度，监管污染源670家次，抽查发现并查处违法问题4件。

政协环保提案办理。贵港市环境保护局办理贵港市政协五届二次会议涉及环保问题提案6件，其中承办1件，主办4件，会办1件，提案涉及生态文明建设，加强污染防治，组织相关部门加强对单位学校和居民聚集等地域周边的污染源排查和加大对群众的环境保护宣传工作等，年末均已办结，获得2017年度贵港市政协提案办理先进单位称号。

环境信访件办理。处理环境投诉信访案件400多件。其中，自治区交办17件，微信举报82件，网络问政、综合信访、贵港门户网等22件，来信、来访25件，市长热线转办49件，市长热线微信公众号4件，环保“12369”热线电话和其它来电200多件，全部按时办结。

惩治固体废物污染环境违法。5月，贵港市及时果断地查处非法跨省转移倾倒固体废物事件1起——林超非法倾倒广东南方制碱有限公司固体废物。

【监察队伍建设】 2017年，贵港市通过组织开展环境执法大练兵、选派人员参加上级专项行动、组织参加培训等方式加强对环境监察队伍锤炼。6—10月，根据《广西环境保护厅关于开展2017年全区环境执法大练兵的通知》，贵港市环境保护局组织在全市开展环境执法大练兵活动。2017年4月、5月、9月和11月，选派人员分别参加环境保护部“2017—2018年京津冀及周边地区大气污染防治强化督查”、对崇左市开展的“清废打假促达标”行动、对玉林市开展的“洁海行动”“督政促企保蓝天”等专项督查，派出人员22人次。5月至10月，组织环境监察系统人员62人参加自治区环保厅举办的全区环境监察机构干部“千人培训”。通过开展环境执法、业务培训、技能比武、案件评比等活动，进一步强化环境执法人员法治意识，提升环境执法规范化、精细化水平，推进全市环境执法队伍建设。年内，港南区环境监察大队获“全区环境执法大练兵表现突出集体”，刘维坤、梁资盛、严勇智、李纪伟、冯仕军、杨林坚6人获“全区环境执法大练兵表现突出个人”，李健、朱晓新、刘维坤、李纪伟、梁资盛5人参加京津冀及周边地区大气污染防治强化督查工作表现突出获得自治区环保厅的通报表扬。

2017年2月16日，贵港环保局就中央环境保护督察反馈意见中涉及问题整改情况进行检查

市环保局 提供

污染防治

【大气污染防治】 2017年，贵港市监测天数365天，有310天达到或优于Ⅱ类标准，优良率为84.9%，首要污染物以PM2.5（细颗粒物）为主。其中PM2.5（细颗粒物）的平均值为42微克每立方米，未达到国家《环境空气质量标准》(GB3095-2012)中的二级标准。PM10（可吸入颗粒物）的平均值为66微克每立方米，达到国家《环境空气质量标准》(GB3095-2012)中的二级标准。

严格管控城市扬尘污染，开展扬尘污染综合整治，市人民政府印发《2017年贵港市集中开展扬尘污染专项大整治行动方案》，8月28日成立大气污染联合执法大队和大气污染监管组，处罚违章车辆202辆，处罚金款8.41万元；处罚违规工地16个，处罚金额26万元。在贵港市中心城区55个建筑工地中，安装围墙喷雾系统28个，安装外架喷淋系统5个，安装塔吊喷淋系统1个。

全面完成燃煤小锅炉淘汰改造，列入贵港市2014—2017年燃煤小锅炉淘汰清单内燃煤小锅炉45台，于8月底全部完成淘汰改造。

完成高污染禁燃区划定，9月印发《贵港市人民政府关于划定贵港市高污染燃料禁燃区的通告》，要求在禁燃区禁止燃用高污染燃料，禁止新建、扩建、改建燃用高污染燃料燃用设施，已有的高污染燃料燃用设施在年底前予以拆除或改造。

狠抓烟花爆竹禁放，通过加大宣传、部门联动、强化巡查、严厉惩治等手段严格规范烟花爆竹销售和燃放行为。

【水污染防治】 2017年，贵港市组织实施水污染减排重点工程项目85项，包括78家规模化畜禽养殖场，桂平市长安工业集中区污水处理厂、桂平市金田镇污水处理厂等，削减化学需氧量1613吨，比2016年下降0.22%；削减氨氮209吨，比2016年下降0.39%，两项指标均完成自治区下达的减排目标任务。

【重点行业污染防治】 2017年，贵港市执行主要污染物总量控制制度，严格核发火电、钢铁、水泥等行业的总量指标，定期审核并公开发布，接受社会监督。火电行业的中国华电集团贵港发电有限公司2#机组实行烟气超低排放改造，发电量比2016年减少20%，减少氮氧化物排放202.2吨。对钢铁行业的广西贵港钢铁集团有限公司监管，脱硫效率为40%，削减二氧化硫3177.53吨。对水泥行业的华润水泥（贵港）有限公司现有脱硝设施运行管理，氮氧化物排放浓度稳定在300毫克每标准立方米以下，脱硝效率由2016年的40%提高到50%，削减氮氧化物934.52吨。重拳整治木材加工企业环境污染问题，对全市286家木材加工企业监管，关停24家，完成整改262家；处罚企业34家，处罚金额71.26万元。对畜禽养殖污染防治，组织3批次畜禽现代生态养殖场验收，270家养殖场通过畜禽现代生态养殖认证。

【重点流域水污染防治】 2017年，贵港市针对自治区环境保护综合督查反馈武思江水库、平龙水库水质下降问题，先后印发《贵港市人民政府办公室关于印发贵港市贯彻落实自治区环境保护综合督查反馈意见整改方案的通知》《贵港市港南区人民政府办公室关于印发港南区贯彻落实自治区环境保护综合督查反馈意见整改方案的通知》和《贵港市覃塘区人民政府办公室关于印发覃塘城区平龙水库水源地整治工作方案的通知》等文件，积极和玉林、钦州两市的环保部门沟通，逐步探索建立贵港、玉林、钦州三市武思江流域联防联控联动工作机制，推动武思江流域重点污染防治任务落实，促进流域水环境质量得到改善。监测结果显示，年末武思江水库水质稳定达到Ⅳ类水质，达到中央环保督查组提出的2017年年底Ⅳ类水质的要求。平龙水库水质经过整改也已稳定保持在Ⅲ类以上水质。均达到《关于贯彻落实国务院办公厅对广西中央环境保护督察反馈意见整改工作方案修改意见的通知》要求。

危险废物监管

【固体废物管理】 2017年，贵港市工业固体废物产生量210.52万吨，综合利用量193.10万吨(其中综合利用往年贮存量0.83万吨)，处置量89.85万吨(其中处置往年贮存量81.61万吨)，贮存量9.99万吨，综合处置利用率为96.58%，主要工业固体废物有冶炼废渣、污泥、脱硫石膏、尾矿、炉渣、粉煤灰等。其中，冶炼废渣、污泥、脱硫石膏、尾矿、粉煤灰全部实现综合利用，炉渣、其它废物等小部分实行安全处置。

【危险废物管理】 2017年，贵港市工业危险废物产生量 8093.93 吨，自行利用量 1726.51 吨，自行处置量 5748.12 吨，委托利用量、处置量 290.07 吨，年贮存量 696.53 吨，累计贮存总量 713.62 吨。主要危险废物为生活垃圾焚烧飞灰、煤焦油、废矿物油，产生危险废物 100 吨以上企业有 5 家。

7 月 27 日，为加强危险废物规范化管理，举办贵港市 2017 年危险废物规范化管理暨重点行业危险废物调查培训班，提高贵港市环境保护工作人员及涉及危险废物企业管理人员对危险废物管理能力，提升全市危险废物规范化管理水平。在 2017 年全区危险废物规范化管理督查考核中，贵港市危险废物规范化管理企业抽查总合格率为 97%，其中危险废物产生单位抽查合格率为 96%，经营单位抽查合格率为 100%，危险废物规范化管理督查考核综合得分为 97.5 分，考核评级为 A 级。

【医疗废物管理】 2017 年，贵港市实行医疗废物集中收运、处置，由广西贵港北控水务医疗废物处理有限公司集中收运，采用高温蒸煮工艺无害化处理后进入生活垃圾填埋场安全填埋。医疗废物类型为损伤性医疗废物、感染性医疗废物，全年收运、处置医疗废物 1979.8 吨，同比增长 9.88%，医疗废物集中处置率为 100%。

【危险废物经营】 2017 年，贵港市已投入运营的危险废物经营单位 2 家，均已持有由贵港市环境保护局核发的危险废物经营许可证。其中，广西贵港北控水务医疗废物处理有限公司为医疗废物处置单位，核准经营方式及规模为收集、贮存、处置医疗废物 1650 吨 / 年，经营范围为 HW01 医疗废物，处理工艺为高温蒸煮，全年处置医疗废物 1979.8 吨；广西鑫之宝再生资源回收有限公司为危险废物收集单位，核准经营方式及规模为收集、贮存废弃铅酸蓄电池 4 万吨 / 年，经营范围为 HW49 其他废物(900-044-49) 废弃铅酸蓄电池，全年接收废铅酸蓄电池 435.33 吨，累计贮存 116.91 吨。

【重金属污染管理】 2017 年，贵港市全面加强重金属污染防治工作，印发《贵港市“十三五”重金属污染综合防治工作方案》，明确“十三五”期间重金属污染防治的指导思想、目标任务和主要措施。为确保“十三五”期间贵港市重金属污染物排放总量控制目标全面完成，贵港市环境保护局印发《贵港市重金属环境污染调查工作方案》，对全市涉重金属企业重金属污染防治情况进行排查。调查结果显示：贵港市涉及重金属行业为有色金属采选、有色金属冶炼、化学原料与化学制品制造、皮革及其制品业等 4 个行业，涉重金属企业 20 家，其中有色金属采选业 14 家，占全市涉重企业数量的 70%；各行业涉重金属污染物产生情况及污染防治措施具有行业特征性，各企业重金属污染防治措施基本落实，外排重金属污染物可达标排放；正常生产企业 9 家，间歇性生产企业 3 家，停产企业 4 家，在建企业 4 家，根据产排污系数核算，重金属排放总量为 1268.39 千克，其中铅排放总量为 925.2 千克，占全市重金属排放总量的 72.94%，已完成 2017 年度重金属污染物排放总量控制目标。

环境事件及应急处置

【突发环境事件】 2017 年，贵港市没有发生较大以上突发环境事件，仅发生 2 起因安全生产事故引发的次生突发环境事件。7 月 6 日，城区新荷城加油站油管漏油导致的汽油泄漏事件；10 月 6 日，省道 212 线玉林至桂平方向桂平市麻垌南乔村路段汽油运输车辆发生侧翻引起的漏油事件。

【环境应急管理】 2017 年，贵港市环境应急管理工作扎实有效。重要节假日实行应急值守领导带班制，及时反馈上级部门要求了解的突发环境事件及重要信息，没有出现未及时响应突发环境事件现象。组织开展 2017 年度贵港市区重污染天气环境应急预案演练，贵港市环保局企业视频监控实行与市人民政府应急平台联网，组织开展应急科普宣教活动 2 次，依托自治区环保厅环境应急预案备案管理平台对全市企业环境应急预案进行管理。

【环境应急能力建设】 2017 年，贵港市环境保护局和各县(市、区)环境保护局依托自治区环境保护厅环境风险防范系统平台，完善对辖区企业事业单位环境应急管理工作的动态管理，全市环境应急能力得到进一步加强。

生态保护与建设

【生态示范创建】 2017 年，贵港市环境保护局认真抓好贵港市生态示范村创建工作。及时拟定创建方案，3 月，以政府名义印发《贵港市人民政府办公室关于印发〈贵港市生态文明建设示范区创建工作方案〉的通知》和《贵港市人民政府办公室关于印发〈贵港市 2017 年度生态文明建设示范区创建工作计划〉的通知》，明确年度任务和工作责任。有序开展自治区级生态村和生态乡镇申报工作，4 月，组织各县(市、区)开展 2017 年度自治区级生态村和生态乡镇申报工作。年内，全市有 152 个行政村(社区)获得自治区级生态村命名，31 个乡镇获得自治区级生态乡镇命名。组织开展贵港市级生态示范村创建工作，5 月、8 月，分两批组织开展贵港市级生态村申报工作，年内全市有 438 个行政村(社区)获得贵港市级生态村命名。

【环境建设投资】 2017 年，贵港市环境保护局环境投资专项资金支出 2893.55 万元。其中，中央资金 151 万元，地方资金 2742.55 万元；国控重点源监测 98 万元，水质监测 59.23 万元，环境空气监测 34 万元，应急监测 5 万元，辐射监测 3.5 万元，土壤监测 74 万元，仪器更新 50 万元，竣工验收监测费 50 万元，空气自动站新建 216 万元，土壤环境监测能力建设 87 万元。污染源自动监控设施社会化补助资金 202 万元，监控中心设备更新 73.22 万元、贵港市环境保护局网络升级改造及协同政务管理系统 60.98 万元、城市燃煤小锅炉整治 19.2 万元，贵港市水环境承载能力现状评估 49.6 万元，贵港市水污染防治与水体达标工作方案 39.6 万元，贵港市土壤环境质量调查与评估项目 100 万元，贵港市生态文明示范区创建规划编制 45 万元，贵港市“十三五”主要污染物总量减排规划 49.5 万元，重点污染减排项目建设补助和奖励支出 200 万元等。

环境影响评价

【规划项目环评】 2017 年，贵港市环境保护局完成《广西贵港高新技术产业开发区总体规划(2017—2030)环境影响报告书》《桂平市蒙圩镇龙门工业区总体规划(2008—2025)局部调整(2016 年)修编规划环境影响报告书》的审查，组织开展对港南区工业园区总体规划(2017—2035)环评的审查。8 月，印发《贵港市环境保护委员会办公室关于产业园区开展规划环境影响跟踪评价的通知》，要求已经批准的规划在实施范围、适用期限、规模、结构和布局等方面进行重大调整或者修订的产业园区须重新或者补充进行环境影响评价。全市工业园区的规划环评工作基本上依法依规进行，促进项目建设顺利入园、落地。

【建设项目环评】 2017 年，贵港市环保局严控环境准入，明确审批权限，提升环评审批效能，为加快项目落地建设全面加强环评审批服务。全年全市审批或备案的建设项目环境影响评价文件 709 件。其中，报告书审批 36 件，报告表审批 199 件，登记表备案 474 件；市本级审批 9 件，县(市、区)环保局审批或备案 700 件；完成竣工环境保护验收项目 86 个，其中市本级验收项目 5 个、各县(市、区)环保局验收 81 个。

【重大项目环评】 2017 年，贵港市列入自治区层面重大项目 15 个，其中涉及绩效考评的重大项目 2 个，全部按时完成环评审批工作。重大项目环境影响报告书(表)按时办结率 100%。

【环评机构监管】 2017 年，贵港市开展建设项目环评文件技术评估，完成市本级 13 个建设项目《环境影响报告书》的技术评估，评估完成率达 100%。技术评估实行留痕管理，将会议通知、评估材料、技术报告书(表)、专家评估意见、中心评估意见等整理形成档案，存于中心档案室，并按时填写贵港市环评机构日常考核表向自治区技术中心汇报评估情况。

环评文件的编制质量抽查，抽查环评文件 37 件(其中报告书 13 件、报告表 24 件)，涉及环评机构 37 家(其中区内 9 家，外埠 28 家)。抽查结果为编制质量合格的环评文件 35 件，占抽查总数的 86.5%；编制质量较差的 2 件，占抽查总数 5.4%。其中，编制单位为外埠环评机构的 0 件，考核中没有发现存在不服从属地管理、超越资质范围承接业务、环评文件等级降级、冒用资质等情形。

加强对各县(市、区)技术机构的技术指导和对环境评价咨询机构的监督管理，贵港市环境保护技术中心依据环评法律法规和环境保护部的对环评机构管理规定，严格项目环评评审，加大对进入辖区的环评机构的日常监管。

环保宣传教育

【环保新闻宣传】 2017 年，贵港市环境保护局围绕环境质量改善、污染减排、生态文明建设等重点工作，广泛开展环保新闻宣传，传播环境保护“正能量”。利用贵港市环境保护局官方微信公众平台——“贵港环保”和微博及时推送环保知识和环保工作动态。与贵港电视台签订合作协议，利用“六五”世界环境日、环保专项行动、高中考期间噪声管理、“决战45天·打赢蓝天保卫战”、禁放烟花爆竹等重大活动开展新闻宣传。在“决战45天·打赢蓝天保卫战”活动中播发新闻20多条，滚动新闻200多条次；在《贵港日报》刊发环保新闻报道19篇、通告1条、空气质量报告31条。在市新世纪广场宣传专栏刊出板报24期，宣传环境保护工作动态、工作成绩、环保法律法规以及环保知识。利用政务信息宣传，在贵港市门户网站发布信息200条，贵港市环境保护局门户网站发布信息累436条，自治区环保厅网站采用44条。

【环保活动宣传】 2017年，贵港市环境保护局利用各种活动契机，广泛开展环保宣传。6月5日世界环境日，以贵港市环境保护委会名义，邀请贵港市环境保护委成员单位、14家国控污染源企业、社会公众、媒体记者等200多人在新世纪广场开展纪念活动，发放环保宣传资料5000多份、环保袋与环保扇3000份，环保毛巾200条，现场解答群众咨询1000多人次。其中环保委成员单位和国控污染源企业展出板报29块。在禁放烟花爆竹行动中，发放《倡议书》《通告》《致家长一封信》等宣传资料24.21万份，悬挂宣传标语287条。

【环保先进典型宣传】 2017年，贵港市环境保护局利用“走在前”机关核心文化——广西环保系统“身边人身边事”演讲比赛等活动开展环保宣传。

1月，贵港市环境保护局、贵港市环境监测站获全区“2016年度改善城市空气质量先进单位”，2017年2月，贵港市环境保护局获“2016年贵港市招商引资工作受表彰单位”，2017年12月，贵港市环境保护局获“2017年度贵港市政协提案办理先进单位”，贵港市环境监察支队、平南县环境监察大队、港南区环境监察大队获“京津冀及周边地区大气污染防治强化督查工作表现突出的单位”。此外，2017年贵港市环保系统有21人获市级及以上的表彰。

【环保宣传进学校】 2017年5月27日，贵港市环境保护局在覃塘区黄练镇张村小学开展环保宣传进校园活动，通过开展垃圾分类环保互动游戏、发放环保宣传资料，捐赠衣服、物品等，在学生中倡导“环保我践行”理念。开设环保知识讲堂，通过讲环保知识、看环保视频、环保知识有奖问答等，向学生们宣传环保知识，让其从小树立良好的环境保护意识。

【环保宣传进商场】 2017年6月5日，贵港市环境保护局联合市区永盛百汇超市开展环保宣传进商场活动，为商场提供环保购物袋2000个，由佩带环保绶带的收银员进行发放，活动当日2000个环保袋全部发放完毕。

【开展公众评污活动】 2017年6月8日，贵港市环境保护局围绕百姓关心的“废水和固体废物防治”等环境热点，组织开展“公众评污”活动，市人大代表、政协委员、社会公众、媒体记者40多人走进北控水务有限公司，参观垃圾焚烧发电厂和医疗废物处置中心，让观众了解垃圾处理资源循环利用、无害化处理等先进技术，感受环保与生活的“密不可分”，体验垃圾如何“变废为宝”的成效。

【举办环保公众开放日活动】 2017年12月26日，贵港市环境保护局举办“环保公众开放日”活动，50名社会各界市民代表走进港南区湛江镇四季花田生态观光园，参观生态观光园区村容村貌、污水处理设施等，了解生态文明新农村建设情况，提高群众对环保工作的认识和理解，充分调动社会公众积极参与并支持生态文明建设，逐步构建人人参与、人人尽力、人人共享绿色生活局面。

（温志杰）

教育　科技

教育综述

【概况】 2017年,贵港市有各级各类中小学、幼儿园2052所,在校生106.24万人。其中:幼儿园968所,在园幼儿20.31万人;小学855所,在校学生46.29万人;初中159所,在校学生21.93万人;普通高中56所,在校学生12.8万人;中等职业学校11所,在校生人4.89万人(其中全日制2.61万人、非全日制2.28万人);特殊教育学校3所,在校学生304人。

教师数和师生比。专任教师5.24万人,其中幼儿园7301人、小学2.27万人、初中13931人、普通高中7427人、中等职业学校999人、特殊教育学校48人。师生比例:幼儿园1∶28,小学1∶20,普通初中1∶16,普通高中1∶17,中等职业学校1∶26,特殊教育学校1∶7。

每万人口在校生。幼儿园369人,小学832人,普通初中395人,普通高中230人,中等职业学校48人。

基础教育普及程度。学前教育三年毛入园率85.42%,九年义务教育巩固率95.05%。

基本办学条件。学校占地面积及生均:幼儿园131.71万平方米、6.48平方米,小学1015.74万平方米、21.95平方米,普通初中536.92万平方米、24.50平方米,普通高中342.38万平方米,26.77平方米,中等职业学校61.19万平方米、23.42平方米。校舍面积及生均:幼儿园102.33万平方米、5.04平方米,小学327.37万平方米、7.07平方米,普通初中250.88万平方米、11.44平方米,普通高中189.58万平方米,14.82平方米,中等职业学校37.77万平方米、14.45平方米。

【学前教育】 2017年,贵港市财政投入学前教育建设资金910万元,加强公办幼儿园建设,新建幼儿园3所,新增园舍面积4200平方米。编制实施第三期学前行动计划,加快公办幼儿园建设,全市有公办幼儿园184所,实现每个乡镇有1所公办幼儿园的目标。全年认定多元普惠性幼儿园112所,全市普惠性幼儿园达到449所。全市学前教育三年毛入园率将达85.42%,比上年增长2.42个百分点,在园生20.31万人。

【义务教育】 2017年,贵港市投入资金5.1亿元,实施农村中小学校舍维修改造项目、薄弱学校改造计划、购置图书、仪器及多媒体教学设备等项目,改善办学条件;规范办学行为和推进学校章程建设。推进县域义务教育均衡发展,优化教师资源配置,强化学校管理,提高学校办学水平,有3个县(市、区)通过国家义务教育均衡发展评估,通过率达到60%。

【普通高中教育】 2017年,贵港市普通高中招生4.69万人,超额完成自治区指标任务,完成率110.42%。完成《贵港市普及高中阶段教育学位增加规划(2017—2020年)》编报工作,为下步新建、改建和扩建项目投放提供科学依据。10月中旬,起草《贵港市普及高中阶段教育攻坚计划(2017—2020年)实施方案》报政府审定,部署贵港市高中阶段普及攻坚工作。高中阶段毛入学率达87%,高中毕业生升学率96%。全市高中在校生12.8万人,占全区高中在校生13.7%,每万人口高中在校生位居全区第一。2017年高考成绩再上新高,高考上一本线人数4273人,上线总数在广西14个地市排名第三,上线率11.45%;上本科线人数1.8万人。每万人口上一本线比例在广西14个地市排名第二,每万人口上二本线和专科线比例居广西14个地市第一位;清华北大录取14人,比上年多8人。

【中等职业教育】 2017年,贵港市

2017 年 10 月 12 日，贵港市西江教育园区项目之一贵港市高级中学新校区项目举行奠基仪式
市教育局　提供

继续实施职业教育基础能力建设工程。加快西江教育园区建设，规划建设一个 7968 亩的教育园区，广西物流职业技术学院项目于 10 月 12 日开工建设。全市筹措投入 6300 多万元用于原有职业学校基础能力建设，新建、改扩建项目 11 个，新增校园面积 105 亩（贵港市卫生学校），新增校舍面积 1.3 万平方米，新增实习实训设备价值 1500 多万元。实施职业教育质量提升工程，推进课程改革、加强学生技能训练，大力开展师生技能比赛、文明风采比赛等，桂平市第一中等职业技术学校和平南县中等职业技术学校被遴选为第三批广西中等职业教育示范特色学校项目；参加全区中职学生技能比赛获奖 26 项，其中一等奖 2 项、二等奖 8 项；参加全区中职学生文明风采比赛获奖 99 项，其中一等奖 10 项、二等奖 40 项。

【民办教育】 2017 年，贵港市有民办学校（包括幼儿园）837 所，学生 21.53 万人，学生数占全市的 20.27%。其中民办高中在校生 4.59 万人，占全市高中在校生的 35.87%，占全广西民办高中在校生的 38.53%。2 月，出台《贵港市多元普惠幼儿园管理办法（试行）》，加强对多元普惠幼儿园的规范管理。做好民办学校（幼儿园）教师社会保险申请补助扶持工作，惠及市本级民办学校（幼儿园）33 所，受益专任教师 1187 人。5 月，组建由贵港市高级中学、圣湖中学和一德中学构成的教育集团，扩大优质教育资源，逐步实现集团化办学模式，办学体制改革实现新突破。

【特殊教育】 2017 年 2 月，贵港市印发《贯彻落实〈广西“十三五”加快残疾人小康进程规划〉的实施意见》，建立以特殊教育学校为骨干、随班就读为依托、送教上门为补充的特殊教育体系，为残疾、儿童少年提供合适的教育。评选推荐优秀特教教师参加自治区教学比赛，获得二等奖 1 名，三等奖 4 名。年末，贵港市义务教育阶段适龄残疾儿童入学率 89%，比上年提高 4 个百分点。

【招生考试】 2017 年，贵港市报名参加全国普通高等学校招生全国统一考试（高考）考生 4.14 万，参加全国统考考生 3.89 万，报考和参考人数均创历史新高。其中，上一本线人数 4273 人，上线总数在全区 14 个地市排名第三，上线率 11.45%；上二本线以上 1.8 万人，比上年增加 545 人，上线率 48.37%；上专科线以上 3.52 万人，比上年增加 983 人，上线率 94.26%。获北大清华录取考生有 14 人（清华 5 人、北大 9 人），比上年多 8 人。获空军航空大学录取 4 人，是广西录取空军飞行员最多的地市之一，其中 1 人被录取为清华大学、空军航空大学“双学籍”学生。贵港市招生考试院被自治区招生考试院、空军招飞局广州选拔中心评为招飞先进单位，是广西 4 个获奖单位之一，2 人获评先进个人。报名参加高级中等学校招生考试（中考）考生 6.96 万，获录取人数 4.66 万，比自治区教育厅下达贵港市普通高中招生任务多 4099 人。八年级毕业会考报名人数为 7.05 万人。6 月和 12 月，分别组织高中学业水平考试，全市考生报考 43.36 万科次。组织成人高考 9830 人次，自学考试 2 次 5268 科次，以及中小学教师资格考试（笔试、面试）、中小学教师公开招聘考试、普通高职院校自主招生和高职对口招生等招生考试 20 多项。

【教师资格认定和职称评定】 2017 年 5 月、6 月、12 月，分别派人进驻市政务服务中心综合窗口受理 2017 年教师资格认定申请，依法认定高中教师资格 314 人、中职教师资格 34 人。

12 月 11 日，贵港市获广西中小学正高级职称评审通过公示教师 3 名；12 月 5 日—11 日，配合贵港市人社局组织开展中小学教师副高级职称评审；12 月 30 日，广西职称改革工作领导小组批复同意，取得高级教师专业技术职务任职资格教师398名；12月22日—24日，组织开展一级教师职称评审，获得评审通过公示教师283名。

【师资队伍建设】 2017年，贵港市因教师队伍严重不足，面向社会公开招聘中小学教师984名；指导县（市、区）教育局招聘特岗教师905名；指导市直学校面向全区公开遴选骨干教师54名；招聘免费师范生3名。9月4日，出台《关于进一步加强义务教育学校校长队伍建设的指导意见》，进一步规范义务教育学校校长队伍建设。发放乡村教师生活补助842.56万元，其中自治区补助资金516.66万元、县级配套资金325.90万元，有542个教学点2532名教师、86个村学校898名教师及3个乡学校207名教师受益。

在第三十三个教师节期间，9月6日，贵港市委市政府到点慰问优秀教师10名，委托市直属学校慰问优秀教师163名；9月7日，评选表彰优秀班主任219名，在召开庆祝第33个教师节座谈会上对12名优秀班主任代表进行慰问；9月开始，贵港电视台、《贵港日报》对全市30名优秀典型教师进行宣传报道；9月30日，报市人社局核准，对在乡村学校从教20周年教师颁发荣誉证书。

【教育支教】 2017年度，贵港市根据相关要求选派374名优秀教师到边远艰苦地区参加支教、走教，发放支教、走教经费490万元。

【贫困学生资助】 2017年，贵港市建立从学前教育到高中阶段教育全覆盖的资助体系，对贫困学生进行精确识别、精确建档、精确审核、精确发放。资助金全部通过银行，发放各级各类资助金2.88亿元，惠及学生41.66万人次。同时，做好大学生生源地贷款工作，做到应贷尽贷。年内，发放大学生生源地贷款金额3.45亿，使4.91万名大学生受益。

【教育经费收入与支出】 2017年，贵港市教育经费总收入67.79亿元，比2016年68.43亿元，减少0.95%。其中，财政拨款收入59.51亿元，比上年减少2.46%。教育经费总支出69.37亿元，比上年增长1.91%。其中，财政拨款支出60.29亿元，比上年减少0.90%。总支出中，人员经费支出43.82亿元，公用经费支出9亿元，基建支出13.27亿元，其他支出3.27亿元。

【教育科研】 2017年，贵港市组织教育科学研究课题立项180个、结题175个。指导教师参加全国学科优质课比赛获一等奖2名，参加自治区学科优质课比赛获一等奖10名、二等奖11名、三等奖3名。开展教师校长培训49项，参培人数32413人。开展学科研讨活动20多次。市教科所教研员深入学校300多次、深入课堂400多节。组织教师外出参加观摩学习1300多人次。

【教育信息化】 2017年，贵港市教育城域网接入学校达1828所中小

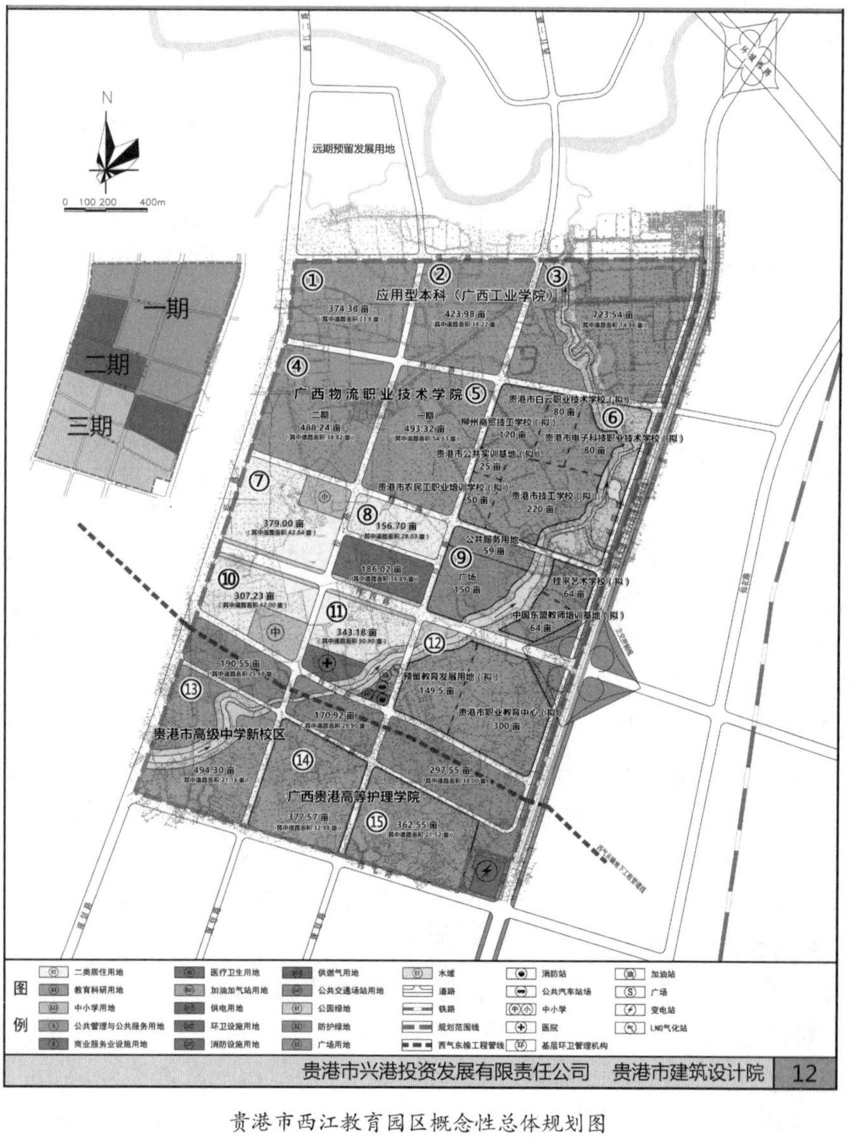

贵港市西江教育园区概念性总体规划图

学(含教学点,对村完小以上学校覆盖率97.8%),其中以光纤接入的学校1126所,光纤接入率61.6%,以100M以上光纤接入的学校106所。教育城域网资源中心教学资源总容量8500G,内容覆盖小学到高中每个学科的每一节课。贵港教育办公自动化系统覆盖全市各级教育单位,是广西覆盖面最广、覆盖率最高的办公自动化系统。全市有名师课堂录播教室86间。全市中小学有“班班通”设备9762套,占教学班总数的65.7%,乡镇中心小学、初中和高中基本实现优质资源“班班通”。教育部第一批教育信息化试点学校的贵港市江南中学教育信息化应用促进教育质量提高取得显著成果,2017年高考一本上线人数达758人,比上年净增150人。举办全市中小学教师信息技术实务操作能力全员培训班,累计培训教师11000多人次。参加全区决赛信息技术与学科教学深度融合比赛,获得一等奖2节,二等奖8节,三等奖6节,贵港市获得教育厅授予优秀组织奖。组织全市中小学生参加2017年广西“书香校园·阅读圆梦”网络征文评选活动,获得区级一等奖12篇、二等奖18篇、三等奖35篇,被教育厅授予优秀组织奖。组织教师参加教育部“一师一优课,一课一名师”竞赛,获省级优课397节,名列全区第二名,获部优课46节。

2017年2月23日,贵港市与广西物资集团合作开办广西物流职业技术学院举行签约
市教育局　提供

【学校项目建设】 2017年,贵港市加快中心城区学校项目建设,江南中学扩建项目(6#学生宿舍楼)、达开高中改扩建项目(二期)、民族中学扩建项目(7#学生宿舍楼)、港南区第一幼儿园、港南区第二幼儿园5个项目完工投入使用。新开工项目7个:江南中学扩建项目(5#教学综合楼)、达开高中改扩建项目(三期)、达开高中改扩建项目(四期)、港北区中山路小学、港北区登龙桥小学、港南区凤凰岭小学、港北区第二幼儿园。

【教育项目招商】 2017年,贵港市教育招商签订协议项目2个,总投资额15亿元。其中,广西物流职业技术学院项计划投资10亿元、占地约1000亩、建成后办学规模1.5万人;十二年一贯制的广西大将国际学校项目计划投资5亿元、占地315亩、建成后在校生约1万人。签订框架协议项目1个,广西贵港高等护理学院项目总投资额5亿元、占地约540亩、建成后在校生规模约1万人(其中中职约3000人、高职约7000人)。

【西江教育园区项目建设】 2017年,贵港市规划建设中的贵港市西江教育园区项目总用地面积7968亩,其中园区一期路网、应用型本科院校、高职院校等三个项目成功列入2017年自治区层面统筹推进重大项目,各项前期准备工作基本完成;贵港市高级中学新校区项目,按6000人在校生规模建设,计划投资8.22亿元,10月12日开工;广西物流职业技术学院项目落户园区。

【学校安全管理】 2017年,贵港市加强各级各类学校的安全管理工作,中小学和幼儿园总体上保持安全稳定。强化学生安全教育,组织开展中小学校应急演练观摩活动。加强安全督查,定期召开中小学校安全稳定工作形势研判会,进行学校安全稳定隐患排查和依法整治。开展学校及周边治安综合治理专项整治和“平安校园”创建活动,做好防范和抵御利用宗教对学校进行渗透工作。贵港市教育局年内获得广西中小学安全知识网络竞赛优秀组织奖。

【教育督导】 2017年,贵港市深化教育督导改革,督学责任区建设和责任督学挂牌督导工作是国家教育督导工作的重要改革举措。贵港市教育局进一步完善责任督学挂牌督导工作制度,确保责任督学挂牌督导工作进入规范化轨道。港北区开展责任督学挂牌督导改革创新,被国家教育督导委员会认定为全国中小学校责任督学挂牌督导创新县(市、区)。为加快推进县域义务教育均衡发展,年初贵港市结合各县(市、区)工作实际,科学规划,制定全市义务教育均衡发展年度工作目标,明确各县(市、区)推进义务教育均衡发展工作任务。市政府督导办先后组织对平南县、桂平市义务教育学校进行办学基本标准达标评估,对平南县义务教育均衡发展推进工作进行市级督导评估复核,对港北区、港南区进行义务教育均衡发展工作开展整改情况督查。10月,平南县通过自治区评估;12月,港北区、港南区通过义务教育均衡发展国家评估,贵港市推进县域义务教育均衡发展进度继续排自治区前列。根据教育部《全面推进依法治校实施纲要》,市教育局积极推进中小学章程和规章制度建设,组织编写《贵港市中小学规章制度选编》,供贵港市各中小学校修订本校规章制度作参考。年内,贵港市实现全市中小学一校一章程和学校修订完善本校规章制度的目标,中小学章程制度建设工作走在广西14个地市的前列。 (何镇海)

广播电视大学教育

【概况】 2017年,贵港市广播电视大学(以下简称贵港电大)利用现代远程教育和电大系统办学的优势,为市民和在职干部在职进修学习提供服务,年内注册学生7021人,其中开放教育5530人(本科883人、专科4697人);7个网络院校共注册学生1491人(本科924人、专科567人)。学校获得广西电大系统招生先进集体、全区网络教育优秀学习中心等称号。

【社区教育】 2017年6月,贵港电大社区教育指导中心揭牌成立,开展太极拳培训、安全生产教育、建筑行业施工培训、会计从业资格培训和考试、护理员培训、公务员和事业单位考前培训、普通话培训、广场舞等社区教育活动。广西社区教育指导中心何小敏专程到校作《手机摄影与摄像》讲座,社区群众积极参与,反响较好。

【招生工作】 2017年,贵港电大招新生3611人,其中开放教育2999人,网院5612人,名列全区电大系统第一名,被评为全区电大系统招生先进集体。

【校企合作】 2017年,贵港电大与中国联通贵港市分公司及诺漫斯电子商务(深圳)股份有限公司进行校企业合作,为大学生实习、实训、就业提供更宽的平台,为企业培养高素质、高学识、高能力的应用型人才。

【人才培养】 2017年,贵港电大通过现代远程教育平台,开展网上教学,通过考试和考核学生2132人,修完毕业学分、完成学业,取得专科或本科毕业文凭。 (李 红)

2017年4月27日,贵港市人民医院召开贵港市人民医院院士工作站建设座谈会,中国工程院院士钟世镇(左)及其专家团队等出席 贵港电大 提供

科技综述

【概况】 2017年,贵港市出台《贵港市深入贯彻创新驱动发展战略决定的实施意见》,完成贵港高新技术产业开发区申报工作。全市发明专利申请量1220件,完成全年640件目标任务的190.63%;有效发明专利317件,每万人发明专利拥有量为0.74件,每万人发明专利拥有量增长率43.46%。新增高新技术企业12家,全市高新技术企业保有量26家。新增国家级星创天地2家,新增自治区科技创新平台5家;建成科技企业孵化器9家、众创空间7家。全市输出和吸纳技术合同85项,合同成交额13745.45万元。其中,技术交易额11688.21

万元，成交额和交易额均比上年翻番；获自治区科技成果登记37项；完成科技成果转化项目18项，任务完成率全区排名第一；“医学3D打印技术在骨科修复重建的应用”成果获广西科学技术进步奖二等奖，泰亿诺公司获中国创新创业大赛“优秀企业”奖。

【科技政策】 2017年，贵港市出台《贵港市深入贯彻创新驱动发展战略决定的实施意见》，设立贵港市创新发展基金，修订完善《贵港市发明专利申请资助及奖励暂行办法》，出台《贵港市支持科技企业孵化器（众创空间）建设发展暂行办法》《贵港市众创空间备案管理暂行办法》等20多项规章制度，进一步优化了科技创新创业环境。

【科技平台】 2017年，贵港市完成贵港高新区申报工作。围绕发展农业企业、引进新品种新技术、建设科技平台基地等任务，推进平南、覃塘、港南3个广西农业科技园区培育发展农业科技企业14家，建立科技平台9个，建立核心区面积2万多亩，辐射区面积8万多亩，开发特色农产品17个，园区产值65亿元。通过园区建设，进一步促进了平南龙眼、覃塘莲藕和茶叶、港南生猪等区域特色产业的发展壮大。港南农业科技园区在广西农业科技园区会议上作经验发言。科技孵化体系建设不断完善，全市建成国家级星创天地2家，自治区星创天地3家、自治区级孵化器3家、自治区众创空间2家，市级众创空间5家、孵化器6家，培育孵化企业150多家。举办创业培训班50多期，开展创业服务活动150多次，申请各类知识产权50多项，设计开发新产品70多个，推广应用新技术30多项，安排就业岗位2000多个，实现年产值5亿多元、利税1.7亿元。成功举办贵港市创新创业大赛，选送优秀项目参加广西复赛和国家决赛，其中广西泰亿诺环保科技有限公司的“纳米电热管”项目获第六届中国创新创业大赛“优秀企业”奖，是贵港市首个获全国“双创”大赛的项目。新增自治区院士工作站1家、自治区技术转移示范机构1家，全市累计有自治区院士工作站2家、自治区技术转移示范机构2家。

【科技企业】 2017年，贵港市获高新技术企业培育入库企业28家，新增高新技术企业12家，高新技术企业保有量达26家，贵港市成为全区率先实现高新技术企业倍增的五个地级市之一。通过知识产权贯标认证企业3家；新增自治区知识产权优势（培育）企业3家、市级知识产权优势（培育）企业11家，全市拥有各级知识产权优势企业20家。

【科技成果】 2017年，贵港市输出和吸纳技术合同85项，合同成交额13745.45万元，其中：技术交易额11688.21万元，成交额和交易额均比上年翻番。获自治区科技成果登记37项，完成科技成果转化项目18项，任务完成率全区排名第一。“医学3D打印技术在骨科修复重建的应用”成果获2017年度广西科学技术进步奖二等奖。评出2015、2016年度贵港市科学技术奖项目60项。

【科技项目】 2017年，贵港市组织申报2017年广西科技计划项目135项。其中，获立项23项科技经费1205万元；下达市本级科技项目50项，财政科技经费支持152万元。组织实施各级科技项目79项，据不完全统计，引导项目承担单位累计投入研发资金1.12亿元，示范应用新品种新技术新工艺、开发新产品120多个（项），建立科技示范基地56个，实现产值1.5亿元。

【科技服务】 2017年，贵港市着力提升科技信息服务水平，完成贵港市科技情报所网站改版建设和提档升级并正常投入使用，完善科技文献共享与服务平台贵港服务站和贵港市科技信息公共服务平台，建立中国科学院科技产业化网络联盟贵港分站；收集分析发布科技

2017年12月11日，贵港市港丰农牧有限公司与中国农业科学院家禽研究所举行产学研合作签约及基地揭牌仪式

市科技局　提供

信息2000多条，浏览量50多万次；建设完善具有地方产业特色的数据库信息资源，新增入库企业537家、专家46名、科技成果136项、科技项目127项、技术需求185项；发展新会员单位5个、会员45名。选派193名科技特派员，服务全面覆盖贫困村。举办“科技大讲堂”6期，与市电视台合作在《贵港新闻》栏目播放《创新贵港》专栏5期。组织34家企业56个参展项目共80多个产品参加2017年全国科技活动周暨第二十六届广西科技活动周活动、北京科博会和深圳高交会；开展科技对接活动5次；开展科技大讲堂、科技培训20多期，开展科技下乡5次，发放科技资料3000多份。组织29家企业、66项参展项目、57项参展实物参加第七届广西发明展，其中3个项目获发明展银奖。

【科技合作】 2017年，贵港市引进招商引资项目4项，项目投资额29.21亿元。邀请中国科学院、中国科技开发院、中国高新技术开发经济研究院、华中农业大学、广州中医药大学等高校院所到贵港开展科技交流活动8次；到北京、苏州、西安、深圳、广州等城市寻求技术合作10次。贵港市政府与桂林理工大学、桂林电子科技大学、广西科技大学签订校市合作框架协议。组织企业与高校院所、科研机构建立产学研合作工作站20个。与县（市、区）政府及有关单位、企业开展科技会商活动10次。

【科技发明】 2017年，贵港市专利申请量2217件，同比增长19%；获授权专利659件，同比增长8.57%。其中，发明专利申请量1220件，超额完成率为90.63%，全区排名第四；有效发明专利317件，每万人口发明专利拥有量为0.74件，每万人口发明专利拥有量增长率43.46%，全区排名第五。开展“4·26”全国知识产权周贵港市活动，在贵港电视台设主题报道、《贵港日报》设专栏、广场宣传墙、宣传板报等方式开展宣传，咨询群众3000多人次，发放宣传资材3.2万份。开展业务培训5期。引进8家专利代理服务机构进驻贵港开展服务工作。开展专利行政执法检查活动3次，检查商品2100件，立案查处假冒专利案件27件。在广西国宏智鸿环境科技发展有限公司、广西桂桂网络科技有限公司、广西信业生物技术有限公司3家企业建立知识产权维权援助工作站，并正式挂牌运行。

（周　宇）

气　象

【气象预报服务】 2017年，贵港市气象部门加强气象监测，尤其加强对暴雨、台风等灾害性天气的预报预警，全力做好各项气象服务工作。发布决策服务材料108期。其中，重大气象信息专报5期，专题气象服务38期，气象服务信息52期，春耕春播气象服务专报9期，空气污染防治专题气象服务4期。

全年通过手机短信、“12121”、报刊、网络平台等媒介及时发布天气预报预警，发布灾害预警信号439次，发送预警短信660条次。做好“贵隆高速”建设项目、“大藤峡”精细化短临气象服务，为项目施工单位及时做好防风防雨措施、适时调整施工计划提供决策依据，保障项目施工的进度。

【气象现代化建设】 2017年，贵港市全力推进气象现代化建设，气象现代化水平快速提升。全市所有观测站的迁站工作均取得较大进展，贵港国家气象观测站（位于贵港航运枢纽二桥上游半岛）迁建工作全面完成，平南国家气象观测站新站（位于平南镇龚州生态公园二期）完成建设，桂平国家基本气象观测站新站完成征地工作。新建多要素区域自动气象站26个，全市自动气象站布局更为合理。全面完成贵港市数字化天气雷达项目及配套项目建设，项目已顺利通过竣工验收并投入运行。推进新一代双偏振多普勒天气雷达项目建设工作，

2017年12月31日，贵港国家气象观测站新站建成　　贵港市气象局　提供

已完成项目预选址，其他工作有序推进。

【人工增雨】 2017年，贵港市气象部门抓住有利天气时机积极组织开展人工增雨作业，实施人工增雨作业16次，增加降水6098万吨，为增加水库蓄水、防止森林火灾、改善生态环境等发挥积极的作用，为保障全市粮食生产增产增收提供有力支撑。

【防雷减灾】 2017年，贵港市推进各项防雷体制改革工作，强化防雷工作的事中事后监管。全区首个完成优化防雷工程建设许可以及防雷购买服务工作，对推动全区气象防雷改革提供参考范本。与贵港市住建委、安监局、编办、财政局、工信委、商务局及教育局等8个部门联合建立防雷管理协调会议制度。

加强防雷安全管理，对烟花炮竹、石油站等易燃易爆和雷电风险高的场所进行防雷安全专项检查，督促相关企业落实防雷安全主体责任，及时消除安全隐患。

【气象科技和人才工作】 2017年，贵港市气象局加强气象科技队伍建设，组织气象科研教育培训，多次邀请上级专家开展题讲座，提高职工业务技能。年内，申报厅(局)级科研项目2项，自立科研项目5项，组织参与自治区气象局《暴雨预报技术》创新团队项目研究，3项科研项目通过验收。

培养和选拔年轻优秀人才，优化队伍结构，弘扬勇于担当、狠抓落实作风，干部队伍干事创业的精神风貌良好，年内提拔任用科级干部3人，通过高级工程师资格评审2人，通过中级职称评审8人。

（卢冬梅）

水　文

【水文测验与水文资料整编】 2017年，贵港水文站、桂平市中心水文站、平南县中心水文站完成测报一体化管理工作方案的编制，正常发布水情短信和预警，为地方政府和防汛部门提供水文信息服务。贵港市水文测验方式改革取得新成效，有50个站开展流量巡测，桂平市中心水文站首次进行流量测验购买服务，开展流量测验。桂平市中心水文站、平南县中心水文站20兆光纤网络开通，三级骨干网络工作布设完成，县域中心水文站的水情预警、预报能力大大提升。继续推进政府购买服务改革，利用水文公共服务市场，在水文测报系统遥测雨量站外业维修保养及巡检、水文站缆道上油维护、水位台保洁清淤、水质监测采送样等业务工作方面向社会力量购买服务，有效缓解水文水资源局人少事多的矛盾。完成贵港市2016年度水文资料整编、审查，贵港市2016年度水文资料在广西水文资料复审验收中获得优秀等次。

【水文情报预报服务】 2017年，贵港市更加注重服务对象的需求，提高水文基础资料向水文成果(产品)的转化率和利用率。贵港市水文水资源局向贵港市水利局、气象局、市政管理局、交通局、人防办、住建委、中电投、工业园等11家单位和企业提供水文产品服务，为当地经济社会发展提供水文技术支撑。全年发送水雨情电报122.99万份，30分钟到报率达98.4%；报送水情预警49期，水情服务信息18份，水情简报快报41份，水情旬月报80份，水情服务短信13万条。全年发布洪水蓝色预警39次，黄色预警9次，橙色预警1次，发布率100%；启动水文Ⅳ应急测报响应23次，Ⅲ级响应10次。水情信息做到优质高效，在大面积强降雨、大洪水及台风影响期间，贵港水文发布雨水情信息及时、准确，为抗抢险提供科学依据。

【水环境监测与评价】 2017年，贵港市水环境监测中心对黔江、浔江、郁江和大同江等主要江河16个重要水功能区代表断面以及武思江、平龙、达开、六陈等4座大型水库坝首断面进行水质采样监测，含国控水功能区15个、省控水功能区4个、市级水功能区1个、含城市重要水源地4个、备用水源地1个、跨设区市界河流交接断面3个，并对跨设区市界河流交接断面进行水量测验，监测频次12次/年。依据《地表水资源质量评价技术规程》(SL395-2007)、《地表水环境质量标准》(GB3838-2002)以及《地表水资源质量评价技术规程》(SL395)开展评价工作。黔江、浔江代表断面水质类别为Ⅱ类，郁江大岭断面为Ⅲ类、其他代表断面为Ⅱ类，大同江利列断面为Ⅰ类，均达到或优于水功能区水质管理目标、最严格水资源管理制度目标；3个跨设区市界河流交接断面水量达到考核控制目标；4座大型水库坝首断面在总氮项目不参与评价情况下，平龙、达开、六陈3座水库坝首断面水质类别为Ⅱ类，武思江水库为Ⅳ类不达标，主要超标项目是铁、五日生化需氧量，另外武思江、平龙、达开水库为轻度富营养，六陈为中营养。贵港市水文水资源局积极配合贵港市推行河长制工作，在《贵港市全面推行河长制工作方案》中提水文建议，制定出台市水文水资源局河长制工作方案，派员参加市河长办公室工作，参加巡河行动。积极履行成员单位职责，为中期评估提高佐证材料，指导各中心水文站向各县(市、区)政府报送水质月报，为贵港市推行河长制提供信息依据。

【水文项目建设】 2017年，贵港市水文水资源局全面完成中小河流水文监测系统44个水文(位)站和贵港水文巡测基地工程扫尾工作；完成大藤峡水利枢纽淹没影响水文设施复改建工程(桂平市部分)的设计变更、地质勘察及施工图设计等工作；完成广西大江大河二期建设工程(桂平、武林、平南)实施方案审批、施工图设计工作；完成国家地下水监测工程仪器设备安装及调试和高程引测工作，标志着贵港市的港城、八塘、莲祝、东塔4个地下水监测站已全面完成建设，并投入使用；完成大湟江口水文站改建工程结算审计、竣工抽样检测、档案资料整理、竣工财务决算审计等工作；完成水文基础设施维修维护工作。年内，累计完成59.57万元的固定资产建设投资任务。

（廖　伟）

防震减灾

【防震减灾科普宣传】 2017年，贵港市坚持防震减灾宣传“进机关、进社区、进学校、进企业”作为主线，不断加大防震减灾宣传工作的力度。利用新闻媒体、互联网、手机短信等各种形式开展防震减灾知识和避震自救互救知识宣传；利用贵港市防震减灾科普示范学校作为宣传基地，把防震减灾宣传进校园作为提高广大师生应对地震突发事件的综合能力加以推进。5月12日，贵港市地震局、桂平市地震局在桂平市逸夫小学开展地震应急避险专项演练活动，发送防震减灾读物、宣传资料、挂图等3000多册。6月，2017“安全生产月”安全宣传活动，发放防灾避险宣传手册2000多份。

【特殊时段的震情跟踪和地震趋势会商】 2017年，贵港市继续加强节假日的震情值班。在元旦、春节、国庆节等特殊时段，根据前兆台的数据研究分析和测震台数据的总结分析，对震情进行分析跟踪，形成地震趋势会商报告。

【地震监测】 2017年，贵港市抓好监测质量，切实做好台站监测设施和观测环境的保护，保持整洁，做好地震仪器运行和维护，确保年度地震记录资料的连续性、及时性和可靠性。新建宏观观测点5个，三区两县(市)各1个，增大群测群防网的覆盖面。继续加强与周边县市地震部门沟通联系，共享地震监测资料，互相交流地震监测技术、经验。

【工程抗震设防】 2017年，贵港市严格按照国家地震烈度区划图或地震动参数区划图规定的抗震设防要求进行抗震设防，依法依规完成贵港市华源羽绒有限公司的水洗羽绒及羽绒加工制品项目(1# W仓库)项目等169项建设工程抗震设防行政许可工作。

【应急演练】 2017年，贵港市积极参加自治区地震局举办的测震应急流动观测活动。5月29日—31日，2017年广西测震应急流动观测演练在南宁市马山县举行，贵港市地震局派出4人参加。此次演练遭遇恶劣天气，贵港市地震应急流动观测队伍冒雨投入联动观测，按要求在所负责区域快速架设流动观测台，收到地震演练开始信息后响应迅速，较好完成任务。组织全市学校开展应急演练，全年超90%的学校开展应急演练2次以上。

【基准台建设项目】 2017年，贵港市继续完成广西地震烈度速报与预警系统贵港项目，抓好基准台建设项目。全市13个地震基本台全部完成建设，其中大安台、西山台等9个基本台已经完成仪器设备的安装，投入运行。

【举办全区地震工作会】 2017年11月1日—3日，自治区地震系统政务培训班在贵港市举行，全区地震系统100人参加。贵港市人民政府副市长农卓松、自治区地震局副局长黄国华参会并作讲话。

11月15日—17日，桂东南地震应急区域协作联席会议在贵港召开。来自钦州、北海、防城港、玉林及贵港五市组队参加联席会议，并进行地震应急救灾桌面推演活动。会议还邀请梧州市、来宾市前来观摩指导。自治区地震局副局长李伟奇参加开幕式并作讲话。会议期间邀请中国地震局灾害防御中心科技管理处处长、研究员申文庄授课。

（梁勋宇）

文化　体育　卫生

文　化

文化综述

【概况】 2017年，贵港市有公共图书馆6个，其中市属馆1个，县区馆5个。市级群众艺术馆1个，县（市、区）文化馆5个，乡镇（街道）综合文化站73个，村级公共服务中心653个，农家书屋1133个，业余群众文艺团体757个。市级博物馆1个，县级博物馆2个。全市文物保护单位180处。其中，国家级文物保护单位1处，自治区级文物保护单位18处，市级文物保护单位22处，县级文物保护单位139处。全市各类文化经营单位678家。其中，互联网上网服务营业场所407家，歌舞娱乐场所44家，电子游戏游场所4家，书店、音像店129家，印刷企业92家。

贵港市文化新闻出版广电局（以下简称贵港市文新广局）在“第三届全区人民满意的公务员（集体）和记一等功公务员（集体）”评选活动中，被自治区党委、自治区人民政府授予“全区记一等功公务员集体”。

【文化基础设施建设】 2017年，贵港市出台《贵港市公共文化服务目录》，为群众提供项目齐全、标准统一、便捷高效的公共文化服务。新建村级公共服务中心102个，市文化艺术中心建设项目总投资7.55亿元完成主体封顶，完成290个农家书屋出版物补充更新，获评“全国优秀农家书屋管理员”2人，获评“全国示范农家书屋”2个，港南区文体新局获评“农家书屋十周年建设全国先进集体”。港北区港城镇龙井村农家书屋被中宣部授予“第七届全国服务农民、服务基层文化建设先进集体”称号，是广西唯一一家获此荣誉的农家书屋。

【艺术作品创作】 2017年，贵港市市群众艺术馆创作歌曲《慈祥的妈妈》《铭记在心》和群舞《彩色的瑶寨》获第五届广西基层群众文艺汇演优秀奖，创作歌曲《荷美贵港》《泪水酿造幸福》入选参加第九届广西音乐舞蹈比赛。市委宣传部和贵港广播电视台主创广播剧《红莲》获广西第十四届精神文明建设“五个一工程”优秀作品奖，筹备制作的《乡村成长日记》系列动画片和音乐剧《廉石的故事》获评2017年度自治区党委宣传部文化扶持项目。

【群众文化活动】 2017年，贵港市持续开展“唱响八桂中国梦、艺术精品到基层”系列文化惠民演出活动，送戏下乡演出500场。完成军民迎春晚会、“美丽贵港　我爱荷

2017年12月27日，贵港市举办“荷城大舞台”周周演，图为在东湖水上舞台演出

市文新广局　提供

城”荷花展大型综合歌舞晚会、“和为贵”文化节等重大演出。实施戏曲振兴工程，采取馆校结合模式，全市开展戏曲演出进校园200场。先后引进话剧《开心晚宴》、儿童剧《丛林狮王》、俄罗斯大型芭蕾舞台剧《天鹅湖》等舞台艺术精品演出，让国内外精彩演出轮番亮相贵港舞台。深入开展全民阅读“七进”工作，“书香贵港”建设扎实推进。超额完成农村电影公益放映任务，观影人数超40万。

【文化产业发展】 2017年，贵港市引导和鼓励各县（市、区）开发区域特色文化产业以及企业提质升级，转型升级新增10家互联网上网服务场所，广西根号三雕刻艺术有限公司获评第七批自治区文化产业示范基地，广西东方尚贤文化有限公司的非遗文创产品之特色宫灯、油纸伞开发推广项目获评2017年度广西特色文化产业发展重点项目。全市文化产业项目获自治区级文化产业发展专项资金扶持共计200万元，贵港市雅琪书城获评“2017年政府资金扶持的全区十大民营实体书店”，获得资金15万元。同时，通过对贵港市特色文化产业示范县桂平市自身文化资源的挖掘和培育，以文化、体育和旅游产业融合发展为路径，年内桂平市成功举办第四届中国汽车（房车）露营大会，属国家级汽车房车露营盛会活动首次落户广西。

【文化市场执法】 2017年，贵港市坚持把安全放在文化市场管理的首位，深入开展春节、全国全区“两会”、暑假、国庆等重点时段文化市场专项保障工作，严厉惩治侵权盗版行为，加强网络文化市场监管。推广应用“文网卫士”互联网上网服务营业场所技术监管软件系统。全市出动执法检查人员22674人次，检查文化经营单位6606家次，办结案130件，罚款金额23.48万元。通过不断增强案件查办力度，贵港市文新广局获评2016—2017年度全区文化市场十大案件办案单位，港北区文体新局获评2016—2017年度全区文化市场重大案件办案单位。持续保持“扫黄打非”高压态势，组织开展“护苗、清源、固边、净网、秋风”专项行动，进一步夯实基层基础，2017年，全市入选全国“扫黄打非”进基层示范点1个，获评首批自治区“扫黄打非”进基层示范标兵点3个、首批自治区“扫黄打非”进基层示范点5个。

公共文化

【群众艺术馆建设】 2017年，贵港市群众艺术馆广泛开展人民群众喜闻乐见的群众文化活动，开展各类文艺活动96场次，举办文艺培训班6期，公益性展览2场次，公益性讲座3期，惠及群众超30万人。组织参加文艺比赛6次。其中，自治区级比赛5次，荣获自治区级奖励9项。

【图书馆建设】 2017年，贵港市图书馆接待到馆读者39.3万人次，借阅书刊文献34.03万人次、13.28万册次，新增持证读者5806个，场馆网站点击量8.27万次。建设馆外图书流通点4个，分馆1个。开展各类读者服务活动60场次，举办公益讲座10期，书画摄影作品展13场次。

【戏曲文化进校园系列活动】 2017年，分春、秋两季，贵港市群众艺术馆组建业余戏曲表演团队，深入荷城小学、港城初中、覃塘高中等11所学校，开展戏曲服饰展示、锣鼓击乐表演、戏曲名段欣赏、粤剧、牛歌戏、京剧、壮剧、杖头木偶戏和戏曲广播体操等活动20场。举办戏剧表演知识培训班2期。

【“快乐周末”系列活动】 2017年，贵港市针对少儿读者，在市图书馆举办“快乐周末”手工读者活动13

2017年6月15日，贵港市开展戏曲进校园活动，图为走进贵港市东湖小学

市文新广局　提供

期，活动内容涵盖蛋糕制作、灯笼制作、陶艺制作、插花、零钱包制作等，锻炼小朋友们的想象和动手能力，使其学会从书中获取各种创意灵感和制作方法。

【元宵节地方戏曲展演】 2017年2月11日，在市新世纪广场举办2017年元宵节牛歌戏展演，演出由贵港市文新广局主办、市群众艺术馆承办，演出牛歌戏剧目《意外良缘》，剧情的波澜起伏，吸众多引戏迷观看。

【"荷城学堂"品牌创建】 2017年，贵港市打造"荷城学堂"品牌，开展系列活动。2月19日，在贵港市图书馆举办"瞬间永恒　完美人生"摄影技巧公益讲座，吸引摄影爱好者256位前来听课；5月18日，在市港北一中举办"认识网络危害　健康快乐上网"公益讲座，有1500名学生聆听；7月10日—8月18日，在市图书馆开设"荷城学堂"书法班2期，美术班、作文班各1期，培训学员250人；11月18日，在市图书馆举办"正确养生保健　享受快乐人生"美容、保健知识讲座。

【开展"世界读书日"系列活动】 2017年4月21日—23日，贵港市图书馆开展"真人图书"阅读活动、读行直播间、阅读马拉松、朗读亭朗诵、好书推荐活动、"送书回家　还书免责"活动、少儿经典诵读活动等"4·23"专题活动7场次。同时，开展"世界读书日"优秀图书展、"风雅布山"陶艺书画展，展出优秀图书1000种。

【全国第十二个文化遗产日暨贵港市粤曲演唱晚会】 2017年6月9日，在贵港市政府会议中心大会堂，由贵港市文新广局主办、市群众艺术馆承办。晚会由本地歌舞团红船艺术团主唱，市戏剧家协会主席兼第三届"中国戏曲红梅金花"称号获得者黄新兰和其他曲艺家先后登台表演。晚会重演《梦会太湖》《仙侣会鹊桥》《大断桥》《蝶舞蓬瀛》《沈园遗恨》和《帝女花》等经典曲目。

【打造贵港首个驻场演出品牌】 2017年6月22日，由贵港市委宣传部、市文新广局主办，市群众艺术馆协办的"荷城大舞台"周周演文艺活动正式启动，设新、老城区两个演出点，每周演出2场，场均节目12个，时长70分钟。以政府搭台，团队引领，百姓唱戏的形式，由群众自编、自导、自演所有文艺节目，给广大群众和艺术爱好者提供一个展示自我的大舞台。

【举办"四力"新贵港微电影大赛】 2017年8月23日，由贵港广播电视台、贵港广播电影电视协会主办，贵港钢铁集团有限公司协办的"贵钢杯"建设"四力"新贵港微电影大赛正式启动。大赛围绕建设"四力"新贵港主题广泛征集微电影作品，截至年末，有20个剧情微电影（视频）参赛，作品评选工作按程序推进。

文化遗产保护

【博物馆建设】 2017年，贵港市博物馆馆藏文物1910件（套），实际藏品实物总量4672件。其中，珍贵文物773件（套），一般藏品1137件（套）。年内，接待观众9.57万人次。配合广西文物保护与考古研究所进行文物考古勘探发掘，勘探到古墓9座。编印的《贵港市第一次全国可移动文物普查成果汇编》，全面而直观地展示可移动文物普查成果。

【文物保护维修】 2017年，贵港市博物馆完成罗泊湾1号汉墓的棺椁保护修复工作和翼王亭抢险维修工程，完善中共广西省一大旧址微型消防站建设。先后投资2400万元对贵港大南门城楼进行修缮保护，投资1400万元开展南江古码头第二期维修工程。将文物保护纳入城乡规划管理，严格规范文物保护单位保护范围和建设控制地带内施工和其他建设活动审批。

【非遗代表性项目及传承人保护】 2017年，贵港市建成自治区级生产性保护示范户和非物质文化遗产项目传承基地3个，分别是"桂平罗秀米粉"生产性保护示范户和港南区"客家山歌"非物质文化遗产项目传承基地、"广西八音"（港南八音）非物质文化遗产传承基地。"桂平杖头木偶戏"传承人李国权、"平南竹木芒藤编制技艺"传承人玉梅和"木格彩灯"传承人周春龙3人入选第五批自治区级非物质文化遗产项目代表性传承人。

【非物质文化遗产宣传】 2017年6月8日—6月11日，贵港市文新广局组织"平南三利小刀锻造工艺"和"客家山歌"非物质文化遗产项目人员前往广西百色市参加全区2017年"文化和自然遗产日"非物质文化遗产宣传展示活动，充分展示了贵港市非物质文化遗产的独特魅力。

【不可移动文物电子地图建立】 2017年，根据《广西壮族自治区人民政府关于进一步加强文物工作的实施意见》,经贵港市人民政府同意,7月5日,贵港市文新广局全面启动全市不可移动文物的电子地图绘制工作,实现建设项目并联审批部门通过互联网即可了解建设项目是否处于文物保护单位保护范围和建设控制地带内,有效简化项目建设前期部分环节。年末,电子地图测绘工作仍在进行。

新闻出版

【"三印"企业年度核验】 2017年4月8日,贵港市完成"三印"(复印、影印、打印)企业年度核验。全市"三印"企业152家。其中,桂平市32家,平南县25家,港北区68家,港南区15家,覃塘区12家。全市"三印"企业工业总产值484.4万元。其中,桂平市96万元,平南县78万元,港北区204万元,港南区39.6万元,覃塘区166.6万元。全市"三印"企业从业人员198人。其中,桂平市35人,平南县33人,港北区76人,港南区32人,覃塘区22人。

【印刷企业年度核验】 2017年4月8日,贵港市完成2017年度印刷企业年度核验,全市印刷企业92家。其中,出版物印刷企业3家,内部资料性出版物印刷企业1家,包装装潢印刷企业22家,其他印刷品印刷企业66家。全市包装装潢印刷企业和其他印刷品印刷企业资产总额17465.31万元,工业总产值13906.63万元,销售收入13844.32万元,利润总额1000.93万元,工业总产出1433.71亿元,从业人员1254人。全市印刷行业各项数据在全区排名均在第5位,属中上水平。

【出版物发行单位年度核验】 2017年6月14日,贵港市完成出版物发行单位年度核验,全市出版物发行单位129家。其中,桂平市18家,平南县18家,港北区57家,港南区18家,覃塘区18家。

广播电视

【广播电视覆盖】 2017年,贵港市广播综合覆盖率97.72%,覆盖人口542.23万人;电视综合覆盖率98.37%,覆盖人口545.84万人。乡镇广播电视无线发射台站20座,通有线电视的村737个,有线广播电视入户率51.21%。

【广播电视安全播出】 2017年,贵港市组织开展卫星电视传播秩序整治,持续做好广播电视节目、网络视听节目的监听监看,加强广播播出监管,顺利完成春节、全国全区"两会"、国庆和中共十九大等重要时段的安全播出保障工作。全市开展非法卫星地面接收设施专项整治联合执法行动11次,出动人员141人次,车辆39台次,收缴非法销售、安装使用卫星广播电视接收天线382面,接收机125台,高频头104只,支架一批。惩治治理"黑广播"违法犯罪活动联合执法20次,缴获非法设备20套。

【贵港广播电视台建设】 2017年,贵港广播电视台积极争取市政府支持资金783万元,完成广播播出系统、电视播出系统和西江传媒网服务器等设备更新以及机房改造。对电视新闻栏目《贵港新闻》《新闻现场》的片头、主持人背景画面、字幕、色块等重新进行包装和设计,适当增加图表动画的表达形式,使新闻报道更加直观生动。着力推动传统媒体与新兴媒体深度融合,开展"广电+"媒体融合创新工作,开发与完善贵港广播电视台和西江传媒网手机APP客户端,拓宽综合制播和多媒体分发平台。

【广播电视宣传】 2017年,贵港广播电视台主要围绕迎接中共十九大、宣传中共十九大、贯彻中共十九大和贵港市委、市政府各时期的中心工作,做好广播、电视和新媒体宣传,先后在新闻节目中推出"喜迎十九大""十九大时光"和"精准扶贫脱贫攻坚"等22个专栏。全年播发新闻稿件9127篇。其中,广播稿件4310篇,电视稿件4817篇。制作播出《红旗飘飘》《平安贵港》和《贵港风纪》等专题94期。中央电视台、广西电视台分别采用贵港广播电视台电视稿件9条和188条,中央人民广播电台(含中国广播网)、广西人民广播电台分别采用贵港广播电视台广播稿件15条和220条。 (韦　玮)

报　业

【《贵港日报》概况】 2017年,贵港日报社坚持以邓小平理论、"三个代表"重要思想、科学发展观、习近平新时代中国特色社会主义思想为指导,始终坚持政治家办报、办网站的原则,坚持正确的舆论导向,发挥主阵地作用,紧紧围绕贵港市委、市政府中心工作做好新闻宣传报道,为落实贵港市委"13446"工作思路、打造"四力"新贵港营造良好的舆论氛围。旗下新媒体有新闻网站1个、网络问政平台1个、《贵港宣传》政务头条号1个、微信公众号3个。全年出报345期，刊发各类稿件14023篇（幅），其中本地稿件占81%。

年末，贵港日报社有干部职工110人。其中，在职在编41人，聘用55人，退休11人；副处以上领导干部8人，科级干部18人；有高级职称1人，中级职称29人，初级职称36人。

【专栏开设】 2017年，贵港日报社围绕贵港市委、市政府中心工作开展新闻宣传工作，通过运用消息、通讯、评论、图片、专题报道等形式，把新闻报道做活、做深、做细。继续深化“走基层、转作风、改文风”活动，集中精力、集中版面做好落实“13446”工作思路打造“四力”新贵港、解放思想抢抓机遇、招商引资工作、学习宣传贯彻习近平总书记考察广西重要讲话精神、创建全国文明城市、坚决打赢脱贫攻坚战、深化拓展“六个年”活动全力打好“四场硬仗”、学习贯彻十八届六中全会精神、学习贯彻市第五次党代会精神、基层党建工作、践行社会主义核心价值观、“两学一做”学习教育等重点内容的宣传工作。开设《落实“13446”工作思路　打造“四力”新贵港》《解放思想　抢抓机遇》《聚焦全面深化改革》《创全国文明城市　建和谐美丽贵港》《书记问效党建工作》《坚决打赢脱贫攻坚战》《学党章党规系列讲话　做合格党员》《贵港故事·打造“和为贵”文化品牌》《喜迎中共十九大》《以优异成绩迎接中共十九大胜利召开》《深化拓展“六个年”活动　打赢贵港经济翻身仗》《创建卫生城市　构建和谐荷城》《老徐茶座》《“书记面对面”谈党建》《荷城风纪》《榜样贵港——百孝之子·最美家庭·最美教师·创业故事》《中国梦·创业梦》《“两学一做”先锋榜》《第一书记风采》《文明行动在贵港》《“一日一课”中共十九大报告登载》《十九大代表在基层》《党旗飘飘》《打造“贵港速度”　实现赶超跨越》《进一步解放思想　打赢经济翻身仗》《贯彻落实中共十九大精神》《拥军优属拥政爱民》《十九大报告权威访谈》《来自项目第一线的报道》《治国理政新理论》《学习贯彻全国“两会”精神》《网络问政热点追踪》《认真学习贯彻习总书记视察广西重要讲话精神》《“一带一路”　合作共赢》《砥砺奋进的五年》《新时代　新气象　新作为》等70多个有影响力的栏目，为贵港经济社会发展摇旗呐喊，取得较好的宣传效果。

【新闻报道】 2017年，贵港日报社认真贯彻落实中央、自治区和贵港市委、市政府决策部署开展新闻宣传工作。重点抓好基层党建宣传报道，《贵港日报》开设《书记面对面谈党建》和《书记问效党建工作》2个专栏，对贵港市基层党建工作的先进典型和经验进行报道，全年发稿100多篇，得到市委书记李新元的充分肯定。

持续不断地做好“创城”工作报道。积极配合贵港市创建“全国文明城市”工作，《贵港日报》开设《创全国文明城市　建和谐美丽贵港》《践行社会主义核心价值观》《加强诚信建设》《榜样贵港·百孝之子》《美丽贵港·我爱荷城》《文明交通行动在贵港》《爱荷城　树新风　曝光身边不文明行为》《点赞身边最美行为》等专栏一批，做到天天有“创城”报道，传播好社会正能量。同时敢于对不文明行为和失信人员进行曝光。《贵港日报》通过自行设计或采用上级提供的公益广告样板，全年刊登公益广告120多个版，刊登各类稿件500多篇。通过持续不断的报道，为“创城”工作形成强大宣传声势，使全市人民积极参与到创城工作中来。

全力以赴做好“中共十九大”宣传报道。贵港日报社经过精心准备，周密部署，成立宣传领导小组，制定宣传方案，对十九大会前、会中和会后进行报道。会前开设《砥砺奋进的五年》《喜看新变化　迎接十九大》《喜迎十九大》《十九大时光》等专栏，为“中共十九大”胜利召开营造良好的舆论氛围。“中共十九大”召开期间，《贵港日报》每天转发新华社对大会盛况的报道。会议闭幕后，及时在报纸上开设《贯彻落实中共十九大精神》和《十九大代表在基层》2个专栏，报道贵港市各部门、单位和各行各业用十九大精神指导和推动当前工作的成效和情况。随着学习宣传贯彻中共十九大精神不断深入，陆续推出《新时代新思想新征程　全面贯彻落实中共十九大精神》和《一日一课　中共十九大报告登载》2个栏目，确保“中共十九大”精神宣传持续不断。自10月18日—12月31日，刊发十九大实况、解读十九大精神、贯彻落实十九大精神等报道超过400篇（幅），使党的十九精神成为时代最强音。创新宣传手段，通过网站、微信、手机客户端等平台，精心做好中共十九大精神网上宣传工作，在网上营造浓厚的思想舆论氛围。

完善激励措施，继续实施“精品工程”。不断完善内部好新闻评选制度，鼓励记者多写好稿件、采编人员多出新闻精品。获得2016年度广西新闻奖一等奖1件、二等奖3件、三等奖4件。2016年、2017年贵港日报社获中国地市党报好新闻、中国摄影作品奖等奖项的作品40多件。

【报网融合发展】 2017年，《贵港日报》加速推动报网融合发展，进一步拓展新闻宣传渠道，抓牢网上意识形态话语权，不断提升自身的影响力。贵港《网络问政》平台成为贵港市“网上集民意，网下解民忧”的品牌，深受群众好评。《贵港宣传》《贵港日报》2个微信公众号各有侧重地推送本地新闻、社会热点问题、旅游风光、政务信息等。年内，2个微信号播发信息2400多条，拥有粉丝20多万，比上年增加一倍，很好地宣传贵港经济社会发展取得的成就。《贵港宣传》公众微信号获自治区网信办2016年优秀新媒体奖。

随着互联网新媒体已成为思想文化信息的集散地和社会舆论的放大器，贵港日报社作为贵港市同心圆网络正能量传播联盟的盟主单位，带头营造晴朗的网络空间，营造贵港市良好的网络生态，筑牢网络空间安全屏障，做到守土有责，守土尽责。

【报业经营】 2017年，贵港日报社抓经营促发展。在报纸发行方面，通过发行“爱心报”、安排人员上门服务等办法，《贵港日报》期均发行量5.1万份，实现平稳发展。在广告经营方面，由于受大环境的影响，广告收入与上年同期相比有所下降。

创新办报理念，抢抓机遇，加入报业联盟。随着新媒体的兴起，传统媒体受到严重冲击。为寻求报业在困境中的突破口，贵港日报社加入两广九市报业联盟（广东、广西两省区的茂名日报社、西江日报社、云浮日报社、阳江日报社、梧州日报社、贺州日报社、玉林日报社、贵港日报社、左江日报社）。通过推行跨区域的新闻联动、新闻专版合作、新闻联合采访和报业经营合作等模式，将本地区的城市旅游资源、土特产品、城建风采、人文历史、产业发展等主题专版在两广九市以统一版面、统一内容同时推出，社会影响力不断扩大，实现社会效益和经济效益双丰收。全年，推出联盟专版100期。

【报业人才队伍建设】 2017年，贵港日报社加强人才培养，不断提高新闻队伍综合素质。继续推进“两学一做”学习教育常态化制度化，发挥编委会、周一学习例会、“三会一课”、党组理论学习中心组学习会、民主生活会等的主阵地作用，通过“走出去、请进来”等方式加强对干部职工的培训教育。因材施导，积极鼓励徐强、宁柏、高瞻等本地作家申报贵港市青年科技人才评选。提高自我技能，积极鼓励年轻人申报职称，对申报高级职称人员给予大力支持。大力培植本地作家、名记者、名编辑。由贵港日报社编辑徐强主笔的《老徐茶座》专栏，就时下社会热点问题进行点评，因笔锋犀利、观点独到，一经推出就成为《贵港日报》的品牌栏目，深受读者好评，被评为自治区好栏目。宁柏、高瞻获得2016年度第五届贵港市“荷花”文艺创作奖。加强人才储备，连续三年报社每年都在不断地招聘人员，招聘并能留下的大学生有20多人。

（陆筱梅）

档　案

【概况】 2017年，贵港市有档案行政管理部门6个，国家综合档案馆6个，有专职工作人员52人。年末，全市各级综合档案馆馆藏档案13.25万卷、86.38万件。其中，建国前档案1.5万卷，主要是民国档案和革命历史档案，建国后档案11.75万卷、86.38万件；录音录像档案403盘，照片档案6326张，馆藏资料4.1万册。贵港市档案馆馆藏档案153个全宗，4.58万卷、28.05万件，照片档案4028张，录音、录像档案336盘，实物档案377件，资料9545册。馆藏档案资料的历史跨度近90年，其中保存年代最早的是民国档案，有4061卷；保存最多的是新中国成立后档案，有4.17万卷、28.05万件。

【档案事业保障】 2017年，贵港市针对档案馆库建设、档案事业经费和人才队伍建设等问题，贵港市委办、市政府办印发《贵港市落实国家档案行政执法检查反馈意见整改方案》，市、县两级财政追加经费解决档案事业发展经费缺口较大的问题。贵港市市长农融到市档案局现场办公，指示市政府办协调财政部门落实市档案馆温控系统、实物档案柜经费问题。港北区、覃塘区档案馆分别追加54万元、70万元经费用于档案馆内建设、改善馆内设施设备，港南区追加专项经费386万元用于建设港南档案馆文化展厅。

【档案馆建设】 2017年1月18日，贵港市港南区档案局（馆）举行新馆揭牌仪式。至此，贵港市、港北区、港南区、覃塘区新档案馆全部投入使用，全市新档案馆总建筑面积14674.21平方米，档案馆库面积由“十二五”前的3270平方米增至1.88万平方米，增长5.7倍。

【档案接收】 2017年，贵港市各级综合档案馆加大档案接收力度，广泛接收和征集各门类档案，馆藏进一步丰富。全市各级档案馆接收档案12321卷、31万件，照片档案2700张，实物档案126件。其中，贵港市档案馆接收文书档案11928卷、20万件，专门档案9199卷、7.51万份，会计档案1487卷(盒)、2392册，照片档案1025张，实物档案126件。征集一批具有地方特色档案进馆，优化馆藏结构。其中，贵港市档案局征集67名贵港抗战老兵口述历史档案；港南区档案馆征集2幅《南山石刻拓片》和2017年香江“和为贵”端午龙舟节活动档案图书资料进馆，接受捐赠清朝光绪年间“地丁银”收据21份。

【档案信息化建设】 2017年，贵港市各级档案部门不断加大档案信息资源建设力度，馆藏传统载体档案数字化率稳步提升。建立有纸质档案、录音录像档案、照片档案数据库。全市完成馆藏纸质档案数字化243.45万画幅。其中，贵港市档案馆新增馆藏档案数字化加工144.4万页，累计完成380万页，接收电子数据22万页，占馆藏总量的58%。加大对市直单位数字化加工工作的指导和验收，年内开展贵港市人民政府办公室、市审计局、覃塘区人民法院、贵港市中级人民法院、市工商局、市人民防空办公室等单位档案数字化加工验收工作。

【档案利用】 2017年，贵港市各级综合档案馆不断改善服务设施、创新服务方式，通过加快推进馆藏档案数字化、推行电话预约等形式，切实为群众提供利用优质免费利用服务，接待利用者2263人次，提供利用档案资料1819卷、4241件。其中，市本级档案馆接待利用者471人(次)，提供利用档案资料506卷(册)、393件。贵港市档案馆向社会开放第八批1987年到期开放档案96卷、4235份、1140件；完成国家重点档案、民国档案文件级目录著录20014条。

2017年11月30日，贵港市中级人民法院档案室晋升为自治区特级档案室

市档案局 提供

【档案业务指导】 2017年，贵港市档案局继续加大基层档案业务指导工作。11月30日，贵港市中级人民法院档案室以98.5分通过自治区档案室评定升级测评组测评，晋升为自治区特级档案室。

社区档案工作指导。市、县两级档案部门联动，指导创建自治区城市社区档案规范化示范点(即港南区南江社区和南山社区)2个。港南区南江社区以社区档案为依托建设具有贵港特色的布山文化展厅。投入5万元，率先在全区对2个试点社区30年和永久的纸质档案进行数字化加工，打造数据平台，创建数字档案室。争取各级部门的支持完善社区的档案硬件配备，自治区档案局专门拨付4万元、贵港市档案局捐赠空调2台和档案柜11组。指导社区完善相关制度档案防护设施，全面推进社区档案规范化建设。10月31日，自治区城市社区档案规范化管理现场会在贵港市港南区成功召开，贵港市对社区档案规范化建设作经验介绍。

精准扶贫档案工作。实施精准扶贫档案规范化管理，全力推进全市精准扶贫档案工作，各级档案部门都建立精准扶贫档案示范点，分别召开培训会。6月15日，举办全市精准扶贫档案工作培训会。6月1日，平南县在全区精准扶贫档案工作现场会(陆川)作经验交流发言。

农业农村档案工作。各级档案部门在农村土地确权颁证中，做到档案管理工作同步部署、实施、检查和验收，通过开展教育培训、业务指导、试点示范等方式为农村土地确权登记颁证工作提供有效

2017年10月31日，自治区城市社区档案规范化管理现场会在贵港市港南区召开

市档案局　提供

服务。选取港南区湛江镇作为全市土地确权档案工作示范点，派出业务骨干进行培训和指导。7月18日，全市农村土地承包经营权确权登记颁证工作现场推进会在港南区湛江镇召开，与会代表参观学习湛江镇土地确权颁证档案整理归档经验和做法。与确权办联合开展土地确权档案培训，培训人员230多名。

重大建设项目档案。加强对重大建设项目档案工作的服务和指导，开展重大建设项目档案登记备案，及时掌握项目信息，把握项目进度，帮助建设单位及参建单位建立完善档案管理工作制度，推动档案工作与项目建设同步开展。1月，贵梧高速公路工程档案顺利通过自治区验收。

【档案执法】 2017年，贵港市各级档案部门开展档案行政执法检查6次、档案专项检查8次。10月28日—31日，贵港市档案局联合市工商局对全市工商系统开展档案执法检查，促进工商系统档案工作有序健康发展。继续稳步推进档案年度归档检查工作，10月9日—11月7日，贵港市档案局采取集中检查和实地抽查相结合方式检查121个市直机关、事业单位年度档案工作，13个单位评定为优秀，优秀率为10.7%；98个单位评定为合格，合格率为80.99%；10个单位评定为基本合格，基本合格率为8.26%。

【档案安全】 2017年，贵港市各级档案部门切实落实国家档案局《关于进一步加强档案安全工作的意见》要求，建立健全各项安全管理制度和安全责任体系，构筑人防、物防、技防相结合的“三位一体”综合防范体系。9月，贵港市档案馆微型消防站建成并投入使用。同时，进一步加强档案安全工作指导和安全警示教育，加强数字化工作安全监管，确保档案实体安全和信息安全。

【档案宣传培训】 2017年，贵港市各级档案部门以“6·9”国际档案日作为宣传契机，通过召开座谈会，利用横幅、标语、巡回板报、报纸、电视、手机平台进行档案法制宣传。贵港市档案局制作MPG档案宣传图说，在市城区新世纪广场、贵港市档案局和协作组长单位LED电子显示屏播放。开展档案服务进社区、进学校等活动。组织参加由国家档案局主办的2017年度“宝葫芦”杯档案法律法规知识有奖竞赛活动和征文活动，选派人员参加全区档案系统主题演讲比赛，获得全区征文三等奖5篇，覃塘区档案局在演讲比赛中获得优秀奖。贵港市档案局加入贵港市同心圆网络正能量传播联盟，通过组建全市档案新闻宣传信息员队伍、举办全市档案信息宣传与新闻摄影培训班等措施推进档案宣传，信息稿件质量大幅提升，全年有300多篇信息、理论文章被各级报刊网站采用。其中，国家级报刊、网站采用55篇，自治区级报刊网站采用250多篇。被评为2017年度全区《中国档案报》《中国档案》杂志学用工作先进单位，获得全区档案新闻宣传工作先进单位称号。

进一步加强档案干部教育培训工作力度，各级档案部门共举办各类培训班27期，培训档案业务人员1905人次。

【档案馆建设年度考核】 2017年3月17日，自治区档案局考核组到贵港市开展2016年度市级国家综合档案馆建设考核，经综合考评，贵港市档案局(馆)荣获优秀等次，这是贵港市第一次在全区国家综合档案馆建设年度考核中获此荣誉。12月7日—8日，贵港市档案局组成2个考核组，对桂平市、平南县、港北区、港南区和覃塘区开展2017年度综合档案馆建设年度考核工作。

【档案“两公开”】 2017年，贵港市市、县两级完成档案行政权力运行流程的编制和审核，保留行政处罚事项2项、行政强制事项1项、行政检查事项1项、行政奖励事项1项、其他行政权力事项4项。

贵港市档案局通过贵港市政府门户网站发布政府公开信息287条，并及时向政务服务中心、图书馆、档案馆报送。各级国家综合档案馆作为指定的政府公开信息查阅场所，加强信息报送工作，简化查阅利用手续，提高信息公开效能。贵港市档案馆接收政府职能部门36个单位、6548份政府公开信息，并及时整理、登记、装盒、上架和目录采集，向公众免费提供利用。（甘 丽）

党史研究

【党史资料征集与编纂】 2017年，中共贵港市委员会党史办公室（以下简称贵港市党史办）大力征集党史资料，经制订专题调研和征集党史资料计划，报请贵港市委同意，组织人员到广东省党史研究室、广东省怀集县、陕西省延安市、南宁市横县、贺州市钟山县、柳州市柳江县等地开展史料征集，获得重要党史人物、重大历史事件史实资料一批。推进基本党史著作编纂，编纂出版《中共贵港市委执政纪事·2017》《中国共产党贵港市历次代表大会简介（1996—2016）》《胡福田》等党史著作。开展专题研究，发挥中共贵港历史研究智库的作用，进行贵港时代先锋、毛泽东与大藤峡、黄日葵、谭寿林等课题研究。其中，《毛泽东与大藤峡》课题成果之一《毛泽东对大藤峡的关注及其军事思想与大藤峡起义之比照》研究文章12月14日在《贵港日报》上发表，编纂《贵港时代先锋》已形成书稿。

【党史宣传教育】 2017年，贵港市党史办注重发挥新兴媒体宣传作用，与市委组织部联合在“贵港先锋”微信公众号开展贵港党史宣传，宣传党史内容104期，阅读点击量2.8万人次，受到人民网、中国共产党历史网、新华网、广西新闻网及广西党史网等媒体关注并作报道。组织党史宣讲团，以不同版本主动进机关、学校、企业、农村、社区宣讲党的历史，在中共十九大召开前后宣讲5场次。7月12日，举办贵港市“两学一做”暨党史宣传教育报告会，邀请自治区党委党史研究室主任陈立生作《艰难困苦 玉汝于成——新民主主义革命时期广西党组织的发展历程》专题报告。

【革命遗址遗迹保护】 2017年，贵港市党史办修订完善《贵港市委党史办公室2016—2020年工作规划》，制订《市委党史办公室关于“献礼建党百年”行动计划的实施方案》，统筹协调，合力推进革命遗址遗迹维护工作。报请贵港市委尽快修缮和建设红色革命教育基地，贵港市委决定将建设红色革命教育基地列入城市党建融资计划，明确由贵港市委组织部统筹、市文新广局为业主，党史、发改、土地等部门共同参与，重点推进中共广西一大旧址、中共广西省代表大会（罗村会议）旧址等项目修复建设。（韦有恒）

地方志编纂与研究

【综合志书编纂有新突破】 2017年9月，续修《桂平市志》经自治区、市两级地方志学术委员会共同评审通过。11月，《贵港市港南区志》《贵港市覃塘区志》完成三级（省、市、县）评稿，《贵港市港北区志》完成编纂总任务量的65%。

【综合年鉴编纂实现启动全覆盖】 2017年2月，贵港市为实现“两全目标”印发《关于贯彻落实〈全国年鉴事业发展规划（2016—2020年）〉实施方案》。年初，市、县两级综合年鉴编纂实现全部启动。年末，《贵港年鉴》《平南年鉴》《港北

2017年4月24日，港南区举办综合年鉴创刊启动动员和培训会。至此，贵港市综合年鉴编纂全部启动　　市地方志办 提供

年鉴》完成编纂出版,《港南年鉴》完成设计排版,《桂平年鉴》《覃塘年鉴》完成部分编辑。《贵港年鉴》编纂连续2年实现在元旦刚过启动编纂工作,连续12年实现公开出版发行,并在2017年卷中创新首次将注释引入年鉴编辑。《港北年鉴》《港南年鉴》为解决人力不足问题,探索以政府购买服务方式完成编纂工作。

【地情资源开发与利用】 2017年,贵港市地方志编纂委员会办公室启动《历史名人与贵港》编纂,完成70%的资料征集。该项目是贵港市地方志工作首次列入贵港市2017年《政府工作报告》的重点工作之一。该书分“贵港历史名人志”“历史名人在贵港”“历史名人写贵港”3个部分。

古籍整理一如既往,继续与自治区地方志编纂委员会办公室、平南县地方志办公室共同完成《平南县志(乾隆版)》影印和出版发行。

完成地情信息资料搜集与上报,5月前高标准完成自治区下达的2017年卷《广西年鉴》《广西图鉴》和《广西市县概况(2006—2015)》,以及《广西古碑志》等志鉴资料贵港部分的上报,是全区较早完成该任务的地市之一。

地情网子站建设提档升级,贵港地情网子站经市财政部门支持,通过政府采购,以购买服务形式,对贵港地情网子站建设进行全面改版升级,8月再次上线运行。

【地方志工作协调服务】 2017年,贵港市地方志编纂委员会办公室按照“两全目标”建设要求,对全市地方志工作主动介入,加大地方志业务指导和工作协调力度。利用开会、上门、打电话等时机和形式,加强与3个城区党委政府的协调与沟通,争取各区领导对志鉴工作的重视,促成《贵港市港南区志》《贵港市覃塘区志》完成三级评稿。加强志鉴业务指导,实现全市综合年鉴编纂全部启动,3部年鉴年内完成出版。（周绪明）

体　育

体育综述

【概况】 2017年,贵港市体育局着力围绕适应广大群众健身需求、推进体育事业跨越发展总体目标,解放思想,强化责任,狠抓落实,群众体育实现大发展,市体育局、港南文体新局等4个单位获“全国群众体育先进单位”称号,陈兆仁、宋辉、卢赐坤3人获“全国群众体育先进个人”称号。贵港市参加全区青少年锦标赛获金牌数27枚,体育后备人才培养水平逐步恢复。全市人均新增体育场地面积0.25平方米,实现翻番目标。

群众体育

【社会体育组织建设】 2017年,贵港市社会体育组织建设得到进一步加强,新成立体育社会组织一批,累计达到40个,体育社会组织覆盖面和作用双增长。通过购买服务等方式引导和支持各社会体育组织举办各种类赛事活动,主体作用日益突显,市羽毛球协会获得“全国群众体育先进单位”称号。

【全民健身活动丰富多彩】 2017年,贵港市体育局组织举办“观天下”迎新春健康贵港·健身跑、足球赛、龙狮展演,贵港市篮球、乒乓球、羽毛争霸赛,与贵港市妇联联合举办庆祝三八国际劳动妇女节中老年人门球交流活动,承办贵港市“壮族三月三·民族体育炫”系列活动、“恒大城”杯贵港市第二届五人制足球联赛。组队参加全

2017年8月8日,第九届广西体育节开幕式贵港市分会场活动在市新世纪广场举行

市体育局　提供

区“我要上全运”围棋、气排球、龙狮比赛和全国啦啦操联赛(南宁站)暨全国啦啦之星争霸赛(南宁站)比赛,组团参加2017年广西“壮族三月三·民族体育炫”系列比赛和活动,共获得8枚铜牌和1个表演项目的三等奖。承办广西2017年中国武术段位(咏春拳)晋段培训班暨2017社会体育指导员培训班。全年,各项赛事活动20多项,直接参加人数超过1.3万人次,投入经费160多万,举办的活动、参加人数和投入经费比上年同期分别提高77%、80%和62.5%。

【第四届广西县级篮球联赛】2017年6月19日—23日,2017年CBO中国业余篮球公开赛(广西赛区)暨第四届广西县级篮球联赛在贵港市体育中心举办,由广西体育总会主办,广西社会体育运动发展中心、广西篮球协会、贵港市体育局、中共港北区委员会、港北区人民政府联合承办,港北区文化体育和新闻出版局协办。有来自广西各市、县(区、市)的13支男子代表队及6支女子代表队200多名运动员参赛。港北区男子队获得男子组冠军。此次比赛是广西最高级别的业余篮球联赛,比赛的举办对于加快推进群众体育活动的蓬勃开展,加强县际间的交流与合作具有重大意义。

【第九届广西体育节系列活动】2017年8月8日,第九届广西体育节贵港市分会场开幕式在市体育中心拉开序幕,全市各县(区、市)同时举行开幕式。活动以“喜迎十九大,健身助健康”为主题,从8月8日开始至11月18日结束。体育节期间,贵港市各级通过组织举办一系列群众性体育活动和比赛,在全市营造全民健身的良好氛围,以优异的成绩迎接中共十九大胜利召开。开幕式当日,贵港市举行群众健身走活动,桂平分会场举行千名武术爱好者气功八段锦、太极24式武术展演等。

【中国健身名山·平天山登山赛】2017年10月28日,2017全国重阳登高健身大会·南方会场暨中国健身名山·广西平天山(贵港)登山赛在贵港市平天山国家森林公园举行,活动由中国登山协会、中国风景名胜协会、贵港市人民政府、自治区旅游发展委员会、自治区林业厅、自治区体育局联合主办,贵港市委书记李新元出席活动。赛事设男、女竞速组、家庭双人组、健身组和团体赛。此次比赛以登高健身为主要活动形式,展示贵港重阳节的民风民俗,对旅游、林业、体育、养老养生等事业融合发展起到示范引领带动作用。

【第四届中国汽车(房车)露营大会】2017年11月30日—12月3日,在桂平市西山泉汽车露营地成功举办。大会由中国汽车摩托车运动联合会汽车露营分会、贵港市体育局、贵港市旅游发展委员会、桂平市人民政府、北京国奥中健体育发展有限公司、桂平大藤峡谷文化旅游有限责任公司、北京华文山水营销策划有限公司联合承办,国家体育总局副局长赵勇出席大会开幕式并致辞。大会以“忘情山水,营在桂平”为主题口号,创新提出“人与自然和谐相处”的办会理念。活动吸引国内外数百台房车、5000多辆自驾车和数万人共享盛会,较好地推动贵港市体育、旅游产业发展。

【中国健美健身公开赛(贵港站)】2017年12月14日—18日,的2017年中国健美健身公开赛(贵港站)在贵港市体育中心举办。由国家体育总局社会体育指导中心、中国健美协会、贵港市政府主办,贵港市委常委、宣传部部长、副市长黄卫平出席活动并颁奖。大赛设男子传统健美、古典健美、健体、健身先生及女子比

2017年12月14日—18日,2017中国健美健身公开赛(贵港站)在贵港市体育中心举行

市体育局 提供

2017年7月20日—26日，2017年广西青少年男子篮球锦标赛在贵港市体育中心举办

市体育局　提供

基尼健身、健身小姐六个大项，21个级别的比赛。吸引全国优秀的健美健身运动员200多名参加赛事，成功举办对推动贵港全民健身向科学化、规范化发展产生积极作用。

竞技体育

【竞技体育实力逐步回升】 2017年，贵港市强化以训练为中心，加强对业余体育的管理和指导。体教结合办学取得新进展，市体校小学部在金港小学办学，得到强基工程等项目资金支持，训练、生活等办学条件有较大改善。年内，组织347名运动员参加2017全区青少年锦标赛15个项目，获得金牌27枚，银牌30枚，铜牌22枚，金牌总数比上年度增加11枚。

【青少年男子篮球锦标赛】 2017年7月20日—26日，2017年广西青少年男子篮球锦标赛在贵港市体育中心举办，由自治区体育局主办、广西球类运动发展中心、贵港市体育局承办，来自全区各市的28支代表队300多名运动员报名参加比赛。东道主贵港市派出2支队伍参赛，比赛虽未取得名次，但是在参赛中得到锻炼，技能和团队作风有较大提升。

体育产业

【体育中心规范化运营】 2017年6月，按照贵港市人民政府审定通过《贵港市体育中心特许经营项目实施方案》，贵港市体育局与中标机构——佳兆业文化体育(深圳)有限公司签订体育中心特许经营协议，并顺利完成移交工作。自专业机构运营管理后，市体育中心实现全面对外开放，管理水平和服务质量逐步提升，整体社会效益逐步显现。

【体育彩票销售】 2017年，贵港市体育彩票销售按照"重点扶持骨干网点、深挖潜力网点、普及便利网点"的思路，提升营销水平、拓展宣传平台，突出服务意识，进一步提升网点销售潜力，挖掘市场潜力，体彩销售网点和销售额度继续保持稳增长。全年累计销售额1.3亿元，同比增长12%。

【体育基础设施建设】 2017年，贵港市体育系统认真组织实施全民健身工程项目，大力改善基层体育基础设施。通过资金申请和项目申报，投入资金300多万元，为村(屯)和社区新建村级篮球场55个和健身路径10套。　(吴浩阳)

卫生·计生

【概况】 2017年，贵港市有卫生和计划生育机构4278个(含村卫生室)，医院51个。其中，公立医院13个，民营医院38个；医院按等级分三级医院3个(其中三级甲等医院2个)，二级医院18个，一级医院16个，未定级医院14个。基层医疗卫生机构4132个。其中，乡镇卫生院73个，社区卫生服务中心14个，社区卫生服务站1个，门诊部和诊所、卫生所、医务室529个，村卫生室3515个。专业公共卫生机构95个。其中，疾病预防控制中心6个，专科疾病防治院(所、站)2个，妇幼保健院(所、站)6个，采供血机构1个，卫生计生监督所6个，计划生育技术服务机构74个。全市医疗卫生机构床位数16314张，比上年增加1350张，增长9.02%；每千人拥有床位3.73张，增长8.12%。卫生技术人员20017人，比上年增加1107人，增长5.85%；每千人口卫生技术人员4.57人，比上年增加0.2人。执业医师和执业助理医师6589人，比上年增加431人，增长 7.0%；每千人口执业医师和执业助理医师数为 1.51 人，比上年增加 0.09 人。注册护士 8003 人，比上年增加 642 人，增长了 8.72%；每千人口注册护士数为 1.83 人，比上年增加 0.13 人。

全市医疗卫生机构总诊疗人次数 2444.39 万人次，比上年增加 86.44 万人次，增长 3.67%。其中，医院总诊疗人次数 589.97 万人次，比上年增加 63.18 万人次，增长 11.99%。基层医疗卫生机构总诊疗人次数 1756.36 万人次；乡镇卫生院总诊疗人次数 453.81 万人次，比上年增加 18.15 万人次，增长 4.17%。农村三级医疗卫生机构总诊疗人次数 1733.74 万人次，比上年增长 3.06%。其中，县级医院 281.33 万人次，乡镇卫生院 453.81 万人次，村卫生室 998.6 万人次，分别增长 19.01%、4.16% 和下降 1.14%。全市医疗机构出院人数 69.65 万人，比上年增长 3.48 万人。其中，医院出院人数 43.14 万人，增加 3.65 万人，增长 9.24%；农村三级医疗机构出院人数 44.75 万人（其中县级医院 22.42 万人，乡镇卫生院 22.33 万人）。

全市医院门诊病人次均医药费用 170.1 元，按可比价格计算比上年上涨 6.25%；出院病人人均医药费 6632.3 元，按可比价格计算比上年下降 0.46%，平均每日住院医疗费为 973.4 元，按可比价格计算比上年上涨 1.02%。全市社区卫生服务中心门诊病人次均医药费用 29.2 元，按可比价格计算比上年下降 10.15%；全市乡镇卫生院门诊病人次均医药费用 63.2 元，按可比价格计算比上年上涨 6.22%；出院病人人均医药费用 1698.4 元，按可比价格计算比上年上涨 8.4%，平均每日住院医疗费为 361.4 元，按可比价格计算比上年上涨 7.46%。

【医药卫生改革】 2017 年，贵港市制订《进一步推广深化医药卫生体制改革经验若干意见的实施方案》。全市 11 家医院启动城市公立医院综合改革，全部取消药品加成（除中药饮片外），实施药品零差率销售，同步调整医疗服务价格和医保支付政策，调整医疗服务价格 154 项，实现全市公立医院控费总目标，全市医疗费用增长幅度控制在 9.5% 以下。落实家庭医生签约服务工作，印发《贵港市医疗联合体建设实施方案》，市属 3 家三级医院牵头成立 3 个紧密型医联体，5 个县（市、区）人民医院或县级医院单位，成立 5 个县域医共体，实现双向转诊、分级诊疗。

【卫生基础设施建设】 2017 年，贵港市全面启动覃塘区人民医院门诊综合楼等 17 个卫生基建新项目，全部实现开工，完成投资 6977.58 万元，其中完成中央投资 5517 万元，完成建设规模 2.22 万平方米。广西基层医疗机构能力建设设备购置项目 69 个，其中乡镇卫生院 62 个、县妇幼保健院 5 个、县级卫生监督所 2 个，总投资 6045 万元，设备落实到位。建成贵港市中医医院门诊住院综合楼、贵港市全科医生培养基地、港北区人民医院综合楼和贵港市精神卫生医院，并投入使用；基本建成贵港市儿童医院业务大楼、市妇幼保健院公共卫生服务业务综合楼、市妇产医院业务楼。

【卫生应急管理】 2017 年，贵港市发生突发公共卫生事件 8 起，死亡 4 人，轻症 67 人，成功应对 H5N6 人感染禽流感疫情，未发生人感染禽流感疫情扩散。各级各类医疗机构派出紧急医学救援车辆 42612 车次，救治 40561 人次。贵港市拥有市级卫生应急专家组 41 人，卫生应急队伍分三类，其中紧急医学救援类 2 队，突发急性传染病防控类 2 队，突发中毒事件处置类 1 队，共 79 人。组织市级卫生应急重点科目演练 3 次，涉及人员 146 人次，出动车辆 8 车次。会同市总工会、市妇联、团市委组织开展全市卫生应急技能竞赛，选派人员参加全区比赛。对《贵港市突发公共卫生事件应急预案》进行修订。全年市直医疗卫生单位共举办培训班 10 次，42 学时，培训 545 人次。利用防灾减灾日等宣传日，结合卫生应急知识进乡村、进社区、进企业、进学校、进家庭“五进”活动，通过各种宣传方式，在网络、媒体、宣传专栏等开展宣传，先后发放卫生应急宣传资料 11896 份，制作展板 53 块，接受卫生咨询 2766 人次，覆盖 5 万多人次。

【医政管理】 2017 年，贵港市持续改进医疗服务，提升医疗服务能力和水平。开展进一步改善医疗服务行动计划，全市二级以上医院预约诊疗率 8.80%，比 2016 年提高 2.21 个百分点，优质护理开展率 100%；出院病人临床路径管理比例 21.63%，比 2016 年提高 10.49 个百分点；住院患者抗菌药物使用比例 44.57%、抗菌药物使用强度 40.14DDDs，达到考核评价标准。指导城乡三级医院对口支援县级综合医院，提升受援医院医疗服务能力。市人民医院派出医护人员 5 名驻点指导受援医院，完成诊疗人次 674 次，手术示范指导 23 次。组织开展“服务百姓健康行动”活动，全市参加义诊医疗机构 47 家，参加义诊医务人员453人次、义诊人次9975人次。做好临床重点专科及医疗技术准入工作，2017年贵港市人民医院产科、消化内科被确定为自治区临床重点专科建设项目，各获得专项资金100万元，市人民医院急诊科顺利通过自治区临床重点专科建设项目现场考核验收。强化医疗机构及医师、护士准入与管理，批准设置医疗机构22家，批准设置总床位902张；完成医疗机构执业登记5家，执业登记总床位数225张。严格血液质量安全管理，全市持续保持临床用血100%来自自愿无偿献血，参加无偿献血总人数达3.78万人次，采血总量7.02万单位。开展“平安医院”创建活动，妥善处理医疗纠纷。全市各级医疗机构内部受理的医疗投诉133起，医疗机构自行处理医疗纠纷99起，各级卫生计生行政部门受理并处理医疗纠纷或医疗事故争议29起；二级以上医院三防系统建设达标率92.86%。组织、协调做好全市医学考试工作，完成584人卫生系列高级专业技术资格、4110人初中级卫生专业技术资格、793人护士资格、922人医师定期考核业务水平测试、1143人医师资格实践技能、1013人医师资格医学综合笔试考试工作。

【爱国卫生】 2017年，贵港市新增农村无害化卫生厕所户5.56万户，农村卫生厕所普及率达91.8%，达到“2020年全国农村卫生厕所普及率达到85%”的目标，有效的改善了农村环境。持续开展城乡环境卫生综合治理，开展专题爱国卫生大行动6次，集中整治行动194次，出动人员9400多人次，清理垃圾7万多吨，清理沟渠污水淤泥等390处。开展饮用水卫生项目监测，做到每个季度定期向社会公布。开展整治“五乱”和清理“牛皮癣”工作，城乡主要街道基本实现净化美化，大街小巷的卫生状况明显改善。开展除“四害”工作，清理“四害”孳生地3124处，消杀面积256万平方米，降低“四害”密度有效预防病媒生物传播疾病。做好迎接自治区卫生城市复审工作，第一轮暗访已经结束。落实健康促进县区建设，积极抓好健康教育，群众健康知识知晓率不断上升。利用“3·24”世界结核病防治宣传日、全国爱卫月等重要卫生节日大力开展宣传活动，切实履行《烟草控制框架公约》，积极开展控烟工作。

【疾病预防控制】 2017年，贵港市艾滋病防治不断深入，实行宣传教育、高危行为干预、医疗救治和母婴阻断等作，新发现报告的感染者和病人732例(其中感染者364例、病人368例)，比2016年同期(771例)下降5.06%。涂阳肺结核患者密切接触者筛查率100%(762/762)，结核病患者检测艾滋病病毒感染筛查率91.32%(3095/3389)，上年同期新涂阳病人治愈率为90.18%(542/601)，结核病痰涂片镜检室间质量保证体系盲法复检覆盖率100%，各项指标均达国家要求。推进免疫规划工作深入发展，保证免疫规划常规运转，免疫规划所有疫苗报告接种率达95%以上，接种率监测、麻疹监测、AFP监测、乙脑监测、流脑监测、异常反应监测等监测系统各项监测指标均达到自治区要求，其它免疫规划针对传染病亦控制在卫生部要求的标准以下，连续25年无脊髓灰质炎病例和疫苗株循环病例，连续16年无百日咳、白喉病例的报告。全年无重大预防接种事件发生，脊髓灰质炎疫苗转换工作平稳过度。全市无甲类传染病报告，乙脑、新生儿破伤风、伤寒+副伤寒、痢疾、急性出血性结膜炎、疟疾等病种与上年同期相比报告发病数分别下降100%、100%、44.78%、24.39%、22.62%、20%，全年接收狂犬病报告5例，比上年8例下降37.5%。全市麻风病控制在较低水平，部分重点传染病疫情得到有效控制。

【妇幼卫生保健】 2017年，贵港市全面落实妇幼健康惠民项目，孕产妇住院分娩率99.99%，孕产妇死亡率13.57/10万；婴儿死亡率3.68‰，5岁以下儿童死亡率5.54‰，出生缺陷发生率9.60‰，叶酸服用率99.26%。艾滋病感染孕产妇抗艾滋病病毒用药率为96%；阳性产妇所分娩婴儿抗病毒药物治疗率100%。全市梅毒阳性孕产妇阻断治疗率为90.76%，梅毒感染产妇所生婴儿规范诊疗率为96.64%。乙肝免疫球蛋白使用率99.81%。免费孕前优生检查目标人群覆盖率达99.01%。农村妇女宫颈癌检查任务完成率107.33%，发现宫颈癌44例。乳腺癌检查任务完成率111.09%，发现乳腺癌33例。全市婚前医学检查率98.99%，地贫基因诊断率、产前诊断率补助率100%，重型地贫胎儿干预率达98.26%；产前筛查率达81.25%，新生儿听力筛查率96.4%，新生儿疾病筛查率95.24%，妇幼健康主要指标有所改善。

【基层卫生】 2017年，贵港市继续开展“建设群众满意的乡镇卫生院”活动。经考评，桂平市江口中心卫生院、桂平市木根镇卫生院、桂平市木乐中心卫生院、桂平市石龙中心卫生院、平南县大新镇卫生院、平南县丹竹镇中心卫生院、平南县同和镇中心卫生院、港北区中里中心卫生院、港南区东津镇中心卫生院、港南区湛江镇卫生院、覃塘区樟木中心卫生院11个单位被国家卫计委授予“2016—2017年度群众满意的乡镇卫生院”称号。继续开展对口支援工作，有12家二级以上医院对口支援14家乡镇卫生院。建立居民电子健康档案391.42万人，建档率91.16%，达到自治区80%的目标要求。全市常住人口家庭医生签约率达到自治区30%的目标要求，重点人群家庭医生签约率达到自治区60%的目标要求。有政府投资建设村卫生室1089个，实施国家基本药物制度1068个，覆盖率98.07%，达到自治区93%的目标要求。

【卫生监督与执法】 2017年，贵港市以医疗服务机构、生活饮用水和公共场所卫生等为重点，强化日常监督。每季度对生活饮用水、集中消毒餐饮具和布草进行抽检，抽检生活饮用水189份、集中消毒餐饮具和布草357份，合格率分别为92.6%、94.4%。按照国家和自治区的部署，以“双随机”方式，完成涵盖公共场所、生活饮用水、学校、医疗卫生和传染病防治等394个单位的国家监督抽检任务。加强案件查处力度，依法查处非法行医、非法销售消毒产品等违法行为，全年立案查处203件，同比2016年(120件)增长69.2%。其中，罚款26.9万元，没收违法所得2.36万元，没收药品、器械一批。

【依法行政和行政审批】 2017年，贵港市卫计委认真编制权力责任清单，将部门行政职权按照行政许可、行政处罚、行政强制、行政给付、行政检查、行政确认、行政裁定、行政奖励、行政监督和其他行政权力等类别，逐项编制部门权力清单，梳理行政权力77项。其中，行政许可14项，行政处罚25项，行政强制12项，行政给付1项，行政检查8项，行政确认5项，行政奖励1项，行政裁决0项，其他权力11项。继续推进行政审批制度改革，积极贯彻落实自治区人民政府有关清理、取消、调整和下放行政审批项目工作相关要求，完善行政审批流程和服务指南，压缩审批时限，全面推进行政审批科学化、标准化和规范化建设，实现行政审批质量的全面提升。办理各类卫生计生行政审批事项3395件，其中行政许可事项2845件，所有办件中即办件为3235件，即时办结率达95.3%。在每月量化考核中，政务服务窗口获“红旗窗口”称号7次，窗口工作人员获“服务之星”荣誉称号11人次，“党员先锋岗”荣誉称号6人次，“星级首席”称号3人次。在2017年度法治政府建设专项考核中，贵港市卫生计生委员会获优秀等次。

【人口和计划生育管理与服务】 2017年，贵港市扎实稳妥有序推进全面两孩政策实施。根据计划生育报表，2016年10月—2017年9月区间全市出生70630人，人口自然增长率为9.93‰，控制在自治区下达的责任指标11‰以内。全员人口数据库信息准确率为97.64%，全员人口数据库信息变更及时率为99.59%。全面落实计划生育家庭奖励扶助政策，全市受惠对象4360人，发放奖扶资金795.68万元，计划生育奖励扶助政策兑现率达100%。加大计划生育特殊家庭关怀力度，落实《贵港市计划生育特殊困难家庭养老扶助制度实施方案》，年内发放养老扶助资金111.24万元，计划生育特殊家庭养老问题得到进一步解决。出台贵港市《计划生育特殊家庭就医绿色通道暂行管理办法》，为计划生育特殊家庭开通就医绿色通道。开展全国、全区计划生育优质服务先进单位创建活动，桂平市被自治区卫计委授予“2017年全区计划生育优质服务先进单位”称号。继续开展诚信计生示范单位创建活动，全市评选诚信计生示范乡镇6个，诚信计生示范村71个。港北区被自治区卫计委授予“广西诚信计生示范县(市、区)”称号。

继续巩固和加强协会组织和能力建设，不断拓展生育关怀项目，提升计生家庭幸福感和获得感。出台《贵港市实施计划生育家庭关爱保险项目指导意见》，为独生子女、双女结扎户户家庭购买爱心保险10523户，投入金额8.28万元；为农村有发展生产需求的计划生育家庭小额贷款进行贴息补助423户、发放贴息金36.75万元。港北区计划生育协会依托国家流动人口计划生育协会示范项目，投入6.48万元，为流动人口提供疾病预防控制、妇幼保健、健康教育等基本公共卫生服务，使流动人口享受同城待遇，增强流动人口的归属感。港南区计划生育协会以自治区计生家庭发展项目为契机，投入22万元，以“家庭发展”为核心，采取“产业项目+合作社+计生家庭户+基地”的产业发展模式，以点带面提高计生家庭发展生产，促进计生家庭脱贫致富发展能力。贵港市计划生育协会2017年获得全区计划生育协会先进单位称号。加强流动人口计划生育服务管理，全市流动人口总数36.16万人，与2016年的36.34万人相比下降0.5%；流动人口总数占全市区间年末总人口的6.61%；其中流动人口总量最大的是桂平市，流动人口达到14.49万人。贵港市流动人口仍然以跨省流出为主，流出27.82万人，占总流动人口的76.93%，主要流往经济比较发达的广东、福建、浙江以及与广西毗邻的湖南、海南等省。流动人口中男性18.38万人，女性17.78万人，女性占49.17%。流出成年育龄妇女办证登记率96.65%、流入已婚育龄妇女婚育证明查验率96.14%、流入已婚育龄妇女计划生育建档率98.85%、流动人口免费技术服务率96.69%、流动人口免费孕环检率96.46%、流入已婚育龄群众避孕药具免费发放率97.33%、流动人口计划生育政策知晓率97.10%。

【中医药民族医药】 2017年，贵港市有中医（含中西医结合）医院6家，综合医院32家，妇幼保健院6家，城市社区卫生服务中心14家，社区卫生服务站1家，乡镇卫生院73家，村卫生室3515所，中医类个体诊所109所。全市中医医疗机构房屋建筑面积14.37万平方米，占全市医疗机构房屋建筑面积的9.99%；全市中医医疗机构固定资产总值18693.7万元，占全市医疗机构固定资产总值的7.69%；万元以上设备1734台，占全市医疗机构万元以上设备台数的14.22%。全市中医医疗机构编制病床数为1421张，达到每万人口中医床位4.4张。截至年底，全市有中医药卫技人员1865人，占全市卫技人员总数9.3%，其中中医执业（助理）医师895人，占全市执业（助理）医师总数的13.6%。中医药卫技人员中高级职称人员116人、中级职称人员496人、初级职称人员1253人；每万人口中医执业（助理）医师达到2.1人。建立自治区级基层名老中医药专家传承工作室1个。全市中医医疗机构总诊疗人次数159.78万人次，出院病人为6.2万人次；总收入69617.7万元，占全市医疗机构总收入12.11%。

【医疗宣传与教育】 2017年，贵港市注重科研项目建设，贵港市人民医院获得首个国家自然基金项目。6月，贵港市卫生计生委官方微信公众号“健康荷城”开通，用户人数5529，年内推送信息28期、112条，阅读量6万多人次。在《贵港日报》、贵港电视台举办卫生计生政策宣传栏，刊播卫生计生知识和信息。利用元旦、春节、“5·29”国家计生协会纪念日等，开展文艺演出、宣传一条街、义诊、健康讲座等形式多样的宣传活动。加强舆情监测和宣传报道工作，进行宣传报道通报4次，全市卫生计生系统上稿456篇，全年未发生不良舆情事件。加强基层人才培养，完成965名住院医师规范化培训结业考核，完成17名全科医生转岗培训。组织开展全市基层医疗卫生机构全科医生规范执业注册工作，基层医疗机构执业范围为（含）全科医生专业注册人数352人。完成农村订单定向本科、专科医学学生35名招生任务；做好2017年贵港市20名农村订单定向本科医学生毕业生接转作。完成一、二、三级公立医疗机构和大部分民营医院实验室登记备案，完成自治区级继续医学教育项目43项。　（戴建福）

社会生活

居民生活

【城镇居民生活】 2017年,贵港市城镇居民人均可支配收入28806元,同比增长7.6%,增速位居全区第10位,比全区平均水平低0.1个百分点。其中,城镇居民人均工资性收入19972元,同比增长5.3%;城镇居民人均经营净收入3357元,同比增长8.5%;城镇居民人均财产净收入1170元,同比增长20.6%;城镇居民人均转移净收入4307元,同比增长15.0%。

贵港城镇居民人均生活消费支出17791元,比2016年增长11.2%。人均食品、衣着、居住、生活用品及服务、交通和通信、教育文化娱乐、医疗保健、其他商品和服务八大类消费分别支出7010元、1398元、1526元、1210元、3376元、2181元、641元、449元,比2016年分别增长6.1%、13.4%、4.6%、25.7%、21.4%、18.1%、-15.8%、30.1%。

【农村居民生活】 2017年,贵港市农村居民人均可支配收入12544元,同比增长8.4%,增速位居全区第12位,比全区平均水平低0.9个百分点。其中,农村居民人均工资性收入5539元,同比增长8.8%;农村居民人均经营净收入5912元,同比增长7.0%;农村居民人均财产净收入275元,同比增长9.4%;农村居民人均转移净收入817元,同比增长16.1%。

贵港农村居民人均生活消费支出8186元,比2016年增长12.0%。人均食品、衣着、居住、生活用品及服务、交通和通信、教育文化娱乐、医疗保健、其他商品和服务八大类消费分别支出3431元、225元、1603元、470元、1092元、576元、583元、206元,比2016年分别增长4.6%、1.2%、17.0%、6.3%、31.3%、26.4%、8.9%、21.8%。

【居民消费价格】 2017年,贵港市居民消费价格总水平(CPI)上涨1.6%,涨幅与上年相比高0.4个百分点。其中,食品价格下降2.1%,非食品价格上涨2.7%,消费品价格上涨1.4%,服务项目价格上涨2.2%。CPI上涨幅度与全国及广西全区平均水平一致,涨幅在广西14个地市排列第7位(从高到低排序)。分类别看,八大类消费价格同比呈"七涨一降"的态势,除食品烟酒类下降0.7%外,衣着类上涨5.0%,居住类上涨1.5%,生活用品及服务上涨0.9,交通和通信上涨4.4%,教育文化和娱乐类上涨2.7,医疗保健类上涨4.1%,其他用品和服务类上涨0.4%。

【农业生产资料价格】 2017年,贵港市农业生产资料价格比上年上涨0.2%。十大类农资价格呈"六升三降一平",上涨面较大。其中农用手工工具价格上涨4.6%、机械化农具价格上涨2.2%、化学肥料价格上涨2.5%、农机用油价格上涨9.5%、其他农用生产资料价格上涨3.3%、农业生产服务价格上涨5.8%,饲料价格、仔畜幼禽及产品畜价格、农药及农药器械价格分别下降1.3%、13.5%、1.4%,半机械化农具价格持平。 (黄崇色)

民政事务

【概况】 2017年,贵港市建档立卡贫困人口纳入农村低保人数8.8万,占全市农村低保的50.7%,全年支出各类社会救助资金4.9亿元,惠及困难群众26.7万人,城乡低保补助水平分别达到月人均336元、171.7元。筹资1247.6万元为111.4万户农户购买政策性保险,协调理赔901户494.02万元。发放孤儿保障金2880人1800万元,发放困难残疾人生活补贴15万人次780万元、重度残疾人护理补贴36

万人次2200万元。全市1156个村(社区)“两委”在全区率先完成换届选举。全市建成40多个农村社区示范点,覃塘区成功探索“六好两提升”模式,得到自治区以及市委、市政府主要领导的肯定。深化拓展村民自治“一组两会”机制,覃塘区大岭乡金沙村和覃塘镇平田屯入选全国村民自治试点单位。打造10多个高标准城市社区典范,城市社区建设形成新格局。港南区江南街道廉石社区获“全国综合减灾示范社区”称号,覃塘区覃塘镇荷塘社区获“全区综合减灾示范社区”称号。贵港市社会福利院获全国“敬老文明号”称号,贵港市老龄办高瑞萍、桂平市老龄办陈榜获全国“敬老爱老助老模范人物”称号。社会组织健康发展,成立中共贵港市社会组织综合委员会,选举产生第一届综合党委、纪委班子。

【社会救助与脱贫攻坚】 2017年,贵港市支出各类社会救助资金4.9亿元,惠及困难群众26.7万人。城乡低保月人均补助分别达到336元、171.7元,同比分别增长14.9%、29.2%,8.8万建档立卡贫困人口纳入农村低保,占全市农村低保的50.7%;支出供养资金10358.5万元,2.7万名城乡特困人员的基本生活权益得到保障;支出2896万元实施医疗救助4.1万人次,支出1003.1万元实施临时救助1.3万人次。

【城乡基层组织建设】 2017年,贵港市1156个村(社区)“两委”在全区率先完成换届选举,新旧村(居委会)“两委”班子顺利完成交接。深入推进农村社区建设试点工作,全市农村社区试点工作现场会顺利召开,建成农村社区示范点40多个,覃塘区成功探索建成“六好两提升”模式,得到自治区以及市委、市政府主要领导的肯定,在全区农村社区建设试点工作现场会上作典型发言。深化拓展村民自治“一组两会”机制,覃塘区大岭乡金沙村和覃塘镇平田屯入选全国村民自治试点单位。城市社区建设形成新格局,打造高标准城市社区典范10多个。其中,港北区荷城社区通过强化“九位一体”新机制,不断创新社区管理服务;港南区廉石社区以“小社区”实现“大服务”,打造新型智慧服务综合体。

2017年7月26日,广西民政工作年中分析会暨民政能力建设现场会在贵港市召开,图为参观现场　　市民政局　提供

【养老服务】 2017年,贵港市着力打造市社会福利中心,港北区荷城社区、小棉袄养老中心,港南区南江社区、小棉袄日间照料中心等示范社区及养老项目,被全区民政年中分析会暨民政能力建设现场会学习推广。成功申报中央养老服务体系建设资金2980万元,贵港市老年养护院和平南县福利院老年人2#养护楼项目实现当年下达投资计划,当年开工建设。安排市本级福利彩票公益金76万元支持农村幸福院项目建设14个。积极推进养老机构公建民营工作,与广西医大仁爱养老服务中心签订贵港市老年人公寓公建民营承包协议;港南区民政局与社会企业签订八塘镇中心敬老院公建民营合同。11家民办养老机构按时申报运营补贴29.58万元和建设补贴66.9万元。累计发放高龄津贴89.21万人次2993万元。开展养老院质量建设专项活动和养老机构星级评定工作,评出二星级养老机构4家、三星级养老机构2家。贵港市社会福利院获全国“敬老文明号”称号,贵港市老龄办高瑞萍、桂平市老龄办陈榜获全国“敬老爱老助老模范人物”称号。

【防灾减灾】 2017年,贵港市启动本级救灾预警响应5次、三级救灾应急响应1次,拨付救灾资金224万元和救灾物资一批,应急救助受灾群众7000多人。筹资1247.6万元为111.4万户农房购买政策性保险,协调理赔901户494.02万元。

2017年6月22日,市长农融考察港北区贵城镇小江社区居家养老服务中心

市民政局　提供

投入1184.12万元帮助62690名灾民安全度过冬春。投入423.04万元帮助184户倒房户完成恢复重建。实施社区减灾准备认证工作,投入66万元组织120个社区参与认证并通过自治区民政厅核验,占贵港市行政村(社区)总数的10.37%。争创全国全区综合减灾示范社区,港南区江南街道廉石社区获“全国综合减灾示范社区”称号,覃塘区覃塘镇荷塘社区获“全区综合减灾示范社区”称号。

【“双拥”优抚】 2017年,贵港市深入开展拥军慰问活动,完成对驻邕、驻柳、驻贵各部队的慰问活动,赠送慰问金、慰问品共计460多万元。发放各类优抚资金2.51万人1.23亿元,发放义务兵家庭优待金2717户3338万元,发放退役士兵一次性经济补助金1149.6万元,投入339万元培训退役士兵651人。积极引导扶持老兵创业,市民政局与桂平市民政局帮助退伍老兵成立“桂平市雄军种养专业合作社”,已有200名退伍老兵加入合作社。军供保障有力,全年任务圆满完成。军休服务到位,“两项待遇”全面落实。

【社会组织管理改革】 2017年,贵港市成立中共贵港市社会组织综合委员会,选举产生第一届综合党委、纪委班子。在强化党建引领下,全市新增社会组织167个,注销5个。创新管理体制和服务机制,出台《贵港市第二批行业协会商会与行政机关脱钩试点工作方案》,市县两级行业协会商会脱钩工作扎实推进;市本级首次实行网上年检,全面完成社会组织年检工作;强化监管,市本级首次对申请人变更、注销实行第三方专项审计,审计率达100%;推进社会组织承接政府购买服务,贵港市荷城义工协会、百通居家养老服务中心等社会组织,争取各级财政资金,开展了为老服务、关爱儿童等公益活动,有效发挥社会组织的社会功能及社会效益。

【基本公共服务】 2017年,平南县平南街道、上渡街道,港北区港城街道,港南区八塘街道、江南街道,覃塘区覃塘街道、蒙公镇挂牌成立。全市地名普查成果通过自治区地名普查办的检查验收并上报国务院地名普查办。全市结婚登记34118对,离婚登记7627对。销售即开型福利彩票8000万元,为国家筹集公益金1600万元;发放孤儿保障金2880人1800万元,发放困难残疾人生活补贴15万人次780万元、重度残疾人护理补贴36万人次2200万元;免除殡葬基本服务项目费用1691例236万元。

（吴伟书）

社 会 保 障

【概况】 2017年,贵港市参加各类社会保险744.23万人次,征收“五险”基金17.49亿元,发放“五险”待遇26.57亿元、城乡居民养老保险待遇6.37亿元、城乡居民基本医疗保险基金支出17.60亿元。重新规划建设市社会保险事业局服务大厅,结合智慧城市和“互联网+社保”行动,开通“贵港社保通APP”“贵港市社会保险事业局”公众号,开发“贵港市社会保险事业局”微信公众号缴费平台,推出“工银e缴费”项目和“网络直通车”服务,1133家参保单位和10.64万参保人员直接通过手机、网络缴纳社会保险费,12家医院开通跨省异地就医直接结算服务。累计完成社会保障卡持卡人数380.65万人。

【养老保险】 2017年,贵港市企业职工养老保险参保人数20.74万人,征缴养老保险费10.56亿

2017 年 8 月 29 日，贵港市人力资源和社会保障局在城区汽车西站举行 2017 年广西社保宣传周（贵港）活动　　市人社局　提供

元，分别完成年度任务 100.53%、111.75%，机关事业单位养老保险参保人数 10.27 万人。城乡居民基本养老保险参保人数 173.89 万人，参保率 98.58%，超自治区下达任务指标 8.58 个百分点，缴费率 82.86%；个人缴费 1.33 亿元，各级财政补助收入 7.18 亿元，其中中央财政补助 50565 万元、自治区财政补助 15961 万元、市级财政补助 1274 万元、县（市、区）财政补助 4015.8 万元。发放城乡居民养老保险待遇 6.37 亿元，发放率 100%。

【失业保险】 2017 年，贵港市参加失业保险 10.3 万人，失业保险基金征缴 3931 万元，分别完成年度任务 100.00%、112.31%，发放失业保险待遇 3452 万元，发放企业稳岗补贴 860.67 万元。

【医疗、工伤、生育保险】 2017 年，贵港市城乡居民基本医疗保险参保人数 500.09 万人，完成年度任务的 120.14%；征缴基金 283205 万元，待遇支付 175977 万元。贵港市城镇职工基本医疗保险参保人数 22.34 万人，完成年度任务的 100.02%，征缴基金 58668 万元，完成年度任务的 126.17%，待遇支付 47402 万元。工伤保险参保人数 16.71 万人，征缴基金 4283 万元，分别完成年度任务的 100.06%、171.32%，待遇支付 1729 万元。生育保险参保人数 12.07 万人，完成年度任务的 100.61%，征缴基金 2374 万元，完成年度任务的 139.65%，待遇支付 4869 万元。

【劳动监察】 2017 年，贵港市建立以市委常委、副市长张启威为总召集人、14 个相关部门为成员单位的市解决企业拖欠工资问题联席会议制度。加大劳动监察执法力度，检查用人单位 2264 户，处理拖欠工资案件 205 件，为 3367 名农民工追回被拖欠工资 3243 万元。劳动保障监察案件结案率 100%，高于自治区下达目标任务 5 个百分点。责令多家用人单位与 1.17 万名劳动者补签劳动合同、为 1200 人办理社会保险登记申报手续。全市企业劳动合同签订率 96.27%、集体合同签订率 82%，分别高于自治区下达的目标任务 1.37 个百分点和 2 个百分点。妥善处置欠薪群体性突发事件 1 起，涉及劳动者 37 人。

【劳动仲裁】 2017 年，贵港市受理劳动争议仲裁案件 919 件，结案 918 件，案外调解 880 件，超自治区下达指标任务 0.5 个百分点。

【服务惠民工程】 2017 年，贵港市完成 356 个示范村综合服务中心建设并全部通过自治区验收。7 月 26 日，在防城港东兴市召开的全区“美丽广西——宜居乡村”服务惠民工作现场会上，贵港市作经验发言。

【高校毕业生创业孵化基地建设】 2017 年，贵港市高校毕业生创业孵化基地建筑面积 640 平方米，累计入驻企业 15 家，已成功孵化 3 家，共带动 93 人就业。

（唐天成）

移民安置

【概况】 2017 年 5 月，根据《贵港市机构编制委员会关于同意贵港市水库移民工作管理局更名的批复》，贵港市水库移民工作管理局更名为贵港市移民工作管理局。贵港市移民工作管理局围绕贵港市委、市政府的决策部署，全面推进“富裕、美丽、和谐”库区建设，不断改善移民生产生活条件，取得阶段性成果，全市完成易地扶贫搬迁 2224 户 9834 人。

【易地扶贫搬迁】 2017年,贵港市按照易地扶贫搬迁工作"搬得出、稳得住、有事做、能致富"的总体要求,市本级及各县(市、区)党政主要领导亲自挂帅,亲自抓,实行区域负责制和项目包点责任制,将"八包"责任落实到点、到人,坚持"周督查、月通报"工作机制,及时协调解决项目建设推进过程中的困难和问题。同时,精准施策,精准发力,严守"五条"政策红线。全市累计建设移民集中安置项目17个(2016年6个,2017年11个),投资完成率、住房建设率、搬迁入住率均达100%,累计完成投资5.17亿元,建成安置住房85栋、2224套,住房总面积18.18万平方米,完成搬迁贫困户2224户、9834人。2016、2017年项目综合推进进度在全区排名第一。

【水库移民基础设施建设】 2017年,贵港市建设水库移民基础设施项目191个,投资9247万元。其中,水库移民新村建设项目85个,投资4312万元;村屯道路硬化项目66个,投资2945万元;水库移民脱贫攻坚项目33个,投资1730万元;小型水库移民基础设施项目7个,投资260万元。通过项目实施,进一步改善了水库移民基础设施和居住环境条件。

【大藤峡水利枢纽工程征地拆迁和移民安置】 2017年,桂平市大藤峡工程征地拆迁工作取得突破性进展,完成库区征地13057.40亩,完成坝区右岸土地征收1710亩,坝区左岸土地征收9008亩。完成房屋拆迁222栋,发放房屋补偿款5173.2万元;完成临时搬迁户364户1373名群众的平稳过渡搬迁;迁坟278座,发放迁坟补偿款43.2万元;发放地上附着物和清苗补偿、场地及道路清表费、临时安置补助等12573.5万元,累计向施工方交付坝区土地11661亩,确保水利主体工程的顺利推进。

移民安置工作稳妥加快推进。桂平市库坝区7个移民安置点建设有序推进,其中南木镇大成塘移民安置区建设进度较快,到12月底累计完成10个组团的房屋基础开挖214栋,基础混凝土垫层、基础独立柱承台、基础独立柱、混凝土地梁214栋、房屋主体开工、房屋封顶214栋;柳欧岭和黎明安置点已完成场地平整工作,其他5个安置点正在启动基础设施建设。柳欧岭至黎明安置点的移民大道完成路基施工,铺完沥青路3.3公里。

2017年11月24日,即将建成的桂平市紫荆镇易地扶贫搬迁移民安置小区

市移民工作局 提供

【库区信访维稳】 2017年,贵港市移民工作管理系统受理移民群众来信来访总量20件,与上年同期67件相比下降70%;其中信访7件,与上年同期的14件相比下降50%;来访15批次、51人次,与上年同期的53批次、123人次相比下降71.6%和58.5%;信访案件办结率100%。由于措施得力,移民受益,信访总量逐年大幅度下降,贵港市移民工作管理系统在重大节日和敏感时期连续11年保持零越级访、零集体访的好成绩。2017年度移民信访工作目标管理考评获全区二等奖。

【大中型水库移民后期扶持普惠政策落实】 2017年,贵港市按时完成1136人后期扶持人口自然减员核查工作。其中,港北区239人,港南区92人,覃塘区211人,桂平市399人,平南县195人。按时发放后期扶持直补资金12529.74万元,没有出现截留、挪用、贪污移民后持资金的案件发生,保障20.88万名水库移民的基本生活。

【库区移民培训】 2017年,贵港市组织560名水库移民到玉林、柳州、南宁等职业学校参加农村实用技术和劳动技能培训,其中有98人获得特种作业证书。

(兰春仁)

县（市）区

桂平市

【概况】 位于贵港市东北部，黔江、郁江在城区交汇于浔江。南（宁）广（州）高速铁路、贵（港）梧（州）高速公路、桂（平）来（宾）高速公路及南梧、武平、玉桂二级公路横贯。辖21个镇、5个乡、432个村（社区），行政区域面积4074平方千米，桂平市人民政府驻西山镇。2017年年末，人口201.74万人（公安局统计数），其中农村人口166.84万人，有壮、瑶等少数民族约13.8万人，人口自然增长率8.92‰。耕地面积11.66万公顷，农田有效灌溉面积5.45万公倾，粮食播种面积16.92万公倾，经济作物种植面积3.3万公顷，林地面积20万公顷。社会用电量16.426亿千瓦时。农机总动力145.70万千瓦。等级公路里程276.28千米。主要旅游景区（点）有西山风景名胜区、龙潭国家森林公园、太平天国金田起义地址、大藤峡、白石洞天、罗丛岩、东塔、北回归线标志公园、紫荆天王谷漂流区和西山泉汽车露营基地等。其中西山风景名胜区、龙潭国家森林公园和太平天国金田起义地址为国家AAAA级旅游景区，同时太平天国金田起义地址、东塔是国家、自治区重点文物保护单位，大平山是国家重点动植物保护区。西山泉汽车露营基地获得全国五星级汽车自驾运动营地称号，是广西首家五星级汽车自驾运动营地。重要的矿产资源有锰、锡、铝锌、重晶石和大理石，其中锰储存量为3000万吨。著名地方产品有乳泉井酒、西山茶、麻垌荔枝、龙眼、西山香米、富硒优质米、罗秀米粉、腐竹、木薯、八角、肉桂、沙姜、竹笋等。桂平黄沙鳖、金田淮山、桂平西山茶、桂平白石山铁皮石斛、麻垌荔枝是国家地理标志保护产品。桂平市是全国荔枝之乡、淮山之乡、腐竹之乡、广西玉桂之乡、全国武术之乡、中国优秀旅游城市。2017年，创建广西特色旅游名县（市）获得公示通过。

2017年，实现地区生产总值357.43亿元，增长8.6%。其中，第一产业增加值66.97亿元，第二产业增加值177.22亿元，第三产业增加值113.24亿元。财政收入16.53亿元，增长6.40%。其中，一般公共预算收入10.14亿元，一般公共预算支出完成68.51亿元。工业总产值414.05亿元，增长13.3%；规模以上工业总产值增长13.6%，规模以上工业增加值增长10.9%。固定资产投资267.59亿元，增长16%。社会消费品零售总额129.24亿元，增长10.9%。农林牧渔业总产值113.49亿元，增长4.7%。城镇居民人均可支配收入28270元，增长7%；农村居民人均可支配收入12644元，增长9.7%。年末人民币存贷款余额582.21亿元，增长14.24%。外贸出口总额20641.4万元。

【工业经济发展】 2017年，桂平市委、市政府深化拓展“工业发展优质年”“企业服务量化年”和“县域经济彰显年”活动，工业实现扩量提质。规模以上工业总产值400.58亿元，增长13.6%，同比提高5.5个百分点；规模以上工业增加值147.23亿元，增长10.9%，同比提高5个百分点。工业用电量增长19.7%，同比提高36个百分点；完成龙门工业园区二期规划修编与长安工业园区三期规划编制，使园区规划面积从39平方千米扩大到53平方千米；投入1.1亿元建设园区道路、防洪、消防等基础设施。长安污水处理厂投入运营，龙门污水处理厂开工，长安消防站等配套项目加快推进。稳步推进木乐农民工创业园建设。全年新入园项目10个，新开工产业项目8个、竣工6个。园区工业总产值203亿元、增长15.1%，占全市工业总产值的50.75%；为企业融资担保6.6亿元,帮助企业或项目协调解决问题86个。三次产业结构由2016年的20.2∶48.3∶31.5优化为18.7∶49.6∶31.7,第二产业占比提高1.3个百分点。工业对经济增长的贡献率达到51.3%,同比提高18.6个百分点。全年新增规模以上工业企业8家、累计115家。新兴产业加速发展,玉柴桂平农光互补光伏发电、欧陆新能源汽车等项目投产,金源生化技改、昌成新材料(一期)等项目即将投产。传统产业提档升级,服装针织、机械制造、生物化工、农产品深加工等产业产值增长14.7%以上,新增农产品深加工企业3家。招商引资工作,全年签约项目44个,合同投资138.41亿元。

【现代旅游服务业发展】 2017年,桂平市社会消费品零售总额129.24亿元,增长10.9%。新增限上贸易业企业12家,新增房地产开发企业23家、规模以上其他盈利性服务业企业3家。港口吞吐量950万吨,增长5%;水路货运量3700万吨,增长6%。成功举办美食节、汽车展销会、特色农业名优土特产品展销会等活动。餐饮、住宿、保险、快递等服务业稳步发展,汽车消费、餐饮消费和健康休闲等市场旺盛。深入推进全国电子商务进农村示范县创建工作,农村电商服务点覆盖率达66%,全年实现网上交易额1.2亿元。投入1亿多元提升完善旅游景区景点基础设施,成功创建广西特色旅游名县,圆满举办第四届中国汽车(房车)露营大会,旅游基础设施、旅游环境、旅游接待能力进一步改善。旅游项目扎实推进,巨赞广场、西山泉国际休闲养生旅游文化综合区(一期)等项目加快推进。太平天国金田起义地址景区获得国家AAAA级景区称号,金田起义博物馆、滨江文化公园、革命烈士纪念碑公园、罗丛岩风景区、东塔风景区获得国家AAA级景区称号,新增广西四星级农家乐1家、三星级农家乐5家,建成广西首家五星级西山泉汽车露营基地1个,该营地获得全国五星级汽车自驾运动营地称号。四星级广西龙潭汽车旅游营地1个、三星级田心汽车营地1个、广西休闲农业与乡村旅游示范点2个。大力推进"旅游厕所革命",新建或改建旅游厕所22座。实施旅游+扶贫发展模式,建成旅游扶贫村3个。全年接待国内外游客人数824.24万人,旅游消费100.85亿元,比上年分别增长24.1%、30.54%。

【现代农业发展】 2017年,桂平市对农业生产高度重视,实施农产品区域公用品牌建设,强化农产品品控溯源体系,促进桂平农业名优土特产品上行,建成特色产业基地14个、特色产业种植2500亩、特色养殖22.23万头(羽)。保障粮食安全,粮食产量57.9万吨。龙潭神光森林生态文化旅游(核心)示范区被评为广西现代特色农业(核心)示范区(三星级),石咀镇小汶休闲农业示范区、西山富硒茶示范区被评为广西现代特色农业县级示范区,金龙农业休闲示范园、马皮乡粮食示范园等14个示范园被评为广西现代特色农业乡级示范园,石龙镇稻香新村农业休闲示范园、南木镇金龙汇德休闲农庄被评为广西休闲农业与乡村旅游示范点。全年新增农民专业合作社295家、村民合作社151家、家庭农场75家,新增贵港市级示范合作社8家,新增贵港市级农业龙头企业7家。主要农作物耕种收综合机械化水平达到61.78%。农村土地承包经营权确权登记颁证工作有序推进,全市完成可颁证率95.2%。小型水利体制改革不断深化,完成小型水利工程确权发证359个。农村金融改革工作有序进行,全年新增"农村金融综合服务站"258个,全市411个行政村实现全覆盖。桂平荣获"广西商标品牌战略实施示范县"称号。新增"绿色食品"认证4个、"无公害农产品"认证5个、"富硒农产品"认证2个。水产畜牧业

2017年11月30日,第四届中国汽车(房车)露营大会在桂平市西山泉汽车露营地盛大开幕

桂平市史志办 提供

保持较快增长，桂平第十一次获得“全国生猪调出大县”称号。

【脱贫攻坚工作】 2017年，桂平市委、市政府出台《桂平市“十三五”脱贫攻坚规划》，全面规划统筹推进脱贫攻坚工作。整合资金10.8亿元用于扶贫开发，继续深入实施“六个一批”工程及基础设施建设大会战。大力实施“一园七特两养两基地一流转”扶贫产业发展行动，强化“造血”功能。探索创建产业扶贫的“桂平模式”，重点抓好“借光扶贫、兴旅扶贫、靠网扶贫、依企扶贫”四大扶贫工程。全市建档立卡贫困户特色产业覆盖率达到89.07%，其中2017年28个摘帽贫困村特色产业覆盖率达到94.9%。推进“一户一册一卡”发放、使用及管理工作规范化，扎实开展贫困人口动态管理调整工作。各项帮扶政策全面落实，贫困人口城乡居民基本医疗保险参保率100%，发放各类教育资助补助款1.2亿元、受惠学生14.34万人次。投资5.16亿元实施贫困村基础设施建设项目，贫困村道路、桥梁、农田水利、人畜饮水、电网改造、文化活动场所等设施进一步完善，许多贫困村转变为社会主义新农村典型。创新实施易地扶贫搬迁安置工作“八个一包”责任制，克难攻坚，多方联动，日夜奋战，超额完成易地扶贫搬迁安置任务，在广西的综合排名第一。全市28个脱贫摘帽贫困村、19211名贫困人口顺利通过自治区核查验收。

【城乡建设管理】 2017年，桂平市结合创建广西特色旅游名县，加大城市绿化、美化、亮化力度。常态化推进城区保洁、喷雾降尘等工作。整顿桂南路二农贸市场路段马路市场，极大地缓解了桂南路交通堵塞问题。开展城区“五乱”专项整治行动，城市交通秩序、经营秩序明显改善。加大“双违”整治力度，拆除“双违”建筑7.19万平方米；完成城乡风貌改造1200户、农村危房改造2279户、农村改厨改厕共4.4万户。农村基础设施不断改善，新增村屯硬化道路830千米，全市村屯道路硬化率达到85%，是两年前的3倍。统筹推进农村水利基础设施建设，重点建设五小水利设施项目100个，建成农村饮水安全工程17个。第二期整县推进高标准基本农田土地整治项目、耕地提质改造项目全部竣工。深化拓展“城市形象提升年”活动，城市框架逐渐扩大、基础设施不断完善，中等城市规模逐渐建立，常住人口城镇化率达到42.96%。郁江二桥竣工通车，极大地方便群众出行。郁江西岸堤路园(一期)达到通车条件，蒙圩大道、玉桂大道加快建设，黔江西岸进坝大道(一期)工程、龙潭大道、金田大道等项目扎实推进，沙岗大桥、浔江大桥等项目前期工作有序开展。完成迎宾大道、西山路、人民西路和黔江大桥公共景观改造升级工程。官冲口污水处理厂、城区污泥处理厂等项目扎实推进。建成乡镇垃圾转运站21个、乡镇污水处理厂5家，城区新增公共厕所10个。特色小镇建设也取得新进展，木乐镇成功入选第二批全国特色小镇名单。建设“宜居、宜业、宜游”新桂平稳步提升。

2017年12月8日，桂平市举行长安安置点易地扶贫搬迁户集中搬迁入住仪式

桂平市史志办　提供

【重大项目建设】 2017年，桂平市以工业为主导，深化拓展“项目建设丰收年”活动，推动项目多开工、多竣工，早开工、早竣工。开展项目组团突破行动，创新实施工业组团、交通组团、城建组团、农业组团、商贸组团、旅游组团、民生组团、大藤峡组团等8个项目组团，集中力量开展攻坚，推进85个项目计划投资895.43亿元，年内完成投资61.57亿元，开竣工项目47个。实施项目用地保障行动，新增建设用地指标173.87公顷，征收土地6205亩、收储土地1200亩。推广PPP融资模式，包装PPP项目23个，计划融资78.44亿元。获得新增政府债券和置换债券7.16亿元用于城

2017年10月19日,在建中的大藤峡水利枢纽工程　　桂平市史志办　提供

乡基础设施和旅游基础设施项目建设。贵港至隆安、荔浦至玉林高速公路(桂平段)扎实推进。特别是黔江西岸进坝大道建设,创造了项目建设的“桂平速度”,为全国第四届汽车(房车)露营大会顺利召开提供有力的交通保障。大藤峡工程库区坝区征地基本完成,累计完成投资133.85亿元;移民安置区加快推进,大成塘安置区陆续交付移民使用。广西县域经济发展项目建设现场推进会在桂平举行,桂平作经验介绍发言。

【生态环境保护】 2017年,桂平市对全市环境进行全面整治,单位地区生产总值能耗下降3.5%,能耗总量控制在自治区下达目标任务内,万元规模以上工业增加值能耗下降7%。加强大气污染防治、水污染防治,城区空气质量持续改善,优良率达99%;全市集中式饮用水水源水质合格率达100%。加强生态文明示范区创建,建成自治区级生态镇9个、自治区级生态村51个、贵港市生态村120个,新增生猪规模生态养殖场111家。完成植树造林3.4万亩,森林覆盖率达48.3%。开展“蓝天保卫战”,加强建筑工地管理、企业污染治理和秸秆垃圾禁烧管控。

【全面深化改革】 2017年,桂平市实现政府部门权力清单和责任清单“两单融合”,编制和优化3510项行政权力运行流程;全面推进“多证合一、一照一码”商事登记制度改革;“放管服”改革力度加大,清理取消行政许可事项42项、调整196项。医药卫生体制改革不断深化。全面启动城市公立医院综合改革,全部取消药品加成,实施药品零差率销售,探索实践医联体建设,县乡医疗服务一体化管理试点工作取得初步成效。供销社综合改革、金田林场改革有序推进。全面落实河长制,建立市、乡、村三级河长体系。

【民生事业发展】 2017年,桂平市对民生投入不断加大,财政民生支出60.52亿元,占公共财政总支出的88.46%,比上年提高4.36个百分点。学校建设全面加强,新建校舍18万平方米,新建城乡公办幼儿园7所。桂平市第五中学、光明小学、木乐镇腾飞小学3所学校建成使用,结束20多年来桂平城乡没有新增公办学校的历史。推进城乡基本公共文体服务均等化建设,新建村级公共服务中心44个、村屯篮球场46个;体育中心、图书馆等7个重大文体项目前期工作有序推进。“全国武术之乡”建设深入推进,参加国际性、全国性武术比赛共夺得金牌24枚、银牌22枚、铜牌27枚。顺利完成第二轮广西计划生育优质服务先进单位创建工作,深入实施二孩政策。新建各类保障性住房269套、续建3808套、竣工2056套。建成水库移民新村项目34个。三产回建地攻坚战取得初步成效,落实用地指标350亩。社会保障覆盖面不断扩大,城乡居民养老保险参保率95%,城乡居民基本医疗保险参合率99.22%。新增城镇就业6312人、农村劳动力转移就业17536人,城镇登记失业率1.18%。深入推进“平安桂平”建设,开展保安全护稳定“百日攻坚行动”“迎接十九大维稳大决战”等维稳专项行动,排查化解一批疑难复杂的矛盾纠纷及信访历史积案,连续3年保持进京到非接待场所上访的“零”记录。严厉惩治各类违法犯罪,保障群众生命财产安全,政法队伍整体满意度在广西排名第11位。创新指挥体系,组建广西第一个群众工作联动服务部和广西第一个县级警令指挥部。广西信访工作“三化”现场推进会、反邪教工作经验交流会、公安机关情报工作现场会在桂平召开,先后在广西第十次信访工作会议和广西法学会基层经验交流现场会上作经验发言,被授予全国“青少年普法教育示范区”称号,

2017年8月31日，桂平市第五中学落成揭牌　　桂平市史志办　提供

市信访局被评为“全国信访系统先进集体”。意识形态安全稳定，安全生产事故和死亡人数实现“双下降”，食品药品安全工作得到加强，食品药品安全形势稳定。

【政府自身建设】 2017年，桂平市人民政府认真贯彻落实中共十九大精神，全面准确贯彻落实习近平新时代中国特色社会主义思想，切实增强“四个意识”。把全面从严治党的各项要求贯穿到政府工作全过程，规范和加强党内政治生活。各级基层单位坚持重大事项向市委请示报告，自觉接受人大及其常委会的法律监督，严格执行人大及其常委会的决议决定，主动接受政协民主监督、社会监督和舆论监督，人大代表建议和政协提案办结率100%。全面推进政务公开，政府部门权力清单和责任清单全部在政府网站公布。健全政府科学决策制度，出台工作规则、重大行政决策等系列规章制度。认真落实中央八项规定和实施细则精神，严格执行国务院“约法三章”。重点领域审计监督和行政监察得到加强。认真履行全面从严治党责任，加强党风廉政建设，推动政府系统廉洁从政，使桂平各级政府机关工作人员形成清风实干新风尚。

（李琼慧）

平　南　县

【概况】 位于贵港市东北部。全县辖16个镇，3个乡（含2个民族乡）、2个街道，288个村（社区），县人民政府驻平南街道办。行政区域面积2983.96平方千米，其中县城区建成区面积26.5平方千米。2017年年末人口152.47万人，其中瑶族人口91700人、壮族人口30658人，人口自然增长率9.93‰。耕地面积6.13万公顷，粮食播种面积6.38万公顷，经济作物种植面积4.19万公顷，林地面积15.97万公顷。社会用电量（含华润）18.73亿千瓦时。农业机械总动力86.19万千瓦。高铁路程25千米，等级公路里程1366.7千米（其中二级以上公路225.6千米）。主要旅游景区（点）有大新新桂园、大安古建筑群、北帝山旅游区、大桂山、畅岩怀古、平南奇湖山庄、平南德湖山庄、平南生态公园、平南雄森动物园等。全年接待游客283.52万人次。重要矿产资源有石灰石、红砂石、花岗岩、铁、锰、铜、铅、锌、黄金等，其中石灰石储量48亿吨，含钙量52%~54%。地方产品有大米、甜麦菜、空心菜、大白菜、苦瓜、豆角、莲藕、龙眼、荔枝、柑橘、青枣、黄皮、余甘果、木薯、马铃薯、蚕丝、甘蔗、葛薯、淮山、凉粉草、鸡骨草、茶叶、食用菌、百香果、八角、肉桂、干果、果脯、腊肉、水泥、石灰、编织品、沙砖、页岩砖、五金制品、灯饰品、酒精、农药、服装、饲料、塑制品等。知名地方品牌有华润水泥、安泰农药、三利小刀、平丹大玉余甘果、红心食品、仙珠食品、陈房花生饼、雄森补骨酒。传统名吃有思旺桥头粉、平山鱼生、六陈钵儿粿等。平南县连续10年获评为全国生猪调出大县，获评为中国石硖龙眼之乡。

2017年，实现地区生产总值268.17亿元，财政收入18.12亿元，固定资产投资205.8亿元，城镇居民人均可支配收入28767元，农村居民人均可支配收入12399元，社会消费品零售总额72.27亿元。

【工业发展】 2017年，平南县推进“工业发展优质年，企业服务量化年”活动，规模以上工业总产值298亿元，规模以上工业增加值96.2亿元，工业投资83亿元，外贸进出口额33084.52万元。6月，华燕、华洋相继试产成功。全县新增规模以上工业企业10家，工业总产值超亿元企业有6家。全县年营业收入超亿元企业累计97家，广西雄森酒业有限公司、广西红心食品有限公司、广西安泰化工有限公司

3家企业获评为广西著名商标。年内开展"县长服务企业接待日"活动9期,协调县内企业解决生产原料、堆料场、资金、办理相关证照、用地、用工等问题。

【现代农业发展】 2017年,平南县农林牧渔业总产值实现98.68亿元,完成粮食播种面积6.38万公顷,粮食总产量34.73万吨,出栏生猪103.46万头,肉牛3.3万头,山羊5.68万只,肉兔10.55万只,家禽1258.27万只,肉总产量11.11万吨,水产品产量9.51万吨。深化农业和农村各项改革,截至2017年年底,全县土地承包经营权确权登记颁证完成可颁证农户23.58万户,占比97.89%,完成9979户2993.8公顷耕地承包经营权依法流转。全县建成自治区级现代特色农业示范区2个。其中,平南县活力龚州生态循环农业(核心)示范区获评为自治区四星级现代特色农业示范区,安怀石硖龙眼科技基地获认定为自治区级现代农业科技园区。

【现代服务业发展】 2017年,国美电器、麦当劳等世界500强企业以及屈臣氏、南城百货、华隆超市等知名企业落户平南县。11月3日,国内知名无桩共享电动自行车品牌"松果电单车"正式进入平南县运营,首批投放300辆于县城。全县社会消费品零售总额72.26亿元,第三产业实现增加值100.27亿元。水运货运量完成4310.53万吨,公路货运量3022万吨,货运周转量370499万吨千米,港口货物吞吐量2253.84吨,集装箱5.1万标准箱。全县金融机构年末各项存款余额263.18亿元,贷款余额173.29亿元。接待游客276.63万人次。

【重大项目建设】 2017年,平南县争取到中央投资项目20个,总投资4.8亿元,获中央及自治区配套资金1.18亿元。项目涉及公安基础设施、新增千亿斤粮食生产能力、残疾人健康等项目。列入自治区层面统筹推进重大项目12个,其中新开工项目4个、续建项目7个、竣工项目1个,完成投资16.18亿元。列入贵港市项目41个,落地34个,完成投资9.9亿元。推进城乡建设,实施城市形象提升工程,绿化、亮化桥北路、江北大道、二环大道等市政道路,改造迎宾大道、二环大道、朝阳大道,武林港疏港大道,完成路面工程,武林港开港试运营,梧州至柳州高速公路全线开通,西江二桥投入使用,建成安怀至镇隆连接线。G358大安至镇隆公路工程开始路基清表,动界至寺面二级公路、平南县综合客运站项目开展前期工作。

【社会事业发展】 2017年,平南县发明专利申请量265件,新增发明专利授权量19件,完成科技成果转化52项,富时达自动化设备有限公司、安泰化工等企业获认定为高新技术企业,平南县河山科技企业孵化器获认定为市级科技企业孵化器。广西平南农业科技园区有入园农业科技企业6家,入园企业申请发明专利有36件;建成农业科技园区核心区1个、建农业科技园区标准化技术示范基地1个、园区龙眼标准化生产示范基地1个,组建农民专业合作社4家,年内园区总产值9941万元。新建幼儿园2间,全县高考一本线上线822人,本科以上上线4443人,平南县中等职业技术学校被评为第三批广西中等职业教育示范特色学校,丹竹镇中心卫生院基础设施项目竣工并投入使用。全县完成易地扶贫搬迁504户2361人,16个贫困村脱贫摘帽,脱贫2548户、11377人。

建成村级公共服务中心25个,村屯篮球场15个,全县公共文化基础设施场所实行免费开放。玉梅木芒编工艺列入自治区非遗传承人。城镇新增就业4979人,下岗失业人员再就业1061人,农村劳动力转移就业新增11725人。与广西区人才市场合作,建成广西区人才市场平南分市场,年内组织各类招聘会4场,达成就业意向1431人。

【首届"最受欢迎特产"评选】 2017年1月,平南县举办首届"最受欢迎特产"评选活动,评选平南县自产自销的特色农副产品,主要种类以水果、米面粮油、特色产品、副食零食、茶酒饮料、日用百货、手工艺品等为主,87家特产企业报名参加评比。5月10日,评出最受欢迎10种农特产品:壹号春茶、陈房花生饼、余甘果系列产品、雄森补骨酒、三利小刀、韦氏米粉、和味辣椒酱、龚州腊味、石硖桂元肉系列产品、关垌三宝。

【北河片区遭遇暴雨袭击】 2017年7月1日晚至3日上午,平南县中部、北部山区普降中到大雨、局部暴雨到大暴雨以致特大暴雨,思旺、马练、国安、官成、思界、大鹏以及同和在48小时内降雨量在250毫米以上。受强降雨的袭击,北河片区遭到不同程度的灾害。截止3日8时,平南中心水文站水位为30.32米,水位仍在上涨。白沙江、思旺河、大同江、乌江等中小河流先后出现超警戒水位洪水,有18座水库超汛限水位运行,有3座水库出排洪。

【自治区考察组考察平南】 2017年7月18日下午至19日上午，自治区主席陈武以及自治区县域经济发展大会暨年中工作会议第二考察组到平南县考察。陈武及考察组成员对特色旅游产业项目建设及运营、城市建设、生态循环现代农业发展、外向型加工贸易企业生产销售情况、港口建设及运营情况进行考察调研，先后考察调研平南（雄森）动物大世界、雄森酒业项目、平南县江北公园、平南"活力龚州"生态循环现代农业示范区、平南保利高塑胶制品公司、武林港。陈武对平南县县域经济发展给予充分肯定，指出平南县在特色旅游产业、生态农业、产业扶贫、港口经济发展等方面工作成效显著。

（覃 永）

港 北 区

【概况】 位于贵港市中心城区、郁江之北，是贵港市主要党政机关所在地，全市政治、经济、文化、信息中心。境域北部以低山、丘陵为主，莲花山脉横亘北部，主峰平天山海拔1157.8米，为境内最高峰；南部为冲积平原，属广西最大的平原浔郁平原中部。黎湛铁路复线、324国道、南（宁）广（州）高速公路、梧（州）贵（港）高速公路、南（宁）广（州）高速铁路、西江黄金水道交汇于城区。2017年11月，撤销港城镇，设立港城街道办。辖2个街道、4个镇和2个乡，21个居民委员会，102个村民委员会。行政区域面积1096.54平方千米。港北区人民政府驻贵城街道荷城路1128号。2017年年末人口70.88万人，其中农村人口38.05万人。人口自然增长率8.65‰。

2017年，实现地区生产总值219.46亿元。其中，第一产业增加值21.29亿元，第二产业增加值67.79亿元，第三产业增加值130.39亿元。三次产业比例为9.7∶30.9∶59.4。全社会固定资产投资完成232.4亿元。社会消费品零售总额186.46亿元。外贸进出口总额41995.78万元，其中出口总额32636.44万元。实际利用内资94.56亿元、外资1.21亿美元。财政收入17.69亿元，其中一般公共财政预算收入8.48亿元、一般公共财政预算支出20.47亿元。城乡居民可支配收入26482元，城镇居民人均可支配收入30704元，农村居民人均可支配收入13277元。年内被评为"全国中小学校责任督学挂牌督导创新区""全国放心粮油供应网络建设示范县"，连续6年荣获"全国生猪调出大县"称号，区人民检察院荣获"全国检察宣传先进单位"称号，区工商联荣获"全国'五好'县级工商联"称号，区社科联荣获"全国先进社科组织"称号，贵城街道石羊塘社区荣获"全国民族团结进步创建活动示范区"称号，贵城街道荷城社区荣获"全国巾帼建功先进集体"称号，港城街道龙井村荣获"全国服务农民、服务基层文化建设先进集体"称号，广西群星电缆有限公司荣获"全国厂务公开民主管理先进单位"称号。

【工业经济】 2017年，港北区积极研究和落实工业优惠政策，从土地、技改、融资等方面给予企业扶持，优化工业结构。规模以上工业总产值179.46亿元，同比增长17.1%，规模以上工业增加值同比增长8.8%，比上年提升8.5个百分点。支持华电贵港电厂、贵糖集团、益海嘉里、群星电缆等企业加快技改升级和创新发展，建材、冶金、制糖、板材、电力"老五样"传统产业扩量增效，农副食品加工、造纸、化学原料和化学制品制造、黑色金属冶炼和压延加工、电力热力生产和供应业完成工业总产值153.16亿元，同比增长10.4%，拉动规模以上工业总产值增长9.4个百分点。新能源电动车、电子信息、生物医药

中国—东盟新能源电动车基地电动车组装车间　　港北区地方志办　提供

"新三篇"新兴产业蓬勃发展,签约引进电动车企业79家,建成投产40家,开工建设中国—东盟新能源电动车基地和广西新能源电动车产品质量检验中心,电动车产业年产值20亿元;赛尔康(贵港)工业园正式投产运营,电子信息产业年产值10亿元;石药集团贵港药品生产基地建设扎实推进,生物医药产业年产值1亿元。新能源电动车、电子信息产业拉动规模以上工业总产值增长2.8个百分点。年内,港北区完成工业投资44.49亿元,同比增长20.35%;规模以上工业企业用电量17.57亿千瓦时,同比增长15.7%;规模以上工业企业综合能源消费量158.52万吨标准煤,同比增长1.16%;规模以上万元工业增加值能耗同比下降7.03%;新增规模以上工业企业15家,总数达75家。

【赛尔康(贵港)工业园投产运营】 2017年5月25日,赛尔康(贵港)工业园项目自上年5月31日签约不到一年完成厂房交付,于7月投入试产,9月21日正式投产运营,比计划投产时间提前两个多月。10月,举行大型的供应商洽谈会,全国各地300多人参加洽谈会,赛尔康从港北走向全国,诠释了港北区招商引资、项目落地的"港北速度"。至12月底,赛尔康(贵港)工业园项目完成厂房、办公楼、宿舍楼等主体工程及厂区道路、绿化等基础设施建设,完成安装14条生产线,其中12条生产线投入使用,招聘在岗工人1500多人。

【新能源电动车质检中心建设】 2017年2月22日,自治区质监局、贵港市人民政府签订《关于推动质量强市促进贵港经济社会发展合作备忘录》,决定共同筹建广西新能源电动车产品质量检验中心。该项目位于贵港国家生态工业(制糖)示范园区西江科技创新产业城内,项目计划投资7.3亿元,分两期建设,建设年限为2017—2019年。一期计划投资4.46亿元,项目建设规模及主要内容包括实验室的特殊装修、设备采购安装、人员的组建和培训等;二期计划投资2.84亿元,主要是建设检验车间等。检验中心建成后,将成为广西乃至全国专业从事电动车整车(或配件)产品质量检验的国家级法定检验机构,并覆盖生物制药、充电桩、EMC、汽车3C产品、食品农产品、建材及环保产品等多个行业,将成为一个综合性的检验中心。2017年10月,项目一期正式开工建设。

【农业发展】 2017年,港北区加强农业供给侧结构性改革,积极发展富硒农业、有机循环农业、休闲农业,逐步打造"八个一"特色产业,即一袋米(富硒米)、一只虾(小龙虾)、一只鸡(瑶山鸡)、一头猪(华西猪、海大猪)、一颗坚果(武乐坚果)、一粒橘红(武乐橘红)、一片桑叶(桑叶茶)、一颗荔枝(武乐水石荔枝)。农林牧渔业总产值35.28亿元,同比增长4.3%;粮食种植面积2.48万公顷,产量15.13万吨;甘蔗、水果、蔬菜产量分别同比增长5.3%、8.1%、4.6%。生猪出栏57.34万头,同比增长2.3%;水产品产量1.76万吨,同比增长5.2%。新增市级以上农业产业化重点龙头企业4家、农民专业合作社125家、家庭农场27家,农业专业合作社累计达到546家,家庭农场累计发展到227家。新增富硒农产品认定3个,认定总数12个,有11家企业产品获得广西富硒农产品认证,全市排名第一。畜禽规模养殖场通过自治区生态养殖星级认定50家,富硒优质稻产业(核心)示范区被认定为广西现代特色农业(核心)示范区(四星级),港丰瑶山鸡生态养殖示范区被认定为县级示范区,龙荟花世界休闲农业示范区、武乐镇柑桔产业示范园分别入围县级、乡级示范区。农业机械化水平进一步提高,自治区春季农业生产暨农民增收工作现场会在港北区召开。

【富硒优质稻产业(核心)示范区建设】 港北区富硒优质稻产业(核心)示范区位于庆丰镇,2015年起规划建设,2017年获广西现代特色农业(核心)示范区(四星级)认定。示范区规划总面积14万亩,核心区1万亩,拓展区3万亩,辐射区10

港北区庆丰镇富硒优质稻产业全程机械化示范区　　港北区地方志办　提供

万亩。2015—2017年，示范区共整合财政、农业、水利、国土等部门项目资金4860万元，完成水田“以小并大”800多亩，建成三面光水渠95千米、机耕路38.79千米、农机下田坡50多个，实现田成方、渠成网、路相通、旱能灌、涝能排、旱涝保收的格局。制定和推行《水稻生产质量控制管理规程》《富硒优质稻米栽培技术规程》《水稻病虫害统防统治技术标准》等一系列技术规程和标准体系，推广新品种新技术，核心区优质稻良种覆盖率达95%，水稻病虫害统防统治、水稻生产质量安全等各种关键技术得到推广应用，2017年核心区早造平均亩产425公斤，比其他区域高出15公斤。大力推广应用工厂化育秧、无人机植保、稻谷烘干等先进的农机技术，与科研机构、农技部门合作，成立由12名专家组成的示范区技术专家团队，2017年年底核心区水稻生产综合机械化率93.2%，比广西平均水平高18.9个百分点，核心区所在的庆丰镇拥有农机专业合作社26家、各类农业机械2.26万台套，实现耕耙、育秧、插秧、统防统治、收割、烘干、加工等主要环节的全程机械化。示范区成功培育和引进核心区经营主体11家，大力推行“公司+合作社+农户”“公司+基地+农户”以及代耕代种代管等合作经营模式，现代经营模式取代以分散为特点的“单家独户”经营模式，核心区相对集中连片流转的土地达到5200多亩，核心区经营主体累计投入资金1.93亿元，2016年至2017年吸纳扶贫小额信贷资金、产业扶贫资金共1596万元，优先聘用本地农村劳动力，当地农民除获得土地流转租金外，实现在家门口就业，2017年示范区为4个贫困村、472户贫困户实现产业收入127.68万元。示范区积极推进水稻“产+销”一体化发展，探索稻田复合种养模式，核心区农产品加工率达70%以上，引入中国驰名商标“金龙鱼”，成功培育“聖民”牌、“雄达”牌2个“广西著名商标”、4个“广西富硒农产品”，产品逐步实现线上交易。

【服务业发展】 2017年，港北区社会消费品零售总额186.46亿元，同比增长12.5%，总量和增速均居全市之首。梦之岛、唐人街、中央广场等商业圈稳步发展，美家居国际博览城、上亿国际汽车城、步步高商业广场相继开业，商贸物流业蓬勃发展。北环生态农业景观廊道、龙涡瀑布旅游度假区、奇石乡河净屯生态乡村等休闲旅游项目扎实推进。所有乡镇均建立京东贵港馆惠动优送域加盟店，电子商务进一步向农村延伸。批发零售、住宿餐饮、房地产等传统产业稳健发展，限额以上商品销售方面，传统的衣、食、住、行消费分别同比增长10.1%、21.7%、9.9%、3.4%；精神文化消费需求明显上升，家用电器和音像器材类商品销售额同比增长48.5%，体育、娱乐用品类同比增长28.1%，通信器材类同比增长16.1%，书报杂志类同比增长5.7%；大宗商品和奢侈品销售呈利好态势，企业石油及制品类同比增长10.2%，金银珠宝类商品同比增长25.9%。年内，第三产业增加值130.39亿元，同比增长10.2%，占GDP比重59.4%。

【招商引资与项目建设】 2017年，港北区持续开展“大招商、招大商”活动，以项目为龙头，聚焦实体经济、聚力转型升级，优化企业服务，通过“推项目、强投资、促发展”，为经济高质量运行提供强劲动能。新签约引进爱玛电动车、和乐门业、重庆盈田智谷产业园、虾谷农村产业融合发展示范园等投资亿元以上项目42个，计划投资169.24亿元，招商引资实际利用内资94.56亿元、外资1.21亿美元。新开工建设恒大城、雅达模具、海大（东篁）育种养殖场等项目27个，竣工碧桂园一期、力海控制器、华西希望种猪场等项目14个。投入3500万元，进一步完善西江产业园区基础设施建设。列入自治区层面统筹推进的6个重大项目完成年度投资14.55亿元，列入市级统筹推进的68个重大项目完成年度

2017年12月5日，贵港市上亿国际汽车城　　张庆杰　摄

投资45.85亿元，其中5个项目成为自治区投资和项目建设工作会议参观考察点。年内，港北区完成固定资产投资232.4亿元，同比增长18.1%；项目投资163.4亿元，同比增长12.7%；房地产投资68.99亿元，同比增长33.2%；民间投资164.6亿元，同比增长2.4%。

【脱贫攻坚】 2017年，港北区坚持“1234”工作法(即“1”突出党建引领、“2”夯实“基础设施、产业扶贫”两大基础，“3”破解“村集体经济、易地移民搬迁、公共服务”三大难题，“4”强化“资金投入、数据管理、帮扶力量、监督考核”四个保障)，出台《港北区抓党建促脱贫攻坚工作考核实施办法(试行)》等文件，开展“书记面对面谈扶贫”“党建焦点 书记抓扶贫”活动，将抓党建促脱贫攻坚工作列入党组织书记抓基层党建工作述职、党建绩效目标考核和专项督查内容，压紧压实党建促脱贫责任。统筹安排市、区、乡镇、村帮扶干部4837名，帮扶贫困户7388户、31853人，帮扶干部平均帮扶1.5户。用于扶贫开发累计整合资金2.13亿元，扶贫小额信贷贷款余额10765.5万元，扶贫小额信贷风险补偿资金累计余额1112.35万元，风险补偿资金占小额信贷贷款余额比例达到10%。易地扶贫搬迁安置点完成“十三五”安置房12栋375套，完成计划投资5546.4万元，年内完成搬迁入住196户、879人，投资完成率和入住率均达100%。遴选优质稻、鸡、猪、百香果、叶菜类、毛竹、牛作为港北区“5+2”特色产业，以产业扶贫示范带动脱贫摘帽；投入产业扶持资金823.7万元发展产业，通过政府主导自营型、企业带动型、合作组织互动型实施产业扶贫；建设庆丰镇的富硒稻生产基地、中里乡的港丰农牧有限公司等5个特色产业示范基地带动贫困户增收，港北区特色产业覆盖贫困户比例82.71%，超过自治区60%要求；预脱贫村均建立村民合作社和农民专业合作社，并登记注册，每个村投入村级集体经济发展资金50万元，全部实现有2万元以上村级集体经济收入。预脱贫的7个贫困村全部实现有路通村屯，公共服务设施实现全部达标，建档立卡贫困户危房改造竣工557户，其中2017年预脱贫户危房改造106户，贫困户存量危房改造率为525.47%，农户有安全饮用水达98%以上。精准实施学生教育资助帮扶计划，发放春、秋季期建档立卡贫困学生教育补助7417人次、706.53万元；2017年“雨露计划”学历教育扶持补助“雨露计划”发放补助1592人、318.9万元，实现“应补尽补”；九种大病贫困人口有效治疗完成率90.57%，建档立卡贫困人口大病住院实际报销比例60.19%，为建档立卡贫困人员购买健康扶贫商业保险，使参保贫困人员的住院费用报销比例达到90%以上；发放贫困残疾人补助201人，农村低保对象与建档立卡贫困人口重合率65.88%。2017年，7个预脱贫村“十一有一低于”全部通过港北本级审核和市年终核验，实现贫困村脱贫摘帽7个、贫困人口脱贫851户、3893人，完成自治区下达的2017年度贫困人口贫困村脱贫摘帽计划任务数。

【城乡建设】 2017年，港北区创立“168”工作机制开展国有土地房屋征收大会战(“1”就是成立土地房屋征收工作总指挥部，由区委书记、区长任总指挥长；“6”就是环路内设六大片区，由五个区委常委和分管副区长任片区指挥长；“8”就是环路外项目由西江产业园和七个乡镇成立工作组，挂点领导任组长，所在乡镇党政正职任副组长，在片区指挥部、工作组成立临时党组织，切实加强对土地房屋征收工作的组织领导)，完成土地征收1.45万亩、房屋征收30.14万平方米，有力保障了贵隆高速公路、西江教育园区等重大项目建设，广西物流职业技术学院、贵高新校区等项目开工建设，青云大桥、园博园等项目实现竣工。重点围绕市委党校搬迁、同济大道等重大项目，依法拆除“双违”面积66.09万平方米。实行网格化城市管理，“创城”工作取得初步成效。打响蓝天保卫战，城乡空气质量不断改善，全年城市环境空气质量达到或优于Ⅱ类标准有310天，优良率为84.9%。完成港城撤镇改街道工作，龙井村列入广西传统村落名录。实施农村危房改造995户，完成城市棚户区改造1258户。投入4082.6万元实施交通建设项目14个，来(宾)贵(港)二级公路、奇石高山大桥建成通车。开展全域永久基本农田划定工作，强化耕地保护。深入开展“宜居乡村”活动，建成庆丰镇、根竹镇、武乐镇污水处理厂，完成农村改厨4928户、改厕4865户。全面推行“河长制”，投入4800万元开展水利基础设施建设攻坚大会战，强化水库除险加固、河流治理。积极推进国土绿化行动，山上造林800公顷，义务植树90万株。贵城街道、港城街道、大圩镇、庆丰镇、根竹镇、武乐镇6个乡镇(街道)获得“自治区级生态乡镇”称号，贵城街道登龙桥社区、大圩镇东塘村、根竹镇江口村、中里乡六台村等35个行政村获得“自治区级生态村”称号。

【重点领域改革】 2017年，港北区加大“放管服”改革力度，取消和调整行政许可事项187项，清理规范行政审批中介服务事项2项，保留“两单融合”事项1688项、共性权力事项11项，编制和优化行政权力运行流程3568项。推行企业、个体工商户简易注销登记，9月1日起实施“多证合一、一照一码”登记制度改革，办理“多证合一、一照一码”营业执照3149户。深化税收制度改革，贯彻落实各项稳增长、促改革、调结构、惠民生等税收优惠政策，共计减免税款7亿元。出台《港北区城市公立医院综合改革实施方案》，推行医药分开、以药补医机制，3月1日起实现基本药物零差价销售。深化农村土地改革，农村土地承包经营权确权登记可颁证率达97.8%。深化农村金融改革，港北区102个行政村实现“农金村办”全覆盖，成为自治区扶贫与深化供销合作社综合改革工作现场会考察点。

【民生保障】 2017年，港北区民生支出16.97亿元，占一般公共预算支出的85%，各项为民办实事项目全面完成。城镇新增就业3950人，城镇登记失业率1.16%。城乡居民基本医疗保险参保58.2万人，城乡居民社会养老保险参保20.85万人；办理失地农民最低生活保障4723人、养老保险1703人。发放社会保险基金、基本公共卫生服务、养老保险政府补助等资金4.5亿元；发放城乡居民最低生活保障、特困人员救助供养、医疗救助等社会救助金4167.83万元。完成337个教育项目建设，城乡义务教育均衡发展，通过义务教育均衡发展基本均衡区国家级评估认定。整合4300多万元实施32个村级活动场所规范化建设。新建9个村级公共服务中心，庆丰镇赐谷村洪秀全活动遗址、奇石乡石达开故居遗址成为港北区第一批文物保护单位。10月8日，港北区人民医院业务综合楼建成正式投入使用。贵港市昌海木业有限公司被确定为国家级流动人口计生协会项目示范点。成功承办国际微电影艺术节、第四届广西县级篮球联赛、平天山登山赛等重大活动。完成123个村(社区)“两委”换届工作。加强社会治安综合治理，严厉惩治违法犯罪行为，不断完善“天网”“天眼”工程，社会治安秩序稳定。

2017年4月20日，以“化解矛盾纠纷　助力和谐换届”为主题的“法律服务面对面”活动在港北区奇石乡人民政府举行　　港北区地方志办　提供

【科技创新】 2017年，港北区制订出台《港北区关于深入贯彻创新驱动发展战略决定的实施意见》，促进创新驱动发展，发明专利申请量378件，同比增长26%，完成年度考评任务143件的264.33%；拥有有效发明专利92件，同比增长37%，完成目标任务90件的102.2%；每万人口有效发明专利拥有量达1.52件，在贵港市排名第一。开展工程技术研究中心培育工作，辖区的贵港市芭田生态有限公司在建的“广西植物营养工程技术研究中心”通过自治区科技厅验收评审，被认定为第十批广西工程技术研究中心。新增高新技术企业2家，港北区高新技术企业保有量8家，同比增长33%。落实25万元建设完善科技孵化器的基础设施和服务平台，星迈科技企业孵化器获自治区级孵化器认定；新注册备案有市级孵化器“嘉特梦工场科技企业孵化器”和市级众创空间“嘉特梦工厂”。组织贵港市芭田生态有限公司、广西美声电子科技有限公司和贵港市飞创节能设备有限公司申报2017年高新技术企业并通过评审认定。实施科技成果转化大行动，对成功实现转化应用并经自治区认定的科技成果给予后补助资金支持，实现科技成果转化项目4项。

【民族团结进步创建】 2017年，港北区在机关、社区、学校、宗教场所、乡镇(街道)村屯等，广泛深入开展民族团结进步创建活动。累计投入30多万元,举办“喜迎中共十九大”暨“幸福港北团结奋进”美术书法摄影作品展,在庆丰镇中龙村开展民族团结进步暨扶贫攻坚宣传教育进乡村活动,在贵城街道荷城社区、石羊塘社区开展民族团结进步教育进社区活动,在石羊塘小学、新世纪小学、奇石民族小学开展民族团结进步教育进校园活动,在基督教堂、梓潼寺开展民族团结进步教育进宗教场所活动。3月20日—4月20日,开展民族团结进步宣传月活动,通过《贵港日报》、贵港论坛、微信平台等宣传媒体加大对系列活动的宣传力度,在公共场合悬挂宣传条幅70条、发放宣传资料5000多份,制作宣传栏、墙报及版报25版,利用LED屏幕播放宣传标语和短片,开展民族宗教知识与法律法规有奖问答活动,宣传党和国家的民族政策、普及民族知识,展示港北区民族团结进步成果,维护和促进民族团结进步、社会和谐稳定。积极引导村(社区)开展民族团结进步创建示范点建设,贵城街道办石羊塘社区被命名为第五批“全国民族团结进步创建示范区(单位)”,成为贵港市第一个被命名为国家级民族团结进步创建示范单位;贵城街道办荷城社区和港城街道龙井村被命名为第二批“自治区民族团结进步创建示范区(单位)”。

【港城撤镇设街道】 2017年11月29日,《贵港市人民政府关于同意设立港北区港城街道办事处的批复》批复同意设立港北区港城街道办事处。1995年,附城乡改为港城镇,以“辖域位于贵港市城郊”之意取名,辖六八、蓝田、龙井、富岭、麻山、樟村、石寨、旺岭、群山、猫儿山、旺华、棉村、平富、东山14村。港城街道办事处辖棉村、六八、蓝田、平富4个社区和龙井、富岭、麻山、樟村、石寨、旺岭、东山、群山、猫儿山、旺华10个村。街道办事处驻地在民主路北段。

港城街道办东接大圩镇、武乐镇,南连贵城街道、与港南区八塘镇隔江相望,西邻根竹镇,北靠中里乡,面积136.50平方千米。2017年年末,港城街道辖区人口7.97万人,实现财税收入4.7亿元,同比增长32.09%;全社会固定资产投资完成73.43亿元,同比增长15.7%;规模以上工业总产值完成38.9亿元,同比增长4.44%。

(廖广越)

港 南 区

【概况】 位于贵港市南部、郁江之南,辖2个街道、7个镇,167个村(居)委员会,行政区域面积1099平方千米,区政府驻江南街道。2017年年末人口70万人,其中城镇人口13.05万人,人口自然增长率8.74‰。黎湛铁路复线、324国道、南(宁)广(州)高速公路、梧(州)贵(港)高速公路过境。重要矿产资源有三水铝、金属镁、白云矿石等。主要的农副产品有东津细米、富硒米、桑蚕、泽泻、穿心莲、白玉蔗、马蹄、荔枝、龙眼等,其中东津细米获国家地理标志保护产品,同时获评“中国特色硒产品”。是中国羽绒之乡、广西重要的农产品生产基地、最大的林产品集散地。是全国粮食生产先进县(区)、全国生猪调出大县(区)、广西产粮大县(区)、广西经济发展十佳县(区)、广西林业产业发展十强县(区),年内被评为广西无传销县(区)。

2017年,实现地区生产总值100.16亿元,其中第一产业增加值22.71亿元,第二产业增加值39亿元,第三产业增加值38.45亿元。全社会固定资产投资完成153.08亿元。社会消费品零售总额148.86亿元。财政收入7.81亿

富硒茶叶是港南区特色农业之一,图为港南区木格镇的春季采茶现场

港南区地方志办 提供

元，其中一般公共财政预算收入3.67亿元；一般公共财政预算支出19.13亿元。城镇居民人均可支配收入29651元，人均生活消费性支出20888元；农村居民人均可支配收入12720元，人均消费性支出6358.93元。

【工业经济】 2017年，港南区深化拓展“工业发展优质年”“企业服务量化年”“县域经济彰显年”活动，新增规模以上企业15家。完成规模以上工业总产值116.84亿元、增加值25.88亿元。战略性新兴产业取得新突破，电子信息产值达12亿元，增长44%，贝丰科技提前3个月投产，新能源光伏项目并网发电。木业产业逐步向高端制造迈进，现代板式家具、木地板、高端家具板生产等深加工企业发展至150家，木业产值突破80亿元，创税2.3亿元、增长41.8%。羽绒产业迈出转型升级重要一步，桥圩镇9家羽绒企业“强强联合”组建广西小荷羽绒制品集团，羽绒行业在国际羽绒博览会再获4项荣誉，实现产值52亿元，税收9500万元、增长40.2%，港南区再次被中国轻工业联合会、中国羽绒协会复评为“中国羽绒之乡”，继续保持为全国三个“中国羽绒之乡”之一。发展“总部经济”企业，扬翔公司、风铄投资、莲城建投公司实现税收7320万元。

【农业经济】 2017年，港南区落实惠农资金1.95亿元，受益农户12.2万户。储备粮订单收购名列广西第三、全市第一。主要农作物耕种收综合机械化水平达60%。新增新型农业经营主体119家。富硒农业卓有成效，获得广西富硒农产品认定总数10个，占全市1/3、全广西1/10，在第四届世界硒都（湖北恩施）硒产品博览会上，港南区3个富硒产品获得中国名优（特色）硒产品称号，其中“东津细米”牌富硒香米考评总分位居全国第一。整区推进示范区建设，亚计山生态养殖（核心）示范区升格为广西五星级农业（核心）示范区，东津泰香柠檬、木梓阿婆茶生态种植示范园被评为广西特色农业示范园。湛江国家现代农业综合开发园、木格“布山谷”澳门现代农业生态产业园开工建设。

2017年5月，港南区湛江镇平江村荣获“全国生态文化村”称号，图为平江村的自然风光

港南区地方志办 提供

【第三产业发展】 2017年，港南区完成社会消费品零售总额46.86亿元。商品房销售面积增长140%。贵港港苏湾作业区一期实现开港运营，羽绒交易中心、苏湾现代物流园列入自治区现代服务业聚集区发展规划。铜鼓湾温泉度假区列入全国优选旅游项目名录。“四季花田”生态观光园升级为广西五星级乡村旅游区，全年接待游客45万人次。

【项目建设推进】 2017年，港南区实施港口、城建、交通、农业、民生投资项目172个，总投资199.8亿元，完成投资31.6亿元，有60个项目实现开竣工。申报自治区县域经济发展“三年行动计划”项目137个，总投资207亿元。全年依法完成土地征收7725亩，房屋征收10.2万平方米，“二线船闸”主体工程完成征地拆迁任务。新增建设用地2316亩，盘活存量建设用地1371亩。园区建设迈开新步伐，基础建设取得新进展，完成2万亩主园区总体规划编制工作，收储土地2071亩，落户园区项目32个，桥圩工贸科技创业园获得自治区600万元专项资金扶持。

【推进脱贫攻坚】 2017年，港南区脱贫攻坚实施“十大行动、六个一批”，整合扶贫资金1.7亿元，实现8个贫困村、6002人贫困人口摘帽脱贫，脱贫村贫困发生率从10.8%降至2.5%。开展动态调整“回头看”，做到贫困人口应纳尽纳。发放小额信贷、产业扶持资金7441万元，发展特色种植、畜禽养殖、乡村旅游、光伏扶贫、企业合作社参与扶贫、电商扶贫“六大扶贫模式”,带动贫困村产业覆盖率达77%、脱贫村村集体经济收入达2万元以上。易地扶贫搬迁项目后来者居上,全面完成安置区一期建设任务,搬迁贫困群众917人,同步实施就业帮扶,搬迁项目综合排名广西第一位。投入基础设施建设资金5915万元,建成贫困村屯级路43千米、公共服务中心8个,完成贫困户危房改造561户,实施农村饮水安全巩固提升工程8个,解决1.4万群众安全饮水问题。投入公共服务保障资金2690万元,建立贫困人口医疗兜底保障机制,贫困群众住院报销比例提高至90%以上,教育、医疗、低保资助救助达2.5万人次。发动社会各界捐赠750多万元,受益贫困群众3580人。

【城镇建设】 2017年,港南区配合实施城建重大项目15个,总投资60.2亿元。罗泊湾大桥、二线船闸枢纽大桥、贵合高速公路、木格至水鸣二级路通车,峡山至东津公路、廉石路实现开工建设。成功引进世界500强企业碧桂园、中梁集团进驻港南发展高端房地产项目,碧桂园·城央府实现开盘销售。深入开展创建全国文明城市活动,城市品位进一步提升。加快城镇化建设。整合“柔暖羽绒、和暖温泉、香暖富硒、红暖老区”四大温暖产业元素,承办第25届中国城市化论坛,桥圩镇被住建部评为第二批全国特色小镇,湛江镇入围市级特色小镇。瓦塘镇和富新城规模扩大,木梓楼宇亮化城市形象提升工程,拆除违章建筑8.2万平方米、湛江镇小城镇开发步伐加快。木格镇污水处理厂实现竣工,其余6个镇级污水处理厂开工建设。

【乡村建设】 2017年,港南区建成村级综合服务中心示范点51个。新增更换农村配电变压器116台。新建改建农村公路141.8千米。安装镇村屯太阳能路灯2706盏。修复水利渠道80千米,新增恢复和改善灌溉面积1.2万亩。完成农村改厨改厕8800户。完成村屯绿化6个,自治区级绿化村屯升级3个。桥圩镇、湛江镇、木格镇获自治区“生态镇”称号,有39个村获自治区“生态村”称号。湛江镇平江村被评为全国改善农村人居环境示范村、全国生态文化村。桥圩镇东井塘城肚屯、木梓镇回龙村、瓦塘镇柳江村平依屯列入广西第三批传统村落名录。

【生态环境改善】 2017年,港南区完成年度能耗总量、强度“双控”目标任务。中央环保督查案件全部从严整改到位,关停超标排放企业30家,有力整治武思江水库网箱养殖、农业面源污染,完成畜禽养殖及工业企业减排项目13个,获“广西畜禽现代生态养殖场”认证37家。推行区镇村“河长制”管理,辖区内主要江河水库水功能区、郁江东津河流交界断面水功能区监测水质水量全部达标。加强名木古树保护,古树群数量排名广西第一,完成绿化造林3.1万亩,森林覆盖率巩固在34.2%。

【港南区再获“中国羽绒之乡”称号】 2017年12月21日—23日,第23届中国国际羽绒博览会在浙江杭州萧山举办,港南区再次荣获“中国羽绒之乡”称号。羽博会以“提倡国货自信,力挺中国制造”为主题,展出波司登、雪中飞、鸭鸭、迪欧达、海娃娃等国产品牌。现场还展示大量详实的中外羽绒性能对比数据和材料,为“中国绒”正言。港南区组团参会,并先后出席中国羽绒工业协会第六次会员代表大会、中国羽绒工业协会第六次一届理事扩大会和博览会开幕式。

2017年,桥圩镇有羽绒企业108家,其中9家“强强联合”

2017年8月23日,港南区八塘举行撤镇改街道办挂牌仪式　港南区地方志办　提供

组建广西小荷羽绒制品集团,羽绒产业实现产值52亿元、增长37.57%,税收9500万元、增长40.2%。港南区全力推进桥圩羽绒科技创业园和中国羽绒谷项目基础设施和配套设施建设,引入优良资本、技术、人才推动羽绒产业加快转型,打造以羽绒交易中心、桥圩羽绒科技创业园为“双核”的中国—东盟羽绒产业基地,持续提升“中国羽绒之乡”品牌。

【四季花田被评广西五星级乡村旅游区】 2017年底,自治区旅发委发布2017年度四星级(含)以上乡村旅游区(农家乐)评定结果,港南区湛江镇四季花田生态观光园被评定为广西五星级乡村旅游区。四季花田生态观光园位于港南区湛江镇平江村,2015年开工,是以田园风光、自然生态、特色景观、历史民俗、农耕文化、休闲农业等功能于一体的新型乡村休闲旅游区,占地4398亩,总投资5.09亿元。计划用3年时间建设成为广西5星级乡村旅游区,用5年时间建成国家AAAA级旅游景区。坚持从实际出发和利益由群众共享,创新运行模式,探索“政府引导+企业主体+群众参与”的运作模式,创新工作方式,通过“一户带多户、多户带全村”的发展模式,创新建设理念,就地取材还原客家村落,提升农村宜居水平,配套建设具有客家风格的农家旅馆、农家餐馆、客家博物馆,园区所在的平江村先后获得“全国美丽宜居乡村”“自治区级生态村”“荷城十大最美乡村”称号,2017年年底被中国生态文化协会评为“2017年度全国生态文化村”。

【八塘街道办正式挂牌】 2017年7月31日,根据《贵港市人民政府关于同意设立港南区八塘街道办事处和江南街道办事处的批复》,同意设立港南区八塘街道办事处、江南街道办事处。八塘街道办事处辖八塘、溁村、新陆、横岭4个社区和岑西、新安、陈湾、高朗、苏湾、新蒙、高岭、高北、高新、三板、鹤山、山泉、新花、新合、振新、木龙、苏岗、大新18个村,街道办事处驻地在八塘社区(原八塘镇人民政府驻地);江南街道办事处辖南江、木松岭、南山、廉石、航运5个社区,街道办事处驻地在木松岭社区(港南路中段)。8月23日,八塘举行撤镇改办挂牌仪式,宣告八塘镇正式变更为八塘街道办。

【桥圩入选全国特色小镇】 2017年,住建部公布第二批全国特色小镇名单,港南区桥圩镇入选其中。桥圩镇以柔暖羽绒、和暖温泉、香暖富硒、红暖老区等四大温暖元素为核心,形成独具特色的‘温暖小镇’,走出一条特色鲜明、一、二、三产业融合发展的新路子。

【贵港市首个家风家训主题公园建成】 2017年,贵港市首个以家风家训为主题的公园在港南区新塘镇万福村建成,主题公园位于万福村桂芳屯,占地面积约10亩,投入资金近200万元,4月开工建设,5月底建成使用。公园以“孝、勤、礼、谦、仁、俭”为主元素,设中心主题标识和家风家训、村规民约、万福有福、家风家训字体、家风家训石头雕刻、名人家风雕花、榜样力量展示8个板块。从古到今展示中华家训的重要内容,并结合实际反映万福村的村规民约及先进典型人物的榜样力量。选取孔子、孟子、庄子、墨子、朱子、颜之推等人的家风家训有关的语录,孟母、欧母、陶母、岳母等古代四大贤母和曾国藩、郑板桥、毛泽东、习仲勋等名人的教子小故事,展示“发展是福、勤劳是福、助人是福、节俭是福、诚信

2017年5月,贵港市首个以家风家训为主题的公园在港南区新塘镇万福村建成开园

港南区地方志办 提供

是福、敬老是福、邻里是福、圆梦是福”等八福，万福村党员群众家训、谭氏家训、宋氏家训，以及万福村的各类典型代表人物。

【港南区综合年鉴编纂首刊启动】2017年4月24日，港南区举办《港南年鉴》编纂工作动员会，标志着港南区首卷综合年鉴编纂正式启动，从此将实行“一年一卷，公开出版”的编纂机制。《港南年鉴》是由港南区人民政府主办，区地方志办公室编纂的地方综合年鉴，是港南区政治、经济、文化和社会发展全面记载的年度资料性文献。

（余力为）

覃塘区

【概况】位于贵港市西部，国道209线和324线在覃塘城区交汇，广昆高速公路、在建贵港至隆安高速公路穿境而过，黎湛铁路复线、南广高速铁路横穿全境，西江流域郁江流经辖区，可利用岸线有6千米，贵港产业园石卡园区就座落在郁江边，建成有华润水泥专用码头、台泥水泥专用码头、永泰仓储物流码头等港口码头，其中2000吨级以上码头泊位4个。行政区域面积1352平方千米，辖7个镇2个乡1个街道办，146个村（居）委会，区人民政府驻覃塘街道办。2017年年末人口60.61万人（公安局户籍人口数），其中少数民族人口37万人，人口自然增长率9.4‰。耕地面积6.2万公顷，林地面积3.3万公顷，森林覆盖率38.89%。辖区内主要旅游景点有“荷美覃塘”乡村旅游区、九凌湖、平天山、龙泉水上世界等，是“全国休闲农业和乡村旅游示范县（市、区）”，九凌湖旅游风景区获评为国家AAA级旅游景区。

2017年，实现地区生产总值140.16亿元，同比增长11.3%，三次产业比例为18.8∶50.5∶30.7，第一产业增加值26.4亿元，第二产业增加值70.7亿元，第三产业增加值43.04亿元。人均地区生产总值32448元。新增规模以上工业企业23家，规模以上工业总产值187.33亿元，增长33.1%，规模以上工业增加值58.4亿元，增长16.5%。财政收入8.9亿元，增长28.1%，一般公共预算收入4.53亿元，公共预算支出20.05亿元。城乡居民人均可支配收入20549元，增长10.5%。社会消费品零售总额45.88亿元，增长10.5%。全社会固定资产投资124.95亿元，增长25%。实际利用外资7100万美元。

【工业发展】2017年，覃塘区深化拓展“工业发展优质年”“企业服务量化年”“县域经济彰显年”活动，华奥新能源汽车、久久星新能源汽车项目实现投产，第一批新能源汽车投入市场运营。腾骏汽车工业制造、战神新能源专用汽车、华奥二期工程等汽车制造项目加快建设，迅发甲醛、港晟氨基酸等化工项目建设有序推进，台泥、华润水泥等建材业稳定发展，板材企业提质增效，工业产业进一步优化，工业占地区生产总值的比例为43.5%。规模以上工业企业达到106家，规模以上工业总产值187.33亿元，增长33.1%；规模以上工业增加值58.4亿元，增长16.5%。新能源汽车年产量1万辆，产值17.8亿元，占覃塘区规模以上工业总产值的9.5%，成为覃塘区工业发展新的增长点。板材加工企业由胶合板、复合板、单面板等低端产品逐步向实木家俱、木地板、贴面板等高端产品转型，全年新增规模以上板材加工企业18家，板材业实现税收1.5亿元。理昂生物质发电、台泥水泥、华润水泥等重点企业加大技改投资，企业效益不断增强。全年水泥产量1448.7万吨，水泥熟料1229万吨，生物质发电量达25698万千瓦时。全年企业完成技改投资83.9亿元，同比增长13.9%，规模以上万元工业增加值能耗同比下降12.1%，完成市下达的节能减排工作任务。

【农业发展】2017年，覃塘区粮食种植面积59.1万亩，粮食总产量21.7万吨。制订《覃塘区2017年耕地地力保护补贴实施方案》，实施耕地地力保护面积40.78万亩，发放地力保护补贴4081.17万元。制订《覃塘区2017年农村土地确权工作方案》，完成土地确权成果公示，农户签订承包合同10.78万户，可颁证率99.33%。创建现代特色农业示范园区11个，其中“荷美覃塘”莲藕产业（核心）示范区获自治区认定为五星级示范区，覃塘林业生态循环经济（核心）示范区、覃塘毛尖茶产业（核心）示范区获自治区认定为三星级示范区。新增双高糖料蔗基地1.1万亩，双高糖料蔗种植面积达到6.1万亩。年内开工建设水库除险加固14个，完成6座水库除险加固建设并通过自治区验收。实施鲤鱼江黄练镇河段中小河流治理工程，全年完成投资455万元，护岸工程1.7千米。实施执行河长制，出台《覃塘区河长制工作方案》。综合农业机械化水平56%。开展“食品安全进村、进社区、进基地、进市场”宣传活动，农产品质量安全监测工作常态化，全年对11393例蔬菜进行农药残留检测，合格率99.96%。50家养殖场通过生态养殖认定，生猪出栏48.4万头，连续6年覃塘区获农业部颁发的“生猪调出大县”称号。完成植树造林3.5万亩，更新造林2.3万亩，义务植树90万株，森林抚育10万亩。出台《经济林木(果)权证发放试点暂行办法》和《经济林木(果)权证核发及抵押贷款试点工作实施方案》，办理林(果)证11宗、3500亩，取得抵押贷款2宗共计200万元。林产品加工企业发展到836家，规模以上林产品加工企业64家。新增自治区级农业产业化龙头企业1家，市级农业龙头企业2家，市级示范农民专业合作社6家，新注册家庭农场15家，开班“新型职业农民培训班”2期，培育新型职业农民221人。开发种植富硒茶叶、富硒红米、富硒黑米、富硒蔬菜等9000多亩，新获得“无公害”农产品认证6个，富硒农产品2个。覃塘毛尖茶入选全国名特优新农产品目录，“壮圆”牌天然富硒米获得“中国名优(特色)硒产品”称号。

【服务业发展】 2017年，覃塘区借势郁江“黄金水道”有利条件，加快规划开发郁江岸线建设港口码头，建成华润水泥专用码头、台泥水泥专用码头、永泰仓储物流码头等港口码头，促进港口物流业的发展，年内港口货物吞吐量1264.5万吨。创建推广电子商务，永泰跨境电子商务产业园、覃塘区富晒百香果电商物流园、九州通医药物流等项目投入运营，新建成“邮乐购”电子商务服务站26个。完成覃塘区“十三五”旅游业发展规划，启动创建广西全域旅游示范区工作，九凌湖旅游风景区获评为国家AAA级旅游景区，6月，第四届“荷美覃塘”开园。“荷美覃塘”莲藕产业(核心)示范区、九凌湖、龙泉水上世界、平天山国家森林公园等休闲旅游景点全年接待游客114.3万人次，增长69.7%。

【项目建设】 2017年，覃塘区固定资产投资124.95亿元，同比增长25%，其中房地产投资2.5亿元。招商引资签约项目67个，计划投资139.2亿元，实现43个项目落地开工建设。覃塘区深化拓展“项目建设丰收年”活动，项目落户建设不断创造“覃塘速度”，华奥新能源汽车二期工程完成厂房建设，腾骏汽车工业制造、久久星汽车整车生产线完成设备安装和调试，战神新能源专用汽车第一批车辆正式下线。台富“五羊”牌电动车生产线项目实现竣工并投入生产，比亚特电动车项目线束、控制生产线及电机生产线建成投入运营，柏优家具项目完成厂房及办公楼主体建设，华能贵港清洁能源公司七星岭风电项目、九州通药业项目落户覃塘并实现开工建设。贵隆高速公路、覃塘城区至石卡产业园一级公路加快推进。在覃塘区项目建设中，列入自治区层面统筹推进重大项目7个，总投资116.2亿元，年度完成投资31.48亿元；市级层面重大项目40个，总投资115.16亿元，年度完成投资20.78亿元。年内，覃塘区获得中央预算内投资项目34个，中央投资9144万元，实际完成投资7760万元。覃塘区“十三五”期间项目储备库328个项目，计划总投资942亿元。建立PPP模式储备项目库，入库项目41个，总投资61.48亿元，项目涉及交通、基础设施、医疗、民生、教育、节能环保、旅游业、商贸物流业等领域。

【园区发展】 2017年，覃塘产业园包括甘化园区、林产品加工区、黄练工业集中区，规划总面积18.34平方千米，覃塘林产品加工区通过自治区确定为覃塘区林业生态循环经济(核心)示范区。全年完成园区土地预征5593亩，其中石卡园区4231亩、甘化园区728亩、覃塘区林业生态循环经济(核心)示范区633亩。园区总规修编后面积39平方千米，年内完成1万亩地形测绘及航拍图影像图工作。甘化园区一期控规完成修编，通过区城乡规划委员会审核。全年新签约入园项目41个，计划用地面积2235亩，总投资73.59亿元，主要项目有总投资19亿元的贵港—东盟农业创新发展中心项目、投资10亿元的年产120万吨纳米碳酸钙项目、投资5.5亿元的战神新能源汽车项目等。其中，新开工的有战神新能源汽车、新超龙、中恒化工、氨基酸等43个项目，竣工的有比亚特、九州通、长鑫灯饰、战神新能源汽车等7个项目。新增入园企业17家，累计进园企业83家。园区经济加快发展，全年完成工业总产值102.23亿元，增长12.87%，完成工业增加值51.17亿元，增长76.14%，实现税收4.7亿元。

【城乡建设】 2017年，覃塘区深化拓展“城市形象提升年”活动，城区总体规划修编正征求社会各界意见，扩大规划范围，拟将覃塘林业生态循环经济示范区、甘化园区纳入覃塘城区总体规划，按照规划，预计覃塘城区面积43平方千米。同时开展蒙公镇、三里镇、五里镇、大岭乡等乡镇规划编制工作。年末城镇人口21.39万人，城镇化率 49.23%。启动覃塘区布山古郡项目开工建设,覃塘大道、旱河西路、政廉路等基础设施开工建设,布山古郡游客接待中心完成主体工程,“老乡家园”布山移民安置小区、“老乡家园”大岭金岭移民安置小区项目竣工投入使用。汉唐世家房地产项目基本完成一组团二、三期装修工程,全年完成投资 5000 万元。完成建设城区 3 座 2A 级公厕,完成贵港至覃塘一级路覃塘段路灯安装,东龙镇“百镇建设示范镇”通过自治区验收,利用广西农业发展银行专项贷款资金 800 万元对 10 个乡镇 145 个村进行村级垃圾处理设施的改造升级。通过 PPP 模式融资 1.06 亿元建设 6 个镇级生活污水厂,东龙镇、黄练镇污水处理厂实现竣工并试水运行,樟木镇、石卡镇、三里镇、五里镇污水处理厂项目完成投资的 60%。实施完成覃塘镇甘碑村灯草汶、三里镇吉塘村西城屯、山北乡二龙村下龙屯、樟林镇显滕村邑凌屯、蒙公镇黄岭村上黄岭屯共 5 个村公共照明试点项目。实施建设覃塘镇龙凤村江屋屯及蒙公乡新岭村新归屯乡土特色村屯改造,以整村推进为主、农户自建为辅相结合的改造模式,实施“美丽广西·基础便民”农村改厕改厨项目,受益农户 6800 户,落实改造 554 户农村危房改造。开展街容圩貌集中整治、“双违”整治、“严管街”专项整治等工作,城镇面貌明显改善。

【脱贫攻坚】 2017 年,覃塘区开展“精准扶贫深化年”活动,对照贫困户“八有一超”脱贫标准及贫困村“十一有一低于”脱贫摘帽标准,按贫困户及贫困村脱贫认定程序,全年实现 6 个贫困村、1133 户贫困户、5131 人通过脱贫认定。投入扶贫资金 9080 万元,推进脱贫各项工作。其中,投入 3400 万元完成村屯道路项目建设 89 个,共 97.46 千米;投入 821 万元实施贫困户危房改造 312 户;投入 90 万元完成 3 个村级服务设施项目建设;投入 25 万元,完成东龙镇闭村农村饮水安全巩固提升工程。实施产业扶贫,出台《关于发展村村级集体经济的指导意见》和《关于规范使用村集体经济扶持资金的指导意见》等有关扶贫政策,整合 800 万元推进产业扶贫开发,发放贫困户扶贫小额信贷 4300 万元,扶持黄练科宝小蚕共育、山北石马富硒红米、樟木罗柴百香果等 5 个重点产业脱贫示范基地和 34 个新型经营主体发展。创建推行“两安置两服务一体化”模式,“老乡家园”大岭金岭安置移民小区、“老乡家园”覃塘布山安置移民小区安置易地扶贫移民搬迁 313 户、1525 人,提前 2 年完成覃塘区“十三五”易地扶贫移民搬迁任务。发放各类教育补助 1459.3 万元,贫困人口住院补偿 1009.3 万元,涉及 2970 人次,组织贫困农户参加技能培训 1150 人次,全年“贫困发生率”低于 3%。

【民生事业】 2017 年,覃塘区投入 8442 万元,新建、维修中小学校舍 4.9 万平方米。创建自治区、市级示范幼儿园,建设多元普惠幼儿园和学前教育集团化班园试点,有 4 所幼儿园被评为市级示范园,4 所幼儿园通过自治区多元普惠幼儿园认定。校园建设形成“一校一品一特色”发展格局,黄练镇中心小学获“全国青少年校园足球特色示范学校”称号,覃塘镇三中等 7 所学校评为“贵港市 2017 年市级文明校园”,蒙公乡民族初级中学、三里镇中心小学获第一届“自治区文明校园”称号,义务教育巩固率达到 103%。创办覃塘区实验中学,完成贵港市职教园区涉及覃塘区范围的征地和拆迁工作。全年有效发明专利拥有量 26 件,完成科技成果转化 2 项,国宏智鸿、久久星新能源汽车、华晟木业获认定为国家高新技术企业。建成市级科技企业孵化器 1 家,众创空间 1 家,覃塘区农民工创业园获确定为自治区农民工创业园建设试点。举办“荷美覃塘”摄影大赛,评出优秀作品 100

2017 年 6 月 28 日,覃塘区大岭乡江兴村社区党群服务中心　覃塘区地方志办　提供

2017 年 3 月，覃塘区举办“三月三”壮语山歌对唱活动　　周开强　摄

幅。东龙镇有 5 个村被自治区文联评为“自治区文艺村”，东龙镇覃如贵户被自治区文联评为“自治区文艺户”。编辑出版《荷香》文学杂志 1 期，一批文艺作品参加自治区、国家级展览，有 12 名覃塘区作协会员被吸收为贵港市作协会员。周克索、韦捷合著的民间文学读本《马度三绝》正式由出版社出版。有乡村文艺队 72 个，演员人数 960 人。年内举办文艺演出、体育赛事、戏曲下乡、“非遗”展示、图书阅览、公益讲座等文体活动 300 多场(次)。新建村级公共服务中心 14 个，村级篮球场 12 个。农家书屋出版物更新 39 个，配送书籍约 1.6 万册。大岭乡江兴村农家书屋获“全国示范农家书屋”荣誉称号，石卡镇樟竹村农家书屋管理员杨金燕被国家新闻出版广电总局评为“全国优秀农家书屋管理员”。覃塘镇龙凤村、姚山村被评为“自治区基层扫黄打非示范标兵”。覃塘镇甘化小区、黄练咏春馆、九凌湖旅游风景区列入创建“健康贵港·休闲运动示范市”建设点。城镇新增就业 2854 人、农村劳动力转移就业新增 5419 人，城镇登记失业率为 0.06%。城乡居民医疗保险参保人数 53.97 万人，参保率为 98.4%，城乡居民养老保险参保人数 16.52 万人，人口自然增长率 9.4‰，人口出生率 13‰。新建覃塘区福利院养护楼、老年活动中心等一批养老设施。稳步推进公立医院改革，实行药品零差率销售。覃塘区人民医院门急诊综合楼投入使用，开展区域医共体试点，制订《覃塘区人民医院——蒙公乡卫生院建设医疗共同体实施方案》，实现“管理支持、技术扶持、双向转诊、学科建设、人才培养、资源共享”。推行家庭医生签约服务，常住人口签约服务覆盖率 44.3%，重点人群签约服务率 61%，贫困人口签约服务率 100%。（覃国祥）

人　　物

新闻人物

（排名不分先后）

陈寒梅　女，现任平南县人民法院党组成员、副院长，曾被评为全国法院纪检监察工作先进个人、2016年度全区法院“执行案件集中清理月”活动先进个人、连续五年年度考核为优秀，被群众赞誉为龚州的“女包公”。

20年间，从“螺丝钉”蝶变为“骨干”。在平南县人民法院执行局执法10多年，尤其是2014年到任平南县人民法院执行局担任局长后，更是不惜“抛家弃子”，每天“驻守”办公室梳理案情，研究执行方案，奔走在执法办案第一线。面对困难勇于克服，2014年—2017年1月，办理执行案件446件，结案率达95.21%；2014年—2016年5月，参与调解结案375件，占3年调解结案数的50%。

梁志勇　现任桂平市卫生和计划生育局基层卫生和妇幼健康服务股股长，10多年坚守在妇幼工作领域，用其扎实的专业知识、默默奉献的精神造福妇女儿童。2017年，获“广西实施妇女儿童发展规划先进个人”称号。

梁泰健　1993年曾获得“全国五一劳动奖章”“自治区劳动模范”。曾经是第四野战军的航空兵的梁泰健，20世纪50年代复员到贵县后，凭着初中文化，考入广东造纸技工学校。1984年，贵糖公司建立纸厂，任贵糖卫生纸厂厂长，从一台纸机起步，发展到90年代中期，纸厂年产值达到3000万元，相当于县级贵港市整个二轻系统产值的总和，曾经连续2年在广西同行业质量评比中获得第一名。成为广西蔗渣浆生产卫生纸行业的元老级人物的他，83岁高龄，精神矍铄、思路清晰、声音宏亮，时刻不忘关心贵港市工业发展。

甘伟超　贵港供电局城区分局配电抢修班班长。2014年，配电抢修班被广西科学技术协会评为“广西壮族自治区优秀质量信得过班组”。2016年，获“广西壮族自治区工人先锋号”。三十年如一日，兢兢业业守护“万家灯火”，从普通员工成长为广西电网电力电缆二级技能专家，创立“1234”班组管理模式。同时，是广西电网高级培训师，曾编写《电缆带电作业指导书》、电力电缆工岗位试题和制定技能人员岗位培训规范等一系列标准，被誉为守护配网的“光明使者”。

易云鹏　平南县公安局刑侦大队大队长，从警16年，从一名技术民警成长为“全区公安机关破案能手”，2014—2016年连续3年获评“全区优秀人民警察”，先后荣立个人三等功4次。思维缜密敏捷、行动果敢，为追捕犯罪嫌疑人，曾经三天两夜不合眼，不畏凶险，冲锋在前，坚持做到不破案誓不收兵。

覃建禄　经营覃塘区龙凤覃建禄茶场，被评为“全国先进个体工商户”，是广西六个全国先进个体工商户之一、贵港市之唯一。茶园面积1200多亩，年均产茶量3.8万公斤，茶叶销售10多个省（市、区），年产值达1000多万元。茶场成立于2000年3月，集茶叶种植、加工、销售、服务于一体，采取“龙头行业＋合作社＋农户”的模式，贵港市农业产业化龙头个体工商户。2010年8月，成功注册“建禄”牌覃塘毛尖茶品牌，先后获得广西著名商标、广西名牌产品、广西知名商品、“消费者最喜爱的十大贵港商标”“覃塘毛尖茶”国家地理标志原产地认证等。该茶场在政府的引导下，带领贫困户脱贫致富。

张旭勋 贵港市中医院检验师，十七年无偿献血，曾先后获“国家无偿献血奉献奖”银奖、金奖。1998年12月，贵港市启动无偿献血活动。1999年1月，张旭勋响应号召开始献血，截至2017年2月献血14次，献血量5400毫升；捐献机采血小板41次，41个治疗量，57岁的张旭勋依然坚持定期献血。

张　琼 女，贵港市公安局离退休干部管理科科长兼市公安局团委书记，贵港市妇女儿童维权服务团副团长，以热心助人，获得2017年度广西三八红旗手称号。

从警17年，先后做过一线巡警、国保等工作，曾兼任工会、女工委、团委、计划生育以及拥军优属等工作。任离退休干部管理科科长后，完善了165名离退休老干部信息，积极为老干部服务，深受老干部称赞。牵头成立了贵港市公安局青年志愿者组织和巾帼志愿者组织，仅2015年—2016年组织开展志愿者服务活动30多次，举办“安全课堂”10余期，帮扶留守儿童、贫困学生、孤寡老人100多人次，安排慰问品、助学金5万多元，结对帮扶贫困学生13名。作为团委书记，积极为民警特别是单身警察服务，创建“荷城月下”青年QQ群和“爱在一起”青年微信交流群，为单身民警牵线搭桥，被称为“金牌红娘”。

陈　静 女，贵港市地税局一名税务官，兼任该局妇委会主任，以“用心做好每一件事，不放过任何一个细节”工作态度坚守税收业务岗位10年，被评为2017年度广西三八红旗手。

2006年，进入地税系统先后担任专管员，在计算机中心、法规科和劳务与财产行为税科等岗位工作。2015年被选派参加自治区地税局“金税三期”工作组，被自治区地税局评为“金税三期”工作先进个人。2016年，推开“营改增”，完成梳理和完善纳税人档案5037户、涉及税款12.89亿元。在贵港市地税局十百千人才选拔税收业务考试中获第一名，利用业余时间学习通过国家司法考试取得法律职业资格A证，到2016年，通过全国税务师考试5门中的3门考试。撰写的《贵港市交通运输行业税收调查分析报告》《贵港市营业税税源分布情况分析》分别获自治区地税局征文比赛二等奖、三等奖。

梁元杰 覃塘公安分局禁毒大队大队长，两三年时间将覃塘公安分局禁毒大队从全市公安系统后进单位带领成为全市、全区先进单位，获得2016年度全区优秀基层所队长称号，所在的禁毒大队获2016年度全区优秀公安基层单位称号。

2003年9月，梁元杰进入公安队伍，先后在港北公安分局石羊塘派出所、城北派出所和市公安局禁毒支队工作。2012年12月，竞聘到覃塘公安分局任刑侦大队教导员。2014年12月，调任禁毒大队大队长。调任禁毒大队后，虽自身有丰富公安工作经验，但率先垂范虚心学习，带好班子、管好队伍，忘我工作。2015—2016年，破获毒品犯罪案件55起，其中重大案件21起、特大案件18起、千克案件7起，抓获涉毒犯罪嫌疑人63人，缴获毒品海洛因1433克、氯胺酮5531克、冰毒6920克、MDMA352克。所在单位被带入全区先进行列。

黎秀玉 女，贵港市财政局预算编审中心主任，获评为农业部世行项目管理工作先进工作者、全区财政系统个人二等功、贵港市优秀公务员三等功。2017年，获评广西三八红旗手。

从事财务工作32年，在平凡的工作岗位上，兢兢业业、脚踏实地，业务素质过硬，工作经验丰富，先后草拟《贵港市举债资金管理暂行办法》《贵港市农业综合开发项目资金财政报帐制管理办法》《贵港市财政专项资金管理办法》等制度性文件。面对工作敢于坚持原则、不谋私情，做到铁面无私。接访热情接待、耐心倾听，做到问题不解决不罢休，赢得领导与群众的交口称赞。

杨海娟 女，桂平市司法局副局长，自1992年参加工作，用朴实的行动和真诚的爱民之心赢得百姓的信赖和赞誉，连续6年被评为桂平市政法先进个人、综治先进个人和普法先进个人，2016年被评为“全区优秀共产党员”，2017年被评为“广西三八红旗手”。扎根基层26年，爱岗敬业、默默奉献，在人民调解、法制宣传、社区矫正、法律援助等方面做了大量工作，铁腕柔情化平安，实实在在地为民解忧。

梁泽义　桂平市委宣传部退休干部，工龄40多年、党龄40多年，业余从事新闻报道12年，先后7次获《广西日报》“十佳通讯员”称号。

1972年9月参加工作，1973年6月(18周岁)加入中国共产党，曾当过民办教师、任过中学教师。1984年12月，从桂平镇中学(桂平一中)团委书记的岗位调入桂平县委宣传部，一干就是30多年，于2015年3月退休。干一行爱一行，爱岗敬业，虚心好学，凭着“口勤、腿勤、脑勤、手勤”，自2006年，每年在《广西日报》发表的稿件100多篇(专版除外)，最多的年份达170多篇；在《贵港日报》见报量在100篇以上(专版除外)，其中一版头条稿有10多篇。

徐　卫　女，贵港市港南区人民法院审委委员、民二庭庭长，以满腔的热忱、真情与柔情，在全面推进依法治国的进程中默默奉献。2015年，获评“全国法院办案标兵”。2017年，被全国妇联授予“2016年度全国三八红旗手”称号，是2016年度广西唯一获此荣誉的女法官。

1994年，被招录进入县级贵港市人民法院。1996年，到港南区人民法院历任书记员、助审员、审判员。2010年，被任命为民二庭庭长。爱岗敬业，做到干一行爱一行，爱一行精一行。近五年审结各类案件1082件。其中，调解、撤诉案件607件，调撤率56.09%。同时，带领民二庭严把案件质量关，对青年法官传帮带，民二庭曾连续2年被广西高级人民法院评为“全区法院系统先进集体”。

吴坤争　平南县志农蔬菜种植专业合作社创始人，2017年，获“广西五一劳动奖章”称号。

2012年，创办志农蔬菜种植专业合作社，通过土地流转租赁土地800亩作为农业合作社的生产基地，建有猪栏600平方米、工房500平方米；无公害蔬菜设施栽培种植200多亩，优质水稻种植300多亩。自2012起连续四年被评为广西种粮大户；2013年，获“贵港市科技种养能手”荣誉称号；2014年，合作社获“贵港市示范家庭农场”称号。

梁仲益　港南区农业局局长，2017年，被农业部授予“全国农业先进个人”称号，是广西唯一获此荣誉的县(区)农业局局长。

1991年，参加工作一直扎根于农业，对港南区农业情况了如指掌，面对该区土壤肥沃、气候宜人，但产业结构单一、现代化程度不高等问题，于2011年就任港南区农业局局长后，力推“调整优化农业产业结构，发展优势特色农业，打造农业品牌”。通过引种优质稻、加强技术指导，确保产粮大区粮食安全生产，该区2011—2016年连续5年获“广西产粮大县奖”。在此基础上，积极发展经济作物种植，2014年港南区成为广西“马铃薯生产重点县”，自治区马铃薯全程机械化种植现场会在港南召开；大力发展火龙果、百香果、荔枝、龙眼等特色水果种植，2016年年底，建成红心火龙果基地15个、面积1.5万亩，柑橘生产基地18个、面积1.3万亩，百香果基地25个、面积1.6万亩。为使土地集中化、生产规模化、管理标准化，积极引导、鼓励企业、合作社及种植大户通过转包、出租、互换等方式流转土地，截至2016年年底，该区累计流转土地9.5万亩，成立农民专业合作社444家、家庭农场178家、农业产业化重点龙头企业24家，促使该区农业逐步走向规模化、特色化、标准化。同时，成为港南区发展富硒农业的组织者和领路人。

王秀敏　女，现任贵港市中级人民法院刑一庭庭长。2014年，获广西法院个人二等功。2015年，被广西高级法院评为“全区法院先进个人”、被广西壮族自治区综治委授予“广西首届最美青年卫士”称号。2017年3月，获“全国维护妇女儿童权益先进个人”称号。

巾帼不让须眉，挑刑庭重担，自2012年10月被任命为市中级人民法院刑事审判庭负责人。到2016年年底，主办刑事案件89件，担任审判长审理案件326件，其中多个案件是本地区乃至全国的大案要案。其间，市中级人民法院刑一庭设立妇女儿童维权岗，在审理的刑事案件中被告人为未成年人案件109件，在审判中均能认真贯彻“教育、感化、挽救”的原则，从程序和实体上保护未成年被告人的合法权益。同时，做到预防青少年犯罪和关怀温暖未成年人延伸服务，坚持每年到广西区少管所、女子监狱，到社区进行回访帮教，帮助减、缓、免交诉讼费11人，获取司法救助、社会救济救助23人，帮助未成年被告人重返校园9人，帮助未成年被告人参加职业技能培训7人。

秦正樊　覃塘区司法局石卡司法所所长，2017

年，被司法部授予“全国模范人民调解员”称号。

2004年，从事人民调解工作，以热心调解、尽心解难、耐心调处，为情、理、法调解架起连心桥，十几年来，累计调解矛盾纠纷679件，调解成功675件，其中调结历史积案14起、海事纠纷10起、医患纠纷10起，为当事人挽回经济损失700多万元。

杨庆达 贵港市中西医结合骨科医院副主任、主任医师，医疗技术过硬，对待工作充满热忱，对患者关怀无微不至。2017年，获得“广西五一劳动奖章”。

从医20多年，平均每周完成手术9台，对1岁的幼儿到90多岁的老人都竭尽所能为患者排忧解难。勇于挑战骨医尖端，2012年完成《穿支血管蒂足内侧隐神经营养血管皮瓣逆行修复前足皮肤缺损的临床研究》项目、2014年完成《改良第一趾蹼皮瓣游离移植修复手部重要功能区皮肤缺损的临床研究》项目的系统研究。近10年，主持开展新技术、新项目研究30多项。其中，2项达国内领先水平，5项达国内先进水平。同时，发挥好“传、帮、带”作用，相继指导完成《外固定支架转换内固定分期治疗复杂性胫腓骨骨折的临床应用研究》《应用显微外科技术修复手部皮肤缺损的临床研究》等课题研究。

张　钊 女，平南县审计局副局长、审计师，2017年以忠孝两全被评为全国“最美家庭”。她在长年细心照料90多岁多病的公公，教育好小孩，致使家庭和睦、相亲相爱的同时，做到事业骄人。身为副局长，分管政府投资审计、审计项目和全国文明单位创建等工作，仅政府投资审计项目每年都有100多个，涉及金额至少5亿元，平均每两个工作日就要完成一个，工作既重要又繁琐。主审的《某局局长×××任期经济责任审计》《某管理处2014年度预算执行情况审计》等10几个项目获自治区级以上奖励，其中《某社保资金审计》项目被国家审计署评为全国优秀审计项目。

林毓梁 贵港市火车站退休干部，妻子谢燕玉，与妻49载相濡以沫、家庭和睦，谢燕玉用爱撑起整个家庭，所在家庭获得2017年全国“最美家庭”称号。

李冰梅 女，平南县安怀司法所所长、人民调解委员会主任，“半路出家”成为“行家”，2017年被评为“全国模范人民调解员”。

2005年8月，担任教师14年后通过公务员考试进入司法系统，凭着“干一行爱一行，爱一行钻一行”的热情，主动加班加点学习法律知识，虚心学习接访、调解、笔录等知识，很快成长为“行家里手”，凭借其过硬的法律知识、公平公正的工作态度，较快学会掌控唇枪舌战、剑拔弩张的纠纷现场，2014—2016年，调解民间纠纷320多件，调解成功309件，调结率96%，履行率100%，其参与调结重大疑难案件8件，成功化解群体事件6件。

周天林 贵港市人民检察院反贪污贿赂局政委，从2000年从事反贪工作，坚守反腐一线16年，守护公平正义。16年来，他参与和主办的反贪大案要案上百件，成功追回赃款数千万元。周天林多次被广西检察机关反贪部门评为“优秀侦查员”“业务标兵”称号；2016年7月，又被自治区评为“优秀共产党员”。

龙秋莲 女，现任广西贵港市港北区人民法院立案庭庭长，她善于将立案工作不断地向庭前、庭后和庭外延伸，开展诉前调解和立案调解，挽救一个又一个濒临破裂的家庭，维护了众多柔弱妇女儿童的合法权益，化解了一个又一个的社会矛盾。2013年，被广西壮族自治区高级人民法院评为信访维稳工作先进个人、被广西壮族自治区妇联评为维护妇女儿童权益先进个人。2017年3月，获中华全国妇女联合会“全国维护妇女儿童权益先进个人”称号。

龙秋莲创新工作方法，打造妇女儿童维权平台，创建“惜缘婚姻家庭辅导室”“惜缘工作室”，于每月10日、20日定期到工作室轮值，接待来访，开展诉前调解。依托案件立案受理平台，着力维护妇女儿童合法权益，对婚姻家庭纠纷案件，采取优先立案、优先排期开庭审理、优先调解、优先判决的工作措施，主持开展诉前调解和好案100多件。热心于妇女儿童工作，为200多名贫困妇女儿童减、缓、免诉讼费200多万元，参与创建无诉社区、无诉村屯活动，送法到农村、到社区、到校园。

覃居光 1917年出生，覃塘区东龙镇人，百岁著书寿星。早年毕业于广西大学，解放后即参加工作，先后在贵县初中、桂平一中、浔州高中、庆丰高中和贵县高中任教，教龄近半个世纪。由于其四代教书，1993年，曾获县级贵港市人民政府授予“教师世家”大红牌匾。退休后，被推选为贵港市退休教师协会首任秘书长，报名参加贵港市老年大学摄影班、诗词班学习，是老年大学里年龄最大的学员之一。近20年，先后出版《春华秋实》《九十抒怀》《漫漫人生路》等多本著作，2017年百岁寿辰之际(中秋节前夕)，推出《月满中华》文化专著，长达10多万字。

先进人物名录

表16　　2017年贵港市获得全国先进人物名录

编号	姓　名	性别	工作单位、职务	所获奖项	获奖文号	备注
1	徐　卫	女	贵港市港南区人民法院审委委员、民二庭庭长	全国三八红旗手	妇字〔2017〕3号	
2	蒙柱群	女	贵港市平南县地方税务局征收服务股负责人	全国巾帼建功标兵	妇字〔2017〕17号	
3	龙秋莲	女	贵港市港北区人民法院立案庭庭长	全国维护妇女儿童权益先进个人	妇字〔2017〕4号	
4	黄永松	男	贵港市港南区司法局党组书记、局长			
5	王秀敏	女	贵港中院刑一庭庭长			
6	杨慧芬	女	桂平市人民检察院	全国第三届“关爱明天、普法现行”——青少年普法教育活动“先进个人”	全国活动办〔2017〕3号	
7	谭敬君	男	港北司法局局长			
8	许光良	男	桂平市司法局副局长			
9	杨　勇	男	贵港市人民检察院	全国检察机关优秀反贪局长	高检政〔2017〕93号	
10	李冰梅	女	贵港市平南县安怀镇人民调解委员会主任	全国模范人民调解员	司发通〔2017〕51号	
11	秦正樊	男	覃塘区司法局石卡司法所所长			
12	林毓梁	男	贵港市火车站退休干部	全国最美家庭		
13	张　钊	女	平南县审计局副局长			
14	梁维富	男	中国人民银行贵港市中心支行	2017年度中国人民银行公德奖	银办发〔2018〕57号	
15	杨　瑜	女	贵港海事局	直属海事系统“两学一做”优秀党务工作者	海事党〔2017〕57号	交通运输部海事局
16	陈超秀	女	贵港市信访局	全国信访系统优秀接谈员		
17	张　蕾	女	贵港供电局	全国优秀共青团员	中青发〔2017〕8号	
18	黄品清	女	贵港市供销合作社联合社	全国供销社系统先进工作者	人社部发〔2018〕8号	
19	卢业富	男	贵港市文化新闻出版广电局	2017年全国“扫黄打非”先进个人	扫黄打非组发〔2018〕3号	
20	杨金燕	女	覃塘区大岭乡江兴村农家书屋	全国优秀农家书屋管理员	新广出函〔2017〕405号	
21	易贵丽	女	港北区大圩镇长安村农家书屋			
22	梁仲益	男	港南区农业局	全国农业先进个人		
23	蒙惠珍	女	港南区社科联	全国社科工作先进个人		
24	姚武荣	男	木松岭学校	全国中小学实验教学能手		
25	谭智信	男	贵港市公安局刑侦支队副支队长	全国优秀人民警察	公奖字〔2017〕73号	2017.05.09

表 17　　2017 年贵港市获得广西先进人物名录

编号	姓名	性别	工作单位、职务	所获奖项	获奖文号或单位	备注
1	陶　坚	男	港北区地税局	广西五一劳动奖章	桂工发〔2017〕11 号	
2	黄贵霞	女	港南区地税局			
3	陆桌纯	男	贵港市高级中学科研处主任，中学高级教师	广西五一劳动奖章	桂工发〔2017〕15 号	
4	杨庆达	男	贵港市中西医结合骨科医院副主任，主任医师			
5	王小军	男	中国华电集团贵港发电有限公司燃料部主任，工程师			
6	吴坤争	男	平南县志农蔬菜种植专业合作社工人			
7	李　良	女	贵港市地方税务局副科长			
8	陈志强	男	广西贵港钢铁集团有限公司主任工程师，机修钳工技师			
9	韦发彬	男	贵港市农村电力服务有限责任公司党支部办公室主任，工程师			
10	杨海娟	女	桂平市司法局副局长	广西三八红旗手	桂妇发〔2017〕2 号	
11	王洁红	女	平南县委常委、副县长			
12	黄金焕	女	贵港市特殊教育学校副校长兼教务主任			
13	黎秀玉	女	贵港市财政局预算编审中心主任			
14	张　琼	女	贵港市公安局离退休干部管理科科长兼市公安局团委书记			
15	甘天阳	男	市纪委	全区纪检监察系统党刊宣传读用工作先进个人	桂纪办通〔2017〕21 号	
16	覃世翻	男	市纪委			
17	梁文华	男	市纪委			
18	蒙先国	男	桂平市纪委			
19	梁文榕	女	平南县纪委			
20	韦晓波	男	港南区纪委			
21	谭智信	男	贵港市公安局刑侦支队副支队长	记个人一等功	桂公令〔2017〕5 号	2017.02.20
22	姜永明	男	贵港市人民检察	全区 2012—2016 年度保密工作记个人二等功	桂人社发〔2017〕49 号	
23	黄旭飞	女	贵港市人民检察	广西壮族自治区人民检察院记个人二等功	桂检发政字〔2017〕20 号	
24	戴彬桓	男	贵港市公安局治安支队副支队长	记个人二等功	桂公令〔2017〕13 号	2017.11.07
25	梁元杰	男	贵港市公安局覃塘分局禁毒大队大队长	记个人二等功	桂工商发〔2017〕47 号	
26	韦兆满	男	贵港市工商局企业注册登记分局			
27	黄海林	男	贵港市工商局覃塘区分局			
28	周健清	女	平南县工商局企业和个体私营经济监督管理股			
29	尹瑞林	男	桂平市工商局新城工商所			
30	钟林岑	男	贵港市工商局港北区分局办公室、奇石工商所			

续表

编号	姓名	性别	工作单位、职务	所获奖项	获奖文号或单位	备注
31	陈张平	男	贵港市地方税务局	记个人二等功	桂人社发〔2017〕43号	
32	李　慧	女	贵港市地方税务局			
33	郭晓敏	女	贵港市覃塘区地方税务局			
34	李栋坚	男	桂平市地方税务局			
35	巴　丽	女	贵港市人民检察院	广西壮族自治区人民检察院记个人三等功	桂检发政字〔2017〕19号	
36	覃　宇	男	贵港市人民检察院	全区检察机关优秀信息员	桂检发政字〔2017〕16号	
37	李健秀	女	桂平市人民检察院	全区刑事申诉检察业务竞赛优胜奖	桂检政发〔2017〕26号	
38	石玉芳	女	港南区人民检察院	全区检察机关优秀通讯员	桂检政发〔2017〕35号	
39	李　裕	男	贵港市人民检察院			
40	胡钰桢	女	贵港市人民检察院			
41	李映秀	女	覃塘区人民检察院			
42	李慎业	男	贵港市覃塘区司法局法宣股股长	2011—2015年全区法治宣传教育工作先进个人	桂法建办通〔2017〕1号	
43	薛桂玲	女	平南县司法局法宣股股长			
44	杨钊明	男	平南县司法局镇隆司法所所长			
45	黄永松	男	港南区司法局局长	全国维护妇女权益先进个人	妇字92〔2017〕4号	
46	李冰梅	女	平南县司法局安怀司法所长	建设平安广西先进个人代表	桂机发〔2017〕1192号	
47	刘冀宏	男	贵港市港南区桥圩镇何平村平民屯理事会会长	广西最美家庭	桂妇发〔2017〕13号	
48	韦胡兰	女	贵港市港北区港城镇石寨村村委会主任兼妇女主任	广西最美家庭	桂妇发〔2017〕13号	
49	韦显业	男	贵港市覃塘区大岭乡泰运驾校教练	广西最美家庭	桂妇发〔2017〕13号	
50	伍彩灯	男	贵港市港南区新塘镇蒙大村村民			
51	杨勇娟	女	贵港市中医院副院长			
52	邹明泉	男	广西贵港市西江氮肥厂			
53	余金权	男	贵港市丰源羽绒有限公司董事长			
54	黄素娟	女	贵港市港南区湛江镇中心小学教师			
55	甘少青	女	贵港市港南区东津镇荷池村委会主任			
56	谭健坤	女	贵港市妇幼保健院副院长	广西实施2010—2020年妇女儿童发展规划先进个人	桂妇儿工委发〔2017〕2号	
57	陆　雨	男	中共贵港市港北区委常委、宣传部长，副区长			
58	谭　委	男	贵港市统计局信息管理中心副主任	广西实施2010—2020年妇女儿童发展规划先进个人	桂妇儿工委发〔2017〕2号	
59	徐林庆	男	贵港市民政局党组书记、局长			
60	黎燕绮	女	贵港市港南区妇女联合会主席			
61	梁志勇	男	贵港市桂平市卫计局股长			
62	陶彩莲	女	贵港市教育局基础教育科干部			
63	梁波丽	女	贵港市妇儿工委办公室主任	2014—2016年度全区未成年人思想道德建设工作先进工作者	桂文明委〔2017〕12号	

续表

编号	姓名	性别	工作单位、职务	所获奖项	获奖文号或单位	备注
64	廖翠婷	女	贵港市平南县妇联主席	广西维护妇女儿童权益先进个人	桂妇发〔2017〕4号	
65	杨志鹏	男	贵港市公安局桥圩派出所所长			
66	陈寿海	男	贵港市公安局刑侦支队四大队队长			
67	杜　媚	女	贵港日报社综合新闻部副主任			
68	叶小丽	女	贵港市妇幼保健院护理部主任、工会副主席、女工委主任			
69	陈秋娟	女	贵港市工商局12315申诉举报中心主任			
70	许阳阳	女	贵港市公安局港南分局法制大队民警			
71	黄霞丽	女	贵港市仁爱心理咨询中心负责人			
72	黄栋坚	男	贵港市覃塘区人民法院审管办副主任			
73	潘梅清	女	贵港中院研究室副主任	2011—2015年全区法治宣传教育先进个人	自治区宣传部、司法厅、人社厅、法治建设工作领导小组	
74	苏　毅	男	贵港中院法警支队副支队长	全区法院“做合格司法警察”主题演讲比赛三等奖	广西高级人民法院	
75	马荣兴	男	贵港中院民三庭副庭长	天平奖章	广西高级人民法院	
76	腾杰旺	男	贵港中院立案庭第一审判员			
77	阮红霞	女	桂平法院蒙圩法庭庭长			
78	谢晓隽	女	桂平法院社坡法庭副庭长			
79	曾其云	男	桂平法院执行局书记员			
80	覃文健	男	桂平法院刑庭书记员			
81	梁艺宝	男	桂平法院工勤人员			
82	李庚华	女	贵港中院立案庭副庭长、审判员	“百日清案”专项活动中表现突出的个人	广西高级人民法院	
83	李志廉	男	贵港中院审判委员会专职委员、民二庭庭长			
84	卢阳德	男	贵港中院刑三庭副庭长			
85	陆志然	男	贵港中院民三庭审判员			
86	吕德明	男	贵港中院执行局审判员、副主任科员			
87	廖坚贵	男	覃塘法院执行局局长			
88	黄保昌	男	覃塘法院民一庭庭长			
89	黄栋坚	女	覃塘法院立案庭庭长			
90	方伟列	男	覃塘法院民二庭审判员			
91	杨　云	男	覃塘法院行政庭副庭长			
92	张　楠	女	覃塘法院执行局法官助理			
93	廖冬瑜	女	港北法院刑庭审判员			
94	郑志红	女	港北法院刑庭书记员			
95	黄恒涛	男	港北法院民二庭审判员			
96	甘　媛	女	港北法院民二庭法官助理			
97	覃子颜	女	港北法院立案庭负责人			
98	叶星球	男	港北法院贵城庭审判员			
99	高家胜	男	港南法院立案庭庭长			
100	陆军亮	男	港南法院刑庭副庭长			

续表

编号	姓名	性别	工作单位、职务	所获奖项	获奖文号或单位	备注
101	林　敏	女	港南法院民一庭庭长	“百日清案”专项活动中表现突出的个人	广西高级人民法院	
102	徐　卫	女	港南法院审委委员、民二庭庭长	“百日清案”专项活动中表现突出的个人	广西高级人民法院	
103	梁汝才	男	港南法院执行局副局长、审判员	“百日清案”专项活动中表现突出的个人	广西高级人民法院	
104	杨冬妮	女	港南法院桥圩庭庭长	“百日清案”专项活动中表现突出的个人	广西高级人民法院	
105	黄敏开	男	覃塘法院党组书记、院长	第二个“执行月”活动先进个人	广西高级人民法院	
106	罗　豪	男	覃塘法院副院长	第二个“执行月”活动先进个人	广西高级人民法院	
107	廖坚贵	男	覃塘法院执行局局长	第二个“执行月”活动先进个人	广西高级人民法院	
108	周务光	男	覃塘法院执行局副局长	第二个“执行月”活动先进个人	广西高级人民法院	
109	张　楠	女	覃塘法院执行局法官助理	第二个“执行月”活动先进个人	广西高级人民法院	
110	陈　彬	男	覃塘法院执行局工人	第二个“执行月”活动先进个人	广西高级人民法院	
111	张　波	男	港南法院执行局审判员	第二个“执行月”活动先进个人	广西高级人民法院	
112	谢文波	男	港南法院执行局审判员	第二个“执行月”活动先进个人	广西高级人民法院	
113	梁汝才	男	港南法院执行局副局长、审判员	第二个“执行月”活动先进个人	广西高级人民法院	
114	吴勇全	男	港南法院执行局审判员	第二个“执行月”活动先进个人	广西高级人民法院	
115	梁照婵	女	港南法院执行局干警	第二个“执行月”活动先进个人	广西高级人民法院	
116	江其燕	女	港南法院执行局干警	第二个“执行月”活动先进个人	广西高级人民法院	
117	李　倩	女	覃塘法院研究室副主任	全区法院新媒体先进个人	广西高级人民法院	
118	易　锋	女	港北法院民一庭审判员	全区法院系统第二十七届学术讨论会优秀奖	广西高级人民法院	
119	何　鹏		港北法院民一庭审判员	全区法院系统第二十七届学术讨论会优秀奖	广西高级人民法院	
120	胡映红	女	港北法院审委办书记员	全区法院系统第二十七届学术讨论会优秀奖	广西高级人民法院	
121	吴逢仕	男	桂平法院副院长	全国第三届“关爱明天、普法先行”——青少年普法教育活动中被评为先进个人	广西高级人民法院	
122	李丽清	女	港南法院刑庭书记员	在2017年全区法院法官助理培训班被评为优秀学员	广西法官学院	
123	韦欣伶	女	平南法院	全区法院系统第二十七届学术讨论会优秀奖	广西高级人民法院	
124	戴彬桓	男	贵港市公安局治安支队副支队长	2016年度全区烟草打假打私工作成绩突出个人	桂烟专〔2017〕7号	2017.03.17
125	覃　文	男	贵港市公安局治安支队五大队大队长	2016年度全区烟草打假打私工作成绩突出个人	桂烟专〔2017〕7号	2017.03.17
126	梁　俊	男	贵港市公安局后勤科科长	全区公安机关“信息技侦”建设工作成绩突出	桂公通〔2017〕211号	2017.08.02
127	郑　磊	男	贵港市公安局技侦支队民警	全区公安机关“信息技侦”建设工作成绩突出	桂公通〔2017〕211号	2017.08.02
128	韦振华	男	贵港市公安局技侦支队民警	全区公安机关“信息技侦”建设工作成绩突出	桂公通〔2017〕211号	2017.08.02
129	谭智信	男	贵港市公安局刑侦支队副支队长	广西第二届“最美警察”提名奖	桂公通〔2017〕25号	2017.01.20
130	周　密	男	贵港市公安局覃塘分局刑侦大队大队长	广西第二届“最美警察”提名奖	桂公通〔2017〕25号	2017.01.20
131	何　远	男	贵港市公安局技术侦察支队一大队民警	2016年度全区优秀人民警察“十佳情报技术标兵”	桂公令〔2017〕4号	2017.02.06
132	黎　演	男	桂平市公安局城北派出所民警	2016年度全区优秀人民警察“十佳情报技术标兵”	桂公令〔2017〕4号	2017.02.06

续表

编号	姓名	性别	工作单位、职务	所获奖项	获奖文号或单位	备注
133	韦淙桓	男	贵港市公安局交通警察支队一大队事故处理中队中队长	2016年度全区优秀人民警察“十佳情报技术标兵”	桂公令〔2017〕4号	2017.02.06
134	陆显恒	男	贵港市看守所副所长			
135	叶江翼	男	贵港市公安局港北分局情报大队民警	2016年度全区优秀人民警察	桂公令〔2017〕4号	2017.02.06
136	莫祈志	男	贵港市公安局木梓派出所所长			
137	易云鹏	男	平南县公安局刑事侦查大队大队长			
138	陆创伟	男	贵港市公安局刑事侦查支队二大队副大队长			
139	覃维华	男	贵港市公安局经济犯罪侦查支队一大队大队长			
140	陈晓荣	男	贵港市公安局禁毒支队三大队大队长			
141	叶盛林	男	平南县公安局燕湖派出所所长			
142						
143	杨　瑜	女	贵港海事局	广西海事系统“两学一做”优秀党员	桂海事党〔2017〕33号	
144	吉龙玉	男	贵港海事局			
145	倪子辉	男	贵港海事局			
146	吕　辉	男	广西农垦国有西江农场水电厂供水班副班长	广西勤廉先进个人		
147	韦勇文	女	广西农垦国有西江农场幼儿园园长	第四届自治区道德模范	自治区精神文明建设委员会	
148	李加发	男	贵港供电局	南方电网公司2017年抗击台风抢修复电先进个人	南方电网党〔2017〕81号	
149	李先树	男	贵港供电局	南方电网公司十九大保供电工作先进个人	南方电网党〔2017〕82号	
150	梁金佑	男	贵港供电局	南方电网公司第三批员工辅导计划优秀辅导员	宣传〔2017〕40号）	南方电网公司
151	覃　飞	男	贵港供电局	南方电网公司2016年度新闻宣传工作先进个人	南方电网宣传〔2017〕1号）	
152	刘　新	女	贵港供电局	南方电网公司2016年度信息工作先进个人	办〔2017〕18号	南方电网公司
153	林翠佳	女	贵港供电局	南方电网公司2016年内部审计工作先进个人	南方电网审〔2017〕5号	
154	覃秋锐	女	贵港供电局	南方电网公司2016年客户全方位服务及电费回收先进个人	南方电网市场〔2017〕7号	
155	谭海涛	男	贵港市人民医院	2017年度广西科学技术进步奖二等奖	桂政发〔2018〕10号	
156	黄文华	男	南方医科大学			
157	钟世镇	男	南方医科大学			
158	罗　翔	男	贵港市人民医院			
159	江建中	男	贵港市人民医院			
160	傅山泓	男	广州科泓金属制品有限公司			
161	黄国秀	女	贵港市人民医院			
162	欧阳汉斌	男	南方医科大学			
163	杨克勤	男	桂平市人民医院			

附　　录

重大决议、决定

表 18　贵港市第五届人大及其常委会通过的重要决议、决定(2017 年)

时间	决议、决定	会议
1 月 5 日	关于开展第七个五年法治宣传教育的决议	贵港市第五届人大常委会第三次会议
	关于举行贵港市第五届人民代表大会第二次会议的决定	
	关于贵港市第五届人民代表大会第二次会议列席人员的决定	
1 月 21 日	关于政府工作报告的决议	贵港市第五届人民代表大会第二次会议
	关于贵港市 2016 年国民经济和社会发展计划执行情况与 2017 年国民经济和社会发展计划的决议	
	关于全市与市本级 2016 年预算执行情况和 2017 年预算的决议	
	关于贵港市人大常委会工作报告的决议	
	关于贵港市中级人民法院工作报告的决议	
	关于贵港市人民检察院工作报告的决议	
2 月 28 日	关于批准 2016 年贵港市本级地方政府债务限额的决议	贵港市第五届人大常委会第四次会议
8 月 31 日	关于批准 2016 年贵港市本级决算的决议	贵港市第五届人大常委会第九次会议
	关于接受李勇辞去贵港市中级人民法院院长职务的请求的决定	
10 月 31 日	关于成广为贵港市中级人民法院代理院长的决定	贵港市第五届人大常委会第十次会议
12 月 27 日	关于批准 2017 年贵港市本级财政预算调整方案的决议	贵港市第五届人大常委会第十一次会议
	关于举行贵港市第五届人民代表大会第三次会议的决定	
	关于贵港市第五届人民代表大会第三次会议列席人员的决定	

选 举 任 免

表 19　贵港市五届人大常委会选举任免国家机关工作人员名单(2017 年)

时间	会议	任免	姓名	职务
2 月 28 日	贵港市第五届人大常委会第四次会议	任命	蓝　建	贵港市人民检察院检察员
			曾传瑞	贵港市人民检察院检察员

续表

时间	会议	任免	姓名	职务
5月9日	贵港市第五届人大常委会第六次会议	决定免去	韦朝晖(女)	贵港市人民政府副市长
6月7日	贵港市第五届人大常委会第七次会议	决定任命	黄卫平	贵港市人民政府副市长
			韦　彦	贵港市人民政府副市长
		决定免去	宋震寰	贵港市人民政府副市长
		任命	王秀敏(女)	贵港市中级人民法院刑事审判第一庭庭长、审判委员会委员
			陈历南	贵港市中级人民法院民事审判第一庭庭长、审判委员会委员
			陆守全	贵港市中级人民法院行政审判庭庭长、审判委员会委员
			陈伟民	贵港市中级人民法院立案庭庭长
			李庚华(女)	贵港市中级人民法院立案庭副庭长
			卢阳德	贵港市中级人民法院刑事审判第三庭副庭长
			廖赞军	贵港市中级人民法院行政审判庭副庭长
			陈品泉	贵港市中级人民法院执行裁判庭副庭长
			叶秋樱(女)	贵港市中级人民法院审判员
			陈燕霞(女)	贵港市中级人民法院审判员
		免去	杨金伟	贵港市中级人民法院行政审判庭庭长
			王秀敏(女)	贵港市中级人民法院刑事审判第三庭副庭长
7月10日	贵港市第五届人大常委会第八次会议	决定免去	冯　艺	贵港市发展和改革委员会主任
			廖向杰(女)	贵港市人力资源和社会保障局局长
			罗均职	贵港市住房和城乡规划建设委员会主任
			黄创优	贵港市农业局局长
			张建文	贵港市工商行政管理局局长
		决定任命	廖向杰(女)	贵港市发展和改革委员会主任
			黄创优	贵港市人力资源和社会保障局局长
			郭　亮	贵港市住房和城乡规划建设委员会主任
			冯　艺	贵港市农业局局长
			罗均职	贵港市工商行政管理局局长
8月31日	贵港市第五届人大常委会第九次会议	免去	李　勇	贵港市中级人民法院审判委员会委员、审判员
10月31日	贵港市第五届人大常委会第十次会议	决定免去	陈日清(女)	贵港市商务局局长
		决定任命	朱雁玲(女)	贵港市商务局局长
		任命	成　广	贵港市中级人民法院副院长、审判委员会委员、审判员

专 利 授 权

表 20　　2017 年贵港市专利授权情况统计表

序号	专利号	专利名称	专利权人名称	专利权人地址	专利类型	专利权人类型
1	2014103067291	一种利用8孔水泥砖作为载体种植铁皮石斛的方法	赵木华	广西壮族自治区平南县平南镇附城村北胜五屯6号	发明	个人
2	2014105034625	一种自动圆环成型裁剪焊接装置	黎昌源	广西壮族自治区桂平市下湾镇邓明村良殿屯97号	发明	个人
3	201410309096X	一种利用不锈钢网围成圆筒作为载体种植铁皮石斛的方法	赵木华	广西壮族自治区平南县平南镇附城村北胜五屯6号	发明	个人
4	2014105440065	环保垃圾焚烧炉	广西博能生物质能源科技有限公司	广西壮族自治区贵港市港南区江南大道东段(江南不锈钢水塔厂大院内)	发明	企业
5	2015102217173	同步折腰切段式甘蔗联合收割机	广西绿江南草业有限公司	广西壮族自治区贵港市港南区瓦塘乡瓦塘村大师岭长岭	发明	企业
6	2014101633124	伤口缝合器	曾　梓	广西壮族自治区贵港市公安局覃塘分局	发明	个人
7	2016204464809	一种书架	农金南	广西壮族自治区贵港市平南县大坡镇罗梧村	实用新型	个人
8	2016208141093	一种全键无冲突背光防水键盘的剪刀脚按键结构	黄勇超	广西壮族自治区贵港市桂平市油麻镇有理村中村屯21号	实用新型	个人
9	2016208205343	节能煮饭机	平南县科力酿酒机械制造有限公司	广西壮族自治区贵港市平南县平南镇永发新村	实用新型	企业
10	2016207322161	电动车	潘杰文	广西壮族自治区贵港市港北区石羊塘西路西二巷6号	实用新型	个人
11	2016208346981	组合冷凝管	李炳扉	广西壮族自治区贵港市凤凰西街34号玉才网吧7楼	实用新型	个人
12	2016206467426	节能集尘灶	李炳扉	广西壮族自治区贵港市凤凰西街34号玉才网吧7楼	实用新型	个人
13	2016206467750	集尘热水炉	李炳扉	广西壮族自治区贵港市凤凰西街34号玉才网吧7楼	实用新型	个人
14	201620233450X	玻璃—金属组合集热管	李炳扉	广西壮族自治区贵港市凤凰西街34号玉才网吧7楼	实用新型	个人
15	201620799220X	一种家具用的多用途热风机	黄杰荣	广西壮族自治区贵港市平南县同和镇宇华村三界屯43号	实用新型	个人
16	201630193776X	搅拌机(8092)	覃醒宏	广西壮族自治区贵港市平南县六陈镇寻社村竹址屯12号	外观设计	个人
17	2016303545077	手表(ZS-W124A)	钟范书	广西壮族自治区贵港市覃塘区山北乡双岩村上岩屯184号	外观设计	个人

续表

序号	专利号	专利名称	专利权人名称	专利权人地址	专利类型	专利权人类型
18	2016304382147	电视柜(KT622)	朱丽桦	广西壮族自治区桂平市南木镇古楞村风耍岭屯16号	外观设计	个人
19	2016302609349	手表(ZS-086)	钟范书	广西壮族自治区贵港市覃塘区山北乡双岩村上岩屯184号	外观设计	个人
20	2016302613876	手表(ZS-105D)	钟范书	广西壮族自治区贵港市覃塘区山北乡双岩村上岩屯184号	外观设计	个人
21	2016302705613	手表带(ZS-B02)	钟范书	广西壮族自治区贵港市覃塘区山北乡双岩村上岩屯184号	外观设计	个人
22	2016304382151	茶几(KT622)	朱丽桦	广西壮族自治区桂平市南木镇古楞村风耍岭屯16号	外观设计	个人
23	2016303625226	裤子	陆冰兰	广西壮族自治区贵港市平南县大安镇古城村六蒙屯38号	外观设计	个人
24	2016301937755	搅拌机(8098)	覃醒宏	广西壮族自治区贵港市平南县六陈镇寻社村竹址屯12号	外观设计	个人
25	2016303545096	手表(ZS-W112A)	钟范书	广西壮族自治区贵港市覃塘区山北乡双岩村上岩屯184号	外观设计	个人
26	2016303054164	筒灯	覃建庆	广西壮族自治区贵港市平南县同和镇官垌村勒竹屯9号	外观设计	个人
27	2016303040316	电动车(阳光丽人)	广西骊驹车业有限公司	广西壮族自治区贵港市港北区西江产业园西区鲤鱼江村标准厂房C地块4#	外观设计	企业
28	2016302621124	手表(ZS-119)	钟范书	广西壮族自治区贵港市覃塘区山北乡双岩村上岩屯184号	外观设计	个人
29	2016303611948	包装箱	覃世初	广西壮族自治区贵港市桂平市大湾镇大湾村竹马冲屯3号	外观设计	个人
30	2016303625230	裤子	陆冰兰	广西壮族自治区贵港市平南县大安镇古城村六蒙屯38号	外观设计	个人
31	2016304242796	收边条(2)	唐硕度	广西壮族自治区贵港市平南县大安镇新儒村圩三屯24号	外观设计	个人
32	2016303632766	手表(ZS-W126A)	钟范书	广西壮族自治区贵港市覃塘区山北乡双岩村上岩屯184号	外观设计	个人
33	201630262111X	手表(ZS-120)	钟范书	广西壮族自治区贵港市覃塘区山北乡双岩村上岩屯184号	外观设计	个人
34	2016303544661	手表(ZS-W125)	钟范书	广西壮族自治区贵港市覃塘区山北乡双岩村上岩屯184号	外观设计	个人
35	201630437053X	餐椅(CH198)	邓云珍	广西壮族自治区贵港市覃塘区樟木乡中周村中刘屯14号	外观设计	个人
36	2016303247608	蒸汽朋克金属键帽(圆帽)	刘福瑞	广西壮族自治区贵港市覃塘区樟木乡中周村中刘屯10号	外观设计	个人
37	2016302353309	手机扣环	覃永来	广西壮族自治区贵港市平南县同和镇同朝村上二屯9号	外观设计	个人
38	2016303929058	潜水泵	梁荣敏	广西壮族自治区桂平市蒙圩镇林村蓬棒岭屯40号	外观设计	个人
39	2016303247580	蒸汽朋克金属键帽(ENTER健)	刘福瑞	广西壮族自治区贵港市覃塘区樟木乡中周村中刘屯10号	外观设计	个人

续表

序号	专利号	专利名称	专利权人名称	专利权人地址	专利类型	专利权人类型
40	2016303272258	吊坠(心念 XY0001)	陈丽芳	广西壮族自治区贵港市桂平市麻垌镇洞天村新村屯 48 号	外观设计	个人
41	2016305310095	路灯配件(1)	梁结娇	广西壮族自治区贵港市港南区桥圩镇徐村大岭脚屯 3-17 号	外观设计	个人
42	2016304270565	LED 迷你水晶夹灯	梁荣敏	广西壮族自治区桂平市蒙圩镇林村蓬棒岭屯 40 号	外观设计	个人
43	201630427057X	LED 迷你水晶支架灯	梁荣敏	广西壮族自治区桂平市蒙圩镇林村蓬棒岭屯 40 号	外观设计	个人
44	2016304463568	路灯头(模组 5 号)	覃文远	广西壮族自治区贵港市桂平市木乐镇联堂村 2-6 号	外观设计	个人
45	2016305431583	灯饰配件 (DB231)	邓　健	广西壮族自治区贵港市桂平市南木镇洛连村朱红岭屯 75 号	外观设计	个人
46	2016304733872	灯饰配件(DT091)	邓　健	广西壮族自治区贵港市桂平市南木镇洛连村朱红岭屯 75 号	外观设计	个人
47	2016302508367	标准充电器(302)	伍肖凤	广西壮族自治区贵港市港南区新塘乡蒙大村石庙屯 42 号	外观设计	个人
48	2016304301775	蒸发式冷风扇(YD-A01)	罗　斌	广西壮族自治区贵港市平南县国安乡大兴村大冲屯 23 号	外观设计	个人
49	2016304210403	电力平衡车(02)	陆仕斌	广西壮族自治区贵港市桂平市大洋镇石步村药坪屯 42 号	外观设计	个人
50	2016305072716	床用移位软垫	黎东玲	广西壮族自治区贵港市桂平市罗播乡六凤村中村屯 35 号	外观设计	个人
51	2016206689436	一种城市垃圾资源回收工厂成套设备	罗远林	广西壮族自治区贵港市港北区金港大道财富中心 11 楼 1122 室	实用新型	个人
52	2016207171481	一种带外置遥控器的电陶炉	黄德满	广西壮族自治区平南县上渡镇渭河村大下河屯 9 号	实用新型	个人
53	2016205947498	一种基于光能转化的智能路灯	覃建雄	广西壮族自治区贵港市港北区中里乡陈轩村思屯 34 号	实用新型	个人
54	2016208825539	一种喷枪前端的风帽	黄清松	广西壮族自治区平南县安怀镇安全村六梣屯 131 号	实用新型	个人
55	2016205168200	便携充气躺床	郑菊丽	广西壮族自治区贵港市覃塘区樟木乡沙村沙村屯 132 号	实用新型	个人
56	2016207099192	锅炉打正压泄压装置	贵港理昂生物质发电有限公司	广西壮族自治区贵港市覃塘区市台湾产业园内	实用新型	企业
57	2016207091858	除盐水加药装置	贵港理昂生物质发电有限公司	广西壮族自治区贵港市覃塘区市台湾产业园内	实用新型	企业
58	2016207168262	一种新型电陶炉结构	黄德满	广西壮族自治区平南县上渡镇渭河村大下河屯 9 号	实用新型	个人
59	2016208637559	一种游泳池报警系统	容广明	广西壮族自治区贵港市港北区人民东路南二巷 35 号	实用新型	个人
60	2016303346868	风扇叶	甘柱杰	广西壮族自治区贵港市港南区木格镇旱礼村旱宇屯 60 号	外观设计	个人

续表

序号	专利号	专利名称	专利权人名称	专利权人地址	专利类型	专利权人类型
61	2016304564022	灯饰配件(003)	梁蔚新	广西壮族自治区贵港市桂平市大洋镇新和村尾湾屯 138 号	外观设计	个人
62	2016304288499	金属指纹 /ID 门禁一体机(NM-7620)	刘　键	广西壮族自治区贵港市平南县丹竹镇三河村飞遥三屯 33 号	外观设计	个人
63	2016304924437	咖啡盒	邓力军	广西壮族自治区贵港市平南县平南镇乌江街 407 号	外观设计	个人
64	2016303124025	组装式不锈钢简易布衣柜(江南春色)	李康伟	广西壮族自治区贵港市港南区桥圩镇三塘圩多宝木业有限公司	外观设计	个人
65	2016304298861	金属指纹 /ID 门禁一体机(NM-7621)	刘　键	广西壮族自治区贵港市平南县丹竹镇三河村飞遥三屯 33 号	外观设计	个人
66	2016304242809	收边条(1)	唐硕度	广西壮族自治区贵港市平南县大安镇新儒村圩三屯 24 号	外观设计	个人
67	2016304004660	西餐椅(M-960)	谢庆铊	广西壮族自治区贵港市港南区木梓镇武思村武思屯 385 号	外观设计	个人
68	2016303537668	饮用水桶	李文龙	广西壮族自治区贵港市桂平市金田镇理村理村屯 166 号	外观设计	个人
69	2016303347466	料理机(YL-9111A)	欧何森	广西壮族自治区桂平市蒙圩镇西村欧村屯 44 号	外观设计	个人
70	2016302620259	手表(ZS-121)	钟范书	广西壮族自治区贵港市覃塘区山北乡双岩村上岩屯 184 号	外观设计	个人
71	2016305311717	路灯配件(2)	梁结娇	广西壮族自治区贵港市港南区桥圩镇徐村大岭脚屯 3—17 号	外观设计	个人
72	2016304837829	柱脚装饰盖	蒙健荣	广西壮族自治区贵港市港南区八塘镇新陆村木根屯 10 号	外观设计	个人
73	2016303625245	裤子	陆冰兰	广西壮族自治区贵港市平南县大安镇古城村六蒙屯 38 号	外观设计	个人
74	2016304980278	铜钱双圈	蒙健荣	广西壮族自治区贵港市港南区八塘镇新陆村木根屯 10 号	外观设计	个人
75	2016304509171	LED 前照灯(单面发光)	欧玉群	广西壮族自治区贵港市桂平市木乐镇仁政路 49 号	外观设计	个人
76	2016304298749	金属触摸门禁一体机(NM-820)	刘　键	广西壮族自治区贵港市平南县丹竹镇三河村飞遥三屯 33 号	外观设计	个人
77	2016304441855	灯具	廖　君	广西壮族自治区贵港市港南区瓦塘乡大村邓村屯 172 号	外观设计	个人
78	2016305115923	灯饰配件(花碗圈)	邓　健	广西壮族自治区贵港市桂平市南木镇洛连村朱红岭屯 75 号	外观设计	个人
79	2016304935111	筒灯(HJL-T-1608)	薛伟萍	广西壮族自治区贵港市桂平市寻旺乡高岭村 10-6-1 号	外观设计	个人
80	2016302994929	上定位轮	黄永华	广西壮族自治区贵港市平南县大安镇燕岭村五屯 39 号	外观设计	个人
81	2016303029548	椅子(02)	郭优生	广西壮族自治区贵港市覃塘区东龙镇农昌村大农屯 473 号	外观设计	个人
82	201630549661X	加湿器(水滴蝴蝶)	宁盛斌	广西壮族自治区贵港市平南县大鹏镇农福村浓水屯 55 号	外观设计	个人

续表

序号	专利号	专利名称	专利权人名称	专利权人地址	专利类型	专利权人类型
83	201630483780X	装饰件(龙吐水)	蒙健荣	广西壮族自治区贵港市港南区八塘镇新陆村木根屯10号	外观设计	个人
84	2016303950237	酒瓶	广西仁和酒业有限公司	广西壮族自治区贵港市覃塘区石卡镇(台湾)产业园内B6地块	外观设计	企业
85	2016303400877	灯饰配件(莲花圈)	邓　健	广西壮族自治区贵港市桂平市南木镇洛连村朱红岭屯75号	外观设计	个人
86	2016302517262	灯罩(锁匙)	曾柏树	广西壮族自治区贵港市桂平市南木镇中桥村5-3号	外观设计	个人
87	2016305631556	蒸发式冷风扇(YD-B01 02 03)	罗　斌	广西壮族自治区贵港市平南县国安乡大兴村大冲屯23号	外观设计	个人
88	2016304293340	蒸发式冷风扇(YD-A03)	罗　斌	广西壮族自治区贵港市平南县国安乡大兴村大冲屯23号	外观设计	个人
89	2016305312936	移位坐垫	黎东玲	广西壮族自治区贵港市桂平市罗播乡六凤村中村屯35号	外观设计	个人
90	201630255028X	加湿器 (XY-21)	宁华德	广西壮族自治区平南县大鹏镇农福村浓水屯31号	外观设计	个人
91	2016303029529	椅子(01)	郭优生	广西壮族自治区贵港市覃塘区东龙镇农昌村大农屯473号	外观设计	个人
92	2015100661992	一种植活式纳米氧化锌及其生产工艺	黄有余	广西壮族自治区贵港市港南区江南大道73号10栋103室	发明	个人
93	2015104053178	环形池刮泥装置	桂平市华鸿污水处理有限公司	广西壮族自治区贵港市桂平市西山镇大起村一队(船厂路中段)	发明	企业
94	2014102649149	船舶艉轴装置	桂平市大众船舶修造厂	广西壮族自治区贵港市桂平市西山镇永培村1—5队	发明	企业
95	2014101632795	节能电梯	曾　梓	广西壮族自治区贵港市公安局覃塘分局	发明	个人
96	2013106172030	新型整杆式甘蔗联合收割机及其剥叶输送装置	洪　毅	广西壮族自治区贵港市建设路与仙衣路口	发明	个人
97	2016302613857	手表(ZS-110)	钟范书	广西壮族自治区贵港市覃塘区山北乡双岩村上岩屯184号	外观设计	个人
98	2016305250959	床(858)	陈春海	广西壮族自治区贵港市港南区木梓镇武思村武思屯225号	外观设计	个人
99	2016303247576	蒸汽朋克金属键帽(空格键)	刘福瑞	广西壮族自治区贵港市覃塘区樟木乡中周村中刘屯10号	外观设计	个人
100	201630510331X	LED灯(G4-1508)	区桦勇	广西壮族自治区贵港市平南县马练瑶族乡石垌村新地屯37号	外观设计	个人
101	2016304635278	灯(四面屋子240-400)	何国禹	广西壮族自治区贵港市平南县上渡镇上渡街150号	外观设计	个人
102	2016305772357	茶几(B)	李榜活	广西壮族自治区贵港市桂平市白沙镇满堂村新李屯11-41号	外观设计	个人
103	2016304503832	充电器(901)	伍肖凤	广西壮族自治区贵港市港南区新塘乡蒙大村石庙屯42号	外观设计	个人
104	2016305432887	儿童床(A301)	陈春海	广西壮族自治区贵港市港南区木梓镇武思村武思屯225号	外观设计	个人

续表

序号	专利号	专利名称	专利权人名称	专利权人地址	专利类型	专利权人类型
105	2016305106040	LED 灯(G9–2608)	区桦勇	广西壮族自治区贵港市平南县马练瑶族乡石垌村新地屯 37 号	外观设计	个人
106	2016303908583	工矿灯(麒麟)	覃文远	广西壮族自治区贵港市桂平市木乐镇联堂村 2–6 号	外观设计	个人
107	2016306018954	灯饰配件(麻点 –210)	邓　健	广西壮族自治区贵港市桂平市南木镇洛连村朱红岭屯 75 号	外观设计	个人
108	2016305008160	破壁料理机 ANS–F800	覃允蔚	广西壮族自治区贵港市广西平南县六陈镇寻社村竹址屯 20 号	外观设计	个人
109	2016305262871	移动电源(X13)	韦国超	广西壮族自治区贵港市桂平市罗秀镇罗秀村周冲屯 12 号	外观设计	个人
110	2016304580519	弯箍机	赵德慧	广西壮族自治区贵港市平南县大新镇安福村安五屯 126 号	外观设计	个人
111	201630260932X	手表(ZS–021C)	钟范书	广西壮族自治区贵港市覃塘区山北乡双岩村上岩屯 184 号	外观设计	个人
112	2016304324813	平板低压灯边框	梁国佳	广西壮族自治区贵港市桂平市大湾镇安担村白和屯 31 号	外观设计	个人
113	2016302609353	手表(ZS–017)	钟范书	广西壮族自治区贵港市覃塘区山北乡双岩村上岩屯 184 号	外观设计	个人
114	2016305431579	灯饰配件(DB–230)	邓　健	广西壮族自治区贵港市桂平市南木镇洛连村朱红岭屯 75 号	外观设计	个人
115	2016305627758	灯饰配件(XD055)	邓　健	广西壮族自治区贵港市桂平市南木镇洛连村朱红岭屯 75 号	外观设计	个人
116	2016305986290	圆形灯外壳(2016)	凌　新	广西壮族自治区贵港市平南县大坡镇雅水村白竹屯 37 号	外观设计	个人
117	2015305069297	手提袋贴	平南县莹冠仙生物农业科技有限公司	广西壮族自治区贵港市平南县镇隆镇拥平村沙河屯	外观设计	企业
118	2016302574956	手表(ZS–001)	钟范书	广西壮族自治区贵港市覃塘区山北乡双岩村上岩屯 184 号	外观设计	个人
119	2016302609315	手表(ZS–100A)	钟范书	广西壮族自治区贵港市覃塘区山北乡双岩村上岩屯 184 号	外观设计	个人
120	2016302609368	手表(ZS–065A)	钟范书	广西壮族自治区贵港市覃塘区山北乡双岩村上岩屯 184 号	外观设计	个人
121	2016305627584	灯饰配件(DT093)	邓　健	广西壮族自治区贵港市桂平市南木镇洛连村朱红岭屯 75 号	外观设计	个人
122	2016304835062	搅拌机(S198)	梁锦锋	广西壮族自治区贵港市桂平市下湾镇福高村大井屯 22–40 号	外观设计	个人
123	2016305627813	灯饰配件(DT094)	邓　健	广西壮族自治区贵港市桂平市南木镇洛连村朱红岭屯 75 号	外观设计	个人
124	2016304887014	香薰机 (xy–303)	宁华德	广西壮族自治区平南县大鹏镇农福村浓水屯 31 号	外观设计	个人
125	2016304837814	装饰件(菊花圆形)	蒙健荣	广西壮族自治区贵港市港南区八塘镇新陆村木根屯 10 号	外观设计	个人
126	2016305772520	茶几(C)	李榜活	广西壮族自治区贵港市桂平市白沙镇满堂村新李屯 11–41 号	外观设计	个人

续表

序号	专利号	专利名称	专利权人名称	专利权人地址	专利类型	专利权人类型
127	2016304463356	路灯头(投光灯型材)	覃文远	广西壮族自治区贵港市桂平市木乐镇联堂村2-6号	外观设计	个人
128	2016303827707	电茶炉(MJ-A17)	黄德满	广西壮族自治区贵港市平南县上渡镇渭河村大下河屯9号	外观设计	个人
129	2016305118688	美容仪器(按摩吸黑头型)	黎健明	广西壮族自治区贵港市港南区湛江镇蓬塘村勒塘屯188号	外观设计	个人
130	201630551115X	床(669)	陈春海	广西壮族自治区贵港市港南区木梓镇武思村武思屯225号	外观设计	个人
131	2016305641168	柜子(连体柜)	何秀良	广西壮族自治区桂平市江口镇新生村宝藏屯1号	外观设计	个人
132	2016305431831	灯饰配件(DT-092)	邓　健	广西壮族自治区贵港市桂平市南木镇洛连村朱红岭屯75号	外观设计	个人
133	201630563831X	床	何秀良	广西壮族自治区桂平市江口镇新生村宝藏屯1号	外观设计	个人
134	2016304607846	人体生物节律信息测算盘	麦兆木	广西壮族自治区贵港市港北区宏桂城市广场3-2705	外观设计	个人
135	2016305367604	景观灯(元宝中国结)	梁艺溪	广西壮族自治区贵港市港南区新塘乡塘表村南北屯137号	外观设计	个人
136	2016305433818	太子床(852)	陈春海	广西壮族自治区贵港市港南区木梓镇武思村武思屯225号	外观设计	个人
137	2016305941919	一种金属环保造型板	何立富	广西壮族自治区桂平市寻旺乡学中村中村屯007号	外观设计	个人
138	2015101884254	一种用于燃气灶具的输气装置与燃气灶具装置	赵振华	广西壮族自治区平南县大安镇稻花村新二屯57号	发明	个人
139	2014104907889	一种一次烧成微晶玻璃复合板的砖坯	唐硕度	广西壮族自治区贵港市平南县大安镇新儒村圩三屯24号	发明	个人
140	2014105340870	多功能草木燃料炉	莫布林	广西壮族自治区贵港市港南区桥圩镇民兴路131号	发明	个人
141	201510081819X	一种水钻支架	林全明	广西壮族自治区桂平市木圭镇上冲村双马屯5号	发明	个人
142	2015103026224	万向折腰甘蔗联合收割机的底盘	广西绿江南草业有限公司	广西壮族自治区贵港市港南区瓦塘乡瓦塘村大师岭、长岭	发明	企业
143	2015104432850	一种秸秆铡切破碎揉搓机	广西绿江南草业有限公司	广西壮族自治区贵港市港南区瓦塘乡瓦塘村大师岭、长岭	发明	企业
144	201410108946X	一种可去除屠宰废水中高浓度氨氮的处理装置	广西国宏智鸿环境科技发展有限公司	广西壮族自治区贵港(台湾)产业园石卡临江产业园内	发明	企业
145	2015101776616	一种可回收淋浴废水再利用的防滑地垫	甘秀坚	广西壮族自治区桂平市大湾镇界岭村鸡母屯62号	发明	个人
146	201621065796X	一种自带USB micro-5pin接口的充电镍氢电池	覃秋云	广西壮族自治区贵港市覃塘区东龙镇三六村六袍屯37号	实用新型	个人
147	201621031023X	一种装饰板	贵港市业成木业有限公司	广西壮族自治区贵港市江南工业园业成投资集团办公室二楼	实用新型	企业

续表

序号	专利号	专利名称	专利权人名称	专利权人地址	专利类型	专利权人类型
148	2016208542879	一种风扇叶	甘柱杰	广西壮族自治区贵港市港南区木格镇旱礼村旱宇屯60号	实用新型	个人
149	2016210309779	一种新能源汽车	罗远林	广西壮族自治区平南县平南镇城东街344号	实用新型	个人
150	2016204527259	一种多功能电器开关	欧世军	广西壮族自治区平南县马练瑶族乡石垌村二合屯50号	实用新型	个人
151	2016210617712	表带的花枝链接杆	钟范书	广西壮族自治区贵港市覃塘区山北乡双岩村上岩屯184号	实用新型	个人
152	2016209200173	一种音响	黎炳谊	广西壮族自治区贵港市覃塘区东龙镇罗马村留屯77-1号	实用新型	个人
153	2016208319857	一种麦子振动筛	梁发勇	广西壮族自治区贵港市港南区东津镇万垌村上村屯7号	实用新型	个人
154	2016209277033	手机支架	黄少球	广西壮族自治区贵港市港北区中里乡陈轩村六轩屯139号	实用新型	个人
155	2014102644889	具有卫生功能的液化气瓶阀门封口套	杨小平	广西壮族自治区平南县冬笋塘157号	发明	个人
156	2016206236421	一种方便移动的医疗护理架	唐　予	广西壮族自治区贵港市桂平市人民医院	实用新型	个人
157	2016211458588	一种液压棒	吴海钦	广西壮族自治区贵港市桂平市油麻镇平安村长江冲屯14号	实用新型	个人
158	2016209465028	内胆	李炳扉	广西壮族自治区贵港市凤凰西街34号玉才网吧7楼	实用新型	个人
159	2016203687161	一种泡茶壶	肖　孟	广西壮族自治区贵港市平南县同和镇平美村平上屯31号	实用新型	个人
160	2016206293890	电动车/摩托车挡风雨防晒罩	钟庆光	广西壮族自治区贵港市覃塘区东龙镇罗马村马屯41号	实用新型	个人
161	2016210877940	一种履带式可回收淋浴废热的防滑地垫	甘秀坚	广西壮族自治区贵港市桂平市大湾镇界岭村鸡母屯62号	实用新型	个人
162	2016209426589	一种多功能电动工具	韦尚衡	广西壮族自治区贵港市覃塘区东龙镇长岭村长岭屯412号	实用新型	个人
163	2016206770033	应用于降解食用油中黄曲霉素的装置	谢尚元	广西壮族自治区贵港市平南县东华乡兴华村兴华街165号	实用新型	个人
164	2016210918141	一种自动收缩汽车防晒装置	宋德文	广西壮族自治区贵港市港南区三角井建政路130号	实用新型	个人
165	2016304886952	香薰机(xy-305)	宁华德	广西壮族自治区平南县大鹏镇农福村浓水屯31号	外观设计	个人
166	2016304887902	抽水器	梁健勇	广西壮族自治区贵港市桂平市社步镇石江村葛麻坪屯174号	外观设计	个人
167	2016305938494	儿童平衡车	梁晟才	广西壮族自治区贵港市覃塘区樟木乡中周村旧梁屯52号	外观设计	个人
168	2016305085307	自行车(变速亲子款)	梁念聪	广西壮族自治区贵港市港南区木梓镇镇龙街118号	外观设计	个人
169	2016304978070	电池充电器(608款)	伍肖凤	广西壮族自治区贵港市港南区新塘乡蒙大村石庙屯42号	外观设计	个人

续表

序号	专利号	专利名称	专利权人名称	专利权人地址	专利类型	专利权人类型
170	2016305107255	咬咬乐（香蕉型）	卢 淇	广西壮族自治区贵港市平南县大新镇关垌村古二屯 92 号	外观设计	个人
171	2016305901822	灯饰配件(LED 手电筒配件）	朱信鹏	广西壮族自治区贵港市平南县思旺镇旺岭村公四屯 1 号	外观设计	个人
172	2016303988323	酱料晒缸	桂平市仁义智食品有限公司	广西壮族自治区桂平市金田镇大贤村贤岭屯 83 号	外观设计	企业
173	2016305556432	路灯	徐毅贤	广西壮族自治区贵港市港南区瓦塘乡柳江村柳村屯 199 号	外观设计	个人
174	2016305425402	竹制容器	覃胜超	广西壮族自治区贵港市平南县平山镇盛富村岭境屯 35 号	外观设计	个人
175	2016305111918	空气净化器	孙春美	广西壮族自治区贵港市平南县同和镇平美村平上屯 31 号	外观设计	个人
176	2016305892429	汽车应急启动电源(JX29)	卓细兵	广西壮族自治区贵港市港南区桥圩镇振南村卫屯 59 号	外观设计	个人
177	2016304887955	抽水器	梁健勇	广西壮族自治区贵港市桂平市社步镇石江村葛麻坪屯 174 号	外观设计	个人
178	2016305410943	牙具装置	周维民	广西壮族自治区桂平市社坡镇理端村下独洲屯 13–24 号	外观设计	个人
179	2016305892433	汽车应急启动电源(JX29A)	卓细兵	广西壮族自治区贵港市港南区桥圩镇振南村卫屯 59 号	外观设计	个人
180	2016303921037	颈椎枕	罗胜信	广西壮族自治区桂平市木乐镇振兴路振兴园小区 103 号	外观设计	个人
181	2014107194794	一种含有冬蜜糖的护肤品及其制备方法	莫兆钦	广西壮族自治区贵港市桂平市中沙镇源安堂药业有限公司	发明	个人
182	201510383055X	一种电池套管机	平南县富时达自动化设备有限公司	广西壮族自治区贵港市平南县工业园入园大道 8 号	发明	企业
183	2015104421220	花生播种机	朱国道	广西壮族自治区贵港市覃塘区黄练镇新朱村朱村屯 71 号	发明	个人
184	2015101184261	一种内河船舶的建造方法	桂平市大众船舶修造厂	广西壮族自治区贵港市桂平市西山镇永培村 1–5 队	发明	企业
185	2015102669077	一种插座	赵振华	广西壮族自治区贵港市平南县大安镇稻花村新二屯 57 号	发明	个人
186	2015103840570	荸荠的收获方法及设备	贵港市嘉特电子科技有限公司	广西壮族自治区贵港市 191 路三堆岭（市运管处房屋）	发明	企业
187	2016211932466	一种风扇控制面板结构	李清远	广西壮族自治区贵港市桂平市罗播乡罗播村良将坡屯 29 号	实用新型	个人
188	2016205381767	一种纸塑包装物品灭菌装载篮	梁远瑜	广西壮族自治区贵港市中山中路 1 号贵港市人民医院	实用新型	个人
189	2016211167328	一种路考仪	吴国彬	广西壮族自治区贵港市平南县思旺镇金鲍村下六屯 20 号	实用新型	个人
190	2016211339409	一种小型五压辊甘蔗压榨机	广西贵港动力有限公司	广西壮族自治区贵港市江南工业园区内（工业二路）	实用新型	企业

续表

序号	专利号	专利名称	专利权人名称	专利权人地址	专利类型	专利权人类型
191	2016207305043	十字轴式万向联轴旋转活塞压缩机	黄树坚	广西壮族自治区桂平市石咀镇水口村第二片屯51号	实用新型	个人
192	2016211607652	一种防冻耳机线	韦建波	广西壮族自治区贵港市桂平市油麻镇上村六冲坡屯51号	实用新型	个人
193	2016211930348	一种蜂箱用巢框	贵港市桂东南中蜂养殖专业合作社	广西壮族自治区贵港市港南区木格镇平悦街车站张少荣出租屋	实用新型	企业
194	2016207266975	一种汽车用可照明警示牌	温志力	广西壮族自治区贵港市港南区湛江镇同安村莫西屯55号	实用新型	个人
195	201620538653X	一种定量排液装置	郑惠娜	广西壮族自治区贵港市中山中路1号贵港市人民医院	实用新型	个人
196	2016212432566	一种高压断路器试验辅助装置	广西电网有限责任公司贵港供电局	广西壮族自治区贵港市民主路89号	实用新型	企业
197	2017300018796	铝扣板(灰色韵律)	梁善明	广西壮族自治区贵港市覃塘区大岭乡金沙村下涖屯140号	外观设计	个人
198	2016305817269	无线蓝牙麦克风	覃炳生	广西壮族自治区贵港市港北区江北中路226-38号院1幢2单元402室	外观设计	个人
199	2017300018654	铝扣板(星月传奇)	梁善明	广西壮族自治区贵港市覃塘区大岭乡金沙村下涖屯140号	外观设计	个人
200	2017300019055	铝扣板(圣玛利亚－中花)	梁善明	广西壮族自治区贵港市覃塘区大岭乡金沙村下涖屯140号	外观设计	个人
201	2017300018550	铝扣板(御景东方－边线)	梁善明	广西壮族自治区贵港市覃塘区大岭乡金沙村下涖屯140号	外观设计	个人
202	2016305108440	米粉包装箱(威颜牌罗秀米粉)	广西威颜食品有限公司	广西壮族自治区桂平市长安工业园区(长安大道与规划三路西南侧)	外观设计	企业
203	2017300018673	铝扣板(古色兰香－中花)	梁善明	广西壮族自治区贵港市覃塘区大岭乡金沙村下涖屯140号	外观设计	个人
204	2017300019074	铝扣板(空之城－花版)	梁善明	广西壮族自治区贵港市覃塘区大岭乡金沙村下涖屯140号	外观设计	个人
205	201630614644X	餐桌(M01系列)	黄家瑞	广西壮族自治区贵港市平南县东华乡兴华村龙庆三屯78号	外观设计	个人
206	2016306146789	五斗柜(M01系列)	黄家瑞	广西壮族自治区贵港市平南县东华乡兴华村龙庆三屯78号	外观设计	个人
207	2017300124901	灭蚊灯(金象JT002)	张甲东	广西壮族自治区贵港市平南县大鹏镇大山村下旱田二屯32号	外观设计	个人
208	2016306344883	冰沙机	杨锡艺	广西壮族自治区贵港市桂平市大洋镇周实村理五塘屯5号	外观设计	个人
209	2016305709512	增氧泵	黄威林	广西壮族自治区贵港市平南县同和镇新雅村后性屯7号	外观设计	个人
210	2016304801916	手机数据线连接头外壳(人字棱形)	覃桂荣	广西壮族自治区贵港市平南县武林镇武林村二屯11号	外观设计	个人
211	2016304611536	塑料漏粪板(猪用)	广西扬翔股份有限公司	广西壮族自治区贵港市港北区金港大道844号	外观设计	企业
212	2017300018866	铝扣板(布迪拉)	梁善明	广西壮族自治区贵港市覃塘区大岭乡金沙村下涖屯140号	外观设计	个人

续表

序号	专利号	专利名称	专利权人名称	专利权人地址	专利类型	专利权人类型
213	2016304978117	电池充电器 (601 款)	伍肖凤	广西壮族自治区贵港市港南区新塘乡蒙大村石庙屯 42 号	外观设计	个人
214	2016305267697	吊灯 (FY3013)	李　专	广西壮族自治区贵港市港北区庆丰镇万新村下新屯 130 号	外观设计	个人
215	2016305904040	LED 手电筒	朱信鹏	广西壮族自治区贵港市平南县思旺镇旺岭村公四屯 1 号	外观设计	个人
216	2017300018781	铝扣板(卡布奇诺)	梁善明	广西壮族自治区贵港市覃塘区大岭乡金沙村下浥屯 140 号	外观设计	个人
217	2016306146416	电视柜(M01 系列)	黄家瑞	广西壮族自治区贵港市平南县东华乡兴华村龙庆三屯 78 号	外观设计	个人
218	2016306146420	茶几(M01 系列)	黄家瑞	广西壮族自治区贵港市平南县东华乡兴华村龙庆三屯 78 号	外观设计	个人
219	2017300019106	铝扣板(枫情舞韵)	梁善明	广西壮族自治区贵港市覃塘区大岭乡金沙村下浥屯 140 号	外观设计	个人
220	2016304924140	电池充电器 (205 款)	伍肖凤	广西壮族自治区贵港市港南区新塘乡蒙大村石庙屯 42 号	外观设计	个人
221	2017300018688	铝扣板(贝芙丽)	梁善明	广西壮族自治区贵港市覃塘区大岭乡金沙村下浥屯 140 号	外观设计	个人
222	2017300018669	铝扣板(翰林华府 – 边线)	梁善明	广西壮族自治区贵港市覃塘区大岭乡金沙村下浥屯 140 号	外观设计	个人
223	2016306146793	三斗柜(M01 系列)	黄家瑞	广西壮族自治区贵港市平南县东华乡兴华村龙庆三屯 78 号	外观设计	个人
224	2017300018762	铝扣板(英伦时尚)	梁善明	广西壮族自治区贵港市覃塘区大岭乡金沙村下浥屯 140 号	外观设计	个人
225	2017300019040	铝扣板(丝绸伴侣)	梁善明	广西壮族自治区贵港市覃塘区大岭乡金沙村下浥屯 140 号	外观设计	个人
226	2016305964643	包包(饮料瓶)	卢小平	广西桂平市西山镇人民中路 57 号(市贸易中心 36 号)	外观设计	个人
227	2017300022518	矿灯(KKG)	蓝柱平	广西壮族自治区贵港市平南县同和镇平美村冲口屯 5 号	外观设计	个人
228	2017300018777	铝扣板(亚格拉)	梁善明	广西壮族自治区贵港市覃塘区大岭乡金沙村下浥屯 140 号	外观设计	个人
229	2016306146365	餐边柜(M01 系列)	黄家瑞	广西壮族自治区贵港市平南县东华乡兴华村龙庆三屯 78 号	外观设计	个人
230	2017300018635	铝扣板(循彩都市)	梁善明	广西壮族自治区贵港市覃塘区大岭乡金沙村下浥屯 140 号	外观设计	个人
231	201730001906X	铝扣板(满山原野)	梁善明	广西壮族自治区贵港市覃塘区大岭乡金沙村下浥屯 140 号	外观设计	个人
232	201730001864X	铝扣板(秀丽江山 – 花板)	梁善明	广西壮族自治区贵港市覃塘区大岭乡金沙村下浥屯 140 号	外观设计	个人
233	2016304842920	电池充电器(803 款)	伍肖凤	广西壮族自治区贵港市港南区新塘乡蒙大村石庙屯 42 号	外观设计	个人
234	2016306004167	汽车应急启动电源(JX28)	卓细兵	广西壮族自治区贵港市港南区桥圩镇振南村卫屯 59 号	外观设计	个人

续表

序号	专利号	专利名称	专利权人名称	专利权人地址	专利类型	专利权人类型
235	2017300018870	铝扣板(博雅)	梁善明	广西壮族自治区贵港市覃塘区大岭乡金沙村下湴屯140号	外观设计	个人
236	2016306260515	路灯灯头(模组6号)	覃文远	广西壮族自治区贵港市桂平市木乐镇联堂村2-6号	外观设计	个人
237	2017300019089	铝扣板(古朴意境－边线)	梁善明	广西壮族自治区贵港市覃塘区大岭乡金沙村下湴屯140号	外观设计	个人
238	2016306230473	便携式播放器	谭艺和	广西壮族自治区贵港市港南区江南大道6-101号	外观设计	个人
239	2017300019093	铝扣板(复古田园－中花)	梁善明	广西壮族自治区贵港市覃塘区大岭乡金沙村下湴屯140号	外观设计	个人
240	2016305849518	带充电功能的音频转换器	覃桂荣	广西壮族自治区贵港市平南县武林镇武林村二屯11号	外观设计	个人
241	2016303994201	LED浴室镜	甘艺聪	广西壮族自治区贵港市平南县平南镇乌江街19-7号	外观设计	个人
242	2017300018809	铝扣板(翰林华府－中花)	梁善明	广西壮族自治区贵港市覃塘区大岭乡金沙村下湴屯140号	外观设计	个人
243	201630598980X	灯外壳(2016)	凌　新	广西壮族自治区贵港市平南县大坡镇雅水村白竹屯37号	外观设计	个人
244	2015107201947	一种石膏纤维柔性改性剂及其制备方法	广西泰亿诺环保科技有限公司	广西壮族自治区贵港市港北区西江产业园区金泽工业园1栋3层西侧	发明	企业
245	201510552421X	一种橱柜板的制作方法	贵港市伟创木业有限公司	广西壮族自治区贵港市江南工业园A区	发明	企业
246	2014104734358	一拖多式空调	林全明	广西壮族自治区贵港市桂平市木圭镇上冲村双马屯5号	发明	个人
247	2015101962408	一种皮肤医用修复敷料及其制备方法	广西达庆生物科技股份有限公司	广西壮族自治区贵港市平南县临江工业园区第三支线道路和入园南一路交界处广西达庆生物科技有限公司	发明	企业
248	2015104446694	一种医用阴道润滑液及其制备方法	广西信业生物技术有限公司	广西壮族自治区贵港市桂平市长安工业区金龙工业小区新区第三栋第一层	发明	企业
249	2016306622094	灯臂(二合一C)	邓　健	广西壮族自治区贵港市桂平市南木镇洛连村朱红岭屯75号	外观设计	个人
250	2016303400881	灯饰配件(花边圈－85)	邓　健	广西壮族自治区贵港市桂平市南木镇洛连村朱红岭屯75号	外观设计	个人
251	2016306465356	沙发(A217)	黄汉实	广西壮族自治区贵港市港北区庆丰镇杨林村东屯125号	外观设计	个人
252	2016305989231	手表(ZS-W129)	钟范书	广西壮族自治区贵港市覃塘区山北乡双岩村上岩屯184号	外观设计	个人
253	2016306373513	灯饰配件(DT098)	邓　健	广西壮族自治区贵港市桂平市南木镇洛连村朱红岭屯75号	外观设计	个人
254	2016306372934	灯饰配件(DB334)	邓　健	广西壮族自治区贵港市桂平市南木镇洛连村朱红岭屯75号	外观设计	个人

续表

序号	专利号	专利名称	专利权人名称	专利权人地址	专利类型	专利权人类型
255	2017300184194	声光报警器(TL125DL)	黄艳玲	广西壮族自治区贵港市平南县同和镇活步村高照屯18号	外观设计	个人
256	201730018418X	声光报警器(TLRHDN)	黄艳玲	广西壮族自治区贵港市平南县同和镇活步村高照屯18号	外观设计	个人
257	2016305612964	风扇底座(450-3)	廖桂才	广西壮族自治区桂平市西山镇城东街247号	外观设计	个人
258	2016303803261	皮带扣头	覃旭兰	广西壮族自治区贵港市平南县六陈镇上龙村村头屯15号	外观设计	个人
259	2016305985781	手表(ZS-W134)	钟范书	广西壮族自治区贵港市覃塘区山北乡双岩村上岩屯184号	外观设计	个人
260	2017300104630	花架	刘世朋	广西壮族自治区贵港市港北区港城镇蓝田村石桥屯12-1号	外观设计	个人
261	2017300101238	吸顶灯铝材配件	甘带安	广西壮族自治区贵港市港北区港城镇旺华村东博屯76号	外观设计	个人
262	2017300185515	灯饰配件(DB236)	邓 健	广西壮族自治区贵港市桂平市南木镇洛连村朱红岭屯75号	外观设计	个人
263	2016305708721	防水DC连接器	李旺昌	广西壮族自治区贵港市港南区八塘镇溢村木根屯5号	外观设计	个人
264	2016305764295	加湿器(发芽水滴)	宁盛斌	广西壮族自治区贵港市平南县大鹏镇农福村浓水屯55号	外观设计	个人
265	2016303029533	椅背	郭优生	广西壮族自治区贵港市覃塘区东龙镇农昌村大农屯473号	外观设计	个人
266	201730018552X	灯饰配件(DB235)	邓 健	广西壮族自治区贵港市桂平市南木镇洛连村朱红岭屯75号	外观设计	个人
267	2016305320561	路灯配件(3)	梁结娇	广西壮族自治区贵港市港南区桥圩镇徐村大岭脚屯3-17号	外观设计	个人
268	2017300130902	LED生鲜灯	罗杰文	广西壮族自治区贵港市平南县国安乡国安村罗德坪一屯8号	外观设计	个人
269	2017300139080	美容扫痣笔	苏雄光	广西壮族自治区贵港市平南县平南镇罗合村罗井二屯48号	外观设计	个人
270	2016301493186	移动电源(挂腰式头灯用)	黄兴剑	广西壮族自治区贵港市平南县同和镇同朝村龙住屯32号	外观设计	个人
271	201630180289X	码表延伸器	黄妙年	广西壮族自治区贵港市港北区根竹乡江口村西村屯107号	外观设计	个人
272	2016305772569	茶几(A)	李榜活	广西壮族自治区贵港市桂平市白沙镇满堂村新李屯11-41号	外观设计	个人
273	2017300260319	LED壁灯	陈思健	广西壮族自治区贵港市桂平市西山镇城西街125-6号	外观设计	个人
274	2017300015374	风扇连接头	谢冬坤	广西壮族自治区贵港市平南县镇隆镇富藏村木山屯6号	外观设计	个人
275	2016306373528	灯饰配件(DT097)	邓 健	广西壮族自治区贵港市桂平市南木镇洛连村朱红岭屯75号	外观设计	个人
276	2016305904657	染发剂容器(3)	杨翰孟	广西壮族自治区贵港市港南区桥圩镇兴华村杨屋屯6号	外观设计	个人

续表

序号	专利号	专利名称	专利权人名称	专利权人地址	专利类型	专利权人类型
277	2016305989814	灯外壳(2015)	凌　新	广西壮族自治区贵港市平南县大坡镇雅水村白竹屯37号	外观设计	个人
278	2016306104983	灯罩(晨逸)	龙超凤	广西壮族自治区贵港市平南县大安镇贺岗村全四屯68号	外观设计	个人
279	2016305903620	染发剂容器(1)	杨翰孟	广西壮族自治区贵港市港南区桥圩镇兴华村杨屋屯6号	外观设计	个人
280	2016211769430	一种电动车点火开关防盗结构	广西久久星新能源车辆科技有限公司	广西壮族自治区贵港市覃塘区建设大楼501室	实用新型	企业
281	2016211413695	一种控制器接线柱密封结构	广西久久星新能源车辆科技有限公司	广西壮族自治区贵港市覃塘区建设大楼501室	实用新型	企业
282	2016211653612	电机编码器检测装置	广西久久星新能源车辆科技有限公司	广西壮族自治区贵港市覃塘区建设大楼501室	实用新型	企业
283	2016211413676	一种MOS管固定结构	广西久久星新能源车辆科技有限公司	广西壮族自治区贵港市覃塘区建设大楼501室	实用新型	企业
284	2016211478365	一种新型可调水压的冲洗器	杨勇志	广西壮族自治区贵港市平南县上渡镇上渡村下盐冲屯8号	实用新型	个人
285	2016212705027	一种快速扎线工具	广西电网有限责任公司贵港供电局	广西壮族自治区贵港市民主路89号港供电局	实用新型	企业
286	2016213064010	一种新型风扇	谢冬坤	广西壮族自治区贵港市平南县镇隆镇富藏村木山屯6号	实用新型	个人
287	2016208527845	一种简易颅内压监护仪	余松祚	广西壮族自治区贵港市中山中路1号贵港市人民医院	实用新型	个人
288	2016213400967	一种整车用太阳能板套块	罗远林	广西壮族自治区平南县平南镇城东街344号	实用新型	个人
289	2016208962447	一种新型LED浴室镜	甘艺聪	广西壮族自治区贵港市平南县平南镇乌江街19-7号	实用新型	个人
290	2016210910262	鱼饵投放装置	梁发华	广西壮族自治区平南县官成镇官南村儒三屯37号	实用新型	个人
291	2016208144585	一种宫颈锥切器	杨燕嫣	广西壮族自治区贵港市人民医院	实用新型	个人
292	2016212344461	通过USB接口实现电视机与机顶盒同步控制的装置	韦笃排	广西壮族自治区贵港市港北区中山北路11号	实用新型	个人
293	2016212186148	一种接线端子盒结构	郑　肇	广西壮族自治区贵港市桂平市木圭镇木圭街109号	实用新型	个人
294	2016211413661	一种电动汽车转换器线束防水结构	广西久久星新能源车辆科技有限公司	广西壮族自治区贵港市覃塘区建设大楼501室	实用新型	企业
295	2016211172241	一种电动车风冷系统	广西久久星新能源车辆科技有限公司	广西壮族自治区贵港市覃塘区建投大楼501室	实用新型	企业

续表

序号	专利号	专利名称	专利权人名称	专利权人地址	专利类型	专利权人类型
296	2016211213608	一种电动汽车用开关磁阻电机及其控制器的检测平台	广西久久星新能源车辆科技有限公司	广西壮族自治区贵港市覃塘区建投大楼501室	实用新型	企业
297	2016213353932	一种帐篷式空调	干怀中	广西壮族自治区贵港市桂平市厢南675号	实用新型	个人
298	2016213178755	一种多气源式双通道仪用压缩空气系统	中国华电集团贵港发电有限公司	广西壮族自治区贵港市港北区华电路1号	实用新型	企业
299	2016213274146	单元接线机组的智能互联系统	中国华电集团贵港发电有限公司	广西壮族自治区贵港市港北区华电路1号	实用新型	企业
300	2014102208451	一种货车刹车散热系统	范伟俊	广西壮族自治区贵港市平南县思旺镇镇北村北九屯50号	发明	个人
301	2015105523931	一种防虫低醛衣柜板的制作方法	贵港市伟创木业有限公司	广西壮族自治区贵港市江南工业园A区	发明	企业
302	2015103509906	一种吹风式白酒糟醅摊晾降温设备	刘丹婕	广西壮族自治区贵港市平南县东华乡关塘村白屋屯72号	发明	个人
303	2015103832305	一种电池组装生产线	平南县富时达自动化设备有限公司	广西壮族自治区贵港市平南县工业园入园大道8号	发明	企业
304	2015105521315	低甲醛实木复合地板的生产方法	贵港市伟创木业有限公司	广西壮族自治区贵港市江南工业园A区	发明	企业
305	201621430758X	一种带调节功能的灌割机	卢生才	广西壮族自治区贵港市平南县平南镇附城村水基三屯44号	实用新型	个人
306	2016213298704	内置测温探头的汽轮机推力瓦及轴瓦防漏油结构	中国华电集团贵港发电有限公司	广西壮族自治区贵港市港北区华电路1号	实用新型	企业
307	2016213322578	一种脱硝炉内配氨系统	中国华电集团贵港发电有限公司	广西壮族自治区贵港市港北区华电路1号	实用新型	企业
308	2016213322582	一种汽轮机润滑系统的在线补油装置	中国华电集团贵港发电有限公司	广西壮族自治区贵港市港北区华电路1号	实用新型	企业
309	2016213178740	一种高压变电厂变共箱封闭母线干燥系统	中国华电集团贵港发电有限公司	广西壮族自治区贵港市港北区华电路1号	实用新型	企业
310	2016213211749	一种用于火电厂的湿法脱硫蒸汽收集装置	中国华电集团贵港发电有限公司	广西壮族自治区贵港市港北区华电路1号	实用新型	企业
311	2016213274150	压力自持型汽轮机润滑油供油系统	中国华电集团贵港发电有限公司	广西壮族自治区贵港市港北区华电路1号	实用新型	企业
312	2016213821326	一种旋耕箱后置式微耕机	广西贵港动力有限公司	广西壮族自治区贵港市江南工业园区内（工业二路）	实用新型	企业
313	2016211367682	一种仿乳吸管感温奶嘴	卢　淇	广西壮族自治区贵港市平南县大新镇关垌村古二屯92号	实用新型	个人

续表

序号	专利号	专利名称	专利权人名称	专利权人地址	专利类型	专利权人类型
314	2016213292233	汽轮机交-直流顶轴油泵供油系统	中国华电集团贵港发电有限公司	广西壮族自治区贵港市港北区华电路1号	实用新型	企业
315	2016213211753	火电厂石灰石-石膏湿法脱硫装置废水处理系统	中国华电集团贵港发电有限公司	广西壮族自治区贵港市港北区华电路1号	实用新型	企业
316	2016211721338	一种加固型简易衣柜	李康伟	广西壮族自治区贵港市桥圩镇三塘	实用新型	个人
317	2016211929694	一种下水器的管路快装结构	韦千业	广西壮族自治区贵港市桂平市中沙镇六石村文垌屯18号	实用新型	个人
318	201621338985X	一种吊灯LED芯片	丁惠婷	广西壮族自治区贵港市桂平市下湾镇南安街10号	实用新型	个人
319	2016214253753	一种灭蚊灯	何国禹	广西壮族自治区贵港市平南县上渡镇上渡街150号	实用新型	个人
320	2016213970265	一种新型防水DC连接器	李旺昌	广西壮族自治区贵港市港南区八塘镇溢村木根屯5号	实用新型	个人
321	2016213292229	锅炉SCR吹灰器加装压缩空气吹灰系统	中国华电集团贵港发电有限公司	广西壮族自治区贵港市港北区华电路1号	实用新型	企业
322	2016213664537	拉绳控制式格斗玩具	谢 济	广西壮族自治区贵港市平南县大鹏镇高龙村垌心屯7号	实用新型	个人
323	2016213684583	拉绳控制式格斗玩具	谢 济	广西壮族自治区贵港市平南县大鹏镇高龙村垌心屯7号	实用新型	个人
324	2016213664306	拉绳控制式格斗玩具	谢 济	广西壮族自治区贵港市平南县大鹏镇高龙村垌心屯7号	实用新型	个人
325	2016211627035	一种风扇网罩的装配结构	李清远	广西壮族自治区贵港市桂平市罗播乡罗播村良将坡屯29号	实用新型	个人
326	2017300185498	声光报警器(CS82AL)	黄艳玲	广西壮族自治区贵港市平南县同和镇活步村高照屯18号	外观设计	个人
327	2017300185464	声光报警器(CS150AL)	黄艳玲	广西壮族自治区贵港市平南县同和镇活步村高照屯18号	外观设计	个人
328	2017300673082	吧椅(B-701#)	谢庆铊	广西壮族自治区贵港市港南区木梓镇武思村武思屯385号	外观设计	个人
329	2017300185483	声光报警器(CS116WAL-D)	黄艳玲	广西壮族自治区贵港市平南县同和镇活步村高照屯18号	外观设计	个人
330	2017300373270	落地灯	黄耀宁	广西壮族自治区贵港市平南县六石村香交屯27-1号	外观设计	个人
331	2017300185479	声光报警器(CS116WAL-M)	黄艳玲	广西壮族自治区贵港市平南县同和镇活步村高照屯18号	外观设计	个人
332	2017300559782	美式吊灯(1027)	韦 阳	广西壮族自治区贵港市桂平市蒙圩镇新田村福龙屯15-23号	外观设计	个人
333	2016305705329	人体模型	麦炳达	广西壮族自治区贵港市平南县大坡镇大塘村大冲屯37号	外观设计	个人
334	2017300739520	茶几(1701#)	李榜活	广西壮族自治区贵港市桂平市白沙镇满堂村新李屯11-41号	外观设计	个人

续表

序号	专利号	专利名称	专利权人名称	专利权人地址	专利类型	专利权人类型
335	2017300555052	料理机(YL-9131)	欧何森	广西壮族自治区桂平市蒙圩镇西村欧村屯44号	外观设计	个人
336	2016305684712	香薰机(xs-02)	宁华德	广西壮族自治区平南县大鹏镇农福村浓水屯31号	外观设计	个人
337	2017300337734	玉米灯	陆志添	广西壮族自治区贵港市桂平市厚禄乡延寿村陈村屯338号	外观设计	个人
338	2016306555333	紫砂大炮灸具	黄家联	广西壮族自治区贵港市港北区庆丰镇新岭路68号	外观设计	个人
339	201730038308X	铝塑锂电头灯(Mobo18W)	郭文锦	广西壮族自治区贵港市平南县马练瑶族乡藤旺村廉屯04号	外观设计	个人
340	2016305686116	风扇加湿器(xy-02)	宁华德	广西壮族自治区平南县大鹏镇农福村浓水屯31号	外观设计	个人
341	2017300483707	LED路灯(太阳能)	覃文远	广西壮族自治区贵港市桂平市木乐镇联堂村2-6号	外观设计	个人
342	2017300641861	锌合金二合一数据线(XT-171)	覃桂荣	广西壮族自治区贵港市平南县武林镇武林村二屯11号	外观设计	个人
343	2016305904110	染发剂容器(2)	杨翰孟	广西壮族自治区贵港市港南区桥圩镇兴华村杨屋屯6号	外观设计	个人
344	2016304761016	带USB接口的充电镍氢电池	覃秋云	广西壮族自治区贵港市覃塘区东龙镇三六村六袍屯37号	外观设计	个人
345	2017300075661	投光灯	张礼华	广西壮族自治区贵港市港南区桥圩镇徐村大岭脚3-17号	外观设计	个人
346	2017300250228	路灯灯头	吴启泉	广西壮族自治区贵港市桂平市木乐镇岭村盘古岭屯288号	外观设计	个人
347	2016305715871	风扇底座(450-4)	廖桂才	广西壮族自治区桂平市西山镇城东街247号	外观设计	个人
348	2017300184279	声光报警器(YLP03)	黄艳玲	广西壮族自治区贵港市平南县同和镇活步村高照屯18号	外观设计	个人
349	2017300185500	灯饰配件(DB237)	邓　健	广西壮族自治区贵港市桂平市南木镇洛连村朱红岭屯75号	外观设计	个人
350	2016306555329	紫砂脐灸具	黄家联	广西壮族自治区贵港市港北区庆丰镇新岭路68号	外观设计	个人
351	2017300383361	铝塑锂电头灯(Mobo50W)	郭文锦	广西壮族自治区贵港市平南县马练瑶族乡藤旺村廉屯04号	外观设计	个人
352	201630651180X	包装袋	广西贵港市华宇葛业有限公司	广西壮族自治区贵港市港北区大圩镇千秋岭	外观设计	企业
353	2017300184283	报警喇叭(TLHN50)	黄艳玲	广西壮族自治区贵港市平南县同和镇活步村高照屯18号	外观设计	个人
354	2017300483891	LED路灯(模组7号)	覃文远	广西壮族自治区贵港市桂平市木乐镇联堂村2-6号	外观设计	个人
355	2017300482437	可折叠站式座椅	陈伟成	广西壮族自治区贵港市覃塘区山北乡双岩村平山屯28号	外观设计	个人
356	2016306566982	大灸床	黄家联	广西壮族自治区贵港市港北区庆丰镇新岭路68号	外观设计	个人

续表

序号	专利号	专利名称	专利权人名称	专利权人地址	专利类型	专利权人类型
357	2017300158236	风铃树枝灯	陈　策	广西壮族自治区桂平市石龙镇珍垌村陈屋屯147号	外观设计	个人
358	2017300555048	料理机(YL–9124)	欧何森	广西壮族自治区桂平市蒙圩镇西村欧村屯44号	外观设计	个人
359	2017300890370	USB排插	黄立坚	广西壮族自治区贵港市覃塘区石卡镇石卡村中元屯71号	外观设计	个人
360	2017301283657	沙发套件(M006)	郭准生	广西壮族自治区贵港市覃塘区东龙镇农昌村大农屯512号	外观设计	个人
361	2016305870025	风扇支撑件	谢冬坤	广西壮族自治区贵港市平南县镇隆镇富藏村木山屯6号	外观设计	个人
362	2017300641876	锌合金二合一数据线(XJ–172)	覃桂荣	广西壮族自治区贵港市平南县武林镇武林村二屯11号	外观设计	个人
363	2017300184207	声光报警器(CSA3)	黄艳玲	广西壮族自治区贵港市平南县同和镇活步村高照屯18号	外观设计	个人
364	2017300934203	电茶炉	黄德满	广西壮族自治区贵港市平南县上渡镇渭河村大下河屯9号	外观设计	个人
365	2017300139076	负压调理仪	苏雄光	广西壮族自治区贵港市平南县平南镇罗合村罗井二屯48号	外观设计	个人
366	2017300474568	包装桶(酸菜银鱼粉)	桂平市三寻记食品有限公司	广西壮族自治区贵港市桂平市西山镇长安村三队玉桂大道旁	外观设计	企业
367	2017300471409	罗秀米粉包装盒(大礼包)	桂平市三寻记食品有限公司	广西壮族自治区贵港市桂平市西山镇长安村三队玉桂大道旁	外观设计	企业
368	2017300471396	罗秀米粉包装盒(家庭礼盒装)	桂平市三寻记食品有限公司	广西壮族自治区贵港市桂平市西山镇长安村三队玉桂大道旁	外观设计	企业
369	2017300398653	吊灯(X028–6)	古宏峰	广西壮族自治区贵港市桂平市木圭镇新木村木堆屯13–17–1号	外观设计	个人
370	2017300398808	吊灯(X028–8)	古宏峰	广西壮族自治区贵港市桂平市木圭镇新木村木堆屯13–17–1号	外观设计	个人
371	2017300398600	吊灯(X028–3)	古宏峰	广西壮族自治区贵港市桂平市木圭镇新木村木堆屯13–17–1号	外观设计	个人
372	2017300623079	桶	潘荣达	广西壮族自治区贵港市桂平市木圭镇金垌村潭莲屯4–64号	外观设计	个人
373	2017300854497	灭蚊灯(青蛙)	邓国全	广西壮族自治区贵港市桂平市罗秀镇罗秀村龙塘坡屯5号	外观设计	个人
374	2017300513416	扫把配件(D38塑料头)	黄海港	广西壮族自治区贵港市桂平市金田镇理村9–49号	外观设计	个人
375	2017300513524	扫把配件(有型钢头)	黄海港	广西壮族自治区贵港市桂平市金田镇理村9–49号	外观设计	个人
376	2017300513577	扫把配件(38钢方头)	黄海港	广西壮族自治区贵港市桂平市金田镇理村9–49号	外观设计	个人
377	201730082555X	磁能变频器	梁达贵	广西壮族自治区贵港市桂平市大洋镇新和村头湾屯264号	外观设计	个人
378	2017300739516	茶几(1707#)	李榜活	广西壮族自治区贵港市桂平市白沙镇满堂村新李屯11–41号	外观设计	个人

续表

序号	专利号	专利名称	专利权人名称	专利权人地址	专利类型	专利权人类型
379	2016306410334	炉具分火器	甘长成	广西壮族自治区贵港市港南区东津镇甘寺村大木山屯20号	外观设计	个人
380	2016214174342	一种人体模型	麦炳达	广西壮族自治区贵港市平南县大坡镇大塘村大冲屯37号	实用新型	个人
381	2017200564728	LED球型透镜聚焦装置及LED聚焦成像灯	韩树彬	广西壮族自治区贵港市桂平市木乐镇木乐村12–68号	实用新型	个人
382	2016214884515	防板结剂输送系统	贵港市芭田生态有限公司	广西壮族自治区贵港市港北区上江码头	实用新型	企业
383	2016213823478	一种避免小孩单独乘坐电梯的装置	甘维明	广西壮族自治区贵港市港南区东津镇荷池村细容山屯6号	实用新型	个人
384	2016213674280	拉绳控制式格斗玩具	谢　济	广西壮族自治区贵港市平南县大鹏镇高龙村垌心屯7号	实用新型	个人
385	2017200700455	一种电力变压器饼式绕组反饼自动加工机器人	广西美声电子科技有限公司	广西壮族自治区贵港市港北区西江科技创新产业城(西江产业区)内	实用新型	企业
386	2017200286116	一种汽车专用电笔	梁勋织	广西壮族自治区贵港市平南县平南镇遥望村良村四屯140号	实用新型	个人
387	2016214904557	防板结油喷油量控制装置	贵港市芭田生态有限公司	广西壮族自治区贵港市港北区上江码头	实用新型	企业
388	2016214904171	斗式提升机	贵港市芭田生态有限公司	广西壮族自治区贵港市港北区上江码头	实用新型	企业
389	2016213648727	一种电子标签天线	广西美声电子科技有限公司	广西壮族自治区贵港市港北区西江科技创新产业城(西江产业区)内	实用新型	企业
390	2016208839160	一种双向限位硬质颈椎枕	罗胜信	广西壮族自治区桂平市木乐镇振兴路振兴园小区103号	实用新型	个人
391	2016206057313	一种减少及取代焊接工艺的金属椅	何立富	广西壮族自治区桂平市寻旺乡学中村中村屯007号	实用新型	个人
392	2017200921689	LED壁灯及照明系统	陈思健	广西壮族自治区贵港市桂平市西山镇城西街125–6号	实用新型	个人
393	2016210310776	一种家具板	贵港市业成木业有限公司	广西壮族自治区贵港市江南工业园业成投资集团办公室二楼	实用新型	企业
394	2014103090508	一种利用大蕨根作为载体种铁皮石斛方法	赵木华	广西壮族自治区平南县平南镇附城村北胜五屯6号	发明	个人
395	2014105388757	防治放射性口腔黏膜炎的中药方剂及其制作方法	贵港市中医医院	广西壮族自治区贵港市港南区中山南路26号	发明	机关团体
396	2015107934859	插座	赵振华	广西壮族自治区贵港市平南县大安镇稻花村新二屯57号	发明	个人
397	2015105523185	一种低醛阻燃胶合板的生产方法	贵港市伟创木业有限公司	广西壮族自治区贵港市江南工业园A区	发明	企业
398	2014101073635	PE手套自动折叠机	刘树鹏	广西壮族自治区贵港市南县平南镇罗合村岩塘屯58号	发明	个人
399	2014108074751	一种纸浆吸水系统	广西贵糖(集团)股份有限公司	广西壮族自治区贵港市幸福路100号	发明	企业

续表

序号	专利号	专利名称	专利权人名称	专利权人地址	专利类型	专利权人类型
400	2014108227206	大宝鸽与白卡奴王鸽杂交养殖方法	贵港市光速达电子科技有限公司	广西壮族自治区贵港市港北区中山路11号1幢602室	发明	企业
401	2015106373452	能提示调速转把扭转角接近动力起控角的电动车	杨小平	广西壮族自治区贵港市平南县冬笋塘157号	发明	个人
402	2015106971244	轴承支撑式冲击钻防尘套	卢伟良	广西壮族自治区贵港市覃塘区科学技术协会	发明	个人
403	2016213488234	公共租赁自行车智能无源锁	谭乃瑚	广西壮族自治区贵港市港北区凤凰东路东街40号	实用新型	个人
404	2016211483734	可活动调节门扇锁缝间距的门框装置	梁静枝	广西壮族自治区贵港市港北区狮岭路564号西江科技创新产业城科兴路珈珈门业公司	实用新型	个人
405	2017200426889	太阳能风车屋	桂平市第二中学	广西壮族自治区贵港市桂平市西山镇厢南社区249号	实用新型	机关团体
406	2017200366093	一种水上清洁辅助装置	桂平市第二中学	广西壮族自治区贵港市桂平市西山镇厢南社区249号	实用新型	机关团体
407	201720061935X	一种太阳能光导系统的补光结构	覃建雄	广西壮族自治区贵港市港北区中里乡陈轩村细思屯34号	实用新型	个人
408	2016213711186	一种CT极性校验装置	广西电网有限责任公司贵港供电局	广西壮族自治区贵港市民主路89号	实用新型	企业
409	2017201126877	一种玉米灯	陆志添	广西壮族自治区贵港市桂平市厚禄乡延寿村陈村屯338号	实用新型	个人
410	2017201802634	一种电动汽车锂离子电池专用电芯检测装置	广西美声电子科技有限公司	广西壮族自治区贵港市港北区西江科技创新产业城(西江产业区)内	实用新型	企业
411	2016213887959	干煤棚煤堆的智能阻燃装置	中国华电集团贵港发电有限公司	广西壮族自治区贵港市港北区华电路一号	实用新型	企业
412	2016211179594	一种电动车报警灭火系统	广西久久星新能源车辆科技有限公司	广西壮族自治区贵港市覃塘区建投大楼501室	实用新型	企业
413	2016211559697	一种抬病人专用的移位座垫	黎东玲	广西壮族自治区贵港市桂平市罗播乡六凤村中村屯35号	实用新型	个人
414	2016213758981	一种新型猪饲养槽	梁友德	广西壮族自治区贵港市桂平市西山镇杏花街29号桂平市畜牧站	实用新型	个人
415	2017200989624	一种农用便携式饲料搅拌设备	梁友德	广西壮族自治区贵港市桂平市西山镇杏花街29号桂平市畜牧站	实用新型	个人
416	2016213570582	座椅脚架	覃叁光	广西壮族自治区贵港市覃塘区东龙镇阮寺村农业屯	实用新型	个人
417	2017200374418	一种防止洒墨的墨水瓶	桂平市第二中学	广西壮族自治区贵港市广西贵港市桂平镇厢南249号	实用新型	机关团体
418	2017201381230	一种旋转插座	韦尚衡	广西壮族自治区贵港市覃塘区东龙镇长岭村长岭屯412号	实用新型	个人
419	2016214968328	一种推拉门钩锁	韦　放	广西壮族自治区桂平市蒙圩镇新田村福龙屯158号	实用新型	个人

续表

序号	专利号	专利名称	专利权人名称	专利权人地址	专利类型	专利权人类型
420	2016306016959	吸顶灯(HS-889)	林社华	广西壮族自治区贵港市平南县六陈镇新塘村蒙一屯99号	外观设计	个人
421	2017300886163	水泵	欧金安	广西壮族自治区贵港市平南县马练瑶族乡藤旺村那扶屯01号	外观设计	个人
422	2017301720521	太阳能微波雷达感应灯	刘淑清	广西壮族自治区贵港市桂平市木乐镇新连村草衣塘屯39号	外观设计	个人
423	2017300370338	投光灯(THA6505)	李展辉	广西壮族自治区贵港市平南县大安镇动界村分界二屯9号	外观设计	个人
424	2017301264637	洽谈椅(M-923#)	谢庆铊	广西壮族自治区贵港市港南区木梓镇武思村武思屯385号	外观设计	个人
425	2017300655116	驱动外壳(HW—001)	李太荣	广西壮族自治区贵港市桂平市木圭镇四德村马白屯5号	外观设计	个人
426	2017301371573	耳机(水晶之泪)	李绍华	广西壮族自治区贵港市港北区荷城路吉田花苑小区4幢4单元302室	外观设计	个人
427	201730058131X	灯罩(2)	梁洪天	广西壮族自治区贵港市港南区八塘镇振新村后背岭屯12-1号	外观设计	个人
428	2017300731209	旋转车牌(YP-001)	黄仲育	广西壮族自治区贵港市覃塘区大岭乡五合村下棍屯332号	外观设计	个人
429	201730099652X	灯饰配件(DB247)	邓　健	广西壮族自治区贵港市桂平市南木镇洛连村朱红岭屯75号	外观设计	个人
430	2017301435024	耳机(明星星光)	李绍华	广西壮族自治区贵港市港北区荷城路吉田花苑小区4幢4单元302室	外观设计	个人
431	2017300886159	水泵	欧金安	广西壮族自治区贵港市平南县马练瑶族乡藤旺村那扶屯01号	外观设计	个人
432	2017301553567	魔方(细菌状)	谢　济	广西壮族自治区贵港市平南县大鹏镇高龙村垌心屯7号	外观设计	个人
433	2017301033191	码表延伸器	黄妙年	广西壮族自治区贵港市根竹乡江口村西村屯107号	外观设计	个人
434	2017301553923	魔方(3列球型金字塔)	谢　济	广西壮族自治区贵港市平南县大鹏镇高龙村垌心屯7号	外观设计	个人
435	2017300887861	水泵	欧金安	广西壮族自治区贵港市平南县马练瑶族乡藤旺村那扶屯01号	外观设计	个人
436	2017301381062	LED节能灯(柱型)	罗杰文	广西壮族自治区贵港市平南县国安乡国安村罗德坪一屯8号	外观设计	个人
437	2017301626318	搅拌机(LN-988)	梁锦锋	广西壮族自治区贵港市桂平市下湾镇福高村大井屯22-40号	外观设计	个人
438	2017301187560	LED灯	陈祥贵	广西壮族自治区贵港市平南县马练瑶族乡九槐村第六屯23号	外观设计	个人
439	2017301900986	灯饰配件(3)	郑华秋	广西壮族自治区贵港市桂平市石咀镇罗洪村大福屯225号	外观设计	个人
440	2017301132040	加热棒	陆勇军	广西壮族自治区贵港市平南县马练瑶族乡石垌村那高屯07号	外观设计	个人
441	2017300705986	灯臂(BB-239)	邓　健	广西壮族自治区贵港市桂平市南木镇洛连村朱红岭屯75号	外观设计	个人

续表

序号	专利号	专利名称	专利权人名称	专利权人地址	专利类型	专利权人类型
442	2017300854321	灯饰配件(DB-243)	邓　健	广西壮族自治区贵港市桂平市南木镇洛连村朱红岭屯75号	外观设计	个人
443	2017300854482	灯饰配件(DB242)	邓　健	广西壮族自治区贵港市桂平市南木镇洛连村朱红岭屯75号	外观设计	个人
444	2017300971236	圆形垃圾桶	甘菊星	广西壮族自治区贵港市港南区东津镇荷池村大棒岭屯26号	外观设计	个人
445	2016305242685	数据线	韦建波	广西壮族自治区贵港市桂平市油麻镇上村六冲坡屯51号	外观设计	个人
446	2017301151893	魔方(球型金字塔)	谢　济	广西壮族自治区贵港市平南县大鹏镇高龙村垌心屯7号	外观设计	个人
447	2017301801321	碰碰车(火星探险者)	李世雄	广西壮族自治区贵港市平南县丹竹镇白马村白沙十屯30号	外观设计	个人
448	2017300370446	投光灯(THA6506)	李展辉	广西壮族自治区贵港市平南县大安镇动界村分界二屯9号	外观设计	个人
449	2017301228880	沙发(986#)	甘桂平	广西壮族自治区贵港市港南区桥圩镇松马村旧村屯22号	外观设计	个人
450	2017300817182	绵绵冰机(SSL-SB2000)	覃醒宏	广西壮族自治区贵港市平南县六陈镇寻社村竹址屯12号	外观设计	个人
451	2017301201638	木表(ZS-135)	钟范书	广西壮族自治区贵港市覃塘区山北乡双岩村上岩屯184号	外观设计	个人
452	2017301228043	LED灯(路虎QH840)	陈祥贵	广西壮族自治区贵港市平南县马练瑶族乡九槐村第六屯23号	外观设计	个人
453	2017301804955	灯饰配件(莲花)	郑华秋	广西壮族自治区贵港市桂平市石咀镇罗洪村大福屯225号	外观设计	个人
454	2017301807332	灯饰配件(莲花球)	郑华秋	广西壮族自治区贵港市桂平市石咀镇罗洪村大福屯225号	外观设计	个人
455	2017300142257	钛金超声波	苏雄光	广西壮族自治区贵港市平南县平南镇罗合村罗井二屯48号	外观设计	个人
456	2017301549881	魔方(2阶球形)	谢　济	广西壮族自治区贵港市平南县大鹏镇高龙村垌心屯7号	外观设计	个人
457	2017300854478	灯饰配件(DB-245)	邓　健	广西壮族自治区贵港市桂平市南木镇洛连村朱红岭屯75号	外观设计	个人
458	2017301946941	面板灯(铝材1)	郑运通	广西壮族自治区贵港市平南县上渡镇六凤村雁塘一屯56号	外观设计	个人
459	2017300581004	灯罩(3)	梁洪天	广西壮族自治区贵港市港南区八塘镇振新村后背岭屯12-1号	外观设计	个人
460	2017300433267	户外灯配件	张彩华	广西壮族自治区贵港市平南县大鹏镇花龙村石东一屯19号	外观设计	个人
461	2017300469733	一种汽车活塞	广西贵三钜科技有限公司	广西壮族自治区贵港市港北区金港大道西段南侧(西苑小区)	外观设计	企业
462	2017301281454	椅子(A006)	郭准生	广西壮族自治区贵港市覃塘区东龙镇农昌村大农屯512号	外观设计	个人
463	2017300817178	料理机(全营养破壁SSL-PB1180)	覃醒宏	广西壮族自治区贵港市平南县六陈镇寻社村竹址屯12号	外观设计	个人

续表

序号	专利号	专利名称	专利权人名称	专利权人地址	专利类型	专利权人类型
464	2017300854336	灯饰配件(DB241)	邓　健	广西壮族自治区贵港市桂平市南木镇洛连村朱红岭屯75号	外观设计	个人
465	2017300864817	包装盒(裁衣彩色划线)	冯华清	广西壮族自治区贵港市桂平市西山镇岭头村4队	外观设计	个人
466	2017300581269	灯罩(1)	梁洪天	广西壮族自治区贵港市港南区八塘镇振新村后背岭屯12-1号	外观设计	个人
467	2017300707337	灯饰配件(HP205)	邓　健	广西壮族自治区贵港市桂平市南木镇洛连村朱红岭屯75号	外观设计	个人
468	2017301216099	LED灯(路虎QH740)	陈祥贵	广西壮族自治区贵港市平南县马练瑶族乡九槐村第六屯23号	外观设计	个人
469	2017301946782	面板灯(铝材2)	郑运通	广西壮族自治区贵港市平南县上渡镇六凤村雁塘一屯56号	外观设计	个人
470	2017301804940	灯泡	覃中桥	广西壮族自治区贵港市桂平市罗秀镇伟扬村石脚山屯109-1号	外观设计	个人
471	2017300706404	灯臂(BB-240)	邓　健	广西壮族自治区贵港市桂平市南木镇洛连村朱红岭屯75号	外观设计	个人
472	2017300871882	匙子	黎东玲	广西壮族自治区贵港市桂平市罗播乡六凤村中村屯35号	外观设计	个人
473	2017301809179	灯泡(双头)	郑华秋	广西壮族自治区贵港市桂平市石咀镇罗洪村大福屯225号	外观设计	个人
474	2017301012462	车钥匙扣	程　耿	广西壮族自治区贵港市港南区瓦塘乡乌柳村乌村屯327号	外观设计	个人
475	2015105522981	一种低醛中密度纤维板的生产方法	贵港市伟创木业有限公司	广西壮族自治区贵港市江南工业园A区	发明	企业
476	2015104273267	空气调节系统	莫胜钦	广西壮族自治区贵港市桂平市罗秀镇旺盛村平岭屯11-24号	发明	个人
477	2015104432969	一种医用生物洁面敷料及其制备方法	广西信业生物技术有限公司	广西壮族自治区贵港市桂平市长安工业区金龙工业小区新区第三栋第一层	发明	企业
478	2016106177199	条形物料成型机	平南县科力酿酒机械制造有限公司	广西壮族自治区贵港市平南县平南镇永发新村	发明	企业
479	2016214213578	浆渣自动过滤商用豆浆桶	李　诚	广西壮族自治区贵港市桂平市麻垌镇读知村12号	实用新型	个人
480	2017201140732	一种用于墙面喷涂的标杆	广西绿地涂装工程有限公司	广西壮族自治区贵港市港北区金港大道德宝商城A区西10号二楼	实用新型	企业
481	2016214068606	一种沙冰机	杨锡艺	广西壮族自治区贵港市桂平市大洋镇周实村理五塘屯5号	实用新型	个人
482	2017201962065	一种风水轮发电装置	罗远林	广西壮族自治区平南县平南镇城东街344号	实用新型	个人
483	2017201236025	一种太阳能收集板的自动清洁结构	李　东	广西壮族自治区贵港市桂平市木根镇木根村良田屯183号	实用新型	个人
484	2017301304865	灯饰配件(SD056)	邓　健	广西壮族自治区贵港市桂平市南木镇洛连村朱红岭屯75号	外观设计	个人

续表

序号	专利号	专利名称	专利权人名称	专利权人地址	专利类型	专利权人类型
485	2017300904068	平开门型材(HY-LL029)	黄昌盛	广西壮族自治区贵港市港北区大圩镇永隆村下赊屯153号	外观设计	个人
486	2017300904087	平开门型材(HY-LL028)	黄昌盛	广西壮族自治区贵港市港北区大圩镇永隆村下赊屯153号	外观设计	个人
487	201730128144X	椅子(A003)	郭准生	广西壮族自治区贵港市覃塘区东龙镇农昌村大农屯512号	外观设计	个人
488	2017301281473	椅子(A010)	郭准生	广西壮族自治区贵港市覃塘区东龙镇农昌村大农屯512号	外观设计	个人
489	2017301486083	灯饰配件(DB253)	邓　健	广西壮族自治区贵港市桂平市南木镇洛连村朱红岭屯75号	外观设计	个人
490	2017302345966	椅子(A030)	郭准生	广西壮族自治区贵港市覃塘区东龙镇农昌村大农屯512号	外观设计	个人
491	201730206477X	玉米灯(LED带罩)	黄勇贤	广西壮族自治区贵港市北区大圩镇寻杨村寻东屯128号	外观设计	个人
492	2017301243151	太阳能灯(尖盖六角)	覃星明	广西壮族自治区贵港市覃塘区蒙公乡凌寺村岜寺屯210号	外观设计	个人
493	2017301489043	灯饰配件(DB252)	邓　健	广西壮族自治区贵港市桂平市南木镇洛连村朱红岭屯75号	外观设计	个人
494	2017300890525	水泵	欧金安	广西壮族自治区贵港市平南县马练瑶族乡藤旺村那扶屯01号	外观设计	个人
495	2017301217227	吸顶灯(2035)	宋超强	广西壮族自治区贵港市港南区桥圩镇青塘村金钩坑屯7号	外观设计	个人
496	2017301281007	椅子(A007)	郭准生	广西壮族自治区贵港市覃塘区东龙镇农昌村大农屯512号	外观设计	个人
497	2017301193006	吸顶灯(ME088)	黄家义	广西壮族自治区贵港市桂平市麻垌镇洞天村新村屯48号	外观设计	个人
498	2017301216084	LED灯(路虎QH940)	陈祥贵	广西壮族自治区贵港市平南县马练瑶族乡九槐村第六屯23号	外观设计	个人
499	2017302269286	路灯(模组五星能源)	张锦鸿	广西壮族自治区贵港市桂平市江口镇理塘村田垌心屯60号	外观设计	个人
500	2017300904176	平开门型材(HY-LL027)	黄昌盛	广西壮族自治区贵港市港北区大圩镇永隆村下赊屯153号	外观设计	个人
501	2017300904180	平开门型材(HY-LL060)	黄昌盛	广西壮族自治区贵港市港北区大圩镇永隆村下赊屯153号	外观设计	个人
502	2017301283623	椅子(A002)	郭准生	广西壮族自治区贵港市覃塘区东龙镇农昌村大农屯512号	外观设计	个人
503	2017301013111	水泵	薛　锋	广西壮族自治区贵港市桂平市南木镇信宁村营盘44	外观设计	个人
504	2017301160040	耳机	黄鹏海	广西壮族自治区贵港市港南区木格镇盘古村新棉屯65号	外观设计	个人
505	201730148570X	灯饰配件(DB251)	邓　健	广西壮族自治区贵港市桂平市南木镇洛连村朱红岭屯75号	外观设计	个人
506	201730101298X	变频泵	薛　锋	广西壮族自治区贵港市桂平市南木镇信宁村营盘44	外观设计	个人

续表

序号	专利号	专利名称	专利权人名称	专利权人地址	专利类型	专利权人类型
507	2017301448611	灯饰配件(尖瓦盖)	姚光强	广西壮族自治区贵港市平南县上渡镇下渡村松木儿屯27号	外观设计	个人
508	2017301283642	椅子(A001)	郭准生	广西壮族自治区贵港市覃塘区东龙镇农昌村大农屯512号	外观设计	个人
509	2017301687171	冷水机(CW6000)	陈勇义	广西壮族自治区贵港市桂平市油麻镇勒竹村勒竹圩屯01号	外观设计	个人
510	2017301972503	按摩器(AV1-PART 彼爱丝)	黄经坤	广西壮族自治区贵港市港南区八塘镇横酒路1号院3栋05室	外观设计	个人
511	2017301448823	灯饰配件(平瓦盖)	姚光强	广西壮族自治区贵港市平南县上渡镇下渡村松木儿屯27号	外观设计	个人
512	2017301080296	太阳能人体感应壁灯(xhy105)	刘淑清	广西壮族自治区贵港市桂平市木乐镇新连村草衣塘屯39号	外观设计	个人
513	2017302277193	包装盒(港利磨片)	苏崇汉	广西壮族自治区贵港市广西平南县平南镇罗合村罗井二屯57号	外观设计	个人
514	2017301806772	灯饰配件(2)	郑华秋	广西壮族自治区贵港市桂平市石咀镇罗洪村大福屯225号	外观设计	个人
515	2017301453889	吸顶灯(花朝月夕)	李锦文	广西壮族自治区贵港市桂平市南木镇群合村李屋屯109号	外观设计	个人
516	2017300786112	模型(茶具)	韦克华	广西壮族自治区贵港市覃塘区五里镇云表村六贡屯118号	外观设计	个人
517	2014104484649	一种含康宽和腐殖酸的甘蔗杀虫颗粒剂	杨新兰	广西壮族自治区贵港市覃塘区三里镇吉塘村	发明	个人
518	2017302303893	灯泡(蓝牙)	覃中桥	广西壮族自治区桂平市罗秀镇伟扬村石脚山屯109-1号	外观设计	个人
519	2014104568362	一种陆川猪综合指数选择方法	广西扬翔农牧有限责任公司	广西壮族自治区贵港市港南区江南工业园城东大道与工业一路交汇处东北角	发明	企业
520	2014104484704	一种含康宽的甘蔗杀虫组合物	杨新兰	广西壮族自治区贵港市覃塘区三里镇吉塘村	发明	个人
521	2017301901067	灯饰配件	覃中桥	广西壮族自治区桂平市罗秀镇伟扬村石脚山屯109-1号	外观设计	个人
522	2016100303836	货运平台车辆数据管理系统及方法	贵港市嘉特电子科技有限公司	广西壮族自治区贵港市港北区中山北路(社区综合楼)科技企业创业服务中心二楼	发明	企业
523	2015102782173	一种含嘧霉胺和尼可霉素的杀菌组合物及其制剂	邓全芳	广西壮族自治区贵港市桂平市西山镇兴宁街352-1号	发明	个人
524	2017201330370	生物质颗粒竖喷式燃烧机	广西节得乐生物质能源科技有限公司	广西壮族自治区贵港市港北区新民工业园区	实用新型	企业
525	2017202378112	一种新型五金加工机械	黄少锋	广西壮族自治区贵港市港北区大圩镇上莲村石塘岭屯27号	实用新型	个人
526	201720196334X	一种自动上管装置	陆枝平	广西壮族自治区贵港市桂平市大洋镇石江村塞塘坪屯59-1号	实用新型	个人
527	2017203618221	一种新型玉米灯	陆志添	广西壮族自治区贵港市桂平市厚禄乡延寿村陈村屯338号	实用新型	个人

续表

序号	专利号	专利名称	专利权人名称	专利权人地址	专利类型	专利权人类型
528	2017203618217	一种玉米节能灯	陆志添	广西壮族自治区贵港市桂平市厚禄乡延寿村陈村屯338号	实用新型	个人
529	2016214212626	豆浆机的防水密封组件	李诚	广西壮族自治区贵港市桂平市麻垌镇谏知村12号	实用新型	个人
530	2017200801085	旋挖钻机的旋挖辅助装置及旋挖钻机	平南县炳德机械制造厂	广西壮族自治区贵港市广西贵港市平南县六陈镇古和村古和街39号	实用新型	企业
531	2017204403852	一种新型液压弯箍机	赵德慧	广西壮族自治区贵港市平南县大新镇安福村安五屯126号	实用新型	个人
532	2017201180829	一种斜坡上的行李箱包护杆	贵港市港北区荷城小学	广西壮族自治区贵港市布山路与城二路交汇处	实用新型	机关团体
533	2017203183412	一种母猪分娩栏可调产床支撑脚	广西贵港市西江机械有限公司	广西壮族自治区贵港市西江农场	实用新型	企业
534	2017203746272	一种立式秸秆粉碎机	广西绿江南草业有限公司	广西壮族自治区贵港市港南区江南大道安盈工业园区宏球机械厂	实用新型	企业
535	2017300905056	平开门型材(HY-LL026)	黄昌盛	广西壮族自治区贵港市港北区大圩镇永隆村下赊屯153号	外观设计	个人
536	2017302146411	锌合金钮扣数据线	覃桂荣	广西壮族自治区贵港市广西壮族自治区贵港市平南县武林镇武林村二屯11号	外观设计	个人
537	2017302647237	手电筒(智能型52)	郭文锦	广西壮族自治区贵港市平南县马练瑶族乡藤旺村六廉屯04号	外观设计	个人
538	2017301827834	蓝牙自拍音响	何焕杰	广西壮族自治区贵港市港南区木格镇陆化村官塘屯69号	外观设计	个人
539	2017302437421	发动机(爱丽舍教练车)	覃东永	广西壮族自治区贵港市平南县六陈镇龙凤村旺冲屯98号	外观设计	个人
540	2017302617250	包装袋	广西海良实业有限责任公司	广西壮族自治区贵港市江南工业园华南学校东面	外观设计	企业
541	2017302523446	塑胶脚轮底座	覃世训	广西壮族自治区贵港市桂平市大湾镇大湾村竹马冲屯2号	外观设计	个人
542	2017302345970	椅子(A031)	郭准生	广西壮族自治区贵港市覃塘区东龙镇农昌村大农屯512号	外观设计	个人
543	201730221383X	壁灯(海洋珊瑚9039-2W)	陈俊钟	广西壮族自治区贵港市桂平市江口镇和合村下冲屯34号	外观设计	个人
544	2017302213859	壁灯(海洋珊瑚9039-1W)	陈俊钟	广西壮族自治区贵港市桂平市江口镇和合村下冲屯34号	外观设计	个人
545	2017302213897	吊灯(海洋珊瑚9039-3)	陈俊钟	广西壮族自治区贵港市桂平市江口镇和合村下冲屯34号	外观设计	个人
546	2017300905126	平开门型材(HY-LL031)	黄昌盛	广西壮族自治区贵港市港北区大圩镇永隆村下赊屯153号	外观设计	个人
547	2017302295740	铝型材(DS-M2)	张达荣	广西壮族自治区贵港市桂平市江口镇长江村上山门屯19号	外观设计	个人
548	201730284209X	铝型材(DS-SGX-1春花秋月)	张达荣	广西壮族自治区贵港市桂平市江口镇长江村上山门屯19号	外观设计	个人

续表

序号	专利号	专利名称	专利权人名称	专利权人地址	专利类型	专利权人类型
549	2017302007211	汽车应急启动电源(JX27)	卓细兵	广西壮族自治区贵港市港南区桥圩镇振南村卫屯59号	外观设计	个人
550	2017302902989	LED化妆镜(内置放大镜)	全思婷	广西壮族自治区贵港市桂平市蒙圩镇新阳村大阳岭屯80号	外观设计	个人
551	2017302294019	铝型材(DS-FS-1)	张达荣	广西壮族自治区贵港市桂平市江口镇长江村上山门屯19号	外观设计	个人
552	2017301326597	补水仪(A3)	陈荣永	广西壮族自治区贵港市桂平市麻垌镇陈杨村陈村屯66号	外观设计	个人
553	2017302754648	补水仪(A5)	陈荣永	广西壮族自治区贵港市桂平市麻垌镇陈杨村陈村屯66号	外观设计	个人
554	2017301801336	碰碰车(T2摩托车)	李世雄	广西壮族自治区贵港市平南县丹竹镇白马村白沙十屯30号	外观设计	个人
555	2017301507696	咖啡机	唐军成	广西壮族自治区贵港市桂平市蒙圩镇棉宠村中屯6-22号	外观设计	个人
556	2017301667430	灯饰配件(DB256)	邓　健	广西壮族自治区贵港市桂平市南木镇洛连村朱红岭屯75号	外观设计	个人
557	2017302610764	汽车应急启动电源(JX23)	卓细兵	广西壮族自治区贵港市港南区桥圩镇振南村卫屯59号	外观设计	个人
558	2017302351806	灯饰配件(DB260)	邓　健	广西壮族自治区贵港市桂平市南木镇洛连村朱红岭屯75号	外观设计	个人
559	201730166600X	灯饰配件(DB254)	邓　健	广西壮族自治区贵港市桂平市南木镇洛连村朱红岭屯75号	外观设计	个人
560	2017301669493	灯饰配件(XD507)	邓　健	广西壮族自治区贵港市桂平市南木镇洛连村朱红岭屯75号	外观设计	个人
561	2017301444292	矿灯(KKG-C)	蓝柱平	广西壮族自治区贵港市平南县同和镇平美村冲口屯5号	外观设计	个人
562	2017300905111	平开门型材(HY-LL030)	黄昌盛	广西壮族自治区贵港市港北区大圩镇永隆村下赊屯153号	外观设计	个人
563	2017302351721	灯饰配件(XD058)	邓　健	广西壮族自治区贵港市桂平市南木镇洛连村朱红岭屯75号	外观设计	个人
564	2017301665971	灯饰配件(DB257)	邓　健	广西壮族自治区贵港市桂平市南木镇洛连村朱红岭屯75号	外观设计	个人
565	2017301667591	灯饰配件(DB255)	邓　健	广西壮族自治区贵港市桂平市南木镇洛连村朱红岭屯75号	外观设计	个人
566	2017301036912	吊灯	张立明	广西壮族自治区贵港市平南县思旺镇镇南村白一屯37号	外观设计	个人
567	2017302766166	沙发(FD-098#)	黄科华	广西壮族自治区贵港市桂平市社步镇中占村白云屯227号	外观设计	个人
568	2017302835575	运动服(1)	莫显耀	广西壮族自治区贵港市桂平市社坡镇理竹村田了塘屯1号	外观设计	个人
569	2017302559151	吊灯(蜂窝)	丁惠婷	广西壮族自治区贵港市桂平市下湾镇南安街10号	外观设计	个人
570	2017301658588	煮茶器(2002)	何家欢	广西壮族自治区贵港市桂平市寻旺乡南津村马畲岭屯70号	外观设计	个人
571	2017301261751	矿灯(KKG-B)	蓝柱平	广西壮族自治区贵港市平南县同和镇平美村冲口屯5号	外观设计	个人

续表

序号	专利号	专利名称	专利权人名称	专利权人地址	专利类型	专利权人类型
572	2017301658944	煮茶器	何家欢	广西壮族自治区贵港市桂平市寻旺乡南津村马畲岭屯70号	外观设计	个人
573	2017302609324	多功能化妆盒	甘永深	广西壮族自治区贵港市桂平市寻旺乡西南村良莫屯217号	外观设计	个人
574	2014104971601	一种切片模具及使用该切片模具的切片方法	黄　武	广西壮族自治区贵港市港北区科技企业孵化器517室	发明	个人
575	2015102782351	一种含甲霜恶霉灵和尼可霉素的杀菌组合物及其制剂	邓全芳	广西壮族自治区贵港市桂平市西山镇兴宁街352-1号	发明	个人
576	2014108074728	一种糖厂废料综合利用生产有机混合肥的方法及设备	广西贵糖（集团）股份有限公司	广西壮族自治区贵港市幸福路100号	发明	企业
577	201610246175X	一种聚氨酯密封胶专用纳米碳酸钙的制备方法	广西平南县恒祥钙业有限公司	广西壮族自治区贵港市平南县丹竹镇东山村平丹公路旁	发明	企业
578	2017204470950	一种具有保温隔音作用的墙壁装饰板	梁　建	广西壮族自治区贵港市港南区新塘乡湖表村龙胫屯21号	实用新型	个人
579	2017205242059	一种飞车	罗远林	广西壮族自治区平南县平南镇城东街344号	实用新型	个人
580	201720677056X	一种站立式智能三轮电动车	蒙运荣	广西壮族自治区贵港市桂平市大洋镇竹塘村西屯49号	实用新型	个人
581	2017203987654	腹膜透析患者专用病服	李洁霞	广西壮族自治区贵港市中山路1号贵港市人民医院	实用新型	个人
582	2016212335034	一种手术体位牵引装置	雷秋妹	广西壮族自治区贵港市港北区建设中路29号院99-91号	实用新型	个人
583	201720133039X	带自动除渣系统生物质颗粒燃烧器	广西节得乐生物质能源科技有限公司	广西壮族自治区贵港市港北区新民工业园区	实用新型	企业
584	201720016258X	一种可调节舒适度的颈枕	徐　彬	广西壮族自治区贵港市桂平市西山山门旁西山6队34号一芝灵大楼	实用新型	个人
585	2017205881014	一种可移位面板锁	梁　梅	广西壮族自治区贵港市港南区东津镇大李村新屋屯12号	实用新型	个人
586	2017205630105	一种用于板材数控加工设备上的弹性推料结构	苏　胜	广西壮族自治区贵港市广西贵港市港南区木梓镇莲子村下山屯90号	实用新型	个人
587	2017206166527	一种配电GIS语音识别自动定位装置	朱明增	广西壮族自治区贵港市港北区民主路89号	实用新型	个人
588	2017204146552	一种用于速食罗秀米粉加工的烘干装置	桂平市三寻记食品有限公司	广西壮族自治区贵港市桂平市西山镇长安村三队玉桂大道旁	实用新型	企业
589	2017207193343	一种可替代刀闸操作机构的装置	广西电网有限责任公司贵港供电局	广西壮族自治区贵港市贵港市民主路89号	实用新型	企业
590	2017207200652	一种一字梯用防滑装置	广西电网有限责任公司贵港供电局	广西壮族自治区贵港市贵港市民主路89号	实用新型	企业
591	2017204736051	一种无土栽培种植装置	黎炳智	广西壮族自治区贵港市平南县大安镇罗明村村尾屯104号	实用新型	个人

续表

序号	专利号	专利名称	专利权人名称	专利权人地址	专利类型	专利权人类型
592	2017203918103	一种可拆式样本试管架	韦华清	广西壮族自治区贵港市中山路1号院	实用新型	个人
593	2017206780256	一种VR移动拍摄平台	蒙运荣	广西壮族自治区贵港市桂平市大洋镇竹塘村西屯49号	实用新型	个人
594	2017203189067	一种带助产及限位功能的母猪分娩用产床	广西贵港市西江机械有限公司	广西壮族自治区贵港市西江农场	实用新型	企业
595	2017205616926	一种用于板材加上设备上的导轨定位结构	苏　胜	广西壮族自治区贵港市广西贵港市港南区木梓镇莲子村下山屯90号	实用新型	个人
596	2016214683840	一种多功能大灸床	黄家联	广西壮族自治区贵港市港北区庆丰镇新岭路68号	实用新型	个人
597	2017206780222	一种X形串联钢丝减震防抖结构	蒙运荣	广西壮族自治区贵港市桂平市大洋镇竹塘村西屯49号	实用新型	个人
598	2017205547112	一种万向减震防抖结构	蒙运荣	广西壮族自治区贵港市桂平市大洋镇竹塘村西屯49号	实用新型	个人
599	2016214683821	一种紫砂大炮灸具	黄家联	广西壮族自治区贵港市港北区庆丰镇新岭路68号	实用新型	个人
600	2017205433198	一种输送式自动毛边处理机	杨立基	广西壮族自治区贵港市平南县大洲镇粤发村岭根屯36号	实用新型	个人
601	2017302995659	雾化演示器(DJ-6036)	罗　斌	广西壮族自治区贵港市平南县国安乡大兴村大冲屯23号	外观设计	个人
602	2017301149107	沙发(A235)	廖雪平	广西壮族自治区贵港市港北区丰镇中龙村大北屯31号	外观设计	个人
603	2017301949723	沙发(A222)	黄汉实	广西壮族自治区贵港市港北区庆丰镇杨林村东屯125号	外观设计	个人
604	2017301263846	料理机(子弹头-B)	欧何森	广西壮族自治区桂平市蒙圩镇西村欧村屯44号	外观设计	个人
605	2017302007052	手电筒汽车电源(JX26)	卓细兵	广西壮族自治区贵港市港南区桥圩镇振南村卫屯59号	外观设计	个人
606	2017301728608	雾化演示器(YD-S01)	罗　斌	广西壮族自治区贵港市平南县国安乡大兴村大冲屯23号	外观设计	个人
607	2017303617667	茶几(1751)	李榜活	广西壮族自治区贵港市桂平市白沙镇满堂村新李屯11-41号	外观设计	个人
608	2017302347961	手提包	梁　刚	广西壮族自治区贵港市桂平市西山镇兴宁街344号	外观设计	个人
609	2017303617671	茶几(1077)	李榜活	广西壮族自治区贵港市桂平市白沙镇满堂村新李屯11-41号	外观设计	个人
610	2017301732143	沙发	朱泰任	广西壮族自治区贵港市桂平市南木镇古楞村风耍岭屯68号	外观设计	个人
611	2017302451293	数码播放器(S605)	谭艺和	广西壮族自治区贵港市港南区江南大道6-101号	外观设计	个人
612	2017301263850	料理机(子弹头-A)	欧何森	广西壮族自治区桂平市蒙圩镇西村欧村屯44号	外观设计	个人
613	201730248832X	戒指	丘旭生	广西壮族自治区贵港市覃塘镇六务村上九进屯29号	外观设计	个人

续表

序号	专利号	专利名称	专利权人名称	专利权人地址	专利类型	专利权人类型
614	2017302491040	戒指	丘旭生	广西壮族自治区贵港市覃塘镇六务村上九进屯29号	外观设计	个人
615	2017303335622	智能断电数据线	覃桂荣	广西壮族自治区贵港市平南县武林镇武林村二屯11号	外观设计	个人
616	201730361746X	餐台(3078)	李榜活	广西壮族自治区贵港市桂平市白沙镇满堂村新李屯11-41号	外观设计	个人
617	2017301773711	碰碰车(旋转铠甲HL-001)	李世雄	广西壮族自治区贵港市平南县丹竹镇白马村白沙十屯30号	外观设计	个人
618	2017303490948	灯饰配件(D123)	廖美超	广西壮族自治区贵港市桂平市罗秀镇廖村村廖村屯199号	外观设计	个人
619	2017302027662	豪华型地埋灯	陈胜炎	广西壮族自治区贵港市平南县马练瑶族乡九槐村第六屯02号	外观设计	个人
620	2017303374148	LED灯泡	邓国全	广西壮族自治区贵港市桂平市罗秀镇罗秀村龙塘坡屯9号	外观设计	个人
621	2017302459609	按摩仪	黎健明	广西壮族自治区贵港市港南区湛江镇蓬塘村勒塘屯188号	外观设计	个人
622	2017303287135	手表(ZS-W1049BJ)	钟范书	广西壮族自治区贵港市覃塘区山北乡双岩村上岩屯184号	外观设计	个人
623	2017302634256	床(887)	陈春海	广西壮族自治区贵港市港南区木梓镇武思村武思屯225号	外观设计	个人
624	2017301786444	激光脱毛仪	黎健明	广西壮族自治区贵港市港南区湛江镇蓬塘村勒塘屯188号	外观设计	个人
625	2016305108436	腐竹包装箱(威颜牌原味腐竹)	广西威颜食品有限公司	广西壮族自治区桂平市长安工业园区(长安大道与规划三路西南侧)	外观设计	企业
626	2017300019163	铝扣板(春暖花开)	梁善明	广西壮族自治区贵港市覃塘区大岭乡金沙村下浧屯140号	外观设计	个人
627	201730180778X	指甲打磨手柄(HG-106-107)	谭超康	广西壮族自治区贵港市港南区瓦塘乡新江村谭村屯306-1号	外观设计	个人
628	2017302720891	洁脸仪(V3)	陈荣永	广西壮族自治区贵港市桂平市麻垌镇陈杨村陈村屯66号	外观设计	个人
629	2017301946725	吊灯(水晶322)	陈　湘	广西壮族自治区贵港市桂平市石龙镇珍垌村陈屋屯26号	外观设计	个人
630	2017301795778	输送式自动毛边处理机	杨立基	广西壮族自治区贵港市平南县大洲镇粤发村岭根屯36号	外观设计	个人
631	201730349534X	灯饰配件(D122)	廖美超	广西壮族自治区贵港市桂平市罗秀镇廖村村廖村屯199号	外观设计	个人
632	2017302861847	手掌刨	潘继友	广西壮族自治区贵港市港北区石羊塘路中五巷68号院99-540号	外观设计	个人
633	2017302798862	车载空气净化器(DCC001)	韦　强	广西壮族自治区贵港市覃塘区东龙镇长岭村长岭屯298号	外观设计	个人
634	2017302897529	灯饰配件	黄家义	广西壮族自治区贵港市桂平市麻垌镇洞天村新村屯48号	外观设计	个人
635	2017303371633	运动服套装	莫显耀	广西壮族自治区贵港市桂平市社坡镇理竹村田了塘屯1号	外观设计	个人
636	2017302566028	吊灯(萤火虫)	丁惠婷	广西壮族自治区贵港市桂平市下湾镇南安街10号	外观设计	个人

续表

序号	专利号	专利名称	专利权人名称	专利权人地址	专利类型	专利权人类型
637	2017302809937	床架(8030#)	甘先兵	广西壮族自治区桂平市白沙镇思建村上村屯85号	外观设计	个人
638	2017302351736	灯饰配件(DB261)	邓　健	广西壮族自治区贵港市桂平市南木镇洛连村朱红岭屯75号	外观设计	个人
639	2017303066378	箱式板房	贵港市鼎达车厢有限公司	广西壮族自治区贵港市港北区金港大道六八村钢材市场后面	外观设计	企业
640	2017303018105	路灯(超薄)	徐毅贤	广西壮族自治区贵港市港南区瓦塘乡柳江村柳村屯199号	外观设计	个人
641	2017301606329	壁灯(孔雀水晶壁灯)	黄威铭	广西壮族自治区桂林市平南县同和镇练山村茶下屯59号	外观设计	个人
642	2017303035079	工业加湿器(YD-10300)	罗　斌	广西壮族自治区贵港市平南县国安乡大兴村大冲屯23号	外观设计	个人
643	2017301723074	雾化演示器	罗　斌	广西壮族自治区贵港市平南县国安乡大兴村大冲屯23号	外观设计	个人
644	2017302956122	童车(ST133)	刘顶山	广西壮族自治区贵港市覃塘区樟木乡中周村中刘屯107号	外观设计	个人
645	2017301773694	碰碰车(T1赛车)	李世雄	广西壮族自治区贵港市平南县丹竹镇白马村白沙十屯30号	外观设计	个人
646	2017301219152	沙发(A223)	黄汉实	广西壮族自治区贵港市港北区庆丰镇杨林村东屯125号	外观设计	个人
647	2017303292398	婴儿床	李小浪	广西壮族自治区贵港市港南区桥圩镇姚平村蔗塘屯40号	外观设计	个人
648	2017302008318	抽水器(自动触摸)	欧国富	广西壮族自治区贵港市平南县马练瑶族乡藤旺村西龙屯14号	外观设计	个人
649	201730328714X	手表(ZS-W023BJ)	钟范书	广西壮族自治区贵港市覃塘区山北乡双岩村上岩屯184号	外观设计	个人
650	2017302326325	按摩仪(AY-208E多功能语音数码经络理疗)	郑　利	广西壮族自治区平南县上渡镇雅埠村石头脚屯60号	外观设计	个人
651	2017302609606	多功能化妆盒	甘永深	广西壮族自治区贵港市桂平市寻旺乡西南村良莫屯217号	外观设计	个人
652	2017303617351	茶几(1078)	李榜活	广西壮族自治区贵港市桂平市白沙镇满堂村新李屯11-41号	外观设计	个人
653	2017302451289	数码播放器(S606)	谭艺和	广西壮族自治区贵港市港南区江南大道6-101号	外观设计	个人
654	2017301805178	指甲打磨手柄(HG-103-103A)	谭超康	广西壮族自治区贵港市港南区瓦塘乡新江村谭村屯306-1号	外观设计	个人
655	2017302902936	LED化妆镜	全思婷	广西壮族自治区贵港市桂平市蒙圩镇新阳村大阳岭屯80号	外观设计	个人
656	2017302843317	化妆包	刘大源	广西壮族自治区贵港市平南县大新镇新和村罗五屯326号	外观设计	个人
657	2017302639423	包装盒	刘大源	广西壮族自治区贵港市平南县大新镇新和村罗五屯326号	外观设计	个人
658	2017301807760	指甲打磨手柄(HG-503-208)	谭超康	广西壮族自治区贵港市港南区瓦塘乡新江村谭村屯306-1号	外观设计	个人
659	2017302633959	床(882)	陈春海	广西壮族自治区贵港市港南区木梓镇武思村武思屯225号	外观设计	个人

贵港市文物点

表21

港北区文物点

序号	名称	时代	类别	地点
1	辅龙宝塔	1946年	近现代重要史迹及代表性建筑	大圩镇永隆村土寨屯社根寨半山腰上
2	大圩白塔	1939年	近现代重要史迹及代表性建筑	大圩镇大圩村北约1公里马六岭上
3	天王洪秀全革命活动遗址	1844年	古遗址	庆丰镇西谷村(俗称“赐谷村”)赐谷小学内
4	中共广西特委机关旧址	1929年	近现代重要史迹及代表性建筑	港城镇第八村蒙超文宅附近
5	东山碉楼	1936年	近现代重要史迹及代表性建筑	港城镇猫儿山村猫儿山屯
6	胜岭田寮大冲口遗址	新石器时代	古遗址	武乐乡胜岭村田寮屯西南约700米大冲口左侧郁江左岸台地上
7	龙井村古民居	清代	古建筑	港城镇龙井村护龙屯
8	承漏桥	清代	古建筑	大圩镇何村狮子岭西北侧约250米的碑头河上
9	福兴桥	清代	古建筑	港城镇六八村第八村蒙超文宅东北约250米的沙江河上
10	福寿桥	清代	古建筑	港城镇六八村东南约700米的沙江河上
11	贵港市西江化工厂	1966年	近现代重要史迹及代表性建筑	贵城街道办南平社区南平路2号院
12	棉村祖庙	1995年	近现代重要史迹及代表性建筑	港城镇棉村三英屯8队
13	棉村大小桥	清代道光年间	古建筑	港城镇棉村三英屯8队,棉村小学南约100米处
14	显应庙	1832年	古建筑	大圩镇解放村后蟾蜍山山麓中
15	勒头桥	1628年	古建筑	大圩镇大乐堂村西约60米的东海河上
16	贵港钢铁厂	1956年	近现代重要史迹及代表性建筑	贵城街道办事处南平社区南平路中段
17	广益桥	清代嘉庆年间	古建筑	庆丰镇新圩村庆丰三中北约300米处长谷江上
18	长排曾氏三省祠	清代咸丰年间	古建筑	庆丰镇新圩村长排屯
19	旺华小江桥	1961年	近现代重要史迹及代表性建筑	港城镇旺华村小江河上,旺华小学西侧约50米处
20	梓橦寺	1995年	近现代重要史迹及代表性建筑	贵城街道办鲤鱼湾小江社区即贵港郁江大桥北段西侧下
21	建章王黄三寨遗址	清代咸丰年间	古遗址	根竹乡根竹村平天山林场内的小平天山上
22	宋代经济墓	清代乾隆年间	古墓葬	根竹乡根竹村根竹乡第二中学东约50米唱歌岭的南部
23	罗尔刚夫妻合葬墓	2004年	近现代重要史迹及代表性建筑	根竹乡泗民村北部莲花山公墓园内,墓园大门西北200米处
24	贵港市贵城遗址	汉代—民国	古遗址	贵城街道办事处县东社区建设路东段
25	天主堂神父住楼	1921年	近现代重要史迹及代表性建筑	贵城镇县东社区人民东路县东小学东北角
26	修女楼	1921年	近现代重要史迹及代表性建筑	贵城镇县东社区人民东路县东小学东北角

表 22

港南区文物点

序号	名称	时代	类别	地点
1	黄宫九龙桥	1851 年	古建筑	贵港市港南区木格镇黄石村黄宫屯担水溪上
2	东井塘城堡	1852 年	古建筑	贵港市港南区桥圩镇东井塘村城肚屯城背岭
3	武思瓦窑岭宋代代窑址	宋代	古遗址	贵港市港南区木梓镇武思村武思江大桥西南约 50 米的瓦窑岭上
4	石莲冲口遗址	新石器时代	古遗址	贵港市港南区东津镇石莲村冲口屯西北约 300 米郁江右岸台地上
5	李村谭氏“石骨斗”	1853 年	古建筑	贵港市港南区木格镇平悦村李村屯 6 队
6	乌柏李氏弥庙	1752 年	古建筑	贵港市港南区新塘乡乌柏村乌柏屯
7	黄彰烈士墓	近现代	近现代重要史迹及代表性建筑	贵港市港南区新塘乡山边村南山公园风景区文笔峰南脚下
8	木格三界高庙	清代	古建筑	贵港市港南区木格镇下街
9	龙殿庄	1899 年	古建筑	贵港市港南区木梓镇回龙村老虎岭山脚下
10	广济桥	1844 年	古建筑	贵港市港南区桥圩镇蒙垌村西南约 1700 米的黎村江上
11	藤冲口遗址	新石器时代	古遗址	贵港市港南区瓦塘乡上江村西南约 300 米郁江右岸藤冲口的右侧台地上
12	旺井岭梁氏“大坡第”围屋	1833 年	古建筑	贵港市港南区东津镇中和村旺井岭屯
13	旺井岭旺井	清代	古建筑	贵港市港南区东津镇中和村旺井岭屯内
14	发财桥	清代	古建筑	贵港市港南区东津镇洋七桥村村委会东南约 3000 米
15	竹刀桥	清代	古建筑	贵港市港南区八塘镇八塘村第二中学南约 200 米的竹刀河上
16	陈索司马第	清代	古建筑	贵港市港南区木格镇平悦村陈索屯 6 队 230 号门牌
17	瓦塘江口大桥亭	1976 年	近现代重要史迹及代表性建筑	贵港市港南区瓦塘乡下江村下江口屯江口桥头
18	水井村水井	1573—1620 年	古建筑	贵港市港南区东津镇郑村水井村北约 50 米
19	古兰遗址	新石器时代	古遗址	贵港市港南区瓦塘乡福新村古兰屯西侧约 200 米郁江台地上
20	渡冲江石桥	民国	近现代重要史迹及代表性建筑	贵港市港南区江南街道办罗伯湾村罗泊湾船厂南面约 50 米渡冲江河上
21	陈索杨氏“明代京第”	1849 年	古建筑	贵港市港南区木格镇平悦村陈索屯
22	班风渡槽	1976 年	近现代重要史迹及代表性建筑	贵港市港南区木格镇班凤村班凤屯打孖岭上
23	桂东南起义指挥部旧址	1945 年	近现代重要史迹及代表性建筑	贵港市港南区瓦塘镇香江村下赖新屯
24	维新竹林洪氏祖祠	1821—1850 年	古建筑	贵港市港南区东津镇维新村高村屯
25	寿莫李村炮楼	清代	古建筑	贵港市港南区木格镇寿莫村李村屯
26	陈索古井	清代	古建筑	贵港市港南区木格镇平悦村陈索屯
27	木格君子垌客家围屋群之茂隆城	1953 年	古建筑	贵港市港南区木格镇云垌村岭咀屯 28 号

续表

序号	名称	时代	类别	地点
28	木格君子垌客家围屋群之同记城	清代	古建筑	贵港市港南区木格镇云垌村下城屯
29	南江村三多社	清代	古建筑	贵港市港南区江南街道办南江村下黄屯
30	桂东南起义烈士纪念碑	近现代	近现代重要史迹及代表性建筑	贵港市港南区木格镇社岭村社岭小学校门前
31	竹山梁氏“文魁”祖祠	清代	古建筑	贵港市港南区木格镇竹山村
32	东津粤东会馆	清代	古建筑	贵港市港南区东津镇(旧街)兴隆路西段
33	李叶清代故居	清代	古建筑	贵港市港南区木格镇黄石村大村屯
34	香江甘乃珍旧居	清代	古建筑	贵港市港南瓦塘乡新江村上甘屯
35	香江文武庙	1878年	古建筑	贵港市港南区瓦塘乡香江村旧街西面郁江右岸边上
36	南山革命烈士纪念碑	1987年	近现代重要史迹及代表性建筑	港南区江南办事处南山居委会南山公园文笔山南面100米
37	陈索梁氏祖祠	清代	古建筑	贵港市港南区木格镇陈索村4队
38	东南洋革命纪念馆	2003年	近现代重要史迹及代表性建筑	贵港市港南区桥圩镇南溪桥村
39	东津骑楼	民国	近现代重要史迹及代表性建筑	贵港市港南区东津镇东津社区兴隆路镇政府办公楼大门对面
40	莫马子和城	清代	古建筑	贵港市港南区木格镇黄村莫背屯
41	花屋祠堂	1881年	古建筑	贵港市港南区木格镇君子岭村花屋屯
42	南山舍利塔	1934年	近现代重要史迹及代表性建筑	贵港市港南区新塘乡山边村南山公园内驴山北麓下
43	陈岸故居	1910年	近现代重要史迹及代表性建筑	贵港市港南区桥圩镇南溪桥村大松山屯
44	木屐桥	民国	近现代重要史迹及代表性建筑	贵港市港南区东津镇钟村队
45	南江渡冲闸	1956年	近现代重要史迹及代表性建筑	贵港市港南区江南街道办南江村南2公里渡冲坑处
46	清代邮道	1736—1795年	近现代重要史迹及代表性建筑	贵港市港南区新塘乡山边村北面鸡笼山东北侧下
47	石兰公祠	1837年	古建筑	贵港市港南区东津镇石莲村石岭屯
48	东津码头石级	1862—1874年	古建筑	贵港市港南区东津镇东津村政府西侧约60米郁江右岸边上
49	长训岭遗址	新石器时代	古遗址	贵港市港南区瓦塘乡香江村上赖新村屯16队西南约300米郁江右岸台地上
50	木桥坑口遗址	新石器时代	古遗址	贵港市港南区瓦塘乡瓦塘村北约500米郁江右岸的木桥坑冲口
51	上江口遗址	新石器时代	古遗址	贵港市港南区瓦塘乡瓦塘村上江屯西北约200米上江冲口
52	蕉林冲遗址	新石器时代	古遗址	贵港市港南区瓦塘乡福新村滩平屯约100米郁江右岸与蕉林冲右岸交汇处的台地上
53	平悦福民寺	明代	古建筑	贵港市港南区木格镇平悦村平悦小学内右侧
54	木梓抗日阵亡烈士纪念碑	1987年	近现代重要史迹及代表性建筑	贵港市港南区木梓镇木梓村簸箕岭下
55	鲍氏祖祠	1862—1874年	古建筑	贵港市港南区瓦塘乡柳江村平依屯凤凰山前

续表

序号	名称	时代	类别	地点
56	下苏五凤桥	清代	古建筑	贵港市港南区桥圩镇松马村下苏屯
57	王化恭烈士墓及纪念碑	1991 年	近现代重要史迹及代表性建筑	贵港市港南区湛江镇湛江村东南约 200 米百公岭上
58	木梓廖屋城	清代	古建筑	贵港市港南区木格镇红朗村下坡屯
59	黄石“世守庄”	清代	古建筑	贵港市港南区木格镇黄石村新村屯
60	徐屋石灰围	1819 年	古建筑	贵港市港南区湛江镇湛江村徐屋屯
61	李村谭氏广福居	1949 年	近现代重要史迹及代表性建筑	贵港市港南区木格镇平悦村李村屯广福桥西侧约 50 米处
62	李村“独石大王”神庙	待定	近现代重要史迹及代表性建筑	贵港市港南区木格镇平悦村李村屯独石岭顶上
63	李村谭氏“守和堡”	1821—1851 年	古建筑	贵港市港南区木格镇平悦村李村屯 1 队
64	南山寺菩提树	清代	其他	贵港市港南区新塘乡山边村南山风景区南山寺前约 30 米
65	木格君子垌客家围屋群之奎昌城	清末民初	古建筑	贵港市港南区木格镇云垌村段心屯 32 号
66	木格君子垌客家围屋群之达记城	清末民初	古建筑	贵港市港南区木格镇云垌村双城屯
67	南兴凤凰寺	近现代	近现代重要史迹及代表性建筑	贵港市港南区桥圩镇南兴村
68	木格君子垌客家围屋群之盈记城	清末民初	古建筑	贵港市港南区木格镇云垌村双城屯
69	木格君子垌客家围屋群之段心围	1854 年	古建筑	贵港市港南区木格镇云垌村段心队
70	木格君子垌客家围屋群之云龙围	1851—1861 年	古建筑	贵港市港南区木格镇云垌村老城屯
71	木格君子垌客家围屋群之桅杆城	1851—1851 年	古建筑	贵港市港南区木格镇云垌村长城屯

表 23 **覃塘区文物点**

序号	名称	时代	类别	地点
1	东龙永安桥	1889 年	古建筑	贵港市覃塘区东龙镇东龙社区仙桥路 118 号陈家强宅东侧约 20 米的桥凳河上
2	天堂寺碑刻	清代	石窟寺及石刻	贵港市覃塘区石卡镇石卡村 22 队
3	封侯岩摩崖石刻	1612 年	石窟寺及石刻	贵港市覃塘区古樟乡川山村华堂屯马骝山半山腰上的封侯岩洞中
4	云表马头岭天丘坟	1851—1861 年	古墓葬	贵港市覃塘区五里镇云表村云表屯马头岭上
5	中共广西省第一期党员培训班旧址	1938 年	近现代重要史迹及代表性建筑	贵港市覃塘区东龙镇东龙社区冠岭屯
6	尚龙寺	清代	古建筑	贵港市覃塘区山北乡双岩村上龙屯后麒麟山腰
7	柳乌福荫桥	清代	古建筑	贵港市覃塘区山北乡柳团村柳乌屯水碾河上
8	陆村渡槽	1974 年	近现代重要史迹及代表性建筑	贵港市覃塘区石卡镇陆村 13 队

续表

序号	名称	时代	类别	地点
9	云表渡槽	1969 年	近现代重要史迹及代表性建筑	贵港市覃塘区五里镇云表村莲塘屯岭上
10	义合革命烈士墓及纪念碑	1963 年	近现代重要史迹及代表性建筑	贵港市覃塘区东龙镇义合村义和小学内
11	万丈冲口遗址	新石器时代	古遗址	贵港市覃塘区大岭乡江头村大角新村南约 300 米郁江右岸台地上
12	明代明代书店旧址	1939 年	近现代重要史迹及代表性建筑	贵港市覃塘区东龙镇东龙正街二巷内

表 24

桂平市文物点

序号	名称	时代	类别	地点
1	王举谢公祠	清代	古建筑	桂平市垌心乡王举村内
2	碧滩武靖州城遗址	明代	古遗址	桂平市西山镇 碧滩村黔江左岸台地上
3	杨秀清代故居遗址	清代	近现代重要史迹及代表性建筑	桂平市紫荆镇 木山村东王冲内
4	清代七品孺人程太孺人墓	清代	古墓葬	桂平市石咀镇 平治村侯屋屯屋背岭上
5	甘公墓	明代	古墓葬	桂平市寻旺乡 大为村塘角屯内
6	担水步遗址	新石器时代	古遗址	桂平市西山镇永培村 永江屯担水步台地上
7	枫木桥	清代	古建筑	桂平市寻旺乡 学中村的枫木河上
8	枫木河东路桥	清代	古建筑	桂平市寻旺乡 学中村枫木河中部
9	汶冲村水合井	清代	古建筑	桂平市寻旺乡绥陵村 汶冲屯狼狗冲上端
10	陈大白故居	民国	近现代重要史迹及代表性建筑	桂平市垌心乡 上瑶村内
11	大冲书屋遗址	1846 年	近现代重要史迹及代表性建筑	桂平市紫荆镇 蒙冲村大冲屯内
12	南山杨公祠	清代	古建筑	桂平市社坡镇 新华村村肚屯内
13	大塘城陶片散布点	新石器时代	古遗址	桂平市寻旺乡先锋村大塘城村西南的郁江台地上
14	沙垌井泉	不详	古建筑	桂平市木圭镇 新木村沙垌屯内
15	崇吉堂	1935 年	近现代重要史迹及代表性建筑	桂平市木圭镇 新木村沙垌屯内
16	徐氏宗祠	清代道光元年	古建筑	桂平市木圭镇 竹社村垌心屯内
17	杨翰华公祠	清代	古建筑	桂平市社坡镇 新华村村肚屯内
18	金山寨遗址	清代	古遗址	桂平市木圭镇 西面 6 公里的四德村旁

续表

序号	名称	时代	类别	地点
19	功名冲窑址	宋代	古遗址	桂平市木圭镇祝兴村竹车村的功名冲口
20	社坡东安桥	不详	古建筑	桂平市社坡镇社坡村嘉惠屯社坡河上
21	修仁垌营盘	清代	近现代重要史迹及代表性建筑	桂平市社坡镇福安村修仁垌内
22	谢村岭陶片散布点	宋代	古遗址	桂平市寻旺乡学中村石桥屯寻旺水库旁
23	德崇公元配原孺人之墓	清代	古墓葬	桂平市社坡镇西安村塘表山屯
24	大小营盘岭遗址	明代	古遗址	桂平市南木镇弩滩村公所西北营盘顶山上
25	木圭港	1911 年	近现代重要史迹及代表性建筑	桂平市木圭镇木圭圩浔江岸边
26	上江坪遗址	新石器时代	古遗址	桂平市西山镇永培村蓬埌屯上江坪台地上
27	油麻大桥	1967 年	近现代重要史迹及代表性建筑	桂平市油麻镇油麻村油麻河上
28	学中营盘岭遗址	清代	近现代重要史迹及代表性建筑	桂平市寻旺乡学中村公所学中小学东150 米处
29	南津石桥	清光绪三年(1877)	古建筑	桂平市寻旺乡南津村南津河面上
30	成和堂	不详	近现代重要史迹及代表性建筑	桂平市垌心乡上瑶村内
31	太平天国屈甲洲战场遗址	1851 年	近现代重要史迹及代表性建筑	桂平市南木镇思宜村屈甲屯
32	旺里桥	清代	古建筑	桂平市麻垌镇何村旺里屯
33	陆运享故居	清代	古建筑	桂平市石龙镇东河村旺水屯 20 队内
34	福寿桥	清代	古建筑	桂平市石龙镇石龙圩中
35	莫公祠	清代	古建筑	桂平市社坡镇理竹村彩村屯祠堂岭脚
36	迪光祠	清代	古建筑	桂平市社坡镇谢村中部
37	厚禄石罩井	清代	古建筑	桂平市厚禄乡厚禄村 14 队内
38	杨成章故居	清代	古建筑	桂平市白沙镇景乐村内
39	蒋兆琨故居	清代	古建筑	桂平市厚禄乡镇良村内
40	罗丛山二程读书处遗址	清代	古遗址	桂平市白沙镇下建村北 1 公里罗丛山上
41	白沙镇天主教遗址	清代	近现代重要史迹及代表性建筑	桂平市白沙镇白沙中学内
42	镇垌桥	民国(1918)	近现代重要史迹及代表性建筑	桂平市油麻镇有理村油麻河上
43	镇江桥	清代	古建筑	桂平市下湾镇邓明代村梁屋湾屯镇江河上
44	勒竹界石遗址	清代	近现代重要史迹及代表性建筑	桂平市油麻镇大中村百山塘屯界石岭上

续表

序号	名称	时代	类别	地点
45	凤凰井	不详	古建筑	桂平市厚禄乡双井村内
46	黄定举故居	清代	古建筑	桂平市石龙镇 石山村莫底屯
47	黄祖念故居	清代	古建筑	桂平市石龙镇下黄村内
48	罗丛岩摩崖石刻	清代	石窟寺及石刻	桂平市白沙镇思建村下建村罗丛山中
49	湾江屯平石步井	不详	古建筑	桂平市大湾镇耀团村湾江屯江头七队 西面郁江岸边
50	木甑井	明代	古建筑	桂平市麻垌镇 东岸村东岸屯内
51	水冲岭窑址	清代	古遗址	桂平市下湾镇团结村水冲屯生鸡冲冲口 南面郁江岸边
52	木根革命烈士碑	1966 年	近现代重要史迹及代表性建筑	桂平市木根镇木根村公所垌心山上
53	立岭亭	不详	古建筑	桂平市寻旺乡 南津村立岭屯
54	木根镇李鸿基夫妇合葬墓	清代	古墓葬	桂平市木根镇木根村 西岸屯的垒山岭上
55	冯三界夫妇墓	清代	古墓葬	桂平市中沙镇六石村
56	三界祖庙	1911 年	古建筑	桂平市中沙镇六石陈村
57	四宜堂	清代	古建筑	桂平市马皮乡 嘉石村虾塘屯内
58	蒙圩西村木樟井	不详	古建筑	桂平市蒙圩镇西村 西面村口
59	长冲根遗址	新石器时代	古遗址	桂平市石咀镇必岭村长冲根屯西北约 100 米的浔江南岸台地上
60	李伟兴民居	清代	古建筑	桂平市罗播乡 罗北村李训屯内
61	寺背桥	清代	古建筑	桂平市木乐镇 木乐村寺背屯
62	鹧鸪村李氏民居群	清代	古建筑	桂平市麻垌镇鹧鸪村内
63	胡村革命烈士纪念碑	1954 年	近现代重要史迹及代表性建筑	桂平市江口镇胡村村公所南面 1 公里处
64	高山寨遗址	清代	近现代重要史迹及代表性建筑	桂平市江口镇理塘村理村屯高山岭上
65	龙倪坑遗址	新石器时代	古遗址	桂平市江口镇三布村官塘屯陈屋北面约 500 米
66	公崇坑遗址	新石器时代	古遗址	桂平市江口镇三布村官塘屯蔡屋北约 500 米
67	瓮窑村边窑址	宋代	古遗址	桂平市蒙圩镇新合边瓮窑屯 6 队的金银 岭上
68	侯德宣故居	清代	古建筑	桂平市蒙圩镇 新德古城村
69	石咀遗址	新石器时代	古遗址	桂平市石咀镇北侧 长冲坑与浔江的汇合处
70	镇良村石罩井	清代	古建筑	桂平市厚禄乡镇良村内
71	迎阳桥	清代	古建筑	桂平市石龙镇 东安街鼎锅河面上

续表

序号	名称	时代	类别	地点
72	民安桥	清代	古建筑	桂平市大湾镇 安担村民安河上
73	蒋在贤故居	不详	古建筑	桂平市厚禄乡镇良村内
74	安担甘泉井	明代	古建筑	桂平市大湾镇安担村(新安村)水井屯内
75	李氏六世祖润彰公墓	清代	古墓葬	桂平市罗秀镇 植棠村古柴山顶
76	李氏一世祖墓	清代	古墓葬	桂平市罗秀镇 植棠村黄牛岭上
77	少洋桥	清代	古建筑	桂平市木根乡 桥头村少洋河上
78	福隆桥	清代	古建筑	桂平市马皮乡 均福村松柏屯东北面
79	永福桥	1927 年	近现代重要史迹及代表性建筑	桂平市木根乡 永华村永华河上
80	官江遗址	新石器时代	古遗址	桂平市社步镇宁江村官江屯西约 250 米 郁江南岸台地上
81	米步桥	清代	古建筑	桂平市社步镇 宁江村米步河上
82	广济桥	清代 (2012 年 8 月 20 日被洪水冲毁)	古建筑	桂平市木根镇 木根圩边三陇河上
83	中山飞阁	民国十五年(1926)	古建筑	桂平市城西 1 公里的 西山风景名胜区内
84	四穿楼遗址	明代	古遗址	桂平西山镇城东街中部
85	三驳桥	待定	古建筑	桂平市西山镇 杏花村的官冲坑上
86	官桥	清代	近现代重要史迹及代表性建筑	桂平市城西的官冲坑上
87	西山半山亭	1937	近现代重要史迹及代表性建筑	桂平城西 1 公里 西山风景名胜区内
88	姚翁岩	宋代	石窟寺及石刻	桂平市城西 1 公里 西山风景区内
89	幽谷亭	公元 1930 年	近现代重要史迹及代表性建筑	桂平市城西 1 公里 西山风景名胜区内
90	接龙桥	明代	古建筑	桂平市城南街郁江边上
91	桂平港	清代	古建筑	桂平市西山镇东部横街郁江岸边
92	登高庙	1851	近现代重要史迹及代表性建筑	桂平市江口镇 理塘村五间洞岭前
93	登盏桥	清代	古建筑	桂平市金田镇独岭村
94	三厅祠	清代	古建筑	桂平市金田镇安众村内
95	莫荣新故居	民国	近现代重要史迹及代表性建筑	桂平市江口镇盘石村内
96	中共广西特委机关人员上烂泥住址	清代	近现代重要史迹及代表性建筑	桂平市西山镇 白兰村上烂泥村内
97	中共广西特委机关文印室白额旧址	清代	近现代重要史迹及代表性建筑	桂平市西山镇白额村内
98	万江桥	1953 年	近现代重要史迹及代表性建筑	桂平市江口镇 万江村西万江坑上

续表

序号	名称	时代	类别	地点
99	陈以绩故居	清代	古建筑	桂平市垌心乡谷山村内
100	宾兴馆	清代	古建筑	桂平市麻垌镇洞天村白石山上
101	会真观	不详	古建筑	桂平市麻垌镇洞天村白石山三清代岩内
102	陈顺昌故居	清光绪十七年(1891)	古建筑	桂平市南木镇上湾村内上湾小学东10米
103	黄茅岭遗址	新石器时代	古遗址	桂平市南木乡黄茅岭村东面20米浔江河岸
104	群合渡槽	1958年	近现代重要史迹及代表性建筑	桂平市南木镇思宜乡龙门村
105	黄庭英故居	1945年	近现代重要史迹及代表性建筑	桂平市垌心乡政府北面督的小学
106	藕塘岭石器散布地点	新石器时代	古遗址	桂平南木镇大黎村公所东北约1公里的藕塘岭
107	大夫祠	清代	古建筑	桂平市罗播乡罗播村内
108	桂花井	清代	古建筑	桂平市第一中学内
109	罗秀烈士纪念碑	1962年	近现代重要史迹及代表性建筑	桂平市罗秀镇罗秀墟西面的猪乸山坡上
110	旧州小村窑址	唐—宋代	古遗址	桂平市罗播乡万寿村旧甫屯大温岭内
111	彝训寺	清乾隆四十八年	古建筑	桂平市罗播乡罗北村李训屯内
112	万寿村常林县城址	唐代	古遗址	桂平市罗播乡万寿村旧县屯
113	三角桥	不详	古建筑	桂平市罗播乡万寿村三角屯桥陇坑上
114	光裕祠	清代	古建筑	桂平市罗秀镇罗秀村贤堂屯
115	裕庆堂	清代末至民国	古建筑	桂平市罗秀镇罗秀村贤堂屯
116	万年桥	清代	古建筑	桂平市罗秀镇新垌村西约1.5公里的大水河上
117	洞心寺	明代万历34年(1606)	古建筑	桂平市罗秀镇新垌村内
118	白石山摩崖石刻	宋代—民国	石窟寺及石刻	桂平市麻垌镇洞天村白石山上
119	五昌祠	民国	近现代重要史迹及代表性建筑	桂平市油麻镇有理村内
120	大洋风雨亭	清代	古建筑	桂平市大洋镇大洋桥西南桥头上
121	黄昭文故居	光绪年间	古建筑	桂平市石龙镇永兴村叶村屯七队
122	曾玉景、罗氏合葬墓	民国	古墓葬	桂平市紫荆镇茶地村背山坡上

表 25

平南县文物点

序号	名称	时代	类别	地点
1	桅杆岭古墓群	汉代	古墓葬	平南镇罗合村岩塘屯岩塘桥至县磷肥厂 2 平方公里内
2	黄子禄墓	明代	古墓葬	平南镇甘莲村，县氮肥厂北 20 米牛栏塘屯南 20 米
3	林大居祖母梁氏墓	清代	古墓葬	平南镇平田村新屋儿屯
4	林佐君墓	清代	古墓葬	平南镇平田村新屋儿屯
5	小陈龙井	明代	古建筑	平南镇罗新村小陈屯
6	探花井	南明隆武二年(1646 年)	古建筑	平南镇三花井巷
7	丹竹飞机场	1943 年	近现代重要史迹及代表性建筑	丹竹镇东面 1 公里
8	丹竹神甫楼	1934 年	近现代重要史迹及代表性建筑	丹竹镇政府内
9	官南古城址	清代	古遗址	官成镇官南村古城屯
10	大旺石山洞穴遗址	旧石器	古遗址	官成镇旺石村石山屯
11	畅岩山摩崖石刻	宋代、清代	石窟寺及石刻	官成镇双马村岩脚屯畅岩山文昌石壁上
12	官村大捷遗址	清咸丰元年(1851 年)	近现代重要史迹及代表性建筑	官成镇官村岭
13	官成镇革命烈士纪念碑	现代	近现代重要史迹及代表性建筑	官成镇乌洋潭边
14	饭甑岭遗址	新石器时代	古遗址	思旺镇镇南村偷鸡巷屯东 200 米
15	光头岭旧石器时代遗址	新石器时代	古遗址	思旺镇镇南村走马坪屯光头岭
16	思旺圩社亭	清代	古建筑	思旺镇思旺圩
17	思旺粤东会馆	清代	古建筑	思旺镇北街
18	六桂战场遗址	清道光三十年(1850 年)	近现代重要史迹及代表性建筑	思旺镇六桂村
19	思旺迎主之战遗址	清道光三十年(1850 年)	近现代重要史迹及代表性建筑	思旺镇思旺江边
20	石门李氏民居	清代	古建筑	大鹏镇大鹏村石门屯
21	张汝瀚光绪五年举人石碑	清代	石窟寺及石刻	大鹏镇蒙都村都阆屯
22	紫微团营集中遗址	清道光三十年(1850 年)	近现代重要史迹及代表性建筑	大鹏镇花王村紫微屯
23	河头拜旗坪遗址	清咸丰元年(1851 年)	近现代重要史迹及代表性建筑	大鹏镇景华村河头屯后山岗
24	梁嵩纪念馆	1997 年	近现代重要史迹及代表性建筑	大鹏镇高龙村龙街屯状元坡北面半山坡上
25	岭咀农运烈士纪念碑	现代	近现代重要史迹及代表性建筑	大鹏镇思洪村岭咀屯
26	三县七区农民协会成立会址	1927 年	近现代重要史迹及代表性建筑	大鹏镇思洪村罗掩屯
27	大鹏义塚	清代	近现代重要史迹及代表性建筑	大鹏镇大鹏村下泽屯
28	大鹏镇革命烈士纪念碑	1979 年	近现代重要史迹及代表性建筑	大鹏镇政府以东 30 米蝴蝶岭西面岭脚处

续表

序号	名称	时代	类别	地点
29	古围遗址	新石器时代	古遗址	同和镇练山村古围屯东北
30	院山古火葬墓群	宋代	古墓葬	同和镇院山屯东北面
31	刘洪裕墓	明代	古墓葬	同和镇陈龙村六羌屯冲口
32	古学土碉楼之长房楼	清代	古建筑	同和镇平塘村古学屯
33	古学土碉楼之次房楼	清代	古建筑	同和镇平塘村古学屯
34	古学土碉楼之三房楼	清代	古建筑	同和镇平塘村古学屯
35	甘水土碉楼	清代	古建筑	同和镇平塘村甘水屯
36	古逢坪土碉楼之郁文公楼	清代	古建筑	同和镇陈龙村古逢坪屯
37	古逢坪土碉楼之伟元公楼	清代	古建筑	同和镇陈龙村古逢坪屯
38	古逢坪土碉楼之海榕公楼	清代	古建筑	同和镇陈龙村古逢坪屯
39	大畲土碉楼之巫全和公楼	清代	古建筑	同和镇陈龙村大畲屯
40	大畲土碉楼之巫弼轩公楼	清代	古建筑	同和镇陈龙村大畲屯
41	社龙土碉楼	清代	古建筑	同和镇陈龙村社龙屯
42	茶山脚土碉楼	清代	古建筑	同和镇连山村茶山脚屯
43	黄氏宗祠题名碑记	清代	石窟寺及石刻	同和镇上巷村
44	同和镇剿匪烈士纪念碑	1957 年	近现代重要史迹及代表性建筑	同和镇政府后背山
45	相思洲新石器遗址	新石器时代	古遗址	思界乡思界村相思洲屯西面
46	营儿岭百人坟	清代	近现代重要史迹及代表性建筑	思界乡官塘村禾寥屯营儿岭
47	花洲团营总部遗址	清道光三十年(1850 年)	近现代重要史迹及代表性建筑	国安瑶族乡花洲村
48	淡木之战遗址	1950 年	近现代重要史迹及代表性建筑	国安乡淡木村
49	北胜打铁坪遗址	清代	近现代重要史迹及代表性建筑	马练乡北胜村打铁坪屯东南面 50 米处
50	中胜坪拜旗遗址	清代	近现代重要史迹及代表性建筑	马练乡北胜村中胜屯中胜坪上
51	社岭背汉代墓群	汉代	古墓葬	上渡镇下渡村浔江南岸平南大桥边
52	新寥石桥	清代	古建筑	上渡镇大成村芳草岭屯龙潭河
53	新埠头遗址	清咸丰五年(1855 年)	近现代重要史迹及代表性建筑	上渡镇新埠村东南江边
54	新兴马鹿石桥	清代	古建筑	镇隆镇石岭村新兴屯
55	凤塘石桥	清代	古建筑	镇隆镇六竹村凤塘桥屯
56	皇清代忠勇之墓	清同治 9 年(1870 年)	近现代重要史迹及代表性建筑	镇隆镇廖村寥七屯车带山
57	大新土碉楼	1927 年	近现代重要史迹及代表性建筑	大新镇大新农场
58	石九石桥	清代	古建筑	六陈镇新塘村金堆屯

续表

序号	名称	时代	类别	地点
59	六贵林信义烈士纪念碑	现代	近现代重要史迹及代表性建筑	六陈镇新贵村六贵屯岭儿
60	胤晋赵公祠	民国(1925 年)	近现代重要史迹及代表性建筑	六陈镇和新贵村胡村屯
61	袁炳墓	明代	古墓葬	大安镇儒村简竹塘屯抱塘岗
62	路塘大井	明代	古建筑	大安镇同德村路塘屯中
63	上寺河石桥	清代	古建筑	大安镇动界村上峙口
64	珠砂岭井	清代	古建筑	大安镇连珠村朱砂岭屯
65	龙来社井	年代不详	古建筑	大安镇儒地村坑底屯马骝坑
66	笔架山窑址	唐	古遗址	武林镇竹南村笔架山横岭尾
67	贤化朱氏祖祠	清代	古建筑	武林镇新贤村贤化屯
68	武林水闸	1962 年	近现代重要史迹及代表性建筑	武林镇新贤村
69	刘再光墓	清代	古墓葬	大坡镇良党村下党屯狗头岭南坡
70	大坡镇剿匪牺牲烈士纪念碑	1975 年迁	近现代重要史迹及代表性建筑	大坡镇政府后背山西坡
71	全李古墓	清道光二十一年(1841 年)	古墓葬	大洲乡潭龙村
72	沙冲民宅	清代	古建筑	大洲镇沙冲村内
73	振武砖桥	清代	古建筑	大洲镇福垌村页垌屯
74	桥头砖桥	清代	古建筑	大洲镇粤发村桥头屯
75	交椅民居	清同治 8 年(1869 年)	古建筑	大洲乡潭龙村涎塘屯
76	孔门李氏墓	清代	古墓葬	平山镇八桂村聿塘屯明代远孔公祠后山
77	“英雄少年覃国佳”纪念碑	1967 年	近现代重要史迹及代表性建筑	寺面镇西山上
78	新隆陈孟武就义点	1927 年	近现代重要史迹及代表性建筑	寺面镇新隆村新隆屯大岭头与圩背岭之间冲口

表 26 **2017 年贵港市旅游景区(点)、乡村旅游区、农家乐名录**

序号	名称	级别	备注
		国家级景区	
1	桂平西山风景名胜区	国家 4A 级旅游景区	国家风景名胜区、桂平国家地质公园组成部分
2	龙潭国家森林公园	国家 4A 级旅游景区	国家级森林公园、桂平国家地质公园组成部分
3	太平天国金田起义旧址	国家 4A 级旅游景区	全国重点文物保护单位
4	桂平市大藤峡景区	国家 3A 级旅游景区	
5	平天山国家森林公园	国家 3A 级旅游景区	国家级森林公园
6	广西桂平市北回归线标志公园	国家 3A 级旅游景区	
7	平南龚州生态园	国家 3 A 级旅游景区	
8	桂平市中山公园	国家 3A 级旅游景区	
9	九凌湖景区	国家 3 A 级旅游景区	
10	太平天国金田起义博物馆	国家 3 A 级旅游景区	

续表

序号	名称	级别	备注
11	桂平市滨江文化公园	国家3A级旅游景区	
12	桂平市革命烈士纪念碑公园	国家3A级旅游景区	
13	桂平市罗丛岩景区	国家3A级旅游景区	
14	桂平市东塔景区	国家3A级旅游景区	
自治区级景区(点)、乡村旅游区			
1	南山东湖风景区	自治区风景名胜区	
2	北回归线标志性公园	自治区青少年科普教育基地	
3	桂平乳泉液酒厂	广西工业旅游示范点	
4	龙门名优水果示范场	广西农业旅游示范点	
5	平南县大玉余甘果生态园	广西农业旅游示范点	
6	平南县东华乡都兴屯	广西农业旅游示范点	
7	荷美覃塘(又名荷田水乡)乡村旅游区	全国休闲农业与乡村旅游示范点、广西4星级乡村旅游区	
8	四季花田观光农业园	广西5星级乡村旅游区、全区休闲农业与乡村旅游示范点	
9	平南县奇湖山庄	全区休闲农业与乡村旅游示范点、广西4星级乡村旅游区	
10	平南金桂园	广西2星级乡村旅游区	
自治区级农家乐			
1	港岛山庄	广西5星级农家乐	
2	垌美山庄	广西5星级农家乐	
3	平南县德湖山庄	广西5星级农家乐	
4	平南县奇湖山庄	广西5星级农家乐	
5	桂平市紫荆镇荆山人家农庄	广西4星级农家乐	
6	桂平市佳景小筑农家乐	广西4星级农家乐	
7	广西亚热带名优水果实验示范场	广西4星级农家乐	
8	桂平市坚彩庄大排档	广西3星级农家乐	
9	君回农家饭庄	广西3星级农家乐	
10	西山缘美食馆	广西3星级农家乐	
11	阿木美食馆	广西3星级农家乐	
12	强宏农家饭庄	广西3星级农家乐	
13	桂平市大水车水上乐园	广西3星级农家乐	
14	桂平白石山居	广西3星级农家乐	
15	桂平市自然山庄	广西2星级农家乐	
16	桂平市新银兔大排档	广西2星级农家乐	
17	平南县强发美食园	广西2星级农家乐	

贵港特产（部分）简介

大圩葛根 属于粉葛，主产于贵港市港北区大圩镇而得名，多年生藤本豆科植物，全株被黄褐色粗毛，叶互生具有长柄，叶片菱状圆形，总状花序腋生，紫红色蝶形花冠，花期在7—8月，果期在8—10月，块根肥厚圆柱状，含粉率25~30%，秋、冬季采挖。《本草纲目》载：葛根，性凉、气平、味甘，具清热、降火、排毒诸功效。葛根素有明显的降低血糖的作用，葛根所含的黄酮类化合物有降血脂作用，能降低血清胆固醇，降低油三酯，用于治疗高血糖，高血脂病症，有显著疗效。

大圩是葛根种植从种苗培育、种植到采收加工的重要产地。2017年，大圩葛根种植面积达3000多亩，葛根产量6000吨，葛粉产量1000多吨，产值约2000万元，开发有葛粉面、葛粉羹等一系列葛产品，销往全国各地。

贵港水石荔枝 产于贵港市港北区武乐乡水石村，是当地大多数农户祖辈“荔枝家业”，肉质干爽、核小清甜、糖分高、有特殊香味。自2010年，开始对水石荔枝品种改良，通过改良荔枝个头均匀、口感更加清甜、品像更佳。

2009年，水石村成立了贵港市港北区武乐镇水石村荔枝协会，一直以来致力于无公害标准化生产技术推广，截至2017年末发展会员218名。2014年，水石荔枝已成功注册“水石”商标。水石村人不断加强技术推广，从2012年种植3000亩、产量150吨，发展到2017年种植面积达到5000多亩，年产荔枝250多

吨。同时，为拉长产业链扩大经营收入，大力发展荔枝烘焙加工等深加工技术，以及发展荔枝蜂蜜和林下种养产业。

港南火龙果 从港南区新塘镇湖表村发展到全区种植而得名，别名龙珠果、长寿果，属多年生攀援性多肉植物。果实长圆形或卵圆形，表皮红色肉质，具卵状而顶端急尖的鳞片，果长10~15厘米，果肉白色或红色有近万粒具香味的芝麻状种子，具有口感清爽香甜、汁多味美、营养丰富等特点。花白色，巨大子房下位，花长约30厘米，故又有霸王花之称。

2009年，港南区火龙果开始在港南区新塘镇湖表村种植，2011年起种植面积迅速扩大，截至2018年5月港南区全区火龙果种植面积达到1.5万亩，品种以软枝大红、桂红龙1号为主，盛产期亩产2500~3500公斤，畅销全国各地。

港南沃柑 是一个晚熟杂交柑桔新品种，长势强、外观漂亮、多汁味甜、挂果期长、丰产性极好。港南区红壤土比例高，钾、铁、硒等营养元素丰富，所种植港南

沃柑多汁味甜、化渣好、口味浓郁,春节前上市的沃柑含糖14.8%~15.3%,春节后上市含糖16%~18%。沃柑采摘后在常温下可以保存2个多月,冷藏条件下可以保存半年时间,上市时间灵活。

2013年,港南区开始引进沃柑,2017年港南全区沃柑种植面积8000亩,投产面积4000多亩,2018年种植规模进一步扩大,产品远销东盟、北京等地。随着沃柑产业的发展,港南区纷纷涌现出果业公司、柑橘种植专业合作社、种植大户、农户自营等多种经营主体,推动了港南沃柑产业规模化、组织化的发展,成为港南区种植业的特色优势主要产业之一,并成为扶贫产业、产业富民种植柑橘主选品种。

桥圩马蹄 港南区桥圩镇将马蹄种植作为当地传统特色农业产业,已经有三十多年的历史,美名远扬,集中分布在青塘村、锦垌村、蒙垌村等村屯。2014年,贵港市以港南区为试点,在桥圩镇试验种植富硒马蹄20多亩,进行筛选实验及硒肥效应实验,马蹄达到富硒标准值,因此桥圩富硒马蹄含硒量较其他地区马蹄

高,表光细腻,口感甘甜,加上硒的抗氧化特性,相比其他马蹄耐贮藏、耐运,货架保存期长。通过"早稻+马蹄"轮作种植模式,单产比普通种植高4倍,2017年,桥圩马蹄种植面积5000多亩,年产量约1.5万吨。

平南三利小刀 属于传统手工锻制刀具,锻制工艺始于清乾隆十三年(1748年),由平南人黄三利(1906—1945)继承祖业发明的独特淬火技术锻制而得名。从选料、剪材、锻打、淬火、到打磨每道工序要求严苛,其特点镶钢均匀、磨工精细、刃口锋利、式样精巧、经久耐用、价廉物美。

1956年,平南县人民政府建立三利小刀厂,1960年7月发展为半机械化生产,改革开放初期,曾因资金、设备、人才等制约一度陷入困境,直至2000年左

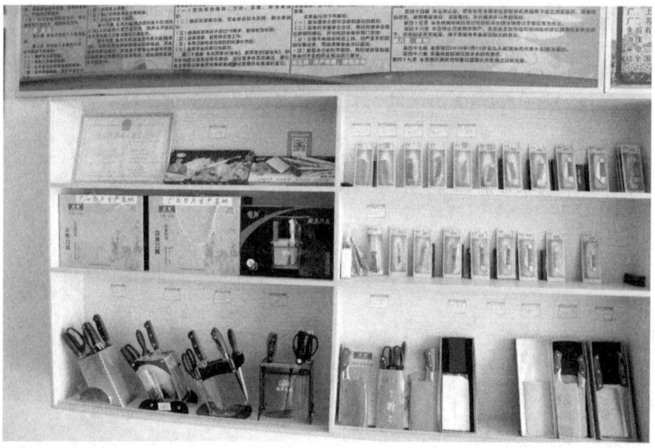

右,得惠于国家政策对民营经济的支持,平南县人民政府先后出台《平南县刀具生产之乡建设规划》等一系列的扶持措施,平南小刀的生产得到恢复,并迅速崛起了一批刀具生产企业,其中广西平南荥阳厨具有限公司生产的平南三利锻打菜刀(8件套)荣获"第二届广西发明创造成果展览交易会传统手工业创新成果奖"。2013年11月23日,自治区商务厅在南宁市为全区首批27家"广西老字号"授牌,平南"三利"小刀榜上有名。同时,平南三利小刀锻制工也入选自治区第二批非物质文化遗产名录。2017年末,在平南县辖区内有小刀生产及组装企业50多家,企业年产值8000多万元,小刀远销全国乃至东南亚地区,市场占有率达60%。

平南墨底鳖 平南墨底鳖是广西的优质淡水水产品之一,原产于广西平南浔江流域。自上世纪90年代初,广西平南一些农户收集江河野生苗种进行人工养殖,随后进行人工繁殖成功。由于体形、体色、味道

和含肉率均优于其他品种，因而畅销两广及港澳市场。2012年，获国家农业部农产品地理标志产品认证。

墨底鳖是平南县养鳖户从天然江河选育出来的地方优良品种。墨底鳖外观体型钝圆扁平，背部橄榄绿色或古铜色，分布有黑色花斑大而清晰，裙边宽厚，腹部有明显的对称黑色斑印，因而取名“墨底鳖”。

21世纪初开始，广西平南县注重引导广大鳖农从传统品种养殖向名特优品种养殖转变，2005年12月平南县渔业养殖分会成立，分会将分散的养殖户以会员制的形式集中、统一管理，在规划设计、养殖技术、市场信息等方面为会员提供服务。2006年龟鳖养殖面积268公顷，养殖品种以墨底鳖为主，墨底鳖养殖面积达到138公顷，年产量280吨。2010年全县养殖面积8000亩，产量2900万吨，产值2.8亿多元，养殖墨底鳖已成为该县独具优势的特色产业和助农增收的支柱产业。

索　　引

索引说明

一、本索引采用内容分析法。正文中凡具有独立检索意义的完整资料，包括条目、子目、图片和表格等，均可使用本索引检索。综述、概况不作索引，大事记、文件目录选编等只标类目，不作内容分析。

二、本索引按汉语拼音字母（同音字按声调）顺序排列。类目、分目的索引款目使用黑体字排印，其余款目宋体字排印。表格、图片（含示意图）在其款目后分别注明"表""图"。

三、索引款目后的数字表示内容所在的页码。数字后的拉丁字母(a、b、c)表示栏别（即版面的1、2、3栏）。

四、空二字起排的款目为该主题的"附见"，同一主题的"参见"，只标注页码和栏别。

五、首字为阿拉伯数字、拉丁字母的款目，排列在本索引后部。

A

B

C

D

E

F

G

J

K

L

Q

R

S

T

W

Y

Z